大 專 用 書

增訂新版

經濟學
導論

徐育珠 著

三民書局 印行

國立中央圖書館出版品預行編目資料

經濟學導論／徐育珠著. --增訂初版.
--臺北市：三民，民84
面；　　公分
ISBN 957-14-0388-1 (精裝)

1.經濟

550.1　　　　　　　　　　83008459

網際網路位址　http://Sanmin.com.tw

© 經 濟 學 導 論

著作人　徐育珠
發行人　劉振強
著作財　三民書局股份有限公司
產權人
發行所　三民書局股份有限公司
　　　　地址／臺北市復興北路三八六號
　　　　郵撥／○○○九九九八一五號
印刷所　三民書局股份有限公司
門市部　復北店／臺北市復興北路三八六號
　　　　重南店／臺北市重慶南路一段六十一號
初　版　中華民國七十四年九月
增訂初版　中華民國八十四年十二月
五版
編　號　S 55003
基本定價　拾柒元
行政院新聞局登記證局版臺業字第○二○○號
著作權執照臺內著字第三四一○六號

有著作權·不准侵害

ISBN 957-14-0388-1 (精裝)

增訂版序

　　這是一本大專院校大學部學生經濟學入門的教科書。第一次出版是在民國74年9月，經過多次再版，都沒有作任何的修正。直到今天才受三民書局劉振強董事長之託，利用休假期間，完成第一次的大規模修正。這次的修正，不僅是一些錯誤的改正、文字的潤飾，並且在章節的安排上作了一些變動，同時把原有的第五章和第十三章取消，另外增加二、六、七、十二、十四、十六、十七、二十二、二十七及二十九等十章。經由這次修正後，希望錯誤能夠減少，可讀性得以提高，更重要的是希望經過這次的修正，能夠使本書的內容更加充實，更加獲得讀者和授課老師的歡迎。

　　本書由四部分構成，第一部分介紹經濟學最基本的概念以及市場經濟的運作，計分四章（第一章至第四章），討論課題包括：經濟問題與經濟學的產生，經濟學的研究、範圍、方法、目的及困難，經濟思維法則，機會成本概念及用處，供需定律和市場經濟制度下各個部門所扮演的角色，以及彼此的關係。第二部分是總體經濟分析，計分十八章（第五章至第二十二章），討論課題包括：國民生產的測定，總供給與總需求均衡的條件，國民所得與總支出的關係，經濟波動與商業循環，失業及通貨膨脹的形成，貨幣與金融制度，財政及貨幣政策，通貨膨脹與失業的替換，經濟成長理論與低度開發國家經濟成長，國際貿易理論與政

策，國際收支與匯率制度，國際間相互依存關係以及總體經濟理論的發展和爭議。第三部分是個體經濟分析，計分十三章（第二十三章至第三十五章），討論課題包括：需求與供給彈性的應用，效用與消費需求，生產函數與生產成本，市場結構以及在不同市場結構下產出與價格的決定，不同市場結構的優點和缺點，獨占的管理，生產要素需求與最適用量水準之決定，工資與勞動市場理論，地租、利息及利潤理論。第四部分是當代重要經濟問題，計分七章（第三十六章至第四十二章），討論課題包括：社會主義經濟制度的改造，就業擴充與產出成長，所得分配不均與貧窮問題，都市問題的形成及解決，農業發展遲滯及農民所得偏低問題，環境污染與環境品質改善，以及能源問題及其對策。

全書約六十萬字，足供一個學年講授之用，若講授期間只有一個學期，且其重點在於總體經濟學，涵蓋範圍可限於第一至第二十二章，時間如尚有剩餘，可另加入第三十六、三十七及三十八等三章；若講授期間爲一學期，且其重點在於個體經濟學，涵蓋範圍可包括第一至第四章，以及第二十三至第三十五章，時間如尚有剩餘，可另加第三十九至第四十二章；若講授期間爲一學期，且重點總體與個體經濟學都能兼顧，涵蓋範圍可包括第一、二、三、四、五、六、七、九、十、十一、十五、二十四、二十五、二十六、二十八、三十、三十一、三十二、三十三、三十四及三十五章。

本書許多材料，雖係摘自英文參考文獻，但並非從原文直譯過來，閱讀起來，應無生硬之感。因本書爲經濟學入門書籍，筆者在撰述的時候，特別注意用辭力求通俗，並盡量輔以圖表，使讀者易於了解。理論的介紹，也力求淺顯，不過份深入的探討，以免讀者食而不化。除了基本觀念和理論的闡釋以外，本書另設七章，專門討論當代重要經濟問題，希望藉這些問題的討論，使讀者對經濟理論的實際應用能夠加深了解，從而增加其對經濟學研究的興趣。

　　三民書局董事長劉振強先生，對本書的撰述，曾經給予很多的鼓勵，筆者也願趁此機會向他致謝。

徐　育　珠

1995 年 1 月於南康州大學

前　言

　　這是一本大專院校經濟學入門的教科書，本書由四部分構成。第一部分介紹經濟學最基本的概念，計分三章，討論課題包括：經濟學的意義，研究範圍、方法、目的及困難，經濟思維法則，供需定律和經濟活動部門。第二部分是總體經濟分析，計分十三章，討論課題包括：國民生產的測定，所得與就業均衡水準的決定，經濟波動、失業及通貨膨脹的形成，貨幣與金融制度，財政及貨幣政策，停滯性通貨膨脹的造因及對策，經濟成長經濟發展，及國際貿易與國際收支。第三部分是個體經濟分析，計分十一章，討論課題包括：需求與供給彈性的應用，效用與消費需求，生產成本，不同市場結構下均衡產出與價格的決定，生產要素之需求及價格之決定。第四部分是經濟理論應用，計分七章，討論課題包括：經濟制度，就業與產出成長，所得分配不均與貧窮問題，都市問題的形成及解決，環境污染，農業衰退與農民所得偏低問題，及能源問題與對策。

　　本書約四十餘萬字，足供一個學年講授之用，若講授期間只有一個學期，且其重點在於總體經濟學，涵蓋範圍可限於第一至第十六章。時間如尚有剩餘，可另加入第二十八、二十九及三十等三章；若講授期間爲一學期，且其重點在於個體經濟學，涵蓋範圍可包括第一至第三章，以及第十七至第二十七章，時間如尚有剩餘，可另加第三十一至第三十

四章；若講授期間爲一學期，且重點總體與個體經濟學都能兼顧，涵蓋範圍可包括第一、二、三、四、五、九、十、十一、十二、十八、十九、二十、二十一、二十二及二十三等章。

　　本書許多材料，雖係摘自英文參考文獻，但並非從原文直譯過來，閱讀起來，應無生硬之感。因本書爲經濟學入門書籍，筆者在撰述的時候，特別注意用辭力求通俗，並盡量輔以圖表，使讀者易於了解。理論的介紹，也力求淺顯，不過份深入的探討，以免讀者食而不化。除了基本觀念和理論的闡釋以外，本書另設七章，專門討論當前重要經濟問題，希望藉這些問題的討論，使讀者對經濟理論的實際應用能夠加深了解，從而增加其對經濟學研究的興趣。

　　筆者在七、八年前，曾經替東華書局寫過一本《經濟學》，因時過境遷，承三民書局之邀，於兩年前開始重寫。讀者將會發現這本新書和過去寫的內容上有很多的不同，希望這本書的出版，能夠彌補過去寫作時的若干疏漏。

　　在本書撰述期間，政治大學經濟學系講師黃仁德先生和該校同學陳如文、吳淑靜等在圖表繪製、編排和校對等方面都幫了很多的忙，在此表示由衷的感謝。三民書局總經理劉振強先生，對本書的撰述，曾經給予很多的鼓勵，筆者也願趁此機會向他致謝。

徐　育　珠

1985 年 1 月於南康州大學

經濟學導論　目錄

第六章　總需求與總供給

第七章　凱恩斯的所得決定理論

第八章　經濟波動與商業循環

第九章　失業的形成

第十章　通貨膨脹

第十一章　財政政策

第十二章　預算赤字及公債

第十三章　貨幣與銀行制度

第三篇　廠商及價格理論（個體經濟學）

第三十二章　生產要素需求與最適用量水準之決定

第三十三章　工資與勞動市場理論

第三十四章　地租理論

第三十五章　利息及利潤理論

第四篇　當代重要經濟問題

第三十六章　社會主義經濟制度的改造

第一篇
基本概論

第一篇

基本林論

第一章　緒　論

第一節　經濟問題的形成與經濟學的產生

任何一門學問的存在，都是因爲某些問題需要得到答案。經濟學的產生，也是因爲有許多經濟問題需待我們去解決。經濟問題究竟是怎樣形成的呢？我們的答案是：

一、人類欲望無窮

人類希望獲得的財貨及勞務推陳出新，種類繁多，對其中某些財貨，諸如金銀珠寶，希望多多益善。對另外一些財貨，人類對它們的追求，在擁有一定數量的時候，也許會感到滿足。可是當一些欲望獲得滿足後，更多新的欲望又會產生。例如，一個希望得到電冰箱的人，當他獲得電冰箱後，往往會想要得到一架電視機，在得到電視機後，又會想要得到一架洗衣機，所謂欲壑難填，人類的欲望是永遠不能滿足的。

二、資源有限

相對人類的欲望，可供人類使用以滿足欲望的資源，卻是非常稀少和有限的。如果這些資源能夠取之不盡，用之不竭，可以予取予求，不必費心，經濟問題自然無從發生。因爲可用的資源有限，爲了使人們的欲望能夠獲得最大程度的滿足，善用這些資源便成爲一個重要問題，需

要智慧去解決。

三、每一種資源都有多種用途

可供人類使用的資源，不但在質量上有一定的限制，而且往往有不同的用途。如果每一種資源只有特定的用途，我們也不必傷腦筋。舉例來說，您有一塊土地，這塊土地只能用來種植水稻，沒有其他選擇的餘地，在這種情形之下，您自可不必為了如何使用這塊土地去費心思量，經濟問題也便無從發生。

因為人類的欲望無窮，可供使用以滿足欲望的資源，在質量上都有限制，而且每一種資源往往又有各種不同的用途，許多經濟問題便因此發生，這些經濟問題歸納起來包括：

1.所有資源該用來生產什麼東西？每一項東西該生產多少？

2.用什麼方法去生產我們所要的東西最為經濟有效？

3.生產出來的東西究竟怎樣來分配？誰該分得多些？誰該分得少些？

不管是貧窮國家或富有國家，不管是落後國家或進步國家，也不管是共產國家或民主國家，都會遭遇上述各項經濟問題，經濟學的產生，便是因為這些問題的存在。

第二節　經濟學的意義

因為我們的社會存在著經濟問題，這些問題的存在產生了經濟學。經濟問題的形成，基本上是肇因於資源的稀少性，經濟學的基本任務是解決資源稀少的問題。這裏所謂的資源，是指生產財貨及勞務所必需具備的要素，所以又稱為生產要素（Factor of Production）。用來生產財貨及勞務的資源可以分為四類：(1)土地和包括水分、空氣、及礦產等其他

自然資源；(2)勞動力；(3)資本，包括人力資本（Human Capital）和物質
資本（Physical Capital），前者是指人類從教育、訓練及工作經驗中所獲
得的技能和累積的知識，後者是指機器廠房及其他生產工具；(4)企業創
造能力（Entrepreneurship）。生產任何財貨及勞務固然需要土地、勞動
力及資本，但光有這三種要素並不能創造人們所需要的財貨及勞務，這
三種要素必須有人願意把它們組織起來，結合在一塊用於生產，並願意
對生產的成功和失敗負起一切責任，然後才能創造出人們所需要的財貨
及勞務，擔任這項任務的人，我們稱他為企業家。

　　任何一個國家，不管怎樣富有，它在某一特定期間內所擁有這些資
源的數量都有一定的限度。換句話說，每一個國家都會面對資源稀少的
問題。經濟學家心目中的「稀少」並不是指缺乏，譬如糧食在美國到處
都可以買得到，並不缺乏，可是在經濟學家的心目中，糧食還是稀少
的，因為它所存在的數量比人們所希望獲得的數量為少，任何一個人如
果想要得到多一點的糧食，他必需多付出一些代價。即使是水和空氣，
在地球上並不缺乏，可是清潔的用水和新鮮的空氣往往也是需要付出代
價才能得到。凡是存在的數量比人們所希望獲得的數量為少，為了多得
到一些而需要付出代價的物品，在經濟學家看來都是稀少物品。

　　經濟學可以說是研究稀少資源最佳利用方法的一門學問，說得更清
楚一點，經濟學是研究如何將稀少的資源分配於不同的用途，以便生產
出來的財貨及勞務，能夠使人類的欲望獲得最大程度的滿足。職是之
故，經濟學往往被稱為是研究選擇（Study of Choice）的一門學問。它
所最關心的並不是教人如何炒作股票、買賣土地、發財致富，而是協助
人們在利用稀少資源以滿足他們欲望的眾多不同途徑中，去作一項最佳
的選擇。

第三節　經濟學的研究範圍和目的

　　按照研究對象的不同，經濟學可以分為個體經濟學（Microeconomics）和總體經濟學（Macroeconomics），後者以整個經濟為對象，前者則以構成整個經濟的個別廠商（Firm）、產業（Industry）及家庭（Household）為對象。總體經濟學所關心的是「森林」，個體經濟學所關心的是「樹木」。「森林」是「樹木」的組合，「樹木」是「森林」的成員。舉例來說，如果我們所從事的研究是有關個別廠商或企業勞動雇用量及產出的決定。則這項研究應該屬於個體經濟學的範疇；反之，如果我們所從事的研究是有關整個經濟就業及產出水準的決定，則這項研究應該屬於總體經濟學的範圍，兩者的差別，簡單說來只是在所關心的各項變數（Variables），綜合程度不同而已。

一、個體經濟學

　　個體經濟學以個別廠商或消費者的經濟行為為研究對象，它所關心的是這些個別廠商或消費者在做各種生產或消費決定時，主要受那些因素的影響？這些因素的改變，對他們的決定會產生多大的衝擊？他們個別的決定如何在市場上得到協調？研究個體經濟學可以幫助我們解答下述各項問題：

　　1.當消費者將他們的一定所得用於不同物品及勞務購買時，決定是如何做成？如果牛肉價格上漲，他們是否會多買一些豬肉，少買一些牛肉？若是他們的所得增加，他們會不會增加對豬肉或牛肉的購買？

　　2.生產者如何決定某些物品應該生產多少及如何去生產這些物品，才能獲得最大的利潤？他們如何決定最佳產品組合？

　　3.在不同的市場結構下，個別產品的均衡產出和價格水準是如何決

定的？提高價格是不是一定可以增加廠商的利潤？

　4.各種物品及勞務相對價格的決定，究竟受那些因素的影響？爲什麼有些東西比較昂貴？有些東西比較便宜？

　5.受雇者的工資究竟如何決定？爲什麼一個醫生的月薪要比一個木匠的月薪來得高？地租和利息又是如何決定的？

　6.經營企業的利潤是怎樣產生的？企業利潤的大小究竟如何決定？爲什麼企業家要有利潤報酬？

　7.一個廠商的最適規模如何決定？爲什麼同一產業內不斷有舊廠商的退出和新廠商的加入？

　8.稅率的變動，貨幣供給的增減，或利率水準的調整，對企業財貨生產的決定會有怎樣的影響？

　9.個別廠商究竟要採取怎樣一個價格政策，才能使它獲得最大的利潤？在那些情況下廠商對同一商品的銷售，若採取差別價格政策，可能會增加它們的利潤？

　10.市場競爭是不是完全，對生產效率怎麼會有影響？完全競爭市場的優越性在那裏？市場機制有時是否會失靈？

二、總體經濟學

　在凱恩斯（John Maynard Keynes）的《就業，利息及貨幣一般理論》（*The General Theory of Employment, Interest and Money*）於 1936 年出版以前，經濟學家大都同意古典學派的看法，認爲經濟體系有一種自動調整機能，可以使充分就業能夠長期維持，國民生產經常可以到達充分就業的水準。基本上經濟活動是穩定的，經濟學所討論的主要是個別物品及勞務的生產和價格水準如何決定，這些都是屬於個體經濟學的範圍。凱恩斯的《一般理論》出版以後，總體經濟學才慢慢發展起來，成爲一門獨立的學科，而與個體經濟學分庭抗禮。總體經濟學是以整個

社會的經濟行為為研究對象，它主要關心的是整個社會的產出、就業和價格水準的決定。研究總體經濟學，可以使我們了解：

1.整個國民生產、就業及價格水準是如何決定的？為什麼這些總體變數經常會發生波動？為什麼生產設備有的時候利用率很高？有的時候利用率又很低？

2.失業為何會發生？它是一種暫時現象嗎？失業對個人及社會會有什麼樣的損害？失業會自動消失嗎？政府對減少失業能做一些事情嗎？

3.什麼是通貨膨脹？它是怎樣產生的？為什麼社會大眾都不喜歡通貨膨脹？它有那些害處？政府有能力解決通貨膨脹嗎？

4.工會透過集體議價方式，以罷工為手段，不斷要求提高工人工資；獨占廠商，透過對市場的壟斷，盡力追求利潤的擴大，往往被認為是導致通貨膨脹的重要原因，此一指控在理論上有無值得商討之餘地？

5.什麼是貨幣？它的功能是什麼？商業銀行與貨幣的創造有什麼關係？一個國家為什麼要有中央銀行？什麼是它的主要功能？

6.什麼是貨幣政策？誰負責這個政策的擬訂和執行？它的作用在那裏？效果怎樣？

7.貨幣供給的增減是否會影響物價水準？它對產出及就業水準是否亦會有所影響？

8.什麼是財政政策？誰負責這個政策的擬訂和執行？它的作用在那裏？效果怎樣？

9.高度的通貨膨脹和大量的失業能不能同時發生？這種現象是怎樣形成的？我們有辦法解決嗎？

10.經濟為什麼會成長？它的動力是什麼？成長愈快是不是愈好？

11.國際貿易是怎樣產生的？何謂國際收支？為什麼國際收支會有不均衡的現象？

三、實證經濟學和規範經濟學

按照研究的態度和方法的不同，經濟學又可分爲實證經濟學（Positive Economics）和規範經濟學（Normative Economics）兩種。實證經濟學是以客觀的態度，研究和解釋各種經濟現象，就事論事，只對事理加以剖析，不作任何是非好壞的判斷；規範經濟學則根據主觀的價值標準，對各種經濟行爲加以判斷，指出何者比較優越，宜以採納，何者不夠理想，宜以揚棄。雖然經濟學家大都主張對經濟問題的探討應該採取客觀的態度，對經濟問題的陳述不應涉及個人的喜惡，但事實上經濟學家往往因爲理念不同，對同一件事情會有不同的解釋和不同的主張，實證經濟學和規範經濟學的嚴格劃分是很困難的。

四、研究經濟學的目的

研究經濟學，除了滿足求知的欲望以外，可以獲得如下各種好處：

1. 幫助我們做更好的決定

每一個人在日常生活上都會遭遇到一些決策的問題，譬如，應該選購些什麼東西？何時選購？是不是應該換一個工作？投資什麼最好？具備經濟學的知識，在做這些決定時，會有預想不到的幫助。

2. 培養健全公民

一個健全的公民，對國家的各項施政應該有良好的了解；對公職候選人的言行有辨別的能力，才能做到選賢與能。經濟行政是國家政務重要的一環，經濟學的訓練，可以使社會大衆對政府各項經濟措施及公職候選人的經濟才能有更正確的評價，因此有助於健全公民的培養。

3. 增進個人謀生的技能

隨著經濟發展，公私機構對經濟人才的需要，正在日漸增加，具有經濟專業知識的人，幾乎在每一行業都有獲得工作的機會，政府財經機

構和中上學校固然需要經濟人才，從事研究、設計及教學工作，工商企業稍具規模者，亦無不希望羅致若干經濟人才，協助它們企業的經營和發展。

近年來國際間發生了許多經濟問題，對這些經濟問題的解決，經濟學家似乎並不能夠提出很好的辦法，甚至有時各說各話，言人人殊，莫衷一是，許多人因此對經濟學家不免感到失望，甚至懷疑經濟學的價值。事實上這種現象的發生，主要是由於每一個經濟學家對當前經濟情況的觀察並不一致。譬如，有些人認為個人對一切的選擇可以完全自主，而有些人則認為個人的許多選擇受團體的影響很大；即使每一個經濟學家對經濟現狀有共同的認識，他們對某一政策的實施可能發生的影響，因為無法事先做一個嚴密的試驗，歧見仍然難免發生。

把通貨膨脹看得比較嚴重的經濟學家，每主採取各種緊縮措施，以和緩物價上漲，即使因此導致更多的失業，亦在所不惜；反之，把失業看得比較嚴重的經濟學家，每主採取各種經濟寬鬆措施，藉以減少失業人數，即使因此導致物價的更大幅度上漲，亦不予計較。當多項經濟目標希望同時實現，而彼此又相互衝突時，欲某一經濟政策為經濟學家共同接受，實非易事。更重要的是，經濟學家往往並不是經濟政策的最後決定者，他們也往往並不負責經濟政策的推行，從經濟理論觀點認為是一個良好的政策，經過政治上的考慮，往往會被主管經濟事務的官員所否決；一個良好的政策，若不能嚴格執行，其效果也會大打折扣的。

第四節　經濟學的研究方法和困難

一、歸納法和演繹法

經濟學是研究人類經濟行為的科學，它是一門社會科學。任何科學

的研究，必須遵照科學方法，依序進行，不得有絲毫的苟且，經濟學的研究自然也不能例外。與其他科學一樣，經濟學的研究方法有歸納法和演繹法兩種，前者是經由對個別現象的觀察找出共同的特點，加以一般化，它著重事實的搜集，從眾多事實中去得出結論。演繹法則是一種抽象的推理方法，從一般性的原則去推測個別現象的可能發生，它著重在邏輯的運用。歸納法和演繹法在經濟學的研究上不是相互排斥，而是相互為用的，任何經濟學所涉及的理論都是利用這二種方法，經過下述步驟發展出來的。

二、研究經濟學的步驟

1. 問題的確立

第一個步驟，是了解問題的性質，並用明確的方式把它表示出來，對問題的說明切忌籠統含混，界說不清。

2. 觀察和資料的搜集

第二個步驟是觀察和搜集與問題有關的事象和資料，研究資料的來源不外兩種，一是實地調查和訪問，一是已經發表的文獻。用前一種方式所取得的資料，稱為初級資料（Primary Data），用後一種方式所取得的資料，稱為次級資料（Secondary Data）。

3. 資料的整理和分類

資料收集後的次一步驟，是按照研究的需要，將所搜集之資料加以分類和整理，以便比較和分析。

4. 假說的形成（Formulation of Hypothesis）

這一個步驟的主要目的是試圖對所觀察的事象或收集的資料加以解釋，即對現有的各種事實設定假說。譬如，當我們看到麵包價格下跌的時候，我們可以假定在其他條件不變下，麵包的消費量將會增加，這只是一種假說，這種假說事後可能證明成立，也可能證明不成立。

5. 推論（Deduction）或預測（Prediction）

有了假說以後，進一步的工作，便是在假說的基礎上，去做各種推論或預測。如果假說確能成立，我們當可預料某些事象發生或某些行動的採取，伴隨而來的將會有怎樣的結果。

6. 實證

這是科學研究的最後一個步驟，主要目的乃是從另外的實驗或觀察中去驗證過去所作的假說是否得以成立，如果新的實驗或觀察結果與預測的情形相反，那便證明過去所作的假說應該予以拒絕。反之，如果新的實驗或觀察結果與預測情形相同，以往的假說便可以暫時接受；待更多的實驗或觀察完成以後，如果每次實驗和觀察的結果都與預測的情形吻合，我們便可以進一步接受假說成為理論，因此所謂「理論」（Theory），簡單的說就是歷經百試不爽的假說。

三、研究經濟學的困難

從事經濟學的研究，態度必須客觀和公正，不宜摻雜個人的喜惡，不管所觀察的事象或所搜集的資料是否與心目中所希望得到的相同，研究工作者必須忠實的一一加以記錄，並作相同的處理，然後從這些資料的整理和分析結果去找尋結論。在研究過程中，要把個人的偏見完全擱置一邊，使整個的研究不摻雜絲毫的主觀判斷，這對一個社會科學研究者來說，要遠比自然科學研究工作者來得困難。

研究自然科學，資料多半取自實驗室，在實驗室中，一切情況均可加以自由的控制。舉例來說，如果我們想研究某種肥料的使用，對稻穀產量的影響，我們可以在實驗室進行試驗。在實驗室裏，除了肥料的用量以外，我們可以把影響稻穀產量的其他因素諸如土壤、溫度、水分、陽光等固定在某一個水準上面，然後觀察不同的肥料用量對稻穀產量的影響，當不難發現兩者的關係究竟如何？經濟學的研究便沒有這樣方

便，在通常情形下，我們很難只是讓某些變數變動，而其他變數固定不變，然後觀察特定變數彼此間的關係。在經濟學的文獻上，我們常常可以看到其他因素不變（Ceteris Paribus）的假定，事實上其他因素都是經常在變動的。

為了驗證某一事象或定律的真實性，自然科學的研究工作者可以在相同的環境下，重複做同樣的試驗，直至對研究事象的演變過程和結果有充分了解為止。但經濟學與其他社會科學的研究工作者，通常都無法在相同的環境下重複進行同樣的試驗。

經濟學研究的對象是人，而不是物，人類行為往往並不是完全合理和可測的。譬如，當政府宣布減稅，經濟學家會預料人們的支用將會增加，而事實上，有些人並不因為減稅而增加他們的支用，他們會把減稅所增加的收入，全部儲蓄起來。可是，儘管個別的行為很難預測，經驗卻常常指出群體行為有相當的規則性。

近來經濟學的研究有一種趨勢，就是想利用經濟理論來解決許多實際的經濟問題。從研究中，我們固然可以發現過去某些行動曾有助於某項經濟問題的解決，可是事過境遷後，一個國家的經濟情況可能已發生了許多的重大變化，能有效解決昨天問題的辦法，卻並不一定能有效解決今天的同樣問題。

研究經濟學的另外一項困難是從總體觀點去看一個問題，跟從個體觀點去看一個問題，往往會得到不同的結論。整個社會的利益並不一定等於組成這個社會各個分子利益的總和，對個人有利的行動，對整個社會並不一定有利，研究經濟工作的人要慎防以偏概全，把部分當作全體看待。

因果關係（Causality）的判斷，在經濟學和其他社會科學方面，一般說來也相對比較複雜，因此要格外審慎。我們不能光是從某一件事情發生在前，另外一件事情發生在後，便認為前者是因，後者是果。儘管

有時或許可以知道，某些事象的發生是受其他事象發生的影響，但卻不能斷定前者的發生是受後者唯一的影響。譬如，實證研究也許可以清楚指出：受過較高教育的人，平均可以得到較高的待遇。這一說明，也許是正確的，但如果我們認為接受較高教育乃是使人獲得更高待遇的唯一要件，那便可能大錯特錯。因為一個人獲得較高的待遇，除了接受良好的教育外，個人的機遇、家庭背景、和本身的勤惰等都可能是重要的因素。

第五節　經濟思維法則

不同的經濟學家往往會有不同的意識形態，但當他們與其他社會學家在一起討論的時候，卻會發現他們對很多事情思考的方法有許多共同之處，換句話說，他們對問題的思考都遵守一些共同的法則，這些法則包括：

一、世界上沒有免費的午餐

在經濟學家的心目中，幾乎所有財貨及勞務都是稀少的，為了獲得這些稀少的財貨及勞務，必須付出代價。譬如，一部汽車的價錢是 30 萬元新臺幣，如果您想擁有這部汽車，便得付出 30 萬元新臺幣；在餐館一塊牛排賣 500 元，您若想享受這塊牛排，便得掏出 500 元的鈔票。有人會說，在臺灣國民教育是免費的，接受國民教育，不需要付學費，甚至書籍都是學校免費供給的，可是您得知道，國民教育大部都是政府舉辦的，政府為了舉辦國民教育，需要蓋教室，請老師，以及購買各種各樣的設備，做這些事情都得花錢，這些錢都是從納稅人那裏得來的，這些從納稅人那裏得來的錢如果不用在國民教育，政府可將這些錢用來蓋國民住宅、開闢公路和鐵路、或興建衛生所。因為舉辦國民教育，政

府得放棄從事這些建設，所謂魚與熊掌不能得兼，要想得到魚，就得放棄熊掌，放棄熊掌就是獲得魚所付出的代價。

二、自私的理性行為

經濟學家認為基於個人的利益，每個人在做決定的時候，必然會權衡利害得失，謹慎小心。因為可以滿足人類欲望的資源有限，人們在決定如何利用這些資源的時候，必然會小心翼翼。如果他們粗心大意，便會導致資源的浪費，使他們的欲望不能獲得最大程度的滿足。鑒於資源的有限，每一個人在考慮使用這些資源的時候，都會選擇最有效的途徑，以便他們的目的能夠得到最大程度的實現。如果採取各種不同途徑所產生的利益都是一樣，人們必然會在這些途徑中選擇花費最少的一個途徑；反之，如果採取各種不同途徑，所付出的代價都是一樣，人們必然會在這些途徑中採取能夠產生最大利益的一個途徑。總之，人們在做各項經濟決定時，必然會考慮如何以最小的犧牲達成一定的目標，而不會盲目的做決定。

三、有錢能使鬼推磨

人們在做各種決定時，往往會受經濟誘因的影響。如果採取某項行動的好處增加，人們必然會更加樂意去採取這項行動；反之，如果採取某項行動的好處減少，人們對採取這項行動的意願必然會降低。我們可以想像得到，若是政府取消個人所得稅有關眷屬寬減的優待，對生育小孩予以課稅，並免費提供避孕丸藥，生育率必然會降低，隨著經濟誘因的改變，經濟行為會有相應的調整，這往往是可以預料得到的。如果我們想鼓勵某種行為，其中一個辦法便是給予更多的經濟誘因，所謂重賞之下必有勇夫。

四、經濟決策受邊際法則的支配

　　經濟學家認為,某項經濟行為是否值得採取,決定於它的邊際報酬和邊際費用。所謂邊際報酬就是這項行為所增加的利益,而邊際費用則是指這項行為所增加的開支。「邊際」(Marginal)是「增加」(Additional)的意思。生產汽車的邊際成本,是指多生產一輛汽車所必需增加的費用,它與平均成本不同。生產一輛汽車的平均成本可能是 10 萬元,而增產一輛汽車的邊際成本卻可能只有 8 萬元,因為有關研究發展,機器折舊等若干費用往往不受生產水準的影響。這些固定費用是會影響平均成本的,但卻不會影響邊際成本。經濟分析都是根據邊際的概念,而不是平均的概念。譬如,當我們決定生產規模是否應該擴大還是縮小的時候,經濟學家所注意的是它對邊際成本和收益的影響,而不是對平均成本和收益的影響。有關邊際分析,我們在後面會有更詳細的討論。

五、任何決策多是在不確定的環境下做成

　　做任何決定,都需要有資料,而資料的搜集是得花錢的,有些資料甚至有錢都不一定買得到,完整的資料往往不易獲得,即使能夠獲得,花費也是很大。許多的決策都是有時間性的,不能等待完整的資料獲得以後,才來做出決定,而且等待完整的資料來做決定,從成本及效益的觀點也有商討的餘地。換句話說,許多經濟上的決策,往往是在沒有充分知識下做成的,因此具有不確定性,它的成敗是很難預先確知的。

六、經濟行為受價格的指引

　　在市場經濟下,價格是需求強度和稀少性的一個很好訊號,價格上漲,表示物品的稀少性和需求強度增加,價格下降,則表示物品的稀少性和需求強度減少。生產者和消費者為了自己本身的利益,會隨時針對

物品相對價格的變化，不斷調整他們的生產和消費計畫。市場經濟下，一切經濟行為都受價格的指引，衆多個別的生產和消費決策也靠價格機制來協調。

七、經濟理論的好壞決定於它的解釋和預測能力

任何經濟理論，都是建立在一些假設上面，判別一個經濟理論的好壞，不是在它的假設是不是眞實，而是它在解釋現象和預測未來的能力。能夠解釋現象和預測未來的理論，便是好的經濟理論；反之，便不是好的經濟理論。和其他學科的理論一樣，經濟理論需經得起事實的驗證，經不起事實驗證的理論，必須加以修正或揚棄。

摘　要

1. 經濟學是研究如何選擇最佳的手段去實現特定經濟目的的學問，它的存在是因為：⑴人類欲望無窮；⑵滿足人類欲望的經濟資源有限；⑶每一種經濟資源往往有多種不同的用途。人類所能做的是如何利用可能獲得的稀少資源，生產財貨與勞務，使他們的欲望獲得最大程度的滿足，這正是經濟學研究的主要目的。

2. 經濟學利用科學方法，探討人類的經濟行為，它是一門社會科學，依照研究對象的不同，經濟學可分為個體經濟學與總體經濟學。前者所關心的是個別廠商及消費者的經濟行為，而後者所關心的是整個社會的經濟行為。個體經濟學討論的重點是個別產品生產及價格水準的決定，而總體經濟學討論的重點則是整個國民生產及一般價格與就業水準的決定。依照研究態度及方法的不同，經濟學又可分為實證經濟學和規範經濟學兩種，前者著重事實的描述和因果關係的剖析，後者著重主觀價值判斷。

3. 經濟學是一門社會科學，其研究方法和其他科學一樣，包括下列幾個步驟：⑴問題的確立，⑵現象的觀察，⑶資料的整理，⑷假說的設定，⑸推論，及⑹實證。從事經濟學的研究，態度必須客觀和公正。

4. 經濟學家對問題的思考，有許多共同的法則，他們的論點都基於以下的一些共識：⑴天下無白吃的午餐，⑵經濟行為都基於自身利益和受價格的指引，⑶經濟決策受邊際法則的支配並多在不確定的環境下做成，⑷經濟理論的好壞決定於它的解釋和預測能力。

問題討論

1. 經濟學是研究如何選擇的一門學問，我們爲什麼會有選擇的問題？您遭遇到選擇的問題嗎？能否舉例談談？

2. 經濟學爲什麼是一門社會科學？它與其他自然科學有什麼不同？

3. 個體經濟學和總體經濟學有什麼不同？試舉實例加以說明。

4. 爲什麼研究經濟學比研究自然科學來得困難？

5. 經濟學家爲什麼常常會有不同的意見？他們爲什麼不能解決所有的經濟問題？

6. 如果您中了愛國獎券的頭獎，您個人的經濟問題是不是就全部解決了？理由何在？

7. 什麼是實證經濟學？什麼是規範經濟學？

8. 經濟學上所指的稀少性（Scarcity）是什麼意思？

9. 「天下無白吃的午餐」如何解釋？

10. 什麼是「邊際法則」？請舉一例以說明邊際法則的實際應用。

11. 什麼是「歸納法」和「演繹法」？它們彼此間有什麼不同？你認爲研究經濟學應採取那一種方法？

第二章　機會成本與經濟行為的選擇

第一節　機會成本的意義

一、魚與熊掌

在任何一個社會，可用以滿足個人欲望的金錢和時間都是有限的。如果一個學生想得到較高的分數，希望花較多的時間在準備功課，他必須減少看電視或花在運動和其他娛樂的時間。如果您有一千元新臺幣在您的口袋，您可以用這一千元請朋友上館子吃飯，吃了這頓飯，您便沒有錢去買其他您所想要的東西。同樣地，一個廠商在任何時間所擁有可用以生產財貨及勞務的資源是有限的。他如果想要生產多一些的甲商品，便得減少一些乙商品的生產。一個國家也是一樣，因為資源有限，若是想多生產一些槍砲，便得少生產一些麵包。

我們常常聽到工商界的人士抱怨資金缺乏，其實比資金缺乏更嚴重的是一些不能再生產的能源，它們蘊藏量有限，耗竭很快，石油便是一個很好的例子。很多環保人士極力主張我們應該儘量在夏天少用冷氣機，把室內溫度定得高一些，在冬天少用暖氣機，把室內溫度定得低一些，少用洗碗機和烘乾機，住得離工作場所近一些，減少開車的需要，用各種方法節省能源。雖然這樣做會增加生活上許多不便，但為了避免新的能源危機發生，我們必須儘快做一些痛苦的決定。

　　石油因爲不能再生產，供應量固然有限制，就是可以再生產的財貨，供應量也是有限的，因爲生產這些財貨需要消耗燃料、勞工和其他稀少資源，譬如小麥和水稻可以不斷種植，可是有些國家卻因爲缺乏農耕土地、灌溉用水和化學肥料，無法生產足夠的小麥和稻米供國人的消費。再舉一個例子來說，臺灣也許有能力生產更多的汽車，但增加汽車的生產，需要消耗更多的鋼鐵和能源等其他物資，可惜這些物資供應有限，多用一些在汽車的生產，可用在其他物品生產的這些物資便要減少，增加汽車的生產，往往只有以減少電冰箱等其他的物品生產才能達成。

二、貨幣成本與機會成本

　　因爲可以利用的資源有限，在做各種選擇的時候，必須考慮到許多不同的代替途徑，要想多得一些某項東西，必須犧牲一些另外的東西。在經濟學家的心目中，與某一決定或選擇眞正有關的成本不是貨幣成本（Money Cost），而是機會成本（Opportunity Cost）。所謂機會成本，簡單的說就是爲了實現某一目的，您在其他地方所作的一切犧牲。譬如，蓋1棟房子需要1噸鋼，這噸鋼若不用來蓋房子，最好是用來造5輛汽車，假定蓋房子和造汽車只需要鋼，不需要其他資材，因爲蓋1棟房子需要犧牲5輛汽車，這5輛汽車便是這1棟房子的機會成本。

　　在市場經濟下，每一物品都有價格，上面我們提到1棟房子的機會成本是5輛汽車，指的是房子的眞實成本，而不是房子的市場價格。我們若是選擇不蓋房子，可以用同樣的資源（鋼）去造5輛汽車。從整個社會的觀點，蓋一棟房子所作的犧牲是5輛汽車，因此這棟房子的眞正成本是我們所放棄生產的5輛汽車。

　　機會成本與價格是否有關聯呢？答案是在市場經濟下，利用某些原料所製造出來的產品，在消費者心目中若是價值高，這些原料便可以取

得較高的價格，成品的市場價格也比較高，機會成本與貨幣成本或市場
價格如影之隨形，是息息相關的。若是市場機制運轉非常良好，市場價
格往往可以充分反映機會成本，因此凡是機會成本較高的物品，它的市
場價格也一定比較高。反之，凡是機會成本比較低的物品，它的市場價
格也一定比較低。但是，在現實社會中，很多物品的生產和消費往往都
有外部成本（External Cost）或外部利益（External Benefit）的存在，在
這種情形下，市場價格便不能真正反映一個物品的真正成本，機會成本
與貨幣成本便會有乖離的現象，關於這點我們在以後還會有機會討論
到。

第二節　資源稀少性與個別廠商的選擇

一、生產可能曲線的意義

在一定的技術水準和資源固定不變情況下，每一個廠商在決定如何
利用這些有限的資源以從事最有利的生產以前，必須儘量了解這些資源
的各種可能利用途徑，然後比較它們的利弊得失，選出其中比較有利的
途徑。為了說明的方便起見，我們假定有一個農民擁有某一定量的土
地、勞動力、農具及其他設備。這些資源可用於生產大豆和小麥，如表
2-1所示。若是這位農民將所有的各種資源用來生產大豆，他最多可能
生產40,000公斤的大豆，既然全部資源用在生產大豆，他便無法生產
任何的小麥，這是農民的第一個可能選擇；他的第二個可能選擇是把所
有的各種資源用來生產小麥，不生產大豆，這樣他最多可以生產65,000
公斤的小麥；除了這二種選擇以外，農民還有第三種可能選擇，即把一
部分的資源用來生產大豆，一部分的資源用來生產小麥，他如果想多生
產小麥，便要少生產大豆，如果想多生產大豆，便要少生產小麥。

從表2-1我們可以看出，這位農民若把他所擁有各種資源分配在這二種作物的生產上，他可以生產30,000公斤的大豆，加上38,000公斤的小麥；20,000公斤的大豆，加上52,000公斤的小麥；或者是10,000公斤的大豆加上60,000公斤的小麥。我們可以把表2-1所列舉的五種不同的大豆及小麥產出組合，繪在一張圖上。圖中的縱軸代表大豆產出，橫軸代表小麥產出，所得出的 *ABCDE* 曲線，便是所謂生產可能曲線見（見圖2-1）(Production Possibilities Curve)。

表2-1　農民生產小麥和大豆的可能選擇

大豆生產數量（公斤）	小麥生產數量（公斤）	產出組合別
40,000	0	A
30,000	38,000	B
20,000	52,000	C
10,000	60,000	D
0	65,000	E

圖2-1　小麥及大豆的生產可能曲線

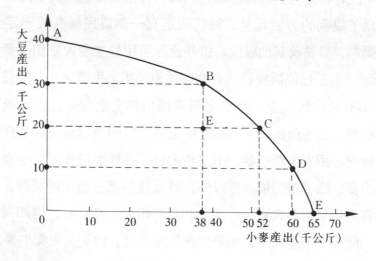

圖2－1的 *ABCDE* 曲線代表在一定的技術水準和資源限制下，農民從事大豆和小麥的生產，兩者產出可能的各種不同組合。在這條曲線上和曲線內部任何一點所代表的產出組合，都是可以實現的；曲線外部任何一點所代表的產出組合，因爲受資源和技術的限制，卻是不能實現的。

二、生產可能曲線的特點

生產可能曲線有以下一些特點：

1.它是一條從左上角向右下角傾斜的曲線，表示小麥與大豆的產出有相互代替的關係，換句話說，增加其中一種作物的生產，必須以犧牲一些另一種作物的生產作爲代價。這一現象很容易解釋，原因是在資源的數量固定之下，若想增加其中一種作物的生產，必須把一部分的資源從用作另一種作物生產中轉移出來，另一種作物的生產因爲資源用量的減少，自然必須減少。

2.它是一條向外彎（Bowed Outward）的曲線，這表示當其中一種作物的生產繼續擴充時，每增加1單位這一作物的產出，必須以犧牲更多單位的另一作物產出作爲代價，即每1單位產品的機會成本會隨生產的擴充而不斷增加，這叫做生產成本遞增法則（Principle of Increasing Cost）。因爲生產成本遞增，圖2－1的生產可能曲線，愈從左上角向右下角移動，它的斜率絕對值便愈大。這一斜率代表了每額外增加1單位的小麥，所需犧牲大豆產出的數量，大豆產出的犧牲數量，便是小麥生產的機會成本。

譬如，我們從圖2－1的 *A* 點移到 *B* 點，小麥產出增加了38,000公斤，大豆的產出卻減少了10,000公斤（＝40,000－30,000），兩者之比是0.26（$=\dfrac{10,000}{38,000}$），它代表在這段區間（*AB*），小麥和大豆生產可

能曲線的斜率，表示每增加 1 公斤的小麥，需要犧牲 0.26 公斤的大豆，所犧牲的 0.26 公斤大豆，便是每增加 1 公斤小麥產出的機會成本。如果我們繼續擴充小麥的生產，從 38,000 公斤增至 52,000 公斤，再從 52,000 公斤增至 60,000 公斤，每增加 1 公斤小麥的機會成本將會從 0.26 公斤的大豆，增至 0.71 公斤的大豆（$=\dfrac{30,000-20,000}{52,000-38,000}$），再增至 1.25 公斤的大豆（$=\dfrac{20,000-10,000}{60,000-52,000}$）。

為什麼會有這一成本遞增的現象呢？原因是在我們例子中的農民，在他所擁有一定數量的資源中，特別是土地，並不一定全部都同樣適合用來生產大豆，更可能的是有些土地比較適合用來生產大豆，有些土地則比較適合用來生產小麥。如果這位農民原先把所有土地及其他資源都用在大豆的生產，他可以生產 40,000 公斤的大豆。現在他改變主意，想在生產大豆以外，再生產一些小麥，為了達到這個目的，他首先必然會從所有土地及其他資源中，找出一部分比較更適合用來生產小麥的土地和其他資源，從用於生產大豆，轉移用在生產小麥，結果為了生產 1 公斤的小麥，他必須犧牲 0.26 公斤的大豆，當他生產的小麥達到 38,000 公斤的時候，如果還想多增加一些小麥的生產，他必須繼續從用於生產大豆的土地和其他資源中，轉移更多一部門用來生產小麥。新轉移出來的土地和其他資源，必然會較原來移轉出來的土地和其他資源，比較不適宜於用來生產小麥，結果是為了繼續增加每 1 公斤的小麥產出，他所需要犧牲的大豆產出一定會不斷增加，也就是小麥生產的機會成本，將隨小麥生產的擴充而繼續不斷的提高，這就是生產成本遞增法則出現的主要原因。

三、最大產品組合

前面說過，在圖 2-1 *ABCDE* 曲線的外部任何一點所代表的大豆及

小麥產出組合，因為受資源和生產技術的限制，是不可能實現的，因此它會自動被排除在農民的選擇以外。至於這條曲線上及內部任何一點所代表的大豆和小麥的產出組合，卻是農民的能力所能實現的，在理論上，這位農民可以在這一範圍以內任意選擇像 E 點所代表的那種產出組合。但明眼人一看便會曉得，這一產出組合絕對不是最佳的選擇。這一產出組合雖然能夠實現，可是它代表了部分資源的閑置，若是把這些閑置的資源都用在生產，他不僅可能生產更多的大豆，同時還可能生產更多的小麥，以同樣的資源能夠生產更多的產品，當然是值得去追求的。因此一個理性的農民不會把他的選擇放在 E 點或生產可能曲線內部的任何其他一點，為了追求他本身的更大利益，理性的農民必然會從位於生產可能曲線上各點所代表的大豆及小麥產出組合中，選擇其中一個。

在生產可能曲線上，所有的產出組合，都可以實現資源的充分就業，不會使資源有閑置的現象，達到這個境界，最高技術效率（Technical Efficiency）的理想便算實現。但最高技術效率的實現，並不保證都能夠給農民帶來最大的利潤，因此並不一定都是最佳境界。生產最佳境界是在生產可能曲線上的某一特定點，在這一特定點上，最高技術效率和最高經濟效率（Economic Efficiency）可以同時實現，生產者因此可以獲得最大的利潤。至於如何決定這個最佳境界，我們在以後會有更詳細的討論。

第三節　資源稀少性與整個社會的選擇

一、國防與民生

如同個人或個別廠商一樣，一個社會或一個國家，在某一段特定期

間，它的技術水準和可用於生產財貨及勞務的資源數量是有限的，它必須從眾多利用資源的途徑中去作一些痛苦的選擇。因為受資源和技術水準的限制，一個國家如想擴充國防的力量，在國際上爭取更多的霸權，它必須將較多的資源用來生產槍砲，剩下較少的資源用來生產糧食或其他民生必需品，這種情形同樣可以用生產可能曲線來加以解釋。

如圖2-2所示，若是一個國家把所有的資源都用在生產糧食，它可以生產 650 萬噸的糧食，若是除了糧食以外，這個國家想生產 1,000 噸的槍砲，它必須從用於生產糧食的資源中，移出一部分用來生產槍砲，結果糧食生產便要減少 25 萬噸（＝650－625）。若是這個國家想把槍砲的生產再增加到 3,000 噸，它的糧食生產便要再從 625 萬噸減少到 500 萬噸，軍事力量是增強了，糧食的產量卻必須降低。在解體以前的蘇俄，因為不斷擴充軍備，在軍事上成為一個強國，可是在國內卻常常

圖2-2　糧食與槍砲生產可能曲線

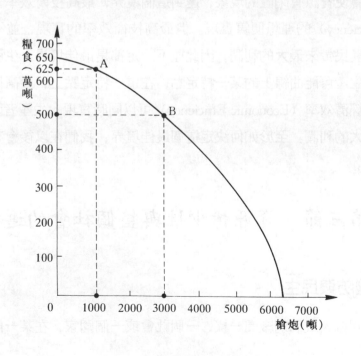

發生糧食不足的情形，蘇聯人民往往需要花數小時的排隊，才能買到他
們所要買的糧食，這就是一個很好的例子。

二、消費財與資本財

一個國家所面臨的另外一個重要選擇問題，就是如何將一定數量的
資源在生產資本財和消費財之間作合理的分配，如圖 2－3 所示，假定
資本財以機器為代表，消費財以衣著為代表。ABCD 代表這二種財貨的
生產可能曲線。這個國家可以選擇以 B 點所代表的兩種財貨產出組合，
也可以選擇以 C 點所代表的兩種財貨產出組合，這二個不同的產出組
合都可以使現有的資源得到充分的利用，最高技術效率的理想得以實
現。

圖 2－3 資本財與消費財的生產可能曲線

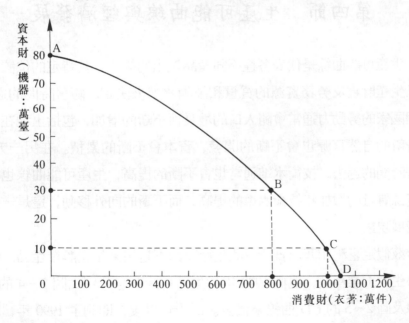

純粹從生產效率的技術觀點，這二種選擇並沒有好壞之分。但有一
點值得注意的是，消費財可以馬上用來消費，提高目前的生活水準，而

資本財則不能馬上用來消費，只能用來生產其他財貨供將來消費，它不能提高目前的生活水準，但可以加速經濟發展，使未來生活水準有更大改善的可能。如果這個國家選擇 C 點所代表的產出組合，它的人民將有較多的消費財（以衣著做代表）供目前享受，現在的生活會寫意一點，但未來的經濟發展速度會慢些，往後生活水準的提高會比較困難一點。相反的，如果這個國家選擇以 B 點所代表的產出組合，這個國家的人民目前的生活水準會稍為降低，但未來的經濟發展速度會比較快，往後的生活水準會有較大幅度的改善。若把美國和日本做個比較，前者所走的是類似第一條路子，而後者所走的則類似第二條路子。相對的來說，美國人比較重視目前的享受，而日本人則比較重視未來的幸福，日本在戰後的經濟發展遠較美國為快，這是其中的一個重要原因。

第四節　生產可能曲線與經濟發展

　　生產可能曲線是代表各種不同產品產出的組合，其特定的位置係受用以生產財貨及勞務資源的質量和技術水準來決定。隨著時間的過去，一個國家的勞動力通常會隨人口的增長而不斷的增加，包括土地在內的許多新的自然資源也會不斷的開發，資本會不斷的累積。在另一方面，隨著時間的過去，技術水準通常也會不斷的提高，生產可能曲線也將隨著資源質量的增加和技術水準的提高，而不斷的向外移動，這是一種經濟發展現象。

　　茲假定臺灣和菲律賓所有的生產資源不是用來生產農業產品，便是用來生產工業產品，他們 1970 年的生產可能曲線分別由圖 2-4 的 AB 曲線及圖 2-5 的 CD 曲線來代表。二十年以後，即到了 1990 年，因為資源的質量增加和技術水準提高，這二個國家的生產可能曲線分別向外移到 A′B′ 和 C′D′，表示他們的經濟在這段期間都在成長和發展，但從

圖2-4　臺灣生產可能曲線的變化

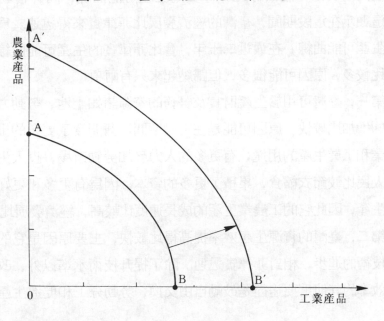

圖2-5　菲律賓生產可能曲線的變化

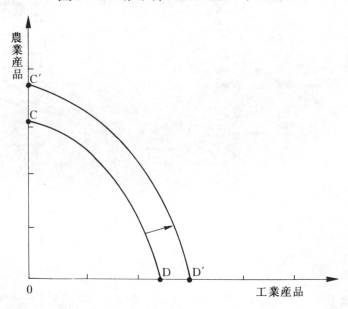

圖2-4和圖2-5我們可以很清楚的看出，從 1970 年至 1990 年的二十

年，臺灣的生產可能曲線比菲律賓的生產可能曲線，向外移動得比較多，這顯示在這段期間，臺灣的經濟發展比菲律賓來得迅速。爲什麼臺灣的生產可能曲線，在最近二十年，會比菲律賓的生產可能曲線向外移動得比較多，原因可能很多，但歸納起來只有兩項：

第一，臺灣可用於生產財貨及勞務的資源諸如土地、勞動力及資本質量的增加比較快。原因可能是在這段期間臺灣開發了更多的土地，充作農業和工業生產的用途；有更多的人力參加勞動市場，投入生產的行列；人民比較節衣縮食，累積了更多的資本。因爲有更多和更好的資源投入生產，因此它的工農業生產的成長速度比較高，經濟發展比較快。

第二，臺灣的資源生產效率提高得比較快，主要原因是它的生產和管理技術的進步，相對菲律賓迅速。除了提升技術水準以外，改善資源生產效率的其他重要途徑是鼓勵自由交換，勞動分工和促進生產的專業化。

摘　要

1. 因為可用於生產財貨及勞務的資源有限，個別廠商也好，整個社會也好，要想生產多一些的某項產品，必須減少一些其他產品的生產，所減少其他產品生產所遭受的損失，便是增加這項特定產品生產的機會成本。

2. 隨著生產的擴充，每一單位產品的機會成本將會有遞增的情形，這叫做成本遞增法則。

3. 機會成本和貨幣成本有一定關聯，但它們不一定會完全相等。市場競爭愈完全，市場機制運轉愈好，機會成本與貨幣成本會愈接近。

4. 生產可能曲線，代表在一定的技術水準下，特定數量的資源，若是都獲得充分利用，其可能生產的各種產品不同產出組合，它通常不是一條直線，而是一條向外彎的曲線，表示隨著某一產品生產的擴充，每增加這項產品 1 單位的產出，所需要犧牲其他產品的數量將會增加。

5. 生產可能曲線的位置由可用於生產財貨及勞務之資源質量及技術水準來決定，每一廠商或每一國家在某特定期間內，都面對一條特定的生產可能曲線。

6. 當一個廠商或一個國家將生產活動進行到達生產可能曲線上的任何一點，現有資源便達到充分就業狀態，沒有閒置浪費，最高技術效率的理想便算實現，當生產到達這個境界，如果想增加某一產品的生產，其他產品的生產便必須減少。

7. 生產可能曲線每隨時間的推移，會不斷的向外移動，這是經濟成長和發展的一種現象，造成這一現象的原因可以歸納為二項：(1)資源質量的增加，(2)資源生產效率的提高。

問題討論

1. 什麼叫做機會成本？一個物品的機會成本假定是 1,000 元，它的貨幣成本是否也是 1,000 元？或者有時可能會高於 1,000 元？您能說出二者可能差別的原因嗎？

2. 您在沒有進大學以前，假定在一家私人公司做事，年薪是 25 萬元新臺幣，為了進大學唸書，您把這份工作辭掉，在計算大學唸書的機會成本時，您覺得這 25 萬元，應不應該考慮在內？理由何在？

3. 假定您父親是一間公立中學的校長，今年度學校的預算被政府削減 10%，您認為父親會採取那些可能的行動？

4. 某甲現在租屋而居，每年須付租金 8 萬元，他同時在銀行有 100 萬元的存款，年利率是 4%，這 100 萬元正好足夠他用來購買現在租住的房子，從機會成本的觀點，您是否認為他應該拿他的存款去買這棟房子？

5. 什麼叫做生產成本曲線？為什麼通常它不是一條直線，而是一條向外彎的曲線？

6. 為什麼有些國家，在過去二十年，生產可能曲線向外移動會較其他國家來得快？它代表什麼意義？

7. 一個國家對生產資源用在資本財和消費財生產分配上現在所作的決定，對它們國民現在和未來生活水準會有怎樣的影響？您能否藉助生產可能曲線作為工具加以解釋？

第三章　需求與供給

第一節　需求量、需求表與需求曲線

一、需求量（Quantity Demanded）

　　什麼叫需求量呢？它是指某一物品在一定價格下，人們對它所願意和能夠購買的數量。它是可以兌現的，而不只是一種願望。因為個人的財力有限，許多願望最後都可能淪為空想。不能實現的願望，對於市場上各種物品及勞務的需求，不會產生任何的影響，因此它不能構成有效需求。譬如某甲想要購買一部汽車，但卻沒有錢購買，市場上不會因為某甲想要買一部汽車，而使汽車的銷路增加，這種不能實現的願望，不是經濟學上所指的需求。經濟學上所指的需求，是有效需求，它是可以兌現的，是一種能夠實現的願望，亦即某甲如果想獲得一部汽車，必須有能力去購買，市場上汽車的銷路才會增加，某甲的願望才能轉變為市場上的有效需求。因此，經濟學上所指的需求量，是消費者對某一物品在一定價格下所願意而且有能力購買的數量。

二、需求表（Demand Schedule）

　　消費者對某一物品願意並有能力購買的數量，往往視該物品的價格如何而定。譬如，當牛肉每公斤的價格為 100 元時，某一消費者在一定

期間內對牛肉的需求量假定是 5 公斤；當牛肉每公斤的價格變爲 120 元時，他的需求量可能是 4 公斤。把不同價格下，消費者在某一定期間內，對某一物品的需求量列成一表，我們稱爲需求表，它以表列的方式，顯示物品的價格與需求量間的關係。

表 3-1 是某一消費者對牛肉的需求表。整個社會或市場的需求表如何編製呢？茲設此一社會共有甲、乙、丙三個消費者，他們在不同價格下，某一段期間內對玉米的需求量，分別以表 3-2 中第 (2)、(3) 及 (4) 欄表示，把每一消費者在特定價格下對玉米的需求量彙總起來，便是整個社會在這一特定價格下的玉米總需求量。例如，當玉米的每公斤價格爲 5 元時，甲對玉米的需求量是 10 公斤，乙對玉米的需求量是 12 公斤，丙對玉米的需求量是 8 公斤，整個社會在這個價格（5 元）下的玉米總需求量應該是 10＋12＋8＝30 公斤。利用同樣的方法，我們可以分別求出，當玉米每公斤的價格爲 4 元、3 元、2 元及 1 元時，整個社會的玉米總需求量，把這些不同價格及總需求量的組合用表格表示出來，便是整個社會對玉米的總需求表。

表 3-1　某一消費者對牛肉的需求表

價　格（元/公斤）	需求量（公斤）
100	5
120	4
140	3
160	2
180	1

表3-2　整個社會對玉米的總需求表

(1) 價格（元） （公斤）	(2) 甲對玉米 的需求量 （公斤）	(3) 乙對玉米 的需求量 （公斤）	(4) 丙對玉米 的需求量 （公斤）	(5) 整個社會對玉 米的總需求量 （公斤）
5	10	12	8	30
4	20	23	17	60
3	35	39	26	100
2	55	60	39	154
1	80	87	54	221

三、需求曲線（Demand Curve）

　　某一物品價格與需求量的關係可以用需求表來表示，也可以用圖形來表示。茲以圖3-1的縱軸代表牛肉的價格，橫軸代表某一消費者在某特定期間內對牛肉的需求量。表3-1的五種不同價格與需求量的組合，可在圖上的 a、b、c、d、e 五個點標示出來，把這五個點聯成一

圖3-1　某一消費者對牛肉的需求曲線

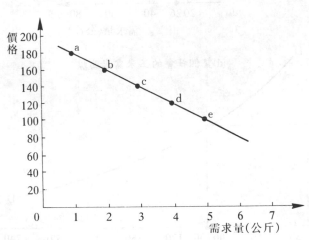

圖3-2　個別消費者與整個社會的玉米需求曲線

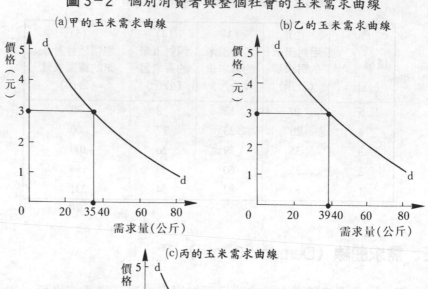

(a)甲的玉米需求曲線

(b)乙的玉米需求曲線

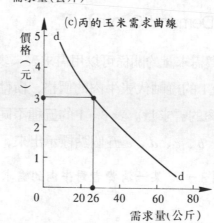

(c)丙的玉米需求曲線

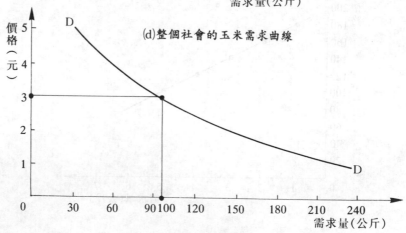

(d)整個社會的玉米需求曲線

線，便是所謂需求曲線。這條曲線自圖的左上方向右下方延伸，它的斜率為負，表示當牛肉價格上漲時，此一消費者對牛肉的需求量會減少；反之，當牛肉價格下跌時，他對牛肉的需求量會增加，價格與需求量朝相反的方向變動。

　　利用同樣的方法，根據表 3－2 所提供的資料，我們可以求出個別消費者對玉米的需求曲線。把個別消費者的需求曲線水平相加，便可以求出總需求曲線，它也是一條從左上方向右下方延伸的曲線，表示價格與需求量有減函數的關係存在（見圖 3－2(d)）。

第二節　需求量的改變與需求的改變

一、需求量的改變

　　需求量的改變（Change in Quantity Demanded）與需求的改變（Change in Demand）在經濟學上的意義不同，需要作一番解釋。需求量的改變是完全受價格的影響，譬如當牛肉每公斤的價格從 100 元提高為 120 元時，某一消費者在某一特定時間所願意及有能力購買數量從 5 公斤減為 4 公斤，即減少 1 公斤，這 1 公斤的減少，是因為價格提高 20 元的緣故，這是需求量的改變，它可以用圖 3－3 所示需求曲線的 D 點轉移到 C 點來表示。

二、需求的改變

　　需求的改變是整個需求表或需求曲線的改變，即在同一價格下，消費者對某一物品的需求量發生變化，它可以用圖 3－4 所示牛肉需求曲線從 D_1D_1 向上移至 D_2D_2，或向下移至 D_3D_3 來表示。

　　從圖 3－4 我們可以看出，在牛肉需求沒有改變以前，它的需求曲

圖3-3　牛肉需求量的改變

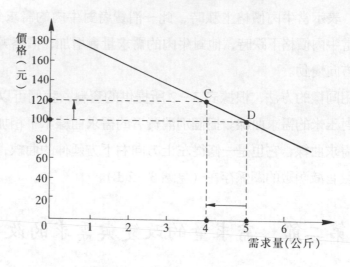

圖3-4　牛肉需求的改變

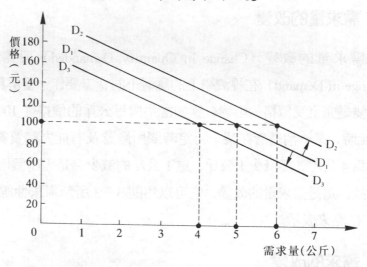

線是 D_1D_1，當每公斤價格為 100 元，需求量是 5 公斤，現在因為影響需求量的價格以外其他因素發生變化，需求曲線從 D_1D_1 上移至 D_2D_2 或下移至 D_3D_3。若是上移至 D_2D_2，每公斤的牛肉價格雖然還是 100 元，它的需求量卻從 5 公斤增至 6 公斤，若是下移至 D_3D_3，即使每公斤牛肉價格仍然維持 100 元，它的需求量將會從 5 公斤減至 4 公斤。以

上二種需求量增減的情況，顯然係受其他因素變化的影響，而與牛肉本身的價格無關。因此，在經濟學，某一物品需求的變化，是指因為受價格以外其他因素的影響，消費者對該物品的需求量發生改變，即在同一價格下，消費者對該物品所願意而且有能力購買的數量增加或減少。

第三節　影響需求的非價格因素

一、替代品或補充品的價格

每一種物品都有若干代替品（Substituting Goods）和補充品（Complementary Goods）。譬如，豬肉是牛肉的代替品，當豬肉價格上漲而牛肉價格維持不變，牛肉的需求量會增加；反之，當豬肉的價格下跌而牛肉的價格維持不變，牛肉的需求量會減少。消費者對牛肉需求量的改變，固然受牛肉本身價格的影響，但也受它的代替品——即豬肉價格的影響。補充品的價格變動，也會引起消費者對某一物品需求量的改變。譬如，汽油價格提高，消費者對汽車的需求量可能會減少；汽油價格的降低可能會增加消費者對汽車的需求量。

二、消費者的偏好

消費者對某一物品的偏好增強，在一定的價格水準之下將會增加對此一物品的需求量；反之，會減少對此一物品的需求量。

三、所得水準

消費者的所得水準與他對所謂正常財貨（Normal Goods）的需求量往往有增函數的關係，即當他的所得提高時，在一定價格水準之下，他會增加對這些物品的需求量；反之，他會減少對這些物品的需求量。在

另一方面，消費者的所得水準與他對所謂劣等財貨（Inferior Goods）的需求量則有減函數的關係，即當他的所得提高時，在一定價格水準之下，他會減少對這些物品的需求量。反之，他會增加對這些物品的需求量。

四、人口數量

人口增加通常會增加對物品的需求量，人口減少則通常會減少對物品的需求量。

五、預期價格

消費者如果預期某一物品的價格可能上漲，他會加速採購，結果會暫時引起對此一物品需求量的增加。反之，消費者如果預期某一物品的價格可能下降，他將會延緩採購，結果會暫時引起對此一物品需求量的減少。

第四節　需求法則

消費者對某一物品的需求量，往往會追隨價格的起伏而增減，在其他因素不變的情況下，某一物品的價格如果下跌，它的需求量往往會增加。反之，它的需求量會減少。換句話說，價格與需求量通常會朝相反的方向變動，這種趨勢，我們稱為需求法則（Law of Demand）。市場上為什麼會有需求法則的存在呢？這有三種不同的解釋：

1.當某一種物品的價格下跌，而其他物品的價格維持不變時，此一物品變得相對便宜，消費者會增加對它的購買。譬如，當牛肉的價格下跌，豬肉的價格維持不變，消費者會以牛肉代替豬肉，即少買豬肉，多買牛肉；反之亦然。

2.當某一種物品價格發生變動，在其他情況不變下，消費者的購買力會發生變動。價格下跌，使他們的購買力提高，價格上升使他們的購買力下降。以同樣的收入，當某一物品價格下跌，因為購買力提高，消費者有能力增加對這一物品的採購，結果對它的需求量增加；反之，當某一物品的價格上升，以同樣的收入，消費者的購買力下降，對此一物品的購買能力削弱，結果是對此一物品的需求量減少。

3.當某一物品價格下跌到某一水準時，原來沒有能力購買的，現在有能力購買。最好的例子是小型電腦，數年前電腦的價格昂貴，大部分的人買不起，現在因為價錢便宜，買得起的人愈來愈多，它的需求量於是迅速增加。

需求法則是建立在其他因素不變的假設上，如果此一假設不存在，需求法則將會失去作用。為什麼會有這種情形呢？原因如前所述，影響某一物品需求量的因素不限於它的價格，許多其他因素對它的需求量都有影響。這些因素包括消費者的偏好、人口數量、收入、對價格的預期、以及相關物品價格的變動。譬如，當某一物品價格上漲時，消費者的收入若是也跟著比例提高，甚至提高得更快，他們對這一物品的需求量可能不但不會減少，反而會增加。就像汽車，今天的價格要比十多年前貴得多，但它的銷售量也增加得很多，原因是十多年來，人口不斷成長，需要購買汽車的人數增加，他們的所得也提高得很多，汽車的價錢雖然貴了，它的需求量反而增加，這不是需求法則失靈，而是影響汽車需求量的價格以外其他因素變了。我們必須記住，需求法則是建立在其他因素不變情況的假設上。

第五節　供給量、供給表與供給曲線

一、供給量（Quantity Supplied）

供給是需求的反面，供給量是指在一定價格下，生產者於一定期間內所願意和能夠提供的某一物品數量。如同需求量一樣，它必須是可以兌現的，能夠做到的，不是一廂情願的想法。譬如，當汽車的價格是 50 萬元的時候，一位汽車製造商希望在一天內能夠提供市場 10 萬部的汽車，可是他的能力辦不到。此一希望不能構成市場的有效供給，供給量必須是在一定價格下，生產者在特定時間內對某一物品所願意而且有能力提供的數量。

二、供給表（Supply Schedule）

某一產品的價格如果改變，生產者對該一產品，在某一特定期間內，所願意和能夠提供的數量會隨著改變。譬如，當玉米的價格為 1 元時，它的供給量是 5 公斤，玉米的價格若增為 2 元，它的供給量將提高為 20 公斤。把不同價格下，生產者在某一特定期間內，對某一物品的供給量列成一表，稱為供給表。它以表列的方式，顯示物品的價格與供給量間的關係（見表 3-3）。

把個別生產者在某一價格下，對某一物品的供給量彙總起來，便是該物品在此一價格下的市場總供給量，將不同價格與市場總供給量的組合列成一表，便是市場的供給表（見表 3-4）。

表 3-3　某一生產者對玉米的供給表

價　格（元）	供給量（公斤）
1	5
2	20
3	35
4	50
5	60

表 3-4　市場對玉米的供給表

價　格（元）	第一位生產者的供給量（公斤）	第二位生產者的供給量（公斤）	第三位生產者的供給量（公斤）	市場總供給量（公斤）
1	5	8	7	20
2	20	26	24	70
3	35	45	40	120
4	50	65	55	170
5	60	75	65	200

三、供給曲線（Supply Curve）

　　某一物品的價格與供給量間的關係也可利用圖 3-5 及 3-6 來表示，該圖的縱軸代表玉米的價格，橫軸代表玉米的供給量。根據表3-3和表 3-4 所提供的玉米價格與某一生產者及市場玉米供給量的資料，我們可以繪出個別的玉米供給曲線和市場的玉米供給曲線（見圖 3-5 及圖 3-6）。

　　供給曲線通常是自圖的左下方向右上方延伸，它具有正的斜率，正

斜率的供給曲線，表示供給量與價格間有增函數的關係存在，它們經常朝相同的方向變動。

圖3-5　個別的玉米供給曲線

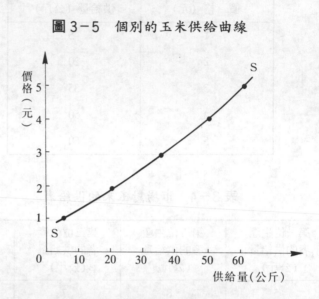

圖3-6　市場的玉米供給曲線

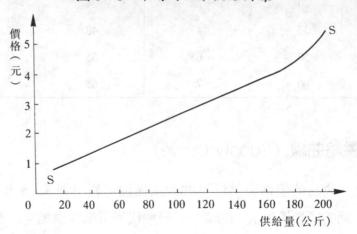

第六節　供給量的改變與供給的改變

供給量的改變（Change in Quantity Supplied）與供給的改變

（Change in Supply）兩者在經濟學上的意義不同。前者是受價格的影響，可用同一供給曲線上點與點間的移動表示出來，後者是受價格以外的因素影響，可用整個供給曲線上下的移動表示出來。圖 3-7 中，S_1S_1 線上 A 向 B 或 B 向 A 的移動，是供給量的變動，S_1S_1 向 S_2S_2 的移動或 S_2S_2 向 S_1S_1 的移動是供給的變動，供給的變動是整個供給表或供給曲線的改變。

影響某一物品供給量改變的唯一因素是該物品的價格，而某一物品供給的改變，更正確的說是某一物品供給表或供給曲線的改變，則與該物品的價格無關，是受其他因素的影響，這些因素中比較重要的有下列幾項：

圖 3-7　供給量與供給的改變

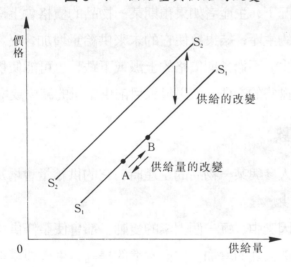

一、技術水準

生產技術的進步會提高資源的利用效率，使同樣的資源能夠生產更多的產品，結果是成本的降低和利潤的提高。生產者因而願意增加產品的生產和供給；反之，生產者將會減少產品的生產和供給。

二、生產要素價格

原材料價格及工資的上漲使生產成本提高，此時產品價格若是維持不變，生產者將會因利潤降低而減少供給；反之，他們會因利潤的提高，而增加對產品的供給。

三、相關物品價格

代替品的價格下跌，通常會使原用於生產代替品的部分資源轉用於生產某一特定產品，結果將使此一特定物品的供給增加；反之亦然。

四、預期價格

在通常情況下，生產者如果預期某一物品的價格會上漲，他會設法增加此一物品的生產，結果會使它的未來供給量增加；反之，會使它的未來供給量減少。不過預期價格的上漲或下跌，也可能使供給者產生一種惜售或急於拋售的心理，結果導致目前供給量的減少或增加。

五、生產人數

當更多的人參與某一物品的生產時，它的供給量會增加；反之，它的供給量會減少。

上述五個因素中，每一個因素的變動，都會使整條供給曲線向上或向下移動。生產人數的增加，技術水準的提高，生產要素與相關物品價格的下降通常會使整條供給曲線向右下方移動，表示即使某一物品的價格不變，該物品的供給量會增加；反之，生產人數的減少，技術水準的下降，生產要素與相關物品價格的提高，通常會使整條供給曲線向左上方移動，表示即使某一物品的價格不變，該物品的供給量將會減少。

第七節　供給法則

　　生產者對某一物品的供給數量通常會隨這一物品價格的漲跌而增減。在其他因素不變之情況下，某一物品的價格如果下跌，它的供給量往往會減少；反之，它的供給量會增加。價格與供給量之間有一種增函數的關係存在，它們往往朝相同的方向變動，此一關係，稱為供給法則（Law of Supply）。市場上為什麼會有供給法則的存在呢？這有以下幾種解釋：

　　1.當某一物品的價格上漲，若是其他因素不變，譬如要素成本及工資不變，生產者的利潤會增加，利潤的增加通常會提高生產的意願，使產品的供給量增加；反之，生產者的利潤會減少，生產的意願會因而削弱，結果將是供給量的減少。

　　2.當某一產品的價格上升，而其他產品的價格等各種因素不變，為了追求更大的利潤，生產者必然會將生產其他產品的部分資源轉移用來生產此一產品，因而使它的供給量增加；反之，他們會將用於生產此一產品的部分資源轉用到更有利的其他產品，因而使此一產品的供給量減少。

　　3.在第二章我們曾提到生產成本遞增法則，在此一法則下，產品的單位成本往往會隨產量的增加而提高，欲使生產者增加供給，必須提高產品的價格，這是供給量與價格每朝相同方向變動的另一個原因。

　　影響某一物品供給量的因素很多，價格只是其中一項因素，不是唯一的因素，捨該一產品的價格以外，生產人數、技術水準、生產要素價格、相關物品的價格、生產者對未來價格的預期等因素，都會對它的供給量有所影響。當這些因素發生變化時，即使該一產品的價格不變，它的供給量也會發生變動。在此我們所要記住的是供給法則是建立在其他

因素不變的假設上，這一假設如果不存在，供給法則會失去靈驗。

第八節　市場的均衡

一、市場均衡的意義

　　當某一物品的供給量等於它的需求量時，市場的均衡乃告實現。如表3－5所示，當豬肉價格每公斤爲 50 元，供給量恰好等於需求量（55,000 公噸）。此時，消費者能夠買到他所想買的豬肉，肉商剛好可以把全部豬肉賣完，價格又能爲雙方所共同接受，市場自然沒有波動的理由，這就是所謂市場均衡（Market Equilibrium）。每公斤豬肉的價格如果變爲 45 元，它的需求量將增爲 60,000 公噸，供給量減爲 45,000 公噸，因爲供不應求，許多人將買不到豬肉，這些人爲了能買到豬肉，一定願意付出更高的價錢，在這一個情況下，豬肉價格要想維持每公斤 45 元殊不可能。

表 3－5　豬肉的供給與需求

價格（元/公斤）	供給量（萬公噸）	需求量（萬公噸）
40	3.5	6.5
45	4.5	6.0
50	5.5	5.5
55	6.0	4.5
60	6.5	3.5

　　在另一方面，豬肉價格若變爲 55 元，它的需求量將減爲 45,000 公噸，供給量將增爲 60,000 公噸，因爲供過於求，肉商要想把全部豬肉

賣出去，只好削價，豬肉的價格要想維持每公斤 55 元也會非常困難。豬肉每公斤的價格若是低於 45 元，供不應求的情形將會更加嚴重，價格當然更加不易維持；反之，豬肉每公斤價格若是高於 55 元，供過於求的情形將會更加嚴重，價格也會更加不易維持，市場的波動勢將難免。

　　市場均衡的決定過程，如果用需求曲線與供給曲線來表示，也許更為清楚。利用表 3－5 提供的資料，我們可以把豬肉的供給曲線（SS）和需求曲線（DD）畫在同一個圖上（見圖 3－8）。在這個圖上，供給曲線與需求曲線相交於 E 點，相對應 E 點，供給量與需求量均為 55,000公噸，豬肉的價格是每公斤 50 元，這是市場均衡實現的情況，此時的價格稱為均衡價格（Equilibrium Price）。如果實際的價格低於均衡價格，將會產生供不應求的現象。譬如，豬肉的價格若降為每公斤 45 元，供給量會比需求量短少 15,000 公噸，價格上漲勢不可免。果爾，供給量將會增加，而需求量將會減少，供給與需求曲線會分別自 A、B 兩點向

圖 3－8　豬肉市場的均衡

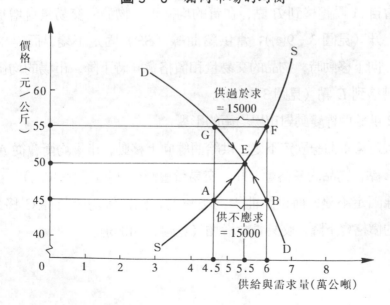

E 點移動，直至到達 E 點，市場恢復均衡爲止。

　　在另一方面，如果實際的價格高於均衡價格，將會產生供過於求的現象。譬如，豬肉的價格若增爲每公斤 55 元，供給量將會比需求量超出 15,000 公噸，價格的下跌勢不可避免。果爾，供給量將會減少，而需求量將會增加，供給與需求曲線會分別自 F、G 兩點向 E 點移動，直至到達 E 點，市場重新恢復均衡爲止。如果市場是在完全競爭的情況下，沒有任何人爲的干擾，它的均衡應該可以經常維持，即使有失衡的情形，將是暫時的現象，均衡遲早會自動恢復的。

二、市場均衡的改變

　　以上我們對市場均衡決定過程的討論，是建立在供給與需求曲線固定不變的假設上面，如果供給與需求曲線發生變動，對市場均衡會發生什麼樣的影響呢?

　　1.需求曲線變動對市場均衡的影響

　　若供給曲線（SS）固定不變，需求曲線（DD）向上移動，市場的均衡會自 A 點轉移到 B 點，在新的均衡下，物品的交易量會增加，價格會上升（見圖 3－9(a)）；當供給曲線（SS）固定不變，而需求曲線（DD）向下移動時，物品的交易量和價格會同時下降，市場的均衡將自 C 點轉移到 E 點（見圖 3－9(b)）。

　　2.供給曲線變動對市場均衡的影響

　　假定需求曲線固定不變，供給曲線向上移動，市場均衡會從 A′點轉移到 B′點，物品的價格會上升，交易量會減少（見圖 3－10(a)）。若是需求曲線固定不變，而供給曲線向下移動，則市場均衡將從 C′移到 E′，物品的價格會下降，交易量會增加（見圖 3－10(b)）。

圖3-9　需求曲線單獨變動對市場均衡的影響

(a)需求曲線單獨向上移動　　　　(b)需求曲線單獨向下移動

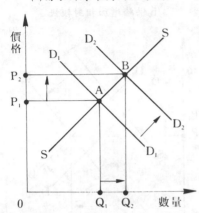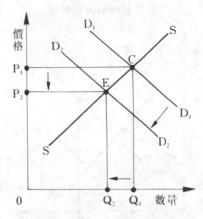

圖3-10　供給曲線單獨變動對市場均衡影響

(a)供給曲線單獨向上移動　　　　(b)供給曲線單獨向下移動

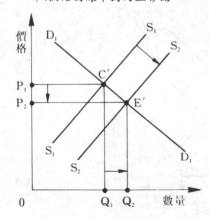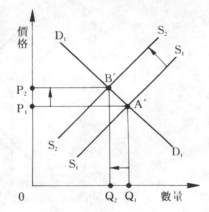

3.供給與需求曲線同時變動對市場均衡的影響

　　當供給與需求同時增加，即供給曲線向右下方移動，而需求曲線向右上方移動，物品的交易量將會增加，價格的變動則視供需增加的相對大小來決定。若需求增加的程度較大，價格會上升（見圖3-11(a)）；若供給增加的程度較大，價格會下降（見圖3-11(b)）；若供需增加的程度相同，價格將維持不變（見圖3-11(c)）。

圖 3-11　供需同時增加對市場均衡的影響

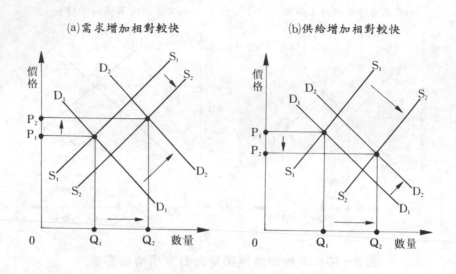

(a)需求增加相對較快　　　　　　(b)供給增加相對較快

(C)供需增加相等

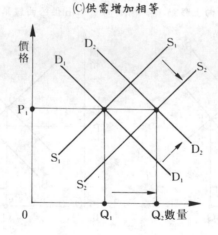

　　當供給與需求同時減少，即需求曲線向左下方移動，而供給曲線向左上方移動，物品的交易量會減少，價格的變動則視供需減少的相對程度來決定。若供給減少大於需求的減少，價格會上升（見圖 3-12(a)）；反之，價格會下跌（見圖 3-12(b)）；在另一方面，若供需減少程度相同，價格將維持不變（見圖 3-12(c)）。

圖 3－12　供需同時減少對市場均衡的影響

(a)供給減少大於需求減少

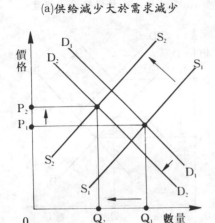

(b)供給減少小於需求減少

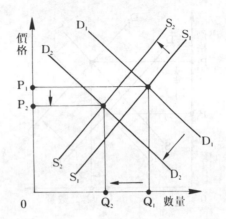

(c)供需減少程度相同

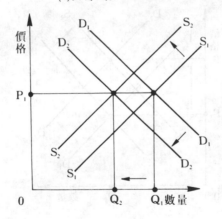

　　當需求增加，供給減少，即需求曲線向右上方移動，供給曲線向左上方移動，價格會上升，交易量的增減則視供需變動相對程度來決定。若需求增加的程度較供給減少的程度大，交易量會增加（見圖 3－13(a)）；反之，交易量會減少（見圖 3－13(b)）；若需求增加的程度剛好等於供給減少的程度，則交易量不變（見圖 3－13(c)）。

圖 3－13　需求增加，供給減少對市場均衡的影響

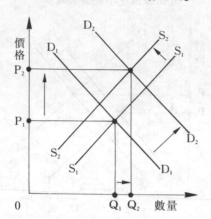

(a)需求增加大於供給減少程度

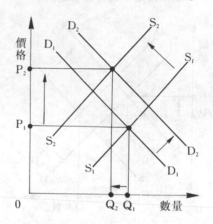

(b)需求增加小於供給減少程度

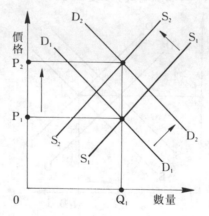

(c)需求增加與供給減少程度相同

　　當需求減少，供給增加，即需求曲線向左下方移動，供給曲線向右下方移動，價格會下跌，交易量的增減視供需增減相對程度而定。若需求減少的程度大於供給增加的程度，交易量會減少（見圖 3－14(a)）；反之，交易量會增加（見圖 3－14(b)）若需求減少的程度剛好等於供給增加的程度，交易量會維持不變（見圖 3－14(c)）。

圖3-14　需求減少，供給增加對市場均衡的影響

(a)需求減少大於供給增加程度

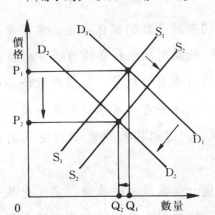

(b)需求減少小於供給增加程度

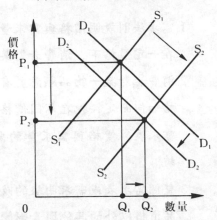

(c)需求減少與供給增加程度相同

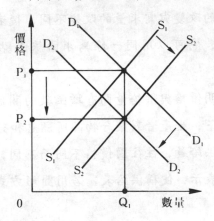

摘　要

1. 需求法則說明價格與需求量間有減函數的關係存在。需求量是指在一定價格下，消費者對某一物品所願意和有能力購買的數量。

2. 消費者對某一物品願意並有能力購買的數量，往往視該物品的價格如何而定，把在不同價格下，消費者的需求量列成一表，稱爲需求表。價格與需求量的關係，若以圖形來表示，便稱需求曲線。

3. 整個需求表或需求曲線的改變，稱爲需求的改變，它是受某一物品價格以外的其他因素影響，這些因素包括：(1)替代品或補充品的價格，(2)消費者的偏好，(3)所得水準，(4)人口數量，及(5)預期價格。需求的改變與需求量的改變不同，後者純粹是受某一物品價格的影響，它可以用同一條需求曲線上點與點間的移動來表示。

4. 供給法則說明價格與供給量間有增函數的關係存在。供給量是指在一定價格下，生產者對某一物品所願意和有能力提供的數量。

5. 某一物品的供給量，往往因價格不同而不同，兩者的關係，若用表格方式來表示，便稱供給表；若用圖形方式來表示，便稱供給曲線。

6. 整個供給表和供給曲線的改變，稱爲供給的改變，它是受某一物品價格以外的其他因素所影響。這些因素包括：(1)技術水準，(2)生產要素價格，(3)相關物品價格，(4)預期價格，及(5)生產人數。供給的改變與供給量的改變不同，後者純粹是受某一物品價格的影響，它可用同一條供給曲線上點與點間的移動來表示。

7. 當供給曲線與需求曲線相交時，市場均衡乃告實現，此時供給量

等於需求量，沒有生產過剩或短缺的現象。因爲價格以外其他因
素的影響，供給和需求曲線會向上下方移動，市場均衡的物品交
易量和價格會因此而改變。

問題討論

1. 經濟學上的需求與一般人所謂的欲望有什麼不同？

2. 何謂需求的變動及需求量的變動？兩者有何不同？

3. 何謂需求法則？爲什麼需求曲線通常是自左上方向右下方延伸？

4. 影響某一物品需求，除了它本身的價格以外，尚有那些重要因素？

5. 供給量和供給的變動有什麼區別？

6. 爲什麼供給曲線會向上下移動？

7. 何謂供給法則？爲什麼供給曲線通常具有正的斜率？

8. 何謂市場均衡？

9. 若供給與需求同時發生變動，產品的均衡價格與數量是否必然發生變動，其理由何在？

10. 以下是《經濟學導論》的需求與供給表，請根據表中所列的資料，將供給與需求曲線分別畫在一張圖上，並指出它的均衡價格和均衡數量。

《經濟學導論》的需求與供給表

價格（元）	需求量（1 年）	供給量（1 年）
200	2,000	0
300	1,000	200
400	500	500
500	250	900
600	125	1,400

第四章　市場經濟活動的主要角色

第一節　家計部門

在市場經濟國家，對經濟活動扮演重要角色的有四個部門，第一個是家計部門（Household Sector）；第二個是企業部門（Business Sector）；第三個是政府部門（Government Sector）；第四個是國外部門（Foreign Sector）。每一個部門有它獨特的功能，彼此並互爲依賴。在這一節，我們首先討論家計部門。

每一個家庭需要住宅、衣著、食物和各種消費品，以維持他們的生活；每一個家庭也擁有各種生產資源，利用這些資源，他們可以取得貨幣收入，用以購買各種生活日用品。舉例來說，經由向廠商提供資本、土地及勞動，每一個家庭可以自廠商取得貨幣報酬，利用這些貨幣報酬，他們可以向廠商購買日常的必需品。在另一方面，企業向每一個家庭出售日用品，從他們取得貨款，然後，利用這些貨款支付自他們手中所取得的各種生產資源代價（見圖 4-1）。

透過市場機能，家計部門會將他們對各種產品需求強度的訊息傳遞給企業部門。同樣的，透過市場機能，企業部門會將他們對各種資源及技術的需要情形告訴家計部門。彼此配合，相互支援。值得注意的是，所有生產資源和產品最後擁有者是個人和家庭而不是企業，所有工商企業的資產都是構成家計部門的個人和家庭所擁有，所有企業的利潤都屬

圖 4-1　家計部門與企業部門的經濟交流

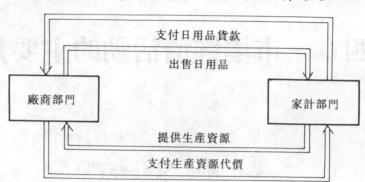

於它們的主人（股東），企業並不實際負擔捐稅，所有捐稅的負擔最後都落在個人和家庭的身上。

　　家計部門是產品和勞務的消費者，也是生產資源的提供者，他們從提供生產資源取得貨幣收入，這些貨幣收入，一部分會用在消費，一部分會用在儲蓄，另外一部分會用在稅捐的繳納。民國 81 年（1992年），臺灣家庭所得收入或個人所得（Personal Income）為新臺幣 4,134,222 百萬元，扣除稅捐後的可支配所得為 3,642,015 百萬元，這些可支配的所得用於消費和儲蓄的分別為 2,903,603 百萬元及 738,412 百萬元❶。消費支出占可支配所得的比重高達將近 80％。

　　臺灣民間消費支出的型態隨著經濟發展有很大的改變。近二十年，即從民國 61 年至民國 80 年，食品飲料及香菸支出在整個消費支出中所占的比重已從 47.81％降為 30.92％；居住支出的比重從 20.78％提高為 25.70％；運輸、交通及通訊支出的比重從 3.53％提高為 8.92％；育樂支出的比重從 7.06％增為 12.82％；醫藥保健支出的比重則從 3.89％增

❶　*Taiwan Statistical Data Book*, 1993, Council for Economic Planning & Development, p.59.

爲 5.40 ％ ❷。民間消費內容若按消費品性質可分爲耐久財、半耐久財、非耐久財及勞務四項，從民國 58 年至民國 68 年，臺灣民間耐久財購買支出占整個消費支出的比重從 3.42 ％提高爲 6.57 ％，勞務支出的比重從 22.70 ％增爲 29.20 ％；在另一方面，同一期間民間半耐久財購買支出的比重則從 14.46 ％降爲 8.13 ％，非耐久財購買支出的比重從 59.42 ％降爲 56.10 ％，這些改變顯示臺灣居民的生活水準在過去二、三十年內的確獲得了顯著的改善。

表 4-1　臺灣民間消費型態的改變

民國 58 年至 68 年　　　　　　　　　　　　　　　　　　單位：％

年　度	合　計	耐久財	半耐久財	非耐久財	勞　務
58 年	100	3.42	14.46	59.42	22.70
59 年	100	3.73	14.31	58.80	23.16
60 年	100	4.02	12.80	57.52	25.66
61 年	100	4.52	9.36	59.15	26.97
62 年	100	4.60	8.65	58.62	28.13
63 年	100	4.67	8.20	59.60	27.53
64 年	100	4.85	7.64	59.80	27.71
65 年	100	5.29	7.70	58.56	28.45
66 年	100	5.31	7.72	58.09	28.88
67 年	100	5.93	7.71	57.17	29.19
68 年	100	6.57	8.13	56.10	29.20

資料來源：行政院主計處編印，《中華民國國民所得》，民國 69 年，41 頁。

前面說過，家庭和個人從提供生產資源取得報酬，根據行政院主計處編印之《中華民國國民所得》，家庭所得有四個主要不同來源：(1)受雇人員報酬，(2)財產與企業所得，(3)來自政府經常移轉，(4)來自國外經常移轉。以民國 68 年爲例，在這四個不同來源中，以受雇人員報酬一

---

❷　同❶, pp. 62～63.

項最爲重要。它在整個家庭所得中所占的比重高達 67.48%，其他三個來源依次爲財產與企業所得，占的比重是 31.92%；來自政府經常移轉，占的比重是 0.39%；來自國外經常移轉，占的比重是 0.21%。因爲企業組織型態的改變，受雇人員在總就業人口中所占的比重不斷提高，屬於家屬及雇主身分的就業人口比重不斷降低，以致家庭所得來自受雇人員報酬所占比重由民國 40 年的 44.13% 迅速提高爲 68 年的 67.43%。來自財產及企業所得的比重在同一期間卻從 55.12% 降至 31.92%，來自政府經常移轉及國外經常移轉的所得，兩者合併所占的比重始終未曾超過 1%，可說是微不足道❸。

　　臺灣家庭所得收入在民國 61 年是 13,452 百萬元，在民國 80 年是新臺幣 4,134,222 百萬元，這些所得在衆多的家庭中分配情形究竟是怎樣呢？是不是有些家庭分配得太多，而有些家庭又分配得太少？貧富不均的情形近二十年來有沒有顯著的改變呢？如果我們將全體家庭按所得收入大小順序，分成五等分。從表 4-2，我們可以看出，第一等分家庭（即最低所得組家庭）所擁有的所得，占整個所得的比重在民國 69 年是 8.82%，在民國 80 年是 7.76%，降低了 0.84 個百分點；在另一方面，最高所得等分（即第五等分）家庭所擁有的所得，占整個所得的比重，在同一期間，卻從 36.80% 提高到 38.60%。由於第一等分家庭所擁有的所得在總所得中所占的比重降低，而第五等分家庭所擁有的所得在總所得中所占的比重則有稍微的上升，因此兩者擁有所得的比率在這段期間從 1：4.17 變爲 1：4.97，顯示臺灣家庭所得分配在近十幾年來有稍爲惡化的現象。

---

❸　行政院主計處編印，《中華民國國民所得》，民國 69 年，35 頁。

表4-2　近二十年臺灣家庭所得分配的變化

單位:%

年　　　度	合　　　計	第一等分	第二等分	第三等分	第四等分	第五等分
61 年	100	8.60	13.35	17.06	22.48	38.61
65 年	100	8.91	13.64	17.48	22.71	37.26
67 年	100	8.89	13.71	17.53	22.70	37.17
69 年	100	8.82	13.90	17.70	22.78	36.80
71 年	100	8.69	13.80	17.56	22.68	37.27
73 年	100	8.49	13.69	17.62	22.84	37.36
75 年	100	8.30	13.51	17.38	22.65	38.16
77 年	100	7.89	13.43	17.55	22.88	38.25
80 年	100	7.76	13.25	17.42	22.97	38.60

資料來源：*Taiwan Statistical Data Book*，1993，Council for Economic Planning & Development，pp. 62~63.

第二節　企業部門

　　企業部門是經濟體系第二個部門，它由許多行業所組成，每一個行業擁有眾多的公司行號，而每一個公司行號又可能擁有若干工廠或分支機構，這些工廠或分支機構在同一個管理系統之下，從事生產、銷售等各種經濟活動。公司行號，有時稱為廠商，有許多不同組織型態，這些不同的組織型態可以歸納為下列三類。

一、獨資（Sole Proprietorship）企業

　　獨資企業是由某一單獨個人所擁有，所有者不但擁有企業的全部財產和生產工具，而且是企業的經營者，獨負盈虧的責任。這種組織型態

企業的好處是：(1)設立容易，(2)管理簡便，(3)富有彈性，及(4)比較少受政府的管制。獨資企業也有一些壞處，這些壞處包括：(1)資金的籌募及積聚，受所有者個人財富、信用能力的限制，比較不容易；(2)缺乏持續性，此一型態的企業，往往會因所有者的死亡而遭致瓦解；(3)所有者必須負起一切管理的責任，往往會力不從心；(4)所有者對企業債務擔負無限責任，企業如果經營失敗，債臺高築，所有者有清償全部債務的義務，他的損失不限於對企業投下的全部資本，私人財產有時也得賠上，往往會因此弄到傾家蕩產。

二、合夥（Partnership）企業

合夥企業是由二人以上組織成立，它是針對獨資企業的缺點而興起的。它擁有諸如：設立容易、管理簡單、比較少受政府管制等各種獨資企業所具有的優點。此外，合夥企業因為結合二人以上的力量，資金的籌集及積聚當比獨資企業容易。如同獨資企業，合夥企業的所有者對企業債務負有無限責任，合夥人中若有欺詐的行為，其他合夥人會受連累，以致遭遇財產的損失；合夥人相互之間對企業經營和管理方式往往會有不同的意見，結果使企業營運遭受阻礙；合夥企業即使集數人之力，融資能力仍然有一定的限度，事業擴充並不容易；合夥人中若有傷亡事件，常常會導致企業的解散或改組，這也是合夥企業的另一個缺點。

三、公司（Corporation）企業

公司企業是根據公司法成立的，它是法人（Legal Persons）。組織公司，必須首先草擬組織章程，把經營項目、融資及管理方式等，列入章程，然後將組織章程送交主管官署批准，並辦理登記手續，較之獨資和合夥企業，它受到各級政府的管制最多。公司型態企業的好處是：

　　1.可以經由發行股票和債券，向社會大眾大量籌募資金，擴充容易，企業規模往往較獨資和合夥企業爲大，可收規模經濟的利益。

　　2.股東對公司的債務責任有限，每一股東可能遭受最大的財務損失限於他在公司所投下的資本，即他所擁有的公司股票價值，公司若是經營失敗，他的其他私人財產不會受到牽連。

　　3.公司型態的企業第三個好處是比較穩定，具有持續性。企業的存在不會因爲所有人的死亡而受到威脅。

　　4.公司型態的企業因爲規模宏大，資金雄厚，管理權與所有權分開，可以雇用第一流的管理人才，並引用最新的生產技術，效率往往較高。

　　公司型態的企業每是政府稅收的主要來源，世界上很多國家對公司利潤都要課稅，我國對公司組織的企業和獨資及合夥企業也要課徵一種所謂營利事業所得稅。因爲公司和個人都要負擔所得稅，私人從公司及其他組織型態的企業所獲得的紅利有重複課稅的情形，即同一所得要交兩次稅。爲了避免重複課稅，國內許多專家學者不時倡議兩稅合一的運動，即把個人綜合所得稅和營利事業所得稅合併爲一個稅，這種構想固然不錯，但政府爲了顧慮稅收的損失，對此一建議恐怕不會輕易採行。

　　企業組織雖然有各種不同型態，但絕大多數的企業都是採獨資和合夥的方式，以美國爲例，72％的企業都是採獨資方式，只有9％和19％的企業是採取合夥和公司型態的。公司型態的企業雖然在數量上占少數，可是它在營業額所占的比重卻很大，仍以美國爲例，該國公司組織型態的企業在財貨及勞務銷售總值中所占的比重高達90％❹。

　　近年來企業經營有日漸集中的趨勢，大型企業的不斷出現，使很多

---

❹　資料來源：*Statistical Abstract of the United States*, 1992, U.S. Bureau of the Census, 1992.

表4-3   不同組織型態企業的得與失

企業型態	利　　益	缺　　失
獨　　資	1.設立容易 2.控制簡單 3.營運自由 4.不受政府太多限制	1.籌資擴充不易 2.缺乏持續性 3.無限債務責任 4.所有者必須負起一切管理責任
合　　夥	1.設立容易 2.管理專業化實施可能性較獨資企業爲大 3.資金籌措較獨資企業容易 4.受政府管制有限	1.所有權的分割在合夥人間易生異議 2.合夥人中若有死亡或撤資事件每導致企業瓦解 3.無限債務責任 4.融資能力有限
公　　司	1.經由發行股票或債券，易於募集大量資金 2.股東債務責任有限 3.具有持續性 4.可以雇用專業管理人才	1.受政府管制很多 2.稅捐負擔較重 3.公司所得與紅利每有重複課稅現象

人擔心，許多經濟活動將爲少數大公司所操縱。它們透過廣告和傳播媒介隨時可以對消費大衆產生誤導，並利用它們雄厚的財力影響立法和政府的決策，它們一切動機是替股東謀取利潤和鞏固他們的經濟權力，而不是服務社會。在美國公司組織的企業，在1989年共有360萬家，其中0.15%即5,500家，資產總值在250百萬美元以上的公司，因爲營業額和利潤非常龐大，它們在該年度負擔了69%全美國的公司所得稅❺。表

❺　Edgar K. Browning, & Jacquelene M. Browning, *Public Finance & The Price System*, 4th edition, Macmillan Publishing Company, 1994, p. 385.

面看來這些公司資力雄厚無比，有足夠的力量可以操縱市場，事實卻不盡然。大公司得與大公司相互競爭，並得與國外同行競爭，而且每一個產品都可以找到一些代用品，每一個生產者必須面對代替品生產者的競爭，不管生產規模多大沒有一個企業能夠完全避免和他人競爭，否則大公司便永遠不會有虧損情形發生。

　　企業部門在一個經濟體系中的主要任務，是自家計部門取得各種生產要素，然後把這些生產要素加以妥善的結合，從事各種財貨的生產及勞務的提供，並將這些財貨及勞務分配給社會大眾。在提供勞務和生產財貨的過程中，他們雇用各式各樣的勞動，為社會創造就業機會，並產生所得，這些所得大部分歸家計部門所享用，其餘的部分則成為政府的主要稅源。沒有企業部門，掌握在個人手中的零星資金將無法匯集在一起，作集中有效的使用；勞動分工和專業化的經營必難以實施，生產規模的擴大也會變得十分困難，經濟進步勢將受到很大的阻礙，企業部門是推動經濟發展的原動力！

第三節　政府部門

　　在實施統制經濟的國家，政府不但直接參與各種經濟活動，人民日常經濟生活也受到政府嚴格的控制。在這些國家，沒有私有財產權，一切生產工具都歸國家所有，舉凡生產的種類、生產的方法、物資的分配，都是由政府作出決定。企業經理人員的責任只是執行上級交付的任務，一切的生產不是為了市場的需要，而是達成上級規定的目標，在這些國家政府的權力是至高無上的，它對經濟活動完全處於支配的地位。

　　在另一方面，實施市場經濟的國家，生產工具大部分都歸私人所有，大部分的企業都是民營企業，舉凡生產的種類、生產方法、財富的分配，都是在市場機能指導下，由個別生產者做出決定，政府在經濟活

動中，只是居於輔導的地位。即使如此，政府對經濟活動的影響仍然是非常廣大的，透過立法和公共財貨的提供，人民的日常經濟生活，直接、間接都會受到政府的一些影響，隨著經濟發展和社會進步，政府的職權正逐漸擴大，政府收支也在不斷增加。

以臺灣為例，在過去二十八年（即從會計年度 1965 年至 1992 年），各級政府的淨收入總額從 23,384 百萬元新臺幣增為 1,716,303 百萬元新臺幣，其占國民生產毛額的比重則從 21.92％增為 30.09％；在同一期間，各級政府的淨支出總額從 22,391 百萬元新臺幣增為 1,674,617 百萬元新臺幣，它在國民生產毛額中所占的比重則從 21.0％提高為 33.0％。在政府總收入中，以 1992 年會計年度為例，第一位是賦稅收入，比重為 52.96％；第二位是公債收入，比重為 18.23％；第三位是公營事業盈餘，比重為 8.17％；第四位是菸酒專賣收入，比重為 3.4％，其他收入的比重為 17.24％。在政府總支出中，經常支出和資本支出在 1992 年會計年度所占的比重分別為 54.58％及 45.42％，以功能性分，政府支出最主要的項目是經濟發展，比重為 26.70％，其他依次為一般政務及國防支出（25.74％），教育科學及文化（20.14％），社會安全（17.33％）❻。

大約在二百年以前，經濟學之父亞當斯密（Adam Smith）在他的名著《國富論》（*An Inquiry into the Nature and Causes of the Wealth of Nations*），提到政府的職能應該限於保障國家安全、維護社會治安、以及提供必要的公共設施，他認為政府不應該參與經濟活動，也不應該對民間的經濟活動加以管制。在亞當斯密的心目中，干預愈少的政府是愈好的政府。事實上，在經濟發展過程中，政府往往扮演一個非常重要的角色，政府的經濟職能涵蓋面非常廣，歸納起來有下列幾項：

---

❻　同❶，pp. 55～159.

一、制訂工商遊戲規則及保障私有財產

　　為了保護私有財產及便利交易契約的履行，政府有責任透過立法，對財產權的定義及立約人的權利義務加以明確的規定；政府也有責任建立度量衡及貨幣的標準，使社會大衆對公平交易具有信心；為了維護國民的健康，制訂各種工作及食物等安全標準，也是政府的責任。

二、維護及促進公平與自由競爭

　　競爭是進步的原動力，在自由競爭之下，每一個人和每一個生產單位，基於自身的利益，必然會力爭上游，想盡辦法提高自己的生產效率，結果必然會促進生產的增加，產品品質的提高，以及生產成本的下降，社會大衆同時蒙受利益。競爭的反面是獨占，獨占情況的發生，往往是因為在同一行業內，公司行號的數目太少，某些公司行號因此對產品的供應和價格取得相當的控制力量，它們往往透過減產來提高價格，獲得巨額的利潤。在獨占情況下，因為產品的價格大於邊際成本，使資源無法獲得最有效的利用。為了維護和促進公平自由的競爭，以提高生產效率，政府有責任透過立法，對獨占行為加以取締或管制，關於獨占的弊害和政府干預的辦法，以後我們會有更詳細的討論。

三、促進財富及所得的公平分配

　　在市場經濟制度之下，財富及所得的分配決定於個人對生產貢獻的大小，而個人對生產的貢獻則主要決定於他對社會所能提供之資源的質與量。凡對社會能夠提供更多和更好資源的人，他的報酬必定更高，收入更豐，對財富的累積也必定更快。這種「各取所值」的分配辦法，若聽其自然發展，政府不加予任何干預，將會使貧者愈貧，富者愈富，所得和財富的分配將會日益集中。

　　出身貧窮之家的人，沒有能力接受良好的教育，缺乏社會所需的技藝，當不可能找到待遇優厚的工作；因爲身無長物，除了出賣勞力，賺取工資維持生活以外，別無其他收入。在另一方面，出身富豪之家的人，有能力接受良好的教育，社會關係良好，容易找到待遇優厚的工作，他們並且擁有父母遺留下來的大量財產，除薪資收入以外，尚有許多財產所得收入。這兩種不同出身的人，在先天上便無法立於平等競爭的地位，他們經濟地位的懸殊只有隨著時間而日益擴大。透過稅課和舉辦各種社會福利的辦法，對富有的人多課一些稅，對貧窮的人多給予一些補貼，使財富和所得的分配不會過分集中，是市場經濟下政府另一項重要的經濟職能。

四、糾正市場機制失靈

　　某些經濟活動常常會產生所謂外部效果（Externalities），這些效果有的是正面的，有的是負面的，正面的效果稱爲外圍經濟（External E-conomy），負面的效果稱爲外圍不經濟（External Diseconomy）。舉例來說，農民對自己田地所種植的作物噴灑農藥，這些農藥可能流失到附近的湖泊或河川，致使棲息在這些湖泊和河川的魚蝦中毒，鄰居捕獲這些魚蝦，不愼食用，健康因此受到損害，這是經濟活動造成負面外圍效果一個很好的例子。製造這個負面效果的農民往往忽視他們所加以旁人的損害，市場價格通常只是反應從他們的口袋裏面所付出去的開支，而無法反應他們的行動對旁人所造成的損害，結果會使一些製造污染的產品生產過多和價格低估的現象。糾正這一現象的辦法，是政府負起禁止這一類產品的生產或課予重稅的責任。

　　在另一方面，有些經濟活動也會產生正面的外圍效果，教育是一個很好的例子。它不但使受教育的人獲得謀生的技能，增加他們的收入，而且替社會製造更多品質優良的勞動人員和更富責任感的良好公民。個

人在決定是不是應該接受某種教育的時候，他所考慮的只是從接受這項教育中他本身會得到什麼好處，至於旁人所得到的好處與他無關，是不會被考慮的。如果教育的費用完全由受教育的本人負擔，站在本身的利益，可能有些人會覺得並不十分值得。在這種情況下，市場價格機能也會失去靈驗，為了糾正市場機能的缺憾，對產生正面的外圍效果的經濟活動，經濟學家主張應由政府給予補貼。

五、提供公共財貨（Public Goods）及公共設施（Social Infrastructure）

財貨有兩種，一種是私有財貨（Private Goods），另一種是公共財貨（Public Goods）。私有財貨只能供所有者單獨享受，如果想享有這種財貨，必須支付代價；公共財貨可以同時供多人享受，一旦提供出來，利益均沾，很難防止別人享受。國防是一個最好的例子，每一項國防措施，對社會大眾提供同樣的保護，沒有人會受到排斥，因為這種財貨一旦提供出來，眾人同時可以享受，自然沒有人會自願付出代價，市場價格機能無法反應對這種財貨的真實需要，這種公共財貨只有由政府負責提供，以稅課方式取得生產此類的財貨所需的財源。

公共設施包括港灣、道路、橋樑、通訊、公共衛生等項，沒有這些設施，私人生產性的投資將會裹足不前。建立這些設施往往需要大量資本，私人財力每難負擔，而且資本收回期間很長，外圍經濟利益很大，需要政府主持或大力協助。

六、維護經濟安定

在市場經濟制度之下，財貨及勞務的供需每有失調現象，經濟活動起伏不定。當經濟繁榮的時候，物價水準往往迅速上升；當經濟衰退的時候，則會有大量工人失業。近一、二十年來，甚至常常出現高度通貨

膨脹與大量失業併存的現象，完全依賴市場機能，無法維持經濟的安定。促進充分就業和防止物價水準的過分波動，因此成爲現代政府另一項重要的經濟職能。

自由競爭的市場經濟，雖然有很多的優點，但也有不少缺點，政府參與和干預經濟活動的主要目的，是要糾正這些缺點。政府對經濟活動的適當參與和干預，不但有必要，而且對促進經濟進步和健全的發展可以作出很大的貢獻。但是，政府對經濟活動的過分參與和干預，卻可能變成經濟進步和健全發展的絆腳石，如何做到恰到好處，則已超出本書討論的範圍。

第四節　國外部門

臺灣是一個海島，本身的自然資源非常貧乏，市場也很小，經濟上需要依賴國外的程度很大。在對外經濟關係中，最重要的是國際貿易。我們每年都要從外國購買很多的物品和勞務，這叫進口，我們每年也有很多的物品和勞務賣到外國，這叫出口。臺灣的進出口貿易在過去四十年成長很快，在 1952 年我們的進出口金額分別只有 2,533 及 1,468 百萬元新臺幣；到了 1992 年，這二項金額已分別增至 1,816,295 及 2,047,963 百萬元新臺幣，共提高了 716 倍及 1,394 倍，因爲進出口的成長遠較國民生產的成長快，在這段期間進出口金額占國民生產毛額（GNP）的比重分別從 14.69％及 8.51％提高到 34.22％及 38.59％。

臺灣進出口占 GNP 比重之高，世界上很少國家能望其項背。進出口比重往往被經濟學家用來作爲衡量一個國家經濟開放的程度，依此標準臺灣經濟可以說是世界上最開放的一個。在進入 1970 年代以前，臺灣每年從國外進口的物品及勞務金額都超過出口到國外去的物品及勞務金額，國際貿易年年發生逆差。自從 1970 年以後，除了 1974 和 1975 兩

年，臺灣每年出口金額都大於進口金額，貿易上年年出超，而且不斷擴大，直到近幾年出超的趨勢才開始減緩。

臺灣從國外進口的物品，一直以農工生產原料為主，它在整個進口金額所占的比重多在 66％至 75％之間上下波動，資本財在整個進口金額所占的比重在 1960 年代及 1970 年代的上半期，約在 30％左右，此項比重在 1984 年降至 13.6％的最低水準，自後又有緩慢回升的跡象。消費品在整個進口金額中所占的比重歷年都在 5％至 10％上下波動，1988 年才超過 10％，目前這項比重約為 13％。臺灣的出口在 1950 年代，90％都是農產品和農產加工品，工業產品出口所占的比重不到 10％，直到 1960 年代中期，工業產品出口金額才超過農產品和農產加工品出口金額。目前（1992 年）工業品在整個出口金額中所占的比重已達 96％，農產品和農產加工品在出口總金額所占的比重已分別降至 0.6％及 3.7％。

臺灣的貿易對象一向以美日兩國為主，直至 1960 年，美國是臺灣物品進口最主要的國家，其次是日本，兩者在臺灣整個進口總金額所占的比重約在 75％左右。自此以後，日本取代了美國，成為臺灣物品進口的最主要國家，它在臺灣進口總金額中所占的比重最高是 1974 年曾達 45％，目前（1992 年）降至約 30％，美國在臺灣整個進口中所占的比重自 1967 年以後已降至 30％以下，目前約為 22％。臺灣物品進口其他主要國家依次為德國、澳洲、香港和新加坡。臺灣物品出口最主要國家，在 1960 年中期以前是日本，之後美國取代了日本的地位，成為臺灣物品出口最主要的國家。該國在臺灣整個出口所占的比重曾一度高達近 50％，自 1980 年代後期此項比重有明顯下降的現象。另外一個值得注意的現象，從 1990 年開始，香港已取代日本，成為臺灣物品出口除美國以外的第二個主要地區，它在臺灣整個出口中所占的比重在 1992 年

已達 19% ❼ 。

　　如果我們把每年出口的金額減去進口的金額，它的差額便是出口淨額（Net Export）。我們在後面將會討論到，出口淨額是構成一個國家總需求的要素之一，它的變動，透過對總需求的影響，會使一個國家的國民生產、就業和物價水準發生變動。國外的任何變動，都會影響到我們的對外貿易，從而影響到國內的經濟活動水平。

---

❼　所有本節所引進的進出口統計資料均來自 *Taiwan Statistical Data Book*, 1993.

摘　要

1. 在市場經濟下，參與經濟活動的主要角色可以分成四個部門：(1)家計部門，(2)企業部門，(3)政府部門，及(4)國外部門，每一個部門都有它獨特的經濟職能，它們也彼此相互依賴，相互支援。

2. 家計部門是財貨的最後消費者，也是勞務及生產資源的提供者，從提供勞務和生產資源，他們取得貨幣收入，這些貨幣收入中約80％均用在消費支出。

3. 臺灣民間的消費型態近年來有不少的改變，隨著時間的推移，食品、飲料及香菸支出在整個消費支出中所占的比重不斷下降。居住、交通、運輸、及育樂等支出所占的比重則不斷上升，耐久財的購買支出較之非耐久財的購買支出也相對增加較快。

4. 臺灣家庭所得的主要來源，是受雇人員的報酬，它的比重在民國68年高達67％。最低20％所得家庭與最高20％所得家庭擁有所得的比率已自民國69年的1:4.17增至民國80年的1:4.97，顯示家庭間的所得分配在過去十幾年有惡化的現象。

5. 企業部門的主要任務是負責財貨的生產和分配，企業的組織型態有三種：(1)獨資，(2)合夥，及(3)公司。每一種組織型態有它的優點，也有它的缺點。論數量，以獨資和合夥型態的最多，公司組織的企業數量上雖然相對較少，但在營業額上所占的比重卻很大。

6. 企業經營雖然有日漸集中的現象，但競爭情況一般仍然相當激烈，大企業的出現似乎沒有嚴重損害市場力量的發揮。

7. 隨著社會進步和經濟發展，政府的經濟職能不斷擴大，為了執行這些職能，政府收支在近年來迅速增加。以臺灣為例，從1965

年會計年度到 1992 年會計年度，各級政府收入和支出在國民生產毛額中所占的比重分別從 21.92% 及 21.0% 提高到 30.09% 及 33.0%。

8. 臺灣各級政府的收入，1992 年最主要的來源是賦稅收入，它所占的比重是 52.96%；其次是公債收入，它所占的比重是 18.23%；再次是公營事業盈餘，它所占的比重是 8.17%。

9. 臺灣各級政府的支出，以經濟發展支出所占的比重最高，其他依次為一般政務及國防支出，教育科學及文化支出與社會安全支出。

10. 在市場經濟下，政府的主要經濟職能為：

   (1)制訂工商遊戲規則及保障私有財產。

   (2)維護及促進公平與自由競爭。

   (3)促進財富及所得的公平分配。

   (4)糾正市場機制失靈。

   (5)提供公共財貨及公共設施。

   (6)維護經濟安定。

11. 依進出口在國民生產毛額中所占比重的標準，臺灣經濟是世界上最開放的一個，臺灣進口和出口在國民生產毛額中所占的比重在 1992 年已分別高達 34.22% 及 38.59%。

12. 臺灣早期的出口主要依賴農產品和農產加工品，現在 95% 以上依賴工業產品。它的進口則一直以農工生產原料為主，消費品進口比重目前只有 13% 左右。臺灣最重要的貿易伙伴是日本和美國，近幾年來香港在臺灣對外貿易所占的地位，其重要性愈來愈為顯著。

問題討論

1. 臺灣民間的消費型態近年來有什麼改變？這些改變顯示的意義何在？

2. 什麼是臺灣家庭收入的主要來源？所得在臺灣家庭間的分配情形如何？近年來臺灣所得分配有些什麼改變？

3. 企業組織有那些型態？為什麼獨資和合夥企業數量上最多？

4. 公司型態的企業有什麼優點和缺點？

5. 企業經營的集中趨勢，會不會影響市場競爭？很多人擔心大企業會壟斷市場，您的看法如何？有什麼根據？

6. 在市場經濟下，政府主要經濟職能是什麼？

7. 臺灣政府收入的主要來源是什麼？那些是政府支出的主要項目？它們所占的比重如何？

8. 在那些情況下，您認為政府對經濟活動的參與和干預有其必要？

9. 臺灣政府對經濟活動的參與和干預是否太多、太少，還是適中？您所根據的理由是什麼？

10. 臺灣對外貿易近數十年在結構上有那些主要變化？它所顯示的意義是什麼？

11. 近幾年來香港在臺灣對外貿易，特別是在出口方面所占的地位愈來愈是重要，您能說出理由嗎？

第二篇
國民所得、就業與
物價水準的決定
（總體經濟學）

第五章　國民生產活動水準的測定

第一節　國民生產活動水準衡量的標準

　　在第一章的第三節我們討論「經濟學的研究範圍和目的」的時候，曾經提到經濟學可以分成總體經濟學和個體經濟學二個部分。在介紹個體經濟學以前，我們想先介紹總體經濟學。研究總體經濟學的主要目的是要了解一個國家的國民生產活動水準是怎樣決定的？為什麼國民生產活動水準常常會有波動的現象？怎樣才能使國民生產活動水準持續穩定的提高？這些問題在以後各章我們會有詳細的討論，現在我們所要討論的是如何衡量國民生產活動水準？經濟學家對衡量一個國家國民生產活動水準提出了很多的方法，最常用的是以下幾種：

一、國內生產毛額（Gross Domestic Product）

　　國內生產毛額是指以市場價格所表示的一國境內，在某一段期間內（通常是一年），所生產的最終財貨及勞務的貨幣價值。只要是在本國境內所生產的最終財貨及勞務，不論其為本國人所生產，或外國人所生產，在計算國內生產毛額時，一律加以考慮。在討論計算國內生產毛額時，以下幾件事情需要注意：

　　1.非法交易或地下交易，諸如走私販毒、黑市買賣，通常是不會向政府報告的，因此無從得知其實際交易價值，國內生產毛額一般無法把

它們反映出來。

2.未經市場交易，自我提供的物品及勞務，以及物品勞務的相互交換，通常也不包括在國內生產毛額內。但也有一些例外，譬如自有自住房屋租金，雇主對雇員免費提供膳宿及一些非現金工資支付，以及供家用的農場產品，通常是會設算包括在國內生產毛額內。

3.為了避免重複計算，凡用以生產其他產品或勞務的原材料及中間產品，以及轉賣給他人的最終產品，在計算國內生產毛額時是不予考慮的。

4.計入國內生產毛額的最終產品及勞務，必須是當年生產的產品及勞務。過去生產而在本年度銷貨的產品與勞務，不計入本年度的國內生產毛額，原因是這些產品及勞務已計入生產當年的國內生產毛額內，若是再予列入，同一產品及勞務計算二次，自然不合理。去年建造的房子，若是今年才賣出去，房子本身的價值將不列入本年度的國內生產毛額。但房子的銷售費用和經紀人的佣金，則須包括在本年度的國內生產毛額。在國民所得帳上，當年生產但未出售的產品，其價值視為是存貨的增加，將列入投資項目。

二、國內生產淨額 (Net Domestic Product)

國內生產淨額是國內生產毛額減去資本折舊後的餘額，它代表一國境內生產的淨增加。

三、國民生產毛額 (Gross National Product)

在一個開放經濟社會，難免有些外國人在本國境內從事物品的生產和勞務的提供，本國人民也會有一些在國外從事物品的生產和勞務的提供。把在國境內所生產的最終產品及勞務價值，即國內生產毛額，減去從國內匯出國外的外國人在本國境內所賺取的各項要素所得，然後加上

由國外匯進國內的本國人在國外所賺取的各項要素所得，便是我們在此處所稱的國民生產毛額。

四、國民生產淨額 (Net National Product)

生產財貨及勞務，需要使用廠房和各種工具設備，這些廠房和各種工具設備經過一年的使用後，必然會有損壞的現象，需要修補或替換。爲了修補或替換損壞了的廠房和其他工具設備，企業往往從銷貨收入中撥出一筆準備金，這在會計帳目上稱爲資本折舊。把資本折舊從國民生產毛額中減去，所得結果，便是國民生產淨額。

五、國民所得 (National Income)

凡是用勞力或財物對生產提供服務因而取得的報酬，稱爲「所得」(Income)。所得必須用生產要素提供的服務去換取，不是用生產要素的服務去換取的收入，不能稱爲所得。譬如，出售房地產及股票等的收入，不能稱爲所得，這是以一種資產交換另一種資產，與生產無關；在另一方面，房地產經紀人，因爲促成房地產買賣，提供服務所取得的佣金，則是所得的一部分；出租房地產所取得的報酬，也是所得的一部分，因爲這是用財物提供服務所換取的收入。

國民所得是整個社會對生產要素的主人，因爲接受他們的生產要素所提供之服務，而給予的一種報償。它包括下列五個項目：

　1.薪資 (Wages)

薪資涵蓋所有藍領及白領階級勞動者的工作報酬，它不僅包括現金報酬，也包括實物配給、佣金、紅利、小帳、及醫療保險等各種福利的支付。

　2.租金 (Rent)

凡提供實質財產——諸如土地、廠房、住宅、機器、工具等——爲

他人所使用而取得的報酬，統稱為租金。房主自用住宅租賃價值通常也須加以設算計入。此外，專利、版稅、及自然資源權利金等也屬於租金的一種。

3.利息（Interest）

在國民所得會計帳上，利息是指企業部門對利用其他部門提供資金，所付予的報酬，減去它本身提供其他部門資金所取得的報酬後的餘額。同一部門內使用資金報酬的給付，是一種移轉性的支付，通常不予計入；非生產性資金使用的報酬給付，也不予計入。

4.公司利潤（Corporation Profit）

它是公司型態企業的毛收入減去一切支出後的餘額，是生產的盈餘。這些盈餘通常被充作三種不同的用途：第一種用途是支付公司所得稅或營利事業所得稅；第二種用途是分配給股東，作為紅利；第三種用途是留存在企業內，作為擴充生產之用。

5.非公司企業營業所得（Proprietors' Income）

企業除公司組織外，尚有獨資及合夥組織，從事這些非公司組織的企業人員，他們將自己的勞力、土地及資本等生產要素，投入自己的企業，他們的事業盈餘代表這些要素的綜合報酬，在國民所得的會計帳上，稱為非公司企業的營業所得。

國民所得也可以從國民生產毛額減去兩項非所得費用（Nonincome Expense），即資本折舊和間接由企業向政府繳納的各種稅捐中得出。

六、個人所得（Personal Income）

個人所得是指家計部門在某一特定期間內實際的收入。這些收入有的是從提供生產要素服務所換來的報酬，有的是移轉性的贈與。從國民所得中減去家計部門實際沒有收到的生產要素報酬部分，諸如社會保險金、公司所得稅、以及未分配給股東的稅後公司盈餘等，然後加上政府

與企業部門對家計部門的移轉性贈與，諸如許多社會福利給付、失業救濟、及災難救助等，便是所謂個人所得。它代表個人及家庭經由各種方式實際所取得的收入。

七、可用或可支配所得（Disposable Income）

從上述的個人所得中，減去直接由個人支付的各種賦稅，便是可用所得。直接由個人支付的賦稅以個人所得稅最為重要。顧名思義，可用所得乃代表個人可以自由支配的所得，這些所得大部分是用在消費，其餘的部分則用在儲蓄。

第二節　國內生產毛額計算方法

用來衡量國民生產活動水準的各種方法中，近年來為世界各國最常用的一種方法是國內生產毛額，我們有必要對這一衡量標準的計算方法做比較詳細的討論。

一、附加價值法（Value-Added Approach）

國內生產毛額，是用市場價格所計算出來的一個國家境內在某一特定期間內，所生產出來的最終財貨及勞務的價值。所謂最終財貨及勞務，是指專供購買人直接享受或使用的財貨及勞務，供企業加工用的原料和中間產品，以及轉售用的財貨不包括在內。

舉一個例子來說，一輛供個人或家庭使用的汽車，是最終財貨，而生產這輛汽車所耗用的鋼鐵、橡膠、木材、油漆等則屬於原料或中間產品，一部汽車的價值裏面已包含了生產這部汽車所耗用的各種原料及中間產品的價值。在計算國內生產毛額時，如果再把這些原料及中間產品的價值計算進去，便會有重複計算的情形，為了避免重複計算，我們可

以採用附加價值的方法。

在生產和分配的過程中，每一項產品都會有若干次的轉手，每經一次的轉手，它的價值都會有一些增加，這些新增的價值，便是所謂附加價值。譬如，麵粉廠向農民買進一擔的小麥，價值 50 元，輾成一袋的麵粉，這袋麵粉賣給麵包廠，假定是 100 元，為了製造一袋的麵粉，麵粉廠除了向農民買進一擔小麥付出 50 元外，尚有電費等各項開支，這些開支假定一共是 20 元，麵粉廠對這袋麵粉所增加的價值只有 30 元（= 100 - 50 - 20）。按照這個方法，把每一個物品生產和勞務提供的單位在生產和分配過程中，所貢獻的價值彙總起來，便是全部產品的附加價值總和，也就是我們所謂的國內生產毛額，每一個物品生產和勞務提供的單位，在生產和分配過程中所貢獻的價值，可以從它們的銷貨收入減去進貨成本求得。

二、支出法（Expenditure Approach）

採用這一個方法，在計算國內生產毛額時，只須將家計部門、政府部門、企業部門、以及外國消費者花費在本國所生產的最終財貨及勞務支出，加以彙總便可求出。這些支出可以歸納為下列幾項：

1.個人及家庭的消費支出

這一項支出包括個人及家庭因向他人購入耐久財（不包括房舍購入，房舍購入支出在國民所得帳上視為投資）、非耐久財及勞務等所作的一切支出。耐久財與非耐久財的區分在於它的耗用能否持續在一年以上，如果能夠持續在一年以上，便稱為耐久財，否則便稱為非耐久財。通常家庭電器用具、汽車、傢俱等是屬於耐久財，食物、衣著等則視為非耐久財。至於理髮、修理房舍、工具、以及支付律師、會計師的費用，則屬於勞務支出。個人及家庭消費的財貨，有些不一定購自市場，如自有住宅和農場自用的農畜產品，它們的價值，得按市價估算，併入

考慮。

2.私人投資支出

經濟學上所謂的投資，並非一般人所指的股票及債券買賣等金融性的投資，這些金融性的投資只是以一種資產交換另一種資產，所涉及的只是權利憑證的移轉，並不代表當期國民產出的增加。經濟學上所謂的投資，是指可以擴充生產能量，增加產出的實質支出，它包括：(1)生產工具及機器的購置，(2)住宅、房舍、廠房、道路、及橋樑等的興建，以及(3)存貨的增加。投資有淨投資（Net Investment）與毛投資（Gross Investment）之分，前者是指資本存量的增加，後者是資本存量的增加加上當期的資本折舊。

3.政府購買支出

這項支出包括地方、省及中央各級政府因為購買財貨及勞務所作的一切支出。社會福利及失業救濟的支出不包括在內，因為這些支出只是所得移轉，與財貨及勞務的生產無關。

4.淨出口

一國境內所生產的財貨及勞務，大部分固然是供作國內使用，也有一部分是出口供國外使用，這些出口的財貨及勞務，因為是本國境內人民所提供，自然應該計入國內生產毛額。在另一方面，進口的財貨與勞務，係國境以外的人民所生產和提供，依理不應該計入國內生產毛額，所以必須剔除。換句話說，國內生產毛額除了包括個人及家庭的消費支出、私人投資支出以及政府購買支出以外，尚包括出口減去進口後的差額。出口若是超過進口，國內生產毛額增加；反之，國內生產毛額減少。

三、所得法（Income Approach）

利用這個方法以計算國內生產毛額，只須將生產過程中所產生的薪

資、租金、利息、及利潤等生產要素所得加以彙總，然後加上企業向政府繳納的間接稅及資本折舊即可求得。其計算公式為：

國內生產毛額
＝國民所得＋資本折舊＋間接由企業向政府繳納的各種稅捐

政府對財貨及勞務所課徵的許多稅捐，諸如營業稅、貨物稅、關稅等，通常係由企業負責向政府繳納，每被企業視為生產成本的一部分，而反映在價格上面。按照市價所估計的國內生產毛額自然包括這些稅捐。政府自企業取得這些稅捐收入，並不是因為政府對企業提供生產要素，這些稅捐收入並不是生產要素的所得，因此不計入國民所得，從國民所得換算成國內生產毛額，必須針對這些稅捐項目加以調整。

同理，資本折舊代表生產設備的損耗，是財貨及勞務生產成本的一部分，必然反映在市價上面，按照市價所計算的國內生產毛額自然也包含這一個項目。企業為了補充或替換破損及陳舊的設備，往往按期從收入中撥出一筆「折舊準備金」，這一項準備金是專供設備修補及替換之用，而不分配予任何生產要素的提供者，因此也不列入國民所得，從國民所得換算成國內生產毛額，當然也需要針對此一項目作適當的調整。

計算國內生產毛額所用的市場價格，有當年度的市場價格和基期的市場價格之分。利用當年度的市場價格所計算出來的國內生產毛額稱為名目國內生產毛額（Nominal Gross Domestic Product）；利用基期的市場價格所計算出來的國內生產毛額，稱為實質國內生產毛額（Real Gross Domestic Product）。兩者在沒有通貨膨脹的情形之下，才會一致，如果有通貨膨脹情形的發生，實質的國內生產毛額會小於名目的國內生產毛額，兩者之差是通貨膨脹的結果。名目國內生產毛額除以實質國內生產毛額再乘以 100，所得結果經濟學上稱為國內生產毛額平減指數（GDP Deflator），它是物價指數的一種。

第三節 國內生產毛額與國民福祉

一個國家在總體經濟方面的成就和進步，可以反映在以下很多方面：國民營養的改善、平均壽命的延長、學齡兒童就學率的提高、文盲比率的降低、醫藥衛生的進步、報紙雜誌發行的增加、以及正當娛樂活動的增加等。以上所述各種現象，都足以顯示一個國家經濟的進步，可是上述任何一項指標所顯示的經濟進步，都只是局部的和片段的，難免以偏概全。比較能夠反映整個經濟進步和國民生活水準提高的指標，要算是國內生產毛額，它是一個綜合的指數，可以顯示可供全民利用之財貨的多寡，以及國力的強弱。作爲衡量全民福祉的尺度，國內生產毛額卻有不少缺點，茲簡述如下。

一、未經市場交易的財貨及勞務

一個國家在某特定期間所生產和提供的財貨及勞務，有些並未經過市場交易，這些未經市場交易的財貨及勞務，除了屋主自用房舍及供自用的農場產品以外，習慣上在計算國內生產毛額時是不予考慮的。例如，家庭主婦爲了照應小孩、烹飪食物、清掃庭院等所提供的勞務，它的價值在習慣上是不計入國內生產毛額的。學校或其他公共團體舉辦運動會、音樂演奏會、或放映電影，若是不收門票，這些勞務也是不計入國內生產毛額的。如表 5－1 所示，在有些國家這些未經市場交易的財貨及勞務，若按市場價格估算並計入國內生產毛額，將可使國內生產毛額增加 32％至 49％，臺灣因爲沒有這些資料，無從推測。

表 5-1   自我提供勞務占 GDP 比重

澳洲	49%
法國	46%
美國	44%
加拿大	41%
德國	32%

資料來源：Ann Chadeau, "What is Household's Non – Market Production Worth?" OECD Economic Studies, No. 18.

二、非法及地下交易

有些產品及勞務雖然經過市場，可是它們是違禁品，買賣這些物品及勞務是犯法的行為。譬如，走私物品、烟毒、賭具、及色情等交易都是非法的，它們雖然有市價，可以估計，但不會反映在國內生產毛額上。有些勞務的交易雖然是合法，但報酬的支付是採取地下方式進行的，在會計帳表上是沒有登記的。譬如，到理髮店理髮，到餐館吃飯，客人通常都會給些所謂「小費」，這些「小費」是不入帳的，通常也不會反映在國內生產毛額上。在美國這些非法及地下交易的物品及勞務價值，據估計約等於該國 GDP 的 10％乃至更高❶。

三、閒暇時間

國內生產毛額的增減，可能是大衆平均每週工作時間延長或縮短的結果。因為工作時間延長，使國內生產毛額增加，有所得也有所失。所得的是有更多和更好的物品及勞務可以享受；所失的是休閒活動減少，

---

❶   William J. Baumol & Alan S. Blinder, *Macroeconomics: Principles & Policy*, 6th edition, The Dryden Press, 1994, p. 112.

以致身心較爲疲憊。在這種情形之下，國內生產毛額之提高，對整個國民福祉的貢獻是很值得懷疑的。

四、產品的組合

國內生產毛額是最終財貨及勞務市場價值的總和，從國內生產毛額，看不出產品和勞務的組合。國內生產毛額雖然提高，但所生產的財貨及勞務是否能適合和滿足全民的需要，都無從知道。增加槍炮的生產，可以提高國內生產毛額，可是我們是否眞的需要那麼多的槍炮？衆所週知，菸酒消費會損害健康，但在計算國內生產毛額時，這些有害的物品和其他的物品是同樣處理的。

五、所得分配

國內生產毛額的增加，固然表示我們社會有更多和更好的物品及勞務，但這並不能保證每一個人都能分享這個成果。隨著國內生產毛額的增加，若是財富及所得的分配愈爲集中，少數人的生活水準雖然獲得大幅度的提高，升斗小民卻依然固我。這種情形若是眞實的寫照，又有什麼值得我們喝采和歡呼？

六、不良的副作用

伴隨經濟活動的擴張，工業化及都市化程度通常會日益加深，公共設施的建設往往趕不上其他生產建設，結果交通擁塞、空氣及水污染、生態破壞的現象將陸續出現；生產規模及分工專業化程度亦必隨經濟活動的擴張而日形擴大，其結果是所有權與管理權的分離，多數人以僱傭爲主，工作呆板機械，生活緊張。上述各種現象在經濟發展、國內生產毛額增長過程中，幾乎無法避免，發展愈快，這種現象愈爲嚴重。社會上每一個成員都會覺得愈難以適應，國內生產毛額的計算，對這些

不良的副作用，通常都沒有給予適當的考慮。

七、資本折舊與自然資源的損耗

資本折舊代表在生產過程中各種固定生產設備，諸如機器、工具及廠房的損耗，這些損耗必須從生產中減除，否則資本存量將會減少，國民福祉因而會受到影響。糾正這一個缺點的辦法是將資本折舊從國內生產毛額中減除，即以國內生產淨額，代替國內生產毛額。國內生產淨額因為考慮資本折舊，雖然更能反映國民福祉，可是仍然不能算是測定國民福祉的一個很好指標，原因是它和國內生產毛額一樣，沒有考慮自然資源的耗竭。舉一個很簡單的例子來說，為了增加國內生產毛額或國內生產淨額，我們可以增加樹木的砍伐，這樣做木材的生產固然增加了，可是我們的森林資源卻消失了。衡量國民福祉，允宜把因增加生產所耗竭的自然資源給予適當的考慮。

八、人口的增加

國內生產毛額的增加，並不足以顯示國民生活水準的提高，原因是隨著國內生產毛額的增加，人口數量可能增加，若是兩者增加的速度相同，或是後者增加的速度大於前者，每人所能分配到的財貨及勞務，將維持不變，甚至降低，平均國民生活水準自然沒有提高的可能。忽視人口數量的變動，是國內生產毛額作為國民福祉指標的另外一個缺點。就此點而言，我們可以改用平均每人國內生產毛額（國內生產毛額÷人口數量）來代替國內生產毛額，它將更能反映生活水準的變化。

美國耶魯大學經濟學家諾德霍斯（William Nordhaus）及託賓（James Tobin）鑒於傳統方法所計算出來的國內生產毛額，不足以正確顯示經濟福祉的實際變化，爰特從傳統方法所計算出來的國內生產毛額中，減去一些「負項」，亦加上一些「正項」，經過這些調整後的國內生

產毛額，稱之爲經濟福利尺度（Measure of Economic Welfare，MEW）❷。「負項」主要包括：⑴用於罪犯防止及增強國防的費用。他們把這一項支出作爲「負項」處理的理由是，我們所處的世界危險性與日俱增，爲了安全水準能夠維持像過去一樣，必須花費更多的金錢在罪犯的防止及國防安全上面，這些費用的開支只是確保社會的安全不會惡化，對改善社會福祉並沒有積極的貢獻，因此必須從國內生產毛額中減除。⑵居住環境的惡化。包括諸如交通的擁塞、空氣及水的污染、自然生態的破壞等。爲了維護適當的居住環境，必須在交通的疏導、污染的防治、及生態的保持方面增加經費，這些支出的增加和前項一樣，只是消極的防止居住環境惡化，對改善社會福祉沒有作出積極的貢獻，因此應該當作減除的項目來處理。

　　諾德霍斯和託賓心目中的「正項」包括：⑴閒暇的增加。閒暇與所得同樣產生效用，給人一種滿足，彼此有替換關係存在。閒暇的增加，必須與財貨及勞務生產增加一樣，計入國內生產毛額，才更能反映國民福祉的變化。⑵未經市場交易的勞務與財貨價值。利用傳統方法計算國內生產毛額時，凡經市場的交易勞務及財貨，均須加以考慮，例如市面上的洗衣店替顧客洗衣服，收取費用，這些費用是構成國內生產毛額的一部分。同樣的，勞務由自己或家人免費提供，其價值照理應該設算計入，否則無法反映財貨及勞務實際生產情形，國民福祉將因此而被低估。

　　根據諾德霍斯及託賓教授之計算，自 1929 至 1965 年，美國實質國內生產淨額（國內生產毛額－資本折舊）平均每年增加 3.1%，而經濟福利尺度在同一期間平均每年只增加 2%，經濟福利的增加速度趕不上

---

❷　William Nordhaus and James Tobin , Is Growth Obsolete? Washington, D.C. : National Bureau of Economic Research, General Series 96, 1972.

財貨及勞務生產增加的速度。如果把資源耗竭的情形一併考慮，前者較後者落後的情形將會更加嚴重。

第四節　所得及產品的週流

本節旨在說明一個國家在某一段期間所生產的財貨及勞務和從財貨與勞務生產中所創造的所得，如何從某一個部門轉移到另外一個部門。為了說明的簡便起見，我們假定經濟社會只包括家計與企業兩個部門，這個經濟沒有政府部門，跟國外也沒有任何經濟上的往來。我們進一步假設，家計部門沒有任何儲蓄，全部所得立即用於消費品的購買，而企業部門在生產完成後，立即將所生產的全部消費品賣給消費者——即家計部門，在這樣一個簡化的社會，產品和所得的週流可用圖 5-1來表示。

圖 5-1　兩部門產品及所得的週流

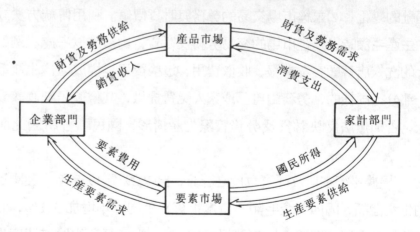

圖 5-1 有內外兩圈，外圈指出實質財貨及勞務沿著順時鐘方向流通，而內圈則指出貨幣收支沿著反時鐘方向流通。連繫企業和家計部門的是產品和要素兩個市場，產品市場位於圖 5-1 的上方，從這個市場，

家計部門向企業部門購買後者所生產的財貨及勞務；圖 5-1 的下方是要素市場，透過這個市場，企業部門從家計部門獲得資本、勞動及自然資源等各種生產要素。家計部門因為提供各種生產要素而自企業部門取得報酬，這些報酬包括薪資、利息、租金及利潤所得，這些所得之和我們稱為國民所得。在另一方面，企業部門因為提供財貨及勞務，自家計部門取得貨款的收入，各項貨款收入的總和，稱為國民產出。在這個簡化的社會，國民產出必須等於國民所得，這可以從兩方面來加以解釋：

　　1.在我們設想下的簡化社會，假定家計部門所有收入，會立即全部用於消費品的購買，而企業部門只生產消費品，在生產完成後，他們立即將全部產品賣給家計部門，家計部門的購貨支出必須等於企業部門的銷貨收入。因此，國民產出必須等於國民所得。

　　2.企業部門因為提供財貨及勞務，自家計部門取得貨款的收入，從這些收入中減去原料及中間產品的費用，便是最終產品及勞務的價值，也就是國民產出。這些國民產出的收入除了用以支付薪資、租金及利息以外，若有剩餘便是所謂利潤，而這些利潤最後還是歸於家計部門。原因是所有企業均為家計部門所擁有，包括利潤在內的各種生產要素報酬應該等於家計部門的全部收入，全部要素報酬必須等於國民所得。據此推理，國民所得與國民產出必須相等。

　　現實社會要比我們設想下的簡化社會複雜得多了。在現實社會下，除了企業和家計部門外，尚有政府部門；產品和要素市場以外，尚有專司貨幣借貸的金融市場。家計部門的收入並非全部立即用於消費品的購買，部分的收入是被儲蓄起來的；企業部門除了生產消費財，同時也生產資本財；現實社會通常與國外都會有一些經濟上的往來，在這樣一個社會，產出與所得週流的情形可用圖 5-2 來表示。

　　從圖 5-2，我們可以看出，家計部門是生產資源的供給者，而企業部門則是金融市場資金的使用者和最終財貨及勞務的供給者。透過金融

圖 5-2 四個部門產品及所得週流

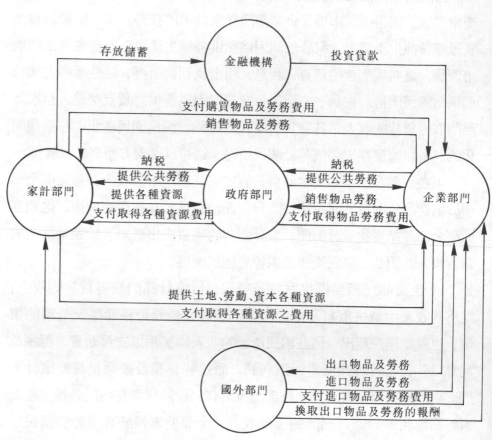

市場和要素市場，家計部門將未用於消費的所得─即儲蓄和其他生產資
源，交給企業部門使用。企業部門則將所生產的財貨及勞務透過產品市
場賣給家計部門使用。家計部門因提供資金和其他生產資源，而從企業
部門取得報酬；企業部門因出售財貨及勞務，而向家計部門收取貨款。

　　政府部門與其他經濟部門的聯繫係透過下列三種方式進行。第一
種方式是家計部門和企業部門向政府部門繳納各種稅捐，同時政府部門
也向企業部門和家計部門提供國防等公共服務；第二種方式是政府透過
市場向企業部門採購物品並從家計部門取得資源，政府對所採購物品和

取得資源，向企業部門及家計部門支付貨款；第三種方式是政府透過金融市場向企業和家計部門發生借貸關係。

一個國家和國外發生經濟關係也有三種方式可循。第一種方式是從國外進口財貨及勞務，對進口財貨及勞務貨款的支付，代表資金從國內向國外流出，在實際上每一個部門都可能直接向國外進口財貨及勞務，但在我們流程圖上所顯示的卻只有企業部門向國外進口；第二種方式是將國內所生產的產品及勞務銷售國外，出口貨款的收入代表資金從國外流入國內，這些內流資金在我們流程圖上是經由企業部門取得，然後以要素費用方式流向家計部門；第三種方式是透過金融市場向國外借款或貸款，以彌補進出口貿易的差額。

家計部門除了將所得用於購買國內所生產的消費品以外，尚有其他三種處理方式，即 (1)儲蓄，(2)納稅，及(3)進口。這三種處理所得的方式都與國內產品市場無關，透過這三種方式，家計部門並沒有將所得用在國產消費品的購買。凡是被用於儲蓄、納稅和進口的所得部分，在所得週流上是一種「漏巵」（Leakages）。與漏巵相反的是所謂「注入」（Injections），它包括投資、政府採購及出口，透過這些方式，資金流入國內產品市場，代表非家計部門對本國產品的採購。如果投資者、政府、及外國對本國產品計畫採購的數量恰好等於滿足國內消費需求以外本國生產的剩餘，則「漏巵」恰好等於「注入」，整個經濟將可達於均衡的狀態。有關這點，以後會再更爲詳細的討論。

摘　要

1. 一個國家經濟活動水準的高低，有很多衡量方法，比較常用的包括：(1)國內生產毛額，(2)國內生產淨額，(3)國民生產毛額，(4)國民生產淨額，(5)國民所得，(6)個人所得，及(7)可用所得。

2. 國內生產毛額是一個國家境內，在一定期間內（通常是一年），所生產的最終財貨及勞務，用市場價格所表示的貨幣總值。國內生產毛額減去資本折舊等於國內生產淨額。國民生產毛額是國內生產毛額減去從國內匯出國外的外國人在本國境內所賺取的各項要素所得，然後加上由國外匯進國內的本國人在國外所賺取的各項要素所得。國內生產毛額減去資本折舊等於國內生產淨額。國民所得是全體國民提供生產要素所得報酬的總和，它包括薪資、租金、利息和利潤四個部分。個人所得是指家計部門在某一特定期間內的實際收入，可用所得又稱為可支配所得，是減除直接由個人支付的各種賦稅後的個人所得。

3. 計算國內生產毛額，有三種常用的方法：(1)附加價值法，(2)支出法，及(3)所得法。

4. 利用當期價格所計算出來的國內生產毛額，稱為名目國內生產毛額；利用基期價格所計算出來的國內生產毛額，稱為實質國內生產毛額。

5. 國內生產毛額是測定一個國家經濟活動水準最常用的一種指標，但卻不是測定一個國家國民福祉的完善指標。作為國民福祉指標，國內生產毛額的缺點是沒有考慮到下列各項：(1)未經市場交易的財貨及勞務，(2)非法及地下交易，(3)閒暇時間的增減，(4)產品組合，(5)所得分配，(6)經濟發展的副作用，(7)資本折舊

與自然資源的耗竭，及(8)人口的增加。

6. 鑒於傳統方法所計算出來的國內生產毛額，不足以正確顯示國民福利實際的變化，美國耶魯大學的諾德霍斯和託賓教授建議從國內生產毛額，減去一些「負項」，並加上一些「正項」，經過這些調整後的國內生產毛額，稱爲經濟福利尺度。

7. 一個國家的生產資源以及在某一段期間所生產的產品及勞務和從財貨與勞務生產中所創造的所得，如何從某一個部門轉移到另外一個部門，可用週流圖來表示。凡是被用於儲蓄、納稅和進口的所得部分，在所得週流上，是一種「漏巵」。與漏巵相反的是所謂「注入」，它包括投資、政府採購及出口。當計畫中的漏巵恰好等於計畫中的注入時，整個經濟便可達到均衡狀態。

問題討論

1. 試分別對國民生產毛額、國民生產淨額、國內生產毛額、國內生產淨額、國民所得、個人所得、及可支配所得下一個定義。

2. 用附加價值法計算國內生產毛額的原因何在？試舉例以說明之。

3. 試就支出面與所得面兩種不同角度，說明國內生產毛額的來源。

4. 二手貨交易所產生的價值，應否計入國內生產毛額？原因何在？

5. 爲什麼進口物品與勞務不計入國內生產毛額，而出口物品與勞務卻計入國內生產毛額？原因何在？

6. 作爲國民福祉的指標，國內生產毛額有那些缺點？

7. 較之國內生產毛額，「經濟福利尺度」是否更能反映國民福祉的變化？原因何在？

8. 何謂產品及所得週流圖？它有什麼功用？

9. 下列項目中那些計入國內生產毛額？被包括在內的每一項目可增加國內生產毛額多少？

　⑴ 張先生花 20,000 元請了一個木匠替他做了一個客廳的門。

　⑵ 李先生花了 30,000 元購買材料，自己蓋了一個值 50,000 元的涼臺。

　⑶ 陳先生在今年賣了一棟舊房子得價 2,000,000 元，在同一年度他花了 5,000,000 元買回一棟全新的房子。

　⑷ 臺北市政府今年花了 400,000 元買了一座新的電腦。

　⑸ 李先生投入 500,000 元買了 5,000 份的某一公司股票。

第六章　總需求與總供給

第一節　總需求曲線

欲了解一個國家經濟活動水準高低如何決定，我們必須了解爲什麼廠商有時會增加物品及勞務生產，有時又會減少物品及勞務生產？爲什麼消費者有時會增加物品及勞務購買？有時又會減少物品及勞務的購買？在第三章我們曾經利用需求曲線和供給曲線，說明有關個別物品均衡產出和價格決定的問題。我們同樣可以利用總需求曲線（Aggregate Demand Curre）和總供給曲線（Aggregate Supply Curve）來探討有關一個國家均衡總產出和價格水準的決定問題，這一節我們首先介紹和討論總需求曲線的意義和特性。

當我們討論個別物品需求曲線的時候，曾經指出它是用以表示某一物品價格與需求量關係的一條曲線。如同圖 6-1 所示，個別物品的需求曲線是一條從左上角向右下角延伸的曲線，具有負斜率，表示某一物品的價格與它的需求量間有減函數的關係。即當某一物品的價格上升時，在其他條件不變情況下，該物品的需求量會減少，反之，該物品的需求量會增加。

如同個別物品需求曲線一樣，總需求曲線也是一條從左上角向右下角延伸的曲線（見圖 6-2），所不同的是圖 6-2 的橫軸不是代表個別物品的需求量，而是代表一個國家的總產出，而整個國家在某一特定時間

圖6-1　個別物品的需求曲線

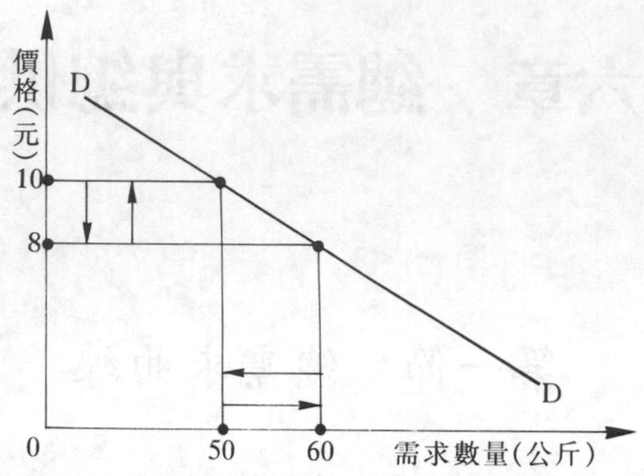

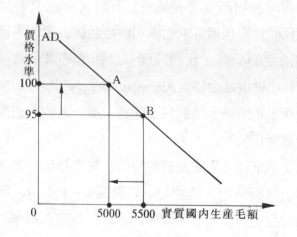

圖6-2　總需求曲線

內所生產各種最終產品及勞務產量的彙總，通常以實質國內生產毛額來表示。圖6-2的縱軸不是代表個別物品或勞務的價格，而係代表各種最終產品及勞務的平均價格，我們稱它為一般價格水準（General Price Level）或簡稱為物價水準。

　　總需求曲線是用來表示一個國家的總產出需求量與一般價格水準的關係，因為它是一條具有負斜率的曲線，表示一個國家的總產出需求量

與物價水準呈相反方向變動，當物價水準上升時，在其他條件不變情況下，一個國家的總產出需求量會減少，反之，一個國家的總產出需求量會增加。

　　個別物品的價格與它的需求量呈相反方向變動，是很容易了解的，原因是當某一物品，譬如牛肉的價格上漲時，其他物品諸如雞肉、豬肉、羊肉等價格不變，相對其他肉類，牛肉變為比較昂貴，消費者會以其他肉類取代牛肉，即少買牛肉，多買其他肉類，結果是牛肉需求量的減少；反之，當牛肉價格下降，其他肉類價格不變，消費者會多買牛肉，少買其他肉類，結果是牛肉需求量的增加。一個國家對總產出的需求量與價格水準呈相反方向變動，則是歸因於下列各項影響。

一、財富效果（The Wealth Effect）

　　個人和企業都會擁有一些貨幣、債券和其他金融資產，這些金融資產的購買力是它所能換取的物品及勞務數量，當物價水準下降，金融資產的購買力增加，個人和企業將會有能力購買更多的物品和勞務，一個國家對總產出的需求量往往會因此跟著增加。反之，當物價水準上升，金融資產的購買力減少，個人和企業對物品和勞務的購買能力將會下降，一個國家對總產出的需求量往往會因此跟著減少。透過對以購買力表示之財富實質價值的影響，物價水準的變動會使總需求量發生變化。

二、利率效果（The Interest Rate Effect）

　　當物價水準上升，貨幣的購買力會下降，人們需要用更多的貨幣，才能買到同一數量的物品及勞務。譬如一個四口之家每一星期原來只需要花費 4,000 元購買日用品，若是日用品的價格上漲一倍，購買同樣的日用品需得花上 8,000 元，這個家庭因此必需擁有二倍數量的貨幣，才能應付日用品開支的需要。因此，物價水準的上升，會增加貨幣的需求

量，而貨幣需求量的增加，將促使利率上升，結果投資和消費都會減少，因為社會大衆減少投資和消費，總產出的需求量自然下降。相反的，物價水準的下降會減少貨幣的需求量，而貨幣需求量的減少，會促使利率下降，刺激投資和消費增加，從而提高總產出的需求水準。

三、國際貿易效果（The International Trade Effect）

當一個國家的物價水準上升，而其他國家的物價水準及外匯匯率維持不變，相對舶來品，國產品會變得比較昂貴。舉個例來說，臺灣的香蕉每公斤原來只賣 25 元臺幣，如果 1 元臺幣等於 4 元日幣，折算日幣每公斤香蕉在日本值 100 元日幣，現在因為物價水準上升，臺灣的香蕉從每公斤 25 元臺幣漲為 30 元臺幣，臺幣對日元的匯率若是不變，每公斤香蕉在日本便要值 120 元日幣。日本不但從臺灣進口香蕉，也從菲律賓及其他地方進口香蕉，當臺灣的香蕉價格上漲，而其他國家出產的香蕉價格不變，日本一定會少買臺灣的香蕉，多買其他國家的香蕉，我們對日的淨出口（即出口減去進口）會減少，因為出口代表國外對本國產品的需求，它是構成對國內總產出需求的一部分，出口的減少因此會導致總需求的減少。同理，物價水準的下降，會導致出口增加，使總需求水準提高。

總需求曲線之所以從左上角向右下角延伸，其斜率為負值，主要是價格水準變動會使財富或資產的實質價值，利率水準及對外貿易發生變化，這些變化會對總產出的需求量產生影響，導致總需求量與價格水準呈相反方向變動，我們可以把這一原因用圖 6-3 表示出來。

圖 6-3　總需求曲線斜率為負的理由

(a)財富影響

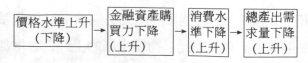

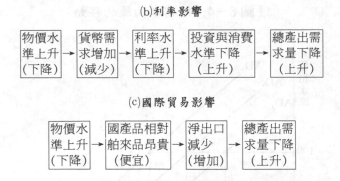

(b)利率影響

| 物價水準上升（下降） | → | 貨幣需求增加（減少） | → | 利率水準上升（下降） | → | 投資與消費水準下降（上升） | → | 總產出需求量下降（上升） |

(c)國際貿易影響

| 物價水準上升（下降） | → | 國產品相對舶來品昂貴（便宜） | → | 淨出口減少（增加） | → | 總產出需求量下降（上升） |

第二節　總需求量與總需求的變動

如前所述，總需求曲線描述一個國家物價水準與總產出需求量的關係。從圖 6-2，我們可以看出，當價格水準從 100 降至 95，代表總產出的實質國內生產毛額將從 5,000 個單位，增至 5,500 個單位，這一變化稱爲總需求量的改變，它完全是受價格水準變化的影響。總需求量的改變，可以從圖 6-2 的 $ADAD$ 同一條總需求曲線的 A 點移至 B 點來表示。在另一方面，總需求的變動則是整個總需求曲線的向上或向下移動，它是受物價水準以外其他因素的影響，從圖 6-4 我們可以看出，若是總需求曲線向上移動，即使價格水準不變，總需求量增加，若是總需求曲線向下移動，即使價格水準不變，總需求量減少。

影響總需求量的非價格因素，也就是影響消費支出、投資支出、政府購買支出、以及進出口的因素，它包括所得、財富、人口結構、價格及所得的預期、稅捐、利率、技術、機器及設備成本、現有設備利用率、國外所得與價格水準、匯率及政府政策等。上述各項因素中任何一項因素變動，都會使支出水準變動，同時也會使總需求曲線向上下移動，這一節我們只想集中討論以下幾個因素對總需求的影響，其他因素待下一章討論凱恩斯所得—支出模型時再作詳細探討。

圖6-4　總需求曲線的移動

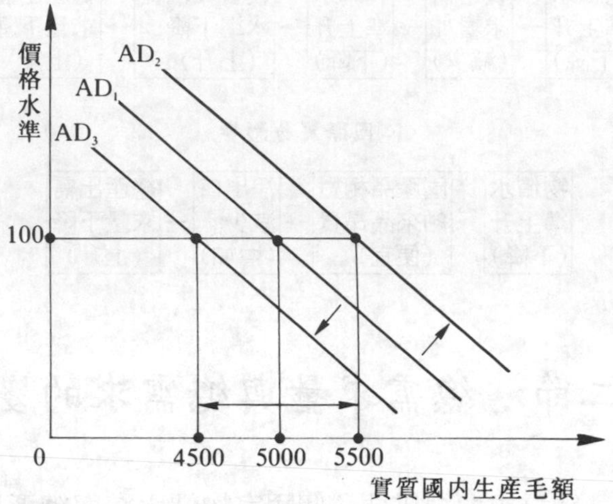

一、未來預期

　　個人消費和企業投資都受未來預期的影響。消費者對未來價格、所得和財富的預期往往是很敏感的，如果他們預期未來經濟好轉，在每一價格水準下，他們將會增加目前的消費，結果總需求曲線將會如同圖6-4所示，從 AD_1 向上移至 AD_2。反之，如果他們預期未來經濟會衰退，害怕可能遭遇失業，他們將減少目前消費，以增加儲蓄，藉此做一些應變的準備，結果總需求曲線將如同圖6-4所示，從 AD_1 向下移至 AD_3。未來預期對投資決策也很重要，企業在做投資決定以前，必然會把預期的收入和成本仔細加以比較，經過比較以後，如果他們覺得預期的利潤不錯，將會增加投資，總需求曲線因此會向上移動。反之，他們將會減少投資，總需求曲線將會因此向下移動。

二、國外經濟變化

　　當外國的國民所得增加，外國人變得更有錢，他們將有更多的能力

向臺灣購買物品和勞務，結果臺灣的出口將會增加，總需求曲線將向上
移動。當外國的國民所得減少，情況會正好相反，即臺灣出口會減少，
總需求曲線會向下移動。在另一方面，如果國外的物價水準相對國內物
價水準上漲比較快，外國的產品將相對比較昂貴，本國產品將相對比較
便宜，結果出口會增加，進口會減少，總需求曲線將因此向上移動。反
之，若是國內的物價水準相對國外物價水準上漲比較快，相反的情形將
會發生，即本國的出口會減少，進口會增加，總需求曲線會向下移動。

三、政府政策

當政府採取擴張性的財政政策或貨幣政策，整個社會的支出水準會
提高，總需求曲線將因此向上移動，在另一方面，如果政府採取緊縮性
的財政政策或貨幣政策，整個社會的支出水準將下降，總需求曲線將因
此向下移動，有關財政政策及貨幣政策對經濟活動水準的影響及其實際
效果，我們將另闢篇幅加以較爲詳細的討論。

第三節　總供給曲線

一、短期總供給曲線

如同個別物品的供給曲線一樣，一個國家的短期總供給曲線，也是
一條從左下角向右上角延伸的曲線，它具有正斜率，表示一個國家最終
產品及勞務的總供給量與一般物價水準呈相同的方向變動，當物價水準
上升，物品及勞務的總供給量會增加，當物價水準下降，物品及勞務的
總供給量會減少。造成這種現象的主要原因是，當最終產品及勞務價格
上升的時候，一些原料及生產要素的價格，特別是工資，因爲受買賣或
僱傭合約的限制，通常在短期內會維持不變，若是如此，生產者的利潤

將會暫時增加，因而刺激生產者增加生產，物品及勞務的總供給量將因此增加。反之，當最終產品及勞務價格下降時，一些原料及生產要素的價格在短期內往往不會跟著下跌，其結果是生產者的利潤下降，物品及勞務的總供給量減少。

　　如同圖6-5所示短期的總供給曲線不但具有正斜率，而且它的斜率將隨生產的擴充，即國內生產毛額提高而不斷增加。原因是隨著生產擴充，一個國家的經濟逐漸接近充分就業狀態，更多廠商受生產能量的限制，即使產品價格繼續上升，進一步擴充生產會變得愈來愈困難，物品及勞務總供給量的增加因此會逐漸和緩下來。

圖6-5　短期總供給曲線

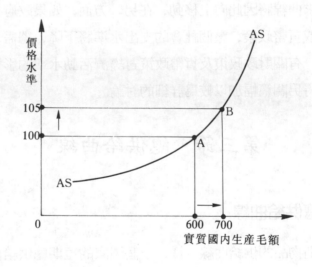

二、長期總供給曲線

　　一個國家最終產品及勞務的短期總供給曲線雖然是一條從左下角向右上角延伸的曲線，而且它的斜率會隨國內生產毛額的提高而增加，但大多數的經濟學家認為，一個國家最終產品及勞務的長期總供給曲線，將如同圖6-6 LAS 所示，是一條直線，它與橫軸垂直相交於充分就業

下的產出水準。原因是在長期內原料及生產要素價格不再固定不變，在
短期內產品價格水準上升，可能增加生產者的利潤，因而導致物品與勞
務生產及供給的增加，但在長期間，原料與要素價格將隨產品價格充分
調整，當產品價格上升或下降，生產成本也會跟著上升或下降，結果利
潤會保持不變，產出供應也會保持不變。

圖6-6　長期總供給曲線

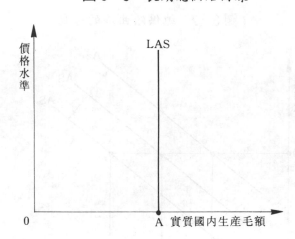

第四節　總供給量與總供給的變動

　　總供給量的變動與總供給的變動，在經濟學上的意義不同，前者可
用同一條總供給曲線上點與點間的移動來表示，後者則以總供給曲線向
上下移動來表示。當我們從圖6-5的 AS 曲線上 A 點移到 B 點，價格
水準從 100 上升到 105 時，代表總產出的實質國內生產毛額將從 600 個
單位增至 700 個單位，這一變動稱為總供給量的變動，它完全是受價格
水準變動的影響。

　　在另一方面，如同圖 6-7 所示，當總供給曲線從 AS_1 向下移至

AS_2，價格水準雖然維持在 100 原有的水準，但代表總產出的實質國內生產毛額卻從 600 個單位增加到 650 個單位；當總供給曲線從 AS_1 向上移至 AS_3，價格水準雖然維持在 100 原有的水準，而代表總產出的實質國內生產毛額卻從 600 個單位減至 550 個單位，總供給曲線的移動或總供給的變動，顯然是受價格水準以外其他因素的影響，而與價格水準的變動無關。

圖 6-7　總供給曲線的移動

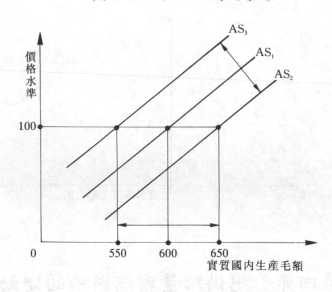

造成總供給曲線向上下移動的非價格因素主要有下列各項：

一、生產要素價格

當土地、勞動及資本等生產要素價格發生變動，而最終產品及勞務的價格不變，廠商的利潤將會因生產成本的改變而發生變動，物品及勞務的生產數量也會跟著改變，結果將導致總供給曲線向上下移動。在一定的價格水準之下，要素價格上升，使生產成本增加，利潤下降，總供給曲線會向上移動，即使產品的價格不變，廠商會減少物品及勞務的生

產和供給數量；相反的，要素價格下降，會使生產成本減少，產品的價格若是不變，廠商的利潤將會上升，因而願意增加物品及勞務的生產數量，總供給曲線將會向下移動。

二、技術水準

技術水準的變動，透過對生產效率的影響，會使物品及勞務的生產數量發生變動，總供給曲線將因此而向上下移動。廠商生產每一單位特定產品所需各種原料的用量，往往隨生產技術的改進而減少，因此技術水準的提高，可以降低單位產品的成本，使廠商的生產利潤增加，結果即使產品價格不變，廠商也會願意增加生產，總供給曲線將相應向下移動。

三、未來預期

社會大眾對價格的預期，會影響物品及勞務的供給。舉個例來說，工人的工資很多都是在勞資雙方所簽定的合約中規定，合約有效期間至少一年，在合約到期以前，勞資雙方通常會舉行談判，彼此根據對未來物價的預期，商定新的工資水準，若是勞資雙方預期明年物價將上漲5%，雙方也同意將明年工資提高5%，但實際上明年的物價上漲高達10%，實質工資將因此減少，廠商的利潤會比預期的來得高，它們將會願意生產更多的產品及勞務，結果總供給曲線會向下移動。

四、資源供應數量

圖6-6所示的長期總供給曲線雖然是一條垂直線，與橫軸相交於A點，但這並不表示它的位置永遠固定，當更多的自然資源被發掘開採，更多的勞動力參加生產行列，更多的資本投入建設，即可供生產財貨及勞務的資源數量增加，長期總供給曲線將如同圖6-8所示會從

LAS_1 向右移到 LAS_2。

圖 6-8　長期總供給曲線的移動

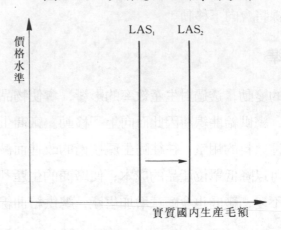

第五節　總需求與總供給的均衡

　　總需求與總供給都是物價水準的函數，在非價格因素固定不變的情況下，它們都全受物價水準的影響，因此我們可以把總需求曲線和總供給曲線繪在像圖 6-9 這樣的圖上面，圖中的 AS 代表總供給曲線，AD 代表總需求曲線，當 AD_1 與 AS_1 相交於 E_1 點，一個國家最終產品及勞務的總供給量等於它的總需求量，整個經濟於是達到均衡的狀態。對應於 E_1 點的價格水準 P_1，我們稱為均衡價格水準（Equilibrium Price Level）。在這一價格水準之下，實質國內生產毛額為 Y_1，我們簡稱它為均衡所得（Equilibrium Income），假定這一均衡所得也正好是充分就業水準的所得，則對應於這一所得的 LAS 線乃是長期總供給曲線，它正好與 AS_1 及 AD_1 相交於同一點 E_1，表示長期均衡與短期均衡同時實現。

　　一個國家經濟均衡的實現是否固定在某一特定點上呢（像我們例子中的 E_1）？答案是否定的。在短期內，總供給曲線也許會固定在 AS_1 的位置，而總需求曲線卻可能從 AD_1 向上移至 AD_2，新的總需求曲線

圖6-9　總需求與總供給的均衡

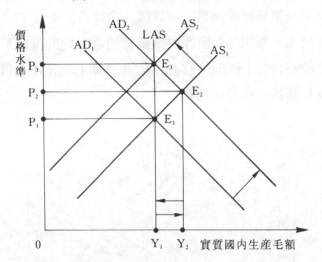

AD_2 將與原有的總供給曲線 AS_1 相交於 E_2，新的均衡點將從 E_1 移至 E_2，對應於 E_2 的均衡價格水準是 P_2，而對應於 E_2 的新均衡產出（即實質國內生產毛額）則是 Y_2，二者均較它們原有的水準爲高。依照凱恩斯的理論，在短期內，均衡點可能位於長期總供給曲線的右邊，也可能位於長期總供給曲線的左邊，前者表示均衡所得大於充分就業水準所得，後者表示均衡所得小於充分就業水準的所得。換句話說，當一個國家經濟實現均衡的時候，它的資源利用可能處於過度就業或低度就業的狀態，而不一定正好處於充分就業的狀態。

　　另外，有一點我們必須指出的是，E_2 所表示的均衡不是永久的均衡，而只是暫時的均衡。因爲總需求曲線由 AD_1 向上移至 AD_2，會導致最終產品及勞務的價格水準上升，隨著這一價格水準的上升，原料及要素價格也會比照向上調整，總供給曲線將因此從 AS_1 繼續向上移動，直至新的總供給曲線 AS_2 與新的總需求曲線，相交於原有的充分就業水準所得所對應的 E_3。新的均衡點 E_3 與起始的均衡點 E_1，均在同一條的總供給曲線 LAS 上面，表示新舊均衡所得相同，但對應於 E_3 的均衡價

　　格水準高於對應於 E_2 的均衡價格水準，均衡所得待原料及要素價格相應最終產品及勞務價格變動調整完成以後，會從 Y_2 回到 Y_1。但必須注意的是，因為技術水準和生產資源供應量會隨著時間的推移不斷提高和增加，總供給曲線也會不斷向右移動，因此長期的均衡不會固定在 E_1，它會追隨總供給曲線的移動而移動。

摘 要

1. 總需求曲線是用來代表一個國家的總產出需求量與一般價格水準的關係，它是一條具有負斜率的曲線。從同一條總需求曲線上的某一點移動到另外一點，代表總需求量的變動，它是完全受價格水準變動的影響。

2. 總需求的變動是整個總需求曲線向上或向下移動，它是受非價格因素的影響，凡足以使消費支出、投資支出、政府支出及進出口水準改變的因素，都會導致總需求曲線的向上或向下移動。

3. 總供給曲線是用來代表一個國家最終產品及勞務的供應量與一般價格水準的關係，它是一條具有正斜率的曲線。從同一條的總供給曲線某一點移至另外一點，代表總供給量的變動，它是完全受價格水準變動的影響。

4. 總供給的變動是整個總供給曲線的向上或向下移動，它是受(1)生產要素價格，(2)技術水準，(3)未來預期，及(4)資源的供應數量，等許多非價格因素的影響。

5. 當總供給曲線與總需求曲線相交於某一點，一個國家的最終產品及勞務總供應量等於它的總需求量。整個經濟於是達到均衡的狀態。短期的經濟均衡並不能保證資源的充分就業得以完全實現，均衡所得並不一定等於充分就業水準所得，它有時會大於充分就業水準的所得，有時卻會小於充分就業水準的所得。

6. 當短期總供給曲線與短期總需求曲線及長期總供給曲線相遇在一起時，整個經濟長期均衡狀態乃告實現，其所對應的均衡所得，等於充分就業水準的所得。但充分就業水準所得並非固定不變，隨著長期總供給曲線的變動，充分就業水準所得也會發生變動。

問題討論

1. 總需求量的變動與總需求的變動有何區別？
2. 那些因素會使總需求曲線向上或向下移動？當這些因素的其中一個發生變動，總需求曲線會朝那一方向變動，原因何在？
3. 總供給量的變動和總供給的變動有何區別？
4. 促使總供給曲線向上或向下移動的主要因素為何？當這些因素的其中一個發生變動，總供給曲線會朝那一方向變動？原因何在？
5. 為什麼總需求曲線通常是從左上角向右下角延伸？
6. 隨著國民生產水準的提高，總供給曲線的斜率會增加，其主要原因何在？
7. 一個國家的物價水準和國內生產毛額是如何決定的？什麼叫均衡價格水準和均衡所得？
8. 為什麼因總需求曲線移動而建立的新的均衡，往往只是一項暫時的均衡，而不是長期的均衡？
9. 短期均衡的實現能否保證一個國家的生產資源得以完全實現充分就業的狀態？
10. 為什麼長期總供給曲線是與橫軸垂直相交的一條直線？它能不能移動？原因何在？

第七章　凱恩斯的所得決定理論

在第六章我們曾經利用總需求與總供給模型，作爲一種工具，來闡釋國民生產與物價水準的決定，並分析影響總需求與總供給變動的各種因素。經濟學家在 1936 年凱恩斯（John M. Keynes, 1883～1946）名著《就業、利息與貨幣的一般理論》（*The General Theory of Employment, Interest and Money*）發表以前，總是基於「物價與工資具有完全伸縮性」的假設，認爲透過自由市場價格的自動調整，充分就業乃是經濟社會的常態，一個國家生產水準的高低和國民所得的大小決定於自然資源、勞動力及資本的存量與技術水準的高低，總需求只是決定物價水準的一種力量。

凱恩斯在他前述的著作中，卻根本否定基於「物價與工資具有完全伸縮性」假設的充分就業學說。他認爲在現實經濟社會，物價與工資難於向下調整，當勞動力未充分就業時，工資既無法向下調整，失業現象便無法消除。解決失業的辦法，只有透過增加商品的生產，提高對勞動力的需求，而增加商品的生產卻受制於商品的市場需求，因此商品的總合需求在決定就業與國民生產水準上具有關鍵地位。

在第六章我們討論總需求與總供給模型的時候，隨著均衡所得的變動，物價水準是容許變動的。但在凱恩斯的理論模型，價格水準是假定固定不變，它強調總支出水準在決定國民所得所具有的關鍵地位，而對供給面的影響則予忽略。凱氏假定在國民生產未達充分就業水準以前，總供給線將如圖 7－1 的 *AS*，是一條水平線，物價水準固定在 P_1，不

因產出調整而變動。在這一情況下，產出水準將取決於總合需求。如果我們了解決定構成總需求要素——消費支出，投資支出，政府購買，出口淨值——的非價格因素，我們對國民所得的決定便會有所了解。

圖 7-1   固定價格的凱恩斯模型

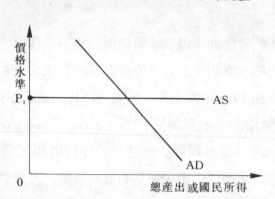

第一節   消費支出

一、消費支出函數

國民消費支出，在國民所得中往往占有很大的比重，以臺灣為例，1993 年家庭可支配所得 4,032 億元，其中用於消費的為 3,226 億元，消費支出占可支配所得的比重高達 80%❶。影響消費支出的因素很多，其中最重要的因素是可支配所得，兩者有增函數的關係，此種函數關係可用下列數學式來表示：

$$C = a + bY_d$$

---

❶ *Taiwan Statistical Data Book*, 1994, Council for Economic Planning & Development, p. 60.

上式中的 C 代表消費支出，a 是當可支配所得為零時的消費支出，Y_d 是可支配所得，b 是所謂邊際消費傾向（Marginal Propensity to Consume），即消費支出的增量與可支配所得增量之比 $\left(\dfrac{\Delta C}{\Delta Y_d}\right)$。根據所謂凱恩斯的絕對所得理論（Absolute Income Theory），消費支出決定於當期可分配所得。可支配所得增加時，消費支出會隨著增加，不過消費支出的增加會小於可支配所得的增加，即增加的所得不會全部用於消費，有一部分增加的所得會用於儲蓄，邊際消費傾向往往會小於 1。

消費與所得間的函數關係，亦可用圖 7－2 的幾何圖形來表示。從圖 7－2 可以看出，當我們自 A 點移到 B 點時，可支配所得增加了 ΔY_d，而消費支出增加 ΔC，消費支出的增加與可支配所得的增加之比——即 $\dfrac{\Delta C}{\Delta Y_d}$——就是所謂邊際消費傾向，也是消費函數的斜率。如果消費函數是一條直線，它的斜率也就是邊際消費傾向將固定不變。

圖 7－2　消費與可支配所得的函數關係

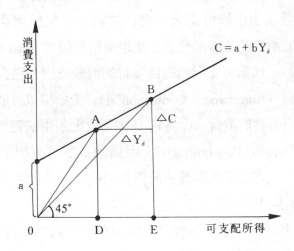

在另一方面，平均消費傾向（Average Propensity to Consume）將因可支配所得水準的不同而不同。例如，當可支配所得為 OD 時，消費支

出為 AD，平均消費傾向等於 $\dfrac{AD}{OD}$，它是從原點至 A 點射線的斜率。若可支配所得增為 OE，消費支出增為 BE，此時的平均消費傾向將是 $\dfrac{BE}{OE}$。隨著可支配所得水準的提高，平均消費傾向會不斷下降，即所得用於消費的比例會下降，而用於儲蓄的比例會上升。如果我們接受絕對所得理論，很自然會得到這樣一個結論，即隨著經濟發展，國民所得提高，儲蓄率——即儲蓄對所得的比率——將會不斷增加，可是許多實證研究卻無法證明儲蓄率有長期增加的趨勢。

二、儲蓄函數

如圖 7−2 所示，當消費函數線 O 與 45°線相交於 B 點時，可支配所得為 OE，消費支出為 BE，兩者相等，此時儲蓄為0。在 B 點左邊，消費函數線位於 45°線之上，表示消費支出大於可支配所得，須得動用過去的儲蓄，或以舉債等方式來彌補所得不敷消費支出的需要，負儲蓄（Dissaving）的情形於是發生。在 B 點右邊，消費函數線位於 45°線之下，表示消費支出小於可支配所得，當期所得用於消費外，尚有剩餘，此一未用於消費的所得部分，經濟學家稱為儲蓄（Saving）。

圖 7−2 的 oa 代表可支配所得為零時的消費支出，它在經濟學上稱為自發性的消費（Autonomous Consumption），受所得以外的其他因素所決定。相對於自發性的消費 oa，bY_d 係由可支配所得決定的消費，稱為誘發性消費（Induced Consumption）。因為儲蓄是可支配所得中未用於消費的部分，它是可支配所得減去消費支出的差額，從消費函數可以導出儲蓄函數：$S = Y_d - C = Y_d - (oa + bY_d) = -oa + (1 - b)Y_d$。

如圖 7−3 所示，儲蓄函數線是一條由左下角向右上角延伸的直線，它的斜率代表邊際儲蓄傾向（Marginal Propensity to Save），邊際儲蓄傾向是儲蓄的增量與可支配所得增量之比 $\left(\dfrac{\Delta S}{\Delta Y_d}\right)$，平均儲蓄傾向則是儲

蓄與可支配所得之比 $\left(\dfrac{S}{Y_d}\right)$。由於每增加一單位可支配所得，若非用於增加消費，便是用來增加儲蓄，因此邊際消費傾向與邊際儲蓄傾向之和應該等於1，同理，由於所有可支配所得若不是用來消費，便是用來儲蓄，平均消費傾向與平均儲蓄傾向之和也應該等於1。

圖7－3　儲蓄與可支配所得的函數關係

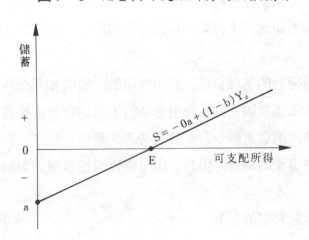

三、影響消費支出的因素

消費支出除了受所得影響以外，尚受許多其他因素的影響，其中比較重要的包括：

1.利率

一般說來，消費者對眼前的消費比未來的消費看得重要，欲使他們延緩目前的消費，必須給予一些補償，而補償的高低可以用利率來代表。利率提高表示補償增加，消費者會更加願意減少目前的消費，這樣他們會有更多的儲蓄，從儲蓄中可以得到更多的利息收入，將來有能力買到更多的物品，得到更多的享受，因此利率與消費之間往往呈相反方向變化。即利率提高，目前的消費支出會減少；反之，目前的消費支出

會增加。不過許多實證的研究，卻證明兩者之間並沒有很密切的關係存在。

　2.資產存量

在其他情況不變之下，消費水準與個人擁有的房地產、股票、債券、銀行存款等各種資產數量有密切的關係。年收入相同的人，資產存量較多者，消費支出往往較大。託賓教授根據時間數列資料，證明美國消費函數長期不斷的向上移動，可以財富的累積來加以適當解釋❷。

　3.物價水準

消費者所擁有的各種資產，其中像現鈔、公債和銀行存款等，其以貨幣所表示的價值是固定的，物價水準的上漲，會使這些資產的購買力下降，因而導致消費者減少對財貨及勞務的購買；反之，物價水準的下跌，會使這些資產的購買力提高，因而導致消費者增加對財貨及勞務的購買。

　4.消費者對物價的預期

消費者如果預期價格水準會上漲，他們會加速購買；反之，他們會延緩購買，預期價格與消費支出之間有減函數的關係存在。

　5.告貸難易

消費支出與取得信用貸款的難易也有一些關係，告貸容易會增加消費支出；反之，會減少消費支出。

　6.稅課

稅課的增加，會使可支配的所得減少，消費水準會因而降低；反之，消費水準會因而提高。

上述每一項因素若是發生變動，消費函數會隨著上下移動，表示在

---

❷　James Tobin , "Relative Income, Absolute Income & Saving" *In Money, Trade & Economic Growth* , New York: Macmillan, 1951.

所得不變的情況之下，消費支出因爲受這些因素的影響，會有所增加或減少。

第二節　投資支出

一、投資的意義

投資在經濟學是指斥資興建或購買新的住宅，廠房商業大樓，生產器材、工具，以及增加存貨。投資主要在企業部門進行，企業從事投資的目的是擴充生產能量或維持現有生產能量。舊房舍以及金融資產諸如股票、債券的購買，在一般人心目中認爲是投資，但在經濟學上卻不認爲是投資，因爲這些資產的購買在大多數場合，只是財產所有權的移轉，並不直接導致財貨生產的增加。

例如，張三向李四買了一座舊的住宅，在一般人心目中這是張三的一項投資，但整個社會並沒有因此增加新的建築，這純粹是房舍所有權的移轉。另如，某甲在證券市場上買進臺塑公司發行的 100 份股票，若是這些股票是某乙賣出的，此項交易也僅涉及到產權的移轉，即使是這些股票係臺塑公司爲增資而新近發行的，在該公司尚未動用此項新募得的資金，以添置新的機器設備以前，整個社會也並未因此項交易而導致財貨生產的增加。因此，從總體經濟觀點，它並不是投資。

投資有淨投資（Net Investment）與毛投資（Gross Investment）二種。淨投資代表資本存量的增加，譬如一年前資本存量是 100 億元，一年後資本存量變爲 110 億元，在一年內資本存量增加了 10 億元，這新增的 10 億元，便是淨投資。淨投資加上舊有破損資產替換的支出便等於毛投資，淨投資有時可能會是負值，這種情況將發生在毛投資的金額小於資本折舊的時候，它表示資本存量的減少和生產能量的削弱。

　　投資又有自發性投資（Autonomous Investment）與誘發性投資（Induced Investment）之分，前者與當期所得無關，它的增減是受當期所得以外其他因素的影響，作為所得的函數，它是一條與橫軸平行的水平線，表示不論所得多少，自發性投資固定不變。誘發性投資則完全受所得的影響，當所得發生變化時，誘發性投資也會發生變化。誘發性投資在現實社會雖然可能發生，但凱恩斯簡單理論模型所指的投資都是自發性投資，它的增減主要係受下列因素的影響。

二、影響投資支出的因素

1.利率

　　企業投資所需資金主要仰賴銀行貸款。當利率提高，借款成本增加，企業往往會減少向銀行借款，因而導致投資水準的下降；反之，當利率下降，借款成本減少，企業往往會增加向銀行借款，因而導致投資水準的上升。投資與利率二者之間有減函數的關係存在，這可用圖7-4的 II 線來表示，從該圖可以看出，當利率從8%降至6%，投資金額將從100億元增至140億元。

2.技術改變

　　生產技術進步（Technological Progress）可以減輕廠商的生產成本，使他們能以較少的原料實現同樣的產出水準，或以同樣的原料，生產更多的產品，資本的生產力得以提高，在同樣利率水準下，投資將會增加。技術進步也可以促進許多新產品的誕生，替企業家製造許多新的投資機會，例如蒸汽機的使用，使鐵路運輸業得以開創，同時帶動鋼軌、枕木、汽車、與輪船等製造業的發展。近年來資訊與電子工業的興起，同樣為世界各國創造了許多新的投資機會，對企業的投資活動發生了巨大的刺激作用。

3.當前利潤水準

圖7-4　投資與利率關係

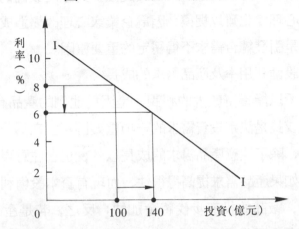

目前企業獲利情形，往往被認為是決定投資需求的一個重要因素，其理由有二：

(1)企業資金的來源不外兩種，一是本身的盈餘，一是增加股票的發行或向外借款。企業獲利情況良好，盈餘增加，內部資金來源充裕，自將樂於增加投資；反之，企業獲利情況不好，盈餘減少，內部資金來源不足，增加投資必須賴增發股票或向外借款，此時企業必須考慮股市情況是否適宜增發股票，對外借款之增加是否將使企業財務結構惡化及加重企業利息的負擔。依賴外來資金擴充投資，穩健的企業家往往會有較多的顧慮。

(2)目前企業獲利情形往往影響企業對未來利潤的預期。一般說來，企業對未來利潤的估計，常受目前利潤水準的影響，後者咸認係前者的一項重要指標，企業目前獲利情況如果良好，其對未來利潤的預期亦會看好，投資需求將因此增加。

　4.企業家對未來的信心及利潤的預期

企業家對未來的經濟情況若是普遍看好，預期利潤提高，將會增加他們對生產設備的投資；反之，若是他們對未來經濟情況普遍抱持悲觀

的態度，預期利潤降低，他們將會因此減少對生產設備的投資。凱恩斯
認為企業家心理變化難以捉摸，因為企業家心理改變造成投資大幅度的
波動，往往是引發總合需求不得穩定的重要原因。

5.現有設備利用率及產品需求的成長

廠商之所以能獲得較大的利潤，是因為他們的產品有較大的銷路，
產品需求的成長是決定投資需求的一項重要因素。在另一方面，廠商對
投資的決定，除了注意產品需求的成長以外，也會注意現有資本設備的
利用情況。如果產品需求提高得很快，而現有資本設備利用又接近充分
就業的情況，廠商的投資步伐將會加快；反之，若是產品需求成長緩
慢，而現有資本設備又仍然有大量閑置情形，廠商的投資步伐將會減
緩。

6.資本財的購置與使用成本

在其他情況不變下，資本財的購置與使用成本如果降低，預期投資
報酬率會提高，廠商將會願意增加投資；反之，他們將會減少投資。

7.稅課及投資扣抵（Investment Tax Credit）

稅課的增減對企業的投資決策會有一定程度的影響，譬如公司所得
稅的稅率提高，會使稅後的盈餘減少，導致投資水準的下降；反之，公
司所得稅稅率的降低，會使稅後的盈餘增加，導致投資水準的上升。在
另一方面，投資扣抵辦法的實施或放寬，企業將因投資而獲得一些或更
多的減稅利益，從而提高他們的投資意願，導致投資水準的上升。

第三節　政府購買

與家計部門一樣，政府需要向市場購買各種財貨及勞務，政府因為
購買這些財貨及勞務所作的支出，是構成總支出水準的一個要素。政府
採購的增加，會刺激生產，國民所得將因而提高；反之，生產將會萎

縮，國民所得會因而降低。至於政府的移轉性支出，諸如養老金及失業救濟金等支出，純粹是一種所得重分配，並非總支出水準的構成項目。

政府購買財貨及勞務支出的大小，受年度預算的限制，而年度預算是由各級議會通過的，通常不受國民所得水準的影響，在總體經濟分析，它被視為是一項外生變數，作為所得函數，它是一條與橫軸平行的水平線，如同圖 7-5 *GG* 線所示。若是政府決定增加對財貨及勞務的購買支出，政府購買函數將從 *GG* 向上移至 G_1G_1，若是政府決定減少對財貨及勞務的購買支出，政府的購買函數將從 *GG* 向下移至 G_2G_2。

圖7-5　政府購買作爲所得的函數

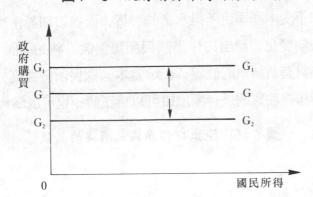

第四節　淨出口

淨出口是構成總支出水準的另一個要素，它是出口減去進口的差額，若是出口超過進口，出口淨值爲正，對外貿易將產生順差；若是出口小於進口，出口淨值爲負，對外貿易將產生逆差。出口的多寡不受國內當期所得的影響，它是一個外生變數。影響出口的主要因素是：(1)外國的國民所得，(2)外國居民對本國產品的偏好，(3)外國政府對進口物品的限制，(4)外匯匯率，及(5)外國物價水準。當外國國民所得提高，外國居民對本國產品偏好增強，外國政府對進口物品關稅與非關稅的限制放

寬，本國通貨相對外國通貨貶值，以及外國的物價水準上漲，本國產品的出口將會因此增加；反之，本國產品的出口將會因此減少。

　　進口的多寡與本國國民所得水準有關，二者通常呈相同方向變化。除了本國的國民所得水準以外，進口的多寡也受下列因素的影響：(1)本國居民對進口物品的偏好，(2)本國政府對進口物品的限制，(3)外匯匯率，及(4)本國的物價水準。當本國居民對進口物品的偏好提高，本國政府對進口物品關稅及非關稅的限制放寬，本國通貨相對外國通貨升值，以及本國物價水準上漲，外國物品及勞務的進口將會因此增加；反之，外國物品及勞務的進口將會因此減少。

　　因為出口不受本國國民所得水準的影響，而進口卻通常與本國國民所得呈相同方向變化，淨出口作為國民所得函數，將如同圖 $7-6$ X_nX_n 所示，是一條具有負斜率的直線，表示當本國國民所得提高，淨出口將會減少。同時值得注意的是，淨出口可以為正值，也可以為負值。

圖 7-6　淨出口作為國民所得的函數

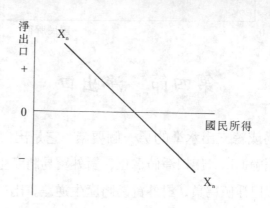

第五節　總支出函數

　　在前面我們曾經提到總支出是由四個項目所構成，這四個項目包括

消費（C），投資（I），政府購買（G），及淨出口（X_n），構成總支出的四個項目中，只有消費和淨出口這二個變數受所得的影響，其他二個變數，即投資和政府購買，則不受所得的影響。

　　茲設某一假想國家，其國內生產毛額及構成總支出的四個項目與總支出如表7−1第(1)至第(6)欄所示。根據該表所列資料，我們可以把構成總支出的每一個項目與國內生產毛額的函數關係分別用圖7−7至圖7−10來表示。

　　圖7−7的 C 線描述消費與國內生產毛額的關係，從該圖中可以看出，當國內生產毛額為零時，消費支出是80億元，表示即使沒有所得，人們仍須消費，他們的最低消費水準是80億元。嗣後，隨著所得的提高，消費會跟著增加，所得每提高100億元，消費會增加80億元，邊際消費傾向 $\left(\dfrac{\Delta C}{\Delta Y}\right)$ 等於 0.8。

表7−1　某一假想國家國內生產毛額與各項支出

(1) 國內生產毛額 （億元） (Y)	(2) 消費 （億元） (C)	(3) 投資 （億元） (I)	(4) 政府購買 （億元） (G)	(5) 淨出口 （億元） (X$_n$)	(6) 總支出 （億元） (2)＋(3)＋(4)＋(5) (AE)
0	80	20	30	20	150
100	160	20	30	15	225
200	240	20	30	10	300
300	320	20	30	5	375
400	400	20	30	0	450
500	480	20	30	− 5	525
600	560	20	30	− 10	600
700	640	20	30	− 15	675

　　圖7−8的 I 線和圖7−9的 G 線分別描述投資及政府購買與所得間的關係，它們都是一條與橫軸平行的水平線，二者的斜率都等於零，表

圖7-7　某一假想國家之消費與所得的關係

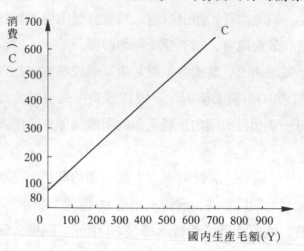

圖7-8　某一假想國家之投資與所得的關係

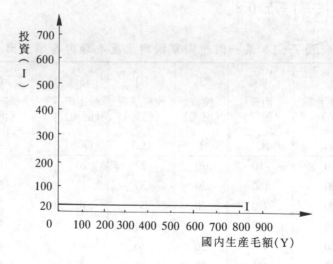

示這二個變數與所得沒有關係，不論所得水準高低，投資和政府購買分別固定在 20 億元及 30 億元。圖 7－10 的 X_n 線描述淨出口與所得間的關係，它是從左上角向右下角延伸的一條直線，這條直線的一部分位於橫軸之上，另外一部分位於橫軸之下，表示隨著所得增加，淨出口會下降，當所得為 400 億元時，淨出口等於零，所得若是低於 400 億元，淨

圖 7-9　某一假想國家之政府購買與所得的關係

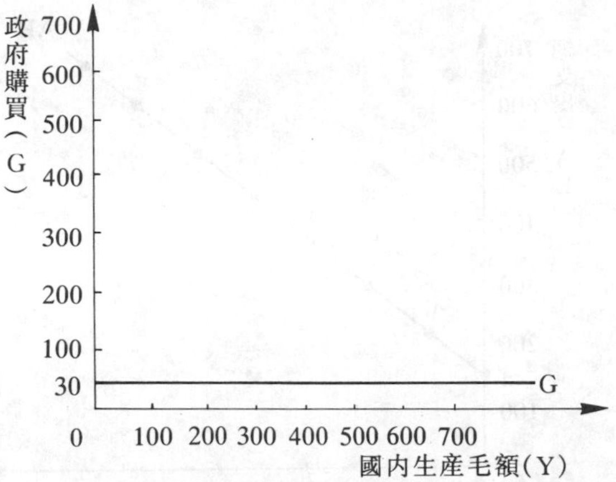

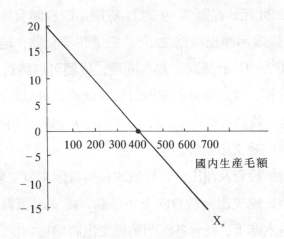

圖 7-10　某一假想國家之淨出口與所得的關係

出口為正，所得若是超過 400 億元，淨出口將轉為負值。

　　我們例子中某一假想國家總支出與所得的資料分別列於表 7-1 的第(1)欄和第(6)欄，根據這二欄資料，我們可以將總支出與所得的關係繪成像圖 7-11 的 *AE* 線來表示，它便是我們所謂的總支出函數。

　　它也可以從圖 7-7 至圖 7-10 個別支出函數垂直加總而得，譬如當所得為零時，從圖 7-7 的 *C* 線顯示消費等於 80 元，從圖 7-8 的 *I*

圖 7－11　某一假想國家的總支出函數

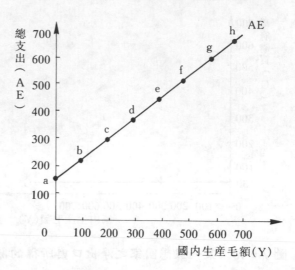

線顯示投資等於 20 元，從圖 7－9 的 G 線顯示政府購買等於 30 元，從圖 7－10 的 X_n 線顯示淨出口爲 20 元，把這四項彙總，結果是 150 元，我們便可以在圖 7－11 上得到 a 點。同理，我們可以將對立於所得 100 元時的消費、投資、政府購買和淨出口加以彙總，可以在圖 7－11 上得 b 點。如此類推，我們可以得 c，d，e，f，g，h 各點，將這些點連起便是 AE 線所代表的總支出函數。

　　當影響消費，投資及淨出口等變數的非所得因素發生變化，或政府購買預算改變時，總支出函數會向上下移動，總支出函數的向上移動，表示在同一所得水準下，社會各部門的總支出將增加；反之，總支出函數的向下移動，表示在同一所得水準下，社會各部門的總支出將減少。總支出函數的變動，將使均衡所得發生改變，以下二節我們會對此加以更詳細的討論。

第六節 均衡國民所得的決定

一、總支出等於總產出

在凱恩斯的心目中，國民所得主要是受支出函數的影響。當一個國家包括家計、企業、政府及國外各部門對財貨及勞務購買的計劃支出，恰好等於這個國家的產出時，整個經濟便達到均衡的狀態，這個時候的所得稱為均衡所得。根據表7－2所提供的資料，均衡所得會在產出（以實質國內生產毛額代表）等於600億元時實現。在這一所得水準之下，總支出等於總產出，一個國家所生產的財貨與勞務剛好能夠滿足這個國家各部門的需要。存貨既不增加，也不減少，生產者和消費者對現有情況都應該感到滿意，沒有理由對他們現有生產和消費計劃做任何調整，產出和所得應可穩定下來。

社會各部門所計畫的總支出若不等於總產出，情況會怎樣呢？譬如

表7－2 總支出與均衡所得的決定

(1) 產出 (Y) (億元)	(2) 消費 (C) (億元)	(3) 投資 (I) (億元)	(4) 政府購買 (G) (億元)	(5) 淨出口 (X_n) (億元)	(6) 總支出 (AE) (億元)	(7) 存貨增減 (億元)	(8) 所得變化
0	80	20	30	20	150	−150	增加
100	160	20	30	15	225	−125	增加
200	240	20	30	10	300	−100	增加
300	320	20	30	5	375	−75	增加
400	400	20	30	0	450	−50	增加
500	480	20	30	−5	525	−25	增加
600	560	20	30	−10	600	0	不變
700	640	20	30	−15	675	25	減少

當總產出是 500 億元時，總支出是 525 億元，超出總產出 25 億元，這時會有供不應求的現象，存貨會減少 25 億元，廠商為了維持存貨在既有的水準，將會設法增加生產，所得將會因此向上提升。從表 7－2 我們也可以看出，當總產出是 700 億元時，總支出是 675 億元，少於總產出25 億元，這時會有供過於求的現象，部分產品無法銷售出去，存貨會增加 25 億元，廠商為了不願存貨積壓太多，將會設法減少生產，所得將因此向下降落。

　　均衡所得的決定，亦可用圖 7－12 來解釋，該圖中的橫軸代表產出或所得，縱軸代表總支出。根據表 7－2 第(1)及第(6)欄的資料，我們可以畫出像 AE 這樣的一條直線，它代表總支出函數。OC 是一條 45°線，在這條線上的每一點，總支出等於總產出。從圖 7－12 我們可以看出，AE 線與 45°線相交於 D 點，這一點決定了均衡所得，它等於 600 億元，在這一所得水準下，總支出等於總產出，存貨維持在既有的水準，既不增加也不減少。

　　當所得低於 600 億元，總支出函數位於 45°線之上，表示總支出大

圖 7－12　總支出與均衡所得的決定

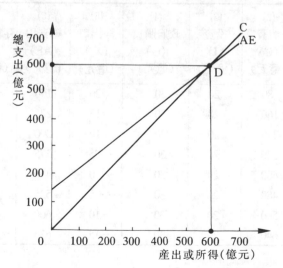

於總產出，會產生求過於供的現象，存貨將下降，廠商爲了恢復存貨於既有水準，將會設法增加生產，直到產出回升到 600 億元，均衡重新建立爲止。當所得高於 600 億元，總支出函數位於 45° 線下方，表示總支出小於總產出，會產生供過於求的現象，存貨將會增加，廠商爲了不願存貨積壓太多，會設法減少生產，直到產出回到 600 億元，均衡恢復爲止。

二、總注入等於總漏巵

國民所得是一種流量（Flow）的觀念，它經常在各部門間川流不息的流動。宛如水在河川裏一樣，不斷流進和流出。當流出的水量，等於流進的水量時，河川的水位將維持不變。如果流出的水量不等於流進的水量，河川的水位將會起伏不定，均衡勢將無法維持。在國民所得的週流中，當投資、政府購買、及出口增加時，總需求會受到激勵，所得水準會因此提高，這些支出的增加，就如同將水注入河川一樣。在另一方面，當儲蓄、賦稅、及進口增加時，總需求會減弱，所得水準會因此下降，這宛如將水排出河川一樣。在國民所得達到均衡的時候，投資、政府購買、與出口三者之和必然等於儲蓄、賦稅、及進口三者之和，即

$$I + G + X = S + T + M$$

上式 I、G、X 分別代表投資、政府購買，與出口，而 S、T 及 M 則分別代表儲蓄、賦稅，與進口。在這些變數中，假定只有儲蓄（S）與國民所得有增函數的關係，其他變數均與國民所得水準無關，它們是外生變數，這種情形可用圖 7－13 來表示。從該圖中可以看出，在 E 點，總注入等於總漏巵，即 $I + G + X = S + T + M$。此時，正如同流入河川的水量，恰好等於流出河川的水量，河川的水位可以維持不變，相對應於 E 點的國民所得——即 OA，乃是均衡的國民所得。

圖 7－13　總注入與總漏厄

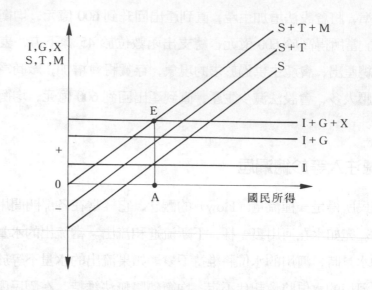

第七節　均衡國民所得的改變

　　前面說過，國民所得的均衡水準，受總支出函數的影響。當構成總支出的任何一個項目發生變化時，國民所得的均衡水準也會隨著變化。譬如，投資增加，會引起國民所得的增加；投資減少，會引起國民所得的減少。一定量的投資增加或減少，往往會引起國民所得變量倍數的增加或減少，這稱爲乘數效果（Multiplier Effect）。

　　乘數效果的大小決定於邊際消費傾向，假設邊際消費傾向與邊際儲蓄傾向分別爲 0.8 與 0.2 若投資增加 5 億元，這新增的投資金額是企業用來購買資本設備，這一項投資支出，馬上成爲資本設備提供者的所得，同時變成國民所得的一部分。當國民所得增加 5 億元以後，如果邊際消費傾向爲 0.8，消費支出將會增加 4 億元，這些新增加的消費支出構成了第二回合國民所得的增加，這個過程會繼續不斷演變下去，總國民所得最後會因此增加 25 億元，恰恰等於投資增加的 5 倍。換句話說，

投資的增加，將使國民所得的增加數倍於投資的增加；投資的減少，將使國民所得的減少數倍於投資的減少，倍數的大小決定於邊際消費傾向或邊際儲蓄傾向。用數學公式來表示為：

$$乘數 = \frac{1}{1 - 邊際消費傾向} = \frac{1}{邊際儲蓄傾向}$$

從上述公式可以看出，乘數與邊際消費傾向成正比，與邊際儲蓄傾向成反比。增加的所得用於消費的比例愈大，用於儲蓄的比例愈小，乘數的效果愈為顯著。若邊際消費傾向等於 0.8，邊際儲蓄傾向將等於 0.2，乘數將等於 5。此時構成總支出的任何一個變數若增加或減少 1 個單位，國民所得將會因此提高或降低 5 個單位，這種情形亦可用幾何圖形來說明。

茲設在投資、消費、政府購買，或出口增加以前，總支出函數如圖 7–14 的 AE_1 線所示，它與 45°線相交於 E 點，相對應於 E 點的所得——即均衡國民所得為 OY_1。現在投資或其他構成總支出的任何一個項目增加了 AB 單位，總支出函數將從 AE_1 向上移至 AE_2，新的總支出線與 45°線相交於 B 點，在 B 點總支出等於總供給，經濟恢復均衡。相對應於 B 點的均衡國民所得為 OY_2，Y_1Y_2 代表所得的增量，Y_1Y_2 與 AB 之比——即所得之增量與總支出增量之比——乃是所謂乘數，即

$$M(乘數) = \frac{Y_1Y_2}{AB} = \frac{1}{\dfrac{AB}{Y_1Y_2}} = \frac{1}{\dfrac{BF - AF}{EF}} = \frac{1}{\dfrac{BF}{EF} - \dfrac{AF}{EF}}$$

$$= \frac{1}{1 - \dfrac{AF}{EF}}(因為三角形 BEF 為等腰直角三角形,BF = EF)$$

$$= \frac{1}{1 - 邊際消費傾向}$$

如果我們假定投資、政府購買、與出口都是外生變數而與所得無

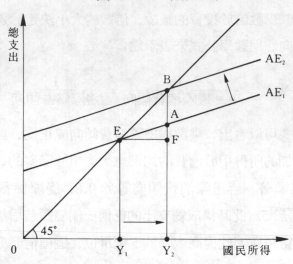

圖 7-14   乘數效果

關, $\dfrac{AF}{EF}$ 將是消費函數的斜率，也是總支出函數的斜率，它等於邊際消費傾向。

摘　要

1. 整個社會各部門對財貨及勞務支出的和，稱爲總需求，它是由：⑴消費，⑵投資，⑶政府購買，及⑷淨出口，等四個項目所構成。

2. 消費支出在國民生產中占有最大的比重，以 1993 年爲例，我國的國民消費支出占可支配所得的比重高達80％。消費支出與國民所得間有增函數的關係存在，隨著國民所得的增加，消費支出也會增加。除了所得以外，消費支出也受下列各因素的影響：⑴利率，⑵資產存量，⑶物價水準，⑷消費者對價格的預期，⑸告貸的難易，及⑹稅課。

3. 投資有淨投資與毛投資之分，前者指資本存量的增加，後者是淨投資加舊有損壞資本設備替換支出之和。投資的主要動機是獲取利潤，企業爲了獲取最大的利潤，通常會繼續增加投資，直至預期收益的增加等於成本的增加，即投資邊際報酬率等於市場利率爲止。在其他條件不變下，投資的需求往往與利率呈相反方向變動。除了利率以外，影響投資需求的因素很多，其中比較重要的包括：⑴技術改變，⑵當前利潤水準，⑶企業家對未來的信心及利潤的預期，⑷現有資本設備利用率及產品需求的成長，⑸資本財的購置與使用成本，⑹稅課及投資扣抵。

4. 如果出口大於進口，國民所得將會相應增加；反之，國民所得將會相應減少。出口減去進口的差額稱爲淨出口，出口的多寡受下列因素的影響：⑴外國國民所得，⑵外國居民對本國產品的偏好，⑶外國政府對進口物品的限制，⑷外匯匯率，及⑸外國物價水準。而進口則受如下各種因素影響：⑴本國居民對進口物品的

偏好，⑵本國政府對進口物品的限制，⑶外匯匯率，及⑷本國物價水準。在其他條件不變下，淨出口會隨本國國民所得提高而減少，但在總體經濟分析上常把它當作一個外生變數來處理。

5.國民所得的水準，主要受總支出的影響。當國民所得達到均衡狀態時，社會的總支出等於總產出，生產者所生產的財貨及勞務恰好等於經濟各部門所需要的財貨及勞務，存貨將維持在理想的水準。此時，總漏巵等於總注入，如無外來的干擾，整個經濟可以保持衡定。

6.當構成總支出的任何一個項目發生變化時，國民所得的均衡水準也會隨著變化。任何一個項目增加或減少1個單位，將導致國民所得的增加或減少數倍於此一項目的變動，這稱為乘數效果，它的大小與邊際消費傾向呈正比，與邊際儲蓄傾向呈反比。

問題討論

1. 試對總支出函數下一個定義。

2. 凱恩斯的絕對所得理論內容如何？它有什麼值得批評的地方？

3. 平均消費傾向與邊際消費傾向有什麼分別？什麼叫平均儲蓄傾向與邊際儲蓄傾向？爲什麼邊際消費傾向與邊際儲蓄傾向之和等於1？

4. 除了所得之外，影響消費需求的有那些重要因素？它們與消費支出的關係如何？

5. 影響投資需求的因素爲何？爲什麼利率下降，投資支出通常會因此增加？

6. 自發性投資與誘發性投資有什麼分別？

7. 何謂均衡國民所得？它是如何決定的？試以幾何圖形加以說明。

8. 何謂總注入和總漏巵，在均衡狀態時，爲何兩者必須相等？

9. 何謂乘數效果？邊際消費傾向與乘數效果的關係如何？

10. 茲設邊際消費傾向爲 0.8，當投資增加 10 億元，國民所得將增加多少？

11. 請將下表空白之處填上：

所得	消費	儲蓄	邊際消費傾向	邊際儲蓄傾向	平均消費傾向	平均儲蓄傾向
1,000	400					0.6
2,000	900	1,000				
3,000	1,400			0.5		
4,000		2,100				

12.請利用下表所列資料計算：

Y	C	I	G	X_n
100 元	120 元	20 元	30 元	10 元
300	300	20	30	− 10
500	480	20	30	− 30
700	660	20	30	− 50

(1)邊際消費傾向

(2)乘數

(3)均衡所得

(4)若是政府購買增加 20 元，均衡所得將增加多少？

第八章　經濟波動與商業循環

第一節　經濟波動與商業循環的意義

一、經濟波動的型態

在市場經濟下，財貨及勞務的最終需求者是家計部門，負責提供這些財貨及勞務的則是企業部門，兩個部門由不同的衆多成員所組成，他們動機不同，彼此所做成的決定，自然有時會不一致。當企業部門所希望提供的財貨及勞務數量大於家計部門所希望採購的財貨及勞務數量時，會產生存貨積壓的現象；反之，存貨會不斷耗竭。在任何一種情形之下，總體經濟變數──諸如所得、產出、物價、與就業水準必然會發生變動。經濟活動的起伏不定，可以說是市場經濟與生俱來的一種特性，非人力所能避免。

經濟波動有四種不同的型態：第一種爲長期趨勢（Long Term Trend），它是一種長期性和持續性的現象，隨著人口的增加，技術的進步，新的自然資源之發現，國民所得的逐年成長便是一個很好的例子；第二種爲不規則變動（Irregular Fluctuation），它是偶發性和不可預測的，主要受戰爭和自然災害的影響；第三種爲季節變動（Seasonal Fluctuation），它是每一年定期所發生的現象，例如每逢過年過節，經濟活動會特別旺盛，年節過後，淡季隨之而來；第四種爲商業循環

（Business Cycle），它是在某一段期間內重複但非定期發生的現象。

二、商業循環的意義

　　商業循環只是經濟波動（Economic Fluctuation）的一種，很多人把它們當作同義字，這是不正確的。經濟波動不一定屬於商業循環，不過談到經濟波動，一般的注意力都集中在商業循環，它是一種最受重視和人們所力求減少的一種經濟波動。

　　商業循環不僅指總體經濟變數絕對水準的波動，而且包括這些變數成長率的加速和減緩。總體經濟變數包括所得、就業、產出、與物價水準，為了表達整個經濟活動水準，我們通常利用這些變數的時間數列資料編成一個綜合指數，此一綜合指數歷年變動的情形可用圖 8－1 來表示。

圖 8－1　商業循環

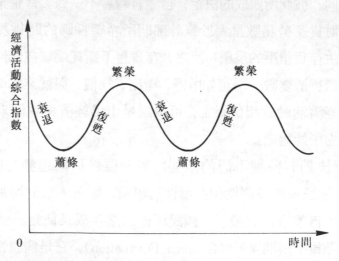

　　從圖 8－1，我們可以看出，代表整個經濟活動水準的綜合指數，隨其時間的變化，有重複上升及下降的現象，根據這種現象，我們通常把商業循環劃分成以下四個階段：

1.繁榮（Prosperity）

在這個階段，國民產出達到最高峰，商業活動非常旺盛，價格水準通常會持續上升。

2.衰退（Recession）

在這個階段，產出與就業水準下降，商業活動收縮，生產資源往往會有閒置現象。在美國，當實質國民生產毛額連續兩季下降，一般人便認為經濟衰退已告發生。

3.蕭條（Depression）

在這個階段，整個經濟活動到達谷底，生產資源會有大量閑置現象，產出、就業、與物價水準不斷大幅下降，大量企業倒閉，整個社會籠罩著濃厚的悲觀色彩。

4.復甦（Recovery）

在這一個階段，經濟活動走出谷底，開始向上擴張，產出與就業水準逐漸上升，迨整個經濟接近充分就業時，物價水準會開始回升。

我們把商業循環劃分為四個階段，只是為了說明方便起見。值得注意的是，每一階段所經歷的時間往往長短不一，程度上亦有不同。此外，每一次的商業循環並不一定都經過四個階段；從某一個階段轉移到另外一個階段通常並不十分容易覺察得到；一個階段的開始和結束也很難確定。

從十九世紀起，經濟學家開始研究商業循環，他們發現，在每一次商業循環中，生產耐久財的產業部門，其產出及就業水準，較之生產非耐久財的產業部門有較大幅度的波動，價格水準的波動則前者小於後者。此種差異情形，可歸究於下列兩個因素：

1.耐久性財貨的壽命，經由修護，是可以延長的，它不必在一定時間予以更換。當經濟不景氣的時候，社會大眾對財貨及勞務的需求降低，企業的生產設備將會有過剩情況發生，投資於資本財無利可圖，現

有生產設備的更新通常會延緩。消費者在經濟不景氣的時候，因為收入減少，必須削減預算，其最常採取的途徑便是將耐久財——如汽車、房舍——的購置計畫暫時擱置，結果耐久性的資本財和消費財需求會大量萎縮。當經濟景氣的時候，情況會正好相反。

耐久性財貨的購買可以延緩，非耐久性財貨——諸如食物及衣著等日常生活必需品——卻是不能或缺的，它的添購通常無法延緩。因此，這一類財貨的需求通常比較穩定，不會過分受商業循環的影響。

2.一般說來，耐久財的生產比較集中，這些產品的市場往往受少數大規模廠商的控制，競爭較不完全。在這種情況之下，遇需求萎縮，廠商會採取減產的手段，以防止價格的下跌，結果是需求的減少將主要導致生產及就業水準的萎縮，而不是價格的下降。非耐久財的情形則正好相反，原因是非耐久財的生產通常具有高度競爭性，個別廠商規模太小，遇需求萎縮，他們只有削價求售，結果是需求減少將主要導致價格的下降，而不是生產及就業水準的萎縮。生產非耐久財的產業，它們的產出和就業水準通常比較穩定，受商業循環的影響相對較小。

第二節　經濟波動的預測方法

每一位經濟決策者，在做任何決定或採取任何行動以前，首先會對未來的情勢作一些推測。企業經理人員如果對未來經濟情況茫然無知，會不斷有盲目投資的情形發生；作為一個消費者，若沒有預料到汽車的價格在短期內有下跌的可能，將會趕緊實施他的購車計畫；投機商人對股票的買賣，是因為預期有利潤可圖。

如果我們對經濟波動能夠加以正確的預測，便可事先採取一些必要的措施，以防止或減少這些波動的發生。縱使這些波動無法完全防止，透過預測，我們可以設計一套辦法，使它的損害減至最低的限度。經濟

波動究竟是不是可以預測呢？答案是在某種限度內，它是可以預測的，最常用的預測方法有下列數種：

一、插補法或推斷法（Extraporation）

插補法或推斷法是統計學上的一種技術，利用這種技術，我們假定未來的事件，會按照過去的規律沿著一定的軌跡發展。在這個假設之下，我們可以根據過去長期發展的趨勢，或經濟變數間的現存關係，對未來作一個推斷。譬如，某一個國家在過去三十年，國民生產毛額每年平均成長5%，在可預見的將來，我們假定這種趨勢會繼續下去，因此我們可以預期明年的國民生產毛額成長大概將是5%。

另外舉一個例子來說，根據過去的經驗，每人可支配所得若是增加1%，每一個人全年平均牛肉的消費量會提高1.5%，如果我們知道明年每人可支配所得平均將增加2%，據此我們可以推斷下一年度每人平均牛肉消費量將較今年提高3%。只要影響國民生產毛額和牛肉消費量的相關因素保持不變，我們的推測將是合理的，若是這些相關因素發生基本上的變化，我們的推測自然不會準確。

二、意向調查（Intention Survey）

這是一種意見調查方法，根據這個方法，我們可以預先設計一套問卷，用郵寄、電話、或派人親自訪問方式，請企業經理人員或消費者逐項作答，根據他們的答案，我們可以對未來的經濟情況做某種的臆測。譬如，從問卷所得到企業經理人員有關廠房、機器、及存貨等擴充計劃，我們可以據此推測未來景氣變動的方向；從消費者所提供的耐久財採購計劃，我們可據以判斷這些耐久財及其相關產業未來發展的趨勢。這種調查方法用來作短期的預測通常是相當有效的，但用來作長期的預測則不甚可靠。原因是企業或消費者的支用計劃受很多經濟及非經濟因

素的影響，這些因素常常發生變動，他們的支用計劃也因此必須常常加以修正。

三、計量經濟方法（Econometric Method）

影響經濟活動的變數很多，變數與變數間的關係錯綜複雜，把這些關係用數學式來表示，我們稱爲計量經濟模型。複雜的計量經濟模型常常包含數以百計的數學方程式，必須用高速度的電腦求解，它不但可充預測之用，並可協助財經政策的擬訂。

四、經濟指標法（Economic Indicators）

許多時間數列資料（Time Series Data）不但可用來測定目前的經濟活動水準，而且可用來預測經濟活動的未來趨向，我們總稱這些資料爲經濟指標，它可以歸併爲下列三類：

1.同時性指標（Coincident Indicators）

這一類的經濟指標每隨經濟活動的變化而呈同方向的變化，彼此形影相隨。當經濟活動水準提升時，這些指標會立即上升；反之，會立即下降，它是當前經濟活動水準變化最好的訊號。物價指數、工業生產指數、國民生產毛額、及零售金額是這一種指標的最好代表。

2.領先指標（Leading Indicators）

這一類指標通常在總體經濟活動水準發生變化以前，開始變化，可據以用來推測經濟活動未來的趨向。代表這一類經濟指標的變數包括廠房及機器設備的訂單、新建築執照、及股票價格等。

3.落後指標（Lagging Indicators）

這一類指標通常在經濟活動水準變化後，才發生變化。代表這一類指標的是企業負債餘額、企業存貨、與單位勞動成本等。

利用上述三種經濟指標作爲預測工具的最大困擾，是它們發出的有

關經濟活動水準變化的訊號可能是暫時性的，據此採取某種相應的行動往往會弄巧反拙，非但無補於經濟穩定的維持，甚至可能增加經濟的不穩定性，故在解釋這些指標時，必須非常謹慎小心。此外，同一類的經濟指標，其所發出的訊號，往往相互衝突，使人有混淆不清的感覺，例如不同的領先指標，有的可能發出經濟活動上升的訊號，有的卻可能發出經濟活動下降的訊號。根據這些個別不同的同一類指標，很難對未來的經濟走向作一明確的判斷。爲了解決這個困難，經濟學家設計出一個所謂領先指標的綜合指數（Composite Index of Leading Indicators），作爲預測的依據，譬如美國商業部根據過去的研究，發現有十一個不同的領先指標❶，可以用來預測未來的經濟走向，他們逐月搜集這些指標的數據，然後求出它們的加權平均數，這就是所謂綜合指數，若是這一綜合指數連續數個月上升，他們便據此預測未來經濟活動水平爲愈趨熱絡，國民所得與就業水準將會向上提升。

第三節　經濟波動的原因

從長期看，每一個國家的經濟都會有一些成長，可是成長的速度並不是非常穩定的。有些時候速度很快，有些時候速度很慢，有些時候甚至出現負成長的現象。在發展過程中，一般物價水準常常起伏不定，失業率也是一樣，有時高有時低。經濟波動究竟是什麼原因引起的呢？經濟學家有很多不同的解釋。

---

❶　它們包括：(1)股票價格，(2)貨幣供應量，(3)消費者預期指數，(4)敏感物資價格變動比率，(5)製造業生產工人每週平均工作時數，(6)初次請領失業救濟金人數，(7)新發建築執照，(8)實質消費財及物資訂購，(9)製造業者未填滿耐久財訂單之變化，(10)投資財訂單及合約，及(11)原料供應商交貨情況。

一、太陽黑子說（Sunspot Theory）

遠在 1878 年，英國經濟學家吉逢士（W. S. Jevons）首先發現太陽黑子與商業循環有密切的關係。根據他的觀察，太陽表面黑子的出現有週期性，它的週期性出現會透過對天候的影響，使農業生產及整個經濟活動發生變化。太陽黑子學說，曾經風行一時，可是後來的事實證明，太陽黑子與商業循環並沒有因果關係，過去所發現兩者間的密切關係只是一種巧合。

二、創新理論

有些經濟學家認為，創新是經濟波動的主要因素。所謂創新包括新產品的製造、新生產方法之引進、新資源的發現、以及新市場的開拓，這些創新活動一旦成功，企業家會群起效尤，投資叢生的結果，會帶動經濟繁榮。在另一方面，對創新活動競相仿效的結果，會促使創新利潤的下降，終致無利可圖。到了這個時候，經濟活動會轉趨萎縮，待另一次創新活動發生，經濟活動又會止跌回升，如此周而復始。

三、戰爭

在戰爭期間，軍用器材需求激增，國防及其有關產業會迅速擴張，過度就業與通貨膨脹現象將相繼出現。一旦戰爭結束，軍費支出急劇下降，有效需求大量縮減，經濟衰退通常會接踵而至。

四、財經政策的改變

政府公共支出、稅收、及貨幣政策的突然改變，對經濟活動往往會造成很大的衝擊。譬如，貨幣供給量的增加會刺激有效需求，導致經濟活動的擴張，對物價水準形成一股強大的壓力，關於這點我們以後會有

詳盡的討論。

五、總需求的改變

　　經濟學家對經濟波動的原因，雖然有各種不同的解釋，但他們大多數都同意決定國民所得和就業水準最直接的因素是總需求。一個以市場為導向的經濟，企業生產財貨和勞務，是因為他們能夠有利地把這些財貨及勞務銷售出去。如果這些財貨及勞務的需求很小，企業將不會大量生產這些財貨及勞務，所得與就業水準必然會很低；反之，大的需求表示大量生產有利，其結果是所得與就業水準俱高。

　　構成總需求的兩個最主要因素是消費和投資。消費除了受所得的影響以外，並受 (1)利率，(2) 資產價值，(3) 消費者對價格的預期，(4) 信用難易，及 (5) 稅課等其他因素的影響。這些因素中任何一個發生變動，消費支出都會發生變動，因而總需求也會發生變動。譬如，利率的下降，資產價值的增加，消費者預期價格的上漲，信用的取得容易，以及稅課的降低等，會使消費支出增加，消費函數將向上移動；反之，利率的提高，資產價值的減少，消費者預期價格的下降，信用的取得困難，以及稅課的增加等，會使消費支出減少，消費函數向下移動（見圖 8－2)。

　　實證研究顯示，非耐久性消費財的需求是相當穩定的，耐久性消費財的需求則常常會有變動。整個消費支出如果發生變化，總需求也會發生變化，國民所得、就業、與物價水準因而會有波動的現象發生。

　　投資包括自發性投資與誘發性投資兩種，前者不受國民所得水準的影響，後者則與國民所得呈相同方向變化。影響投資的非所得因素包括：(1)利率，(2) 技術改變，(3) 現有資本設備利用率及產品需求成長，(4) 當前利潤水準，(5)資本財的購置與使用成本，(6) 企業家對未來的信心及利潤的預期，及(7) 稅課及投資扣抵。這些因素中任何一項發生變

動，投資函數將如圖8-3所示，向上下移動。

　　譬如，利率的下降，技術的進步，資本存量的減少，或產品需求增加，當前利潤水準的提高，資本財的購置與使用成本的降低，以及稅課降低或投資扣抵增加，都會導致投資函數向上移動，在同一所得水準之

圖8-2　消費函數的變化

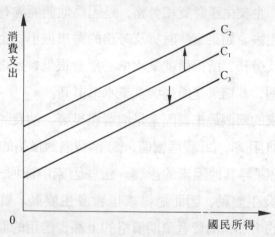

圖8-3　投資函數的變化

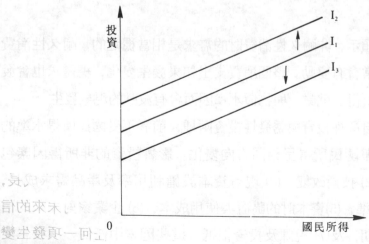

下，投資數量會增加，透過乘數的效果，國民所得及產出的增加將會是投資增加的數倍，就業水準也會跟著提高；反之，利率的上升，技術的退步，資本存量的增加，或產品需求減少，當前利潤水準的下降，資本財的購置與使用成本提高，以及稅課增加或投資扣抵減少，都會導致投資函數向下移動，在同一所得水準之下，投資數量會減少，透過乘數的效果，國民所得及產出的減少將會是投資減少的數倍，就業水準會下降。

與消費支出比較起來，一般認為，投資支出更具不穩定性，投資的波動是經濟波動的最主要因素。投資波動較大的原因是：

1.投資的主要動機是利潤，如果企業家對未來充滿信心，預期利潤很高，他們會盡量增加投資；反之，他們會盡量減少投資。企業家對未來的信心，受許多偶發事件的影響。舉例來說，國內政治氣候的改變，冷戰或能源危機的爆發，人口的成長，司法機關對重要勞工及反獨占事件的宣判，工人的罷工等，都會改變企業家對未來的預期，使他們變得更加樂觀或者更加悲觀。這種心理上的轉變對投資決策往往有巨大的影響。

2.投資的支出通常都是用來購買耐久性的資本財，此一類的財貨使用年限並不是固定不變的，現有資本財的更新和替換是可以延擱的。企業家對未來如果抱持樂觀的態度，他們對現在資本設備的更新往往會提早行動；反之，他們會延緩採取行動。這是造成投資波動比較大的另外一個原因。

3.企業投資所需資金固然可以來自向外借款或發行股票及債券，但保守的企業家喜歡依賴企業內部盈餘的累積作為這項資金的主要來源，而盈餘的累積決定於利潤的大小。利潤的降低會減少盈餘累積，利潤的提高則會增加盈餘的累積。因為企業利潤起伏不定，自然會影響到投資的活動。

　　4.許多投資的機會都是創新活動製造出來的，經驗告訴我們，歷史上主要技術的突破以及重大創新事件的出現都不是連續性的。當重大創新事件發生時，投資活動會非常旺盛，迨創新活動成了強弩之末，投資便會轉趨萎縮。

　　總需求的變動會影響經濟活動水準，構成總需求的四個項目中，任何一個發生變動，都會影響到總需求，從而使整個經濟活動水準發生變化。在前面我們曾經討論過構成總需求的消費和投資兩個項目，受很多因素的影響，常常會有波動現象，其他兩個項目即政府購買和淨出口也常常有波動的現象。

　　一般說來，在選舉年度，為了爭取選民，政府許多公共建設的支出都會增加，選舉過後這些支出又會削減。淨出口金額的增減則與主要貿易伙伴的經濟情況息息相關，譬如 1981 年和 1982 年，因為我國的重要貿易伙伴美、日兩國經濟萎縮，我國的出口曾經受到嚴重的打擊。隨著美、日兩國的經濟復甦，1983 年我國的出口又開始旺盛起來。臺灣是以出口為導向的經濟，國內經濟活動與外銷市場的開拓有極為密切的關係，任何影響我國出口的國際經濟情況之變化，對國內經濟的穩定都會造成很大的衝擊。

摘　要

1.經濟波動是市場經濟與生俱來的特性，非人力所能完全避免。

2.經濟波動有四種不同型態：(1) 長期趨勢，(2) 不規則變動，(3) 季節變動，及(4)商業循環。

3.商業循環是指在一定期間內，經濟活動水準重複上升及下降的現象，它只是經濟波動的一種。經濟波動與商業循環並不是同義字。

4.每一次的商業循環可以劃分爲四個不同的階段：(1) 繁榮，(2) 衰退，(3) 蕭條，及(4) 復甦，各個階段所經歷的時間往往長短不一，程度上亦會有所差別。一般説來，生產耐久性財貨的產業，相對於生產非耐久性財貨的產業，受商業循環的影響比較大。

5.經濟波動在某種程度上是可以預測的，最常用的預測方法包括：(1) 插補法或推斷法，(2) 意向調查，(3) 計量經濟方法，及(4) 經濟指標法。

6.預測經濟活動水準有三個不同的指標：(1) 同時性指標，(2) 領先指標，及(3) 落後指標，每一個指標都有它特殊的用處。

7.經濟學家對經濟波動的原因，有各種不同的解釋，第一個解釋與太陽黑子有關，這一個解釋曾經風行一時，但目前已不受重視，大多數的經濟學家認爲決定經濟活動水準的最直接因素是總需求。

8.構成總需求的有四個項目：(1) 消費，(2) 投資，(3) 政府購買，與(4) 淨出口，其中任何一個項目發生變動，都會導致總需求的上升或下降，從而引發整個經濟的波動。大多數的經濟學家似乎同意，投資是最缺乏穩定性的，它的變化是造成經濟波動的最重要原因。

問題討論

1.爲什麼經濟波動是市場經濟與生俱來的一種特性?

2.經濟波動有那些類型? 彼此有什麼不同?

3.商業循環有那幾個階段? 各個階段有什麼重要現象發生?

4.爲何生產耐久性財貨的產業在商業循環期間所受的打擊最大?

5.何謂插補法或推斷法? 它在實際應用上有什麼缺點?

6.爲什麼意向調查法較適用於短期的預測, 而不適於長期的預測?

7.經濟指標有那幾種? 怎樣利用這些指標從事經濟預測?

8.創新爲什麼引起經濟波動? 其原因何在?

9.消費函數向上移動的意義何在? 造成這種現象的主要原因是什麼?

10.爲什麼投資需求缺乏穩定性? 原因何在?

第九章　失業的形成

第一節　失業的意義與測定

一、失業率的計算

在統計就業和失業人口數量時，未滿一定年齡的人口、現役軍人、及在押罪犯或管訓中的人口通常都不被考慮在內。我國在 1968 年以前，未滿十二歲的人口，是被認為不適於工作的人口，因此在統計就業和失業人口時，他們是不被計入的。自 1968 年起，因為國民義務教育的期間從六年延長為九年，不適於工作的人口年齡限制提高為十五歲，凡年滿十五歲及以上的人口，才被認為是可以參加工作的人口❶。

在可以參加工作的人口中，有的因為體能上或精神上的缺憾，喪失了工作能力，有的為家庭主婦，有的為在學學生，沒有找尋工作的意願，凡是這一類的人口，通稱為非勞動人口 (Non-Labor Force)，其他到達工作年齡的人口通稱為勞動人口 (Labor Force)。

在勞動人口中，根據我國勞動力調查機構的定義，凡在勞動力調查標準週內，從事有酬工作一小時以上，或無酬家屬企業內工作十五小時

---

❶　工作人口年齡的限制，各國的標準不同，譬如在美國，工作年齡人口是指年滿十六歲及以上的人口。

以上者，稱爲就業人口。在勞動力調查標準週內，不能獲得有酬工作一小時以上，或無酬家屬企業工作十五小時以上，而正在尋找或等待工作者，稱爲失業人口，它包括短期內會恢復原有職業之暫時解雇者，及已找到職業而未開始工作者。

就業人口占勞動人口的比例稱爲就業率（Employment Rate），失業人口占勞動人口的比例，則稱爲失業率（Unemployment Rate）。兩者通常均以百分數來表示，就業率愈低或失業率愈高，表示勞動力閒置的情況愈爲嚴重。

二、失業率的代表性

作爲勞動力運用程度指標的失業率或就業率，具有下列各項缺點，值得提出討論：

1.所謂失業人口，只是包括具備工作能力和工作意願，但找不到工作的人口。有些人沒有工作，但因爲在接受勞動力調查時，表示他們無意工作，也沒有積極在找工作，根據勞動力調查機構的定義，他們是不被認爲失業人口的。事實上他們所稱無意工作或未積極在找尋工作，是因爲他們經過多次求職的失敗，覺得市場上不會有適合他們的工作，繼續找尋也不會有什麼結果，他們是被迫退出勞動市場，是屬於喪志工作者（Discouraged Worker）。在我們失業統計中，沒有包括這一類喪志工作者，因而對失業情況會發生低估的現象。

2.與上述情況相反，有些人沒有工作被視爲失業人口，原因是他們在接受勞動力調查的時候，表示有意工作並積極在找工作，可是找不到。根據勞動力調查機構的定義，他們是失業人口。事實上，他們可能並不願意工作，所謂有意工作並積極在找工作，是一種謊言，目的是想拿失業救濟金，不得不假裝有意工作，並積極在找工作，他們應該屬於自願性的失業（Voluntary Unemployment）人口，在理論上不應該包括

在失業統計內。

3.在就業人口中，不管是自雇者（Self-employed）或受雇者（Employed），有些人的勞動力固然確實被充分和有效的利用，他們有足夠的工作時數，現有的工作也能發揮他們的專長。可是，並不是每一個人都那麼幸運，有些就業人口可能會遭遇到下述情況：

(1)他們現有的工作時數太短，希望有更長的工作時間。

(2)他們名義上有一個專任的工作，事實上他們的工作分量用不著一個專任人員來做，一個兼任人員便可以做好。

(3)因爲缺乏良好的生產工具，或用非所學，他們工作時間很長，效率卻很差，待遇也很低，他們雖然有一個全時（Full-time）工作，但勞動力卻沒有得到有效的利用。

(4)他們所擁有的工作是季節性的，過了某一季節便要喪失工作。

從經濟學的觀點來看，以上四種情形都是勞動力的低度利用，在我們失業和就業的統計中，無法反映這種勞動力低度運用的情況。一般說來，勞動力低度利用的情形，開發中國家——尤其是實施統制經濟的國家較爲嚴重。譬如在中國大陸，表面上絕大多數有工作能力的人，政府都給他們安排了一份工作，失業率可能很低，但這並不表示在中國大陸所有的勞動力都被充分和有效的利用，如果勞動力都被充分和有效的利用，他們便不會那麼貧困了。

第二節　失業的種類

一、摩擦性失業

在任何一個社會，任何時間都會有一些具備工作能力和工作意願的人暫時失去工作。原因是每一位勞動者都希望獲得最理想的工作，爲了

獲得更高的待遇和更好的職位，勞動者不免經常變換工作。在工作調換的期間，常常會有暫時離開工作崗位的現象，此種現象稱爲摩擦性或過渡性失業（Frictional or Transitional Unemployment）。

摩擦性失業是動態經濟的一個特性，它是一種短期的現象。造成摩擦性失業主要的原因是：(1)勞動力流動性不夠，(2)就業訊息傳遞不靈，及(3)就業服務缺乏效率。如果我們能夠加強勞動力的流動性，靈活就業訊息的傳遞，以及提高求才求職的服務效率，摩擦性失業可望能夠減少。

二、循環性失業

就業水準與經濟活動水準有密切的關係，當經濟活動水準旺盛的時候，就業率會提高，失業率則會降低；反之，當經濟活動水準衰退的時候，廠商會縮減生產，減少勞動的雇用量，就業水準因此會降低，失業率則會提高。在市場經濟制度之下，經濟活動水準起伏不定，是與生俱來的一種特性，因爲經濟活動衰退所引起的失業，稱爲循環性失業（Cyclical Unemployment），減少這一類的失業必須從控制商業循環著手。自從第二次世界大戰結束以後，在控制商業循環方面，我們雖然獲得一些成就，但仍然沒有辦法把它根絕，循環性的失業，勢將繼續發生。解決這一類失業往往是政府財政及貨幣政策的主要任務，我們在以後各章會有更詳盡的討論。

三、結構性失業

第三種失業稱爲結構性的失業（Structural Unemployment），造成這種失業的主要原因，是經濟結構的迅速改變。由於經濟結構的迅速變化，有些人因爲缺乏教育和社會所需要的技能，會找不到工作。年紀太大或太輕，中學退學的學生以及少數民族，往往遭受此害最深。在經濟

結構迅速改變的過程中，有些人在過去雖然受過不少的教育，擁有某些謀生的技能，因為追隨不上時代的需要，變得處處落伍，因而喪失工作。譬如，美國在 1980 年代大專院校有些科系註冊學生大量減少，使許多擔任這些科系課程的教授失去工作，許多從事國防工業有關的人員，因為近年來國防預算的削減，而他們所擁有的技術不為其他行業所需要，因此被裁減後，找不到工作，對於這些失業者，除非給予轉業的訓練，他們重新找到工作的機會會很少，將成為永久失業者。

四、充分就業的意義

每一個社會都希望能夠實現充分就業，凡是有工作能力和願意工作的人，在現有工資水準下，都能夠獲得他們可以勝任的工作，但這畢竟只是一種理想。事實上，非自願性的失業隨時隨地都存在，在習慣上如果非自願性失業人口在勞動力人口中所占的比例不超過某一個水準，充分就業通常便被認為已經實現。譬如，在 1960 年代的美國，一般認為把失業率降至 4％以下，即使並非不可能，也是非常困難的事，因此，只要 96％的勞動力人口都獲得就業，充分就業便算實現。但到了 1970 年代的後期，這個充分就業下的失業率標準開始提高到 5.5％乃至 6％，充分就業下失業率標準提高的主要原因有下列四點：

　1.勞動力結構的變化

戰後最初二、三十年在西方國家特別是在美國，婦女勞動參與率（Labor Participation Rate）不斷提高，青少年勞動力增加很快，此一類勞動人口，一般說來，缺乏特殊的技能和工作經驗，找事不易，失業的機率較大，他們在勞動力人口中所占的比重提高，自然會導致整個失業率的向上提升。

　2.失業救濟給付條件的放寬

隨著經濟進步，失業救濟給付的對象擴大，條件也變得更為優厚。

因為這一項保險制度的發展，使許多失業的人，不急於另外找尋工作，間接促成失業的增加。

3.最低工資的立法

根據一些實證的研究，最低工資不斷的提高是造成青少年大量失業的主要原因，因此把一些國家失業率高歸咎於最低工資的立法。但也有不少的實證研究，發現最低工資的變動，對青少年就業或許有不利的影響，但對整個國家的就業水準，卻沒有明顯的影響。

4.技術的快速進步

在最近一個世紀，科學與技術進步神速，生產自動化的程度大幅提高，使結構性的失業變得日益嚴重。在可預見的將來，此一趨勢將繼續發展下去。

第三節　失業的損害

廣義的失業包括任何生產資源的未被充分利用，但人們所最關心的是勞動資源的未被充分利用，即勞動力的閒置，也就是我們在本章第一節所稱的失業，它是一種狹義的失業。對個人來說，失業是所得來源的中斷或減少，它使一個人失去生活的憑依，不得不降低生活水準，當事人會因失業而有被社會遺棄的感覺，養成自卑的心理，夫婦的失和及家庭的破裂也往往因此而起。對整個國家社會來說，失業表示人力資源的浪費，財貨及勞務生產的損失，使社會道德墮落，犯罪增加，嚴重的失業會造成政治的動亂和社會的不安。

失業對整個國家社會所造成生產方面的損失，可用國民生產毛額缺口（GDP Gap）來表示。所謂國民生產毛額缺口，係指潛在國民生產毛額與實際國民生產毛額之差，潛在國民生產毛額乃是一種充分就業水準下的國民生產毛額，它與實際國民生產毛額的關係，可用下式表示：

$$潛在國民生產毛額 = \frac{充分就業下所有就業人口}{實際就業人口} \times 實際國民生產毛額$$

假定當 95% 的勞動人口獲得就業，充分就業的境界便算實現，則上式可以改寫為：

$$潛在國民生產毛額 = \frac{95\% \text{ 的勞動人口}}{實際就業人數} \times 實際國民生產毛額$$

茲設某一個國家在某一年度充分就業下的就業人口為 100 萬，實際就業人數為 90 萬，實際國民生產毛額為 100 億元，則

$$潛在國民生產毛額 = \frac{1,000,000}{900,000} \times 100 \text{ 億}$$
$$= 1.11 \times 100 \text{ 億} = 111 \text{ 億元}$$

在這一個假設之下，該一國家在該年度的國民生產毛額缺口將是 11 億元（111 億元減 100 億元）。換句話說，因為實際的失業率超過充分就業標準的失業率，使這一個國家財貨及勞務的生產在一年內損失了 11 億元，如果充分就業能夠實現，這個國家的財貨及勞務生產可以增加 11 億元，失業與國民生產的關係可用以下二個圖形（見圖 9－1(a) 與圖 9－1(b)）來表示。

圖 9－1 顯示美國在 1968 到 1982 年期間失業率與國民生產毛額缺口間的關係。從該圖可以看出，凡是失業率比較高的一年，國民生產毛額缺口都比較大。在這一段期間內，美國於 1975 年遭遇了一次嚴重的經濟衰退，這一年的失業率高達 8.5%，相對應的國民生產毛額缺口竟高達 1,150 億美元❷！

---

❷ Campbell R. McConnell, *Economics*, 8th pd., McGraw-Hill Book Co., 1981, p. 179.

圖9-1　國民生產毛額與失業

(a)國民生產毛額缺口

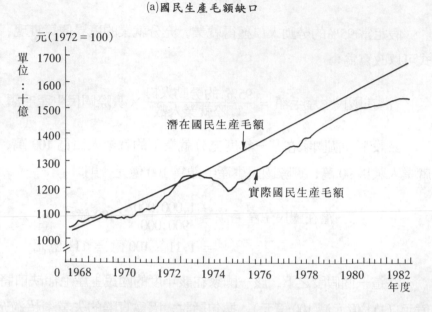

(b)失業率

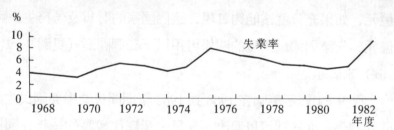

資料來源: Campbell R. McConnell, *Economics, Principles, Problems and Policies*,
9th ed., McGraw-Hill Book Comapny, 1984, p. 157.

　　失業不僅使目前的生產受到損失，它對未來的生產也會有不利的影響，原因是一個人若是經過長期的失業，他所擁有的技能會逐漸退化，生產力會下降。當嚴重的經濟衰退過後，一個社會的勞動生產力會有下降的趨勢，同樣的資源所生產的財貨及勞務可能將會減少。

　　失業使財貨及勞務的生產減少，財貨及勞務生產的減少會增加失業，失業與經濟成長有密切的關係。根據美國過去時間數列資料，經濟學家歐康（Arthur M. Okun）發現，在長期間美國經濟每年平均成長速度約為4%，在某一年內實際經濟成長速度較之平均成長速度，每增加1%，失業率會減少0.33%；實際經濟成長速度較之平均成長速度，每減少1%，失業率會增加0.33%，此種關係稱為歐康法則（Okun Law）。

　　根據歐康法則，一個國家如果有大量失業的存在，經濟成長必須保持較長期趨勢為快，否則將無法使失業大量減少。舉例來說，如果目前的失業率是8%，每年經濟成長率若是保持4%，失業率將會停留在原有水準而不會下降；若每年的經濟成長率能夠提高為6%，經過五年的時間，可望將失業率從8%降至5.5%；即使經濟成長率能夠提高為8%，也需要經過四年的時間才能將失業率從8%降至4%，即接近充分就業的水準（見圖9-2）。

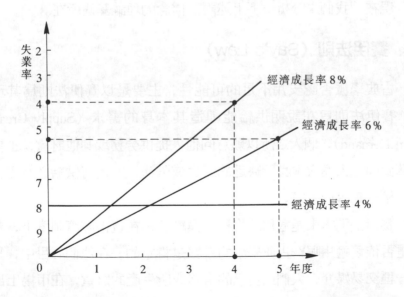

第四節　古典學派充分就業的理論基礎

在 1930 年代經濟大恐慌（The Great Depression）發生以前，大多數的經濟學家認爲：自由經濟的價格機能（Price Mechanism）可以使資源獲得充分就業。戰爭、政治騷亂、以及自然災害等，雖然有時會使經濟社會不能達到充分就業的境界，但透過價格機能的自動調整，充分就業會很快恢復。

古典學派經濟學家之所以認爲充分就業是常態，主要係基於下列兩個信念：

第一，總所得永遠足夠購買充分就業下的產出，支用不足或有效需求（Effective Demand）不足的情形通常不會發生。

第二，即使有支用不足或有效需求不足的情形，透過價格與工資的調整，這種現象會自動得到糾正。

現在讓我們來分析一下上述兩個信念的理論基礎所在。

一、賽伊法則（Say's Law）

古典學派否認支用不足的可能性，主要是以賽伊法則爲其理論基礎。賽伊法則旨在說明供給能創造其本身的需求（Supply Creates Its Own Demand），個人之所以願意向他人提供勞務或其他財貨，主要目的是藉此向他人換取本身所缺乏的財貨或勞務，因此有供給必有需求，而且供給一定等於需求。

賽伊法則本來是適用於物物交換經濟，在貨幣經濟制度下，賽伊法則是否依舊適用呢？古典學派的答案是肯定的。在他們心目中，貨幣只是一種交易媒介，人們以自己的勞務或所生產的財貨，在市場上出售以易取貨幣，最後的目的還是希望以所易取的貨幣，去向他人購買自己所

缺乏的勞務或財貨，因此所得必然會等於支出。只要每一個人把所得都
用出去，自然沒有支用不足的問題。

二、儲蓄常等於投資

　　一個國家在某一段期間的總產出將會以薪資、租金、利息及利潤的
方式分配給生產要素提供者，成為他們的所得，因此在理論上，生產過
程中所產生的所得將與總產出的價值相等。生產要素提供者如果都將所
得毫無保留的用出去，應恰好足以購買全部的產出，市場上將不會有產
品滯銷的問題。但事實上，所得的收受者是否會毫無保留的將所得用出
去，誰也不能保證。如果有些人將部分所得儲蓄起來，不把它用出去，
社會上將會發生有效需求不足的現象。在這種情形下，市場上將會有些
產品賣不出去，此時生產者可能減少生產，部分勞動者將因此被解雇而
失業。可是，古典學派卻不認為儲蓄會造成有效需求的不足，因為社會
上有人儲蓄，也有人投資。個人用於儲蓄的所得，將會被企業家用於投
資，透過利率的自動調整，儲蓄將會等於投資。

　　財貨及勞務的消費可以使人們得到滿足。儲蓄使現在的消費減少，
個人的某些欲望將因此不能立即獲得滿足，為了彌補這個損失，儲蓄必
須給予代價，這個代價就是利率。利率愈高，儲蓄將會愈多，如果把儲
蓄與利率的關係用一條曲線來表示，便如同圖 9-3 的 SS 曲線，這條曲
線由左下方向右上方延伸，表示當利率提高，儲蓄將會增加；反之，儲
蓄將會減少。

　　企業家利用別人的儲蓄增加或更新廠房設備，擴充生產能量，可以
使生產增加，利潤提高，因此願意對提供儲蓄的人付予利息，作為代
價。從投資者的眼光來看，利息是投資的成本。在其他條件不變下，利
率愈高，投資愈少；反之，投資愈多。因此，投資與利率的關係將如同
圖 9-3 的 II 曲線所示。這條曲線由左上方向右下方延伸，表示投資與

圖9-3　儲蓄與投資

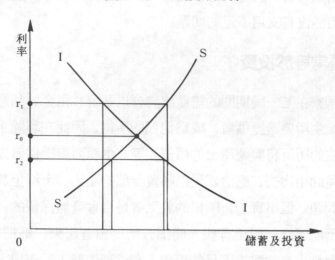

利率有減函數的關係。

　　II 線與 SS 線相交之點便是投資與儲蓄達到均衡之點，其所對應的利率，便是均衡的利率（r_0）。若實際的利率（r_1）超過均衡利率，儲蓄將會大於投資，此時因為資金的供給大於資金的需求，利率將被迫下降，直到恢復均衡的水準為止；反之，當實際的利率（r_2）低於均衡利率時，儲蓄將會小於投資，此時資金的需求大於資金的供給，利率將被迫上升，直到恢復均衡的水準為止。因此，只要利率能夠伸縮自如，儲蓄一定會等於投資，用於儲蓄的所得如果能夠全部用於投資，有效需求不足的現象當然也不會發生。

三、物價與工資具充分彈性

　　古典學派充分就業的另外一個理論基礎是工資與物價可以自動調整。他們認為：當儲蓄大於投資的時候，即使利率缺乏彈性，透過工資與物價的自動調整，充分就業仍然可以維持。為了說明的簡便起見，假定一個社會的需求只來自消費和投資，暫時忽略政府和國外部門的需

求，在這個假設下，這個社會的總支出乃等於消費支出及投資支出之和。如圖 9－4 所示，當這個社會的總產出或所得為 Oa 時，該社會的消費支出為 ab，投資為 bd，總支出為 ad，此時儲蓄為 be，較投資 bd 為大，因此產生超額供給 de。當這種供過於求的情形發生時，若物價能夠自動調整，當會有一種壓力使它下降。換句話說，當社會有超額供給發生的時候，物價會下跌，社會大眾的實質所得將會增加，結果它們的消費支出也會增加，總支出線將會自 AE 移向 $A'E$，而與 45 度線相交於 e，此時超額供給將會消失。當物價下跌時，工資如果能夠自動調整，也會比例下跌，結果實質工資維持不變。因為勞動供給與勞動需求均為實質工資的函數，若實質工資不變，勞動市場的均衡將會維持不變，充分就業因此得以維持。

圖 9－4　總支出與產出及所得

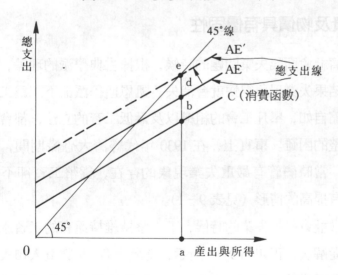

第五節　凱恩斯學派對失業現象的解釋

　　古典學派的充分就業理論到了 1930 年代開始受到嚴重的考驗，原

因是根據古典學派的理論，失業是不可能發生的，即使發生，經濟體系內有一種自動調整的功能，會使此一現象很快消失。而事實上在 1930 年代世界上卻發生了嚴重的經濟恐慌，很少國家不被波及，大規模失業現象的長期存在是古典理論所無法解釋的。鑒於現有的理論不能解釋實際所發生的現象，經濟學家對古典理論的合理性及其所賴以建立的假設開始發出攻擊，進而尋求對就業水準的決定有一個更好的解釋。就在這一個時代要求下，凱恩斯的《一般理論》終於在 1936 年問世。自此之後，經濟學家對失業問題有了新的看法，他們認為資本主義的自由經濟制度本身並不具備任何機能足以保證充分就業一定可以實現，當整個經濟達到均衡狀態時，社會上可能仍然會有失業現象的存在，與其說充分就業是常態，毋寧說它是一種暫時的現象。凱恩斯學派的這種看法，是建立在以下的假設之上。

一、工資及物價具有僵固性

　　當經濟社會面臨失業問題的時候，根據古典學派的理論，工資會自動下跌，結果失業現象很快就會消失。凱恩斯學派卻不認為工資真的能夠完全伸縮自如，舉凡工會的組織以及最低工資的立法，都會導致工資的向下調整的困難。事實上，在 1930 年代經濟大恐慌期間，就美國的情形來說，當時儘管有嚴重失業現象的存在，貨幣工資卻不但沒有降低，反而有提高的情形（見表 9-1）。

　　如果當社會發生失業的時候，工人堅持維持原有的工資水準，失業問題將無從解決，正如圖 9-5 所示，當社會有 ab 數量人口失業時，工人若仍然希望維持 OW_1 的工資水準，失業的現象會持續下去。凱恩斯學派甚至認為：即使工資能夠向下調整，亦不一定能夠解決失業問題。他們的理由是：對個別廠商來說，在其他條件不變的情況下，工資的下降，表示單位產品勞動成本的減少，廠商的利潤因而擴大，自然會願意

表 9-1　貨幣工資與失業（1929～1939 年）

年　別	貨幣工資率 （元/小時）	貨幣工資率 變動百分比 （％）	失　業 （千人）	失業占勞動 力的百分比 （％）
1929	0.56	1	1,550	3.2
1930	0.55	－ 2	4,340	8.7
1931	0.51	－ 7	8,020	15.9
1932	0.44	－ 16	12,060	23.6
1933	0.44	0	12,830	24.9
1934	0.53	20	11,340	21.7
1935	0.54	2	10,610	20.1
1936	0.55	2	9,030	16.9
1937	0.62	13	7,700	14.3
1938	0.62	0	10,390	19.0
1939	0.63	2	9,480	17.2

資料來源：Department of Commerce, Office of Business Economics；Department of
Labor, Bureau of Labor Statistics.

增加勞動的雇用量。但對整個社會來說，情形可能稍有不同，工資的降低，一方面表示生產成本的減輕，有助於生產的擴充和就業人數的增加；可是在另一方面，工資是國民所得的主要來源，工資的普遍降低，可能導致整個國民所得及支出水準的減少，從而對就業可能會產生不利的影響。職是之故，工資的降低是否可以提高整個就業水準，似難遽下定論。

　　凱恩斯學派對物價的伸縮性（Flexibility）也表示懷疑。在現實社會，完全競爭的市場不是到處都存在的，因為有獨占和寡占局面的出現，每使物價的向下調整有一種僵固性（Rigidity）。凱恩斯學派認為具

圖9-5　工資率與失業

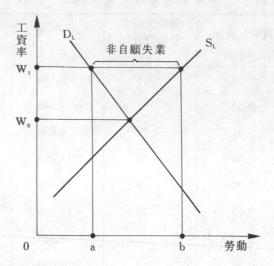

有獨占能力的廠商，當其面臨產品供過於求，在銷售上發生困難時，其立即的反應可能是減少生產，而不是降低價格。如果廠商眞的採取減產措施藉以避免存貨的積壓，配合減產的行動，部分員工必會遭受裁遣，在這種情況下，失業問題也會產生。

二、流動性陷阱

凱恩斯學派認爲：貨幣不僅是交易的媒介，而且也是價值儲藏的工具。一個人的財富，可用貨幣方式保有，也可用債券等其他方式保有。如果用貨幣方式保存，價值固定，但卻沒有利息的收入；如果用債券方式保存，可以有利息的收入，但卻有擔負債券價格漲跌的風險❸。債券的價格通常被認爲與利率有減函數的關係存在，當利率降至某一很低水準的時候，債券的價格便到了某一很高的水準，此時保有貨幣的利息損

---

❸　事實上因爲物價的上漲，貨幣價值可能貶低，保有貨幣並不一定沒有風險，我們暫且把這個可能性撇開。

失很小，而以貨幣易取債券卻需要擔負很大的債券價格下跌的風險。在這種情況下，社會大眾將會寧可保有貨幣，而不願增加債券的購買。此時，貨幣的需求彈性變得無窮大，其與利率的函數關係，便如圖 9-6 中 M^d 曲線的 ab 部分。這一部分與橫軸平行，表示社會大眾對貨幣需求無饜，到這種境界乃進入了凱恩斯所稱的流動性陷阱（Liquidity Trap）。貨幣供給（$\overline{M^s}$）的繼續增加，將會全部被收藏起來，對支用不會發生任何影響，利率因此不可能繼續下降。到達這個利率水準如果儲蓄（S）仍然超過投資（I）──如圖 9-7 所示，欲想透過利率調整來消除這個缺口，殆為不可能之事。只要儲蓄繼續大於投資，社會便可能有失業現象的存在。

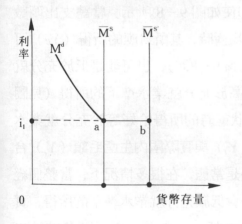

圖 9-6　流動性陷阱

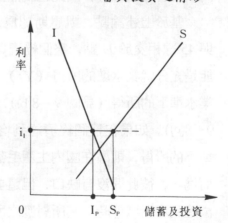

圖 9-7　流動性陷阱下儲蓄與投資之情形

三、儲蓄與投資動機不同

儲蓄雖然有各種不同的來源，企業、政府、及家計部門都可能會有一些儲蓄。但一般說來，占比重最大的應是來自家計部門的儲蓄。在另一方面，主要的投資計劃卻為企業部門所推動。因為儲蓄與投資分別由

不同的人群所決定，彼此的聯繫往往不會十分密切，其所做成的決定，自然難免有不一致的情形。尤有進者，儲蓄與投資的動機可能亦未盡一致。

就儲蓄來說，有的是爲了積穀防饑，有的是爲了子女的未來教育，有的是爲了將來置產需要，不管目的爲何，一個人希望儲蓄的數量主要決定於他的所得水準而非利率。就投資來說，企業家決定某一投資計劃是否應該推動的時候，最主要的一個考慮可能是投資成本——即利率的高低，企業家在達成投資以前，除了考慮成本以外，當然也會考慮到預期的利潤。因爲儲蓄者與投資者在決定儲蓄與投資計畫的時候，所主要考慮的因素並不一樣，彼此的決定往往不會十分調和，而且投資的資金來源並不完全依賴儲蓄，銀行信用的擴充也是投資資金的重要來源。在這種情況之下，即使利率能夠伸縮自如，亦無法保證預期的儲蓄與預期的投資會完全相等，因此也就無法保證充分就業可以實現。

基於上述論點，凱恩斯認爲，即使如圖 9−8 所示，當總支出函數與 45°線相交於 E 點，整個經濟實現均衡時，其所對應的所得（Ye）可能是充分就業水準的所得（Yf）（見圖 9−8(a)），也可能是低於充分就業水準下的所得（見圖 9−8(b)），或高於充分就業水準下的所得（見圖 9−8(c)）。如果在整個經濟達到均衡狀態時的所得恰好等於充分就業水準下的所得，則潛在國內生產毛額（Y_f）與實際國內生產毛額（Y_r）合而爲一，彼此間沒有缺口，但這並不是常態，在很多情況下，當整個經濟達到均衡狀態時，其所對應之所得會低於充分就業水準下的所得，實際國內生產毛額小於潛在國內生產毛額，會產生一種所謂萎縮缺口（Recessionary Gap，見圖 9−8(b) ab 所示）。在另外一些情況下，當整個經濟達到均衡狀態時，其所對應之所得會大於充分就業水準下的所得，實際國內生產毛額大於潛在國內生產毛額，會產生一種所謂膨脹缺口（Inflationary Gap，見圖 9−8(C) cd 所示）。

圖9-8　均衡所得與潛在所得

(a)

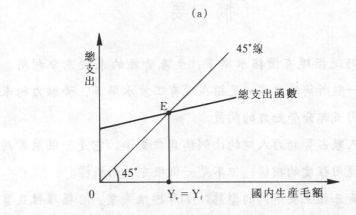

(b)

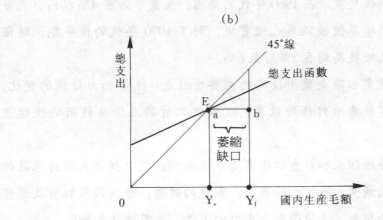

(c)

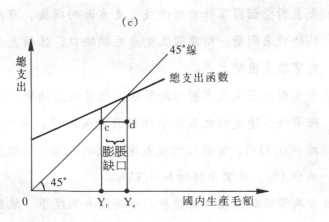

摘　要

1. 失業乃泛指現有價格水準下，生產資源的未被充分利用。事實上，一般所稱的失業，是指在現有工資水準下，勞動力的未被充分利用或部分勞動力的閒置。

2. 失業人數占勞動力人口的比例稱為失業率，它是一個最常用的勞動力運用程度的指標，但不是一個很完美的指標。

3. 失業有三種主要不同的型態：(1)摩擦性失業，(2)循環性失業，及(3)結構性失業。在 1960 年代的美國，失業率若在 4% 以內，充分就業的境界便被認為已經實現，到了 1970 年代的後半期，這個標準已經提高到 5.5% 乃至 6%。

4. 充分就業水準失業率提高的主要原因是：(1)勞動力結構的變化，(2)失業救濟給付條件放寬，(3)最低工資的立法及技術的快速進步。

5. 失業帶給個人和社會的損害是多方面的，它包括個人所得來源的中斷或減少，自信心的喪失，家庭的破壞，整個國家財貨及勞務生產的損失，未來勞動生產力的下降，及製造社會動亂。

6. 失業對整個國家社會所造成生產方面的損失，可用國民生產毛額的缺口來衡量，所謂國民生產毛額缺口，係指充分就業下的產出與實際產出間之差。

7. 失業與經濟成長有密切的關係，根據歐康法則，在某一年內實際經濟成長速度較之長期平均經濟成長速度，每增加 1%，失業率減少 0.33%；實際經濟成長速度較之長期平均經濟成長速度，每減少 1%，失業率將增加 0.33%。

8. 古典學派認為在自由競爭的市場經濟制度下，總需求會經常等於

總供給或總所得，基於賽伊法則及工資與物價的高度伸縮性，他
們相信生產資源可以經常維持充分利用，失業只是暫時的現象。

9. 凱恩斯學派認爲一個社會在均衡狀態下的總需求可能大於、等
於、或小於充分就業的總產出或總所得。由於儲蓄與投資的決定
分別由不同的人群所做成，其動機亦未盡一致，即使利率能夠伸
縮自如，亦無法保證計畫儲蓄會完全等於計畫投資，因而無法保
證充分就業一定可以實現。

10. 凱恩斯學派否定工資與物價具有完全的伸縮性。由於工會的組
織，最低工資的立法，以及大企業的壟斷，他們認爲工資與物價
向下調整具有僵固性。即使當整個經濟達到均衡的時候，均衡所
得不一定等於充分就業水準下的所得，實際國內生產毛額與潛在
國內生產毛額間常常有缺口的存在。若是前者小於後者，會產生
萎縮缺口，若是前者大於後者，則會產生膨脹缺口。

問題討論

1. 何謂失業? 失業率是怎樣計算出來的?

2. 失業有那些類型? 它們彼此間有什麼差異?

3. 作為勞動力運用程度的指標, 失業率有那些缺點?

4. 試就充分就業下一個定義。

5. 近年來許多工業國家, 失業率都有不斷提高的趨向, 其主要原因何在?

6. 失業會帶給個人及社會什麼樣的損害? 試加討論。

7. 失業對整個社會在生產方面所造成的損失, 如何衡量? 試舉例以說明之。

8. 何謂賽伊法則? 您是否同意這個法則?

9. 何謂歐康法則?

10. 古典學派何以認為有效需求不足的現象不會發生?

11. 凱恩斯學派認為失業的現象可能長期存在, 其所根據的主要理由為何?

12. 什麼叫萎縮缺口? 什麼叫膨脹缺口?

13. 何謂勞動力? 臺灣有 2,100 萬人口, 它的勞動力是否也等於 2,100 萬?

14. 某甲的太太有能力工作, 但她寧可留在家裏做主婦, 不願外出工作, 她算不算失業?

第十章　通貨膨脹

第一節　通貨膨脹的意義和測定

一、何謂通貨膨脹

通貨膨脹是從英文字 "Inflation" 翻譯過來，這個翻譯並不十分恰當。從字義上解釋，通貨膨脹應該指貨幣數量的增加。事實上通貨膨脹指的是財貨與勞務平均價格——即一般物價水準的不斷繼續向上提升。貨幣數量的增加固然可能引起一般物價水準的上漲，但這並不是絕對的。當貨幣數量增加的時候，如果財貨及勞務的供應量也同時比例增加，在理論上一般物價水準不一定會上漲；即使貨幣數量維持不變，因為財貨及勞務供應量的減少，一般物價水準也可能上漲，所以貨幣數量的增加並不等於一般物價水準的上漲，彼此間容或有密切的關係，但介於兩者之間並無等號的存在。因為社會大眾久已熟悉這個名詞，為了方便起見，我們仍然沿用通貨膨脹這個名詞來代表一般物價水準的持續上漲。

個別物價的上漲，或某類物品及勞務價格的上漲，不一定代表通貨膨脹，因為此類物品及勞務價格上漲的同時，其他種類的物品及勞務價格可能下跌，兩者相互抵消的結果，平均價格可能維持不變，這種情形只是物品及勞務相對價格的改變，不能稱為通貨膨脹。通貨膨脹必須是

所有財貨及勞務的平均價格持續不斷上漲，它代表貨幣購買力的下降。通貨膨脹也不是指每一種財貨及勞務的價格都必須上漲。只要某些物品及勞務價格上漲的幅度，大於其他物品及勞務價格下跌的幅度，平均物價上升，通貨膨脹便告發生。在通貨膨脹期間，有些物品及勞務的價格可能維持不變，有些可能上漲，也有些可能下跌；即使所有的財貨及勞務的價格均告上升，其上升的幅度亦不一定相同。

二、通貨膨脹的指標

通貨膨脹通常是用物價指數（Price Index）的變動來加以測定。所謂物價指數是以某一期間特定一籃筐的物品及勞務加權平均價格，除以另一期間同一籃筐物品及勞務的加權平均價格，然後乘以 100。測定通貨膨脹最常用的物價指數是消費者物價指數（Consumer Price Index，簡寫為 CPI）。假定去年消費者所購買特定一籃筐的財貨及勞務的平均價格是 100 元，今年同樣一籃筐的財貨及勞務的平均價格漲至 110 元，則今年的消費者物價指數乃是 110％$\left(\dfrac{110}{100} \times 100\right)$，表示今年的一般物價水準比去年增加了 10％。計算消費者物價指數最通用的公式是：

$$CPI = \frac{\sum\limits_{i=1}^{n} P_{ci} Q_{bi}}{\sum\limits_{i=1}^{n} P_{bi} Q_{bi}} \times 100$$

上式中的 P_{ci} 代表 i 種物品的當期價格，P_{bi} 代表 i 種物品的基期價格；Q_{bi} 代表消費者在基期內對 i 種物品的採購數量，n 代表消費者購買物品及勞務的種類，Σ 是彙總的符號。

在習慣上，計算消費者物價指數所採用的權數，是消費者在基期內對每一種財貨及勞務的採購數量。隨著時間的推進，消費型態可能會改變，消費者在某一期間內所採購的物品與勞務的種類及數量，與其在基

期內所採購的物品與勞務的種類及數量可能不同，利用基期的購買量作
爲權數，在比較長期間物價水準的變動情形，可能不大符合實際；物品
及勞務的品質在不同期間也可能會發生變化，消費者物價指數的計算也
沒有考慮到這一點；此外，基期及物品樣本的選擇也會影響消費者物價
指數的有用性。儘管如此，到目前爲止，我們對通貨膨脹的測定，還是
喜歡採用消費者物價指數的辦法。

三、通貨膨脹與貨幣購買力

　　一般物價水準與貨幣的價值或購買力有減函數的關係，前者的上漲
表示後者的下跌；前者的下跌表示後者的上漲。如表 10-1 所示，如果
一般物價水準每年平均上漲 6％，十二年內每單位的貨幣價值或它的購
買力會下降 50％；如果一般物價水準每年平均上漲 12％，每單位的貨
幣價值或它的購買力在六年內便要降低將近一半。通貨膨脹的反面便是
通貨緊縮（Deflation），它代表一般物價水準的持續下跌，或貨幣購買力
的不斷提高。伴隨通貨緊縮而來的，往往是生產減退與失業人數的增
加，在 1930 年經濟大恐慌時代，曾經發生過這種現象。

表 10-1　通貨膨脹與貨幣購買力

通貨膨脹率 / 年數	2％	4％	6％	8％	10％	12％
0	$1.00	$1.00	$1.00	$1.00	$1.00	$1.00
2	0.96	0.92	0.89	0.86	0.83	0.80
4	0.92	0.85	0.79	0.74	0.68	0.64
6	0.89	0.79	0.70	0.63	0.56	0.51
8	0.85	0.73	0.63	0.54	0.47	0.40
10	0.82	0.68	0.56	0.46	0.39	0.32
12	0.79	0.62	0.50	0.40	0.32	0.26
14	0.76	0.58	0.44	0.34	0.26	0.20
16	0.73	0.53	0.39	0.29	0.22	0.16

第二節　通貨膨脹的種類

按照形成的原因，通貨膨脹可分爲下列三類：

一、需求牽引式通貨膨脹（Demand-Pull Inflation）

這一類通貨膨脹的發生，是因爲一個社會對財貨及勞務的需求增加了，而供給沒有增加，需求超過了供給，產生了物價上漲的壓力。這種情形通常發生在充分就業的境界已經達成或即將達成的時候，在這個時候因爲生產資源大部分已被利用，進一步增加生產，必然會造成生產資源市場的緊張，引起這些資源的價格上漲，其結果是一般物價水準的跟著上漲。這種通貨膨脹可用圖 10－1 來加以說明。

圖 10－1　供給不變需求增加所引起需求牽引通貨膨脹

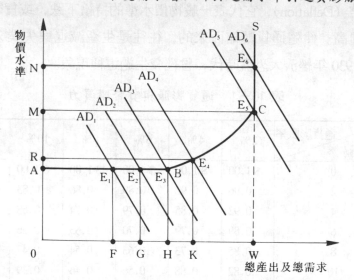

圖 10－1 的橫軸代表總產出（供給）及總需求，縱軸代表物價水準，AS 是總供給線，可以按照就業情況分成 AB、BC 及 CS 三個階

段。在 AB 這一階段，因為社會有大量生產資源閒置現象，當總需求由 AD_1 增至 AD_2 時，均衡點會從 E_1 移至 E_2，物價水準會保持不變，國民生產則會從 OF 提高為 OG，總需求的增加只會引起生產的增加而不會導致物價水準的上漲。當總供給在 BC 這個階段時，生產資源已接近充分就業的境界，其中有些資源甚至有短缺的現象，此時總需求若從 AD_3 增至 AD_4，產出會從 OH 增至 OK，物價水準會從 OA 提高至 OR，總需求的增加不但導致總產出的增加，同時也導致一般物價水準的上漲。當總供給在 CS 這個階段時，生產資源已經到達完全充分就業的境界，因為沒有生產資源的閒置，在現有技術水準下，總產出已經到達最高的水準，無法進一步的增加，此時總需求若從 AD_5 增至 AD_6，產出將保持不變（OW），物價水準則會從 OM 提高為 ON，總需求的增加只會帶來物價水準的上漲。

　　上面我們所提到當一個社會對財貨及勞務的需求增加，而供給並不增加時，會引起需求牽引式的通貨膨脹。事實上，即使當一個社會對財貨及勞務需求增加時，這些財貨及勞務的供給也同時增加，只要需求增加速度大於供給增加速度，需求牽引式的通貨膨脹仍然會發生，這可用圖 10-2 來說明。從該圖中我們可以看出，總供給線（AS_1）與總需求線（AD_1）原來相交於 E_1，此時價格水準為 P_1，嗣後總供給線向右下方移至 AS_2，總需求線向右上方移至 AD_2，表示總供給與總需求均增加，但後者較前者增加得多，相對應於新均衡點 E_2 的價格水準為 P_2，較原來價格水準為高，需求牽引式通貨膨脹亦告發生。

二、成本推動式通貨膨脹（Cost-Push Inflation）

　　此類通貨膨脹的發生，是生產要素價格的增加大於其生產力增加所引起，舉凡原料價格、工資、租金、利率、及利潤報酬的提高都可能產生成本推動式的通貨膨脹，這種情形可用圖 10-3 來說明。

圖 10-2   供給增加大於需求增加所引起的需求牽引式通貨膨脹

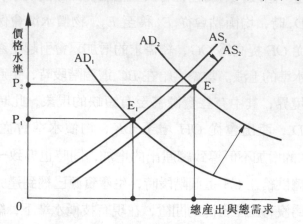

圖 10-3   成本推動式的通貨膨脹

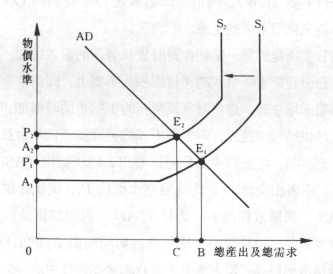

因為生產要素價格的提高若是大於其生產力的提高，單位產品的成本將會增加，圖 10-3 的總供給線將從 A_1S_1 向上移至 A_2S_2，其與總需求線 AD 相交之點將自 E_1 移至 E_2。在新的均衡下，產出將會從 OB 減至 OC，物價水準則將從 OP_1 提高至 OP_2。最典型的成本推動式通貨膨脹是工會不斷要求工資提高以及獨占廠商無饜地追求更高利潤，造成一

種壓力，使物價水準向上提升。1973 年我國物價的大幅上漲，主要即係受原油進口價格於中東戰爭爆發後一夕之間提高數倍的影響，該年度的通貨膨脹可說是原料成本上升所引起通貨膨脹的一個典型例子。

三、結構性通貨膨脹（Structural Inflation）

當一個國家的經濟逐漸接近充分就業的境界時，即使總需求沒有增加，社會需求結構的改變，也可能引起通貨膨脹的發生。原因是物價的向上調整通常具有充分的伸縮性，物價的向下調整則往往具有很大的僵固性。當某些部門產品的需求增加時，為了與其他部門爭奪資源的利用，會導致這些資源的價格向上調整，從而帶動加工產品價格的上漲。在另一方面，產品需求下降的部門，因為價格向下調整具有僵固性，其產品價格往往維持不變。該漲價的漲價而該跌價的卻沒有跌價，結果當然也會造成一般物價水準的上漲。

上述三種不同型態的通貨膨脹有時可能同時發生，相互為虐。譬如，當需求牽引式的通貨膨脹發生時，可能恰巧遇上需求結構的改變，同時產生結構性的通貨膨脹；而成本推動式的通貨膨脹往往助長需求牽引式通貨膨脹的氣焰，每使物價水準的上漲一發不可收拾。

通貨膨脹有時發生在緊接著戰爭或緊急事件結束之後，因為有關各種配給及限價措施每隨戰爭及緊急事件結束驟然廢止，致原被壓制的社會購買力得到解放，社會上突然間產生一種強大的超額需求，迫使物價水準向上調整，這是一種特別的需求牽引式通貨膨脹，有時稱為積壓式的通貨膨脹（Repressed Inflation）。

通貨膨脹有時速度緩慢而且持續很久，這種情形稱為爬行性的通貨膨脹（Creeping Inflation）。有些經濟學家認為，在溫和的通貨膨脹情況下，產品價格的上升往往較生產要素價格的上升速度為快，企業獲利能力提高，投資誘因增加，因而有利於生產的擴充和經濟成長。但也有人

認爲慢性通貨膨脹會如滾雪球一般，無法保證能夠長期把它控制住。

通貨膨脹有時會使工資與物價相互追逐，導致物價水準呈螺旋式的上升，一發而不可收拾，這種情形，稱爲惡性通貨膨脹（Hyper-Inflation）。德國在 1922 年一般物價水準上漲速度曾經高達 5,470%，這是歷史上惡性通貨膨脹最突出的一個例子。

第三節　通貨膨脹對產出的影響

一、通貨膨脹有利產出成長

通貨膨脹對實質國民生產及經濟成長的影響有正反不同的意見。茲分別作一個簡單的討論。有些經濟學家認爲溫和的需求牽引式通貨膨脹有刺激生產的效果。透過總需求的增加，可以促進經濟復甦，產生需求牽引式的通貨膨脹。在這種情況下，產品價格的增加通常較工資及生產要素價格的增加爲快，有利於企業利潤的提高，使廠商有更大的誘因從事生產設備的擴充，實質國民生產因此得以增加。有些經濟學家甚至認爲溫和的通貨膨脹可以促進資本形成，對長期經濟成長亦有裨益，此對開發中國家尤其有效。

資本形成雖然不是一個國家經濟成長的充分條件，但卻是一個必要條件。資本形成主要來自國內的儲蓄，儲蓄有自願儲蓄（Voluntary Saving）與強迫儲蓄（Forced Saving）之分。開發中國家因爲 (1)人民普遍較爲貧困，大多數人缺乏儲蓄的能力，(2)可選擇作爲儲蓄方式的資產種類太少，(3)金融機構不夠普遍，存款手續麻煩，(4)證券市場不發達，企業會計制度不健全，社會大眾對投資股票缺少信心，故自願儲蓄在國民所得中所占的比重一般都非常的低。職是之故，完全依賴自願儲蓄，動員國內資源，充作資本形成，速度勢必相當緩慢。爲了動員國內資源作

為資本形成，有些經濟學家乃主張透過稅課及通貨膨脹方式，實現所謂強迫儲蓄。通貨膨脹有助於資本形成的理由是：

　　1.通貨膨脹可以使政府稅課收入自動增加，國民所得中有較大的部分，可以從私經濟部門轉移到公經濟部門，政府可以利用增加的稅收從事公共設施的建設。

　　2.透過貨幣的貶值，使大衆購買力降低，對消費財的需求減少，原用於生產消費財的部分資源因此可轉用於資本財的生產。

　　3.透過通貨膨脹，所得分配通常會有愈趨集中的現象，富有階級所得會相對提高較快，因為富有階級消費傾向較低，儲蓄占國民所得的比率將相對提高。

　　4.因受貨幣幻覺的影響，在通貨膨脹情況下，實質工資可能下降。企業利潤可望不斷相對增加，投資誘因將可以繼續加強。

二、通貨膨脹不利產出成長

　　持相反意見的經濟學家則認為，通貨膨脹對實質國民生產和長期經濟成長實在弊多於利，其所持理由可以簡述如下：

　　當一個社會接近或已經達到充分就業的境界，物價水準假定本來相當平穩。現在因為成本推動式的通貨膨脹發生，物價普遍上漲，若總需求不變——即社會總支出維持在一定的水準，市場上許多物品及勞務將會發生滯銷的情形，為避免存貨的積壓，廠商必然會採取減產的行動，其結果將是失業人數增加，生產水準下降。1973年石油危機發生，使世界各國在後來數年，不但遭受通貨膨脹的痛苦，而且失業人數不斷增加，經濟顯著萎縮，這是一個最好的事實說明。

　　利用通貨膨脹籌措財源，從事生產性投資，因此項投資遲早會促使市場上物品及勞務供應量的增加，其所引起社會有效需求之增加，終可獲得滿足，在理論上應不致因此而導致物價水準長期持續的上漲。但從

投資到產出之增加通常會有一段時差，在這段期間，社會將會有一種超額需求的現象，對物價水準的上漲會產生一股壓力，此項壓力之大小及持續時間之長短，則視當時社會是否有閒置資源，及能否將這些閒置資源迅速動員，用以增加生產的情形而定。

透過通貨膨脹方式，所增加的強迫儲蓄，如果沒有其他因素的配合，不一定能夠使它們導入生產的用途。以開發中國家來說，因為企業人才、外匯、及技術工人的缺乏，她們對資金吸收能力有限，對膨脹性財源未必能夠善加利用，其結果不一定有助於提高一個國家的產出及就業水準。

即使是溫和的通貨膨脹，如果持續時間太長，會助長社會大眾對物價上漲的預期心理，基於預期物價上漲的心理，工人將會不斷要求提高工資，一旦工資增加，廠商又會以此為藉口，進一步抬高物價，結果相互追逐，終致使物價上漲如脫韁之馬，一發不可收拾。到了這個地步，惡性通貨膨脹乃無可避免。在惡性通貨膨脹的情況之下，大部分的資金將會被用於囤積物資，或用於搶購黃金外匯，或從事房地產等投機活動，正常生產活動將乏人問津，儲蓄亦將裹足不前，最後可能導致整個經濟的崩潰。

通貨膨脹通常不容易預測，它增加經濟的不穩定性，使企業在做各種決策時更加困難。在這種情況下，企業會比以前變得更加保守，因而影響投資的進行，這對經濟成長自然會有不利的影響。一個國家的通貨膨脹速度如果快於其他國家的通貨膨脹速度，將會削弱一個國家在國際市場的競爭力，使出口萎縮，總需求將因此減少，導致成長速度降低，此對生產當然也會有不利的影響。

第四節 通貨膨脹對所得分配的影響

一、基本假設

在通貨緊縮——即物價水準下降的時候，伴隨而來的往往是失業增加及生產減少，可是伴隨通貨膨脹而來的卻不一定是生產水準及國民所得的提高。為了了解通貨膨脹對所得分配的單獨影響，我們姑且假定通貨膨脹與實質國民生產無關。換句話說，我們假定實質國民生產維持在充分就業水準，此外，我們亦做如下幾個假定：

1.我們對通貨膨脹的幅度事先沒有辦法準確預料，因此無法採取適當的防範措施。

2.在通貨膨脹期間，並非所有物品及勞務價格都呈同方向和同比例的變化。換句話說，在這段期間，有些物品及勞務價格上漲，有些物品及勞務價格維持不變或甚至下跌；有些價格漲得快，有些價格漲得慢。

3.即使所有物品及勞務價格在某一段期間完全以同一幅度增加，但有時差的存在。換句話說，有些物品及勞務的漲價來得快，有些物品及勞務的漲價來得慢。

二、通貨膨脹下的輸家與贏家

在上述各種假設之下，通貨膨脹會產生所得重分配的現象，有些人遭殃，有些人受益，往往因此而造成不公平的結果。收入比較固定的人，在通貨膨脹期間，因為物價水準上漲，貨幣價值下跌，他們的實質所得會下降，購買力會受到損害，結果是生活水準降低，他們所受通貨膨脹的打擊最為嚴重。一般說來，依靠固定退休金或政府移轉性收入維生的人及公教人員是通貨膨脹最大的受害者。在另一方面，收入具有伸

縮性的人，他們的名目所得可能較通貨膨脹增加得更快，實質所得會不斷提高，他們將是通貨膨脹的受益者。從事工商業的人，在通貨膨脹期間，他們所提供的產品及勞務價格可能較生產要素的價格增加得更快，他們將會有更豐厚的收入。

在累進所得稅制之下，所得愈高的人，付的稅相對愈重，隨著通貨膨脹，名目所得增加，納稅人的所得級距會自動晉升，所得用於納稅的比例會自動提高，稅源會相對增加。如此，政府可以不必透過稅法的修改及稅率的提高，以增加稅收。舉個例來說，在通貨膨脹以前，您的全年課稅所得是 30 萬元，有效稅率假定是 20%，您的所得稅是 6 萬元。通貨膨脹以後，您的課稅所得在名目上提高了 10%，即從 30 萬元提高到了 33 萬元，假定通貨膨脹率是 10%，您的實質所得和過去一樣，可是您現在是在較高的所得級距，您的有效稅率可能從 20% 提高到 22%。每賺 100 元，在過去只要交 20 元的稅，現在卻要交 22 元的稅。在另一方面，通貨膨脹以前，政府可以從每 100 元的國民所得中，取得 20 元的稅收；通貨膨脹後，可以從同樣的 100 元國民所得中取得 22 元的稅收。就這一點來說，政府是通貨膨脹的受益人，納稅人是通貨膨脹的受害人。

通貨膨脹對儲蓄是一種懲罰。假定從 30 歲開始，您每年計畫儲蓄 5,000 元，到了 65 歲退休的時候，您預料退休後的生活會很富足。事實卻並不盡然，通貨膨脹可能吃去您大部分的儲蓄，使您晚年的生活過得非常貧困。通貨膨脹怎麼會吃掉您的儲蓄呢？這道理很簡單，假定您有 1,000 元的儲蓄，把它存放在銀行，銀行給您 6% 的年利，如果通貨膨脹率──即一般物價水準每年上漲 13%，則一年後您連本帶利可以從銀行拿回 1,060 元，可是現在的 1,060 元所能買到的東西，在年初的時候只要 938 元（1,060÷113%）便可以買得到，您事實上損失了 62 元。換句話說，通貨膨脹把您儲蓄的購買力吃掉了 62 元。

在通貨膨脹的時候，儲蓄的人把錢借給人家吃了虧，他吃的虧就是向他借錢的人占了便宜。假定您在年初向人家借 1,000 元，答應年利 5%，一年後連本帶利還給人家 1,050 元。在這年內通貨膨脹設為 10%，1,050 元在年終的購買力只相當於年初的 955 元（1,050÷110%）。因為借款，您淨賺 45 元。

以上我們所談到通貨膨脹對債權人及債務人的影響，是假定通貨膨脹突然到來，事前完全沒有辦法預料，在借貸合約中也沒有所謂伸縮條款（Escalator Clause）的規定，才會有這種情形。若是通貨膨脹能夠事先完全預料，或在借貸合約中有伸縮條款的規定，這種情形便可避免。譬如，若是借貸雙方能夠預料到在未來一年的通貨膨脹率將是 6%，彼此亦同意一年期貸款的真實利率 5% 是合理的。在這個情形之下，名目利率將定為 11%，貸款人希望實實在在得到 5% 的利息收入將不會落空，他這個希望也可以透過在合約中增訂伸縮條款得到保證，即在合約中規定，借方所付給貸方的利息將是 5% 加上通貨膨脹率。換句話說，隨著通貨膨脹，利率會自動比例向上調整。此外，我們在這裏願意附帶指出的是，很多人認為高利率是造成通貨膨脹的原因，這個指控並不正確。事實往往證明高利率是通貨膨脹的結果，而不是通貨膨脹的原因。

摘　要

1. 通貨膨脹是指一般物價水準持續不斷的上升，按照形成的原因，通貨膨脹可以分爲三類：(1)需求牽引式通貨膨脹，(2)成本推動式通貨膨脹，(3)結構性通貨膨脹。

2. 需求牽引式的通貨膨脹是由於總需求增加而總供給不增加，或者總需求的增加速度超過了總供給的增加速度，它通常最易發生在充分就業的境界已經達成或即將達成的時候。

3. 成本推動式的通貨膨脹是由於生產要素價格的增加大於其生產力增加所引起，其結果不僅是物價水準上漲，生產水準亦可能因此下降。

4. 結構性的通貨膨脹，是社會需求結構改變，物價易漲難跌的結果。

5. 通貨膨脹對實質國民生產及經濟成長的影響，端視其發生的原因及當時經濟情況——特別是生產資源利用情況如何而定，很難下一個結論。經濟學家所擔心的是，開始時可能是溫和性的通貨膨脹，稍假時日，可能會變成惡性的通貨膨脹，一發而不可收拾。到了這種地步，其對整個經濟的破壞卻是不堪想像的。

6. 通貨膨脹如果沒有規則，事先並無法預料，會產生所得重分配的現象，有些人會受到損害，有些人可能得到好處。受通貨膨脹禍害最大的是固定薪資階級及債權人，通貨膨脹對儲蓄往往構成一種懲罰，納稅人也往往因此需要向政府交更多的稅。

7. 通貨膨脹對固定薪資階級及債權人等所加予的損害，可以經由在合約中增添所謂伸縮條款來得到解決。

8. 通貨膨脹通常用消費者物價指數的變動來加以測定，它的計算公

式是

$$CPI = \frac{\sum\limits_{i=1}^{n} P_{ci} Q_{bi}}{\sum\limits_{i=1}^{n} P_{bi} Q_{bi}} \times 100$$

上式中的 P_{ci} 及 P_{bi} 分別代表 i 種物品當期及基期的價格，Q_{bi} 代表消費者在基期內對 i 種物品的採購量，n 代表消費者購買物品及勞務的種類，$\sum$ 是彙總的符號。

問題討論

1. 試對通貨膨脹下一個確切的定義，用通貨膨脹表示物價水準的上漲是否非常恰當？

2. 通貨膨脹如何測定，試舉例加以說明。

3. 需求牽引式的通貨膨脹是如何發生的？

4. 爲什麼成本推動式的的通貨膨脹不但導致物價水準的上漲，也可能同時導致生產水準的下降？

5. 造成用結構性通貨膨脹的主要原因何在？

6. 何謂積壓式通貨膨脹？

7. 通貨膨脹對實質國民生產的影響有正反兩種不同的意見，試加比較說明。

8. 您是否贊成用通貨膨脹促進資本形成，加速經濟發展？理由何在？

9. 爲什麼通貨膨脹會產生所得重分配的現象，這種情形有什麼不好？誰是通貨膨脹最大的受害者？原因何在？

10. 據報載今年的消費者物價指數較去年上漲了 10％，這是不是說今年每一項物品的價格都比去年上漲了 10％？

第十一章 財政政策

第一節 財政政策的意義及目的

市場經濟雖然可以促進資源的有效利用，但在市場經濟制度之下，通貨膨脹與大量失業現象卻不時發生。經濟學家凱恩斯曾經對 1930 年代世界性的經濟蕭條做了一項深入的研究和分析，從這項研究，他發現社會總需求的起伏不定，是造成經濟波動的一個主要原因。當總需求不足時，社會上會有大量的失業存在；反之，總需求如果過多，卻會造成通貨膨脹。穩定經濟的第一個要務，是對總需求加以適當的管理，總需求如果能夠穩定，經濟波動便可以避免。

一個社會的總需求受公共收入與支出政策的影響很大，政府預算是抑制通貨膨脹和減少失業的一項重要工具。因為政府對財貨及勞務的購買是構成總體需求的一個項目，它直接影響一個社會的需求水準。在另一方面，政府的稅課收入影響企業利潤和消費者的可用所得，從而對構成社會總需求的兩個重要項目——投資與消費發生間接的影響。財政政策的主要功能，乃是透過政府稅收及支出的增減，改變總體需求，以影響整個經濟活動，使產出能夠達到充分就業的水準，並維持物價水準的適當穩定。

在 1960 年代以前，大家都認為政府預算應該經常保持收支平衡，這種觀念受到凱恩斯學派嚴厲的批評，他們認為政府的稅收與支用政策

應該視整個經濟需求狀況來決定，不宜光是追求收支的平衡。根據凱恩斯的理論，財政政策可以充作穩定經濟的一個有力工具，透過財政政策，可以使支用維持在適當的水準，既可避免物價大幅度的波動，並能促進充分就業目的之實現，美國 1964 年的減稅便是凱恩斯理論的實踐。這個減稅計劃於 1963 年由總統的首席經濟顧問赫勒（Walter Heller）提出，當時美國的物價相當安定，但失業率卻高達 6%，赫氏不顧預算出現赤字，力排眾議，說服美國總統甘廼迪（John Kennedy）實施減稅。他的主要論據是減稅可以刺激消費及投資支出，增加總需求，從而可以提高就業水準，結果正如所料，美國經濟隨其稅負的減輕迅速復甦。

　　前面說過，在市場經濟下，即使經濟實現均衡的時候，實際的國內生產毛額仍然有時會小於或大於潛在的國內生產毛額，而產生所謂萎縮缺口或膨脹缺口。前一個缺口的出現，表示部分資源閑置，國民生產因此而遭受損失，若能將這個缺口消滅，可以創造更多就業機會，並增加財貨及勞務的生產。後一個缺口的出現，表示生產資源有過度就業或過分利用的現象，物價水準會因此大幅上升，若能將這個缺口消滅，物價水準可以保持相對的穩定。

　　財政政策的其中一個目的便是要消滅這兩個缺口，使物價水準能夠維持適當的穩定，充分就業的境界又能實現。財政政策的另外一個重要目的是透過對稅課和政府支出的精心設計，防止所得分配的兩極化，使經濟進步的成果，為社會大眾普遍共同享受，透過稅課和稅式支出的方式，對市場失靈也可發生糾正作用。

第二節　賦稅理論與賦稅課徵原則

一、賦稅理論根據

賦稅的理論根據，大致有兩種不同的學說：一種是利益說，一種是義務說。前者認為人民受國家的保護和照顧，必須從個人財富及所得中支付相對的代價，換句話說，賦稅是人民對國家給予利益的一種對等報償。後者認為國家是全體國民結合而成，它是一個有機體，組成國家的每一個成員基於國家存續的必要性及國民對國家的依存性，都有義務負擔維持國家生存所需要的一切支出，甚至為了國家的生存，可以要求個人犧牲生命。納稅為國民的義務，遠在 1789 年，法國人權宣言上便有明確的規定。日本明治 23 年所頒布的日本憲法，亦明確規定「日本臣民負有納稅的義務」，我國憲法亦有規定「人民有依法律納稅之義務」。

二、賦稅課徵原則

賦稅課徵的原則，曾經引起學術界很多的討論，歸納起來，這些原則包括：⑴普遍性，即不論個人的身分或社會地位如何，在法律的規定下，均有同樣的納稅義務；⑵賦稅的負擔，必須儘量講求公平，所謂公平有各種不同的解釋，其中一種解釋是，每一個國民所納稅額應與其在國家保護下所享受的利益成比例；另外一種解釋是，每一個國民所納稅額應與其負擔能力相稱，即負擔能力大的人應該多納稅，負擔能力小的人應該少納稅；⑶國民應納之賦稅，宜有明確的規定，不得恣意加以變更；⑷賦稅的繳納應在時間、地點及方法上，儘量便利納稅義務人；⑸賦稅的課徵費用宜儘量節省；⑹賦稅收入必須充裕而且具有彈性；⑺賦稅的課徵宜儘量避免對市場機能及資源配置的干擾；⑻課稅的標的必須明確及易於計算。

怎樣的一個賦稅體系才是理想的賦稅體系？學者間的意見並不一致，有的認為賦稅體系應該採取單一制度，主張這一制度最有力的學者可以亨利喬治（Henry George）為代表，他認為一個國家應該採取土地單一稅制，所有的稅收應來自對土地課稅的收入。有的則認為賦稅體系

應該採取複式制度，例如雪佛萊，他認為賦稅的來源係所得與財產，個人的所得及財產代表他的一般納稅能力，而其家庭消費支出則代表他的特殊納稅能力，依照一般納稅能力而課徵的賦稅是一種直接稅（Direct Tax），而依照特殊納稅能力而課徵的賦稅則是一種間接稅（Indirect Tax），理想的稅制應該是二者適當的組合。華格納（A. Wagner）亦認為理想的稅制應將課自所得及財產的取得、形成，以及支用的各種賦稅予以適當的組合，即以所得稅為基幹，財產稅及消費稅為輔助的混合稅制，是理想的稅制。

儘管學者之間有的主張採取單一稅制，有的主張採取複式稅制。事實上，各國所採取的卻都是一種複式稅制，單一稅制從未被任何國家採取。複式稅制又可分為以直接稅（特別是所得稅）為中心，及以間接稅（特別是以銷售稅）為中心兩種。在理論上，以直接稅為中心的賦稅體系較為符合量能課稅的原則，具有較大的公平性。但由於各國基於促進儲蓄及投資的理由，各項賦稅獎勵措施不斷擴大，薪資分離課稅的日漸普遍，以直接稅——特別是以所得稅為中心的賦稅體系，其公平性已受到懷疑，而且所得稅有一個極限，超過這個極限，將嚴重損害個人投資及工作意願。

一個國家因應財政的需要，依賴其他稅收的程度正日感殷切，自歐洲共同市場採行加值稅（Value-added Tax）後，出口繼續退還間接稅以外，對進口物資規定另課國境平衡稅，依賴直接稅程度較大的國家，咸認在國際貿易上立於較為不利的地位。此一認識，使許多國家對直接稅與間接稅的比重問題，不得不重新加以檢討。

近二、三十年來，由於政府職權不斷擴大，政府收支在國民所得中所占的比重日益提高，這種現象在西方國家已逐漸引起社會各界的注意，有關政府的財政收支是否應該加以限制，近年來在美國已成為熱門的話題。主張透過修改憲法，對聯邦政府的稅收及支出加以最高限制的

人數正日益增加。此外，賦稅對經濟活動的影響，過去大家只是從需求面去探討，現在慢慢注意到它在供給面所發生的作用。提高稅率到某一程度以上，因為損害到人們的投資和工作意願，可能使生產和稅基減少，結果不但不能增加稅收，反而可能導致稅收的減少；反之，稅負如果到達某種程度，稅率的降低，將提高人們的投資和工作意願，使生產及稅基擴大，結果不但不會減少稅收，甚至可能使稅收增加，這也是財稅觀念上一個重要的轉變。

第三節　擴張性的財政政策

根據凱恩斯的理論，經濟衰退的主要原因是總需求的不足，為了加速經濟的復甦，政府可以採取擴張性的財政政策，以刺激總需求。茲設某一國家，總支出線與 45° 線相交於 E_1，均衡國內生產毛額為 100 億元（見圖 11-1），如果沒有生產設備閒置，勞動力都能獲得充分的利用，國內生產毛額可以到達 120 億元。這時，便會出現所謂萎縮缺口，它代表充分就業下，國內生產毛額即潛在國內生產毛額與實際國內生產毛額之差，可用圖 11-1 的 AE_1 來表示。

消除萎縮缺口，實現充分就業所得的其中一個途徑，便是在維持現有的稅收水準之下，增加政府對財貨及勞務購買的支出。假定政府的採購支出增加 5 億元，總支出線將向上移動 5 億元，新增加的政府支出會產生乘數效果，使國內生產毛額的增加數倍於政府支出的增加，乘數效果的大小取決於邊際消費傾向。若邊際消費傾向為 0.75，5 億元的新增政府支出將導致 20 億元 $\left(=5 \times \dfrac{1}{1-0.75}\right)$ 的國內生產毛額增加❶。果

❶　參閱第七章第七節。

圖 11-1 增加政府支出與充分就業所得的實現

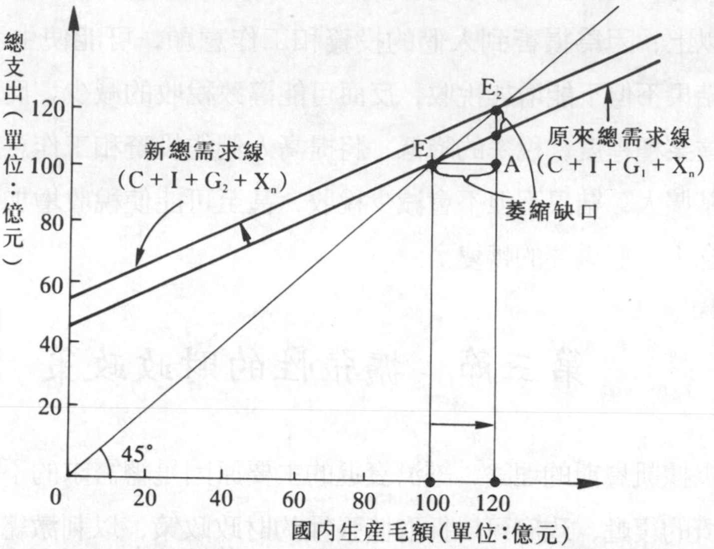

爾，新的總支出線將與 45°線相交於 E_2，新的均衡國內生產毛額將爲
120 億元，恰好等於充分就業的國內生產毛額，萎縮缺口將告消失。

關於增加政府支出對所得的影響，我們也可以藉用總需求及總供給
分析工具來加以說明。如圖 11-2 所示，假定在政府購買支出增加以
前，某一國家總需求曲線與總供給曲線相交於 E_1，對應於 E_1 的均衡國
內生產毛額(Y_e)是 100 億元，與充分就業下的國內生產毛額（Y_f）120
億元，相差 20 億元，造成相當於 E_1D 的萎縮缺口，在其他條件不變下，
增加政府購買支出 5 億元，會使總需求曲線從 AD_1 移至 AD_2，如果價
格水準維持不變，邊際消費傾向爲 0.75，國內生產毛額將增加 20 億元，
正好等於缺口的大小，但政府增加購買支出，引起總需求增加，若是因
此產生通貨膨脹的壓力，使物價水準從 P_1 上升至 P_2，政府購買支出增
加對總需求的刺激作用，將會因物價水準上漲部分受到抵消，國內生產
毛額的增加會少於 20 億元。在這個情況下，如果要把缺口消滅，政府

購買支出的增加必須超過 5 億元。

圖 11-2 增加政府支出與充分就業所得的實現

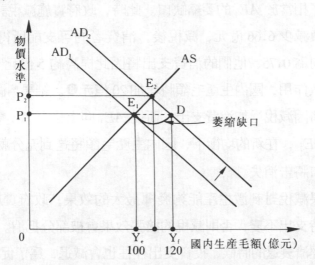

如果增加政府支出對刺激生產能夠發揮最大的效果，稅收必需維持不變，此時預算將會出現赤字，或者預算上的赤字將會增加。增加政府支出的同時，若是稅收也跟著提高，個人可支配所得以及企業的稅後盈餘將會減少，結果消費與投資會下降，增加政府支出對刺激生產的效果將會打一折扣。為了使增加政府支出對生產擴張能夠發揮最大效果，政府必須接受預算赤字或容許預算赤字的增加。彌補預算上的赤字可以採取兩種不同的辦法，一種是增加通貨的發行，一種是增發政府債券向全國各界舉債。比較進步的國家在通常情況下，多採用第二種方法，而不採用第一種方法，因為第一種方法容易造成通貨膨脹。

消除萎縮缺口，實現充分就業所得的另外一個途徑是在維持政府支出不變的情況下降低稅收，稅收降低後，消費者的可支配所得將增加，

他們的消費水準將因此提高❷。我們仍然假定減稅以前的均衡國內生產毛額是 100 億元，而充分就業水準下的國內生產毛額是 120 億元，經濟上出現了相當於 AE_1 的萎縮缺口。此時，政府實施減稅計畫，使社會大眾的稅負減少 6.66 億元，減稅後，消費者的可支配所得提高，若邊際消費傾向爲 0.75，他們的消費支出將因此提高約 5 億元（6.66×0.75），透過乘數作用，國內生產毛額將增加 20 億元❸。結果，圖 11-3 的總支出函數將因減稅增加消費支出，而從 AE_1 向上移至 $AE_2$❹，均衡點將自 E_1 移至 E_2，在新的均衡下，國內生產毛額將達到充分就業的水準，萎縮的缺口將告消失。

　　如果減稅對刺激生產能夠發揮最大的效果，政府實施減稅的時候，應該保持支出不變，否則減稅的擴張效果會被部分抵消。

　　在經濟衰退的時候，投資支出往往也會減退，爲了促進經濟的復甦，除了降低個人的稅負，藉以刺激消費需求外，政府尚可考慮降低公司所得稅，放寬對機器設備的加速折舊，以及提高投資扣抵等方法來減輕企業的稅負以提高他們的投資誘因。企業稅負減輕後可以增加企業的稅後盈餘，使內部資金累積較易並提高稅後的投資報酬率，投資將因此增加，透過乘數的效果，所得的增加會數倍於投資的增加，使萎縮缺口消失。

---

❷　跟減稅一樣，增加政府移轉性支出，也可以增加消費者的可支配所得，從而提高消費及整個支出水準，使國內生產毛額呈倍數增加。

❸　稅收乘數 $= \dfrac{\text{邊際消費傾向}}{1-\text{邊際消費傾向}} = \dfrac{0.75}{1-0.75} = 3$，稅收減少 6.66 億元，國內生產毛額將因此提高 6.66×3＝20 億元。

❹　圖中 AE_2 線與 AE_1 線平行，此一情況係假定政府減稅措施，對貧富階級一視同仁，每一納稅人所得到減稅的好處，不會因所得不同而有差異。若是減稅結果，使高所得者得到較多的好處，低所得者得到較少好處，AE_2 線斜率將較 AE_1 線爲大。

圖 11-3 減稅對充分就業所得的實現

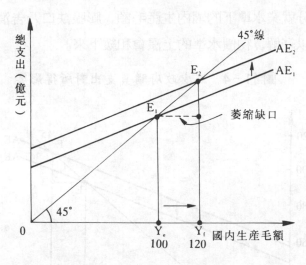

第四節 緊縮性的財政政策

　　總需求不足會引起生產萎縮，失業增加，實際國內生產毛額將低於充分就業水準下的國內生產毛額，社會會出現萎縮缺口，此時政府可以採取擴張性的財政政策來設法因應。在另一方面，總需求若大於總供給時，社會會出現膨脹缺口。消除膨脹缺口有兩種途徑可循：第一種途徑是在稅收維持不變的情況下，減少政府購買財貨及勞務的支出。

　　假定在政府購買支出減少以前，總支出曲線 AE_1 與 45° 線相交於圖 11-4 中的 E_1，均衡的國內生產毛額為 120 億元（Y_e），而充分就業水準下的國內生產毛額（Y_f）為 100 億元，社會上因為總需求過多，出現了膨脹缺口——如圖 11-4 的 E_2B 所示。政府購買支出的減少會直接使總需求減少，透過乘數的作用，國內生產毛額的減少會數倍於政府購買支出的減少。設邊際消費傾向為 0.75，乘數將等於 4 $\left(\dfrac{1}{1-0.75}\right)$，政府購買支出如果減少 5 億元，國內生產毛額將會減少 20 億元，新的總

支出曲線 AE_2 將與 45°線相交於 E_2，對應於 E_2 的均衡國內生產毛額將恰好等於充分就業水準下的國內生產毛額，膨脹缺口乃告消失，通貨膨脹的壓力得以紓解，物價水準的上漲會和緩下來。

圖 11 − 4　減少政府購買支出對所得影響

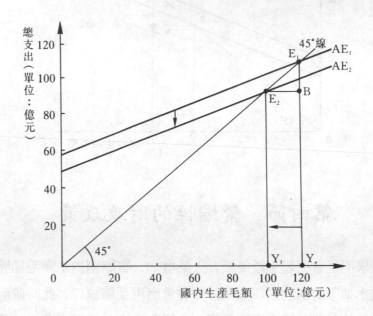

　　消除膨脹缺口，和緩物價水準上漲問題的第二種途徑是在維持政府購買支出不變的情況下，增加稅收或減少政府移轉性支出。二者均可使消費者的可支配所得減少，因而降低消費水準，總支出曲線將會向下移動。茲設原有的均衡國內生產毛額為 120 億元，充分就業水準下的國內生產毛額為 100 億元，社會上出現 E_2B 的膨脹缺口，若邊際消費傾向為 0.75，此時政府採取加稅，使消費者的總稅負增加 6.66 億元，或減少移轉性支出 6.66 億元，消費者可支配所得將會減少 6.66 億元，他們的消費支出將相應減少約 5 億元（6.66×0.75），結果消費函數及總支出函數會向下移動約 5 億元。新的均衡國內生產毛額將從 120 億元降至 100 億元，恰與充分就業水準下的國內生產毛額相等，因為總支出過多所造成

的物價上漲可以得到抑制（見圖 11-5）。

圖 11-5　增稅或減少政府移轉性支出對所得的影響

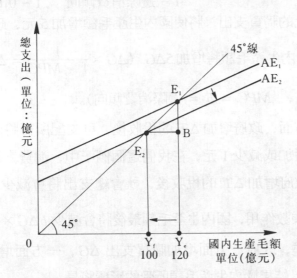

第五節　平衡預算的財政政策

前面說過，政府購買支出的增加和稅收的減少，或移轉性支出的增加，對經濟會產生一種擴張的效果，就業水準與國內生產毛額將因此提高。在另一方面，政府購買支出的減少和稅收的增加，或移轉性支出的減少，對經濟會產生一種收縮的效果，就業水準與國內生產毛額將因此下降。現在讓我們進一步探討，若政府購買支出與稅收同時增加或減少，藉以維持政府收支的平衡，其結果對國內生產毛額是否也會發生影響？若然，其影響又如何？

茲設政府為執行平衡預算（Balanced Budget）的政策，當購買支出增加 ΔG 時，稅收也同時提高為 ΔT，使 $\Delta T = \Delta G$。政府增加購買支出 ΔG 後，社會總支出也將增加 ΔG，這些支出馬上會變成國民所得，國民所得增加後，有一部分會用於增加消費，其餘的會用作儲蓄。假定國

民所得每增加 1 元，消費支出會增加 0.8 元，即邊際消費傾向為 0.8，此時政府購買支出的乘數便是 $\dfrac{1}{1-\text{邊際消費傾向}} = \dfrac{1}{1-0.8} = 5$，即政府每增加 1 元的購買支出，將使國內生產毛額增加 5 元，政府購買支出增加 ΔG，國內生產毛額將增加 $5\Delta G$（$\Delta G \times \dfrac{1}{1-MPC} = \Delta G \times \dfrac{1}{1-b} = \Delta G \times \dfrac{1}{1-0.8}$，$MPC = b = $ 邊際消費傾向）。

在另一方面，政府增加 ΔT 的稅收後，可支配所得將減少 ΔT，可支配所得每增加或減少 1 元，在我們這個例子中，消費支出將減少 0.8 元。因此，政府增加 ΔT 的稅收後，社會總支出將會減少 $0.8 \times \Delta G$ 或 $b\Delta G$，透過乘數作用，國內生產毛額最後將會減少 $b\Delta G \times \dfrac{1}{1-b}$。

綜上所述，政府一方面增加購買支出 ΔG，一方面增加稅課 ΔT，使 $\Delta G = \Delta T$，結果國內生產毛額所受的影響將是

$$
\begin{aligned}
&\left(\Delta G \times \frac{1}{1-b}\right) - \left(b\Delta T \times \frac{1}{1-b}\right)\\
&= \left(\Delta G \times \frac{1}{1-b}\right) - \left(b\Delta G \times \frac{1}{1-b}\right)\\
&= \Delta G \times \left(\frac{1}{1-b} - \frac{b}{1-b}\right)\\
&= \Delta G
\end{aligned}
$$

換句話說，在平衡預算政策下，政府購買支出或稅收的乘數為一，即政府每增加或減少 1 元的購買支出，若是使稅收也同時增加或減少 1 元，將使國內生產毛額增加或減少 1 元。

政府購買支出增加與稅收的減少有擴充的效果，稅課的增加與政府購買支出的減少則有緊縮的效果，但政府購買支出增減的效果，大於稅收增減的效果，因此兩者同時同額的增加或減少，其對國內生產毛額所發生的影響並不能完全相互抵消。若政府購買支出與稅收同時增加 1

元，國內生產毛額將會因此增加 1 元；反之，若政府購買支出與稅收同時減少 1 元，國內生產毛額將會因此減少 1 元。在這裏我們必須指出的是：在平衡預算政策下，政府購買支出或稅收的乘數〔簡稱平衡預算乘數（Balanced-Budget Multiplier）〕在實際上並不一定等於 1。原因是：

1.政府購買支出可能與私人支出發生衝突，例如政府在教育、交通、或保健方面支出的增加，可能導致私人在這些方面支出的減少，結果政府購買支出增加的擴張效果將不能完全發揮。

2.因應政府購買支出增加而提高稅收，可能會損害工作和投資意願，社會各界如果對當前稅課負擔已經感到非常沈重，這種情況發生的可能性更大，平衡預算的乘數效果在這種情形之下也會受到影響。

3.政府購買支出增加的獲利者與加稅的損害者並不屬於同一群的人，他們的邊際消費傾向不一定完全相同，結果平衡預算的乘數效果也會受到影響。

第六節　權衡性財政政策的效果

權衡性的財政政策（Discretionary Fiscal Policy）是指政府主動對公共收入及支出加以調整，使經濟能夠在穩定中實現充分就業的目標。在一般情況下，遇經濟過分萎縮時，政府會減少稅收或增加公共支出；在另一方面，遇經濟過分擴張時，政府會增加稅收或減少公共支出。權衡性的財政政策在對抗經濟衰退，促進經濟復甦方面，雖然是一項強有力的工具，但它對改變經濟活動的效果受到下述各項因素的限制：

第一、採行權衡性財政政策的第一個困難是時間落後問題。它包括：

1.認知上的落後（Recognition Lag）

在決定採取某些措施以前，必須對所欲解決的問題有正確和深入的

了解，而正確和深入的了解一個問題，往往需要經過一段時間的研究和分析，這是認知上的落後。

2.決策上的落後（Decision Lag）

對問題有了共同和正確的認識後，究應採取怎樣的行動以克服這些問題，也難免有見仁見智，必須經過一番的辯論，最後才能做成決定，這是決策上的落後。

3.執行上的落後（Execution Lag）

從決定採取某種決策，到真正付諸實施，往往需要經過很多繁雜的手續，待這些手續一一完成，許多時間已經過去，這是所謂執行上的落後。

4.效驗上的落後（Impact Lag）

採行權衡性財政政策的另外的一個時差是決策付諸實施後，必須經過一段時間，才能真正發生效果，這就是所謂效驗上的落後。

公共收入及支出的變更，在民主國家，首先必須由行政部門向立法機關提出，經立法機關審議通過制成法律，然後才能付諸實施，故在認知和決策上的遲延特別嚴重，財政政策的效果往往因此受到很大的損害。

第二、擴張性的財政政策往往給政府預算帶來赤字，或使原有的預算赤字擴大，彌補預算上的赤字有兩種不同的方式：

1.向全國各界舉債，即政府向社會大眾、工商企業出售債券。此舉將使政府在爭取資金方面與工商界發生競爭，對資金的使用成本──即利率產生向上調整的壓力，民間消費與企業投資可能會因利率提高而減少，這種排擠效果（Crowding-out Effect）將使擴張性的財政政策不能充分發揮它的作用，但也有人認為政府增加支出採取擴張性財政政策，若將增加支出用於充實公共設施，可以改善投資環境，因而導致更多私人投資，產生所謂誘發效果（Crowding-in Effect）。

2.增發通貨。利用這種方式，可以避免以舉債來彌補預算赤字對民間消費與投資可能造成的不良後果，使擴張性的財政政策更加有力，可是通貨的增發，會立即提高社會的有效需求，結果往往造成需求牽引式的通貨膨脹，歷史上許多惡性通貨膨脹都是政府爲彌補預算赤字不斷增加通貨發行所造成的結果。

第三、權衡性的財政政策往往會有通貨膨脹的偏差。作爲反商業循環的一種手段，當經濟衰退的時候，固應採取擴張性的財政政策，但一遇經濟脫離衰退迅速邁向復甦時，在理論上應立即反其道而行。但事實上，由於政府支出增加所興辦的許多公共工程及其他建設卻很難因爲經濟情況的改變立即勒令停止，減稅和增加政府支出容易討好選民，相反的，增稅和減少政府支出會開罪很多的選民。從政治利益觀點，民選的政權對擴張性的財政政策有一種自然的偏好，如果任由他們作主，極易因此引起長期性的通貨膨脹。

第四、擴張性的財政政策往往會引起一個國家國內生產毛額的增加和物價水準的提高，因而導致淨出口的減少，緊縮性的財政政策則有相反的效果，對一個經濟高度開放的國家，權衡性財政政策的自主性受到限制，它的效果會較預期的爲小。

第七節　非權衡性的財政政策

政府經由支出與稅課收入的調整，可以促進物價的穩定，減少經濟的波動，並使全國總生產與就業達到某一理想的水準。財稅體系內通常也有一種所謂自動穩定機能（Automatic Stabilizers）或稱內在伸縮機能（Built-in Flexibility），無須國會及政府採取任何行動，政府的稅課收入及支出，在某種限度內，會因應經濟情況自動調整，以減少經濟波動的幅度。換句話說，一些賦稅結構與支出計畫，具有自動調節之機能，在

產出與國民所得減少時，會自動增加預算赤字或減少預算盈餘，在產出與所得增加時，會自動增加預算盈餘或減少預算赤字，它等於一種非權衡性的財政政策，具有反商業循環的效果。

一、累進式的個人及公司所得稅

採用累進方式課徵之個人及公司所得稅，其邊際稅率隨所得之增加而增加。於經濟擴張，國民所得快速上升時，所得稅稅收之增加速度會超過所得之增加速度，使所得的較大部分能夠從私經濟部門轉移到公經濟部門，此時如果政府支出維持不變或與所得同比例的增加，預算將會出現盈餘或者預算赤字將會減少，社會因所得增加而提高的有效需求，可以部分受到抑制；反之，當經濟萎縮，所得減少時，所得稅稅收減少之幅度會超過所得減少之速度，此時如果政府支出維持不變或與所得作同一比例的減少，預算赤字將會增加，或預算盈餘將會減少，這對促進經濟復甦會有所助益。

二、福利性的政府移轉支出

在經濟衰退期間，廠商通常會減少勞工的雇用，失業人數將會增加，很多人可能提早退休，個人所得會普遍下降，諸如失業救濟、免費糧票、及養老金與退休金等政府福利性的移轉與補助支出將會自動增加；在另一方面，經濟衰退影響稅基，政府稅收會自動減少，或者成長的速度會自動減緩，結果預算赤字會自動增加，可以產生抑制經濟衰退的效果。在另一方面，當經濟迅速擴張的時候，國民所得提高，失業率降低，政府對失業救濟等福利性的支出得以減少，而社會安全保險金及一般稅課收入，卻每隨國民所得的增加而增加，預算上會自動產生盈餘，可以產生抑制通貨膨脹的效果。

三、農產品價格保證

政府對農產品價格的保證，可以防止農產品價格過分的波動，從而可以產生穩定一般物價水準的效果。在保證價格制度之下，當農產品生產過剩致價格不斷下跌時，政府以保證價格收購，將剩餘農產品加以儲存；反之，當農產品供給短缺，致價格不斷上升時，政府可以拋售庫存產品。經由價格保證，使供需可以得到適當的調整，對穩定農產品及一般物品的價格可以產生相當的效果。

四、公司紅利分配

公司利潤往往隨著經濟情況的變化會有波動，儘管如此，大多數的公司對每年分配給股東的紅利總是力求維持穩定。在這種政策之下，不論經濟情況如何，股東的股息收入不會有劇烈的變化，這對消費者的可支配所得，從而對他們的消費支出，會產生一種穩定的作用，因而有抑制經濟波動的效果。

累進式的個人及公司所得稅、政府福利性的支出、農產品價格保證、以及公司紅利的分派，每與國民所得呈相反方向或同一方向而不同比例的變動，其結果可以促使可支配所得與消費支出的變化小於國民所得的變化，因而具有內在穩定經濟的機能。只是這種機能效果往往並不十分強大，它只能減輕經濟波動的幅度，卻不能完全阻擋經濟波動的發生。以累進所得稅為例，它可以使乘數效果減少，但卻不能根本消除乘數效果，光靠賦稅體系的自動穩定機能，尚不足以完全使一個國家免於遭受經濟波動的衝擊。尤有進者，自動穩定機能的發揮，每有一些副作用的產生，財政累贅（Fiscal Drag），便是其中一例。

所謂財政累贅是指在經濟不斷發展及成長過程中，賦稅體系內的內在伸縮機能，每使財政收入的成長大於所得的成長，若政府支出的成長

與所得成長保持同一比例，勢必不斷有財政盈餘的出現，政府財政盈餘的累積，對經濟活動會產生一種收縮作用，妨礙經濟的發展，尤其是當經濟景氣從低谷向上回升的時候，自動穩定機能因為具有一種緊縮作用，會妨礙經濟景氣的復甦。此外，自動穩定機能在刺激或抑制經濟活動方面通常並不能馬上發揮強大的效力，對抗拒嚴重的經濟波動，常使人有緩不濟急之感，故不足以完全依賴作為穩定經濟的一種主要手段。

摘 要

1. 財政政策的主要功能，乃是透過政府稅收及支出的增減，改變總體需求以影響整個經濟活動，使產出能夠達到充分就業的水準，同時維持物價的穩定。

2. 近年來經濟學家對若干財稅問題的看法，在觀念上有不少的改變，譬如在 1960 年代以前，經濟學家大部分主張政府的預算應該經常保持平衡，現在則認為政府的稅收與支用政策應該根據總體需求的情況來決定。在過去經濟學家多認為以所得稅為中心的賦稅體系較為符合量能課稅的原則，目前所得稅的公平性卻受到愈來愈多的經濟學家懷疑。他們對所得稅公平性的懷疑主要是基於實證的研究，而不是基於理論上的考慮。賦稅對經濟活動的影響，過去的著眼點一直放在需求面，現在慢慢注意到賦稅的改變在供給面可能產生的作用，政府財政收支是否應該經由立法加以限制，近年來在有些國家也成為熱門的話題。

3. 當總支出不足的時候，社會會出現所謂萎縮缺口，而導致實際國內生產毛額低於充分就業水準下的國內生產毛額。消除這個萎縮缺口的辦法，是採取擴張性的財政政策，即(1)增加政府購買支出，(2)減少政府稅收，及(3)增加政府移轉性支出。

4. 總支出過多，社會會出現所謂膨脹缺口，造成通貨膨脹，實際國內生產毛額會超過充分就業水準下的國內生產毛額，消除膨脹缺口的辦法是採取緊縮性的財政政策，即(1)減少政府購買支出，(2)增加政府稅收，及(3)減少政府移轉性支出。

5. 政府購買支出的增減對經濟活動所產生的影響，往往大於同幅度的稅收增減對經濟活動所產生的影響，當政府購買支出與稅收同

時作同額變動時，國內生產毛額亦會作同額的變動。

6. 財政政策可分為權衡性財政政策與非權衡性財政政策兩種。前者依賴財政當局主動改變政府收支，以影響經濟活動；後者依賴財稅體系內自動穩定的機能，以減少經濟波動。

7. 採行權衡性的財政政策往往會遭遇到下述各項困難：(1)正確的決定不但困難而且費時，執行起來效驗方面也不能立竿見影；(2)擴張性的財政政策往往會產生所謂排擠效果，不能達到預期的目的；(3)透過增發通貨的方式，實施赤字預算的政策，極易引起惡性通貨膨脹；(4)權衡性財政政策有導致政府部門不斷擴大的危險。

8. 財稅體系內的自動穩定機能包括：(1)累進式的個人及公司所得稅，(2)福利性的政府移轉支出，(3)農產品價格保證，及(4)公司紅利分配。

9. 賦稅的理論根據有二種不同的學說，一種是利益說，認為賦稅是人民對國家給予各種保護利益的一種對等報償，另一種是義務說，認為作為國家的成員，人民有義務負擔維持國家生存所需要的一切開支。

問題討論

1. 何謂財政政策? 它的主要功能何在?

2. 賦稅理論根據如何?

3. 理想的賦稅體系在學者之間有不少爭論,試加評論。

4. 課徵賦稅有那些原則應該遵守?

5. 何謂膨脹缺口? 當一個社會出現膨脹缺口時,應該採取什麼樣的財政政策? 其理安在?

6. 何謂萎縮缺口? 當一個社會出現萎縮缺口時,應該採取怎樣的財政政策? 其理安在?

7. 權衡性財政政策在實施時有什麼困難?

8. 財稅體系內有一種所謂自動穩定機能,它包括些什麼? 為什麼我們不能完全依賴這項功能達到維持經濟穩定的目的?

9. 平衡預算的財政政策對經濟活動為什麼會有擴張的效果?

10. 何謂平衡預算乘數? 它是不是經常都等於1?

11. 為什麼累進所得稅具有反經濟波動的功能?

12. 政府購買支出的乘數效果通常大於稅收的乘數效果,其理由何在?

第十二章　預算赤字及公債

第一節　預算赤字與公債的意義

一、預算赤字與公債的區別

　　預算赤字（Budget Deficit）是指在一定期間內（通常是一年），政府支出超過政府收入的金額，譬如在 1994 會計年度政府從稅課、規費及公營事業盈餘等各種來源所取得的收入一共是 10,000 億元，而該一會計年度政府的全部支出是 11,000 億元，收入不敷支出 1,000 億元，這 1,000 億元便是 1994 會計年度的預算赤字❶。

　　公債（Public Debt）有時又稱國債（National Debt），是指直至某一特定時點為止，中央政府欠國內外個別人士或團體款項的總額。譬如截至 1994 會計年度終了為止，中央政府這項尚未償還的欠款共計 20,000 億元，這 20,000 億元便是我們所稱的公債。

　　赤字和公債雖然意義不同，但兩者有密切的關係。公債的增加是因為預算產生赤字，公債的減少則是因為預算產生盈餘。政府在某一會計年度，其支出若是大於收入，預算上會出現赤字，入不敷出的數目往往

---

❶　會計年度與曆年度不同，1994 年的會計年度是從 1993 年 7 月 1 日開始至 1994 年的 6 月 30 日為止。

需要靠舉債來因應，公債會因此增加；反之，政府在某一會計年度，若是其支出小於收入，預算上會出現盈餘，可供償債之用，結果公債會因此減少。在另一方面，隨著公債的增加，政府用於償付債務利息的支出會增加，稅收若是不變，其他支出又不能減少，赤字會不斷提高，公債將愈滾愈大，因此，要想解決公債問題，必須解決赤字問題，若是赤字不能解決，公債便無從解決。

二、影響預算赤字和公債的因素

赤字和公債增加的一個主要原因是戰爭，一個國家因為從事戰爭，軍費開支浩大，正常的政府收入通常無法應付，只好靠舉債度日。以美國為例，自從參加第二次世界大戰，為因應預算赤字，不斷舉債的結果，使該國公債從 1940 年約 500 億美元，躍升至 1945 年約 2,500 億美元，在短短的五年內，公債增加了四倍，隨著戰爭的結束，公債才不再上升，甚至在戰後最初幾年，公債有回跌的現象❷。

除了戰爭以外，促使赤字和公債增加的另一項重要因素，便是經濟衰退。社會上有不少人士，總是喜歡把赤字和公債的增加，歸咎於擴張性的財政政策。他們認為政府增加支出或減輕稅課，是赤字和公債增加的一個主要原因，我們如果想要減少赤字和公債的負擔，只有二個途徑：一是加稅；一是減少政府支出，即採取緊縮的財政政策。其實這種想法，並不完全正確，事實證明，即使財政政策不變，經濟景氣的變動，也會增加或減少預算赤字，這個道理可以簡單說明如下，赤字等於政府購買和移轉支出之和減去稅課收入，即

$$赤字＝購買支出＋移轉支出－稅課收入$$

❷　參閱 William J. Baumol & Alan S. Blinder, *Macroeconomics: Principles & Policy*, The Dryden Press, 1994, p. 358.

　　當經濟不景氣的時候，生產萎縮，國民所得下降，個人所得稅、公司所得稅及薪資稅等稅基縮小，即使稅率不變，稅課收入會下降。在另一方面，當經濟不景氣的時候，失業人數增加，他們的所得來源中斷，需要依賴政府幫助，像失業救濟等許多移轉性的支出將會因此增加，因此經濟衰退往往會使預算赤字自動增加，而經濟繁榮卻每使預算赤字自動減少，乃至產生預算盈餘，財政政策在這一方面並不負任何責任。

　　一般來說，政府購買支出並不受所得的影響，它與所得的關係，可用圖 12-1 的 AB 線來表示。這條線與橫軸平行，表示政府購買支出固定在 OA，並不因國內生產毛額的增減而發生變化，可是政府的稅課收入卻每因所得的提高而增加，而政府的移轉性支出則與所得呈相反方向變動。稅課收入減去移轉性支出所得的差稱為稅課淨收入（Net Taxes），其與所得的關係可用圖 12-1 的 CD 線來表示。當 AB 線與 CD 線相交於 E 點時，政府購買與移轉支出之和，恰好等於稅課收入，預算乃得以平衡，此時的國內生產毛額為 Y_3，若是實際國內生產毛額小於 Y_3，預算上將會出現赤字，反之，預算上將會有盈餘的產生。同一財政政策可以使預算赤字增加至 FG，也可以使預算赤字減至 HJ，如果實際國內生產毛額從 Y_1 增至 Y_2，預算赤字將從 FG 減至 HJ，當實際國內生產毛額繼續增加至 Y_3 及 Y_4 時，不但預算上的赤字會消失，而且可能進一步將預算赤字轉變為預算盈餘。

三、結構性預算赤字

　　從實際上所發生赤字的大小，無法判斷政府所採取的財政政策究竟是擴張性的財政政策，還是緊縮性的財政政策。欲了解現行赤字有多大程度是受財政政策的影響？有多大程度是受經濟景氣變動的影響？經濟學家特別設計出一種所謂結構性赤字或盈餘（Structural Deficit or Surplus）。它是在稅率及支出規則不變以及資源實現充分就業假設下，所計

圖 12－1　經濟景氣變動對預算的影響

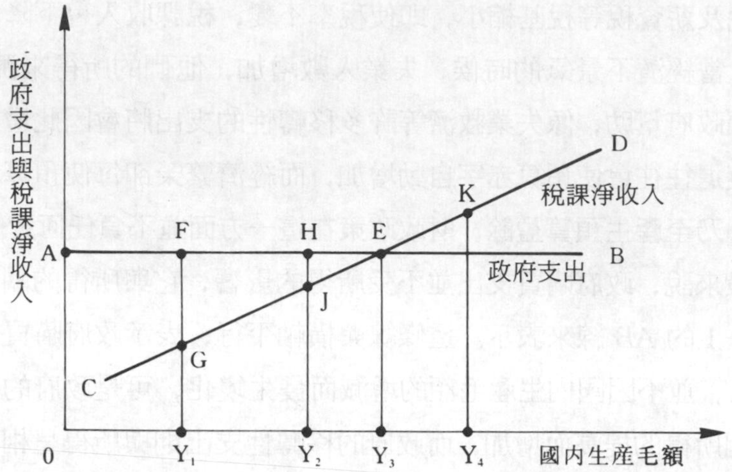

算出來的政府收入與政府支出二者之差。茲設如圖 12－1 所示，當充分就業境界實現時的國內生產毛額設為 Y_2，而實際發生的國內生產毛額設為 Y_1。在這一假設情況下，實際所發生的赤字是 FG，而結構性赤字則為 HJ，前者遠較後者為大，表示預算上實際所出現的赤字，大部分應該歸咎於景氣的下降，而不是政府立意採取擴張性財政政策所造成。

　　結構性赤字與經濟情況無關，它的產生純粹是受財政政策改變的影響。我們如果想要判斷政府財政政策的改變對預算實際所造成的衝擊，應該根據結構性赤字而不是實際所發生的赤字。實際上所發生的赤字往往較結構性赤字為大，原因是一個國家的經濟，在大多數的情況下，都是處於未充分就業的狀態。充分就業並不是常態，以美國為例，從 1981 至 1993 年，該國每年政府預算實際上所出現的赤字，都較充分就業下的結構性赤字為大，其中 1981 及 1983 兩年，實際上的赤字約相當於結構性赤字的二倍，只有 1989 年，美國經濟處於接近充分就業狀態，該年度政府預算上實際所出現的赤字只超過結構性赤字約 70 億美元（見

表 12－1)。

表 12－1　美國失業對預算赤字的影響

會計年度	實際預算赤字 (10 億美元)	結構性赤字 (10 億美元)	實際赤字與結構赤字之差 (10 億美元)
1981	－ 79	－ 37	42
1983	－ 208	－ 105	103
1985	－ 212	－ 177	35
1987	－ 150	－ 119	31
1989	－ 153	－ 146	7
1991	－ 270	－ 180	90
1993	－ 285	－ 206	79

資料來源：美國 Congressional Budget Office. 1993 年資料來自 Office of Management and Budget.

第二節　平衡預算的爭論

在傳統上，經濟學家認為政府的預算必須經常保持平衡，政府的支出應該限制在它的課稅能力範圍以內，以防止預算赤字的發生。此一觀念一直延至 1930 年代經濟大恐慌發生以及凱恩斯《一般理論》問世以後，才有轉變。從那個時候起，經濟學家開始了解到，對個別家庭來說，預算經常保持平衡容或非常理想，可是對一個國家而言，每年保持預算平衡卻並不是最理想的事。保持年度的預算平衡（Annually Balanced Budget），不但不能用來抗拒景氣波動，促進經濟的穩定，反足以加深景氣的波動，增加經濟的不穩定性。蓋因當經濟面臨失業增加與所得下降情況時，經濟體系內的自動穩定機能將使稅收減少、支出增加，此時為了平衡預算，政府往往需要提高稅率，或減少支出，或兩者同時採用。

稅率提高與支出減少對經濟活動均具有一種收縮作用，總體需求水

準將因此降低，結果使經濟衰退情況更爲嚴重；反之，當經濟面臨通貨膨脹情況時，生產水準提高，貨幣所得增加，經濟體系內的自動穩定機能將使稅收增加、支出減少，此時爲了平衡預算，政府往往需要降低稅率或增加支出，乃至兩者同時採用。稅率降低與支出增加對經濟活動均具有一種刺激作用，總體需求的水準將因此提高，結果會促使通貨膨脹變本加厲。

堅持年度預算的平衡，對整個經濟可能害多利少，這對經濟學家目前已沒有太多的爭論，他們之間尙有爭論的是，政府預算在長期間是否應該保持平衡。有些人認爲在某一段期間內，政府預算上的赤字和盈餘應該可以相互抵消，即不景氣時因應財政收入短絀所舉的債，應該可以從景氣時所產生的財政盈餘獲得抵償。換句話說，隨著景氣的波動，預算上有時出現赤字，有時出現盈餘，這種現象應該容許存在。但他們主張，當商業循環完成一個週期的時候，預算上應該恢復平衡，即在這個週期內，經濟不景氣時所產生的預算赤字與經濟景氣時所產生的預算盈餘，大致上應該相等，可以相互沖消。這種觀念雖然不錯，但因繁榮與衰退時間的長短及其程度的大小，在編列預算的時候很難事先預料得到，希望在商業循環完成一個週期的時候，預算能夠恢復平衡，眞正實現的機會不大。

有些經濟學家認爲，預算平衡應該是指當一個國家實現充分就業的時候，政府的稅收與支出必須相等。實現這個理想的辦法很簡單，第一步根據長期的需要，決定政府支出的合適水準，政府支出的合適水準決定以後，第二步是根據充分就業下所得水準的假設，計算稅率，在這個稅率下，保證政府從稅課所獲得的收入足以因應支出的需要。這種預算政策的最大優點是，可以依賴經濟體系內自動穩定機能，促進充分就業目標的實現，它的最大缺點是自動穩定機能對抑制大幅度的經濟波動，可能不夠有力，光靠自動穩定機能恐怕無法達成充分就業的目的。

　　除了以上兩種不同的觀念以外，有些經濟學家認爲預算是否平衡，無關重要，沒有爭論的必要。他們所重視的是，在穩定中能夠實現充分就業並促進經濟的成長，預算只是實現這個目標的一個工具，只要有助於這個目標的實現便是好的預算。他們認爲預算應該保持充分的彈性，不應該受收支平衡觀念的約束，才能因應經濟變動的需要。這種功能財政（Functional Finance）的觀念看起來很進步，但實施起來卻不是那樣輕鬆。

第三節　公債的性質和負擔

一、公債與私債性質不同

　　所謂公債（Public Debt），簡單的說就是大衆的債務。公債與私債到期一律需要還本付息，因此有很多人認爲彼此並無不同，事實上公債有它特殊的意義及性質，與私債並不完全相同。私債是某一個人對他人或金融機構所欠的債，當舉債時，債務人可自他人手中取得資金，增加對財貨的購買力，提高其目前的生產能力或生活水準；當還債時，債務人的資產減少，對財貨的購買力降低，其生產能力或生活水準亦將降低。私債到期必須償還，不能無限制的拖延，可是公債卻可以永遠不必全部償清，一直拖延下去，舊的公債可以用新的公債來償還，即以新債來養舊債。

　　個人如果無法清償其所負擔的債務，會宣告破產，但歷史上還沒有一個國家因爲無法償還債務，而宣告破產的情形。只要一個國家存在，它的中央政府可以繼續以增稅、增加通貨發行，或發行新的債券等方式，來取得更多收入用以償還舊債，不致發生破產。握有公債的人，若是其握有的公債係中央政府所發行，通常不必顧慮他們以公債方式貸給

政府的款項，有一天會收不回來，而成爲呆帳。

二、內債及外債的負擔

　　公債有內債及外債之別，前者是政府向本國人民所舉的債，後者是政府向外國人所舉的債。內債本息的清償，最後必然會以提高稅課的方式，轉由納稅人負擔，但納稅人也是內債的債權人和公債利息的受領者，內債本息的償還，並不會導致整個社會財貨的減少及大眾購買力的降低，它只是一種財貨及所得的重分配。也許有人會說，內債是爲現在這一代人所舉，如果現在不舉債，可能政府得加稅，使這一代的人稅負增加，現在政府以舉債來代替加稅，無異將目前這一代人的稅負轉嫁到下一代的人負擔，但我們必須記住，下一代的人固然需要負責內債本息的清償，他們同時也是未來內債本息清償的受益者。同時我們也得記住，政府舉債所得的收入，若是用在公共設施的充實和改善，將可促進資本形成，當下一代的人從上一代的人接過更多債務的同時，他們也從上一代的人手中承受到更多的資本，使他們有更多的能力提高所得，即使因爲債務本息的清償，需要增加他們的稅負，他們會有能力應付，不會感到吃力。

　　若是公債的發行不能促進資本形成，甚至妨礙資本形成，情況便另當別論。至於外債因爲是向外國人所舉的債，債務本息的清償，可能需要增加本國納稅人稅課的負擔，而政府從新增稅課所取得的收入，透過外債本息的清償，卻流到國外，成爲外國債權人的收入，它與內債的情形不一樣，內債本息的清償只是涉及財富及所得的重分配，而不一定眞正增加國人的負擔，而外債本息的清償，則不僅涉及財富及所得的重分配，而且還可能眞正引起國人負擔的增加。

第四節　預算赤字的經濟效果

一、預算赤字的擴張效果

預算赤字會不會引起通貨膨脹並使利率提高？它對促進資本形成和經濟發展究竟具有正面的影響，還是負面的影響？它對對外貿易又會有什麼樣的影響？關於這些問題的答案，眞可以說是人言言殊，現在讓我們純粹從理論的觀點對這些問題加以簡單的分析。

在本章的第一節，我們曾經提到過，預算赤字的發生可能是政府採取擴張性財政政策，即減稅或增加支出（包括購買支出及移轉性支出）所造成。當政府實施減稅或增加支出，社會總合需求會受到刺激，總需求曲線將如圖 12-2 所示，從 AD_1 移到 AD_2，整個經濟的均衡點將從 E_1 移至 E_2，若是中央銀行的貨幣政策維持不變，即對爲因應赤字所增加的公債發行，不予過問，國內生產毛額將從 Y_1 增至 Y_2，而物價水準也會從 P_1 提高至 P_2，預算赤字不但促進經濟成長而且引起通貨膨脹。隨著所得與物價水準的提高，貨幣需求將會增加，如果中央銀行保持貨幣供應量不變，利率也會因此提高。但在另一方面，若是中央銀行不願看到因貨幣需求增加而使利率提高，它可以從事公開市場操作，即在證券市場上購買政府新發公債，中央銀行此一行動稱爲公債貨幣化（Monetization of Public Debt）。透過公開市場操作，貨幣供應量將會增加（關於這點在第十五章將會有更詳細的討論），如此可望使利率維持在原有的水準，但貨幣供應量的增加，將會進一步提高總合需求，使總需求曲線再從 AD_2 移至 AD_3，新的總需求曲線（ AD_3 ）將與總供給曲線 AS 相交於 E_3。國內生產毛額將再度從 Y_2 增至 Y_3，而物價水準則將再度從 P_2 提高至 P_3（見圖 12-2），因爲中央銀行參加公債的購買，

公債貨幣化的結果，將使預算赤字擴張性效果更為加強。

圖 12-2　預算赤字的擴張效果

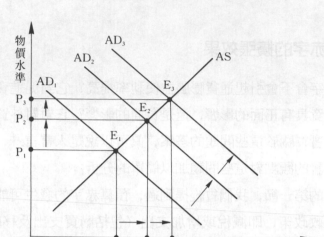

二、預算赤字的緊縮效果

　　預算赤字的產生，可能是受擴張性財政政策的影響，但也可能是受經濟景氣變動的影響。因為經濟衰退，所得下降。消費及投資支出減少，總需求曲線將如同圖 12-3 所示，從 AD_2 向下移至 AD_1，整個經濟的均衡將從 E_2 移至 E_1。在新的均衡下，國內生產毛額將從 Y_2 降至 Y_1，物價水準則從 P_2 降至 P_1，隨著所得與物價水準的下降，貨幣需求將會減少，從而使利率水準下降。因此，純粹是經濟景氣衰退，而非擴張性財政政策所引起的預算赤字，將會產生一種收縮效果，它使國民生產和利率下降，通貨膨脹也會因此受到抑制。

三、預算赤字與資本形成

　　預算赤字對經濟成長的影響，也可以從它與資本形成的關係來加以

圖12-3　經濟衰退所引起預算赤字的收縮效果

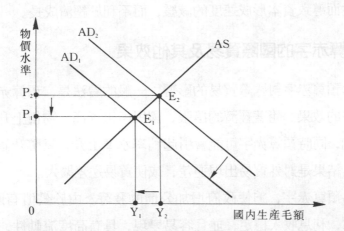

分析。若是預算赤字可以促進資本形成，它將有利於經濟成長，反之，它將不利於經濟成長。政府因爲預算赤字需要向國內外舉債，增加公債的發行，通常會引起利率的上漲，結果將導致民間投資的減少，這一排擠效果會使資本形成的速度減緩，因而不利於經濟發展。

　　但在另一方面，若是預算赤字發生在經濟衰退的時候，它可以促進經濟復甦，隨著經濟復甦步伐加快，工商界會發現投資機會改善，而增加投資。這一誘發效果（Crowding-in Effect）究竟能發生多大作用，一方面取決於政府支出的乘數效果，一方面取決於工商界對投資機會改善反應的強度。若是誘發效果超過排擠效果，以赤字方式增加政府支出的同時，投資支出也會增加，若然資本形成速度將會加快，經濟成長將蒙受利益。

　　一般來說，預算赤字若發生在衰退谷底，大量資源有閑置的情況，以赤字方式增加政府支出，對經濟復甦步伐的加快，會有很大的幫助。在這一情況下，我們可以預期誘發效果將會發生強大的作用。反之，若是預算赤字發生在資源接近充分就業的情況，以赤字手段增加政府支出，對通貨膨脹可能會產生強大的壓力，但對國民所得的增加卻可能不

會有太大的幫助，在這一情況下，預算赤字的排擠效果將會發生強大的作用，從而導致資本形成速度的減緩，而不利於經濟成長。

四、預算赤字的國際貿易及其他效果

關於預算赤字對國際貿易的影響，一般的看法是，預算赤字對經濟具有擴張的效果。隨著經濟的擴張，國民所得提高，物價上升，進口會因此增加，同時預算赤字可能會引起利率水準上升，貨幣升值，導致出口減退，結果是對外貿易出現逆差，或使貿易逆差擴大。

因為預算赤字，迫使政府增加公債的發行。由於公債有政府擔保，安全可靠，利息收入穩定，並且容易變現，具有高度流動性，可以充作民間很好的一種儲蓄工具，這對吸收民間閑散資金有很大的貢獻。此外，巨額的公債存在，尚有三點值得注意：第一，它將使貨幣政策的效果降低，原因是當貨幣當局為抑制通貨膨脹，採取緊縮銀根辦法的時候，公債持有人可能以公債易取現金，使市面流通的通貨增加，結果抵銷貨幣當局緊縮銀根所作的努力；第二，它鼓勵政府增加支出，養成浪費的習慣，設無公債的發行，政府的支出將嚴格受到稅收的限制，對財力會比較珍惜；第三，公債的大量發行，可能在社會上形成一種錯覺，認為這是經濟情況不佳的癥候，因此對企業家未來的預期可能會有所損害，這對未來經濟發展將會有不良的影響。

摘　要

1. 預算赤字的發生是因爲政府的支出超過政府的收入，而預算盈餘的發生，則是因爲政府的收入大於政府的支出，當政府收入等於政府支出時，預算乃獲得平衡。

2. 公債是政府向國內外人士所舉的債，當政府入不敷出的時候，通常便得靠發行公債，赤字與公債如影隨形，亦步亦趨，要想減少政府公債，必須減少預算赤字。

3. 赤字產生的主要原因是戰爭和經濟衰退，政府的財政政策對預算赤字也會產生一定程度的影響。因爲政府採取擴張性財政政策所引起的赤字，稱爲結構性赤字，它不同於實際上所發生的赤字。

4. 堅持年度的預算平衡，足以加深景氣的波動，增加經濟的不穩定性。有的經濟學家主張當商業循環完成一個週期以後，政府預算應該達成平衡；有的經濟學家則認爲，預算平衡應該是指當一個國家實現充分就業的時候，政府的稅課收入等於政府的支出。近年來有的經濟學家甚至提出功能財政的主張，認爲預算只是實現某些經濟目標的一種手段，本身是否平衡，並不重要。

5. 公債有內債與外債之分，內債並不加重國民的負擔，其本息的清償只是一種財富與所得的重分配；外債本息的清償因會導致資金的外流，使可用於本國經濟建設的資源減少，外債過多倒是值得憂慮。

6. 政府因爲實施減稅或增加支出，使預算發生赤字或使原有的赤字增加，會對經濟產生一種擴張的效果。隨著經濟的擴張，國民所得和物價水準都會上漲，當政府因預算赤字，增加公債的發行，可能導致利率的上漲，此時中央銀行爲了使利率維持在原有的水

準，可透過公開市場操作，即在證券市場上收購新發的政府公債，如此固可避免利率的上揚，但將助長經濟擴張，使政府減稅或增加支出的措施更具膨脹性。

7.純粹因經濟衰退而非財政政策變更所引起的預算赤字，在通常情況下，會導致國民所得及物價水準的下降，隨著國民所得和物價水準的下降，利率也可能下降。

8.以發行公債取得收入，作為增加政府支出之用，可能會產生一種排擠效果，也可能會產生一種誘發效果。如果排擠效果大於誘發效果，將會妨礙資本形成，而不利於經濟發展；反之，將會促進資本形成，而有利於經濟發展。

9.預算赤字通常對經濟會產生一種擴張效果，有利於進口而不利於出口，結果可能導致貿易逆差的發生或進一步擴大。

問題討論

1. 解釋預算赤字和公債的差別及二者相互間的關係。

2. 何謂結構性赤字？造成此一赤字的原因何在？

3. 當一個國家達到充分就業境界，政府預算可能會出現盈餘，而實際預算卻出現赤字，原因何在？

4. 堅持年度預算平衡有什麼不對？它為何會受到經濟學家的反對？

5. 何謂充分就業預算平衡？此一觀念有何優點？

6. 有人認為公債是現一代人所舉的債，其本息卻要下一代的人負責清償，有失公平，您對這一批評，有何意見？

7. 公債有內債和外債之分，兩者究竟有什麼分別？為什麼外債比較值得憂慮？而內債卻比較不值得憂慮？

8. 在什麼情形下，政府以舉債所取得的收入，用以增加政府支出，可以促進或妨礙資本形成，因而有利或不利於經濟發展？

9. 預算赤字的發生，在那些情況下，會使國民所得以及利率和物價水準向上提升？在另外那些情況下，其效果會適得其反？

10. 何謂公債貨幣化？它對赤字預算的效果會有什麼影響？

11. 赤字預算為什麼會造成貿易逆差？或使現有的貿易逆差擴大？

第十三章　貨幣與銀行制度

第一節　貨幣的功能

　　貨幣（Money）的產生曾經經過一段很長的歷程。在所謂游牧、漁獵時期，甚至是農業經濟時代的初期，人類社會處於自給自足狀態，沒有交換的行為，自然不必要有交換的媒介。迨至物物交換時代，以物易物，貨幣問題原亦無從發生，嗣因物物交換諸多不便，才開始想到用共同需要或所能接受的貨物，作為交易的中介，貨幣才正式出現。

　　隨著經濟發展階段的升高，貨幣形態迭有改變。根據歷史記載，最早的貨幣曾經由貝殼、獸皮、岩塊、食糧、及烟草等非金屬物品充任。其後逐漸改由銅、鎳、金、銀等金屬物品充任，最後再由紙幣（Paper Money）取代。初期的紙幣尚可用以兌換金屬，及後兌換制度宣告廢止，紙幣乃成為獨一無二的貨幣。到了近代，除了紙幣，尚有鑄幣（Coin）、銀行存款、及其他有價證券等信用工具，也可以充作貨幣使用。這在下一節討論貨幣種類時，我們會再加比較詳細的討論和說明。

　　理想中的貨幣必須輕便、容易攜帶、可以分割、且耐久、及易於識別，最重要的是它必須為社會大眾所願意普遍接受。貨幣的主要功能如下：

一、交易媒介（Medium of Exchange）

貨幣最重要的一個功能，是作為交易媒介。在物物交換制度之下，交易雙方必須找尋到願意直接以己之所有易己之所無的對象，交易才能完成。不透過貨幣而直接進行物物交換的活動，生產者不僅難於找到交易的對象，即使找到交易的對象，彼此所願意交換的數量亦未必一致，人們通常需要花費很多的時間和精力去從事交易。有了貨幣充當交易的媒介後，物物交換的困難就可以避免。任何物品的生產者若有剩餘，可先將剩餘的物品換成貨幣，再以貨幣交換其所需要但本身不能或不願生產的物品，極其簡單容易，因此貨幣的使用，可以使交易更加頻繁，市場賴以擴大，而有利於專業分工的進行，從而提高生產效率，加速經濟的發展。

二、價值標準（Standard of Value）

貨幣的第二個功能是充作記帳單位（Unit of Account）及價值尺度。各種財貨及勞務在市場上互相交換，必須有一個共同的價值標準，才便於決定彼此間的交換比率，此一共同的價值標準必須能為社會大眾所普遍承認。社會有了貨幣作為價值衡量的尺度，不但每一項物品的價值可以用貨幣單位表示出來，簡單而明確，各種要素及商品的相對價值也更易於比較。透過貨幣所表示的各種要素及商品相對價值的變動，對資源分配可以產生一種指導作用。

三、遞延支付標準（Standard of Deferred Payments）

貨幣的第三個功能是充作債務的清償工具。有了貨幣，借貸與債務的償付均可以它為工具，標的明顯確定，可以避免在物物交換制度下的許多無謂糾紛，契約容易履行，因此有利於經濟活動的擴大。

四、價值貯藏（Store of Value）

貨幣的第四個功能是充作價值貯藏的工具。貨幣代表對一般財貨與勞務的要求權力，保有貨幣，即保有對財貨的要求權力，以貨幣作爲價值的貯藏工具，流動性最大，隨時都可用於易取其他財貨及勞務，風險通常較小。它的缺點是沒有利息的收入，而且當通貨膨脹激烈的時候，它的購買力會隨物價水準上漲而不斷下跌。

在日常生活中我們所聽到的貨幣，通常是指由中央銀行發行的紙幣和鑄幣。紙幣只是一張紙，本身並沒有任何價值，至於鑄幣是由金屬做成，它本身具有一些價值，可是它內在的價值（Intrinsic Value）往往小於票面價值（Face Value）。這些項目本身既然沒有內在的價值或只有很小的內在價值，而且沒有金銀等貴重金屬在後面支持，爲什麼可以充作貨幣，爲社會大衆所珍貴？原因是：

1.紙幣、鑄幣是社會大衆願意普遍接受的交易媒介。譬如，衣服店願意接受 100 元的紙幣，賣給您 1 件襯衣，因爲店主有信心，如果他用 100 元的紙幣去買其他東西，他人也會照樣接受，信心使紙幣、鑄幣能夠在市面上流通作爲交易的媒介。

2.紙幣和鑄幣是清償工具，在法律規定下，紙幣和鑄幣可以用來納稅及清償債務，政府和債權人不能拒絕。

第二節　貨幣的種類及貨幣供應量的計算

一、貨幣的類別

我們日常生活中所使用的貨幣，可按不同的標準來加以分類。按構成貨幣的材料來分，可分爲紙幣與鑄幣兩種，前者由紙張印刷而成，後

者則由金、銀、銅、鎳等金屬鑄造而成；按使用數量是否受到法律限制來分，可分爲無限法償貨幣（Unlimited Legal Tender）與有限法償貨幣（Limited Legal Tender）兩種，前者使用的數量不受法律的限制，後者使用的數量如超過一定標準可以拒絕接受。上述分類的方法在現實生活中，已無多大意義，以目前普遍使用的貨幣而言，一般可分爲兩大類，一類爲政府或中央銀行所發行的鈔券，通稱爲通貨（Currency），一類則爲商業銀行的存款貨幣（Deposit Money）。

鈔券是財政部或中央銀行發行的法定通貨，其名稱、單位、價值、及發行數量等，均有法律規定。鈔券按其幣材不同，又可分爲紙幣及鑄幣兩種，紙幣是由紙張印刷而成，其面額常以基本貨幣單位的倍數來表示，例如 10 元紙幣、50 元紙幣等是。紙幣只有名義價值，並無實質價值，其所以能夠流通市面，主要是依各國政府的法令規定，它具有無限法償的地位。鑄幣多爲輔幣，係由金屬所鑄造，例如新臺幣現有的 5 元鎳幣、1 元銅幣都是金屬鑄造而成。

存款貨幣又稱爲銀行貨幣（Bank Money）或信用貨幣（Credit Money），係商業銀行活期存款所創造。個人如果在商業銀行有活期存款，其在需用貨幣時便可開發支票，通知存款銀行付款。此時他所開發的支票可以當作貨幣使用，如果社會信用制度良好，此一支票可以成爲流通工具，在社會上普遍流通，與鈔券並無分別。此種活期存款轉化而成的貨幣，即通稱的所謂存款貨幣。在工商業發達的國家，存款貨幣在全部貨幣供給中所占的比例，遠比鈔券所占的比例爲大，經濟愈是進步的國家，它的重要性愈加顯著。

除上述各種我們日常所習見的貨幣以外，還有一種貨幣稱爲近似貨幣（Near Money）。顧名思義，這一貨幣的性質與眞正貨幣甚爲相近，所以有時又稱爲準貨幣（Quasi-Money）。準貨幣通常包括定期存款、儲蓄存款、與隨時可在市場出售的政府債券及其他有價證券，它們都具有

高度的流動性（High Liquidity），保有這些資產與保有貨幣並沒有多大差異，因為遇有急需的時候，人們隨時可以將這些準貨幣轉換成為貨幣。不過，它們本身尚不能直接成為交易的媒介。將準貨幣交換成一般貨幣時，每須經過一些手續，在時間上不免有一點躭擱，未到期的存款或債券在兌換成一般貨幣時，通常尚須付出一些成本。

二、貨幣供應量的計算

在報章雜誌上我們常看到有關貨幣供給量的報導，它們所指的貨幣有狹義和廣義之分。在美國，最狹義的貨幣包括銀行系統外流通的紙幣和輔幣以及金融機構的支票存款，和非銀行所發行的旅行支票。支票存款指的是社會大眾存於銀行，無息但可立即提取的所謂活期存款。除此之外，它包括可以經由協商隨時提取以及可以把款項隨時轉移到活期存款帳戶的一種有息存款，前者稱為可轉讓提款單帳戶（Negotiable-Order-of Withdrawal Account，簡稱 NOW Account），後者稱為自動移轉服務帳戶（Automatic-Transfer-Services Account，簡稱 ATS Account）。這種最狹義的貨幣有另外一個名稱為 M_1。

比 M_1 廣義一點的貨幣稱為 M_2，它在美國指的是 M_1 加上下列六項：

1.10 萬美元以內的小額定期存款（Time Deposit）。

2.商業銀行賣出後隔夜購回的政府債券（Overnight Purchase Agreement）。

3.個人所擁有貨幣市場共同基金餘額（Individual Money Market Mutual Fund Balance）。

4.美國居民所擁有的隔夜歐洲美元存款（Overnight Eurodollar Deposits）。

5.儲蓄存款（Saving Deposits）。

6.貨幣市場存款（Money Market Deposit Accounts）。

比 M_2 更廣義的貨幣稱爲 M_3，它在美國指的是 M_2 加上下列三項：

1.10 萬美元以上的定期存款。

2.定期購回之政府債券（Term Repurchase Agreement）。

3.定期歐洲美元存款（Term Eurodollar Deposits），以及非個人擁有貨幣市場共同基金餘額（Institution-Only Money Market Mutual Fund Balances）。

在臺灣狹義的貨幣有 M_{1A} 與 M_{1B} 之分，M_{1A} 包括通貨、支票存款與活期存款，M_{1B} 則是 M_{1A} 加上活期儲蓄存款。臺灣的廣義貨幣 M_2 除了包括 M_{1B} 以外，尚包括所謂準貨幣，準貨幣主要係由定期存款、定期儲蓄存款、外幣存款以及郵匯局轉存於中央銀行與其他銀行的客戶存款。

近年來工業國家──特別是美國，金融市場發展很快，新的金融資產和信用工具不斷出現。因爲貨幣的內涵見仁見智，有關貨幣供給量的界定變得愈來愈爲困難。貨幣政策目標的選擇常常使金融當局感到困擾，社會各方面的意見顯得非常不一致。

第三節　貨幣本位制度

一、金本位制度

在金本位制度下，一個國家每一單位的貨幣必須與一定成色之黃金保持固定之聯繫，它可以分成三類：

1.金幣本位（Gold Coin Standard）

即本位貨幣以金幣充之，每一金幣所含黃金之成色與重量相同，金幣與通貨之間有固定比率，可以按照這個比率自由相互兌換。

2.金塊本位（Gold Bullion Standard）

即以定量金塊作為通貨的單位，市面流通的通貨得與金塊自由兌換。金塊的分量通常要較金幣的分量為大，要想兌換金塊，勢非有較多的通貨或紙幣不可，持有少量紙幣的人因此無法兌換金塊，這樣一來，要求以紙幣兌換金塊的情形自然減少。

3.金匯兌本位（Gold Exchange Standard）

在這一個制度之下，本位貨幣每一單位所含黃金之成色與重量固定，但本位貨幣以紙幣的型態出現，且此項貨幣不能與金幣或金塊互兌，僅可用作交換一種可在其他金幣或金塊本位國家付現之外匯。換句話說，在金匯兌本位制度之下，一國的通貨單位以外國通貨來表示，根據外國通貨與黃金的兌換關係，該國通貨可以間接地與黃金聯繫。

二、銀本位制度

所謂銀本位制度，即以白銀作為貨幣的基礎與計算的單位，白銀與貨幣有固定的關係，可以自由相互兌換。銀本位制度亦可細分成銀本位、銀塊本位、及銀匯兌本位等三種，但實際上銀塊本位與銀匯兌本位從未被採行。

三、複本位制度

在這一個制度之下，本位貨幣有金幣與銀幣之別，兩種貨幣同時流通，且分別與一定成色之金與銀保持固定關係。這種本位制度，在貨幣史上曾經占有極為重要的地位。

複本位制度曾在美國實行，效果卻並不令人滿意，原因是當時銀價波動無常，採行複本位制度很難在金銀之間維持一種穩定的比價。最早發現複本位制度嚴重缺點的應推英國十六世紀的理財家葛萊興（Thomas Gresham），根據他的觀察，當兩種不同市價之金屬貨幣，同具有無限法償地位，依官價之比率通行於市場時，市場價值較低之金屬貨

幣將會逐漸取代市場價值較爲昂貴之金屬貨幣，後者將因人們之儲藏、熔燬、或輸出，而致完全自市面上消失，此即所謂劣幣驅逐良幣，這一現象後人稱之爲「葛萊興法則」(Gresham's Law)。

四、不兌換紙幣本位制度

各國於 1930 年代先後宣布取消貨幣兌換黃金，經此以後紛紛以紙幣充作法償貨幣。初時因貨幣本位的觀念尙深植民間，部分貨幣學者乃將此類貨幣制度稱之爲紙幣本位或不兌換本位。採行紙幣本位制度以後，各國貨幣的對內價值可說完全取決於國內一般物價水準。各國貨幣雖仍以黃金來衡量，但市面流通之貨幣已不再能與黃金兌換。紙幣制度之興起，表示人們對貨幣的本質已有深入的認識，貨幣之所以爲大眾所接受，並不在於其本身具有實質的價值，而在於它能用以交換其他財貨及勞務。既然如此，以金銀等貴重金屬充當貨幣只增加攜帶上的不便，別無其他重要意義。

雖然自從 1930 年代，世界各國都改採不兌換紙幣本位制度，通貨在本國內不再能夠兌換黃金，可是直到 1971 年，各國的通貨仍然與黃金發生聯繫。在國際協議之下，美元被充作國際貨幣，每 35 美元等於 1 盎斯黃金的價值，每一個國家的通貨，按照發行所需黃金準備的多少，而與美元維持固定的比率。譬如，新臺幣 40 元等於 1 美元，表示每發行 40 元的新臺幣所需要的黃金準備，等於發行 1 美元所需要的黃金準備。換句話說，1 美元的含金量等於 40 元新臺幣的含金量，美元與新臺幣的比率因此定爲 1:40。在臺灣如果我們握有美元，每 35 美元可以向美國要求兌換 1 盎斯的黃金，這個國際間的協議到 1971 年才被取消。自此之後，各國的通貨與黃金的聯繫完全切斷，國與國間的通貨交換比率也不再維持固定的關係。

近年來世界各國不斷遭受通貨膨脹的痛苦，爲了恢復物價的穩定，

不少經濟學家主張回到金本位制度。他們的理由是，以美國爲例，直到
1933～1934年，羅斯福（Franklin Roosavelt）總統取消國內黃金本位制
度，當時美國的物價水準並不比一百五十年前華盛頓時代的物價水準爲
高，這種長期物價安定局面的維持應該歸功於金本位制度。他們進一步
指出：在長期間，黃金生產量每年平均增加速度約爲 1.5%至 2%之間，
此一增加速度與實質國民生產毛額成長速度大致相同，即使新的金礦發
現或採用新的採礦技術，黃金生產量也不可能大幅增加。因爲黃金生產
增加導致通貨供應量增加，可能引起物價水準每年上漲幅度，根據他們
的估計最多在2%至3%之間。

　　經濟學家中不同意回到金本位制度的人數也不少，他們的重要理由
是：⑴在金本位制度之下，貨幣供給量完全受黃金生產量的影響。黃金
生產量的增加會引起通貨膨脹；相反的，黃金生產量的減少，會造成經
濟萎縮和衰退。⑵世界上主要產金國家，是蘇俄和南非，她們對自由世
界並不十分友好，這兩個國家如果對黃金採取傾銷的政策，將會造成國
際性通貨膨脹；反之，如果她們實施黃金禁運，整個國際經濟將會因此
萎縮及衰退。⑶採取金本位制度並不能保證一個國家的通貨發行會受到
約束，各國政府爲了籌措財源，透過降低黃金含量或準備，她們仍然可
以隨時增加通貨的發行。總之在這些持反對意見的經濟學家們看來，維
持貨幣價值及物價水準的安定，關鍵不在回到金本位制度，而在政府是
否有決心控制預算和維持貨幣供給於適當水準。

第四節　銀行的性質及營運原則

一、銀行的主要業務

　　銀行是一種金融機構（Financial Institution）或金融中介。它的主要

業務是接受存款，和對個人及企業進行信用放款。除此之外，它與其他金融中介一樣，進行長期抵押貸款、辦理匯兌、承兌、貼現、及代理顧客收付款項等業務，同時也從事公債、股票、及其他有價證券等投資活動。銀行經由對個人及企業的放款和信用工具的購買，可以創造存款貨幣，以增加貨幣的供給；在另一方面，銀行經由放款的收回及信用工具的出售，可以消減存款貨幣，以減少貨幣的供給。關於銀行用什麼方法以增加或減少貨幣的供給，我們將在本章的第六節再加詳細的討論。

　　在美國，銀行都是屬於私人的，但在臺灣很多銀行都有官方擁有的股份，或是由官方獨資設立。銀行營業執照有的是由中央或聯邦政府核發，有的是由省政府或州政府核發，前者歸中央或聯邦政府監督，後者則歸省政府或州政府監督。在美國，凡是向聯邦政府註冊取得執照的銀行，依法必須加入聯邦準備制度作為成員之一；凡是向州政府註冊取得執照的銀行，依法並無參加聯邦準備制度之義務。但若合於某種條件，它們可以自由選擇參加聯邦準備制度作為成員。參加聯邦準備制度的銀行，必須在它們所在地區的聯邦準備銀行存款，作為一種準備金（Reserve），這種存款是沒有利息收入的，可以說是參加聯邦準備制度的一種機會成本。隨利率的提高，此項機會成本不斷增加，使很多銀行退出聯邦準備制度，削弱了金融當局對貨幣供給控制的力量，為了扭轉此一趨勢，美國國會於 1980 年通過了一個「取消儲蓄機構管制及貨幣控制」的法案。在這個法案下，所有銀行及其他儲蓄機構，不論是否為聯邦準備制度的成員，準備金的設置完全一樣。新法案並且規定所有儲蓄機構都可以向聯邦準備銀行借款，並可享受後者所提供的收付款服務。過去銀行與銀行間，及銀行與其他信用機構間的差異幾乎已不復存在。

二、銀行的資產及負債

　　銀行向股東及存款客戶取得資金，然後將這些資金貸放給工商界及

社會大衆，或用來購買各種有價證券，從中獲取利潤。銀行的主要資產和負債分類有如下述：

1.資產（Assets）

銀行的資產主要可以歸納爲下列四類：

⑴準備金及現金（Cash）：準備金是一般銀行存放在中央銀行的款項，而現金是指存放在銀行保險庫及出納人員手中的鈔票和硬幣。

⑵貨款（Loans）：貸款是掌握在銀行手中的債權，它是銀行利息收入的主要來源。

⑶有價證券（Securities）：有價證券包括股票和債券，其中以政府所發行的債券最爲重要。這些有價證券帶給銀行穩定的利息收入。

⑷其他資產（Other Assets）：其他資產包括建築、傢俱、及銀行作業所需要用到的器材──如電腦、收銀機、打字機等。

2.負債與淨值（Liabilities and Net Worth）

⑴活期存款（Demand Deposits）：活期存款是一種支票存款，存戶可以隨時開發支票請求銀行支付持票人特定金額，在歐美各國支票與現金幾乎完全一樣。

⑵儲蓄存款（Savings Deposits）：在理論上，儲蓄存款的存戶，不能隨時開支票要求銀行對持票人支付一定的金額，存戶如果提款，須預先通知銀行。但事實上，因爲電腦作業，在美國，儲蓄存款帳戶上的金額往往可以自動轉移到同一存款人的活期存款帳戶，每次轉移的款項將恰好等於存款人簽發支票上所要求銀行支付的數目，等於可以隨時提取。

⑶定期存款（Time Deposits）：定期存款通常要到期才能提取，未到期提取，會遭遇到利息甚至本金的損失，這類存款給予銀行在資金運用方面更大的彈性，存戶往往可以得到更優厚的利息收入。

⑷借款（Borrowings）：個別銀行於必要時可以向中央銀行或其他同業借款。此項借款所支付的利息若是低於銀行放款的利息，彼等自當樂

意爲之。

⑸其他負債（Other Liabilities）：其他負債主要包括應付而未付的款項——如購買器材欠款等。

⑹淨值：資產減去負債後的餘額稱爲淨值，它是股本收入加上未分配盈餘然後減去虧損，可以說是銀行對股東負債的帳面價值。

三、銀行資金的運用原則

銀行的主要業務是接受存款、經營放款、及從事有價證券的投資，一個成功的銀行，必須對從存款所吸收的資金能夠加以妥善的利用。在利用這些資金時，必須考慮到下列三點：

1.流動性（Liquidity）

所謂流動性是指將資產轉換成現金的難易程度。在眾多的資產中，貨幣是具有完全流動性的，它隨時可以充作交易的媒介，票面價值與交換價值一致；短期政府債券極易脫手，價值通常也很穩定，它與貨幣幾乎具有同樣高的流動性。在另一方面，銀行的建築往往不易脫手，價值也常有波動，它是一種流動性很低的資產。一種資產的流動性主要受下述三個因素的影響：

⑴可售性（Marketability）：凡是能在有組織的市場，順利轉讓的資產都是流動性比較高的資產，否則便是流動性比較低的資產。股票和債券市場通常都是比較有組織的市場，在這些市場進行股票和債券的交易相對容易，因此股票和債券是具有比較高度流動性的資產。

⑵充作抵押品的難易：有些資產充作借款的抵押品，比較受到貸方的歡迎，這一類的資產通常被認是流動性比較高的資產。

⑶契約期限：以債券爲例，償還期限比較短的較之償還期限比較長的，分期償還較之到期一次償還的，它的流動性通常也被認爲相對較高。

2.獲利性（Profitability）

銀行如同其他公司行號一樣，以謀利爲主要動機，在利用從客戶存款所吸收到的資金時，當然要考慮到它的獲利性。某一資產的獲利性，包括買賣價格的差額，以及在存放期間，定期所取得的租金、利息、或紅利等收入，兩者之和除以投入資金的數目，稱爲投資報酬率。平均報酬率愈高的投資，便是獲利性愈高的投資。

3.安全性（Safety）

銀行利用資金的第三個考慮是安全性，對每一項投資都希望能按時收回本利。一般來說，最安全可靠的投資是購買財政部所發行的國庫券及其他公債，地方政府所發行的建設公債通常也非常穩妥可靠，因爲政府很少有倒閉的情形，它們的債信是很少受人懷疑的。接受存款是銀行的主要業務之一，銀行所接受的存款，大部分都是屬於支票存款或活期存款，存戶不用預先通知可以隨時向銀行提款，爲了應付存戶的提款，銀行必須經常有充足的現金準備。換句話說，它們所掌握的資產至少有一部分必須具有高度的流動性，流動性最高的資產乃是現金，可是握有現金不能獲得利息的收入，流動性與獲利性是兩個相互衝突的目標。在另一方面，獲利性較高的資產通常包含了較大的風險，而且變現性也可能較低。在資產管理方面，適當兼顧三種不同目的，並不是一件容易的事情。

第五節　金匠法則與部分準備原理

金匠法則（The Goldsmith's Principle）是古時英國專門代人保管黃金的金匠，根據日常黃金存取的情況而發現的部分準備經驗法則。在那個時候，黃金被充作貨幣，它是交易的媒介和債務清償的工具。爲了安全起見，人們喜歡把黃金放在金匠的保險櫃，交由金匠保管，在需要用

到黃金的時候，再向他們提取。這正如同現在，人們喜歡把多餘的金錢存放在銀行，當需要錢用的時候，隨時開一張支票向銀行取款的情形完全一樣。當人們把黃金交給金匠保管的時候，金匠會給他們一張存單，這是一張債權證書，憑著這張債權證書，存戶在需要黃金用來購買物品的時候，可以隨時向金匠將所存的黃金取回。

隨著時間的推進，金匠們逐漸發現，當現有的顧客向他們要回黃金的時候，往往會有新的顧客將黃金交給他們保管。在某一段期間，存戶向他們存進的黃金與從他們所取回的黃金，數量上大致相等，每次人們交他們保管及從他們那裏提出的黃金，通常只是占他們所保管的全部黃金的一小部分。基於這個經驗法則，他們知道只要手上經常保有很小部分的黃金，便足以應付存戶提現的需要，金匠們於是開始將多餘的庫存黃金，借給當地的商人，以取得利息的收入。

在最初的時候，人們每遇購物需要用到黃金，總是親自往金匠處跑上一趟，從他們那裏取回所需要的黃金，往返上花費不少時間。後來，他們逐漸想出一個辦法，即用金匠所開的存單代替黃金，作為購物支付的手段，這個辦法很快為工商界所接受。當人們知道存單可以隨時向金匠交換黃金，兩者實際上並沒有差別的時候，他們樂意接受存單作為支付手段，是一種很自然的事。這樣一來，存戶經常向金匠提存的現象更進一步減少，金匠於是有更多的剩餘黃金，充作貸款之用。

現代的銀行的部分準備制度（Fractional Reserve System）即建立在金匠法則之上。早期的金匠其手上經常握有的黃金並不足以應付全部存戶提存的需要，現在的銀行亦復如此。

在部分準備制度之下，存戶如果發生擠兌的情形，某些銀行因現金準備不足，可能會被迫關閉，消息一經傳出，將會影響其他銀行，勢必引起金融市場的混亂。為了防患此類不幸事件的發生，各國政府都設有專責機構，對銀行業務加以嚴密的監督。譬如在美國，負責監督銀行業

務的共有四個不同機構：⑴貨幣控制局 (Controller of the Currency)，⑵
聯邦準備制度 (Federal Reserve System) 即其他許多國家所謂的中央銀
行，⑶聯邦存款保險公司 (Federal Deposit Insurance Corporation)，⑷各
州的銀行委員會 (State Banking Commissions)。

　　美國所有銀行至少得接受兩個不同政府機構的監督，事實上多數美
國銀行都必須同時接受三個不同政府機構的監督，同時接受四個不同政
府機構監督的銀行爲數並不少。因爲受到政府嚴密的監督，銀行在業務
經營上不得不更加小心謹愼。

　　除了對銀行業務加以嚴密監督，藉以加強存戶對銀行的信心以外，
美國政府另外設立了聯邦存款保險公司。凡參加保險的商業銀行及儲蓄
銀行，依照規定，每年得向聯邦存款保險公司，按照接受存款的總金
額，繳納一定的保費。每一存戶存款在 10 萬美元以內者全部得到保險，
若銀行因爲經營失敗倒閉，聯邦存款保險公司負責對存戶的可能遭遇損
失提供賠償，每一存戶獲得賠償的最高金額是美金 10 萬元。在商業銀
行及儲蓄銀行以外的其他金融機構存款的客戶，也可以享受到同樣的保
障，所不同的是這些金融機構，不是向聯邦存款保險公司投保，而是向
另外的兩個機構——即聯邦儲蓄及貸款保險公司 (Federal Savings and
Loan Insurance Corporation) 與國民信用協會管理局 (National Credit U-
nion Administration) 投保，自從實施存款保險制度以後，銀行擠兌現象
已不復發生。

第六節　銀行與貨幣之創造

一、部分準備制度與存款準備

　　在上一節，我們曾經討論過銀行的部分準備制度。在這個制度下，

銀行每接受客戶一筆存款，只須從這筆存款中提出一部分現金作爲準備，其餘的可用來放款，從中獲取利潤。部分準備制度給予銀行創造和收縮貨幣的能力，換句話說，銀行之所以能夠增加或減少貨幣的供給，純粹是部分準備制度的副產品。

爲了應付顧客隨時提現，依照法令規定，銀行必須經常保有足夠的流動資產作爲存款準備，存款準備有以下三種不同觀念：

1.法定準備資產（Legal Reserves）

依法可充存款準備的資產包括銀行在中央銀行的存款，銀行的庫存現金，以及銀行在同業間的存款。此外，銀行所擁有的短期性金融資產，諸如國庫券、短期政府公債、或銀行承兌票據等，雖非法定準備資產，但因變現性很高，每有第二準備（Secondary Reserves）之稱。

2.最低法定準備（Reserve Requirement）

這是銀行依法必須保有的最低準備資產額度，循例須提存於中央銀行。最低法定準備占存款負債的比率，稱爲準備率（Reserve Ratio），它是決定銀行對貨幣供給創造及收縮能力的關鍵因素。

3.超額準備（Excess Reserves）

法定準備資產超過最低法定準備的差額稱爲超額準備。它可由銀行自由使用，作爲對顧客放款或投資購買債券。，超額準備可以爲零，但不能爲負值，負值表示法定準備資產低於最低法定準備，是要受到中央銀行處分的。

二、存款貨幣的創造

經由存款貨幣的創造，銀行可以增加貨幣的供給；反之，經由存款貨幣的毀滅，銀行可以減少貨幣的供給，兩者的原理和過程完全一樣，只是循相反方向進行。茲設準備率爲 20％，基於這一個假設，我們可將銀行創造存款貨幣的過程簡述如下。

　　表 13−1 是設想中的 A 銀行的資產負債表，在最上端的是第一階段的資產負債表，那時各項資產與負債的數值均爲零。貨幣擴充過程是從接受某甲 1,000 元新的支票或活期存款開始，接受了這筆存款以後，A 銀行資產負債表的記載將會發生變化，新的資產負債將如同置於中間位置的資產負債表所示。在資產方面，最低法定準備科目增加了 200 元，超額準備科目增加了 800 元；在負債方面，某甲的活期存款科目增加了 1,000 元。此時，在銀行體系外流通的鈔券減少了 1,000 元，但銀行活期存款增加了 1,000 元，因爲貨幣包括銀行體系外所流通的鈔券以及銀行的支票及活期存款，整個貨幣供給量因此沒有增減。值得注意的是，此時 A 銀行已有了 800 元的超額準備，具備了信用擴張的能力。設適有某乙這時正需要借款，經磋商結果，A 銀行同意借給某乙 800 元，貨幣擴充於焉開始，這可從置於最下端的第三階段資產負債表中看出。在這一新的資產負債表上，A 銀行的資產科目中，超額準備變成了零，對某乙的貸款科目增加了 800 元，負債項目中的記載沒有改變。某乙獲得借款後，立即向銀行提現，此時銀行體系外流通的鈔券增加了 800 元，銀行的活期存款維持不變（1,000 元），整個貨幣供給量於是增加了 800 元。

　　某乙向銀行借款，當然不是沒有目的的，假定他借款的目的是用來向某丙購買一臺收錄音機。當這筆交易成交後，某丙從某乙得到現金 800 元。然後他把這筆錢存在跟他來往的 B 銀行，此時 B 銀行的資產負債表將如同表 13−2 所示。在資產科目中，最低法定準備將增爲 160 元。超額準備將增爲 640 元；在負債科目中，某丙的活期存款將增爲 800 元，爲了獲得利息的收入，B 銀行會很快把超額準備貸放出去。假定貸款的對象是丁，貸款手續完成後，B 銀行的資產負債表上，資產科目中的超額準備會變爲零，貨款（對丁）將從零增爲 640 元，貨幣供給量又會因此增加 640 元。

表 13-1　存款貨幣擴充過程

A 銀行的資產負債表
第一階段

資　　產		負　　債	
法定準備	$0	活期存款	$0
最低法定準備	$0		
超額準備	$0		
貸款	$0		
有價證券	$0		
	$0		$0

A 銀行的資產負債表
第二階段

資　　產		負　　債	
法定準備	$1,000	活期存款	
最低法定準備	$200	某甲	$1,000
超額準備	$800		
貸款	$　0		
有價證券	$　0		
	$1,000		$1,000

A 銀行的資產負債表
第三階段

資　　產		負　　債	
法定準備	$200	活期存款	
最低法定準備	$200	某甲	$1,000
超額準備	$　0		
貸款			
某乙	$　800		
有價證券	$　0		
	$1,000		$1,000

表 13-2　存款貨幣擴充過程

B 銀行的資產負債表
第一階段

資　　　　　產		負　　　　債	
法定準備	$800	活期存款	
最低法定準備　$160		某丙	$800
超額準備　　　$640			
貸款	$　0		
有價證券	$　0		
	$800		$800

B 銀行的資產負債表
第二階段

資　　　　　產		負　　　　債	
法定準備	$160	活期存款	
最低法定準備　$160		某丙	$800
超額準備　　　$　0			
貸款			
某丁	$640		
有價證券	$　0		
	$800		$800

表 13-3　存款貨幣擴充過程

C 銀行的資產負債表
第一階段

資　　　　　產		負　　　　債	
法定準備	$640	活期存款	
最低法定準備　$128		某戊	$640
超額準備　　　$512			
貸款	$　0		
有價證券	$　0		
	$640		$640

C 銀行的資產負債表
第二階段

資　　　產		負　　　債	
法定準備	$128	活期存款	
最低法定準備	$128	某戊	$640
超額準備	$ 0		
貸款			
某己	$512		
有價證券	$ 0		
	$640		$640

表 13-4　存款貨幣擴充摘要

銀行	新 的 存 款	最低法定準備	新 的 放 款 （＝超額準備）	累積存款貨幣
A	$1,000	$200	$800	$1,000
B	800	160	640	1,800
C	640	128	512	2,440
D	512	102	410	2,952
E	410	82	328	3,362
F	328	66	262	3,690
G	262	52	210	3,952
H	210	42	168	4,162
I	168	34	134	4,330
J	134	27	107	4,464
其他	536	107	429	5,000
合計	$5,000	$1,000	$4,000	

　　茲設丁從銀行借得 640 元後，馬上用借來的錢向戊購買一輛腳踏
車。戊從丁取得價款後，把這筆錢存在與他往來的 C 銀行。這時 C 銀
行的存款負債增加了 640 元，它從存款中取出 20%——即 128 元作為最
低法定準備，剩下的 512 元便是超額準備。當 C 銀行把超額準備貸放出

去（貸給己）以後，整個貨幣供應量又增加了 512 元，這個過程會繼續不斷下去。最後存款貨幣會增至 5,000 元，額外創造的存款貨幣恰爲等於準備率的倒數乘上超額準備。表 13 - 4 是整個銀行體系透過存款貨幣的創造以增加貨幣供給量的摘要。

第七節　銀行存款貨幣擴張乘數

　　前面說過，在部分準備制度之下，當銀行接受社會大衆某一定額存款之後，它只需從這筆存款中提出一小部分的現金，做爲準備，以應付顧客隨時提現，其餘的款項可用於放款及其他投資活動。這種應用大衆存款從事授信及投資的行爲，透過整個銀行體系，最後可以創造相當於原始存款數倍的貨幣，我們稱爲乘數作用。銀行於接受大衆存款時，所提現金準備的比例，在法令上往往有最低標準的規定，稱爲最低法定存款準備率或簡稱準備率。

　　茲設準備率爲 20％，在這一個規定之下，當某一銀行（A）接受社會大衆 1,000 元的存款後，它必須保留 200 元的現款，以應付顧客的隨時提現，其餘 800 元可以自由運用。假定 A 銀行選擇將此 800 元充作放款之用，獲得此筆貸款者通常會將這筆貸款或存放於 A 銀行或轉存於平時往來較多的 B 銀行，然後隨時以支票方式提取。如此，就整個銀行體系來說，便產生了第一次的引申存款（Derived Deposit）800 元，銀行於獲得此項引申存款後，依照規定保留 20％——即 160 元充作存款準備，其餘 640 元又可自由加以運用。假定銀行仍然選擇將此 640 元作爲貸款之用，社會上將會有另外一些人獲得此 640 元的貸款，這些人通常亦不至立即將這筆貸款自銀行提出，在正常情況下，他們會把這筆款項存放於貸款銀行，或轉存於其他在業務上有往來的銀行。不管他們存放於那一個銀行，就整個銀行體系來說，又產生了第二次引申存款 640

元。銀行對這項引申存款除依例保留 20%——即 128 元充作存款準備之外，其餘款項照樣可以自由運用，結果會產生相當於 512 元的第三次引申存款。依此類推，引申存款將不斷發生，不過數額會愈來愈小，乃至逐漸接近於零。若將全部引申存款相加起來，其總和將會等於原始存款的數倍。茲以 D 代表全部引申存款的總和，E 代表扣除最低法定存款準備後的原始存款——即所謂超額準備，R 代表存款準備率，n 代表擴張回合，則

$$D = E + E(1 - R) + E(1 - R)^2 + E(1 - R)^3 + \cdots$$
$$+ E(1 - R)^{n-1} \quad \cdots\cdots\cdots\cdots\cdots\cdots\cdots\cdots\cdots\cdots (1)$$

(1)式中兩邊乘以 $(1 - R)$，得：

$$D(1 - R)$$
$$= E(1 - R) + E(1 - R)^2 + E(1 - R)^3 + \cdots + E(1 + R)^n \cdots\cdots (2)$$

(1)式減去(2)式，得：

$$D - D(1 - R) = E - E(1 - R)^n$$
$$D[1 - (1 - R)] = E[1 - (1 - R)^n]$$
$$DR = E[1 - (1 - R)^n]$$
$$D = E\left[\frac{1 - (1 - R)^n}{R}\right]$$

因為 R 小於 1，當存款貨幣擴張過程不斷繼續下去，n 接近無窮大時，$(1 - R)^n$ 會趨近於零，此時 $D = E\left(\dfrac{1}{R}\right)$，$\dfrac{1}{R}$ 乃係一般所謂的存款貨幣擴張乘數，通常簡稱為存款擴張乘數（Deposit Expansion Multiplier）。如果存款準備率是 20%，存款貨幣的擴張乘數將是 $5\left(\dfrac{1}{0.2}\right)$，即 1 元的原始存款，最後可以創造出 4 元的額外存款，連同原來的 1 元存款，整

個銀行體系最後的存款貨幣會變成 5 元，相當於原始存款的 5 倍。

　　存款貨幣擴張的乘數作用，必須透過全體銀行才能充分發揮，個別銀行透過存放款活動所能創造的貨幣將以其保有超額準備的數額為限。全體銀行對存款貨幣創造的能力，必須具備下列三個條件，才能發揮到極致。第一，全體銀行的法定存款準備率固定不變，在我們的例子是 20％，即每接受 100 元的存款，銀行必須保有 20 元的現金，作為存款準備；第二，每一銀行遇有超額準備時，都能把它貸放出去，社會上也充滿投資的機會，銀行不必擔心款項貸不出去，換句話說，沒有一間銀行會保有超額準備；第三，銀行體系外流通的紙幣和鑄幣數量固定，社會大眾手上握有的現金不變，貨幣供給量的增減均以銀行存款貨幣增減的方式出現，每一個人向銀行借到款項以後，會把所借到的款項全部存入銀行，至於存入那一家銀行則無關宏旨。換句話說，存款乘數效果的充分發揮，是假定銀行體系沒有現金外流的情形，但實際上，銀行對各界的放款，往往部分會被立即提現，流出銀行體系而不再回來，其結果是由於銀行放款所導致的引申存款每不如想像中那麼大。銀行保有超額準備的現象，事實上也是屢見不鮮，特別是在經濟不景氣的時候，銀行的作風會變得特別保守，為了避免或減少呆帳的發生，它們寧可保有一些超額準備，不願輕易冒險。此外，各國金融當局對不同銀行的最低法定準備往往設定不同的標準，不同種類的存款其法定準備的標準也往往並不一致，存款在各銀行間的流動，甚至在同一間銀行，資金從某一種存款轉移到另外一種存款，都會影響到存款擴張乘數，所謂存款乘數等於準備率的倒數只是銀行創造存款貨幣的一種極限，事實上這個極限很少有完全實現的機會。

摘　要

1. 在日常生活中我們所聽到的貨幣，通常是指在市面上流通的中央銀行所發行的通貨以及銀行的活期及支票存款。作為貨幣有兩個重要條件：(1)可以充作清償債務和稅款繳納工具，(2)為社會大眾普遍接受作為交易的媒介。

2. 貨幣有四個重要功能：(1)交易媒介，(2)價值標準，(3)遞延支付標準，及(4)價值貯藏。

3. 貨幣有狹義與廣義之分，最狹義的貨幣在美國包括銀行系統外流通的紙幣和鑄幣，以及金融機構的支票存款，和非銀行發行的旅行支票，它也是一般所俗稱的 M_1。貨幣當局所發布的貨幣供給統計資料除另有指明外，通常都是以 M_1 作代表。

4. 在歷史上，各國的貨幣本位曾經有過金幣本位、金塊本位、金匯兌本位、銀本位、複本位、以及不兌換紙幣本位之分，但目前世界各國所採行的都是不兌換紙幣本位制度。

5. 直到 1971 年，各國的通貨直接或間接都與黃金發生關係，透過黃金準備的多寡，國與國之間的通貨維持一定的交換比率，這種制度目前已經不復存在。近來有些經濟學家主張恢復金本位制度，但沒有獲得廣泛的支持，這個建議短期內恐怕沒有實現的可能。

6. 貨幣供給雖然仍多以 M_1 為代表，但近年來愈來愈多的經濟學家對它的代表性開始發生懷疑。貨幣供給雖然不一定完全受貨幣當局的控制，但在進行經濟分析時，我們通常把它當作由貨幣當局決定的外生政策變數。

7. 銀行是一種金融機構，它的主要業務是接受存款，和對個人及企

業進行信用放款。除此之外，它也進行長期抵押貸款及從事有價
證券買賣等投資活動。

8. 銀行在西方國家多屬私人所有，在業務經營上固然主要以謀利為
動機，但也時常兼顧到資金的流動性和投資的安全性。

9. 充作銀行的主要資產項目，計有現金準備、對私人及企業的貸
款、以及有價券的投資，它的最主要負債科目是活期和定期存
款。

10. 金匠法則是古時英國專門代人保管黃金的金匠，根據日常黃金存
取的情況而發現的部分準備經驗法則，基於這項法則，在他們的
保險庫內經常只保有小部分的黃金，用以應付存戶隨時提現的需
要，多餘的黃金都貸放出去。

11. 為了保障存款的安全及防止顧客向銀行發生擠兌的現象，各國政
府都設有專責機構，對銀行業務加以嚴密的監督，銀行通常是受
政府管制最多的一個行業。除了對銀行業務加以嚴格監督以外，
有些國家並特設保險機構，對銀行存款提供保險服務。

12. 在部分準備制度之下，銀行可經由放款或投資購買有價證券，而
創造存款貨幣，銀行對存款貨幣的創造能力主要決定於存款準備
率。所謂存款準備率乃是銀行最低法定現金準備占存款負債的比
率，它的倒數稱為存款貨幣擴張乘數。

13. 銀行應用大眾存款從事授信及投資的行為，透過整個銀行體系最
後可以創造相當於原始存款數倍的貨幣，稱為乘數作用。乘數作
用發揮到極至必須具備三個條件：(1)全體銀行的法定存款準備率
完全一致；(2)銀行體系經常沒有超額準備；(3)銀行體系沒有現金
外流的現象。

問題討論

1. 什麼是 M_1？近年來有些經濟學家對它代表貨幣供給的能力感到懷疑，其原因何在？

2. 貨幣有那些重要的功能？

3. 什麼是金本位制度？它有什麼優點？

4. 近年來有些經濟學家主張恢復金本位制度，但沒有獲得廣泛的支持，其原因何在？

5. 何謂「葛萊興法則」？

6. 何謂金匠法則？現代銀行的部分準備原理與金匠法則有何關係？

7. 銀行在業務經營上，受那些原則指導？這些原則是不是很容易一一妥善兼顧？

8. 為什麼存款是銀行的負債科目？而放款則是它們的資產科目？

9. 法定準備資產，最低法定準備，與超額準備這三個名詞意義上有什麼不同？彼此有什麼關係？

10. 銀行如何創造存款貨幣？試舉例加以說明。

11. 何謂存款準備率？它與存款貨幣的創造有何關係？

12. 何謂存款擴張乘數？其充分發揮的條件為何？

第十四章　貨幣供給與需求

第一節　貨幣的供給

一、貨幣的供給函數

在進行經濟分析時，經濟學家喜歡把貨幣供給當作一種由貨幣當局所決定的外生政策變數（Exogenous Policy Variable）來處理。在這一處理方式下，貨幣供給不同於貨幣需求，它不受利率變動的影響。若用圖形來表示，將如圖 14－1 所示的 M^s 線，它是與橫軸垂直相交的一條直線，意指貨幣供給的利率彈性爲零，它是一個常數，不受利率變動的影響，貨幣供給量的多寡完全受貨幣當局的控制。

圖 14－1　受貨幣當局完全控制下的貨幣供給

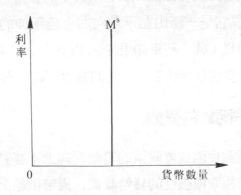

　　我們在下一章討論「中央銀行與貨幣政策」的時候，將會提到貨幣當局掌握了一些工具，透過這些工具，它可以對貨幣供應量加以控制。但事實證明，貨幣當局對貨幣供應量只能做某些調節，卻不能完全加以控制。貨幣供應量的增減主要依賴銀行體系存款貨幣的創造，而存款貨幣的創造則主要依賴超額準備的利用。在部分準備制度之下，當銀行接受社會大眾某一定額存款之後，依照規定它只須從這筆款項中提出相當於最低法定準備的現金，以應付顧客隨時提現，其餘的款項可用於放款，賺取利息的收入。

　　銀行若從顧客的存款中提出超過最低法定準備的現金，它手中便握有超額準備，這些超額準備因為不用於貸放給客戶，不能給銀行帶來任何利息收入，自然會影響到他們的利潤。銀行跟其他公司行號一樣，希望儘可能獲得最大的利潤，除非他們覺得經濟情況不妙，給客戶增加貸款成為呆帳收不回來的風險很大，而利率又低，否則將不願意掌握大量超額準備，而不加利用，坐失賺錢的機會。一般說來如果利率高，呆帳的風險小，銀行將會儘量利用手中所掌握的超額準備，擴大放款，以獲取更多的利潤。因此，其他情況如果固定不變，隨著利率的提高，銀行體系將會儘量設法吸引更多的存款並擴大放款，貨幣供應量將會因此增加，反之貨幣供應量將會因此減少，事實上的貨幣供應函數將為同圖 14－2 M_1^s 線所示，它是一條由左下角向右上角延伸的直線，當利率為 r_1 時，貨幣供應量為 OA，利率如果從 r_1 提高至 r_2，貨幣供應量將從 OA 增至 OB，貨幣供應量與利率二者之間有增函數的關係存在。

二、貨幣供給函數的變動

　　貨幣供給函數會因貨幣政策的變動而向上下移動，如同圖 14－3 所示，若貨幣當局採取擴張性的貨幣政策，貨幣供給函數將從 M_1^s 向右下方移至 M_2^s，在每一利率水準下，貨幣供應量將會增加；反之，若貨幣

圖 14-2　貨幣供給函數

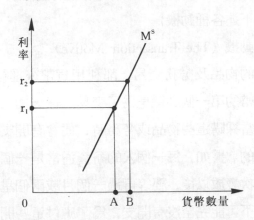

圖 14-3　貨幣供給函數的變動

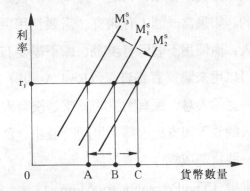

當局採取緊縮性的貨幣政策，貨幣供給函數將從 M_1^s 向左上方移至 M_3^s，即使利率固定不變，貨幣供給量將會減少。

第二節　貨幣的需求

一、保有貨幣的動機

　　與貨幣供給一樣，貨幣需求（Money Demand）是一種存量（Stock）的觀念，它是指在特定時點人們願意擁有貨幣的數量。貨幣是

個人的一種資產，它是一種最具流動性的金融資產。人們願意保有貨幣，是基於下述各種動機：

1.交易動機（The Transaction Motive）

大多數的物品及勞務交易，都利用貨幣來進行，它是交易的媒介，人們保有貨幣的第一個動機是爲了交易。每一個人經常都得採購一些物品及勞務，當採購這些物品或勞務時，便會有開支，而每一個人卻不是經常有收入的。譬如，每一個人的薪資通常是一個月或每兩個星期發放一次，這一次發放以後，要等再過一個月或兩個星期才再發放一次。在這個期間他不可能完全沒有開支，爲了應付這些開支，身上必須經常保有一些貨幣或銀行支票存款，它是一種閑置的資金，爲了便利日常交易而擱在一邊的。如果當一個人有開支，需要利用現金的時候，同時有同額的貨幣收入，他便用不著保有現金，即不需要有閑置的貨幣，所有剩餘的貨幣都可以用來購買實質資產（Real Assets）或其他金融資產，這樣他會有多一些的入息，保有閑置的貨幣是沒有入息的❶。

每一個人的收入與支出因爲不是同時發生，爲了交易上的便利，必須經常保有一些貨幣或銀行支票存款。

2.預防動機（The Precautionary Motive）

無論家計部門或企業部門隨時都可能遭遇到一些意外的事件，使他們的收入突然減少，或支出突然增加，遇到這種情形，如果他們缺少現金，便必須變賣其他資產。這個時候，他們或者不可能把其他資產立即變賣出去，或者在匆忙中被迫把其他資產廉價變賣出去，結果會陷入困境或遭遇到損失。爲了避免這種困境和損失，人們往往願意保有另外一

---

❶　這裏所指的貨幣，包括紙幣、鑄幣、及支票存款──即所謂 M_1，一些支票存款，是有利息收入的，不過它的利率較之其他存款或金融資產的利率是相對比較低的。

筆閑置的貨幣，以應付不時之需。

3.投機動機（The Speculative Motive）

一個人的財產可以有多種方式來保有，譬如您有 100 萬元的財產，您可以將其中一部分用來購買房地產、金銀珠寶，另外一部分用來購買股票和各種有價證券，當然您的一部分財產也可以用貨幣的方式來保有。為了說明簡便起見，我們假定一個人的財產只有用貨幣及債券兩種方式保有。採取貨幣方式保有財產的最大好處是具有完全的流動性，隨時可以用來購買財貨及勞務，或轉換成其他資產，而且它的交換價值與票面價值一致，不會變動，它的缺點則是沒有利息的收入。

在另一方面，用債券方式保有財產的最大好處是有利息的收入；它的壞處則是沒有完全的流動性，不能充作交易媒介，當您要把它變成現金或轉換成其他資產時，會增添一點麻煩，同時可能引起一些費用；它的第二個缺點是交換價值常常會發生變動。如果您於低價時買進，高價時賣出，您可以發一筆財，這稱為資本利得（Capital Gain）；若是您於高價時買進，低價時賣出，您會破財，這稱為資本損失（Capital Loss）；隨著經濟情況的變化，市場上常常會出現買賣債券有利的機會，為了掌握這個機會，人們也往往願意保有一些閑置貨幣。譬如當您預期政府債券或其他金融資產的價格不久會下跌，您手頭上有點積蓄，想投資在這些金融資產上，在這一情況下，您不會立即把您的儲蓄用在購買這些金融資產，因為這樣做您將會高價買進，低價賣出，遭受損失，但您又不願意放棄投資的機會，最好的辦法，是暫時把儲蓄用貨幣方式保存，不要動用，待金融資產價格下跌後，立即把它買進，然後在高價時，再把它賣出去，這樣便可以賺進一筆資本利得。為了等待有利的投資機會，是人們願意保有若干閑置貨幣的另外一個動機。

二、貨幣需求函數

綜上所述，人們願意保有若干閑置貨幣，是基於三種不同的目的：(1)交易需要，(2)預防不測，及(3)便於投機。個人積蓄若以貨幣方式保存最大的好處，是維持高度的流動性，並避免市場價格波動可能帶來損失。它的缺點是沒有利息或只有很少的利息收入。利率是保有貨幣的機會成本，利率愈高保有貨幣的犧牲愈大，利率愈低，保有貨幣的犧牲愈小。因此，如果其他條件不變，利率提高會降低人們持有貨幣的意願，減少他們對貨幣的需求；反之，利率下降，會提高人們持有貨幣的意願，增加他們對貨幣的需求。利率與貨幣需求二者之間有減函數的關係存在，它可用圖 14-4 的 M^d 線來表示，從該圖可以看出，當利率為 8% 時，貨幣需求量為 5,000 億元，當利率從 8% 降至 6%，貨幣需求量將從 5,000 億元提高至 6,000 億元。

圖 14-4　貨幣需求函數

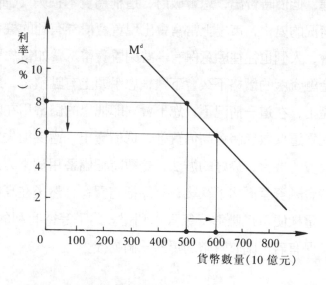

三、貨幣需求函數的變動

　　貨幣需求量除了受利率的影響以外，也受實質國內生產毛額及物價水準的影響。人們保有貨幣最重要的一個目的，是它可以充作交易的媒介，物品及勞務交易的數量愈大，需要貨幣的數量愈多。隨著實質國內生產毛額的提高，物品及勞務的交易量往往會增加，因此貨幣的需要量也會增加，反之，貨幣的需要量會減少。在另一方面，當物價水準提高，完成某一特定物品及勞務交易所需要的貨幣數量將會增加；當物價水準下跌，完成同一特定物品及勞務交易所需要的貨幣數量將會減少。貨幣需求函數將隨實質國內生產毛額及物價水準的變動而上下移動，如同圖 14－5 所示，當實質國內生產毛額及物價水準上升，貨幣需求函數將從 M_1^d 向右上方移至 M_2^d，表示即使利率維持在原有 8% 水準，貨幣需求量將從 3,000 億元增至 4,000 億元；反之，當實質國內生產毛額及物價水準下降，貨幣需求函數將從 M_1^d 向左下方移至 M_3^d，表示即使利率維持在原有的 8% 水準，貨幣需求量會從 3,000 億元減至 2,000 億元。

圖 14－5　貨幣需求函數的移動

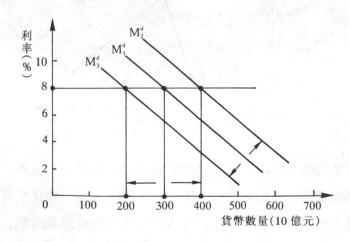

第三節　貨幣市場的均衡

　　如同其他物品及勞務一樣，我們可以把貨幣當作是一種商品，利率是它的價格。在其他條件不變的假設下，當利率上升，貨幣的供給量會增加，需求量會減少；當利率下降，貨幣的供給量會減少，需求量會增加，圖 14－6 的 M_1^d 與 M_1^s 分別代表貨幣需求及供給曲線，當二者相交於 E_1 點，貨幣需求量等於貨幣供給量，貨幣市場達到均衡，對應於 E_1 點的均衡利率爲 7%，此時貨幣的供給與需求量均爲 500 億元。若是實際利率高於 7%，貨幣供給量大於貨幣需求量，利率會被迫下降直到 7% 均衡恢復爲止。若是實際利率低於 7%，貨幣的需求量大於貨幣供給量，利率會被迫上升直到 7% 均衡恢復爲止。

圖 14－6　貨幣市場的均衡

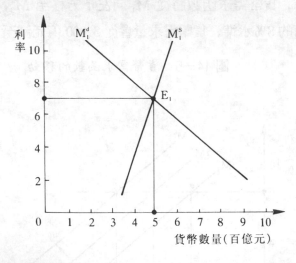

　　在本章的第一及第二兩節我們曾經提到，除了利率以外，尚有其他因素會影響貨幣的供給量和需求量，當其他因素發生變化，貨幣的供給函數和需求函數會向上下移動，貨幣市場的均衡會跟著改變，譬如若是

影響貨幣需求量的非利率因素維持不變，貨幣需求函數會停留在原來的位置。而貨幣供給函數若因貨幣政策的改變，而從 M_1^s 向右下方移至 M_2^s，或從 M_1^s 向左上方移至 M_3^s，結果貨幣市場的均衡將從 E_1 移至 E_2 或 E_3。隨著貨幣市場均衡的改變，利率將從7%降至5%，或7%升至9%（見圖 14-7）。在另一方面，若是貨幣政策維持不變，貨幣供給函數會停留在原有的位置，而貨幣需求函數若因實質國內生產毛額及物價水準的變動而從 M_1^d 向右上方移至 M_2^d，或從 M_1^d 向左下方移至 M_3^d，貨幣市場的均衡將從 E_1 移至 E_2 或 E_3，隨著均衡的改變，利率會從7%上升至9%或從7%下降至5%（見圖 14-8）。

圖 14-7　貨幣供給函數改變與貨幣市場均衡

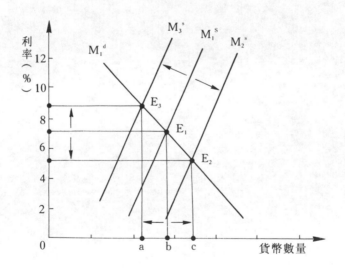

圖 14-8 貨幣需求函數改變與貨幣市場均衡

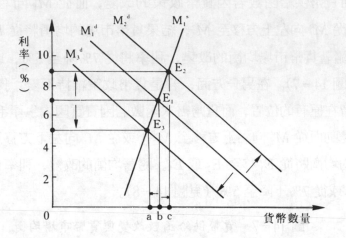

摘　要

1.貨幣供給量雖然受貨幣當局的貨幣政策所影響，但事實證明，貨幣當局並不能完全控制貨幣供給量，隨著利率的上升，貨幣供給量會增加，隨著利率的下降，貨幣供給量會減少，二者間有增函數的關係存在。

2.貨幣政策的改變會使貨幣供給函數向上下移動。

3.人們願意保有若干閒置貨幣，是基於三種不同的目的：(1)交易需要，(2)預防不測，及(3)便於投機。

4.相對其他金融資產，貨幣最具流動性，隨時可以花用，並變換爲其他資產，而且它的票面價值與交換價值完全相等，不會變動。

5.個人積蓄以貨幣方式保存，最大的缺點是沒有利息或只有很少的利息收入。利率是保有貨幣的機會成本，利率提高會降低人們持有貨幣的意願，減少他們對貨幣的需求；反之，利率降低，會提高人們持有貨幣的意願，增加他們對貨幣的需求，利率與貨幣需求二者間存有減函數的關係。

6.除了利率以外，實質國內生產毛額與物價水準的變化，也會影響貨幣的需求，貨幣需求函數會隨實質國內生產毛額及物價水準的改變而上下移動。

7.當貨幣供給量等於貨幣需求量的時候，貨幣市場便達到均衡狀態。如果利率能夠上下自由移動，均衡即使暫時遭到破壞，也會自動恢復。

8.因爲利率以外其他因素變動，貨幣供給函數和需求函數會上下移動，貨幣市場的均衡將會因此改變。

問題討論

1. 為什麼貨幣供應量會受利率的影響，而不能完全由貨幣當局所控制？

2. 何謂貨幣供給函數？它與貨幣政策有什麼關係？

3. 人們寧可犧牲利息的收入，把一部分的積蓄以貨幣方式保存，而不用來購買政府債券或其他金融資產，其主要目的何在？

4. 貨幣與其他金融資產同樣可以作為價值貯藏工具，兩者究竟有什麼重要區別？

5. 貨幣的投機需求是怎樣發生的？

6. 為什麼實質國內生產毛額的增加或物價水準的提高會增加貨幣的需求？

7. 利率如果能夠上下自由移動，貨幣市場均衡便得以維持，其理安在？

8. 貨幣市場均衡為什麼有時候會改變？

第十五章　中央銀行與貨幣政策

第一節　中央銀行的性質及功能

一、中央銀行與一般銀行的區別

　　中央銀行只接受一般銀行的存款並對一般銀行放款。它不接受任何私人或廠商的存款，也不對任何私人或廠商直接放款，它是銀行中的銀行。中央銀行不同於一般銀行的另外一點是，後者以謀取本身最大的利潤為目的，前者以執行貨幣政策，促進經濟健全發展為主要宗旨。一般銀行多屬私人所有並為私人所經營，而中央銀行皆為公有公營或私有公營，如美國聯邦準備制度 (Federal Reserve System)，名義上屬會員銀行所有，但由政府所指派的理事負責管理。

　　大部分的國家只有一個中央銀行，但在美國卻把全國分成十二個不同地區，每一地區設有一個聯邦準備銀行，共有十二個聯邦準備銀行。這些聯邦準備銀行共同組成一個聯邦準備制度，執行中央銀行的任務。美國的聯邦準備制度最高決策機構是理事會 (Board of Governors)，由七位理事組成，每一位理事都是由總統提名，經參議院同意後任命。理事的任期為十四年，通常每二年會有一位理事任期屆滿，需要另行物色新人接替，每一位理事任期雖長，卻不斷有新血注入。理事會設主席一人，由總統就七位理事中遴選一位，經參議院同意後任命，理事主席的

任期爲四年，得連選連任。美國聯邦準備制度的理事會在執行業務時，不對政府行政部門的首長負責，而對國會負責，它是獨立於行政部門以外，主要目的是避免受政治的干擾。

除了理事會以外，聯邦準備制度另外設有公開市場委員會（Open Market Committee），由理事會的七位理事與十二個聯邦準備銀行中的五位總裁合組而成，其主要任務是對聯邦準備銀行在公開市場從事政府債券買賣，做出政策性的決定，透過這一個政策的實施，以影響貨幣供給量。

我國的中央銀行，只有一個，設在臺北市，它原來直屬總統府管轄，地位比較超然，自1979年改隸行政院後，其決策受制於行政院和立法院，獨立性受到一些損害。

二、中央銀行的功能

中央銀行除了制訂及執行貨幣與金融政策以外，尚有下述各種功能：

1.接受一般銀行的存款

一般銀行依照規定必須把法定最低準備存入中央銀行。遇有剩餘現金時，也可將多餘的現金存入中央銀行；反之，在需要現金時，可自中央銀行得到資金的融通。

2.發行通貨

一個國家通貨的發行，通常都是中央銀行的責任。臺灣光復之後，政府爲避免大陸通貨膨脹傳播臺灣，臺灣地區所使用的鈔票乃委由臺灣銀行發行，相沿至今，但實際上仍由中央銀行印製及控制。

3.票據交換

一般銀行通常在中央銀行均有準備存款，透過各銀行在中央銀行的存款帳戶，彼此間的票據可以相互交換，債務得以清償。

4.代理國庫

　　一個國家的賦稅及其他收入，通常都是存放在中央銀行或中央銀行所委託的金融機構。掌管公共收支的財政部在中央銀行均設有支票存款帳戶，就如同私人或企業在一般銀行設有支票存款帳戶一樣，遇有政府支出，便由這個帳戶開出支票。當政府入不敷出需要發行公債時，中央銀行通常負責承銷這些公債，公債到期清償及利息的發放也多由中央銀行代理。

5.督導一般銀行業務

　　中央銀行擁有對一般銀行監督的權力，它可以隨時對一般銀行進行業務檢查，這項業務檢查通常是不預先通知的。檢查結果若是發現有違法的行為，中央銀行可以拒絕提供它們貸款，情節嚴重者，負責官員將會受到撤職的處罰。

6.控制貨幣的供給

　　中央銀行最主要的任務是配合經濟發展的需要，控制貨幣供給量於適當水準，使物價能夠保持穩定。關於中央銀行控制貨幣供給的辦法，我們在下一節將會詳細加以討論。

7.經管外匯準備

　　所謂外匯準備，包括所有可用以清償國際債務的外國貨幣及其他國際支付工具。中央銀行負有經營管理一國外匯準備的責任，透過對外匯市場的干預，中央銀行可以影響匯率，左右進出口貿易，並透過對貨幣供應量的控制影響利率，從而對資金在國際間的流動發揮影響力量。

第二節　中央銀行控制貨幣供給量的方法

　　中央銀行的最主要任務是制定和執行貨幣政策，貨幣政策的目的是透過對貨幣供給量的控制，使整個經濟能夠穩定中持續發展，國民生產

可以經常維持在充分就業的水準。中央銀行對貨幣供給量的控制有下述
四種不同方法：

一、決定最低法定存款準備率

　　所謂最低法定存款準備率，簡稱準備率，是最低法定準備占存款負
債的比率，它由中央銀行規定，準備率的改變，可以影響銀行擴充信用
的能力，從而影響貨幣的供給量。茲以表 15-1 所列資料來說明準備率
的改變對貨幣供給量的影響。

表 15-1　準備率的改變對銀行信用創造的影響

(1) 準備率	(2) 活期存款	(3) 實際法定 準備	(4) 最低法定 準備	(5)=(3)-(4) 超額準備	(6)=(5) 獨家銀行 創造信用 潛在能力	(7)=1/(1)×(5) 整個銀行體 系創造信用 潛在能力
10%	$20,000	$5,000	$2,000	$3,000	$3,000	$30,000
20	20,000	5,000	4,000	1,000	1,000	5,000
25	20,000	5,000	5,000	0	0	0
30	20,000	5,000	6,000	-1,000	-1,000	-3,333

　　茲設某一銀行資產負債表上顯示存款負債為 20,000 元，實際準備
為 5,000 元。假定開始時準備率定為 20%，此時最低法定準備應為
4,000 元，實際準備超過了最低法定準備 1,000 元。就這一家銀行來說，
它可以利用這項超額準備使擴充信用能力增加 1,000 元，當它把這
1,000 元貸放出去的時候，通貨供給將相應增加 1,000 元；就整個銀行
體系來說，1,000 元的超額準備可以使信用創造的能力增加 5,000 元
$\left(1,000 元 \times \dfrac{1}{0.2}\right)$。

　　為了增加貨幣供給量，中央銀行可以將準備率從 20% 降為 10%，
隨著準備率的降低，銀行的超額準備將從 1,000 元提高為 3,000 元，其

單獨擴充信用的潛在能力將提高 2,000 元，就整個銀行體系來說，擴充信用的潛在能力將增爲 30,000 元 $\left(3,000\,元 \times \dfrac{1}{0.1}\right)$，相當於從前（5,000 元）的六倍。

　　相反的，爲了減少貨幣供給量，中央銀行可以將準備率從 20% 提高爲 25%，隨著準備率的提高，最低法定準備將從 4,000 元增爲 5,000 元，恰好與實際準備相等，此時超額準備爲零，無論個別銀行或整個銀行體系擴充信用的能力將因此消失。如果中央銀行將準備率進一步提高爲 30%，最低法定準備此時將超過實際準備 1,000 元，即不足 1,000 元，銀行將被迫收回部分貸款，或出售所持證券，使實際準備達到規定水準，無論採取那一行動，貨幣供給量將會減少。

二、公開市場操作

　　中央銀行在公開市場買進或賣出政府債券，稱爲公開市場操作（Open Market Operation），它可以改變一般銀行的超額準備，從而影響貨幣供給量。中央銀行不管是向一般銀行或民間買進政府債券，均會使一般銀行在中央銀行的存款準備增加，從而提高銀行體系擴充信用的能力，其結果是貨幣供給量的增加。茲設中央銀行向 A 銀行買進 1,000 元的政府債券，此時中央銀行與 A 銀行的資產負債表將會發生如表 15－2 及表 15－3 所顯示的變化。

　　中央銀行如果直接向私人（某甲）買進 1,000 元的政府債券，以本票方式支付價款，某甲通常會將中央銀行所開的本票存入其所往來的 B 銀行，經由票據清算，中央銀行資產負債的變化將一如表 15－2 所示。至於某甲及 B 銀行的資產負債表將會如表 15－4 及表 15－5 所顯示的變化。

表 15-2　中央銀行資產負債的變化

資　　　產		負　　　債	
政府公債	（＋）＄1,000	A 銀行準備存款	（＋）＄1,000

表 15-3　A 銀行資產負債的變化

資　　　產		負　　　債	
政府公債	（－）＄1,000		
中央銀行準備存款	（＋）＄1,000		

表 15-4　某甲資產負債的變化

資　　　產		負　　　債	
政府公債	（－）＄1,000		
存入 B 銀行的活期存款	（＋）＄1,000		

表 15-5　B 銀行資產負債的變化

資　　　產		負　　　債	
中央銀行準備存款	＄1,000	某甲活期存款	＄1,000

中央銀行若從一般銀行手中買進政府債券 1,000 元，將使一般銀行在中央銀行的準備存款增加 1,000 元，如果準備率是 20%，整個銀行體系透過存款貨幣擴張乘數的作用，使貨幣供給量增加 5,000 元 $\left(1,000 \,元 \times \dfrac{1}{0.2}\right)$；在另一方面，若是中央銀行所買進的 1,000 元政府債

券是由私人賣出，私人在銀行的存款將增加 1,000 元，如果準備率爲 20％，銀行的超額準備將增加 800 元，透過乘數的作用，整個銀行體系將另外創造 4,000 元的存款貨幣$\left(800\ 元 \times \dfrac{1}{0.2}\right)$，結果貨幣供給量一樣會增加 5,000 元。根據相反的理由，當中央銀行出售 1,000 元政府債券給一般銀行或私人時，一般銀行的超額準備會因此減少，透過乘數的作用，在準備率假定爲 20％的情況下，貨幣供給量會減少 5,000 元。公開市場操作因爲迅速簡便，且富於彈性，晚近已成爲中央銀行最有力及最常使用的一種貨幣政策工具。

三、制訂貼現率

一般銀行如果缺乏現金，可以向中央銀行借款，當這項借款發生時，借款銀行必須付給中央銀行利息，這項利息以百分率表示，簡稱爲貼現率（Discount Rate）。中央銀行借款給一般銀行，往往以增加後者在中央銀行的準備存款方式爲之，後者因爲向中央銀行借款所增加的準備存款均屬超額準備。每 1 單位的超額準備，可以導致貨幣供給量呈倍數的增加。從一般銀行來說，貼現率是獲取超額準備的成本，降低貼現率有鼓勵它們向中央銀行借款的作用。透過增加向中央銀行的借款，可以使銀行體系創造信用的能力提高，以達到增加貨幣供給量的目的。反之，貼現率提高，將使一般銀行減少向中央銀行借款，透過這項借款的減少，整個銀行體系的信用創造能力將會縮小，貨幣供給量將會因此降低。

調整貼現率和準備率以及從事公開市場操作是中央銀行控制貨幣供給量，執行貨幣政策的三個主要工具。當一個經濟社會面臨失業增加和生產萎縮時，中央銀行可以採取下述各項步驟來增加貨幣供給量，即實施擴張性的貨幣政策以促進經濟景氣的復甦：

1.降低存款準備率，擴大存款貨幣擴張的乘數效果。

2.在公開市場增加對政府債券購買，以充裕一般銀行的法定準備。

3.降低貼現率，鼓勵一般銀行向中央銀行增加借款，以提高其創造信用的能力。

在另一方面，當一個經濟社會面臨通貨膨脹威脅時，中央銀行可以採取下述各項步驟，來減少貨幣供給量，即實施緊縮性貨幣政策，以抑制社會有效需求，從而減輕通貨膨脹的壓力：

1.提高存款準備率，以降低存款貨幣擴張的乘數效果。

2.在公開市場拋售政府債券，使通貨回籠，藉以減少一般銀行的法定準備。

3.提高貼現率，使一般銀行向中央銀行借款的成本增加，以抑制其信用創造能力的擴張。

四、選擇性信用管制及道義規勸

1.證券市場信用的管制

透過購買證券繳交保證金比例的規定，中央銀行對穩定證券價格，可以發揮相當程度的作用。所謂「保證金比例」乃指顧客購買證券自備款所占的比重，假設保證金比例為 50%，顧客每購買 100 元的證券必須有自備款 50 元，其餘 50 元可向銀行借款。當其他經濟部門並不十分感受通貨膨脹壓力，而證券市場投機之風卻極為猖獗時，中央銀行可以提高保證金比例，以抑制股票市場的投機行為。在另一方面，當股票市場情況惡化，股票價格大幅度滑落有波及整個經濟之可能時，中央銀行可以降低保證金比例以鼓勵股票的購買。

2.分期付款信用的管制

中央銀行取得國會授權，得以規定各項物品購買之分期付款定金繳納比例及價款清償期限。有了這些權力，中央銀行可以抑制一些不必要

的消費，和緩通貨膨脹的壓力。

　　3.道義的規勸

　　當中央銀行認爲有必要要求一般銀行對非必要或投機性貸款加以抑制時，它亦可以採取道義規勸方式，以取得它們的自動合作。譬如，公開宣告如果整個銀行體系信用過分擴張或收縮，將爲整個經濟社會帶來嚴重的不良後果，必要時甚至可以停止對一般銀行貼現作爲威脅，迫使它們聽從勸告。一般說來，道義的規勸，對控制供給量並不是一項有效的工具。

第三節　貨幣政策對物價、就業及產出水準的影響

　　貨幣政策的目的是透過對貨幣供給量的控制，使國民生產能夠經常維持在充分就業的水準，而又能同時避免通貨膨脹的發生。換句話說，貨幣政策是要使一個國家的經濟能夠實現充分就業，並在穩定中持續成長。有關貨幣政策對物價、就業及產出水準的影響，經濟學家有兩種不同的意見，一種是唯貨幣論者（Monetarist）的意見，另一種是凱恩斯學派的意見，茲先介紹唯貨幣論者的意見。

　　唯貨幣論者認爲貨幣政策的改變，對產出就業及物價水準有直接的影響，他們的立論根據是古典的交易方程式（Equation of Exchange），即

$$MV = PQ$$

式中 M 代表貨幣供給量，V 代表貨幣流通速度（即每一元貨幣在某一段期間內平均使用次數），P 代表物價水準，Q 代表實質產出。

　　因爲每一筆交易買方所付的金額必然等於賣方所收到的金額，買方

及賣方是同一筆交易中的兩方，交易方程式只在表示買賣兩方面的收支必須相等。某一段期間一個國家用於財貨及勞務的支出，實際上應等於該期間貨幣供給量乘以貨幣流通速度——即 MV，而該期間內一個國家出售財貨及勞務的總收入則應等於實質產出乘以物價水準——即 PQ。

從交易方程式我們可以得知，當貨幣供給量增加而貨幣流通速度不變時，物價水準與財貨及勞務生產數量，二者中必有一項增加，乃至兩者均將增加。當經濟社會有大量失業存在時，貨幣供給量的增加，通常只會引起財貨及勞務生產數量增加，物價水準則可能維持不變。反之，當經濟社會接近充分就業時，貨幣供給量的增加，通常會引起物價水準與財貨及勞務生產數量同時增加。但一旦經濟社會達到充分就業境界時，貨幣供給量的增加通常只會引起物價水準的上漲，而無法使財貨及勞務生產數量增加。

根據唯貨幣論者的意見，一個社會的總支出，也就是總需求，等於貨幣供給量與貨幣流通速度的乘積。他們認為貨幣流通速度一般說來是相當穩定的，因此總需求主要決定於貨幣供給量，貨幣供給量發生變化，總需求會立即發生變化，隨著總需求的變化，物價、就業及產出水準會相應發生變化。每一個人對貨幣持有量都有一個最適當的水準，當實際持有量超過最適水準時，他們會設法把多餘的貨幣花掉；反之，他們會減少花費，把更多的貨幣積蓄起來。貨幣供給量的增減會改變人們的支用習慣，從而影響總需求及整個經濟活動。簡單的說，唯貨幣論者認為貨幣政策的改變，影響貨幣供給，而貨幣供給的改變，會直接影響到產出、就業和物價水準，它的效果是立竿見影的。

唯貨幣論者進一步認為，貨幣供給量的激烈變動是造成經濟不穩定的主要原因，貨幣供給量的增加，在開始的時候，可能會導致實質所得增加，但最後只會帶來通貨膨脹。為了因應通貨膨脹，貨幣當局將不可避免地轉採貨幣緊縮政策，經濟成長將會因此遲緩下來。在他們看來，

過去的主要經濟衰退都是貨幣供給量緊縮的結果，而嚴重的通貨膨脹則種因於貨幣供給的大幅擴張，貨幣政策的不當應該對經濟波動負主要的責任。

　　唯貨幣論者不相信貨幣擴張政策能夠長期不斷地降低失業率和刺激經濟成長。在短期間，擴張性的貨幣政策也許能夠減少失業和加速經濟的成長，但俟市場調整完成後，貨幣工資與物價水準會同比例增加，實質工資將會回到原有水準，此時產出與就業也會回到原有的水準，擴張性貨幣政策的一個副作用就是長期的通貨膨脹。

　　關於貨幣政策對總體經濟的影響，凱恩斯學派與唯貨幣論者的意見不同。他們認為貨幣政策的改變，會首先改變利率，然後透過利率的改變，對產出及就業發生影響，它的效果是間接的而不是直接的，茲以增加貨幣供應量為例來說明貨幣政策對總體經濟的影響。

　　首先讓我們假定，經濟體系尚未達到充分就業的境界，實際產出低於充分就業產出的水準。為了減少失業，提高生產，貨幣當局決定在公開市場增加對政府債券的購買，此一公開市場操作活動，第一步會增加銀行體系的法定和超額準備，提高它們的信用擴張能力，銀行體系的放款會因此增加。隨著銀行體系放款的增加，社會大眾在銀行的存款會跟著增加，透過存款貨幣擴張乘數的效果，整個貨幣供給量的增加會數倍於原始存款的增加。

　　貨幣供給量增加後，在貨幣市場會產生一種超額供給，利率將因此下降，這可用圖 15－1 來解釋。在該圖中 M^s 代表貨幣供給曲線❶，M^d 代表貨幣需求曲線，縱軸和橫軸分別代表利率和貨幣的供給與需求量。在貨幣供給量增加以前，M_1^s 與 M^d 相交於 E_1，決定均衡利率 r_1，貨幣

---

❶　為了說明簡便起見，在此處我們假定貨幣供給量是外生變數，完全受貨幣當局控制，與利率水準無關，因此 M^s 是一條與橫軸垂直相交的直線。

供給量的增加將使 M_1^S 移至 M_2^S，在原有的均衡利率水準 r_1 之下，貨幣市場將會產生相當於 E_1A 數量的超額貨幣供給。因為供過於求的關係，利率會逐漸下降，直至均衡恢復為止，新的均衡利率將為 r_2。

圖 15-1　貨幣供給量增加對利率的影響

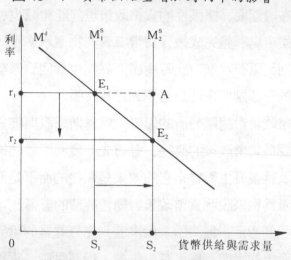

根據凱恩斯的經濟理論，投資與利率間有減函數的關係存在，利率下降後首先會對投資發生影響。因為利率是投資的機會成本，利率下降使投資的機會成本減輕，在較低的利率水準之下，企業將會發現若干原來不利的投資會變成有利，結果投資數量會增加。正如同圖 15-2 所示，當利率從 r_1 降至 r_2 時，投資數量將從 OA 增至 OB。

投資是構成總需求的一個項目，投資增加將使圖 15-3 的總支出線從 AE_1 向上移至 AE_2，均衡所得將從 Y_1 增至 Y_2，每 1 單位投資的增加透過乘數的作用，往往使產出的增加數倍於投資的增加。隨著產出的增加，就業水準自然會相應提高（見圖 15-4）。

綜上所述，貨幣供給量的增加最後會使產出與就業水準提高；貨幣供給量的減少，其作用則正好相反，茲不贅述。凱恩斯學派對貨幣政策影響總體經濟的過程可總結如下：

圖 15-2　利率降低對投資的影響

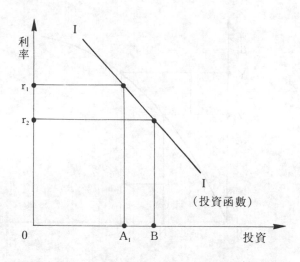

圖 15-3　投資增加對產出的影響

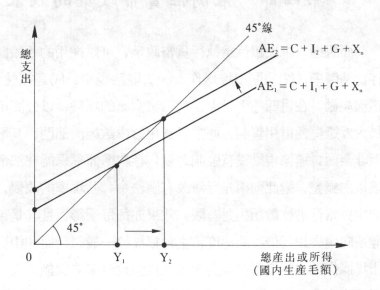

貨幣政策的改變──→銀行體系法定準備改變──→貨幣供給量改變
──→利率改變──→投資改變──→總支出或總需求改變──→產出與就
業水準改變

圖 15－4　就業與產出

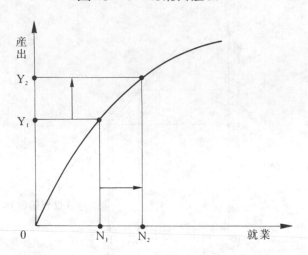

第四節　權衡性貨幣政策的效果

　　前面說過，中央銀行為執行貨幣政策，可以採用的手段計有：(1)改變存款準備率，(2)公開市場操作，(3)改變貼現率，(4)選擇性信用管制，及道義規勸。在這四種手段中，就工業國家的經驗，以公開市場操作效果最大。選擇性信用管制，通常只應用於少數經濟部門，其影響多是局部而非全面；道德規勸沒有強制力量；存款準備率只能在法令規定的上下限以內調整，逾此則須先行修改有關法令；貼現率的改變，因一般銀行向中央銀行借款數額相對有限，效果亦每每不彰，且其是否會改變銀行體系向中央銀行借款的態度，主動權操於一般銀行而非中央銀行。公開市場操作則主動權握在中央銀行，且因政府債券數額龐大，中央銀行透過公開市場從事政府債券買賣，對改變銀行體系存款準備自有較大程度之影響，從而對貨幣供給量自亦有較大程度之影響。

　　當一個國家面臨經濟衰退，貨幣當局通常會增加貨幣供給量，以刺激生產，使資源達到充分就業水準；反之，當一個國家面臨嚴重通貨膨

脹,貨幣當局通常會限制貨幣供給量以穩定物價水準。這些效果之能夠發生,主要係建立在貨幣流通速度不變的假設上面,換句話說,貨幣政策之有效,關鍵在於貨幣流通速度的穩定。可是很多經濟學家,特別是凱恩斯學派經濟學家,卻認為貨幣流通速度並非固定不變。根據貨幣交易方程式 $MV = PQ$,$V = \dfrac{PQ}{M}$,當家計及企業部門認為通貨膨脹行將發生時,貨幣價值會被貶低,他們將喜歡持有更少數量的現金餘額。如此,貨幣在每個部門停留的時間將會縮短,即其流通速度將會提高;反之,當家計及企業部門認為整個經濟將會有衰退情況,價格水準可能會下降,他們會比較喜歡持有更多的現金餘額,結果是貨幣流通速度的降低。

利率的改變也會影響到貨幣流通速度。大多數經濟學家認為貨幣需求取決於貨幣成本,利率是持有貨幣的機會成本,當利率降低時,持有貨幣的成本減少,家計及企業部門因而會願意持有較多的貨幣,結果貨幣流通速度將會降低;反之,當利率提高時,持有貨幣的成本增加,家計及企業部門會願意持有較少的貨幣,結果貨幣流通速度將會提高。

貨幣流通速度也受受雇員工薪資發放快慢、支票兌現所需時間長短、以及信用卡使用是否普遍等因素所影響,如果受雇員工每次薪資發放時間比較短,支票兌現比較快,使用信用卡的人數增加,家計及企業部門會減少貨幣的持有量,結果貨幣流通速度會加快,否則貨幣流通速度會減緩。

貨幣流通速度的改變會加強或者削弱貨幣政策的效果。譬如,放鬆銀根(Easy Money)政策旨在增加貨幣供給量,以刺激有效需求,促進經濟復甦,此時貨幣流通速度若出乎預期的增加,有效需求將會受到更大刺激,經濟復甦步調會更為加快;反之,當政府採取放鬆銀根政策的時候,貨幣流通速度若出奇地降低,其對有效需求的刺激作用將會減

弱，促進經濟復甦的目的將較難達成。

一、貨幣政策的缺點

　　貨幣政策的實施，一方面可以增加或減少貨幣的供給量；一方面可以改變使用資金的成本，因而可以影響消費支出及投資活動，使經濟維持穩定。但它有許多缺點：

　　1.放鬆銀根政策因可使銀行超額準備增加，以擴大其放款的能力，但這並不能保證銀行的錢都會或者都能夠貸放出去。當銀行有較多的超額準備時，如果經濟情況不好，銀行家們的放款態度會趨於保守，他們將不會把錢輕易貸放出去，即使銀行願意把錢貸放出去，可能沒有很多人願意借款，有錢沒有辦法貸放出去。超額準備的增加只是表示銀行貸款能力加強，但並不表示銀行的實際貸款增加。

　　2.銀行和企業通常都握有包括政府債券在內的大量準貨幣，這些準貨幣隨時可以出售而變成現金或轉化為銀行的活期存款，使銀行的實際準備和超額準備得以增加，因而抵消了緊縮銀根促使銀行準備減少的效果。同理，銀行及企業增加債券購買，可以使銀行準備減少，放鬆銀根政策的效果因而又會被打一個折扣。

　　3.在通貨膨脹時期，政府採取緊縮銀根（Tight Money）政策以減少貨幣供給量，結果可能因貨幣流通速度提高，使其效果不彰；反之，在經濟衰退時期，政府採取放鬆銀根政策以增加貨幣供給，結果可能因貨幣流通速度下降，而使其效果不彰。

　　4.在一個國家之內，政府往往是最大債務人，國庫喜歡維持較低的利率以減少公債利息的負擔。設遇通貨膨脹，中央銀行採取緊縮銀根政策，迫使利率提高，財政當局基於提高利率將增加國庫公債利息負擔的理由，每不加以支持，甚至反對，結果導致雙方衝突。欲擬訂一個為雙方共同接受的利率政策，事實上相當困難。

5.反通貨膨脹的貨幣政策容或可以減輕需求牽引的物價水準上漲，卻往往無補於成本推動式物價上漲之平抑，當後者情況發生時，緊縮銀根政策可能只會導致失業人數的增加，以及生產的萎縮。

6.緊縮銀根政策對消費支出影響不大，已為大多數經濟學家所公認，其對投資支出的影響為何，亦難以預料。原因是利率不過是決定投資的重要因素之一，技術改變、預期心理等對投資決定往往亦有重大的影響。利息成本的增加，在獨占情形下，廠商極易將其轉嫁給消費者負擔，使本身利潤不受影響。

7.貨幣政策與財政政策一樣，有時差的存在，因此它的效果很難準確預料。

二、貨幣政策的優點

貨幣政策雖然有上述各項缺點，但也有許多優點，它的主要優點是：

1.快速且富於彈性

相對於財政政策，貨幣政策的實施和更改不必經過立法機關的討論和同意，相對比較容易。譬如，公開市場的操作，中央銀行可以隨意為之，極富機動性。反之，財政政策的實施和更改，必須經過立法機關的辯論和同意，完成一定的立法程序是極費時間的事。

2.受政治的干擾比較少

中央銀行在很多國家不屬於行政部門，地位比較超然，貨幣政策的決定可以比較不受政治因素的影響。此外，貨幣政策對人民經濟生活的影響比較間接，不易為社會大眾所覺察，因此在政治上所遭遇到的阻力相對較小。

3.較具中性

中央銀行有時雖然會採取選擇性的信用管制政策，但在大多數情形

下，貨幣政策主要依賴一般性的信用管制，它對不同經濟部門都會產生一些影響。譬如，當貨幣當局採取抽緊銀根政策的時候，每一個經濟部門都會有資金緊縮的感覺，不同的是諸如汽車製造業和建築業可能體會得最快，因為汽車和房屋的購買多數依賴銀行貸款，抽緊銀根的結果，將使銀行對房地產及汽車購買貸款減少，社會大眾對房地產及汽車的購買力馬上會受到限制，從事建築和汽車製造的行業自然會首當其衝的受到打擊。在另一方面，財政政策的採行卻很少能夠做到中立性，任何租稅及公共支出的改變都會對資源和所得的分配產生某種程度的干擾，它對經濟各部門的影響往往是未盡一致的。

第五節　貨幣法則

貨幣政策是不是應該完全讓中央銀行去自由決定，還是應該建立一套法則，中央銀行只能遵照這個法則行事，經濟學家對這個問題有不少爭論，首先讓我們先介紹唯貨幣論者在這方面的意見。

從研究美國貨幣歷史中，唯貨幣論的首席發言人弗瑞德曼（Milton Friedman）發現，美國自南北戰爭到 1913 年聯邦準備制度建立，這段期間的經濟情況遠較自此之後的經濟情況為穩定，他把聯邦準備制度建立後經濟變得更加不穩定，歸咎於錯誤的貨幣政策。他認為，市場經濟本質上是穩定的，經濟之所以會有大幅度的波動，貨幣當局對貨幣供給量的管理不當，應該負很大的責任，權衡性的貨幣政策（Discretionary Monetary Policy）是破壞經濟穩定的主要原因。唯貨幣論者反對權衡性的貨幣政策主要是基於下述四個理由：

1.貨幣政策對經濟活動雖然有直接的影響，但從改變貨幣供給量，到國民所得、就業及物價水準的改變，有相當長的時間落後（Time Lag）。我們常常可以發現政府的政策總是慢了半拍，決策者往往不能在

適當時間做出決定，即使能夠在適當時間做出決策，它的效果通常要等幾個月甚至一、二年後才能產生。根據實證研究，弗瑞德曼教授發現，從貨幣供給量改變到國民所得水準的改變最快要經過六至八個月，在這期間很多預料不到的事情都可能發生，唯貨幣論者不相信決策者有能力對未來作正確的預料，他們對政策的改變究竟在什麼時候可以發生效果，多半無法事先確定，決策上自然容易發生錯誤。譬如，根據當前經濟情況，決策者採取擴張性的貨幣政策，希望藉此刺激有效需求，提高經濟活動水平，可是這項措施通常要經過數個月乃至一、二年後才能產生效果，在那個時候經濟活動已轉趨強勁，擴張性的貨幣政策可能導致通貨膨脹的惡化。

2.權衡性的貨幣政策往往朝令夕改，結果造成經濟的更加不穩定。擴張性的貨幣政策通常會帶來經濟的短暫繁榮，終而導致通貨膨脹，為了因應通貨膨脹，貨幣當局遲早會被迫改採緊縮措施，以謀補救，結果生產萎縮，經濟衰退將接踵而至，周而復始的商業循環乃為必然的現象。

3.擴張性的貨幣政策，在短期內容或有刺激生產、減少失業的效果，但它不能解決長期失業問題，也不能加速經濟的成長。唯貨幣論者不相信通貨膨脹與失業間有替換（Trade Off）的關係，較低的失業率不一定能夠以較高的通貨膨脹率來換取；反之，較高的失業率也不一定能換取較低的通貨膨脹率。擴張性的貨幣政策在短期內也許能夠減少失業，但在長期內它只會加速通貨膨脹。

4.權衡性的貨幣政策如果著重在穩定利率，為了達成這個目的，常常使貨幣供給量發生大幅度的波動。假定一個國家的經濟正在從衰退中復甦，並逐漸邁向充分就業，經濟活動水準的升高，將增加對貨幣的需求，因而使利率上升，貨幣當局為了穩定利率，採取擴張性的貨幣政策，增加貨幣供給量，結果在通貨膨脹的邊緣，有效需求受到進一步的

刺激，物價水準勢必加速上漲，經濟波動將變本加厲。權衡的貨幣政策如果著重在穩定貨幣供給量，利率往往會因此上下劇烈的波動，使一些企業部門難以適應。

在唯貨幣論者的心目中，權衡性的貨幣政策是反穩定的，他們主張建立一套貨幣法則（The Monetary Rule），以取代權衡性的貨幣政策。他們的貨幣法則非常簡單，即限制貨幣供給量擴充的速度相當於長期經濟成長的速度。以美國為例，根據長期的經驗，她的實質國內生產毛額每年平均成長速度約在 3% 左右，因此貨幣供給量每年增加的速度也應該限制在這個範圍內。他們認為嚴格執行貨幣法則，可以減少長期合約的風險，增加企業決策的安定性。更重要的是，貨幣法則可以抵銷短期的經濟波動，當外在因素導致生產在短期內迅速增加的時候，因為貨幣供給量維持穩定的增加，相對於生產擴張緩慢，會自動產生一種煞車的作用，避免經濟過熱造成通貨膨脹；反之，當經濟邁向衰退的時候，貨幣供給量相對於生產的增加迅速，可以自動產生一種激素的作用，使脆弱的經濟得以紓解。

除了唯貨幣論者以外，最近經濟學界產生了一個所謂理性預期理論（Rational Expectation Theory）的學派，相信這一理論的人士，也反對權衡性的貨幣政策，認為這個政策是反穩定的。但是，他們所根據的理由與唯貨幣論者並不一樣，這個新的理論是建立在一種共識上面，那便是任何理論的預測結果決定於對未來預期所作的假設。茲以最簡單的供給與需求模式為例，假定甜菜豐收，使砂糖的供給量增加，其對砂糖價格的影響端視消費者對未來預期態度如何而定。如果消費者預期供給增加不是短暫性而是永久性的，市場上砂糖的需求將會維持不變，結果糖價會下跌；反之，如果消費者預期供給量的增加是暫時性而非永久性，他們會設法搶購，囤積居奇，結果需求隨著供給增加，糖價可能維持不變。根據不同的預期，消費者會做出不同的決定，同樣的事情可能產生

不同的結果。

　　理性預期學派認為：家計及企業部門因為某種權衡性的貨幣或財政政策的採行，預期經濟會發生變動，為了自身的利益，他們會合理的反應，這種對預期的集體反應會使權衡性的措施無效。譬如，在經濟衰退的時候，貨幣當局宣布採取擴張性的貨幣政策，目的在增加生產，創造更多的就業機會。根據以往的經驗，社會大眾預期擴張性的貨幣政策會導致通貨膨脹，結果他們會採取自衛行動，工人會要求提高工資，企業會提高產品價格。這種集體的行動將使物價及工資水準同幅度上升，實質工資可能維持不變，果爾，就業及產出將維持不變，旨在提高產出及就業水準的擴張性貨幣政策，在這種情況下，將無法收到預期的效果。基於上述的觀點，理性預期學派與唯貨幣論者一樣主張以貨幣法則代替權衡性的貨幣政策。

　　關於權衡性貨幣政策的有效性，凱恩斯學派有不同的看法，他們認為資本主義經濟或自由經濟本身並沒有具備自動穩定的功能，相反的，它們先天上具有不穩定性。在自由經濟制度之下，儲蓄與投資是由不同的人群，基於不同的動機而決定，預期投資與預期儲蓄並不經常一致，結果經濟自然會產生波動，週期性的通貨膨脹與大量失業現象將交替發生，權衡性的貨幣政策是糾正這種現象的一種必要工具。他們不像唯貨幣論者對政府那樣沒有信心，他們認為政府若給予權力，有能力在貨幣政策上做出適當的決定，使經濟能夠更加穩定。經驗的累積、統計資料的充實、以及電腦技術的進步，會使政府決策能力提升，隨著時間的推進，決策上的錯誤會逐漸減少。

　　凱恩斯學派承認貨幣供給量的過分擴充是造成持續性通貨膨脹的一個基本原因，但貨幣供給量與通貨膨脹彼此間的因果關係，在他們看來並不明顯。除了貨幣供給量以外，尚有許多其他因素影響通貨膨脹。譬如，工會要求工資提高幅度大於生產力增加的幅度、農產品的歉收、以

及石油危機等都會造成通貨膨脹。而且，究竟是貨幣供給量增加在先，通貨膨脹發生在後，還是通貨膨脹迫使貨幣供給量增加，孰先孰後的問題並不十分容易解答。近年來由於金融業務的發展，也增加了貨幣法則執行上的困難。在美國很多支票存款已經可以取得利息收入，儲蓄存款帳戶上的款項可以隨時自動轉入同一客戶的支票存款帳戶，很多金融機構並容許股票、債券等持有人使用支票，這些都是金融機構新興的業務，它使貨幣的定義變得更加含混，貨幣供給量的測定變得更加困難。在這種情況下，貨幣法則的實用性便變得有問題了。

摘　要

1. 中央銀行是銀行中的銀行，它的設立是以維持經濟穩定以及促進
   經濟健康發展爲主要目的。大部分的國家通常只有一個中央銀
   行，但在美國卻有十二個聯邦準備銀行，分別設立於十二個不同
   地區，這些聯邦準備銀行共同組成一個聯邦準備制度，執行中央
   銀行的任務。有些國家的中央銀行屬於行政部門，而有些國家的
   中央銀行卻不屬於行政部門。

2. 中央銀行的功能除了制訂及執行國家貨幣政策外，尚有：(1)發行
   通貨，(2)便利票據交換，(3)接受一般銀行的存款並對它們放款，
   (4)代理國庫，(5)監督銀行業務，(6)控制貨幣供給，及(7)經管外匯
   準備。

3. 中央銀行透過對貨幣供給量的控制，可以影響整個經濟活動。在
   控制貨幣供給量方面，它有四個工具：(1)決定最低法定存款準備
   率，(2)公開市場操作，(3)制訂貼現率，及(4)選擇性信用管制及道
   義規勸。最後一項只是輔助性工具，用得比較少，效果亦較差。

4. 當一個國家面臨失業增加和生產萎縮時，中央銀行通常會採取擴
   張性的貨幣政策，它包括：

   (1)降低存款準備率。

   (2)在公開市場買進債券。

   (3)降低貼現率。

   (4)降低購買股票的保證金比例。

   (5)放鬆分期付款的信用管制。

   (6)採取道德規勸，要求銀行增加貸款。

5. 當一個國家面臨通貨膨脹的威脅時，中央銀行通常會採取緊縮性

的貨幣政策，它包括：

(1)提高存款準備率。

(2)在公開市場賣出債券。

(3)提高貼現率。

(4)提高購買股票的保證金比例。

(5)加強對分期付款的信用管制。

(6)勸導銀行減少非生產性的貸款。

6.貨幣政策對物價、就業及產出水準的影響，經濟學家有兩種不同的意見：

(1)唯貨幣論者根據古典的貨幣交易方程式，認為貨幣政策的改變對產出、就業及物價水準有直接的影響。他們進一步認為，貨幣供給量的激烈變動是造成經濟不穩定的主要原因，他們不相信貨幣擴張政策能夠長期不斷降低失業率和刺激經濟成長；

(2)凱恩斯學派認為貨幣政策的改變，首先會導致利率的改變，然後透過利率的改變對產出及就業發生影響，它的效果是間接的而不是直接的。

7.貨幣政策之所以能夠產生預期的效果，主要是建立在貨幣流通速度不變的假設上面，換句話說，貨幣政策的有效，關鍵在於貨幣流通速度的穩定。可是很多經濟學家——特別是凱恩斯學派經濟學家卻認為貨幣流通速度並不穩定，人們對通貨膨脹的預期以及市場利率的改變等許多因素，都會影響到貨幣流通速度。此外，貨幣政策尚有下述缺點：

(1)放寬銀根政策可以增加銀行的超額準備，但不能保證銀行的貸款會增加。

(2)準貨幣的增加，使貨幣供給量的控制增加困難。

(3)財政當局的低利政策與緊縮性貨幣政策常常會發生衝突。

⑷緊縮性的貨幣政策無補於成本推動式通貨膨脹問題的解決。

⑸利率並非影響投資的唯一因素，透過貨幣供給量的改變使利率升高或降低，其對投資所發生的效果並不穩定。

8.貨幣政策固然有上述各種缺點，但也有不少優點，其中最主要的優點是：⑴實施容易且富彈性，⑵受政治的干擾比較少，及⑶比較富於中性。

9.唯貨幣論者認爲權衡性的貨幣政策不但無助於經濟穩定，反足以助長經濟的波動，他們主張建立一套貨幣法則以取代權衡性的貨幣政策，他們的貨幣法則是限制貨幣供給量的擴充速度相當於長期經濟成長速度。

10.除了唯貨幣論者外，理性預期理論學派也反對權衡性貨幣政策，他們所持的理由是家計及企業部門因爲權衡性貨幣政策的採行，預期經濟會發生變動，爲了自身的利益，他們會作出合理的反應，這種對預期的集體反應將使權衡性的措施無效。在另一方面，凱恩斯學派卻認爲權衡性的貨幣政策和權衡性的財政政策都是糾正週期性商業循環的有效工具。

問題討論

1. 中央銀行爲什麼會稱爲銀行中的銀行？它與一般銀行有什麼不同？

2. 何謂公開市場操作？它如何影響貨幣供給量？

3. 最低法定存款準備率與銀行存款貨幣擴張有什麼關係？

4. 何謂擴張性和緊縮性的貨幣政策？它們應該在什麼情況下採行？

5. 中央銀行有那些主要功能？

6. 爲什麼唯貨幣論者認爲貨幣供給量的激烈變動是造成經濟波動的主要原因？

7. 貨幣政策對經濟活動影響的過程，唯貨幣論者與凱恩斯學派有不同的意見，試加比較說明。

8. 貨幣政策的效果與貨幣流通速度有何關係？影響貨幣流通速度的因素爲何？

9. 權衡性貨幣政策有那些優點和缺點？

10. 面對成本推動的通貨膨脹情況，採行貨幣政策何以效果不彰？

11. 何謂貨幣法則？唯貨幣論者主張建立貨幣法則的主要根據何在？

12. 理性預期理論學派反對權衡性貨幣政策，其主要根據爲何？

第十六章　通貨膨脹與失業的替換

第一節　菲力浦曲線的發現

一、菲力浦曲線的意義

　　經濟學家菲力浦（A.W. Phillips）於 1958 年發表了一篇論文，在這篇論文裏面，他根據英國時間數列資料，發現貨幣工資的變動率與失業率間有一種反方向的關係存在❶，把這種反方向關係畫成一條曲線便是所謂菲力浦曲線（Phillips Curve）。

　　菲氏認為貨幣工資是勞動者提供勞務的一種代價，其水準決定於一個社會的勞動供需情況。當一個社會的生產者對勞動需求增加，而勞動的供給不變，貨幣工資將會提高；反之，當一個社會的勞動需求減少，而供給不變，貨幣工資將會下降。由於勞動者每不願意接受較現行水準為低的工資，勞動需求的減少所導致的貨幣工資的下降速度，可能小於勞動需求的增加所導致貨幣工資的上漲速度，結果貨幣工資變動率與失業率間之關係呈現一種非直線的關係，它正如圖 16-1 所示，可用一條

---

❶　A. W. Phillips, Relationship Between Unemployment and the Rate of Change of Money Wage Rates in the U.K., 1861~1957, *Economica*, Vol. 25, November 1958, pp. 283~299.

曲線來代表。

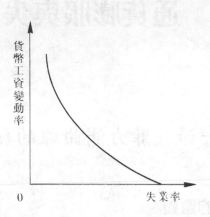

圖 16－1　菲力浦曲線

二、貨幣工資與失業的關係

　　菲氏在他的實證研究中，曾經進一步把觀察期間分成三段，即 1861 至 1913 年、1914 至 1948 年、與 1948 至 1957 年，分別利用迴歸分析方法，研究三個不同期間貨幣工資變動率與失業率間的關係，結果他發現：

　　1.每一期間貨幣工資的變動率與失業率及失業率變動率均有顯著的反方向關係。

　　2.失業率愈低，貨幣工資上升速度愈快；失業率愈高，貨幣工資上升速度愈慢。相應於同一失業水準，遇失業率處於遞增情況時，工資變動率會低於平均值；反之，遇失業率處於遞減情況時，工資變動率會高於平均值。

　　3.以零售物價指數所表示的生活費用之變動，並不是決定貨幣工資變動的主要因素。當進口物品價格上漲，導致生產成本大幅提高時，若生產力的提高不足以將全部增加成本加以吸收，此時輸入性通貨膨脹所引起的零售物價指數上升，將會影響貨幣工資水準；但若生產力的提高

足以將全部增加成本吸收，貨幣工資將不會伴隨此項零售物價指數的上升作向上調整。

　　貨幣工資變動率與失業率間有一種反方向關係的存在，不僅從英國的時間數列資料可以獲得證實，許多其他國家的時間數列資料亦可證實此點。茲以美國為例，我們若將美國商務部所提供的 1952 至 1971 年間有關失業率與平均每小時工資變動率資料（見表 16-1）畫在一張如同圖 16-2 所示的散布圖上，根據二個變數座標的分布情形，我們可以畫出一條 AA 曲線，它可用以代表貨幣工資變動率與失業率間的關係。

圖 16-2　美國貨幣工資變動率與失業率之關係（1952～1971年）

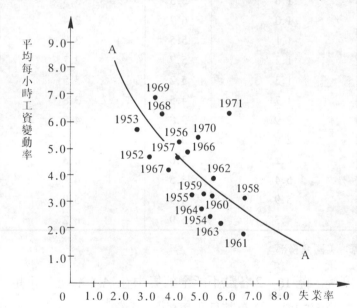

資料來源：美國商務部。

　　當失業率降低，勞動者的議價力量（Bargaining Power）增強，較高的貨幣工資協議通常將更易達成，但除了失業水準以外，許多其他因素可能也會影響貨幣工資的變動。這些其他因素包括生活費用指數、利潤率、需求的變動、生產力的提高、工會力量、市場集中（Market Conce-

表 16－1　通貨膨脹、失業率與工資變動率（1952～1971年）

年別	消費者物價指數變動率（%）	失業率（%）	平均每小時工資變動率（%）
1952	2.2	3.0	4.8
1953	0.8	2.9	5.9
1954	0.5	5.5	2.5
1955	−0.4	4.4	3.6
1956	1.5	4.1	5.3
1957	3.6	4.3	5.0
1958	2.7	6.8	3.2
1959	0.8	5.0	3.6
1960	1.6	5.5	3.5
1961	1.0	6.7	2.4
1962	1.1	5.5	3.8
1963	1.2	5.7	2.7
1964	1.3	5.2	3.5
1965	1.7	4.5	3.8
1966	2.9	3.8	4.5
1967	2.9	3.8	4.7
1968	4.2	3.6	6.3
1969	5.4	3.5	6.7
1970	5.9	4.9	5.9
1971	4.3	5.9	6.2

資料來源：美國商務部。

ntration）程度等。圖 16－2 各點不能全部集中在 AA 線上，正足以反映這些因素對失業率的變動亦有某種程度的影響。

三、物價水準與失業的關係

因為貨幣工資率的增加與一般物價水準的上升，咸認如形影之相隨，彼此關係應極為密切，有關這點我們可以從表 16－1 所列資料加以證實。根據該表第⑴及第⑶兩欄數字，我們大致可以看出消費者物價指

數變動率與平均每小時工資變動率之間有一種直線的關係，宛如圖
16－3 的 *BB* 線所示。

圖 16－3　美國貨幣工資與一般物價水準之關係（1952～1971 年）

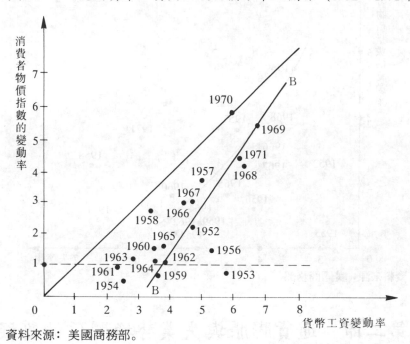

資料來源：美國商務部。

　　鑒於貨幣工資的變動率與一般物價水準的變動率關係密切，許多經
濟學家在討論菲力浦曲線時，往往喜歡以通貨膨脹率代替貨幣工資變動
率，結果發現修正後的菲力浦曲線（Modified Phillips Curve）其形狀與
從前並無不同。圖 16－4 的曲線即為修正後的菲力浦曲線，代表美國在
1952～1971 年間，通貨膨脹與失業率間的關係。從該圖中我們可以看出
欲使失業率降低，必須忍受較高的通貨膨脹；反之，欲使價格更為穩
定，必須忍受較高的失業水準。價格穩定與失業降低兩種目標很難兼
顧，在很多情況下，政府對這兩個目標的達成必須作一個痛苦的選擇，
為了達成某一目標，常常需要以犧牲另一目標作為代價。

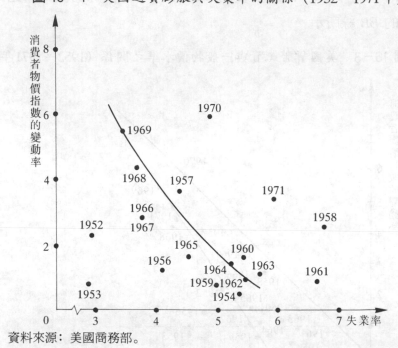

圖 16－4　美國通貨膨脹與失業率的關係（1952～1971 年）

資料來源：美國商務部。

第二節　通貨膨脹與失業替換關係的質疑

　　直至 1970 年代的初期，菲力浦曲線對現狀的解釋，大致是令人滿意的，即通貨膨脹與失業往往呈相反方向變動。過去經濟學家相信通貨膨脹與失業間有替換關係的存在，主要是在現實社會，各國以往所體驗到的經濟波動，多是受總合需求變動所主導。如同圖 16－5 所示，當總供給函數 AS 不變，總需求函數從 AD_1 向右上方移至 AD_2，均衡物價水準會從 P_1 上升至 P_2，而國內生產毛額將從 Y_1 增加至 Y_2，隨著國內生產毛額增加，就業機會增多，失業率將下降。反之，當總供給函數 AE 不變，總需求函數從 AD_1 向左下方移至 AD_3，均衡物價水準會從 P_1 下降至 P_3，而國內生產毛額將從 Y_1 減少至 Y_3，隨著國內生產毛額

減少，有些工人會被解雇，失業率將上升。因此，在總供給不變的情況下，總需求的增加或減少，會導致物價、產出及就業水準的波動，結果通貨膨脹率與失業率將如同菲力浦曲線所示，會呈相反方向變化，二者有替換關係存在。

圖 16-5　總供給不變情況下，總需求變動對物價及產出的影響

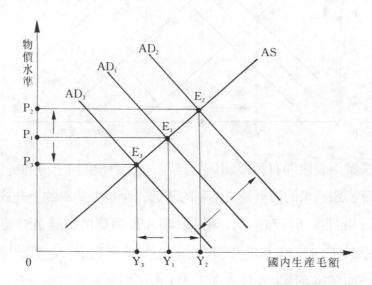

即使當總需求發生變化時，總供給也同時發生變化，只要前者的變化大於後者，這種情況仍然會發生。從圖 16-6 我們可以看出，在總需求函數與總供給函數變化以前，二者相交於 E_1，對應於 E_1 的物價水準和國內生產毛額分別是 P_1 和 Y_1，茲設總需求函數與總供給函數同時向上下移動，但前者的移動比後者大。結果均衡將從 E_1 移至 E_2 或 E_3，在新的均衡下，物價、產出及就業水準均會發生變化，這一變化也將導致通貨膨脹率下降與失業率上升，或通貨膨脹率上升與失業率的下降，此情況恰如菲力浦曲線所描述的一樣。

一個國家的經濟波動，固然有時候受總需求變動的主導，另外有些時候也可能受總供給變動的主導。受總需求主導的經濟波動，會使通貨

圖 16－6　總需求變動大於總供給變動對物價及產出的影響

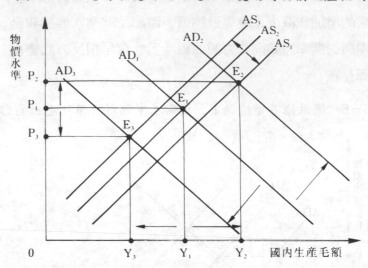

膨脹與失業兩者之間有替換關係的存在，但受總供給主導的經濟波動，伴隨通貨膨脹而來的卻不是失業率的降低，而是失業率的上升或居高不下。茲設如同圖 16－7 所示，總需求線 AD_1 與總供給線 AS_1 原相交於 E_1，對應於 E_1 的物價水準和國內生產毛額分別為 P_1 及 Y_1，現因農產歉收、石油禁運等因素導致許多工業生產所需原材料價格上升，總供給線將因此從 AS_1 向左上方移至 $AS_2$❷，若是總需求維持不變，均衡將從 E_1 移至 E_2，在新的均衡下，物價水準將從 P_1 上升至 P_2，而國內生產毛額則將從 Y_1 減少至 Y_2，隨著國內生產毛額的減少，一些工人會被解雇，失業率將會上升。

　　在另一方面，若是農產豐收，石油禁運解除，導致許多工業生產所

❷　美國經濟學家對總供給線向上移動導致 1973 年停滯性通貨膨脹的原因歸咎於：(1)石油危機，(2)農產歉收，(3)美元貶值，(4)工資及物價管制的突然取消，(5)社會對工資與物價上升的預期升高，(6)勞動生產力成長速度下降，(7)稅率提高，及(8)政府管制增加。

圖 16−7　總供給主導經濟波動對物價及產出的影響

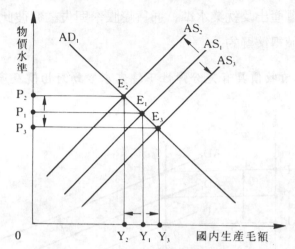

需原材料價格下降，總供給線將因此從 AS_1 向右下方移至 AS_3，在總需求不變的情況下，均衡將從 E_1 移至 E_3，物價水準將從 P_1 降至 P_3，而國內生產毛額則將從 Y_1 增至 Y_3，隨著國內生產毛額的增加，就業機會會增多，失業率將會下降。

　　綜上分析，因總供給變化主導所引起的物價、產出及就業水準的波動，將會使通貨膨脹率與失業率的替換關係消失，伴隨物價水準升高的不是失業率的下降，而是升業率的上升。緊接著 1973 及 1979 年石油危機發生，世界各國普遍所遭遇到的所謂停滯性通貨膨脹正是這一情況的最好寫照。

　　縱使一個國家的經濟波動是受總需求所主導，其所引起的通貨膨脹與失業間的替換關係是否真的或永久存在，經濟學家亦有懷疑。他們認為若是當總需求增加或減少引起物價水準上升或下降時，如果貨幣工資也立即作同幅度的上下調整，實質工資將維持不變，因為就業是實質工資的函數，實質工資不變，就業水準也會不變，產出將維持在充分就業水準上。在這一假設情況下，總供給線將如同圖 16−8 的 AS 所示，它

是一條與橫軸垂直相交的直線。總需求線的上下移動，只會影響物價水準，而不會影響產出及就業水準，通貨膨脹率與失業率彼此間的替換關係在理論上是值得懷疑的。

圖16-8　工資物價具有充分彈性下總需求變動對物價及產出的影響

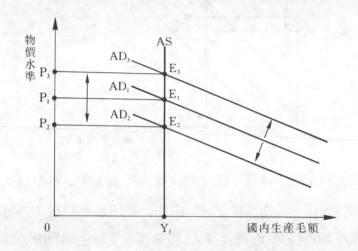

因為在現實社會，工資與物價的向上調整比較容易，向下調整比較困難，當總需求增加或減少引起物價水準上升或下降時，貨幣工資可能不會立即作同幅度的上下調整，在這種情形之下，總需求主導的經濟波動，可能會導致通貨膨脹與失業彼此間存有替換關係，即菲力浦曲線會是一條具有負斜率的曲線。但這一關係只能在短期間存在，在長期間菲力浦曲線將是一條與橫軸垂直相交的直線，它會固定在充分就業的水準上，這可用圖16-9來加以說明。

茲設圖16-9的總需求線 AD_1 與總供給線 AS_1 最先相交於 E_1 點，對應於 E_1 點的國內生產毛額 Y_1 正好是充分就業水準下的國內生產毛額（Y_f），此時的價格水準是 P_1，設因總需求增加，總需求線將從 AD_1 向右上方移至 AD_2，與原有的總供給線 AS_1 相交於 E_2，在新的均衡下，物價水準將從 P_1 上升至 P_2。而國內生產毛額則將從 Y_1 增加至 Y_2，但

圖 16－9　總需求變動對物價及產出的長期影響

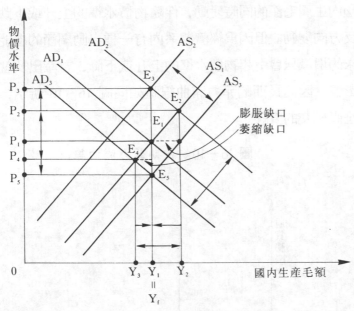

這一新的均衡不能持續太久。原因是物價水準的上升，遲早會引起貨幣工資的上升，從而使物品及勞務的生產成本增加，總供給線將會因此從 AS_1 向左上方繼續不斷移至 AS_2，直至與 AD_2 相交於 E_3 為止，此時膨脹缺口會消失，國內生產毛額會回到充分就業水準，物價水準則會從 P_2 提高至 P_3。

　　同理，設因總需求減少，總需求線將從 AD_1 向左下方移至 AD_3，與原有的總供給線 AS_1 相交於 E_4，在新的均衡水準下，物價水準將從 P_1 降至 P_4，而國內生產毛額將從 Y_1 減至 Y_3，但這一新的均衡也不可能持續太久。原因是隨著國內生產毛額的減少，失業人數會增加，貨幣工資遲早會被迫下降，從而使物品及勞務的生產成本減輕，總供給線將會因此從 AS_1 向右下方移至 AS_3，直至與 AD_3 相交於 E_5 為止，此時萎縮缺口會消失，國內生產毛額會回升到充分就業水準，而物價水準則會從 P_4 降至 P_5。

　　從以上的分析，我們得知總需求的增減在短期間內可能會引起物價水準及國內生產毛額的同時變動，伴隨物價水準的上升或下跌，失業率會呈相反方向變動。但因為經濟體系內有一種自動調節的機能，在長期間總需求的增減只會引起物價水準的上升或下降，對產出及就業水準不會發生影響。因此長期的菲力浦曲線將如同圖 16-10 所示，它是一條與橫軸垂直相交的直線。

圖 16-10　長期菲力浦曲線

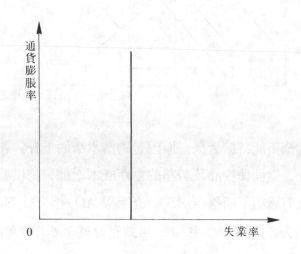

第三節　停滯性通貨膨脹與供給學派

一、供給學派產生的時代背景

　　在 1970 年代以前，因為受凱恩斯理論的影響，每當一個國家遭遇通貨膨脹的時候，便認為是需求過多，抑制通貨膨脹多從降低有效需求著手。在另一方面，當一個國家面臨嚴重失業問題的時候，便認為是需求不足，增加有效需求於是成為解決失業問題的良方。凱恩斯的這些處

方在過去曾經證明是相當有效的，其所以靈驗是因為在過去當通貨膨脹加速的時候，失業率通常較低；反之，當失業率高的時候，通貨膨脹的速度往往比較慢，透過有效需求的調整，可以使兩者的組合達到比較能為社會所接受的水準。

可是，自從 1970 年代以後，各國所遭受到最嚴重的經濟問題不是單獨的通貨膨脹，或者光是失業現象的普遍存在，而是高膨脹率與高失業率的形影相隨，解決這一個經濟問題不能靠需求的調整。如圖 16－11 所示，通貨膨脹若是為成本所推動，總供給曲線將從 AS_1 向左上方移至 AS_2 與原來總需求曲線 AD_1，相交於 E_2 點，在新的均衡下，實質國內生產毛額從 Q_1 降至 Q_2，物價水準則從 P_1 上升至 P_2，失業與通貨膨脹的現象均比以前嚴重。此時在決策上面臨兩種選擇；第一種選擇是減少失業率，第二種選擇是降低通貨膨脹。

如果採取第一種選擇，必須設法透過擴張性的財政或貨幣政策，使總需求增加，總需求曲線將會從 AD_1 向右上方移至 AD_2，均衡點將從 E_2 移至 E_3，實質國內生產毛額將會回復到 Q_1 的原有水準，失業率也會跟著降回原有的水準（圖上沒有表示出來），可是物價水準卻會進一步從 OP_2 升至 OP_3，通貨膨脹的情況將更不能被社會接受。

在另一方面，如果我們採取第二個選擇——即降低通貨膨脹，根據凱恩斯理論，便應該設法透過緊縮性的財政或貨幣政策，使總需求減少，結果總需求曲線將會從 AD_1 向左下方移至 AD_3，均衡點將從 E_2 移至 E_4，此時物價水準會回復到原有的水準（即 OP_1），可是實質國內生產毛額會進一步從 Q_2 降至 Q_3，失業率將相應提高，社會大眾對失業問題的嚴重會更加不滿。企圖以改變有效需求解決通貨膨脹或失業的傳統處方很顯然的不能得到理想的效果。

凱恩斯以需求為中心的主要經濟問題對策，在 1980 年代，受到供給學派嚴厲的批判，他們認為凱恩斯的《一般理論》是以 1930 年代經

圖 16－11　停滯性通貨膨脹與需求管理的對策

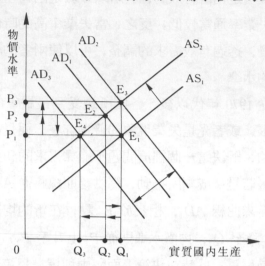

濟大恐慌爲背景，當時經濟上最大的問題是失業和生產設備過剩，凱恩斯研究經濟蕭條所得到的結論是支用不足係造成這一現象的主要原因。基於這個結論，他相信透過適當的財政和貨幣政策，使需求增加，可以恢復充分就業。

在凱恩斯的理論模式裏，總供給只扮演消極的角色，在大量資源閑置的情況之下，支用和需求的增加必然可以導致供給的增加。供給學派在這方面有不同的看法，他們認爲總供給的改變對物價與失業水準有決定性的影響，經濟情況的改變可以來自需求的改變，也可以來自供給的改變，凱恩斯只注重需求而不注重供給，所以他不能對停滯性通貨膨脹問題提出滿意的解釋和對策。

供給學派注意到近數十年來西方國家稅負不斷提高的事實，凱恩斯認爲稅課提高，使可支用所得減少，社會購買力降低，因而有反通貨膨脹的效果。供給學派則認爲稅課的提高，使生產成本增加，會造成成本推動式的通貨膨脹，兩者的看法正好相反。供給學派進一步認爲近數十年來稅課與福利性移轉支出的不斷增加，對工作、創新、投資及擔付風

險的誘因已發生不良的影響，它使生產力成長速度減緩，效率降低，從而增加生產成本，導致總供給曲線的向左上方移動，是停滯性通貨膨脹的主要原因。

二、供給學派對經濟問題的處方

供給學派和凱恩斯學派對經濟問題的處方在著眼點上完全不同，後者對政策的設計著重在總需求的控制，因此有人把凱恩斯的經濟學，視作是需求面經濟學 (Demand-side Economics)；前者對政策的設計著重在激勵生產，激勵生產的方法雖然很多，而供給學派所強調的是誘因的提供，他們相信賽伊法則——供給創造其本身的需求。供給學派對抑制通貨膨脹，提高就業水準，有下面幾個重要主張：

1.拒絕利用凱恩斯的需求管理辦法

凱恩斯對經濟衰退的解釋是總需求不足，他主張政府應透過赤字預算和放寬銀根及降低利率的辦法刺激有效需求，以達到充分就業的目標。他的主張曾經被廣泛的接受，譬如在美國，從 1940 年代的後期開始，便不斷利用擴張性的財政及貨幣政策以刺激有效需求，這種政策長期實施的結果，對通貨膨脹產生了龐大的壓力，經過多年的通貨膨脹痛苦，許多經濟學家已體驗到凱恩斯的主張是「單行道」。

在理論上，遇經濟不景氣的時候，預算赤字應該擴大；遇經濟景氣的時候，預算赤字則應縮小，甚至應該有預算的盈餘。可是實際上，當經濟衰退消失，甚至繁榮到達的時候，強大的政治阻力每使削減預算的努力遭受失敗，供給學派認為擴張性的財政政策易放難收，不宜經常採用。供給學派也不相信政府能夠控制通貨的供給，他們主張應恢復金本位制，使通貨的價值與黃金存量聯結在一起，這樣可以維持通貨價值的穩定。

2.用減稅方法刺激生產

供給學派認為降低個人所得稅，公司所得稅，減少所得用於儲蓄的稅課以及對研究發展支出給予稅款扣抵可以提供人們更多的誘因，使他們願意更加勤奮工作，更有興趣從事創新和擔負風險並願意作更多的投資，因此可以促進生產的增加和就業水準的提高。若是因為減稅導致生產的增加大於需求的增加，減稅將不會造成通貨膨脹，反而可能抑制通貨膨脹。在凱恩斯學派看來，減稅就是減稅，不管怎樣減法，效果都是一樣。供給學派的看法不一樣，他們強調應該降低邊際稅率，而不是平均稅率，因為邊際稅率的高低，決定延長工作時間或增加投資所引起收入的增加，有多大的比例須用來付稅，有多大的比例可以供自己享受。

每一個人決定是否值得延長工作時間或增加投資，主要是受邊際稅率的影響，而不是受平均稅率的影響。此外，凱恩斯學派認為減稅和增加政府支出都會刺激需求，對促進經濟復甦具有相同的效果。關於這點，供給學派也有不同的看法，他們認為減稅如果妥善規劃，可以提高工作和投資的誘因，對增產有正面的效果。

在另一方面，增加政府的支出，可能只是將原由私人使用的資源轉交政府使用，導致政府部門相對擴大而已，對增產不一定有正面的效果。

在此尚有一點值得提出，一般人認為降低稅率會使政府的稅收減少，影響施政，供給學派認為這種看法不一定正確。稅收等於稅率與稅基的乘積，而稅基是國民生產或國民所得的函數，當國民生產或國民所得提高時，稅基會擴大；反之，稅基會縮小。稅率的提高若是損害投資和工作的誘因，稅基會因此縮小，若是稅基減少所引起稅收減少的幅度大於稅率提高所引起稅收增加的幅度，實際稅收將會減少，而不是增加；反之，稅率的降低，可能提高投資和工作的意願，使稅基擴大，若是稅基擴大所引起稅收增加的幅度大於稅率降低所引起稅收減少的幅度，實際稅收反會增加不會減少。稅率與稅收的關係可用圖 16－12 來

表示。

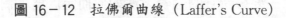

圖 16－12　拉佛爾曲線（Laffer's Curve）

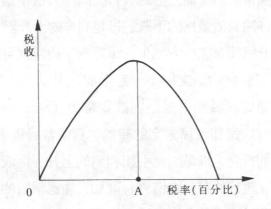

　　圖 16－12 是前南加州大學拉佛爾（Arthur Laffer）教授發明的，稱爲拉佛爾曲線。它告訴我們稅率在某一水準範圍以內，它與稅收成正比，如圖 16－12 所示，在未到達 OA 水準以前，稅率的提高會使稅收增加。超過此一水準以後，稅率與稅收將有減函數的關係，即稅率提高將使稅收減少，而不是稅收增加。如果一個國家的稅率已經超過某一水準，降低稅率不但可以增加生產，提高就業水準，並且可以充裕稅收。拉佛爾曲線所描繪的稅率與稅收的關係，大致上已爲經濟學家所接受，但據以制訂政策實際上卻有困難。

　　到目前爲止還沒有一個客觀的標準，可用來判定某一國家的稅率是否已經超過了某一水準，進一步的提高，將會使稅收減少而不是提高。而且稅率的降低，容或有促進生產的效果，但這種效果往往不是立竿見影的，而稅率降低會立即提高國民可支用所得，增加社會購買力，至少在短期間內會製造通貨膨脹的壓力，和引起預算的失衡。

　　3.避免預算赤字的貨幣化

　　在減稅對增產的正面效果沒有產生以前，降低稅率可能會製造預算

的赤字或使預算赤字增加，預算赤字的增加會不會引起通貨膨脹？在供
給學派看來，主要得看它的融資方法如何而定。爲了彌補預算上的赤
字，財政當局通常必須增加公債的發行，因爲公債供給的增加，公債價
格可能下跌，伴隨公債價格的下跌，每是利率的上升。

利率的上升將使企業投資減少，預算赤字的增加可能只是代表購買
力的移轉，整個社會的淨支出不一定增加，所以它本身不一定是膨脹
性，預算赤字變成膨脹性主要是它被貨幣化（Monetization）—即當政
府增加公債發行以彌補預算赤字的時候，貨幣當局從事公開市場操作，
參加購買公債的行列，以免因此引起利率的上升，造成經濟的萎縮。在
這種情況之下，銀行的存款準備將會增加，透過乘數的作用，貨幣供給
量的增加將數倍於存款準備的增加，對通貨膨脹自然會產生一種壓力。
這種壓力是預算赤字增加所間接造成的，供給學派認爲防止減稅造成通
貨膨脹壓力的一個辦法，是避免預算赤字的貨幣化。

4.減少政府的管制和干預

供給學派認爲政府管制的增加，會使生產力成長速度下降。政府的
管制並非都是多餘的，它的效果有正的一面，也有負的一面，供給學派
提出下面幾點改進的意見：

(1)政府在決定對某一件事情管制以前，應該先做成本—效益的分析
（Cost-Benefit Analysis），只有分析結果顯示效益大於成本時，管制才應
實施。

(2)先把管制的目的搞清楚，然後選擇最經濟的辦法去達到這個目
的。

(3)儘量多用誘因，少加限制，促使企業志願順從政府的旨意行事。

(4)任何管制必須定期不斷檢討，決定存廢，不宜任其長期存在，不
加聞問。

(5)管制工作宜儘量交給地方政府去做，中央政府應避免過問太多。

三、供給學派的缺點

供給學派的上述主張，並不是沒有可批評之處。它的最大缺點是過分強調減稅的正面效果，而忽略了它可能帶來的許多不良副作用，這些副作用包括：

1.減稅不一定能夠增加儲蓄和勞動供給量，在某些情況下，減稅使稅後的利息及工資所得增加，使人們覺得，即使減少一些儲蓄和工作時間，仍然可以得到同樣的收入，因此減稅的結果，可能使儲蓄及勞動供給量減少。

2.供給學派強調減稅可以刺激生產，卻低估了減稅對總合需求的刺激。如同圖 16－13 所示，因為政府實施減稅，提高投資和工作誘因，使物品及勞務的生產增加，總供給線將從 AS_1 向右下方移至 AS_2，在另一方面，減稅提高可支用所得，使消費支出增加，總需求線將從 AD_1 向右上方移至 AD_2。

圖 16－13　減稅對總供給及總需求的影響

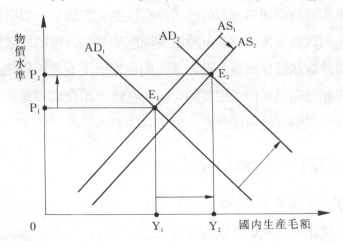

若是如同圖 16－13 所示，減稅使總需求的增加大於總供給的增加，結果均衡會從 E_1 移至 E_2，在新的均衡下，國內生產毛額固然增加，隨

著國內生產毛額增加，失業率會降低，但失業率的降低係以物價水準的提高（從 P_1 移至 P_2）作爲代價，供給學派宣稱透過減稅，不但可以增加生產，減少失業，尚可降低通貨膨脹，美夢不一定成眞。

3.供給學派對減稅寄予最大的希望是，它可以鼓勵企業增加投資和促進研究發展。但其所發生的擴大生產能量效果卻往往不能立竿見影，結果因爲減稅，支出即需求增加在前，供給增加在後，在短期間將會產生通貨膨脹的壓力，使物價水準上漲。

4.以降低個人所得稅邊際稅率爲主要手段的減稅，將使富有階級得到較大的利益，貧窮階級受惠較小，甚至得不到好處，財富及所得的分配可能因此惡化。

5.若是政府支出不相應減少，稅課的減輕在大多數情況下，可能會導致預算赤字的擴大，使實現財政收支平衡的目標更難達到。

第四節　因應失業及通貨膨脹的非傳統辦法

高失業與高物價同時並存的所謂停滯性通貨膨脹是一項很特殊的問題，傳統的財政及貨幣政策並不能產生理想的效果，供給學派對解決此一問題的傳統辦法已提出很多批評，他們也提出了不少新的建議，這在本章的第三節我們已經作了扼要的介紹。在這一節我們將進一步對解決失業和通貨膨脹的其他可能途徑，提出討論。

一、市場方法（Market Approach）

這一個方法著重在減少對市場的干擾，防止市場的獨占以及強化市場的競爭，使市場機能更圓滿的運轉，它包括：

1.遵守貨幣法則

從長期的觀點，通貨膨脹往往是一種貨幣現象。貨幣供給量的迅速

增加對通貨膨脹每應負主要的責任，而通貨膨脹的持續遲早會引起失業的增加。防止停滯性通貨膨脹，維持經濟穩定的一個簡單易行辦法是控制貨幣供給量，使其成長的速度與實質國內生產毛額成長速度大致保持相等。譬如，根據過去二、三十年的經驗，某一個國家實質國內生產毛額每年成長速度平均是 3%，貨幣供給量每年增加速度在這種情況下，應該限制在 3% 左右。

　　2.對政府的稅收及支出給予一個最高的限制

　　自 1930 年代經濟蕭條發生後，直至 1970 年代末期世界各國──特別是工業國家，政府的稅收和支出都在迅速的增加，隨著政府部門的擴大，政府對經濟活動的干預愈來愈嚴重，它不但破壞市場機能，而且大量增加廠商的生產成本。許多國家的有識之士，目前正在提倡修憲運動，希望透過憲法的修改，對政府的稅收和支出給予某種限制，最常聽到的倡議是：政府的支出應該經常設法與稅收保持平衡；稅收與公共支出每年成長的速度不應大於國內生產毛額的成長速度或其在國民所得中所占的比重不宜超過某一水準。設遇國家遭逢變故，必須採取權宜措施時，經國會三分之二以上多數票的同意，始得變更這些原則。

　　3.設立工資增加的標準

　　工資是生產成本的一個主要項目，它在生產成本中所占的比重通常高達 70% 以上，工資的上漲如果超過勞動生產力的增加，單位產品的勞動成本將會提高，使總供給線向左上方移動，它是導致停滯性通貨膨脹的一個主要原因。

　　限制工資增加的幅度是解決停滯性通貨膨脹的一個有效辦法。採取這個辦法，政府可根據勞動生產力及正常物價提高的情形，訂定合理的工資增加幅度，要求企業界自動遵守。茲設勞動生產力年成長率為 4%，正常物價水準上漲速度為 3%，在這種情況下，工資每年增加幅度可定為 7%（4% ＋ 3%）。為了鼓勵企業界遵守這個標準，政府可以利用增稅

或減稅的方式，作爲獎懲的手段。凡工資調整幅度在政府訂定標準以內者，可以享受減稅的優惠；反之，凡工資調整的幅度超過政府所訂標準以上者，將會受到增稅的懲罰。

利用賦稅的增減作爲獎懲手段，勞資雙方在談判工資的時候，將會比較謹慎，可望避免大幅度的調整，工資調整幅度的降低，自然可以減輕對物價水準上漲的壓力。利用這個辦法對市場機能也不會產生太大的干擾作用。但是，這個辦法也有一些缺點，第一個缺點是它假定物價水準的上漲是成本增加所推動的，事實上物價水準的上漲可能是貨幣供給迅速增加的結果；第二個缺點是它要求每一個行業對工資的調整都依照一樣的標準，忽視個別的實際需要；第三個缺點是工資的提高除了增加現金的給付外，尚可以透過改善福利措施及工作環境等其他方式，這些方式不容易用金錢來表示。

4.買賣合約中增列支付自動調整的辦法

通貨膨脹爲人所詬病之一是，它未經當事人的同意，將所得強迫從某一方移轉到另一方。矯正這個流弊的一個辦法是在有關合約或法律中規定，各種支付應按通貨膨脹幅度自動調整。透過這個規定使人們的實質所得不會受到通貨膨脹的損害，譬如，通貨膨脹率如果是 10%，工人的工資會自動向上調整 10%，利率、租金、養老金、保險金也會自動向上調整 10%，所得稅的起徵點以及稅率級距等也作相應的調整。這樣當事人的購買力或實際稅課負擔將可避免受通貨膨脹的影響，強迫性的所得重分配現象將不會發生。這種辦法雖然不能抑制通貨膨脹，但可消除或減輕通貨膨脹對經濟公平的損害。

5.健全人力政策

人力政策的主要目的是減少磨擦性和結構性的失業，使學以致用，以提高勞動市場的效率。達到這個目的有很多途徑可循，其中下面幾項尤其重要：

(1)加強失業工人的職業教育及訓練，更新他們的工作技能，使他們容易找到新的工作。

(2)消除種族、年齡、宗教、及性別各方面的歧視，這些歧視往往是造成學非所用及大才小用的主要原因，消除這些歧視可以排除許多就業的障礙，降低失業水準。

(3)加強就業資料的散布及求職求才的輔導，並透過賦稅的減免，提高勞動力的流動性。以減少職業及地區間人力供需失衡的現象。

6.加強反獨占的立法及執行

世界上很多國家爲了防止市場壟斷，都有反托辣斯的立法，只是在執行上往往不夠徹底。大的企業和工會因爲對市場具有控制的力量，常常藉機提高工資及物價，對停滯性通貨膨脹負有相當的責任。消除對市場的壟斷，應加強反托辣斯法案的執行，放寬進出口及企業設立的各種限制。

7.鼓勵企業採行利潤分享辦法

在這一辦法下，受雇員工除了按期領取底薪以外，可以分享企業利潤。根據西方國家的經驗，採用這一辦法的企業，因爲在景氣衰退時，用人費用會自動減少，雇主對辭退工人的意願會減弱，員工職業比較安定。

二、非市場方法（Non-Market Approach）

1.工資與物價的管制

上述各種降低通貨膨脹及減少失業的方法，都是透過市場的力量，希望藉助市場機能更加有效的發揮，來達到目的，可是並不經常十分有效，特別是當通貨膨脹失控的時候，得採取斷然的措施。即由政府決定工資與物價水準，強制大衆遵守。但是，大多數的經濟學家往往反對工資及物價的管制，他們所持的理由是工資及物價的管制會產生許多不良

的副作用：(1)在管制之下，工資與物價完全由行政命令決定，市場機能的訊號失去了作用，價格的改變不再受供需力量的左右，資源的派用將會因此發生誤導，生產效率將受到損害；(2)許多人力及物力必須浪費在物價及工資管制的行政工作上，促使政府的支出及工商業的生產成本增加；(3)損害工作和投資的意願；(4)它的效果充其量只是暫時性，不能根本解決通貨膨脹問題。

2.經濟計劃

有些經濟學家認為失業和通貨膨脹的產生，是經濟各部門缺乏協調的結果，透過政府的計劃可以加強經濟各部門的協調，以減少就業及物價的波動。但大多數經濟學家對經濟計劃特別是指令性的經濟計劃卻持反對態度，他們認為經濟計劃會使政府更加衙門化和官僚化，消費者的主權和經濟自由會受到嚴重的損害。更重要的是，政府計劃往往閉門造車，不切實際，工商界對各行業的發展比政府知道得更清楚。

摘 要

1. 如果經濟波動係由總需求變動所主導，通貨膨脹與失業之間存有彼此相互替換的關係，將這種關係畫成一條曲線，便是所謂菲力浦曲線。

2. 停滯性通貨膨脹是物價與失業水準同時上升的現象，它是一種併發症，在 1970 年代才開始普遍受到重視。

3. 失業與通貨膨脹之間的替換關係在短期間可能存在，但在長期間，因為經濟體系內有自動調節的機能，這種關係不可能存在，有些經濟學家甚至認為只要工資能追隨物價，隨時調整，具有充分彈性，通貨膨脹與失業的轉換關係即使在短期間也不一定存在。

4. 描繪失業與通貨膨脹相互間關係的菲力浦曲線，對 1970 年代及 1980 年代的停滯性通貨膨脹無法給予滿意的解釋。在 1970 年代以前這一曲線是頗能反映現實的。

5. 停滯性通貨膨脹是一種成本推動式的通貨膨脹，在 1970 年代和 1980 年代初期，西方工業國家曾普遍遭遇到這一個問題，美國的經濟學家對這一個問題的成因主要歸咎於：(1)石油危機，(2)農產歉收，(3)美元貶值，(4)工資及物價管制的突然取消，(5)社會對工資物價上升的預期升高，(6)勞動生產力成長速度下降，(7)稅率提高，以及(8)政府管制的增加。

6. 透過總需求的增減，對解決通貨膨脹或失業問題容或相當有效，但對解決停滯性通貨膨脹卻不能產生令人滿意的結果。凱恩斯以需求為中心的主要經濟問題對策在 1980 年代受到嚴重的挑戰。

7. 供給學派和凱恩斯學派對現代經濟問題的處方在著眼點上有重大

的不同，凱恩斯對政策的設計著重在總需求的控制，而供給學派
對政策的設計著重在生產的激勵，激勵生產的方法雖然很多，但
供給學派所強調的是誘因的提供。

8. 在 1970 年代和 1980 年代初期，很多國家都遭受到停滯性通貨膨脹的問題，有關這個問題的對策，供給學派特別強調降低邊際稅率及減少政府管制的重要。除了供給學派所提出的辦法以外，有些經濟學家主張採取市場辦法，以強化市場競爭的功能及健全人力政策的辦法，來減少失業和緩和通貨膨脹的上升；有些經濟學家主張採取工資物價的管制及加強政府經濟計劃來減少就業和物價的波動。

問題討論

1. 試對菲力浦曲線下一簡明的定義。

2. 爲什麼失業與通貨膨脹的替換關係在短期間可能存在，但在長期間不可能存在？

3. 簡述造成停滯性通貨膨脹的主要原因。

4. 爲什麼利用需求管理的辦法，不能圓滿解決停滯性的通貨膨脹？

5. 供給學派與凱恩斯學派對解決當代經濟問題的看法有什麼主要不同？

6. 何謂拉佛爾曲線？它在政策設計上有什麼特殊的意義？

7. 何謂預算赤字的貨幣化？它與通貨膨脹有什麼關係？

8. 試對解決停滯性通貨膨脹的市場辦法加以詳述。

9. 爲什麼大多數的經濟學家都反對工資與物價的管制？

10. 供給學派宣稱，透過減稅，可以提高工作及投資的誘因，促使生產增加，降低失業率，同時可以抑制通貨膨脹，您對這一看法有什麼批評？

第十七章 總體經濟理論
的發展及爭議

因為對市場經濟的運作和均衡國民所得決定的看法不同，經濟學家對那些經濟問題迫切需要解決，有見仁見智的看法。他們對總體經濟政策也常常會起一些爭論，雖然大多數的經濟學家並沒有把他們自己標明屬於那一派，但在經濟問題的爭論上，顯然有三種不同的派別：即古典及新古典學派，凱恩斯及新凱恩斯學派，及貨幣學派。這三個不同的學派，對近年來經濟思潮和經濟政策的制訂，都曾經發生過相當大的影響力量。本章擬分別就這三個不同學派對總體經濟運作一些基本看法及其對解決某些重要經濟問題所提出的主張，加以扼要介紹和比較。

第一節　古典及新古典學派

一、充分就業為社會常態

在 1930 年代凱恩斯的《一般理論》問世以前，古典學派的經濟學家咸認物價，工資及利率可以上下自由移動，具有充分彈性，無論是商品市場，勞動市場或貨幣市場，只要出現供過於求的局面，價格便會下跌，反之，只要出現求過於供的局面，價格便會上升。基於這個信念，他們認為決定就業的勞動市場必然會經常處於均衡狀態。當勞動市場實現均衡狀態的時候，勞動供給量等於勞動需求量，因此充分就業乃係經

濟社會的常態。他們並認為國內生產毛額即一個國家的產出，在資本固定不變情況下，完全受就業的影響，就業水準一經決定，一個國家的產出乃告決定。

　　充分就業既然是經濟社會的常態，一個國家的產出必然會經常固定在充分就業水準上，這種情形可以分別用圖 17-1，17-2 及 17-3 來加以說明。

圖 17-1　就業水準之決定

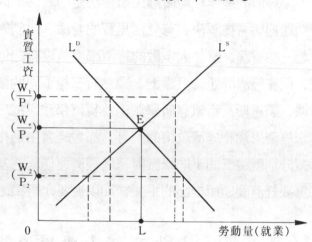

圖 17-2　產出與就業關係

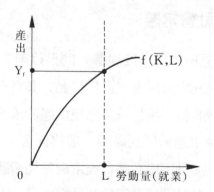

圖 17−3　古典學派總需求與總供給模型

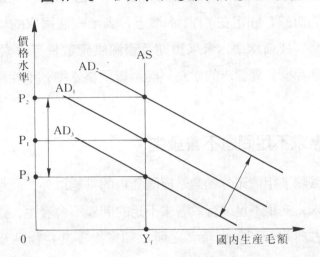

從圖 17−1 我們可以看出，勞動供給函數 L^s 與勞動需求函數 L^D 相交於 E，此時勞動供給量等於勞動需求量，充分就業水準為 OL，實質工資為 $\dfrac{W_e}{P_e}$，若是市場實質工資 $\left(\dfrac{W_1}{P_1}\right)$ 高於均衡水準 $\left(\dfrac{W_e}{P_e}\right)$，勞動供給量將大於勞動需求量，實質工資將被迫下降，直至回復 $\left(\dfrac{W_e}{P_e}\right)$ 水準，勞動市場重新實現均衡為止，反之，若是市場實質工資 $\left(\dfrac{W_2}{P_2}\right)$ 低於均衡水準 $\left(\dfrac{W_e}{P_e}\right)$，勞動需求量將大於勞動供給量，實質工資將被迫上升，直至回復 $\left(\dfrac{W_e}{P_e}\right)$ 水準，勞動市場重新實現均衡為止。職是之故，只要物價與工資可以自由上下移動，具有充分彈性，充分就業的實現乃是經濟社會的常態。

因為在資本固定的情況下，產出是就業的函數，它可用圖 17−2 的 $f\,(\bar{K},L)$ 來表示。從該圖可以看出，當就業在勞動市場決定為 OL 時，其所對應的產出等於 OY_f，它必然是充分就業水準下的產出。因此，在

古典學派的心目中，總供給線將如同圖 17-3 AS 所示，它是一條與橫軸垂直相交的直線，固定在 OY_f 水準上，表示一個國家的均衡產出受生產要素價格，技術水準，未來預期及資源供應數量等因素的影響❶，而與價格水準無關。總需求的變動只能影響價格水準，不能影響產出水準。

二、有效需求不足問題不會發生

古典學派除了相信充分就業是經濟社會的常態以外，而且相信供給可以創造需求，支用不足或有效需求不足的問題不會發生，這與凱恩斯學派不同。古典學派認為生產者之所以願意從事某些物品及勞務的生產，若不是為了直接滿足本身的消費欲望，便是為了與他人交換，因此市場上的物品及勞務總需求量與它們的總供給量永遠是相等的，全面性的供給過剩或供給不足現象，不應該會發生。即使某些產品或勞務，在某一價格水準下，有時會有供需失調的現象，但透過價格的調整，供需間的均衡會自動恢復。

供給可以創造需求的賽伊法則固適用於物物交換經濟，是否也適用於貨幣經濟呢？古典學派的答案是肯定的，因為在他們心目中，貨幣只是交易媒介，人們以自己所生產的物品及勞務在市場上出售以易取貨幣，最後目的還是希望以所易取的貨幣，去向他人購買自己所缺乏的物品及勞務，因此所得必然會等於支出，不會有需求不足的問題。即使所得中有一部分不用於支出，而被人們儲蓄起來，在這種情形下，市場上將會有些物品賣不出去，但古典學派卻不認為儲蓄會真正造成有效需求的不足，因為社會上有人儲蓄，也有人投資，投資與儲蓄都是利率的函數，透過利率的調整，儲蓄將會等於投資。

---

❶　參閱第六章第三節。

三、新古典學派與理性預期理論

古典學派的總體經濟理論主要是建立在工資，物價具有充分彈性的假設上，他們排除任何合約對工資及物價的硬性規定，同時排除人們對物價及工資變動的缺乏警覺性，他們相信若遇物價上漲，工人一定會立即要求提高貨幣工資，以補償他們因通貨膨脹所造成工資購買力的損失。新古典學派與古典學派一樣，認為工資及物價具有充分彈性，但他們不認為人們對每一件正在發生的事情都有警覺，因為事實常常與預料中的相反，人們往往做出錯誤的決定。

古典學派認為人們對未來的預期係完全根據過去的經驗，而新古典學派則認為人們在做未來預測的時候，除了根據過去的經驗以外，也會盡量掌握一切有助於未來預測的其他資訊並予以考慮。前者叫做適應性預期（Adaptive Expectations），後者叫做理性預期（Rational Expectations）。在理性預期的假設下，當貨幣當局或財政當局宣布貨幣政策或財政政策改變，人們會立即把這一宣布考慮在內，作為預測未來物價水準或其他總體變數的依據。而在適應性預期的假設下，人們只是根據過去的經驗做他們有關物價水準或其他總體變數的預測，而不會把貨幣政策或財政政策改變的宣布考慮在內。

新古典學派認為預料中的財金政策改變，不會影響一個國家的產出或所得水準，但如果財金政策的改變是突如其來的話，它在短期內會對產出與所得水準有所影響。長期內則因為經濟體系內有自動調節的功能，這些政策的改變即使是出人意表，也不會對產出及所得水準有所影響。茲設如同圖 17-4 所示，整個經濟的均衡當總需求線 AD_1 與總供給線 AS_1 相交於 E_1 時實現，此時均衡產出（以國內生產毛額代表）剛好等於充分就業產出 Y_f，均衡物價水準為 P_f。因為財金當局出人預期地採取擴張性的財政政策或貨幣政策，結果總需求線將從 AD_1 向右上方

移至 AD_2，均衡將跟著從 E_1 轉移至 E_2，在新的均衡下，產出與物價水準將分別從 Y_f 及 P_f 提高至 Y_1 及 P_1，但新的均衡不能持久，透過工資及物價的調整，總供給線會逐漸從 AS_1 向左上方移至 AS_2，直至其與總需求線 AD_2 相交於 E_3 為止。此時產出將會回到充分就業水準（即 Y_f），而物價水準則會進一步提高至 P_2，長期總供給線將如同圖 17-4 的 LRAS 線所示，它與橫軸垂直相交於 Y_f，表示長期總供給量固定在充分就業水準，不受財金政策改變的影響。

圖 17-4　非預期財金政策改變對產出及物價水準的影響

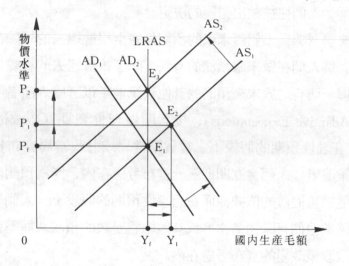

新古典學派不同於凱恩斯學派，後者除了相信工資不具有充分彈性以外，並認為經濟衰退是勞動市場不能實現均衡導致勞動供給量大於勞動需求量的結果，此時所產生的非自願性失業，需要政府採取擴張性的財政政策來加以解決。新古典學派則相信工資具有充分彈性，並且認為當經濟衰退時，因為實質工資低於工人所願意接受的最低工資即保留工資（Reservation Wage），在這一情況下，工人寧可選擇休閒或其他活動以取代從事有酬工作，一旦經濟景氣恢復，工資提高，這些工人又會做出相反的決定，在他們看來，許多觀察到的失業，並不是凱恩斯所謂的

非自願失業，而是因爲現行市場工資低於保留工資，工人自願從事其他
活動，是一種自願性的失業，無須政府操心。

第二節　凱恩斯及新凱恩斯學派

一、傳統凱恩斯所得決定理論模型

　　古典學派的總體經濟理論盛行了一百多年以後，在 1930 年代因爲
在美國發生了一次長達十年的經濟大恐慌，使它的適應性普遍受到懷
疑。根據古典學派的理論，工資、物價及利率均具有充分的彈性，充分
就業是經濟社會的常態，二位數的嚴重失業率是不可能持續長達十年之
久的。首先對古典學派總體經濟理論提出挑戰的是英國經濟學家凱恩
斯，他於 1936 年出版一本名著《就業，利息與貨幣的一般理論》（簡稱
《一般理論》）。在這一本名著中，凱恩斯強調工資與物價具有僵固性，
爲了實現經濟持續及穩定的成長，政府對經濟活動採取政策的干預是必
須的。

　　在第七章我們於討論凱恩斯所得決定理論模型時，曾經指出，該一
簡單模型假定物價水準不變，在這一個假定之下，一個國家的均衡產出
或所得便完全受總支出水準變動的影響。如果我們用總需求及總供給分
析作爲工具，凱恩斯的理論模型可用圖 17－5 來表示。該圖中 AS 是總
供給線，它是一條與縱軸垂直相交於 P_1 的直線，表示價格水準固定在
P_1，產出的改變完全受總需求變動的影響。當總需求增加，總需求線將
從 AD_1 向右上方移至 AD_2，國內生產毛額將因此從 Y_1 增加至 Y_2，而
物價水準則維持不變。

　　圖 17－5 所示總供給線 AS 爲一根與橫軸平行的直線，只是用以突
出傳統凱恩斯學派強調總需求對決定一個國家產出水準所占的關鍵地

圖 17-5　傳統凱恩斯總需求及總供給模型

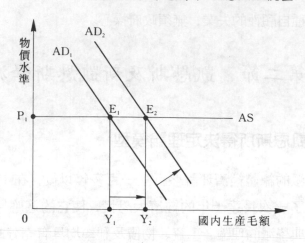

圖 17-6　現代凱恩斯總需求及總供給模型

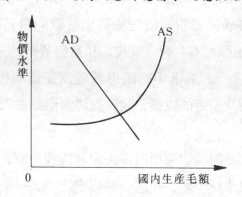

位，目前已沒有經濟學家相信這一點，他們不認為總供給線會永遠是一條水平的直線，在他們心目中的總供給線將如同圖 17-6 的 AS 所示。當國內生產毛額在很低水準的時候，它是水平的，在這一階段，因為社會上有大量的資源閑置，總需求的增加只會引起產出的增加，而不會造成通貨膨脹的壓力，引起物價水準的上漲，它正好反映凱恩斯的想法，即當一個社會有大量失業存在的時候，通貨膨脹不是問題。但隨著產出的增加，生產能量及資源逐漸接近充分就業，總供給線將會變得愈來愈陡峭。

二、失業無法自動消失與政府干預的必要

　　新凱恩斯學派與傳統凱恩斯學派一樣，認為工資與物價具有僵固性，勞動市場經常處於不均衡的狀態。他們不同意古典學派的看法，即當經濟景氣衰退，勞動供給量大於勞動需求量，失業存在的時候，工資會自動下跌，直至勞動市場恢復均衡，充分就業實現為止。在新凱恩斯學派的心目中，當經濟景氣衰退，勞動需求減少時，一般廠商所採取的因應行動往往不是降低工資，而是裁減冗員。他們此舉之目的，是以維持現職員工工資於原有的高水準，藉此保持員工士氣，使生產力不致下降。

　　凱恩斯學派相信，工會的反對或諸如最低工資立法等制度性因素的限制，會使貨幣工資難以向下調整，因此即使遇總合需求不足導致勞動失業，勞動市場仍然無法透過貨幣工資的下跌使失業現象消失。為了提高就業的水準，凱恩斯學派認為政府應採取擴張性的財政政策或貨幣政策，以補民間支用的不足。在另一方面，設遇民間支用增加，造成通貨膨脹壓力的時候，政府則應採取緊縮性的財政政策或貨幣政策，以抵消民間支用的過度膨脹。

　　新凱恩斯學派相信貨幣政策和財政政策透過對總需求的影響，對促進經濟的穩定，都可以發生一定的作用。但早期的凱恩斯學派特別偏愛財政政策，他們認為當景氣衰退情況嚴重時，一個國家的經濟可能已陷入或即將陷入流動性陷阱（Liquidity Trap）❷，此時擴張性貨幣政策，不能有效地降低利率，促使總需求增加，因此對促進經濟復甦的效果可

---

❷　當利率對貨幣供給繼續增加失去反應，即貨幣供給增加到達某一程度以後，繼續增加貨幣供應量不會導致利率水準進一步下跌時，流動性陷阱乃告發生。

能很小。他們並且認爲投資需求的利率彈性不大，即使擴張性的貨幣政策能夠降低利率，但利率的降低不一定能夠導致投資及總需求的大幅提升，因此對提高國民所得及就業的效果不會很大。擴張性的財政政策對總需求的提升則有立竿見影，亦步亦趨的作用，其對提高國民所得及就業所發生的效果，要遠比擴張性的貨幣政策來得強大。

　　此外值得一提的是，早期凱恩斯學派特別強調總需求的波動是造成一個國家經濟波動的主要因素，但新凱恩斯學派卻並不刻意強調經濟波動受總需求的主導，他們承認總供給的變動也可能對一個國家的經濟穩定造成強大的衝擊。這些經濟學家有一個共同的信念，那就是不管一個國家所面臨的經濟波動是來自供給面，抑或是需求面，欲維持一個國家經濟的持續及穩定成長，得依賴政府權衡性的財政及貨幣政策，不能依賴經濟體系內的自動調節機能，這是他們與古典學派最主要不同的一點。

第三節　貨幣學派

一、強調貨幣的重要性

　　自從凱恩斯《一般理論》問世以後，凱恩斯學派的總體經濟理論曾經風行了三、四十年，直至 1970 年代才受到貨幣學派強大的挑戰。其所以受到貨幣學派強大挑戰的主要原因是，緊接著 1970 年代二次石油危機發生，西方國家曾經經歷了前所未有的高物價與高失業同時併存的所謂停滯性通貨膨脹，這一學派的總體經濟理論無法對此一現象提出令人滿意的解釋。根據他們的理論，通貨膨脹與失業二者之間有替換關係的存在，即當物價水準上漲的時候，失業率會下降，反之，當物價水準下跌的時候，失業率會上升。可是這一論點因爲停滯性通貨膨脹的發生

而被完全否定，針對凱恩斯學派忽視貨幣供應量對物價水準的影響，貨幣學派特別以實證研究的結果，指出物價水準長期變動的趨勢，主要決定於貨幣供給額的增長。保持物價水準穩定，必須從妥善控制貨幣供給增長著手。

　　貨幣學派雖然同意貨幣供給量的變化，在短期間不但會影響物價水準等名目變數，也會影響到諸如產出及就業水準等實質變數，但對於透過何種方式，貨幣供給量的變化會影響到實質國內生產毛額，貨幣學派與凱恩斯學派的看法並不相同。後者認為貨幣供給量的增加，首先會引起利率的下降，透過利率的下降，投資支出會增加，從而導致總需求及國民生產水準的向上提升，貨幣供應量的減少則會按照同一步驟產生相反的效果；而前者則認為貨幣供給量的增加，會直接引起消費及投資支出的增加，從而導致總需求及國民生產水準的提高，反之，貨幣供給量的減少，則會直接引起消費及投資支出的下降，從而導致總需求及國民生產水準的衰退。

二、不主張政府干預

　　貨幣學派相信貨幣政策或財政政策的改變對真實產出的影響只是短期的，長期的真實產出必然會與充分就業產出相一致。貨幣供給量改變的長期效果只是引起物價水準的上漲，擴張性的貨幣政策只會造成螺旋式的通貨膨脹，真實產出在短期內容或因此有所增加，但最後會回跌到原有的充分就業水準，而物價水準上升後，則不會回跌到原有的水準。

　　凱恩斯學派相信，一個國家的經濟常常會失去均衡，需要政府採取行動，才能恢復。貨幣學派不同意這一個觀點，他們認為一個國家的經濟會自動趨向在充分就業狀況下達到均衡，他們對自由市場制度具有信心，主張政府儘量少加干預。貨幣學派甚至認為政府的干預政策，特別是貨幣政策，只會使經濟波動變得更加嚴重，對經濟穩定的維持並無裨

益，爲了支持他們這一觀點，貨幣學派喜歡利用實際資料來證明貨幣供應量的成長確實與景氣波動有密切的關係。從實證研究結果，他們發現經濟景氣的上升與物價水準的提高，往往伴隨貨幣供應量增長相對快速而來，而經濟景氣的衰退則往往是緊接貨幣供應增長速度減緩之後。

以美國爲例，從 1960 年至 1991 年，以消費者物價指數所表示的通貨膨脹往往在貨幣供應量增長速度改變後一或二年呈現同一方向改變，即每當貨幣供應增長速度提高一或二年以後，消費者物價指數便有上升的跡象；反之，每當貨幣供應增長速度降低一或二年以後，消費者物價指數便有下跌的跡象。隨著貨幣供應增長速度的提高或下降，約在一年以後，國內生產毛額的增長速度也會有相應提高或下降的跡象。雖然如此，貨幣供應量的增減與通貨膨脹及國內生產毛額彼此間的相關程度，卻不是經常一樣，有時它們表現得比較密切，有時它們卻表現得並不怎麼密切。因此正確預測貨幣政策改變對產出及物價水準的影響相當困難，除了貨幣供應量以外，尚有許多其他因素會影響產出和物價水準（見圖 17－7 及 17－8）。

貨幣學派相信任何旨在降低失業及通貨膨脹的權衡性財政政策或貨幣政策，實際上往往會弄巧成拙，弊多於利。原因是這些政策的制訂、執行及至發生效果須要花費很長的時間❸，在這一段期間內，很多新的情況可能發生，事過境遷，本來是一個好的政策，在經過一段時間效果開始發生的時候，可能變成一個壞的政策。譬如中央銀行現在更改通貨供應增長速度，它的效果並不是立竿見影的，根據以往的經驗，貨幣政策的改變可能需要經過二年長的時間才能對產出的改變發生作用，二年後所面對的問題與目前所面對的問題，可能會有很大的不同。針對二年前問題所採取的對策，待二年後效果發生時，問題本質已變，自然很可

---

❸　參閱第十一章第六節。

能弄巧反拙，徒然加深問題的嚴重性。

　　鑒於財政政策或貨幣政策的改變，從擬議，下定決心付諸行動到實

圖 17-7　美國貨幣供應量及物價成長率

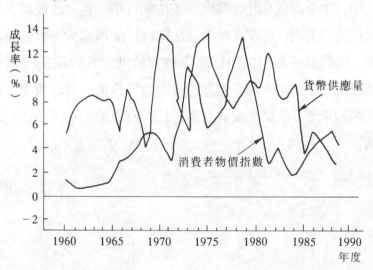

圖 17-8　美國貨幣供應量與真實國內生產毛額成長率

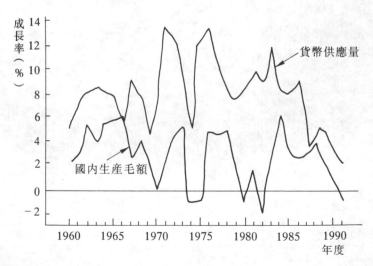

資料來源：*Economic Report of the President*, 1992, Washington, D. C.：U. S.
Government Printing Office, 1992.

際發生影響費時很長，效果很難預料，貨幣學派不贊成貨幣供應量或政府支出及稅課收入，完全由中央銀行或財政當局來決定，他們主張建立一套法則，中央銀行及財政當局應按法則行事。在財政政策方面，他們認為除遇特殊情況，財政當局應設法維持年度預算的平衡，而在貨幣政策方面，他們則認為中央銀行應保持貨幣供應量的成長在某一範圍以內。按照這些法則，政府不能恣意改變貨幣政策或財政政策，他們相信在法則的約束下，政策比較具有穩定性，對經濟的持續和穩定成長會更有幫助。

摘　要

1. 總體經濟理論有三個不同的派別：一是古典及新古典學派，二是凱恩斯及新凱恩斯學派，三是貨幣學派。

2. 古典學派相信工資，物價及利率可以上下自由移動，具有充分的彈性，充分就業是經濟社會的常態，眞實產出由總供給決定，物價水準則受總需求的影響，他們並相信供給可以創造需求，支用不足或有效需求不足的問題永遠不會發生。

3. 新古典學派與古典學派一樣，認爲工資及物價具有充分彈性，但他們不認爲人們對每一件正在發生的事情都有警覺，事實常與預料中的相反。古典學派認爲人們對未來的預測係完全根據過去的經驗，而新古典學派則認爲人們在做未來預測的時候，除了根據過去的經驗以外，也會儘量利用現有其他有助於未來預測的各種資料，並予以考慮。他們相信一切的預期都是理性的，因此又常被人稱爲理性預期學派。新古典學派並認爲一切預料中的財金政策改變，不會影響一個國家的產出或所得水準。

4. 傳統的凱恩斯學派與新凱恩斯學派均認爲工資與物價具有僵固性，勞動市場會經常處於不均衡的狀態。他們不同於古典學派，主張遇經濟景氣衰退，失業率太高或景氣過熱，物價迅速上漲的時候，政府應該加以干預。

5. 早期的凱恩斯學派假定價格水準不變，總供給線是一條水平直線，強調總需求的改變對一個國家的產出和就業水準之決定具有關鍵的地位。而新凱恩斯學派則不認爲總供給線會永遠是一條水平直線，在他們心目中，當產出很低，有大量閒置資源存在的時候，總供給線可能是水平的，但當產出達到某一水準以後，隨著

生產擴充，閒置資源減少，總供給線將會從左下角向右上角延
伸，成爲一根具有正斜率的曲線，愈接近充分就業，它的斜率愈
大。

6.貨幣學派強調貨幣供應量的增減，在短期間對決定均衡產出及物
　價水準具有舉足輕重的影響，但在長期間，貨幣供應量的增減只
　會影響物價水準，而不會影響產出水準，他們反對政府對市場的
　干預，主張建立貨幣及財政法則，政府按法則行事，政府恣意改
　變貨幣政策或財政政策，只有增加經濟波動的嚴重性，而無助於
　經濟穩定的保持。

問題討論

1. 古典學派爲什麼會相信供給可以創造需求，支用不足或有效需求不足的問題永遠不會發生？您同意這個見解嗎？理由何在？

2. 您是否同意古典學派關於充分就業是一個經濟社會常態的看法？理由在那裏？

3. 何謂「理性預期」？它與「適應性預期」有什麼分別？您能否舉例加以說明？

4. 爲什麼早期凱恩斯學派會認爲總供給線是一條水平直線？您覺得這有可能否？

5. 古典學派和新古典學派在那些問題上他們有不同的看法？

6. 傳統凱恩斯學派和新凱恩斯學派有那些論點，他們看法不完全一致？

7. 關於運用權衡性的財政政策或貨幣政策，以影響一個國家的產出及就業水準，三個不同派別的看法是否有相同之處？

8. 古典學派風行了一百多年，爲什麼到了 1930 年代它的總體經濟理論會受到社會大衆的懷疑？

9. 凱恩斯所提倡的權衡性財政政策在 1950 年代和 1960 年代曾經爲許多西方國家所採用，其對穩定各該國家的經濟曾經發生相當良好的效果，爲什麼到了 1970 年代，他這一建議受到了強大的挑戰？

10. 貨幣學派不認爲貨幣供應量的改變或政府稅收及支出的改變應該讓貨幣當局或財政當局去決定，其所根據的理由何在？您同意他們的看法嗎？

11. 何謂貨幣法則及財政法則？

第十八章　經濟成長

第一節　經濟成長的意義

　　經濟成長（Economic Growth）的最終目的，是要提高人民的生活水準，也就是要改善人民的生活。一個國家的人民生活是否改善，通常可以從他們每人的平均實質所得是否提高反映出來。所謂實質所得就是貨幣所得對財貨及勞務的購買力，它是把物價變動因素剔除後的貨幣所得，或用物價指數去平減後的貨幣所得。一個人的實質所得提高，表示他對財貨及勞務的購買力增加。在這種情形下，通常他的生活應該獲得改善。因此，經濟成長的第一要義就是實質國民總生產或總所得的增加，而且這種增加要大於人口的增加，這樣每人的平均實質所得才能增加；否則，實質國民總生產或總所得雖然增加，人口如果增加得更快，或作同比例的增加，結果每人平均實質所得並沒有增加，甚至減少。在這種情形之下，國民的平均購買力無法提高，便很難認為他們的生活獲得改善。

　　在另一方面，因為每人平均所得等於總所得除以人口數量，總所得雖然沒有增加，若人口數量減少，每人平均所得亦可能增加。這種由於人口數量減少所引起的每人平均所得的增加，實在不應該認為是經濟成長。經濟成長必須總所得及每人平均所得同時增加，要達到這個目的，總生產的增加，必須大於人口的增加。

　　計算國民總所得及每人平均所得，需要農工各部門的生產資料及人口資料，即使在高度進步的國家，這些資料也不會非常完整，多少會有些殘缺或未盡精確之處。根據這些資料所計算出來的國民總所得及每人平均所得，往往會有一些統計上的誤差，不同期間國民總所得及每人平均所得的小幅度增加，很可能是由於統計誤差所引起，並不足以表示全體國民平均購買力的提高。因此，經濟成長的第二個要義是國民總所得及每人平均所得均有相當幅度的增加，國民總所得及每人平均所得小幅度的增加不能眞正代表經濟成長。

　　經濟成長著重於長期而不是短期。在短期間一個國家的國民生產受許多偶發因素的影響，氣候的變化便是其中一例。開發中國家的國民生產受氣候變化的影響更大，在這些國家，農業是她們的經濟支柱，氣候的好壞對農業生產影響很大。茲設某一個農業國家在 1992 年國民生產毛額是 100 億元，這個數目在 1993 年增至 110 億元，一年內財貨與勞務生產增加了 10％，經濟成長的速度可以說很快。可是，這種快速的經濟成長可能純粹是天公作美，風調雨順的關係。另外一個農業國家去年的國民生產毛額是 100 億元，今年降至 90 億元，一年內經濟成長的速度是 -10％，這種負的經濟成長，也可能是自然災害所造成。兩者都是一種偶發的現象，短期間國民生產的上升或下降，不能作爲測定經濟成長的標準。

　　除了自然因素以外，還有許多偶發的因素，對國民生產都會發生影響。例如，主要出口商品的國際價格，因爲暫時的供需失調，或受國際政治的影響，在短期間可能發生大幅度的波動，這些物品大幅度的上漲或下跌，對一個國家的國民總所得和每人平均所得可能都會發生很大的影響。經濟成長所關心的是國民總所得及每人平均所得在長期間的持續及穩定成長，短暫的和偶發的所得變動，只是一種機遇，不能表示一個國家在經濟上眞正的成就或失敗。

個人或社會在某一段期間生產或所得的增加，也可能是因為資本及勞動使用量增加的結果。資本及勞動是主要的生產要素，這兩個要素的使用量增加，生產跟著增加，這是很順理成章的事，沒有什麼值得讚歎的地方。經濟成長所追求的應該是以同樣的資本及勞動用量，生產更多的財貨及勞務，或生產同樣的財貨及勞務，資本及勞動的需要量減少，也就是資本及勞動生產效率的普遍提高。

在 1950 年代和 1960 年代初期，經濟學家對經濟成長的研究，重點是放在提高國民總生產上。他們認為，經濟成長的主要目的是使整個國家財貨及勞務生產增加以及個人平均所得提高，這個觀念到了 1960 年代後期開始慢慢改變。經濟學家們逐漸體會到，有些國家整個生產以及每人平均所得雖然年年在增加，可是增加的生產絕大部分歸少數人所有，廣大的貧苦大眾並沒有得到什麼好處，所得的分配不但沒有得到改善，反而有錢的人更有錢了，窮的人更加窮了，生活在貧窮線以下的人數占總人口的比例不但沒有減少反而增加，這種現象實在不能認為是一種真正的進步。自此以後，人們開始也注意所得的分配和貧窮的消滅，目前改善所得的分配及消滅貧窮已經成為每一個國家經濟政策所追求的主要目標之一。此外，維持高度的就業水準近年來也成為各國經濟政策所追求的另外一個主要目標。換句話說，發展一個國家經濟，目的不僅是增加生產，同時要改善所得分配消滅貧窮和增加就業的機會，這數個目標必須同時兼顧，不宜有所偏廢。

第二節　經濟成長的指標

衡量一個國家經濟成長的程度與快慢，有很多方法，經常用的指標，有以下幾種。

一、每人平均所得

在貨幣經濟時代，一個人生活水準的高低，是以所得的多少來決定。假定某一個國家在過去五年內，每人平均實質所得增加 20%，另外一個國家每人平均實質所得增加 10%，前一個國家每人的生活水準自然提高得比較快，他們的經濟成長就被認爲相對迅速，這是很自然的事。每人平均所得可用貨幣所得和實質所得來表示。假設一個國家，去年每人平均貨幣所得是 5,000 元，今年是 5,500 元，用貨幣表示的每人平均所得增長了 10%，實質所得是不是也增長 10% 呢？這便要看物價水準是否提高及提高多少來決定。如果去年平均物價爲 100，今年平均物價爲 110，去年用 100 元能夠買到的東西，今年要花 110 元才能買到，通貨膨脹率恰巧也是 10%。這樣，貨幣所得的增加便剛好被通貨膨脹所抵銷，實質所得並沒有變動。社會大眾購買力和從前一樣，人民生活水準實際上並沒有獲得改善。

貨幣所得又稱名目所得（Nominal Income），是用當期價格計算出來的，實質所得則是用基期價格計算出來的，它排除了通貨膨脹的因素，因此更能反映國民生活水準的變化。將名目所得除以物價指數，便可以求出實質所得。用每人平均實質所得作爲經濟成長的指標，由於簡單明瞭，容易計算，所以最受歡迎。它的缺點是沒有考慮到所得的分配，不能反映出大多數人的生活水準是否可因此獲得改善。茲設某一個國家，按照所得的多寡將全部家庭分成五組，每組家庭的平均所得在某一段期間的成長率如表 18－1 所示。

根據上表資料，按加權平均計算，這個國家每一家庭平均所得的成長率是 10.75%（55%×15%＋25%×10%＋12%×0%＋5%×0%＋3%×0%）。這一成長率從表面看來，是很值得高興的。但仔細分析一下，我們便會發覺，10.75% 的成長率主要是高所得家庭的所得大幅度增加

表 18-1　家庭平均所得

	第一組 最高所得	第二組 次高所得	第三組 中間所得	第四組 次低所得	第五組 最低所得
占總戶數的比重	20%	20%	20%	20%	20%
占總所得的比重	55%	25%	12%	5%	3%
所得增加率	15%	10%	0%	0%	0%

的結果，中低所得家庭的所得實際並沒有增加。高所得家庭因爲所得的配分大，在計算平均所得時，它們的權數比較大，因此它們所得的變化，對平均所得的計算具有關鍵性的影響。是故，光是看每人或每一家庭平均所得的增長率，往往容易使人產生一種錯覺，像以上所舉的例子，以爲每一家庭所得都提高了 10.75%，事實上卻不是這麼一回事。

二、文盲率

文盲人數占全國總人口的比例，是另外一個經濟成長的指標。經濟高度成長的國家，文盲率都比較低；經濟低度成長的國家，文盲率都比較高。

三、每人每天平均蛋白質的消費量

高度成長的國家每人每天蛋白質的消費量較之低度成長的國家，通常高出一倍。在那些高度成長的國家，農民種植玉米、小麥等澱粉作物，主要是用來飼養牲畜，而在低度成長的國家，農民種植這些作物，卻是直接用來充饑。對土地資源的消耗來說，蛋白質食物要比澱粉質食物昂貴得多了，只有經濟成長到了某一程度，才有能力逐漸用蛋白質豐富的食物以取代澱粉質豐富的食物。

四、每千人所擁有的醫生人數或病床數

　　每一千人擁有的醫生人數或病床數，可以反映一個國家的保健及醫藥水準。醫藥保健水準愈高，表示經濟愈發達，愈進步。經濟不發達的國家，溫飽都成了問題，醫藥保健自然沒有辦法去講究。

五、平均壽命

　　經濟發達國家的平均壽命一般比較長，經濟不發達國家的平均壽命一般比較短，後者平均壽命短的主要原因是嬰兒死亡率太高。由於醫藥技術的進步和國際機構的協助，經濟不發達國家的平均壽命正在迅速提高之中。

六、每平方公里的土地擁有鐵路或公路的里數

　　這個指標反映一個國家在交通方面發展的情況，交通發展往往是工商業發展的先決條件，同時也是工商業發展的結果，它們是相輔相成的。

七、每人每年平均能源消耗量

　　經濟發達國家與經濟不發達國家每人每年平均能源消耗量大概是十六與一之比，經濟發達國家不但因為工業比較發達，需要用較多的能源，而且因為人民比較富有，家庭日常生活所耗用的能源也是落後國家所望塵莫及的。

　　以上每個指標各有特殊的意義，它們的共同缺點是，只就某一角度來測定經濟成長的程度或速度，不免有所偏頗。針對這個缺點，很多經濟學家主張採用一種綜合指標。在計算這一綜合指標時，每一個國家可以根據自己的價值判斷，分別給予個別指標不同權數。認為重要的，可

以給予較大的權數；不重要的，給予較小的權數。像老師評定學生的學期成績一樣，可以按照學期中每次考試的重要性，加權計算。假定一個學期給學生三次考試，某一學生的成績是平時考試 70 分，期中考試 80 分，期末考試 90 分，非加權的平均成績是 80 分 $\left(\dfrac{70+80+90}{3}\right)$。這種計算方法，如果三次考試的範圍及難易沒有很大的差別，倒是很合理的。但事實上，期末考試包括的範圍往往最廣，期中考試次之，平時考試又次之，每一次考試的難易既然不同，權數便應有些差別。在這種情況下，加權平均的計算法是比較合理的，採用這種方法我們可以按照每次考試範圍不同給予不同的權數。茲設平時、期中及期末考試的權數分別定為 20％、30％及 50％，該生的加權平均成績應該是 83 分（20％×70＋30％×80＋50％×90），而不是 80 分。綜合指數的編制需要較多的資料，計算上也比較繁複，但比較切合實際。

第三節　古典學派的經濟成長理論

古典學派的主要代表是亞當斯密（Adam Smith）、李嘉圖（David Ricardo）和馬爾薩斯（Thomas Robert Malthus），他們的經濟成長理論，大同小異，特一併介紹。

一、亞當斯密

亞當斯密（Adam Smith）在美國獨立那一年（1776 年）寫了一本《國富論》，這是最早的一本經濟學。自從這本書出版以後，經濟學正式成為一門學科，後人稱亞當斯密為經濟學之父。

亞當斯密認為一個國家要發展經濟，最重要的一點就是要使個人的自利心能充分的發揮。讓每一個人為了本身的利益去自由競爭，在這一

個原則之下，每一位生產者為了擴大自己產品的銷路，提高自己產品的市場占有率，必然會不斷設法去改善產品的品質，降低生產成本。因為只有如此，在與別人競爭時，才能站在有利的地位，使產品的銷路擴大，從而獲得更高的利潤。只要大家朝著這個方向去做，社會大眾就能獲得更多及更好的產品，一個國家的經濟便可以發展起來。

亞當斯密反對政府對經濟活動的干預。他注重市場機能，認為市場機能就像交通要道上的紅綠燈一樣，可以把消費者的願望通過價格的變化，迅速傳遞給生產者。譬如，價格的上漲，乃表示需求增加或供給不足；價格的下跌，則表示需求減少或供給過剩，生產者可以根據這個訊號去調整他的生產。政府對市場的干預，會破壞市場的機能，導致資源的浪費和利用效率的降低，對經濟成長是不利的。他認為政府的功能應該限於下列三項：

1.建立適當的國防力量，以防禦外來侵略，保護國家的安全。

2.建立制度和法律，使社會有一個公平競爭的環境，每一個人都可以自由自在的發展。

3.提供必要的公共設施，以利生產活動的進行。在亞當斯密的心目中，管得越少的政府，便是越好的政府。

亞當斯密認為，經濟成長主要靠提高生產效率，而生產效率的提高，一方面靠勞動分工，一方面靠生產專業化。促進勞動分工和生產專業化的兩個主要途徑是：

1.資本累積

有了資本累積，才能製造各種不同機器，為勞動分工創造條件。

2.擴大市場

市場擴大後，才能大量生產，只有大量生產，勞動分工和生產專業化才有利可圖。

亞當斯密認為經濟成長最後會受自然資源的限制。原因是自然資源

——特別是土地面積是固定不變的，在固定的土地面積上，不斷增加資本和勞力的使用會產生報酬遞減的現象。譬如，在種植水稻的一畝土地上，繼續施用肥料，水稻的產量會繼續不斷增加，但會呈遞減式的增加，即每增加一個單位肥料所引起產量的增加會愈來愈少。待肥料用量到達某一水準後，繼續增加肥料的使用，可能不但不會提高水稻的產量，反而會使水稻的產量降低，此情形正如圖 18-1 所示。當肥料用量到達 8 個單位後，繼續增加肥料的使用到 9 個單位，水稻產量不但不會增加，反而會從 1,000 個單位減低到 950 個單位。由於自然資源有限，勞動及資本的邊際報酬會不斷遞減，結果是利潤會不斷下降，資本累積將會逐漸緩慢下來，乃至停止。一但資本停止累積，經濟發展就會趨於停滯的狀態。

圖 18-1　生產報酬遞減

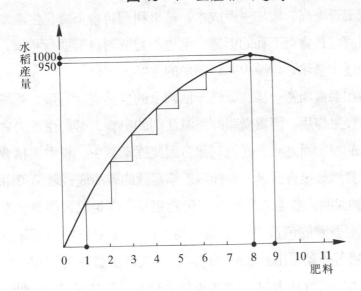

二、李嘉圖

李嘉圖（David Ricardo）認為一個國家經濟成長的快慢，決定於經

濟剩餘（Economic Surplus）的多寡。經濟剩餘多，用到再生產的資源便比較多，生產擴充便比較來得快，經濟成長會相對迅速。經濟剩餘是最終產品的價值扣除最低工資給付後的差額，最終產品是消費者最後直接消費的產品。茲設最終產品的價值是 1,000 元，生產最終產品需要 10 位工人，維持這 10 位工人的最低生活費用──也就是最低工資給付，假定為 600 元，1,000 元減去 600 元所剩下的 400 元，便是經濟剩餘。此一經濟剩餘歸資本家所有，資本家通常會利用這些剩餘去購買更多的機器設備和雇用更多的勞工，生產於是會不斷擴大。

李嘉圖主張自由貿易，他認為自由貿易有利於市場擴大，可以促進勞動分工和生產的專業化，因此對經濟成長有所幫助。在李嘉圖的心目中，所有政府的活動都是消費性的活動，他並且認為奢侈品的消費對生產沒有幫助，政府如果要課稅，應該對奢侈品課稅。對日常生活必需品課稅，會使工資提高，增加生產成本，結果利潤將會下降，生產剩餘會減少，對經濟成長會有不利的影響。他也不贊成對貧窮進行救濟，認為卹貧法應該逐步廢除，以減少人口繁殖的速度。

李嘉圖和亞當斯密一樣，認為一個國家的自然資源有限，報酬遞減法則遲早會發生作用。因為受報酬遞減法則的影響，勞動生產力會隨著勞動雇用量的增加而遞減，經濟剩餘會因此逐漸減少，資本累積會慢慢減緩，經濟發展最後會到達一個極限。李嘉圖的經濟成長理論可用圖 18－2 加以歸納說明，該圖的橫軸代表勞動用量，縱軸代表產量，在假定自然資源固定不變的情況下，勞動平均生產力（APP）和邊際生產力（MPP）會隨著勞動雇用量增加而遞減。若最低工資率為 OW，當勞動雇用量為 OM 時，$OWKM$ 將代表維持勞動人口及其家屬的最低工資給付，$BCDA$ 代表地租，$WBAK$ 就是李氏的所謂歸資本家所有的經濟剩餘。這些經濟剩餘部分將會被資本家用作資本形成，生產能量將因此擴大，人口及勞動雇用量會隨著增加。待勞動雇用量到達 ON 時，勞動邊

際生產等於最低工資率，經濟剩餘消失，資本停止累積，經濟發展於是到了極限。

圖 18-2　李嘉圖經濟成長模型

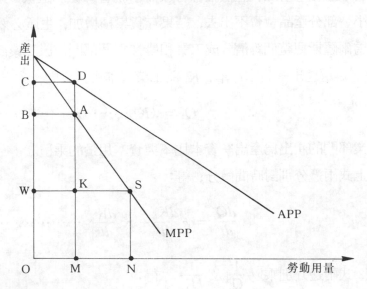

三、馬爾薩斯

　　馬爾薩斯（Thomas R. Malthus）把經濟成長當作是糧食生產與人口繁殖的競賽。他認為人口是按幾何級數增長，而糧食是按算術級數增長，糧食的增加最後會趕不上人口的增加。這時候有兩種解決的途徑：一種是自行節制人口的增長，即人類自動採取晚婚、節育等辦法來控制人口的增加；一種是自然限制，即讓天災、人禍及戰爭等促使人口大量死亡，間接達到限制人口繁殖的目的。馬爾薩斯認為人口增加，有效需求如果不配合增加，對經濟發展將沒有貢獻。原因：

　　1.人口增加，有效需求如果不增加，社會的購買力不會提高，市場無法擴大，因此，對促進勞動分工、生產專業化沒有幫助。

　　2.勞動需求是資本形成的函數。一個社會對勞動的需求量，決定於資本累積的快慢，人口增加太快，所得若是不能配合增加，資本形成將

會受到阻礙，結果就業機會將會減少，造成普遍的失業。

　　馬爾薩斯認為儲蓄應與投資配合，儲蓄增加會使消費減少，此時如果投資不能相應增加，整個社會有效需求就會降低。這樣一來，市場將會縮小，部分產品會賣不出去，結果存貨累積增加，生產必然會萎縮。

　　馬爾薩斯把整個經濟分成工業和農業兩個部門。設工業部門的產出為 Q_i，k 為產出—資本比率，K_i 為工業資本用量，則

$$Q_i = kK_i \quad\cdots\cdots\cdots\cdots\cdots\cdots\cdots\cdots\cdots\cdots\cdots \text{(1)}$$

即工業部門的產出為產出—資本比率與資本用量的乘積。

　　上式兩邊分別對時間微分，得：

$$\frac{dQ_i}{dt} = k\frac{dK_i}{dt} + K_i\frac{dK}{dt} \quad\cdots\cdots\cdots\cdots\cdots\cdots \text{(2)}$$

　　(2)式兩邊分別乘以 $\dfrac{1}{Q_i}$ 及 $\dfrac{1}{kK_i}$，得：

$$\frac{1}{Q_i}\frac{dQ_i}{dt} = \frac{1}{kK_i} k\frac{dK_i}{dt} + \frac{1}{kK_i} K_i\frac{dk}{dt} \quad\cdots\cdots\cdots\cdots \text{(3)}$$

　　(3)式可以簡寫為：

$$\dot{Q}_i = \dot{K} + \dot{k} \quad\cdots\cdots\cdots\cdots\cdots\cdots\cdots\cdots \text{(4)}$$

　　(4)式中的 $\dot{Q}_i$ 為工業產出年增率，$\dot{K}$ 為工業資本年增率，$\dot{k}$ 為產出—資本比率年增率。在產出—資本比率固定不變的情況下，根據(4)式，工業部門產出每年成長率將決定於資本形成率——即資本增加的速度。

　　關於農業部門產出的增加，馬爾薩斯認為主要是受耕地和勞動用量的影響，即農業部門的產出為耕地及勞動用量的函數。用數學式來表示為：

$$Q_a = f(L_a, C_a) \quad\cdots\cdots\cdots\cdots\cdots\cdots\cdots\cdots \text{(5)}$$

Q_a 代表農業部門的產出，L_a 代表農業勞動用量，C_a 代表農業耕地用量。

(5)式兩邊分別對時間微分，得：

$$\frac{dQ_a}{dt} = \frac{\partial f}{\partial L_a}\frac{dL_a}{dt} + \frac{\partial f}{\partial C_a}\frac{dC_a}{dt}$$

$$\Delta Q_a = MPP_{La}\Delta L_a + MPP_{ca}\Delta C_a \cdots\cdots\cdots\cdots (6)$$

(6)式中的 ΔQ_a 代表農業部門產出的增加，MPP_{La} 及 MPP_{ca} 分別代表農業勞動及耕地的邊際生產力，ΔL_a 及 ΔC_a 分別代表農業勞動及耕地的增加。

當經濟發展到了某一程度，可用耕地都已開發，耕地面積不可能再增加，此時農業部門的成長便只有靠勞動邊際生產力的提高和勞動用量的增加。因為報酬遞減法則的作用，伴隨勞動用量的增加，往往是勞動邊際生產力的下降。防止這種局面的出現，只有靠技術進步，因此農業部門成長的快慢，主要取決於技術進步是否能有效延緩報酬遞減法則的發生作用。

第四節　哈羅德和多瑪的經濟成長理論

哈羅德（Roy F. Harrod）和多瑪（Evsey D. Domar）的經濟成長理論[1]，曾經風行一時，備受各國的重視。因為他們的理論非常相似，所以一併加以討論。

---

[1] 參閱(1)Roy F. Harrod, "An Essay in Dynamic Theory", *Economic Journal*, March 1939. (2) R. F. Harrod, *Toward a Dynamic Economics*, London: Macmillian, 1948. (3)Evsey D. Domar, "Expansion and Employment", *American Economic Review*, March 1947.

一、哈羅德的成長模式

哈氏的成長模式，可從以下五個數學式推演出來：

$$C_t = aY_t \quad\cdots\cdots\cdots\cdots\cdots\cdots\cdots\cdots\cdots\cdots \quad (1)$$

C_t 代表 t 期的消費，a 代表邊際消費傾向，Y_t 代表 t 期的所得。

$$I_t = b\,(Y_t - Y_{t-1}) \quad\cdots\cdots\cdots\cdots\cdots\cdots\cdots \quad (2)$$

I_t 代表 t 期的投資，b 代表資本──產出比率，$Y_t - Y_{t-1}$ 代表前後期產出或所得的變化。

$$\frac{Y_t}{Y_{t-1}} = \frac{Y_{t-1}}{Y_{t-2}} \frac{S_{t-1}}{Y_{t-1}} \quad\cdots\cdots\cdots\cdots\cdots\cdots\cdots \quad (3)$$

S_{t-1} 代表（$t-1$）期的銷售量。(3)式指出，上一期的銷售量如果等於上一期的產出，則這一期的經濟成長速度與上一期的經濟成長速度相同。

$$S_t = C_t + I_t \quad\cdots\cdots\cdots\cdots\cdots\cdots\cdots\cdots \quad (4)$$

$$Y_t = S_t \quad\cdots\cdots\cdots\cdots\cdots\cdots\cdots\cdots\cdots \quad (5)$$

(5)式表示經濟達於均衡的情況。在均衡的時候，總產出等於總銷售，亦即總供給等於總需求。根據上述五個方程式，我們可以逐步導出：

$$\frac{Y_t - Y_{t-1}}{Y_t} = \frac{1-a}{b} = \frac{s}{b} \quad\cdots\cdots\cdots\cdots\cdots \quad (6)$$

(6)式中的 $\dfrac{Y_t - Y_{t-1}}{Y_t}$ 代表經濟成長率，s 是邊際儲蓄傾向──即儲蓄增量與所得增量之比，b 是資本─產出比率。從(6)式中可以看出，在

哈氏心目中，經濟成長率受兩個因素的影響：一是儲蓄率，一是資本生產效率（即資本—產出比率的倒數）。欲使經濟成長快，就得提高儲蓄率和資本生產效率。

二、多瑪的成長模式

在哈羅德發表他著名的經濟成長理論的幾乎同一時間，另外一位經濟學家多瑪，也提出了類似的理論。多瑪認為，投資一方面可以擴大生產能量，一方面可以提高有效需求，它同時扮演兩個不同的角色。欲使經濟能穩定發展，必須使投資所引起的供給增加和需求增加保持相等。茲以 I 代表投資，σ 代表資本生產效率（即產出與資本比率），投資所引起生產能量的增加等於 $I\sigma$。換句話說，如果投資所增加的機器設備能夠被充分的使用，一個國家的總生產可以增加 $I\sigma$。總生產的增加就是總所得的增加，如果以 a 代表邊際儲蓄傾向，$(1-a)$ 便是邊際消費傾向，當總所得增加 $I\sigma$ 時，總消費將會增加 $(1-a)I\sigma$。邊際消費傾向若是等於 0.8，表示所得每增加 1 元，其中 0.8 元會用於消費，沒有用於消費的所得——即 0.2 元，便成為儲蓄。這個儲蓄必須用來增加投資，否則有些產品將會賣不出去，產生滯銷的情形，經濟便不能實現均衡。為了保持經濟的均衡，儲蓄的增加必須經常等於投資的增加，用數學式表示便是：

$$I\sigma - (1-a)I\sigma = \Delta I \text{，即 } aI\sigma = \Delta I$$

$$\text{或} \quad \frac{\Delta I}{I} = a\sigma$$

上式指出，如果投資能按照 $a\sigma$ 的速度成長，供需便能經常保持平衡，不會有生產過剩或不足之虞。在這個情況下，經濟便能穩定發展下去。

因為產出與資本間存有一種固定的關係，這種固定的關係，可用 σ $=\dfrac{\Delta Y}{\Delta K}$ 來表示，式中的 σ 是一個常數，ΔY 代表所得的增量，ΔK 代表資本的增量，它是投資所引起，即 $\Delta K = I$，因此上式可以改寫為：

$$\sigma = \frac{\Delta Y}{I} \ \text{或} \ \Delta Y = I\sigma$$

若將上式的兩邊分別乘以 $\dfrac{1}{Y}$，可以得出：

$$\frac{\Delta Y}{Y} = \frac{I\sigma}{Y}$$

在均衡的時候，投資等於儲蓄（S），即 $I = S$，因此 $\dfrac{\Delta Y}{Y} = \dfrac{S}{Y}\sigma = s\sigma$。多瑪與哈羅德得出同樣的結論，即經濟成長率決定於儲蓄率和產出資本的比率，若是產出資本比率固定不變，經濟成長速度便完全取決於儲蓄率。

根據哈—多二氏的理論，一個國家要發展經濟，便要提高儲蓄，加速資本形成。第二次世界大戰結束初期，美國對西方盟國實施所謂馬歇爾計畫（Marshall Plan），給她們經濟援助，提供她們生產資金。西歐國家在美國大量經濟援助之下，經濟的確很快復興起來了，哈—多二氏的成長模式，給予這一事實很好的解釋。因此，在 1950 年代，他們的理論曾經引起各國普遍的重視，對各國經濟發展政策的擬訂產生了深遠的影響。

第五節　新古典學派的經濟成長理論

自 1950 年代中期，經濟成長理論的研究又有了新的發展，以梭羅（R. M. Solow）及史旺（T. W. Swan）等為首的經濟學家另外創造了

一種所謂新古典成長理論（Neoclassical Growth Theory）❷。他們的主要假設是：

1.產出與資本的比率不是固定不變，技術進步可以引起它們的變化。

2.勞動和資本可以相互取代。

3.如果工資和物價有伸縮性，失業將是暫時現象，充分就業遲早可以恢復。

4.生產要素的價格決定於邊際生產力，資本家對勞動的需求決定於勞動的邊際生產力和實質工資。

5.生產函數是固定規模報酬，即當資本、勞動各增加一倍時，產出也會增加一倍。

新古典學派認為，一個國家產出（Y）的成長，取決於資本（K）、勞力（L）用量的增加及技術進步的速度（A）。用函數式來表示，生產函數可以寫成：$Y = F（K，L，A）$。在假設沒有技術進步及規模報酬不變的情況下，生產函數可以柯布—道格拉斯生產函數（Cobb-Douglas Production Function）表示如下：

$$Y = K^b L^{1-b} \quad \cdots\cdots\cdots\cdots\cdots\cdots\cdots\cdots\cdots (1)$$

b 為資本產出彈性（Output Elasticity of Capital）係數，$（1-b）$ 為勞動產出彈性係數，若 $b = 0.6$，資本用量每增加 1%，產出將會增加 0.6%；勞動用量每增加 1%，產出將會增加 0.4%（$1-0.6$）。將生產函

---

❷ 參閱 R. M. Solow, "A Contribution to the Theory of Economic Growth", *Quarterly Journal of Economics*, Feb. 1956, pp. 65~94; "Technical Change and the Aggregate Production Function", *Review of Economics and Statistics*, Aug. 1957, pp. 312~320; T. W. Swan, "Economic Growth and Capital Accumulation", *Economic Record*, Nov. 1956, pp. 334~361.

數兩邊對時間（t）微分，並加以整理後，我們可以得出：

$$\frac{dY}{dt} = b\,\frac{Y}{K}\frac{dK}{dt} + (1-b)\frac{Y}{L}\frac{dL}{dt}$$

上式兩邊分別乘以 $\frac{1}{Y}$ ，得：

$$\frac{dY}{dt}\frac{1}{Y} = b\,\frac{1}{Y}\frac{Y}{K}\frac{dK}{dt} + (1-b)\frac{Y}{L}\frac{1}{Y}\frac{dL}{dt}\quad 即$$

$$\dot{Y} = b\dot{K} + (1-b)\dot{L} \cdots\cdots\cdots\cdots\cdots\cdots\cdots\cdots (2)$$

「 ˙ 」代表成長率。在均衡狀況下：

$\Delta K = I = S = \dfrac{S}{Y}Y = sY$ ，s 是儲蓄對所得的比率，簡稱儲蓄率，此時(2)式可以改寫為：

$$\dot{Y} = b\,\frac{sY}{K} + (1-b)\dot{L} = bs\sigma + (1-b)\dot{L} \cdots\cdots\cdots\cdots (3)$$

(3)式中的 σ 代表 $\dfrac{Y}{K}$ ，是產出與資本的比率。當 $b=1$ 時， $\dfrac{\Delta Y}{Y} = Sa$ 新古典學派的成長模式與哈一多二氏的成長模式一樣，但若 b 不等於一，兩者便不一致。b 等於一表示勞動用量的增加對產出不發生任何的影響，這是不大可能的事。

新古典學派認為，在技術水準不變的假設下，產出的增加是資本及勞動用量增加的結果，用代數式表示便是：

$$\Delta Y = MPP_K \cdot \Delta K + MPP_L \cdot \Delta L \cdots\cdots\cdots\cdots\cdots (4)$$

MPP_K 和 MPP_L 分別代表資本及勞動的邊際生產力，ΔY、ΔK 及 ΔL 則分別代表產出、資本及勞動的增加數量。(4)式等號兩邊分別除以 Y，乃得：

$$\frac{\Delta Y}{Y} = \frac{MPP_K}{Y}\Delta K + \frac{MPP_L}{Y}\Delta L$$

或

$$\frac{\Delta Y}{Y} = \frac{MPP_K \cdot K}{Y} \cdot \frac{\Delta K}{K} + \frac{MPP_L \cdot L}{Y} \cdot \frac{\Delta L}{L} \cdots\cdots\cdots (5)$$

在完全競爭的情況下，要素的價格應等於它的邊際生產力；如果我們假定規模報酬不變，即當所有生產要素用量同時增加 1% 時，產出亦將增加 1%，則各生產要素報酬之和應等於全部產出，即 $MPP_K \cdot K + MPP_L \cdot L = Y$ 或 $\frac{MPP_K \cdot K}{Y} + \frac{MPP_L \cdot L}{Y} = \frac{Y}{Y} = 1$。因為 $b = \frac{MPP_K \cdot K}{Y}$，$(1-b) = \frac{MPP_L \cdot L}{Y}$，則 (5) 式可改寫為：

$$\frac{\Delta Y}{Y} = b\frac{\Delta K}{K} + (1-b)\frac{\Delta L}{L} \cdots\cdots\cdots\cdots\cdots (6)$$

(6)式中的 b 是總產出中屬於資本報酬的比重，而 $(1-b)$ 則為總產出中屬於勞動報酬的比重。從 (6) 式中我們得知，一個國家產出的增加速度——即經濟成長速度，取決於資本及勞動用量的增加速度，兩者對經濟成長的貢獻，則視 b 值的大小而定。

經濟成長的最終目的，是要改善人民的生活，一個國家人民的生活是否改善，通常可以從他們的每人平均所得或產出是否提高反映出來。每人產出的成長速度 $(\frac{\Delta y}{y})$ 可以從總產出成長率減去勞動成長率求出，即

$$\frac{\Delta y}{y} = \frac{\Delta Y}{Y} - \frac{\Delta L}{L}$$

將(6)式的兩邊分別減去 $\frac{\Delta L}{L}$，可以得出：

$$\frac{\Delta Y}{Y} - \frac{\Delta L}{L} = b\frac{\Delta K}{K} + (1-b)\frac{\Delta L}{L} - \frac{\Delta L}{L},即$$

$$\frac{\Delta y}{y} = b\frac{\Delta K}{K} + (1-b-1)\frac{\Delta L}{L} = b\frac{\Delta K}{K} - b\frac{\Delta L}{L} \cdots\cdots\cdots (7)$$

(7) 式告訴我們，每人平均所得提高的一個條件，是資本增加率大於勞動增加率，即資本成長速度必須大於人口成長速度，每人平均所得才能提高，社會大眾的生活水準才能獲得普遍的改善。以上的分析是沒有考慮到技術的進步，如果考慮到技術的進步，生產函數式便應該改寫為：

$$Y = f(A,K,L) = AK^b L^{1-b} \cdots\cdots\cdots\cdots\cdots (8)$$

(8) 式兩邊分別對時間（t）微分，加以整理後，可以得出：

$$\frac{dY}{dt} = \frac{1}{A}Y\frac{dA}{dt} + b\frac{1}{K}Y\frac{dK}{dt} + (1-b)\frac{1}{L}Y\frac{dL}{dt}$$

上式兩邊分別乘以 $\frac{1}{Y}$，得：

$$\frac{dY}{dt}\frac{1}{Y} = \frac{1}{A}\frac{Y}{Y}\frac{dA}{dt} + b\frac{1}{K}\frac{y}{y}\frac{dk}{dt} + (1-b)\frac{1}{L}\frac{Y}{Y}\frac{dL}{dt},$$

即

$$\dot{Y} = \dot{A} + b\dot{K} + (1-b)\dot{L} \cdots\cdots\cdots\cdots\cdots (9)$$

「˙」代表成長率。從 (9) 式中可以得知，即使 $\dot{K}$ 及 $\dot{L}$ 等於零，即資本及勞動用量維持不變，只要有技術進步，經濟仍然可以成長。如果技術進步以外，勞動及資本用量也增加的話，經濟成長當會更快，經濟成長是資源用量增加及技術進步綜合的結果。現在讓我們看看每人所得的成長又是受什麼影響呢？ (9)式兩邊分別減去 $\dot{L}$，得：

$$\dot{Y} - \dot{L} = \dot{A} + b\dot{K} + (1-b)\dot{L} - \dot{L}$$

$$\dot{Y} = \dot{A} + b\dot{K} - b\dot{L} \quad\cdots\cdots\cdots\cdots\cdots\cdots \text{(10)}$$

　　從 (10) 式我們可以看出每人所得成長的速度取決於技術進步的速度和資本與勞動成長的相對速度。促進每人所得提高的途徑是加速技術進步，並保持資本累積的速度大於人口成長的速度。

第六節　經濟成長的代價

　　一個國家總產出的大小，主要受二個因素的影響：一是生產能量（Productive Capacity），一是生產效率（Production Efficiency），如果總產出以稻穀產量作爲代表則總產出（稻穀產量）＝水稻種植面積×單位土地面積稻穀產量。水稻種植面積代表生產能量，單位土地面積稻穀產量則代表生產效率，我們如果想要增加稻穀產量，只有二個途徑，一是擴充生產水稻的能力，即增加水稻的種植面積；一是改善水稻的生產效率，即提高單位土地面積的稻穀產量。同理，我們如果想要提高一個國家的總產出，我們一方面得設法增加生產物品及勞務所需的各種資本設備，諸如廠房，機械及器材等，另一方面得提高這些資本設備和資源的利用效率，因爲經濟成長通常是指總產出的繼續不斷增加，總產出增加愈多表示經濟成長速度愈快。在第六章的第三節我們曾經指出，一個國家最終產品及勞務的長期總供給曲線將如同圖 18－3 LAS 所示是一條直線，它與橫軸垂直相交於充分就業下的產出水準（Y_f），隨著經濟成長，總供給線會繼續向右移動，向右移動愈多表示經濟成長速度愈快。

　　推動長期總供給線向右移動的兩個主要力量是生產能量的擴充和生產效率的提高，前者有賴資本設備的增加，而後者則有賴技術水準及人力素質的提高。二者都需要依靠儘量減少把所得用於目前消費，而多用

圖 18-3　總供給線與經濟成長

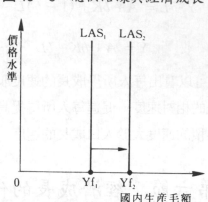

於儲蓄，只有這樣，一個國家才有更多的資源，投放在資本設備的更新充實，技術的改造和人才的培養。因此經濟成長的代價可以說是犧牲目前的消費，以抑制目前消費水準的提高，來換取未來更大的生活改善。

　　根據許多實證研究，一個國家的經濟成長固然有很大部分歸功於資本設備和資源使用量的增加，但也有不小部分應歸功於生產及管理方法的改進，經由前一方式較之經由後一方式所獲致的經濟成長有二個缺點。第一個缺點是耗用各種礦產及能源比較多，會使這些資源加速耗竭；第二個缺點是因為在生產過程中需要耗用更多的資源，會製造更多的廢物，在這裏我們必須指出的是，即使是經由生產及管理方法改進所獲致的經濟成長，也不是沒有付出代價的，它所付出的代價是因為尋求更佳的生產和管理方法而耗用的人力和物力。若是這些人力和物力不用於尋求生產和管理方法的改進，當可用於生產更多可供投資或消費的財貨，我們會有更多的物質可供消費和投資。

　　除了犧牲目前的消費以外，經濟成長也往往帶來更多空氣和水的污染，自然景觀的破壞，使交通變得更加的擁擠，住房和許多公共設施的供給更加緊張，人與人間的關係變得更冷淡，工作變得更加機械和枯燥，甚至製造更多的犯罪和擴大貧富間的差距。這些指控固然事實俱

在，難以否認，但是限制一個國家的成長，不但執行上有困難，譬如人們嗜好常常會改變，隨著人們嗜好的改變，有些產品應該擴充生產，有些產品應該減少生產，應該讓誰來決定那些產業可以擴充？那些產業應該收縮？這是非常困難的一件事，尤有進者，如果一個國家的經濟停滯不前，每年新增加的勞動力，將很難替他們創造就業機會，居住環境與生態環境的改善，貧窮的救濟，文盲的消滅，醫療衛生的改進以及其他提高生活素質的措施，都會因經費拮据，無法舉辦，它所衍生的問題恐怕會更加複雜和嚴重。

摘　要

1. 經濟成長是一種長期及永無止境的過程，在這個過程裏，實質國民總生產及每人平均產出會持續不斷的增加，它是資本、勞動與自然資源用量增加以及技術進步的綜合結果。

2. 測定經濟成長的程度和快慢有很多的方法。最常用的是每人平均實質所得和它的成長率。下列各項指標有時也被引用：(1)文盲率，(2)每人每天平均蛋白質的消費量，(3)每千人所擁有的醫生人數或病床數，(4)平均壽命，(5)每平方公里土地所擁有的鐵路或公路里數，及(6)每人每年平均能源消耗量。

3. 亞當斯密認爲一個國家要發展經濟，最重要的一點是使個人的自利心能夠充分發揮，讓每一個人爲了本身的利益去自由競爭，他反對政府的干涉、強調勞動分工及生產專業化對促進經濟進步的重要。

4. 李嘉圖認爲一個國家經濟成長的快慢，決定於經濟剩餘的多寡，它是最終產品的價值扣除最低工資給付後的差額。此一差額愈大，表示可用以再生產的資源愈多，生產擴充將愈快。

5. 馬爾薩斯把經濟成長當作是糧食生產和人口繁殖相互間的競賽，他認爲人口是按幾何級數增長，而糧食是按算術級數增長，糧食的增加最後會趕不上人口的增加。除非人類採取晚婚、節育等辦法來控制人口的增加，否則天災、人禍會促使人口大量死亡，間接限制人口繁殖。馬爾薩斯把整個經濟分成農工兩個部門，他認爲工業部門產出的成長率決定於資本形成的速度，而農業部門產出的成長率則主要決定於勞動邊際生產力的提高和勞動用量的增加。

6.哈羅德及多瑪認為投資一方面可以擴充社會的生產能力，一方面可以增加社會有效需求，如果投資的年成長率，足以使新增投資所擴充的生產能力等於其所增加的社會有效需求，經濟便可持續和穩定的成長下去。哈—多二氏都特別強調資本形成對加速經濟成長的重要，他們的理論對戰後歐洲各國經濟的迅速復興提供了很好的解釋，因此在 1950 年代曾經風行一時。

7.新古典學派認為，若是沒有技術進步，一個國家經濟成長的速度，取決於資本及勞動用量的增加速度。每人平均所得提高的一個條件，在沒有技術進步的假設下，是資本增加率大於勞動增加率，即資本成長速度必須大於人口繁殖速度。如果考慮到技術進步的存在，新古典學派認為，即使勞動及資本用量維持不變，經濟仍然會隨著技術進步而不斷成長，若是勞動及資本用量同時增加，它的速度會更快。促使每人所得提高的途徑是加速技術進步，並保持資本累積速度大於人口成長的速度。

8.經濟成長的代價是減少目前的消費，除此之外，經濟成長也會帶來許多不良的副作用。可是限制經濟成長，不但在執行上會有困難而且可能產生更多的問題。

問題討論

1. 試對經濟成長下一簡明的定義。

2. 測定一個國家經濟成長的程度及快慢有那些通用的辦法？試就各種不同辦法加以比較。

3. 亞當斯密對促進一個國家的經濟成長，有什麼重要的建議？這些建議是否仍然受到普遍的重視？

4. 什麼叫做經濟剩餘？它對經濟成長的重要性爲何？

5. 馬爾薩斯的「人口論」主要內容爲何？他對經濟成長有什麼特別的看法？

6. 古典學派的經濟學家，對經濟成長都抱持相當悲觀的態度，其原因何在？

7. 哈羅德和多瑪的經濟成長理論主要內容爲何？他們的理論爲什麼在 1950 年代曾經風行一時？

8. 新古典學派對經濟成長理論有什麼重要的貢獻？它與哈－多二氏的成長模式有什麼主要不同？

9. 經濟成長的主要代價是什麼？

10. 您是否贊成限制經濟成長？理由在那裏？

第十九章　低度開發國家的經濟發展

第一節　低度開發國家與發達國家的發展環境

發達國家，特別是西方工業國家，她們的各種制度已經建立，公共設施大致相當完備，經濟結構也很現代化。在經濟建設方面，她們所關心的是維持個人平均所得的持續及穩定成長。低度開發國家的情形不一樣，她們之所以相對落後，是因為有很多制度沒有建立，公共設施貧乏，經濟結構古老。在經濟建設方面，她們首先必須消除許多來自內外的阻力，創造一種有利的環境，才能擺脫貧窮的惡性循環，向現代化的途徑邁進。低度開發國家與發達國家在發展環境方面有很多不同的地方，舉其犖犖大者計有：

一、經濟變數間的數量關係不同

低度開發國家的生產要素配合比例、技術水準、產業結構、商業化的程度等均與發達國家未盡相同。根據發達國家經驗所計算出來的供需價格及所得彈性、投入產出比率、消費與投資傾向等經濟變量，並不能完全適用於低度開發國家。這些變量的計算，在低度開發國家，因為資料殘缺，會特別感到困難。

二、個人行為的經濟性不同

一般來說，低度開發國家個人行為的經濟性較小，其對物質誘因不一定會產生合理的反應。例如，有些熱帶國家的人民，他們惰性較大，只求一家溫飽便怡然自得，並不願意多費力氣去追求更多的財富。在這種情形之下，提高工資很可能會使勞動者減少工作時間，因為在較高的工資水準下，只要工作較少的時數就能獲得與以前一樣的報酬，滿足其本身的需要。此外，低度開發國家中擁有資金的人往往喜歡購買房地產，黃金手飾等，而不願從事於生產性的投資或購買金融資產，這種情形可能是因為這些國家投資機會較少或金融組織不健全。

三、問題的重心不同

在低度開發國家，農業是她們國民經濟的主要支柱，農業就業人口在總就業人口中所占的比重每高達 70～80％。在發達國家，以美國為例，農業就業人口所占的比重不到 3％。低度開發國家主要靠初級產品──特別是農產品或礦產品的出口，以換取進口機器設備所需的外匯。此外，她們的國內市場主要集中在農村。基於上述各項事實，農業在她們發展經濟的初期，占有一個非常重要的地位，它對提供廉價勞工、外匯、及市場等方面扮演一個很重要的角色。

四、自然環境不同

發達國家多半位於寒帶和溫帶地區，而目前的低度開發國家則多集中在熱帶和亞熱帶地區。氣候和其他自然環境相差很大，發達國家研究出來的農業生產技術，大部分只適用溫帶和寒帶的氣候，這些技術若是移植到低度開發國家，因為氣候、溫度、雨量不同，不一定有效。現在的發達國家，在她們開始發展經濟的時候，世界上很多資源尚沒有開

發，現在情形不同了，過去認為很豐富的資源，都逐漸耗竭了，有些資源短缺的情形已日趨嚴重。

五、人口壓力不同

現在的低度開發國家，人口增長很快，她們的工業部門雖然逐年都在擴大，但工業發展所能創造的就業機會，往往趕不上勞動人口的增加，人口增加對就業問題形成很大壓力。現在經濟發達的國家，在發展初期中，沒有承受這麼大的人口壓力。在過去 200 年，西方國家每年人口自然增長率很少超過 2%，而現在的低度開發國家在過去二、三十年每年人口自然增長率平均是在 3% 左右。在過去，人口過多的國家，可以向外國移民，各國對移民的限制沒有像現在這樣嚴格，甚至並沒加以限制。

六、能源威脅程度不同

能源是工業生產的動力和重要原料，在 1973 年以前，它的供應一向非常充裕，價格也很低廉。在能源供應充足，價格低廉的情況下，工業發展當然容易得多了，這個工業發展有利的條件，目前卻逐漸消失了。許多貧窮國家都缺乏能源，需要向國外進口，油價上漲後，她們花在石油進口的外匯大量增加。機器設備的進口更加受到外匯短缺的限制，這對她們致力於工業發展，是一個很大的打擊。

七、政治穩定性不同

發達國家多是西方國家，她們的民主政治比低度開發國家進步得多。由於她們實行民主，意志可以自由表達，權力的移轉有一套制度，政治上比較能夠獲得穩定。在低度開發國家因為政治不民主，權力的移轉沒有一套制度，容易發生動亂和權力鬥爭，政治上不容易保持穩定。

一個政治上不能保持穩定的國家，推行經濟建設當然不會順利。

　　一般說來，現在的低度開發國家，她們目前的處境，比現在的發達國家，在她們開始發展經濟的時候，要困難得多。主觀和客觀的發展條件都比較差，但低度開發國家比發達國家占有一個很大的便宜，就是她們有現成的科學知識可以學習，不必樣樣從頭做起。

　　在過去，經濟學家雖然發明了許多成長模型，但大部分的模型都不適用於低度開發國家。在那些模型中，大都假設生產要素可以自由移動，價格是自由競爭下的價格，規模報酬固定不變，勞動與資本的替代彈性固定，這些假設即使在發達國家亦不見得完全存在，其與低度開發國家的實際情形更是大相逕庭。此外，現有的成長模型，主要在強調最大的產出，即以產出的大小來衡量成長的結果，但許多低度開發國家目前卻面臨著嚴重就業問題。基於政治上的理由，必須創造大量就業機會，因而技術的採用多不免有勞動密集的偏向。西方國家的成長模型大都是閉鎖式經濟的模型，沒有考慮到國際貿易，而大多數的低度開發國家在發展之初都需要依賴出口及外資的流入。因此，在研究低度開發國家的經濟時，應該對國際貿易與資本移動加以適當的注意。

　　自從第二次世界大戰結束以後，一直到 1960 年代的初期，經濟成長理論一直都是著重在資本的累積，原因是鑒於戰後西歐的迅速復興主要得力於馬歇爾（George Catlett Marshall）的援助計畫，因而認為低度開發國家只要獲得足夠的資本，也一定可以同樣創造經濟發展的奇蹟。哈羅德─多瑪成長模型認為經濟成長的快慢，決定於儲蓄率及資本產出比率的大小便是一個最好的代表。但經驗的結果卻發現吸收資金的能力並不是毫無限制的，經濟成長的過程非常複雜，並非用某一單獨因素可以完全解釋。許多低度開發國家因為投資機會較少，即使有投資機會，又因國內缺乏有眼光的企業家，許多儲蓄都未被動員，再加上投資風險較大，國內已經動員的儲蓄亦往往不能被好好利用在生產方面。是故，

低度開發國家初期經濟成長的主要阻礙並不完全是資本缺乏，有一大部分的原因是缺乏領導及創新的人才，她們沒有能力去發掘投資的機會。

第二節　低度開發國家的特徵

一、經濟特徵

低度開發國家都集中在南亞、東亞、非洲、中東及拉丁美洲，國際組織喜歡用每人平均所得作爲劃分低度開發國家和發達國家的標準。這種分法並不科學，因爲它沒有考慮到一個國家的自力更生能力，和需要對外依賴的程度，而且每人平均所得是經常在變動的，非常不穩定。

低度開發國家，雖然資源稟賦、自然條件、社會制度、宗教信仰、經濟結構、和政治體制並不一致，但多半具有以下共同的特點：

1.平均所得低，生活貧困

目前世界上有衆多居住在低度開發國家的人口，根據美國以當前價格水準估算，他們全年每人平均國內生產毛額只有或低於 2,000 美元[1]。他們之中很多一大家人口住在同一屋簷下，只有一、二間臥房，缺乏乾淨飲水的供應，工作全靠人力和獸力幫忙，經常受飢荒的威脅，營養普遍不良。

2.經濟成長緩慢

根據一群著名經濟學家針對 70 個國家所作的一項研究，在 1950 年至 1980 年的 30 年間，工業國家即發達國家或世界上最富有國家每年實質國內生產毛額的平均成長率是 3.1%，中等所得國家每年實質國內生

[1]　William J Baumol & Alan S. Blinder, *Macroeconomics: Principles & Policy*, The Dryden Press, 1994, p.522.

產毛額平均成長率是 3.0%，而低度開發國家每年實質國內生產毛額平均成長率則只有 1.5%，因爲低度開發國家經濟成長率只有富裕國家的一半，二者間的貧富差距自第二次世界大戰以後不但沒有縮小，反而有擴大的跡象❷。

3.貧富差距大

相對發達國家來說，低度開發國家不但每人平均所得較低，貧富差距也比較大。發達國家常靠政府力量以縮小貧富差距，例如美國、英國及其他歐洲國家都採取累進稅制，向有錢的人課較多的稅，同時舉辦各種社會福利事業，政府透過課稅和移轉性的支出來改善所得分配。不屬於社會主義的低度開發國家，她們因爲稅制不健全，社會安全制度沒有建立，加上主要財產——土地集中在少數人手裏，因此她們的貧富差距相對較大。

二、非經濟特徵

1.平均壽命低

表 19－1 列舉了一些世界上最貧窮和最富有國家的嬰兒死亡率和平均壽命資料，這些資料充分顯示出貧窮國家和富裕國家顯著的差別。在 1992 年，每千個嬰兒的死亡人數在衣斐阿彼亞是 139，在瑞典只有 6，平均壽命前者女性是 48 歲，男性是 46 歲，後者女性是 80 歲，男性是 75 歲。

2.人口繁殖太快

從表 19－2 我們可以看出，包括在我們樣本中的低度開發國家和發達國家，其人口增長率眞有天壤之別。前者最高的人口自然增長率爲

---

❷　Robert Summers, Irving B. Kravis, & Alan Heston, " Changes in World Income Distribution", *Journal of Policy Modelling* , vol. 6, May 1986, pp. 237~269.

表 19-1　最貧窮及最富有國家嬰兒死亡率及平均壽命（1992 年）

	嬰兒死亡率 （每千人中死亡人數）	平均壽命（年） 男性/女性
發達國家		
美國	9.0	72/79
德國	7.5	72/78
瑞典	6.0	75/80
低度開發國家		
波利維亞	89	58/64
中國	34	68/71
埃及	73	58/61
衣斐阿彼亞	139	46/48
海地	106	53/56
印度	91	58/59
坦桑尼亞	105	49/54

資料來源：Population Reference Bureau, Inc. *1992 World Population Data Sheet*.

3.5%（坦桑尼亞），而後者人口自然增長率甚至有為負值者（德國），若把中國除外，以他們目前的人口增長速度，低度開發國家人口大概每28年便可增加一倍，這些國家人口之所以增加如此迅速是因為他們的死亡率降低太快，而出生率則未見降低或降低得很少。人口增長固然可以增加勞動力，此或有利於經濟成長，但快速的人口增長可能導致以下各種情況發生，而對經濟成長有負面的影響：

　　(1)可能使每一工人所分配到的資本用量減少，引起勞動生產力下降。

　　(2)製造大量的依賴兒童，他們的消費將會損害社會的儲蓄能力。

　　(3)使政府不得不將一部分預算從用於港口、道路、交通建設轉移用於教育及醫藥保健。

　　3.思想保守安於現實

表 19－2　低度開發國家與發達國家人口
自然增長率（出生率－死亡率）（1992 年）

國家別	人口自然增長率 （出生率－死亡率）
發達國家	
美國	0.8
德國	－0.1
瑞典	0.3
低度開發國家	
波利維亞	2.7
中國	1.3
埃及	2.4
衣斐阿彼亞	2.8
海地	2.9
印度	2.0
坦桑尼亞	3.5

資料來源：Population Reference Bureau, Inc., *1992 World Population Data Sheet*.

　　發達國家的人民，進取心比較強，欲望比較多；低度開發國家的人民，思想比較保守，容易滿足。發達國家比較重視企業家，學優則商；低度開發國家比較不重視企業家，學優則仕，認為做官才有出息。

　　4.經濟、社會、技術具有雙重性

　　在低度開發國家，鄉村經濟以農業為主，生產規模小，工具簡單，產品主要為了自身消費；城市經濟則以工業及服務業為主，生產規模較大，技術比較進步，生產主要是為了市場。在這些國家，經濟上的雙重性，非常明顯，農業與非農業部門缺少聯鎖關係。

　　低度開發國家的城市居民和鄉村居民生活方式有很多不同，彼此固守自己的風俗習慣，缺乏往來。一般說來，鄉村居民比較保守、愚昧、

態度消極，城市居民知識水準比較高、思想開通、較具進取心，鄉村與城市儼然是兩個不同的社會。

　　傳統部門與非傳統部門所採用的生產技術，在低度開發國家也有很大的差別。非傳統部門所採取的生產技術往往非常現代化，資本與勞動的代替性很小；反之，傳統部門所採用的生產技術，往往都是十分原始，資本與勞動的代替性很大，兩個部門在技術上很少有交流的現象。

第三節　低度開發國家經濟發展的內在阻力

　　低度開發國家在從事經濟發展時，常常遭遇到許多阻力，這些阻力有些來自國內，有些來自國外，本節首先討論內在的阻力。

一、市場太小

　　低度開發國家發展經濟所遭遇到的第一個困難，是國內市場太小，使許多投資裹足不前。市場擴大是勞動分工和生產專業化的先決條件，而勞動分工和生產專業化，又是提高生產效率、促進經濟進步的關鍵。解決國內市場不足問題的一個途徑，是開拓對外貿易，通過對外貿易，可以把市場擴展到海外，使在國內無法銷售的產品能夠銷售到海外。

二、公共設施不足

　　港口、通訊設備、公路、鐵路、水電、衛生等是產業發展的不可或缺因素，沒有或缺少這些公共設施，許多產業無法建立，尤其是依賴外資的產業更是難以建立和發展起來。公共設施投資金額很大，資金的回收時間又長，民間多不願意舉辦，只有靠政府承擔起來。因此，在經濟發展初期，政府的一個重要任務，就是改善公共設施。改善公共設施，就是改善投資環境，沒有優良的投資環境，產業是發展不起來的。

三、決策能力差

　　低度開發國家經濟不能發展，一方面固然是因為儲蓄少，缺乏資本；另一方面，即使有資本，也不會善加利用，即缺乏吸收及使用資本的能力。缺乏吸收及使用資本的能力，較之缺乏資本，對經濟發展更具阻力。因為沒有資本，可以向外舉債，若是沒有使用資本的能力，會白白把資本糟蹋。

四、資源流動性缺乏

　　欲使有限的資源獲得有效的利用，必須使它們能夠自由流動，若不能自由流動，地將不能盡其利，人將不能盡其才，暴殄天物乃是必然的結果。

　　西方國家的生產效率一般都比低度開發國家為高，主要原因是它們的資源——特別是人才的流動比較自由順暢，每一個人容易發揮自己的專長。只要市場對某種技能有需要，便有人對這種技能提供訓練，也有人願意去學習這種技能。低度開發國家便不一樣，她們人才流通的管道往往阻塞不通，使很多有能力的人不能發揮他們的能力。從經濟學的觀點來看，一個人雖然有工作，若是與志趣不符，學非所用，潛力不能發揮，他便沒有獲得完全就業。

五、貧窮的惡性循環

　　一個國家之所以貧窮，是因為她貧窮。這句話初聽起來，好像很不通，其實很有道理，現在讓我們來分析一下。先從供給面來看，一個國家因為貧窮、所得低，沒有儲蓄能力，資本供給必然缺乏。因為缺乏資本，技術水準無法改善，生產效率難以提高，結果自然無法擺脫貧困。再從需求面看，一個國家因為貧窮、所得低，購買力自然薄弱，市場於

是無法擴大。因為市場無法擴大，投資將裹足不前，資本形成遲緩，結果同樣是生產效率不能提高，無法擺脫貧困，這就是所得貧窮的惡性循環（Vicious Circle of Poverty）（見圖 19－1 及圖 19－2）。

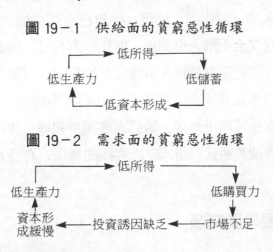

圖 19－1　供給面的貧窮惡性循環

圖 19－2　需求面的貧窮惡性循環

六、缺乏強有力的政府領導

積極參加經濟建設，提供公共設施，維護社會安寧，建立各種制度，這是政府在經濟發展中應該扮演的重要角色。但在很多的低度開發國家，政府都沒有好好發揮這些功能，政府人員不但能力差，而且普遍腐化、對工商事業限制太多，增加了他們的生產成本。

七、對職業的觀念不正確

在低度開發國家，一般說來體力勞動普遍的受到輕視，有些人寧願到政府機關做小職員或工友，不願到工廠去工作。從事生產勞動的人，社會地位很低，坐辦公室的人社會地位比較高，一進入政府機關工作，便好像是高人一等，這些都是對職業觀念不正確的現象。因為有這種不正確的觀念，很多有才幹的人都不願意投身於工商事業，企業家變得特別缺乏。

八、處處講關係，論交情

在發達國家，一般說來，用人唯才，但在低度開發國家，政府及工商界雇人多講人情，非親戚、故舊、與自己有關係的人，多不願錄用。西方國家並不是完全不講人事關係，但比較有分寸，例如甲、乙兩人都能做某種工作，若是甲有特殊人事關係，被雇用的可能性便較大，但若是甲根本不適合做這種工作，即使有很好的人事關係，也不會被雇用。在低度開發國家往往便不一樣，她們喜歡雇用親戚、故舊，不太考慮他們是不是對工作能夠勝任，用人缺乏客觀的標準，有能力的人不一定能出人頭地。

九、過分重視學歷文憑

在低度開發國家，普遍盛行文憑主義，社會上非常講究學歷，其實文憑和學歷，只是證明某一個人完成了某一階段的教育，充其量只是給予最低品質的保證，不足以代表一個人的做事能力，更不足以代表他是否能夠善盡責任。在低度開發國家還有一個普遍的現象，那便是有些事情本來中學畢業生便可以做，卻找大學畢業生去做，結果是大才小用，導致教育投資的浪費。這些國家不但雇人重視學歷，薪水也看學歷，學歷不同的人即使擔任同樣的工作，負同樣的責任，待遇會不同。高中畢業生有高中畢業生的待遇，大學畢業生有大學畢業生的待遇，她們不太重視個人的努力和過去的工作經驗。

十、儲蓄低而且不會善用儲蓄

低度開發國家一方面因為人民太窮，缺乏儲蓄能力，因此儲蓄率很低。更糟糕的是，一些有錢的人，他們有能力儲蓄，卻把儲蓄大部分存放在外國銀行，或用來購買房地產及金銀珠寶，而不是用在生產性的投

資。儲蓄如果不用以生產，對一個國家的經濟建設不但沒有好處，反有壞處。因為儲蓄的增加，表示消費的減少，消費的減少若是不能為投資增加所抵消，有效需求就會降低，有效需求降低會使市場縮小，生產受到阻礙。儲蓄對個人來說是一種美德，如果不能善於利用，對整個國家的經濟往往害多於利。

十一、教育與社會脫節

在低度開發國家，各級學校所用的教材，尤其是大專院校所用的教材，很多都是西方發達國家的舶來品。而且，在教育方面盛行所謂升學主義，讀小學的目的是為了升中學，讀中學的目的，是為了升大學，讀大學的目的是為了到外國去深造。教育當局很少考慮到學生在校所學的東西是否在社會上有用，而學生所關心的則是文憑，不是能否學以致用。

一般說來，低度開發國家的教育重視灌輸，而不重視啟發。老師多要求學生強記，而不要求他們理解。這種教學方法所訓練出來的學生，將來走出社會，多半不會活用他們的知識，拙於創造和發明，這些國家科技落後，與他們學校的教育方法很有關係。

低度開發國家教育上另外一個缺點，是不能因才施教，同一學校班級出來的學生，就像同一個模式製造出來的汽車一樣，少有分別，一切規定都非常僵硬，缺乏彈性。

十二、思想保守

低度開發國家的人民一般比較保守，沒有做過的事情多不願意去嘗試，喜歡蕭規曹隨，他們不願意從事新的嘗試，不肯去冒險。除了態度保守的原因之外，另外一個原因是他們窮，經不起風險和失敗，任何新的嘗試如果失敗，對他們的生活會立即構成很大的威脅。

第四節　低度開發國家經濟發展的外來阻力

在討論過低度開發國家經濟發展的內在阻力以後，我們打算利用很短的篇幅，對這些國家在從事經濟發展時所遭遇到的外來阻力，加以扼要的檢討。這些阻力都是來自國外，或與外國打交道所引起的，它們包括：

一、國外的消費和政治示範

由於旅遊和電視傳播事業的日益發達，低度開發國家與國外的接觸迅速增加，很多居住在低度開發國家的人民從觀光客及電視機的銀幕上可以經常看到富裕國家人民日常生活的多采多姿，和他們社會開放及政治民主，西方的生活方式和政治運作，已在這些國家起了示範的作用，此一示範作用，大大提高了低度開發國家人民的消費傾向，和政治民主的渴望。追求安逸享受和政治民主可以說是人類的天性，低度開發國家的人民嚮往富裕國家生的活方式和模仿他們的政治民主，是很自然的事。可惜的是，他們從觀光客和電視銀幕上所看到的只是富裕國家人民生活享受和政治民主的一面，而沒有看到他們刻苦奮鬥、勤勞工作和守法執法認真的另一面。發達國家人民日常生活享受、言論自由和政治民主，在低度開發國家起了積極的示範作用，可是他們對工作的勤奮，以及對言論負責和守法執法的認真精神卻沒有在這些國家發生積極的示範作用。

二、貿易條件不利

在國際貿易上，低度開發國家一般處於相對不利的地位。原因是這些國家的工商業規模大小，缺乏組織，情報不靈；發達國家的工商業規

模較大，組織嚴密，情報網廣及全球各地。買賣雙方，一個在明，一個在暗，這樣做買賣，低度開發國家總是吃虧的多。發達國家的大公司大多是多國公司（Multinational Corporation），到處有它們的分支機構，情報來自四面八方。低度開發國家企業規模都很小，人才與資金兩缺，沒有能力到處去搜集情報，去推銷產品。很多她們的產品出口，都是透過外國貿易商銷到國外去的，很大部分的利潤都給外國貿易商賺去了。此外，她們出口的產品，大部分都是農礦初級產品，這類產品的價格和所得需求彈性相對較低，貿易條件（Terms of Trade）在長期間趨於不利的地位。低度開發國家想完全透過國際貿易擴大市場，以促進經濟發展，這條道路並不十分平坦。

三、外資不足恃

外國資本家在低度開發國家投資，主要是想利用當地廉價的勞動力和租稅的優待。他們最感興趣的投資項目，是自然資源的開採及原料的生產，他們把開採的資源和生產的原料送回本國，加工後變成成品再賣出去，或將零件送到低度開發國家去裝配，然後再運回國內行銷。這樣的投資與當地工商事業缺乏連鎖的關係，徒然在經濟上造成雙重性（Duality）。在雙重經濟制度之下，少數外商經營的事業，技術水準高，規模大，管理效能高，可是他們所採用的進步方法不能擴及到低度開發國家的其他生產單位，外資的引進往往也沒有把當地人力資源發展起來，替低度開發國家造就很多有用的人才。依賴外資發展低度開發國家的經濟，也不能寄予太高的期望。

四、國際收支失衡

當低度開發國家開始發展她們經濟的時候，需要向國外大量進口機器設備。在另一方面，隨著經濟發展，國民所得提高，進口傾向會跟著

提高。此時，出口成長速度如果不能趕上，會造成國際收支的失衡，從而影響國內經濟穩定，使經濟發展遭受阻礙。

五、國際保護貿易

　　自從能源危機發生以後，西方發達國家在經濟上遭受到很多的困難，其中一個困難就是失業問題不能獲得妥善的解決。為了減少失業，她們不得不對進口物品加強管制。目前很多發達國家對從低度開發國家所進口的農礦和輕工業產品，都有關稅的課徵，而且對每年從某一低度開發國家進口某一產品往往還設有一個限額（Quota）。這些限制更增加了低度開發國家擴展對外貿易的困難，對外貿易不能擴展，市場便無法擴大，市場不能擴大，投資會裹足不前，經濟自然難以發展。

　　此外值得一提的是，發達國家在對外貿易政策上近來盛行一種所謂最惠國原則（Most-Favored-Nation Principle），即某一個國家向另一個國家進口的關稅如果要降低，這個國家向其他國家進口的關稅同樣也要降低。在這種情況之下，受惠的可能包括低度開發國家和發達國家，因為發達國家的工業基礎要比低度開發國家強固得多，兩者在相同的關稅待遇之下競爭，後者通常會居於劣勢。

　　發達國家和低度開發國家從事貿易往來時還有所謂對等條款。在這一條款之下，彼此要禮尚往來，即我在某些方面給您讓步，您在其他方面也要給我讓步。問題是低度開發國家一般說來處境都比較困難，在貿易上希望能從發達國家得到更多的讓步，假如是對等的讓步，便沒有多大意思。我們常常聽到的所謂南北對立，就是指在貿易條款上，發達國家和低度開發國家意見不能獲得一致。發達國家的現有貿易政策，每使落後國家失望，他們口頭上高喊自由貿易，實際上卻往往順從國內工商界的要求，對進口物品及勞務加以各種限制，因此有些人把低度開發國家經濟不能順利發展歸罪到發達國家的貿易政策。

第五節　低度開發國家的經濟起飛條件

美國麻省理工學院羅斯托（W. W. Rostow）教授，把經濟發展分成五個階段：(1)傳統社會（the Traditional Society），(2)準備起飛（the Pre-conditions for Take-off），(3)起飛（the Take-Off），(4)邁向成熟（the Drive to Maturity），及(5)大量消費（the Mass Consumption）。

根據羅斯托的經濟發展階段理論，一個國家從事經濟發展，最困難的就是跳過最初的兩個階段。一旦進入第三個階段，主要的阻力大致上便已排除，經濟發展自然可望能夠平滑進行，這正如飛機一旦起飛，離開地面，找到了自己航線，然後按照這條航線飛行，達到目的地大致上便不會有太大的困難。世界上有不少國家經濟長期停滯不前，始終無法突破瓶頸，脫離貧窮的惡性循環，究竟是什麼道理呢？在另一方面，世界上也有不少國家，本來是很貧窮落後的，經過二、三十年的努力，她們的經濟突飛猛進，人民的生活有了大幅度的改善，她們的經濟發展又是怎樣開始的呢？盜用羅斯托的話，她們的經濟是怎樣起飛的呢？

關於世界上有不少國家長期陷於貧窮的困境，其所以致此的原因，經濟學家有兩種不同的說法：

第一種說法是，一些低度開發國家，經濟之所以遲遲不能起飛，是受了殖民地的遺毒。這些國家在不久以前，很多都是西方國家的殖民地，不但在政治上不能取得獨立的地位，在經濟上也不能自主。她們不但需要從西方發達國家進口機器設備，許多日常用品也得從西方發達國家進口。她們自己擁有資源，都要靠西方發達國家來開發；自己所生產的原料，本身不能加工，得賣給西方發達國家去加工。西方發達國家把這些殖民地當作廉價原料及勞工的來源地，和加工產品的海外市場。透過貿易，西方發達國家自原殖民地取得巨大的利益。後者因為遭受剝削

的關係，陷於長期的貧困，並且無法進行工業化。經濟上不能自主，這些都是低度開發國家經濟所以不能發展的主要原因。

第二種說法是，一些低度開發國家經濟之所以不能順利發展，是因為她們一切都模仿西方國家。這些國家從西方發達國家請了很多顧問，讓他們提供發展的意見，並從西方發達國家引進很多的先進技術，希望一夜之間能夠把國家現代化。事實的結果是，從西方發達國家請來的顧問，對當地情況缺乏了解，他們多半不能對症下藥，甚至問道於盲。自西方引進的技術，也往往不能適應當地的情況，華而不實。更糟糕的是，在這些國家政府部門擔任領導工作的幹部，很多都是長年接受西方的教育，即使是在本國接受教育，唸的都是西方教材，教科書上所講的理論都是以西方社會為背景所建立的，與他們自己所處的社會往往格格不入，學與用有很大的脫節，靠這樣的幹部來領導經濟建設，失敗的公算自然很大。

至於有些本來非常落後的國家，經過很短時間的奮鬥，便產生卓越的成績，經濟學家對這些國家經濟之所以能夠起飛，也有數種不同的看法：

第一種說法是新資源的發現，或者是若干現有外銷產品在國際市場價格上揚，外匯收入因而大幅度提高，使一個國家有能力向國外大量進口機器設備，國內許多工業因此得以很快建立起來，從而使這個國家很快跨越前兩個階段，而迅速進入第三個階段。例如，中東的阿拉伯國家，她們主要出口產品──石油，價格在 1970 年代大幅提高，外匯收入迅速增加，使她們有能力在國內從事很多宏偉的建設，因此這些國家的經濟在最近取得很大的進步。

第二種說法是，當一個國家在經濟上遭遇到很大困難和壓力的時候──譬如進出口萎縮，國際收支赤字擴大，外匯存量耗竭，需要進口的東西因為缺乏外匯無法進口。在這種情況之下，一個國家可能被迫採取

進口代替（Import Substitution）的政策，將原來需要進口的東西，設法在國內生產，結果促使進口代替工業的發展，從而帶動這個國家的經濟起飛。

第三種說法是，政治上發生一種大規模的權力移轉，具有遠見和有理想的一批新秀掌握了政權，在強有力的政府領導之下，使各項建設迅速發展，因而促進一個國家的經濟起飛。

一個國家如果具備起飛的條件，發展起來固然比較容易，但這並不是說，必須這些條件具備，經濟才能順利發展起來，何況有些條件是可以人力創造出來的。中國有句話，所謂「事在人為」，根據各國成功的經驗，經濟發展的動力，必須來自內部，即低度開發國家本身先要有覺悟和危機意識，並且相信自己的命運可以由自己決定，打破宿命論，樹立人定勝天的信念，任何來自外界的協助，只能當作輔助，不能取代本身的努力。

第二點值得注意的是，政府在經濟發展初期，必須扮演積極的角色，特別是在典章制度、誘因和金融組織方面要能建立一個適宜經濟發展的環境，這樣才能鼓舞每個人的積極性，這是一件非常重要的事。

第三點要注意的是，公共設施必須儘量加以改善，然後才能吸引業者投資，公共設施若是不足，國內外投資將會裹足不前。

第四點要注意的是，把企業家的精神培養起來。培養企業精神，最重要的是給企業家適當的物質誘因和精神鼓勵，使人人樂意做企業家，以身為企業家為榮。經濟發展主要靠這些企業家去推動，沒有他們，經濟發展的機會會變得非常渺茫。

摘　要

1. 低度開發國家目前的處境，與發達國家在她們開始從事發展經濟時候的處境，有很多不同。大致上說來，目前低度開發國家的處境有很多相對不利的地方，譬如在過去能源的價格一向很低廉，而且供應充裕，因為能源是工業生產的動力和重要原料，在能源供應充裕和價格低廉的狀況下，工業發展自然容易得多。此外，在發達國家開始從事她們經濟發展的時候，人口成長率非常緩慢，國家與國家間的移民也相當自由；在另一方面，許多自然資源尚未充分開發，人口在這些國家所加以的壓力相對較小。現在許多低度開發國家，人口包袱太重，人口的自然成長緊迫國民生產的成長，擺脫貧窮的惡性循環顯得相對困難。作為後進國家，當他們發展經濟的時候，也有一些相對有利的條件，那便是有很多現成的進步技術，可供模仿，不必事事從頭做起。

2. 雖然在低度開發國家與發達國家之間，很難劃分一個明顯的界限，但凡屬低度開發國家，都有許多共同特徵，其中主要的特徵是：(1)平均所得低，生活貧困，(2)經濟成長緩慢，(3)貧富差距大，(4)平均壽命低，(5)人口繁殖太快，(6)思想保守安於現實，(7)經濟、社會及技術具有雙重性。

3. 低度開發國家與發達國家二者間所處的地理環境、文化背景和所面對的問題都有很多不同。後者的發展模型式不能完全照抄應用到前者的經濟建設。

4. 低度開發國家在從事經濟發展的時候，常常遭遇到許多內在的阻力，這些內在的阻力包括：(1)市場太小，(2)公共設施不足，(3)缺乏決策能力，(4)資源流動性缺乏，(5)貧窮的惡性循環，(6)缺乏強

有力的政府領導，(7)不正確的職業觀念，(8)處處講關係論交情，(9)過分重視學歷文憑，(10)儲蓄低而且不會善用儲蓄，(11)教育與社會脫節，(12)思想保守。

5. 低度開發國家在從事經濟發展的時候，不但遭遇到許多內在的阻力，同時也遭遇到許多外在的阻力，其中主要的外在阻力包括：(1)國外的消費和政治示範，(2)不利的貿易條件，(3)外資不足恃，(4)國際收支失衡，(5)國際保護貿易。

6. 一個國家要想從低度開發國家變成發達國家，最困難的是使經濟起飛。經濟學家把有些低度開發國家經濟遲遲不能起飛的原因歸咎於：(1)殖民地的遺毒，及(2)處處模仿西方國家。他們認為一個國家經濟起飛，通常是在三種不同的情況下發生：第一種情況是新資源的發現或出口暢旺；第二種情況是在國際貿易上遭遇到極端的困難，為突破這項困難產生強大的衝力；第三種情況是政治上發生一種大規模的權力移轉，社會上的精英取得政權，政府強有力的領導把經濟建設帶動起來。

問題討論

1. 就(1)經濟變數間的關係, (2)個人行為的經濟性, 以及(3)彼此面臨問題的不同, 說明低度開發國家與發達國家的主要差異。

2. 目前低度開發國家所處的環境, 與當年發達國家在開始從事她們經濟發展的時候所處的環境, 有那些相對不利的地方? 有那些相對有利的地方? 試加以簡單分析和討論。

3. 「一個國家之所以貧窮, 是因為她貧窮」, 您對這一個說法, 是否同意? 原因何在?

4. 為什麼低度開發國家的貧富差距一般要較發達國家的貧富差距為大?

5. 何謂經濟、社會、及技術上的雙重性? 它有什麼特別的涵義?

6. 低度開發國家在職業觀念和教育制度方面有什麼不適宜於經濟發展的地方?

7. 有些人認為低度開發國家經濟不能發展, 是因為缺乏資本, 只要有資本, 經濟便可以發展起來, 您同意這種看法嗎? 原因何在?

8. 低度開發國家在從事經濟發展的時候遭到一些外在的阻力, 試就這些外在阻力分別加以簡略的分析。

9. 世界上有一些低度開發國家, 長期陷於貧窮的困境, 她們的經濟一直沒有辦法起飛, 主要原因何在?

10. 一個國家的經濟起飛有許多不同的情況, 試就這些不同的情況加以分析和檢討。

第二十章　國際貿易理論與政策

第一節　國際貿易發生的原因

一、絕對利益法則

由於國家與國家間的資源稟賦、人民素質、資本累積、技術水準以及經濟發展階段不同，同一物品在不同國家的生產條件會有相當的差異。因為自然環境和技術水準等限制，在某一個國家能夠生產的物品，在另外一個國家不一定能夠生產，即使另外一個國家能夠生產這件物品，卻可能需要付出比較高的代價。一個國家如果堅持自給自足的政策，本身所需要的物品完全由自己供給而不依賴他人，必然會有一些產品出奇的昂貴，有一些產品根本無法獲得。欲使各國所擁有的生產資源獲得有效利用，便得實施國際分工，讓每一個國家只生產對她本身最為有利的產品，然後透過國際貿易（International Trade），以有易無。

早在二百年前，亞當斯密曾經指出：國際貿易的發生是基於絕對利益法則（Law of Absolute Advantage），他認為每一個國家，因為資源稟賦的特殊，對生產某些產品特別有利，對生產另外一些產品特別不利。如果每一個國家都能選擇條件最有利的產品從事專業化的生產，然後以有易無，將兩蒙其利。所謂「絕對有利」是指以同樣的資源能夠生產更多的某一特定產品。一個國家究應如何遵循絕對利益法則以從事專業化

的生產，我們可用最簡單的例子來加以說明。茲設有甲乙兩個國家都生產 A 和 B 產品，我們進一步假定生產這兩項物品唯一的要素是勞動。在充分就業下，一定量的勞動投入在兩個國家，可以產出的 A 和 B 產品數量如表 20－1 所示。

表 20－1　在充分就業下，一定量勞工所能生產 A 及 B 產品數量

產品　　　國家	A 產品	B 產品
甲　國	150	30
乙　國	40	80

　　從表 20－1 的資料，我們可以看出：同樣的勞動投入在甲國較之在乙國能夠生產更多的 A 產品；反之，同樣的勞動投入在乙國較之在甲國能夠生產更多的 B 產品。因此，甲國在 A 產品生產方面具有絕對的利益；乙國在 B 產品生產方面具有絕對的利益。依照絕對利益法則，甲國應專門生產 A 產品，乙國則應專門生產 B 產品，甲國可將剩餘的 A 產品輸往乙國以換取 B 產品，乙國則可將剩餘的 B 產品輸往甲國以換取 A 產品。如此分工的結果，兩個國家可以共同生產更多的 A 和 B 產品供她們的民眾享用，彼此的福利都可以獲得增進，這是亞當斯密認為國際貿易發生的基本原因。

二、比較利益法則

　　以上係就兩個國家，兩種產品為例，說明當某一個國家在生產其中一種產品具有絕對優勢，而其他國家在生產另外一種產品具有絕對優勢時，彼此之間應如何實施分工，進行貿易，以提高生產資源之利用效率。若兩種產品的生產，均以其中一個國家處於絕對有利的地位，另外

一個國家處於絕對不利的地位，此時兩個國家是否仍然有實施分工及進行貿易的可能呢？經濟學家李嘉圖對這個問題曾經為我們提供了肯定的答案。李氏認為在這種情形之下，對兩種產品之生產均處於絕對優勢地位的國家，應選擇其中優勢最大的一種產品實行專業化生產；對兩種產品之生產均處於劣勢地位的國家，應選擇其中劣勢最小的一種產品實行專業化生產，這就是有名的比較利益法則（Law of Comparative Advantage），或稱比較成本法則（Law of Comparative Cost）。只要每一個國家遵循比較利益的法則，實施專業分工，然後互通有無，彼此都可獲得利益。為了說明簡便起見，我們假定世界上只有甲和乙兩個國家，A 及 B 兩種產品，生產 A 及 B 兩種產品的唯一生產要素是勞動。甲、乙兩國在充分就業下，每 100 單位勞動，所能生產 A、B 產品的數量如表 20－2 所示。

表 20－2　在充分就業下，100 單位勞工可能生產 A 和 B 產品數量

產品＼國家	A 產品	B 產品
甲　國	150	50
乙　國	40	40

　　從表 20－2，我們可以清楚地看出，無論生產 A 產品或 B 產品，甲國均處於絕對有利的地位，乙國均處於絕對不利的地位。同樣 100 單位的勞動，在甲國均較在乙國能夠生產更多的 A 和 B 產品。從表 20－2 我們並可得知在甲國 100 單位的勞動，可以生產 150 個單位的 A，或 50 個單位的 B。生產每一個單位的 B 所需要的勞動數量相當於生產 3 單位 A 所需要的勞動數量。在乙國 100 單位的勞動可以生產 40 個單位的 A 或 40 個單位的 B，生產每 1 個單位 B 所需要的勞動數量恰好等於生產

1 個單位 A 所需要的勞動數量。爲了簡便起見，讓我們進一步假定，甲、乙兩國均只有 100 單位的勞動可供 A 及 B 二種產品生產之用，在沒有貿易的情況下，爲了滿足本身的需要，我們假定甲國將 60 單位的勞動用來生產 90 單位的 A，其餘的 40 單位勞動用來生產 20 單位的 B，乙國用 50 個單位的勞動用來生產 20 單位的 A，其餘的 50 個單位勞動用來生產 20 單位的 B，這樣他們一共可以生產 110 單位（90＋20）的 A 和 40 單位（20＋20）的 B。

　　前面說過，在我們的例子中，勞動是唯一生產要素，勞動成本決定產品價值。在甲國因爲每生產 1 單位 B 所需要的勞動數量相當於每生產 3 單位 A 所需的勞動數量，據此，每 1 個單位 B 的價值應 3 倍於每一個單位 A 的價值，即兩者之交換比率應爲 1:3。在乙國因爲每生產一個單位 B 所需要的勞動數量恰好等於每生產 1 單位 A 所需要的勞動數量，據此，每一單位 B 的價值應與 1 單位 A 的價值相等，即 A 與 B 兩種產品的交換比率在乙國應爲 1:1。從 A、B 兩種產品在甲、乙兩國生產相對有利情形來看，甲國 1 單位勞動所能夠生產 A 產品的數量，相當於乙國的 3.75 倍（150÷40）；在另一方面，甲國 1 單位勞動所能夠生產 B 產品的數量，只相當於乙國的 1.25 倍（50÷40），這表示在生產 A、B 兩種產品方面，甲國均處絕對有利的地位，乙國均處於絕對不利的地位。但相對來說，甲國對生產 A 產品，優勢更大，乙國對生產 B 產品，劣勢較小。甲、乙兩國可按照比較利益或比較成本法則，實施專業分工，讓甲國專門生產 A，乙國專門生產 B。這樣甲、乙兩國共可生產 150 單位的 A 和 40 單位的 B（見表 20－3）。

　　實施分工專業後，甲、乙兩國可以進行貿易，互通有無，即甲國可以向乙國輸出 A 產品，以換取自乙國進口 B 產品；乙國則可向甲國輸出 B 產品，以換取自甲國進口 A 產品。茲設甲、乙兩國同意 A、B 產品的交換比率爲 2:1，在這個比率之下，甲國願意向乙國輸出 40 單位的

A 產品，以換取向乙國進口 20 單位的 B 產品，乙國則願意向甲國輸出 20 單位的 B 產品，以換取自甲國進口 40 單位的 A 產品。如此，透過貿易後，甲、乙兩國均可以增加 20 單位的 A 產品，以供本國消費之用，彼此的福利均可因此而獲得增進（見表 20-4）。

表 20-3　甲、乙兩國實施專業分工前後 A、B 兩種產品生產量比較

	甲　　國		乙　　國	
	A 產品	B 產品	A 產品	B 產品
實施專業分工後(1)	150	0	0	40
實施專業分工前(2)	90	20	20	20
(1)－(2)	＋60	－20	－20	＋20

表 20-4　貿易前後甲、乙兩國可供消費之 A、B 兩種產品數量

	甲　　國		乙　　國	
	A 產品	B 產品	A 產品	B 產品
貿易後可供消費數量(1)	110	20	40	20
貿易前可供消費數量(2)	90	20	20	20
(1)－(2)	＋20	0	＋20	0

第二節　貿易商品市場均衡的決定

　　一個國家所生產的某些商品，除了供本國消費以外，並外銷其他國家，供其他國家人民消費。在另一方面，一個國家所消費的某些商品，除了仰賴本國供應以外，也得仰賴向國外進口。這些可以在國際市場上貿易的商品，其均衡產出和均衡價格，與那些不在國際市場上貿易的商

品均衡產出與均衡價格的決定並不相同，後者均衡產出及均衡價格是純粹由該商品的國內供給函數與需求函數相互作用所決定，即當二個函數相遇，國內總供給量等於國內總需求量的時候，該商品的均衡產出和均衡價格便告決定。而前者均衡產出及均衡價格的決定則不僅涉及該商品的本國供給函數和本國的需求函數，而且也涉及該商品貿易對手國家的供給函數和需求函數，即使當該商品的國內供給函數與國內需求函數相遇在一起時，它的均衡產出與均衡價格仍然無法決定。原因是國際貿易如果發生，出口國家對某一商品的供給量必須大於它對該一商品的需求量，而進口國家對某一商品的需求量則必須大於它對該一商品的供給量。若是國際貿易能夠自由進行，沒有關稅及非關稅的障礙，並假定沒有運輸上的費用發生。當這類商品市場均衡實現的時候，它在進出口國家的價格必須完全一樣，而且出口國家所願意輸出的數量必須恰好等於進口國家所願意輸入的數量。為了說明的簡便起見，我們假設世界上有甲、乙兩個國家，兩個國家都生產水稻，不過甲國水稻生產過剩，有多餘的稻米可供外銷乙國，而乙國則水稻生產不足，需要向甲國進口稻米，以彌補本身消費的不足，我們並進一步假定甲乙兩國不向其他國家出口或進口稻米，稻米的進出口只在二國間進行。

圖 20－1 的 $S_E S_E$ 及 $D_E D_E$ 分別代表甲國（出口國）的稻米供給函數和需求函數；圖 20－2 的 $S_I S_I$ 及 $D_I D_I$ 則分別代表乙國（進口國家）的稻米供給函數和需求函數。當稻米價格每公斤 25 元時，甲國國內稻米的供給量為 OD 單位，需求量為 OC 單位，有相當於 CD（或 AB）單位的剩餘稻米可以外銷乙國。在同一價格水準下，乙國的國內稻米供給量為 OM 單位，需求量為 ON 單位。為了滿足國民對稻米的需要，乙國需要向甲國進口 MN 單位的稻米，乙國這一需要進口的數量又恰好等於甲國所能輸出的稻米數量，而稻米的每單位價格又恰好為二國人民所共同願意接受。在這一情況下，甲、乙兩國的稻米市場均可實現均

圖 20-1　甲國稻米供給函數與　　　　圖 20-2　乙國稻米供給函數與
　　　　　需求函數　　　　　　　　　　　　　需求函數

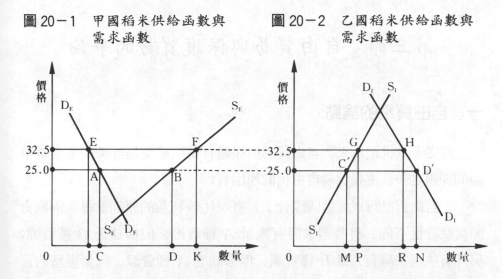

衡的狀態，當這一均衡狀態實現的時候，甲、乙兩國的每單位稻米價格
完全一樣，而在這一價格水準下甲國願意向乙國輸出的稻米數量（*CD*
或 *AB*）又恰好等於乙國願意向甲國輸入稻米的數量（*MN* 或 *C'D'*）。

　　若是甲乙兩國每單位稻米的實際市場價格從 25 元提高到 32.5 元，
甲國國內的稻米供應量將從 *OD* 增至 *OK*，而國內的消費量將從 *OC* 減
至 *OJ*，該國剩餘稻米可供外銷乙國的數量將從 *AB* 增至 *EF*。在另一
方面，乙國的國內稻米供應量將從 *OM* 增至 *OP*，而國內的消費量將從
ON 減至 *OR*，該國稻米不足需要仰賴向甲國進口的數量將從 *C'D'* 減至
GH。此時出口供應數量大於進口需求數量，若是國際貿易真正能夠自
由進行，必然會迫使稻米的價格下降，直至每單位稻米價格回到原來的
25 元水準。同理，若是每單位稻米的實際市場價格低於 25 元，甲、乙
兩國的稻米市場將會失去均衡，但這一現象不可能持續太久，市場的力
量會使價格回升，直至均衡重新恢復為止。

第三節　自由貿易與保護貿易的爭論

一、自由貿易的論點

　　自從十八世紀以來，自由貿易與保護貿易始終便是經濟學家常常爭論的課題之一。主張貿易自由化的理由有：

　　1.自由貿易可以促進國際分工，實現比較利益的原則。每個國家資源稟賦質量不同，有些國家擁有大量 A 種資源，但卻缺乏 B 種資源；另外有些國家擁有大量 B 種資源，但卻缺乏 A 種資源。質量豐富的資源，價格通常比較便宜；質量貧乏的資源，價格通常較爲昂貴。各國若能夠根據她們資源的稟賦，去從事比較有利的生產，放棄不利的生產，然後透過自由貿易，以有易無，當可使彼此以同樣的資源，能夠獲得更多的產出。凡參與自由貿易的國家，國民福利均將有所改善。

　　2.自由貿易使產品市場擴大，廠商可以享受更多大規模生產的經濟利益，降低生產成本，擴大企業利潤，刺激經濟發展。

　　3.在自由貿易制度下，勞動及資金之流通較爲便利，外匯管制比較寬鬆，利潤匯出容易，因此投資風險可以減少，對外人投資將會有更大吸引力。

　　4.貿易自由化增加外來的競爭，可以減少國內大規模廠商對市場的壟斷，促進其生產效率的提高。

　　最早提出保護貿易理論的學者該是漢彌爾頓（A. Hamilton）。漢氏根據當時美國的客觀環境，主張實施保護貿易，以排除或減少來自先進國家的競爭，使民族工業能夠迅速建立起來，經濟上得以自立。漢氏承認保護本國工業，初期會引起國內物價的上升，但假以時日，幼稚工業（Infant Industry）基礎奠定，生產力提高後，產品價格會自然下跌。

李士特（F. List）將漢氏保護理論加以發揚，主張保護對象應以將來確有發展前途的幼稚工業為限。他認為保護貿易的目的在於改變生產結構，提高生產力。李氏承認自由貿易可以創造國際分工的利益，保護貿易只是過渡時期的措施，最後仍應以實現貿易自由化為目的。

二、保護貿易的論點

主張保護貿易之論據歸納起來，主要有下列各點：

1.自由貿易之結果，不能夠保證參與國家獲得同樣的利益。一般說來，自由貿易使發達國家獲得更大利益，長期貿易條件對低度開發國家不利。

2.低度開發國家工業化起步較晚，基礎薄弱，若不採取保護貿易，在外來競爭的強烈壓力下，民族工業將無法建立。

3.基於安全的理由，凡主要民生必需品及與國防關係密切的物品，最好能全由國內供應，至少應減少對外的依賴。

4.為了爭取選票，對於雖已日趨不利之現有生產事業在政治壓力之下，往往仍然不能不予以適當維護，以免引起既得利益團體的不滿。

5.保護貿易可以促進一個國家生產的多元化，增加經濟的穩定性。

6.實施保護貿易，對進出口物品課以適當關稅（Tariff）。在某種情況下，透過關稅之轉嫁，可能促使進口品價格下跌，出口品價格上升，有利於貿易條件之改善。

7.實施保護貿易的國家對進口品多課徵關稅，外國資本家為逃避關稅之負擔，對這些國家進行直接投資的誘因可能更大。

8.以提高關稅限制進口作為威脅，迫使貿易對方採取積極行動，使本國產品更加容易打進對方市場，藉此改善彼此間貿易失衡的現象。近年來，美國為減少對日貿易逆差，便常常對日本採取這一手段，並頗見成效。

第四節　保護貿易的方法

一、課徵關稅

　　一個國家為了實施保護貿易，最常用的方法是對進口品課徵關稅，不論這種稅捐最後歸宿為何，它的課徵必然會透過對進口品價格之影響，發生多種效果，這種效果可用圖 20-3 來加以分析說明。

　　圖 20-3 橫軸代表進口物品數量，縱軸代表價格，SS 代表國內供給曲線，DD 代表國內需求曲線。為了說明方便起見，假定國與國間商品流通沒有運費。OP 為自由貿易的價格，此時國內總需求量為 OQ_3，國內供給量為 OQ_0，Q_0Q_3 為進口數量。茲為實施保護貿易，課徵進口關稅相當於 PP'，此項關稅假定全部轉嫁由進口國負擔，國內生產將增為 OQ_1，國內消費減少為 OQ_2，進口減少為 Q_1Q_2。矩形 c 面積所代表

圖 20-3　課徵關稅之效果

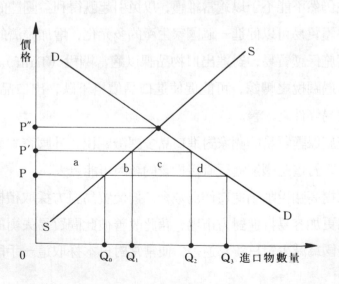

的乃是稅收效果 (Revenue Effect)，即政府課徵關稅所能獲得的財政收入，等於關稅稅率 PP' 乘以進口數量 Q_1Q_2；Q_0Q_1 為保護效果 (Protective Effect)，代表關稅課徵所引起之國內生產增加；Q_2Q_3 為消費效果 (Consumption Effect)，代表關稅課徵使國內價格提高，所導致之國內消費數量的減少；梯形 a 為重分配效果 (Redistribution Effect)，代表國內原有及新加入之生產者因關稅課徵所增加的生產者剩餘 (Producer's Surplus)；三角形 b 代表資源移轉用於保護產業所引起的生產效率損失；三角形 d 代表消費者的淨損失。

　　一國對某種商品課徵關稅，若此種商品之國際價格不變，則國內售價必定提高至相當於課稅額，法定上的從價稅率，稱為名目保護率 (Nominal Rate of Protection)。名目保護率僅能說明關稅對最終財貨價值的影響，不足以判斷其實際程度。蓋因一種商品的生產，需要利用許多不同的原料及物料，如果這些原料物料依賴進口，則尚應考慮到它們的關稅負擔。換言之，實際保護率必須從最終財貨之名目稅率扣除其原料物料所負擔的關稅稅率。實際保護率事實上仍不足以衡量關稅的保護程度，原因是每一單位產品的價值，除了包括中間原料的價值以外，還包括土地、勞動、資本等基本要素的價值。諸如工資、利潤、利率及地租，總稱為附加價值。關稅結構對國內資源分派的影響，通常以課徵關稅後，每單位產品之附加價值占自由貿易下每單位產品附加價值的比率來加以衡量，這一個比率便是一般所謂的附加價值保護率 (Rate of Protection of Value-added) 或稱有效保護率 (Effective Rate of Protection)。

二、進口設限

　　實施保護貿易，除了可以對進口物品課徵關稅以外，亦可對進口數量加以限制，二者都可以達到減少進口及提高價格的目的。在本章的第二節我們曾經談到有甲、乙兩國都生產稻米，甲國稻米生產有剩餘，可

供外銷乙國，乙國稻米生產不足，國內部分消費需要仰賴向甲國進口。圖20-4 的 $S_E S_E$ 及 $D_E D_E$ 分別代表甲國的稻米供給函數和稻米的需求函數，圖20-5 的 $S_I S_I$ 及 $D_I D_I$ 則分別代表乙國的稻米供給函數和稻米的需求函數。在自由貿易之下，當稻米每單位價格為 25 元，甲、乙兩國的稻米市場均可達到均衡，在此一價格水準下，甲國（出口國）國內稻米的供應量和需求量分別為 125,000 公噸及 80,000 公噸，出口量為 45,000 公噸。而乙國（進口國）國內的稻米供應量和需求量則分別為 50,000 公噸及 95,000 公噸，進口量為 45,000 公噸。

茲設乙國對稻米進口數量加以 30,000 公噸的最高限制，此一措施將使原有的均衡遭受破壞。甲國必須將它的出口數量從 45,000 公噸減少為 30,000 公噸，甲乙兩國的每一單位稻米價格亦會因此改變，如同圖20-5 所示。因為乙國限制稻米進口量為 30,000 公噸，稻米每一單位的價格會被迫上升至 32.5 元，在此一新的價格水準下，乙國國內的稻米需求量超過其國內需求量正好等於進口數量的限額即 30,000 公噸，乙國的稻米市場可以重新達到均衡。

在另一方面，如同圖20-4 所示，因為受乙國進口的限制，甲國稻米出口數量必須減為 30,000 公噸，該國稻米每單位的價格會被迫降至 20 元，在此一新的價格水準之下，甲國國內的稻米供給量超過其國內需求量將恰好等於所能被容許的最高出口數量即 30,000 公噸，甲國的稻米市場可以重新達到均衡。從以上的分析，我們可以歸納出一個結論，即對某一商品的進口限制，不僅會導致該商品貿易數量的減少，同時會引起該商品在進口國家的價格上升，在出口國家的價格下降。經由關稅的課徵，也會產生減少貿易數量的效果。

在我們上舉的例子中，因為乙國對稻米的進口加以 30,000 公噸的最高限制，結果使乙國稻米每單位價格高出甲國 12.5 元（32.5 元對 20 元），從圖20-4 及圖20-5 我們可以看出，只要對每一公斤的稻米課以

12.5 元的關稅，進口國家消費者對每公斤稻米所付的價格爲 32.5 元，而出口國家生產者從銷售每公斤稻米所收取的價格爲 20 元，前者超過後者 12.5 元，恰好等於關稅收入，出口數量也會恰好等於進口數量。甲、乙兩國的稻米市場都可以實現均衡，因此進口設限所能達到限制進口的目的可以經由關稅的課徵獲得實現。

圖 20-4　進口設限對出口國(甲國)　圖 20-5　進口設限對進口國(乙國)
　　　　　稻米生產及價格影響　　　　　　　　稻米生產及價格影響

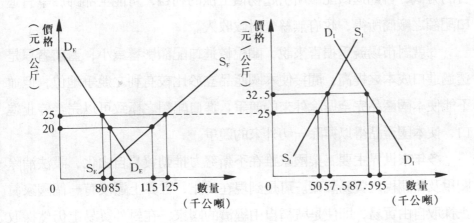

三、關稅與非關稅保護的利弊得失

　　前面說過，對進口物品課徵關稅，與對進口物品加以進口數量的最高限制，可以同樣達減少進口的目的。採用關稅與對進口數量加以限制，各有利弊，茲略加分析如下：

　　1.就控制商品進口數量來說，進口配額（Import Quota）較之關稅效果更加確定。關稅課徵，理論上會促使進口品價格上升，因而可能減少這些物品之消費及進口，但是所能產生減少消費及進口之效果究竟有多大，尚須視進口物品需求價格彈性、國內代替品多寡、以及人民消費偏好如何而定。

2.進口配額可由貿易主管機關逕行決定，行政手續簡單，關稅之調整則往往需經立法程序，手續比較繁複。

3.在進口配額制度下，遇到國內供給及需求發生劇烈變化，物價波動幅度較大。

4.在進口配額制度下，進口許可證（Import License）之核發多係根據廠商過去的業績，新設廠商往往受到歧視。

5.關稅課徵可以增加國庫收入，除非政府對進口許可證採取公開拍賣的方式，否則進口配額所引起物價上漲的利益，可能全部歸於享有進口配額之廠商所得，政府無絲毫財政收入。

6.就對市場競爭損害來說，關稅較進口配額影響為小，蓋前者只是透過進口成本之提高，間接使本國產品立於比較有利之競爭地位，但並不能使本國產品完全摒除外來的競爭；進口配額之極致可以完全停止進口，使本國產品得以摒除一切外來的競爭。

多年來世界主要工業國家雖在不斷努力推動貿易自由化，設法消除關稅及非關稅之貿易障礙。可是到現在為止，世界上還沒有一個國家真正採取自由貿易，即使是號稱自由經濟的國家，在對外貿易上仍然採取若干保護措施。一個國家為了本身的利益，雖然有時不得不採取各種保護貿易的措施。不過，在採取這些措施時，必須注意受保護的對象應限於具有發展潛力及前途之產業。對每一種產業保護的程度及期間不能失之太寬，否則保護貿易所付出的代價將會太大。

摘　要

1. 國際貿易的發生，是因為各國資源稟賦、技術水準以及經濟發展
   階段等不同。每一種產品在不同國家的生產條件並不一致，世界
   各國如果能夠按照絕對利益或比較利益法則從事分工及專業生
   產，然後以有易無。透過貿易，可以使世界上的資源獲得更有效
   的派用，凡是參與貿易的國家，國民福利可以獲得提高。

2. 可以在國際市場上貿易的商品，其均衡產出與價格的決定不但受
   該商品的國內供給函數與國內需求函數的影響，同時也受該商品
   對手貿易國家的供給函數及需求函數的影響。

3. 經濟學家對貿易是否應該自由化，或者應該採取某種限制，向來
   都有一些爭論。贊成自由貿易的主要論據是，貿易自由化可以：
   ⑴促進國際分工，有效派用世界資源；⑵擴大市場規模，降低生
   產成本；⑶便利勞動及資金的流動，可以吸引更多的投資；及⑷
   提高市場的競爭，減少對市場的壟斷。贊成對貿易加以適當限制
   的理由是：⑴自由貿易使長期貿易條件對低度開發國家不利，透
   過對進出口物品課以適當的關稅，在某種條件下，可以使這些國
   家貿易條件改善；⑵對貿易如果不加以保護，在強大的外來競爭
   壓力之下，幼稚工業將無法發展起來；⑶保護貿易可以促使民生
   與國防物資自給自足，不必仰賴他人，而且可以促進生產的多元
   化，提高經濟的穩定性；⑷透過對進口物品的課稅，可以間接對
   外人投資提供更多的誘因；⑸以提高關稅或進口設限作為威脅，
   迫使貿易對手國家採取積極行動，使本國產品更加容易打進該國
   市場。

4. 一個國家為了實施限制貿易，最常用的方法是對進口物品課徵關

税，除此之外，亦可對進口數量加以限制，採用二種不同的手段，可以達到相同的目的。

5.就控制商品進口數量來説，進口配額較之關税效果更加確定，並且手續比較簡便。在另一方面，課徵關税可以替政府取得財政收入，相對進口配額，關税對市場競爭的損害較小，而且較具公平性，各有利弊。

問題討論

1. 何謂「絕對利益法則」，試舉例加以說明。

2. 假定甲、乙兩國在生產 A 及 B 兩種產品方面，甲國均處於相對有利的地位，在這種情況下，甲、乙兩國間的貿易是否仍然可能發生？其理由何在？

3. 可以在國際市場上貿易的商品，它的市場均衡是怎樣決定的？

4. 自由貿易有些什麼好處？您認為臺灣是不是應該採取自由貿易？理由何在？

5. 主張保護貿易的理論根據何在？

6. 何謂關稅？課徵關稅對國內生產、消費、物價及所得重分配有些什麼影響？

7. 名目保護率與有效保護率兩者間有什麼差別？

8. 比較關稅與進口配額在限制進口方面所發生的效果。

第二十一章　國際收支與匯率制度

第一節　外匯與國際收支

一、外匯的意義

當某一個國家向另外一個國家進口物品與勞務時，這些物品及勞務的價款，通常需要利用外匯（Foreign Exchange）——即外國貨幣——或黃金償付。譬如我們向美國購買一部汽車，他們通常不要我們付臺幣，而要我們付美金。假如這部汽車的價錢是 20,000 美元，折算成臺幣究竟多少呢？這便要根據臺幣與美元的兌換比率來決定。如果兩者的兌換比率是 26:1，則 20,000 元美金便等於 520,000 元臺幣。本國貨幣與外國貨幣的兌換比率便是所謂匯率（Rate of Foreign Exchange），換句話說，匯率是以本國貨幣所表示的每一個單位之外國貨幣價值，或以外國貨幣所表示的每一單位之本國貨幣價值，它是一種外匯買賣價格。如果臺幣與美金的兌換比率是 26:1，則以臺幣所表示的美金價格是 26 元，即每 1 美元值臺幣 26 元，以美金所表示的臺幣價格是 0.0385 元，即臺幣 1 元值美金 0.0385 元。

一個國家的外匯來源包括物品及勞務的出口，外人投資，國外貸款及贈款，海外僑民匯入本國的要素所得，一個國家的外匯支出包括物品及勞務的進口，國民在海外的投資，本國對國外的貸款和贈款，外僑向

國外匯出的要素所得。前者構成外匯的供給，後者則構成外匯的需求，所有在一定期間內所發生的外匯供給和外匯需求，顯示一個國家在該一期間內的國際收支情況，它可用一張表來表示。這一張顯示國際收支情況的表，有如會計學上的損益表，我們稱它爲國際收支平衡表（Balance of Payments Account），茲以表 21-1 所記載的美國在 1992 年所發生的國際收支情況爲例，來說明一個國家外匯收入及支出的主要內容。

二、國際收支平衡表

國際收支平衡表包括二個主要帳目：一是經常帳，記載商品及勞務在國際間的交易和移轉性支付；一是資本帳，記載資本在國際間的流出及流入。從表 21-1 的第(1)列資料，我們可以看出，美國在 1992 年商品的出口和進口餘額是 -962 億美元，表示美國在該年度商品的進口超出它的出口 962 億美元，即美國的商品貿易在 1992 年產生了 962 億美元的逆差，幸好該年度美國的勞務出口大於它的進口，部分商品貿易上的逆差爲勞務貿易上的順差所抵消，結果如表 21-1 第(7)列資料所示，整個美國的貿易（包括商品與勞務）逆差在 1992 年度減爲 335 億美元，若將淨移轉性收入包括在內，美國在 1992 年度國際收支上的經常帳出現了664 億美元的逆差（見表 21-1 第(11)列）。

另從表 21-1 的第(12)列資料，我們可以看出美國在 1992 年出現淨民間資本流入 356 億美元，這一數目可以當作是該年度美國國際收支上資本帳的順差。比較美國在 1992 年度經常帳的逆差和資本帳的順差，我們會發現前者超出後者 308 億美元，若是沒有統計誤差，這 308 億美元便被認爲是該國在 1992 年度國際收支的逆差，但如表 21-1 第(20)列資料所示，統計誤差是 -122 億美元，因此美國在 1992 年度國際收支的實際逆差是如同表 21-1 第(15)列資料所示的 430 億美元，表示美國的國際資產準備在 1992 年將因國際收支逆差的發生而減少 430 億美元。

表 21-1　1992 年美國國際收支平衡表（10 億美元）

經常帳（Current Account）		
(1)商品出口及進口	-96.2	
(2)商品出口		+440.1
(3)商品進口		-536.3
(4)淨軍品交易及國外軍事費用支出	-2.8	
(5)淨旅遊及運輸勞務收入	+19.7	
(6)淨投資及其他勞務收入	+45.8	
(7)商品及勞務貿易餘額	-33.5	
(8)淨移轉性收入	-32.9	
(9)淨民間移轉性收入		-14.5
(10)淨政府非軍事方面移轉性收入		-18.4
(11)經常帳交易餘額	-66.4	
資本帳（Capital Account）		
(12)淨民間資本流入	+35.6	
(13)美國海外資產變動		-53.3
(14)在美國境內外國資產變動		+88.9
(15)淨政府資本流入	+43.0	
(16)美國政府資產改變		+2.3
(17)在美國境內外國官方資產改變		+40.7
(18)資本帳交易餘額	+78.6	
補遺（Addendum）		
(19)11 欄及 18 欄之和	+12.2	
(20)統計誤差	-12.2	

註：表內數字前面帶有正（＋）號的，代表外匯流入，是一個國家外匯來源，數字前面帶有負（－）號的，代表外匯流出，是一個國家的外匯支出。

資料來源：William J. Baumol & Alan S. Blinder, *Macroeconomics：Principles & Policy*, 6th ed., The Dryden Press, 1994, p. 473.

根據複式簿記（Double-Entry Bookkeeping）原理，國際收支帳上的收支永遠是平衡的。若是經常帳與資本帳合起來在某一年度出現順差，該年度國際準備資產（International Reserve Assets）便會增加，而且國際準備資產增加的金額將與順差的金額一致；若是經常帳與資本帳合起來在某一年度出現逆差，該年度的國際準備資產便會減少，而且國際準備資產減少的金額將等於逆差的金額；若是經常帳與資本帳合起來在某一年度剛好平衡，該年度的國際準備資產便會維持不變。國際準備資產如果持續不斷的減少，必有耗竭之日，一個國家在國際上的債信將會喪失淨盡，此時將不可能獲得國外資金的融通，進口將會陷於絕境，國內經濟發展當會倍感困難；反之，國際準備資產如果持續不斷增加，又勢必導致國內貨幣供給的迅速增加，而造成嚴重的通貨膨脹壓力。

第二節　固定匯率制度

一、金本位制度下的固定匯率制度

真正的固定匯率制度在歷史上並不多見，即使在金本位制度實施的期間，除了在十九世紀末期至二十世紀初期中間有過很短暫的一段時間，各國匯率曾經維持過不變以外，其餘的時間匯率仍然是不時有所調整，而非固定不變的。

在金本位制下，每一單位的貨幣價值均用黃金表示，因此根據黃金含量的多寡，各國貨幣彼此間的交換存有固定的比率，只要各國每一單位貨幣的黃金含量不變，彼此的匯率關係便可維持固定。

國際間發生收支失衡時，均以黃金來清算。因此，凡是國際收支出現逆差的國家，必然會有黃金的淨流出；凡是國際收支出現順差的國家，必然會有黃金的淨流入。前者因為有黃金的淨流出，貨幣供給量會

因此減少，若其他因素不變，利率會提高，同時有效需求會減少，物價將會下跌。利率提高可以吸引更多外資的流入，而物價降低則可望增加出口，減少進口，結果國際收支逆差會逐漸縮小，乃至消失；後者因為有黃金的淨流入，貨幣供給量會因此增加，若其他因素不變，利率會下跌，同時有效需求會增加，物價將會上漲，利率的下跌會鼓勵資金外流，而物價上升則會增加進口，減少出口，結果國際收支順差會逐漸縮小，乃至消失。因此在理論上，只要每一個國家嚴守金本位制度的遊戲規則，保持貨幣含金量的不變，經濟體系內會有一種自動調節的機能，不必經由匯率的變動，可以維持國際收支的平衡。

可是，金本位制度有一項重大的缺點，即當國際收支失衡的時候會有黃金的移動，此項黃金的移動會使國際收支有逆差的國家，發生通貨緊縮及經濟衰退的現象，對國際收支有順差的國家，則會發生通貨膨脹的現象，因此金本位制度的實施，會使一個國家失去對貨幣政策的控制，從而對國內經濟穩定的維持變得更加困難，實施金本位制的另外一項重大缺點是國際商業活動受黃金供應量的限制，若是黃金供應量的增加趕不上世界貿易成長，將會引起國際商業的衰退，反之，若是黃金供應量的增加超過世界貿易成長，則可能帶來世界性的通貨膨脹。

二、不列登物協議下的固定匯率制度

如前所述，世界各國的匯率，在金本位制度下，曾經有過一段期間被維持固定不變。這一局面，於第二次世界大戰結束以後，也曾根據不列登物協議（Bretton Woods Agreement）被維持了一段不短的時間。所不同的是，在不列登物協議下各國貨幣與美元取得掛鉤，彼此間的交換比率也是以黃金含量來決定。舉個例來說，若是每發行一單位的臺幣，其所需要的黃金準備，只相當於每發行一單位美金所需要黃金準備的四十分之一，則臺幣與美金的比率便是 40:1，在不列登物協議下，每一英

兩黃金値 35 元美金。根據這一比率，美國政府應允美金可以無限制的
兌換黃金，任何一個國家持有美金 35 元，便可以向美國政府兌換一英
兩的黃金，沒有數量上的限制，這一制度又稱爲金兌換制度（Gold-Ex-
change System），爲了監督這一新制度的實施，特別成立了一個國際性
的貨幣基金會（International Monetary Fund，簡稱 IMF），凡加入貨幣
基金會的國家，遇外匯拮据的時候，可以自基金會獲得資金的融通，協
助它們度過國際收支上的困難。新的制度並規定，除非一個國家在國際
收支方面基本上失去均衡（Fundamental Disequilibrium），否則不得隨意
變更匯率，而所謂「基本上失去均衡」，卻沒有明確的定義，一般的了
解是，當一個國家在國際收支上長期不斷出現巨大赤字的時候，在取得
貨幣基金會的同意以後，可以將匯率調低，即將本國貨幣相對美元貶
値。在此一新的制度下，凡在國際收支上遭遇逆差的國家，爲了維持匯
率的固定，常常會被迫採取緊縮性的貨幣政策或財政政策，希望藉這些
政策，迫使物價下降，利率提高，有效需求減少，從而吸引更多外資的
流入，並增加出口和減少進口，以改善國際收支的地位。可是這些政策
的實施，因爲會引起經濟萎縮，失業人數的增加，往往在國內會引起人
民普遍的反感，在理論上某些國家在國際收支上的逆差，便是另外一些
國家在國際收支上的順差，凡遇國際收支上出現順差的國家，本來也可
透過採取擴張性的財政政策或貨幣政策，用以降低利率，提高物價，增
加有效需求，從而削減國際收支上的順差。但因伴隨擴張性貨幣政策或
財政政策而來的往往是通貨膨脹，這一現象卻不是這些國家所願意看到
的，因此凡是在國際收支上出現順差的國家，往往把調整國際收支失衡
的責任推給那些在國際收支上遭遇逆差的國家。

　　在不列登物協議下的固定匯率制度，不但會使一個國家對控制本國
經濟失去一些自主權，爲了維持固定匯率，往往還會迫使一個國家在國
內經濟情況極需要給予刺激的時候，採取緊縮性的政策，而當國內經濟

情況需要降溫的時候，卻又採取擴張性的政策。在另一方面，也有一些人士批評，不列登物協議下的固定匯率制度不但不能增加國際貿易的穩定性，反而會助長國際貿易的波動。原因是在這個制度下，只有當一個國家在國際收支上長期出現巨額逆差的時候，才容許它們實施貨幣貶值，在這一情況之下，匯率的調整次數雖然較少，但每次調整的幅度必然很大，否則不會產生足夠的效果，這種做法，較之增加調整次數，但每次只作小幅度的調整，對國際貿易的殺傷力更大。

第三節　浮動匯率制度

一、浮動匯率制度下匯率的決定

所謂浮動匯率制度，是讓外國貨幣得以在市場上自由買賣，由買賣雙方決定匯率。在這種情況下，如果外幣的需求大於外幣的供給，以本國貨幣所表示的外幣價格將會提高，外幣價格提高後，外幣的超額需求將會消失；反之，當外幣的供給大於外幣需求時，以本國貨幣所表示的外幣價格將會下跌，外幣價格下跌後，外幣的超額供給將會消失。透過價格機能，外幣的供給和需求可以經常保持均衡，國際收支上的順差和逆差問題可以自動獲得解決。

茲以圖 21 – 1 的橫軸代表美元的供給及需求數量，縱軸代表以臺幣所表示的美元價格，SS 代表美元的供給曲線，DD 代表美元的需求曲線，SS 曲線由左下方向右上方延伸，表示以臺幣所表示的美元價格愈高——即匯率愈高，美元的供給愈多；反之，美元的供給愈少。DD 曲線自左上方向右下方延伸，表示以臺幣所表示的美元價格愈高，美元的需求愈少；反之，美元的需求愈多。SS 曲線與 DD 曲線相交於 A 點，相對應 A 點的美元價格為 OE。在這個價格水準下，美元的供給量等於

圖 21－1　浮動匯率之決定

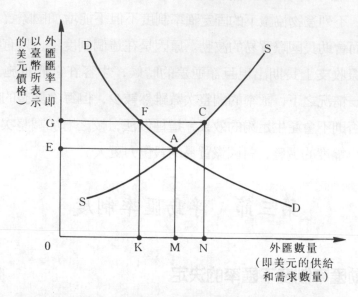

美元的需求量，外匯市場達到均衡。若是匯率從 *OE* 提高至 *OG*，美元的需求量將從 *OM* 降至 *OK*，而美金的供給量將從 *OM* 增加至 *ON*，此時外匯市場會產生供過於求的現象，匯率將被迫下降，直至回到原有的 *OE* 水準，超額供給消失為止。反之，若是實際匯率低於均衡水準，外匯市場會產生求過於供的現象，迫使匯率上升，直至回到原有的均衡水準，超額需求消失為止。因此，在浮動匯率制度之下，外匯過多或不足所形成的國際收支失衡問題，不可能長期存在，透過匯率的上下調整，此一現象會自動獲得糾正。在此我們需要指出的是，當美金的供給曲線和需求曲線如同圖 21－1 *SS* 及 *DD* 線所示時，均衡的匯率將等於 *OE*，但因為下述各種因素的變動，*SS* 及 *DD* 線會向上下或左右移動，即美金的供給及需求會增加或減少，均衡匯率將會因此改變。

二、影響匯率的因素

1.國內外通貨膨脹速度

相對國外的物價水準，若是國內物價水準上漲較慢，將會導致本國物品相對外國物品便宜，出口將會增加，進口將會減少，如此將使外匯供給增加以及外匯的需求減少，匯率將會被迫下降；若是國內物價水準上漲較快，情況將正好相反，即匯率會因此上升。譬如，若是臺灣物價水準上漲 10％，美國物價水準持平，或者上漲幅度低於 10％，美國的出口物品會變得相對比較便宜，我國的出口物品會變得相對比較昂貴，我們向美國的進口會因此增加，對美國的出口會因此減少。結果美元的需求會大於美元的供給，臺幣將會相對美元貶值，即以臺幣所表示的美元價格將會提高。

2.國內外利率的改變

短期資金的流動每受利率的影響，一個國家的實質利率（即名目利率減去通貨膨脹率後的差額）若是相對其他國家提高得快，一方面會使外人投資本國債券增加，另方面會使國人投資外國債券減少。因為外匯流入國內的多，流出國外的少，外匯供給增加大於需求增加，將導致匯率下降，本國貨幣會相對外國貨幣升值。反之，一個國家的實質利率若是相對其他國家提高得慢，將會導致這個國家的貨幣貶值。

3.貨幣政策的改變

緊縮性的貨幣政策通常會使總需求減少，利率上升（至少短期間會如此），以及經濟成長及通貨膨脹速度減緩。利率提高可以吸引更多的外資流入，通貨膨脹的減緩將有利於本國物品在國際市場競爭能力的加強，而經濟成長速度的減緩將使進口需求降低，結果將使外匯的需求減少、供給增加，從而導致本國貨幣相對外國貨幣升值。擴張性的貨幣政策對匯率的影響則正好相反。

4.財政政策的改變

如同緊縮性的貨幣政策一樣，緊縮性的財政政策通常會降低總體需求，使經濟成長及通貨膨脹速度減緩，有助於出口的增加和進口的減

少，因而對國際收支經常帳的改善有所裨益。可是在另一方面，緊縮性的財政政策，使政府告貸減少，對利率會產生一種下降的壓力，利率的下降將促使資金的外流和妨害資金的內流，對國際收支的資本帳將有不利的影響。因為有正反兩種力量發生作用，緊縮性財政政策是否會導致匯率的上升或下降，很難確定，擴張性財政政策亦然。

5.國內外相對經濟成長速度

因為進口是受本國國民所得的影響，而出口則是受外國國民所得的影響，若是本國的經濟成長速度，大於外國的經濟成長速度，本國國民所得的提高，將較外國的國民所得提高為快，結果進口的成長速度會大於出口的成長速度，在其他條件不變的情況下，外匯需求的增加會比外匯供給的增加為快，結果匯率會上升，反之，匯率會下降。

雖然上述五種因素的變動對匯率都會產生一定程度的影響，但根據許多實證的研究，長期匯率的決定因素乃是貨幣購買力，匯率的調整終究會充分反映物價水準的差異，凡是通貨膨脹速度相對緩慢的國家，它們的貨幣通常會升值，反之，凡是通貨膨脹速度相對快速的國家，它們的貨幣通常會貶值。在自由貿易的假設下，如果不計較運輸費用，同一物品的價格不管是用那一個國家旳貨幣來表示，會趨於相等。在這一假設之下，如果一噸鋼在臺灣值臺幣 5,400 元，在美國值美金 180 元，則臺幣與美金的比率將是 30:1，在這一交換比率下，同樣一噸鋼在美國賣 180 美元，恰好等於在臺灣賣 5,400 元，二者完全一樣。如前所述，左右長期匯率的決定性因素固然是貨幣購買力，但短期間匯率的調整卻主要是受利率變動的影響，貨幣購買力的變動對短期匯率的調整通常並不發生很大的作用。

在浮動匯率制度之下，因為外匯的供給和需求會常常發生變動，匯率也會經常跟著變動，它的未來走勢往往不容易預測，進出口廠商在國際貿易上所負擔的風險比較大。不過採行浮動匯率的國家通常都設有外

匯期貨市場，透過這一市場，廠商可以預先買進或賣出預期在某一段期間後須要付出或取得的外匯，經由這一方式可以把外匯波動的風險，轉移給他人。

在理論上，採行浮動匯率制度的國家，應該讓匯率由外匯市場的買賣雙方自由決定，政府應該放手不管，但事實上卻不是這樣，大多數採行這一制度的國家，對外匯市場並不完全採取放任態度，他們往往對匯率波動幅度設有一定的限制，若是外匯市場所決定的匯率超過政府認為可以容忍的範圍以外，貨幣當局會立即採取平抑的行動。

摘　要

1. 匯率係本國貨幣與外國貨幣間的一種交換比率，它是以本國貨幣所表示的外國貨幣價格，或是以外國貨幣所表示的本國貨幣價格。

2. 一個國家的外匯來源是：(1)物品及勞務的出口，(2)外人投資本國股票、公私債券及創辦各種實業，(3)國外貸款及贈款，及(4)海外僑民匯入本國的要素所得。外匯需求發生的原因是：(1)購買進口物品及勞務，(2)購買外國股票、公私債券及在國外投資創辦各種實業，(3)本國對國外的貸款及贈款，及(4)外僑向國外匯出要素所得。

3. 國際收支平衡表顯示一個國家在某一定期間內外匯收支的情況，它包括二個主要帳目：一是經常帳，記載商品與勞務的進口和出口，以及國際間的移轉性支付；一是資本帳，記載資本在國際間的流動。

4. 在金本位制下，一個國家的貨幣價值是由它的含金量來決定，只要各國每一單位貨幣的含金量不變，彼此間便可以維持一定的交換比率，在這一制度下，因為世界各國家無法控制黃金的供應量，它們對貨幣的供應量也就無法控制。

5. 第二次世界大戰結束後，在不列登物協議下，金本位制為金兌換制所取代，在這一新的制度下，各國的貨幣價值均以美金為基礎，任何國家可以隨時以 35 美元，向美國政府兌換一英兩的黃金，不受數量上的限制，因為美元可以無限制兌換黃金，世界各國對美元作為基礎貨幣都很具信心，金兌換制對戰後國際貿易的恢復，發揮了相當良好的效果，但由於美元價值的長期高估，美

國國際收支逆差繼續擴大，使美國政府不得不在 1970 年代初期，宣布取消美元兌換黃金制度，自此之後，各國政府紛紛揚棄固定匯率而改採浮動匯率。

6. 在浮動匯率制度下，匯率由外匯市場買賣雙方自由決定，透過匯率的上下調整，國際收支失衡現象可以自動獲得糾正，但因外匯的供給和需求常常會發生變動，匯率也會經常發生變動，進出口商在國際貿易上因此要擔負較大的風險。

問題討論

1. 什麼叫外匯？它有什麼用處？

2. 一個國家的主要外匯來源是什麼？

3. 為什麼一個國家會有外匯的需要？

4. 何謂國際收支平衡表？它記載些什麼？

5. 國際收支差額是怎樣產生的？它用什麼方法計算？

6. 如果臺幣相對美元升值，它對臺灣物品外銷美國以及從美國進口物品會有什麼影響？

7. 在金本位制下，採用固定匯率的國家，國際收支失衡會帶給他們什麼結果？為什麼在這一制度之下，各國對貨幣供應量會失去控制？

8. 在金兌換制下，各國貨幣交換比率是如何決定的？在什麼情況下，匯率才允許調整？

9. 為什麼在固定匯率制度下，一個國家會失去貨幣政策和財政政策的自主權？

10. 何謂浮動匯率制度？它有什麼優點和缺點？

11. 影響自由外匯市場匯率的主要因素有那些？試分別說明這些因素的變動與匯率的關係。

第二十二章 經濟對外開放與總體經濟活動

第一節 國外景氣變動與總體經濟活動

根據官方統計資料，在 1993 年臺灣的國內生產毛額估計爲 57,130 億元，出口總值爲 22,344 億元，進口總值爲 20,347 億元（均以新臺幣計算），進出口占國內生產毛額的比重分別高達 35％及 39％❶，進出口占國內生產毛額的比重，通常被用來作爲衡量一個國家經濟開放的尺度，依照這一標準，臺灣是世界經濟開放最高的少數國家之一。

國際貿易一向被認爲是臺灣經濟發展的引擎，臺灣在世界上的主要貿易伙伴包括美國、日本、德國、澳大利亞、香港及新加坡等，我們的進口，便是他們的出口，而他們的出口便是我們的進口。他們從我們的進口愈多，我們的出口便愈大。在另一方面，他們對我們的出口愈多，我們的進口便愈大。當這些國家景氣上升，國民所得提高，他們將有能力向我們進口更多的物品及勞務，我們的出口將會增加。若是我們從他們進口的物品及勞務假定不變，我們的淨出口將會增加。而淨出口是構成國內總需求的一個要素。當淨出口增加而其他條件不變，臺灣的總需

---

❶ 參閱 *Taiwan Statistical Data Book*，1994，Council for Economic Planning & Development，pp. 27，190.

求線將會如同圖 22-1 所示從 AD_1 向右上方移至 AD_2，均衡將 E_1 移至 E_2，在新的均衡下，臺灣的國內生產毛額將從 Y_1 增加至 Y_2，物價水準將從 P_1 提高至 P_2，因此美日等國的經濟景氣上升，會帶動臺灣的經濟景氣上升，促進臺灣經濟的繁榮，同時會帶動臺灣物價和就業水準的上升。反之，若是美日等國遭遇經濟衰退，他們會減少向我們進口物品及勞務，使我們的淨出口減少，臺灣的總需求線將從 AD_1 向左下方移至 AD_3，均衡將從 E_1 移至 E_3，在新的均衡下，臺灣的國內生產毛額將從 Y_1 減至 Y_3，物價水準則將從 P_1 降至 P_3，美日等國經濟景氣下降，將會促使臺灣的經濟萎縮以及物價水準的下降。

圖 22-1　國外景氣波動對國內總體經濟的衝擊

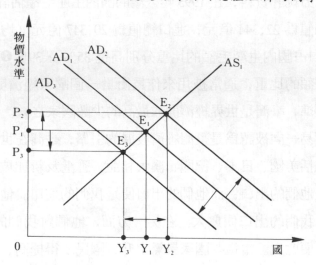

外國如果景氣過熱造成通貨膨脹，透過國際貿易，國內的總體經濟也會受到衝擊，譬如美日等國因為景氣過熱，物價水準上升，而臺灣物價水準假定維持相對穩定，則我們輸出到美日等國的物品及勞務會變得相對便宜，而我們從美日等國進口的物品及勞務會變得相對昂貴。結果臺灣的出口會增加，進口會減少，淨出口將會因此提高，導致總需求線將向右上方移動，結果對臺灣總體經濟會產生一種擴張效果。反之，若

是美日等國物價水準相對臺灣物價水準下跌，透過國際貿易，臺灣總需求線將會向左下方移動，臺灣的總體經濟將會因此產生萎縮現象。

第二節　匯率及利率變動對國內產出及物價水準的影響

一、匯率與總供給及總需求的關係

匯率的變動，透過國際貿易會影響一個國家的總供給和總需求，從而使這個國家的產出和物價水準發生改變。茲設匯率變動以前，臺幣對美元的交換比率是 25:1，在這一匯率之下，值 50,000 元臺幣的電腦出口到美國，折成美金是 2,000 元，即美國人每向臺灣進口一臺電腦，需要付出美金 2,000 元 $\left(\dfrac{50,000}{25}\right)$。如果臺幣對美元的交換比率從 25:1 提高到 30:1，即臺幣相對美元貶值 20％，同樣一臺電腦出口到美國，以美金所表示的價格將從 2,000 元降為 1,667 元 $\left(\dfrac{50,000}{30}\right)$，即美國人每向臺灣進口一臺電腦，在臺幣貶值以後，只要付出 1,667 美元，比以前減少 333 美元（2,000 － 1,667），從美國人眼光看來，臺幣相對美元貶值 20％，無異是把他們從臺灣進口的物品價格降低了 20％，因為進口價格的降低，美國將會增加對臺灣的進口，即臺灣對美國的出口將會增加。

在另一方面，臺幣相對美元貶值 20％以後，在美國值 20,000 美元的汽車，賣到臺灣折算臺幣原來只有 500,000 元（20,000×25），現在變成 600,000 元（20,000×30），臺灣人每向美國進口一輛汽車，在臺幣貶值以後將要比以前多花 100,000 元臺幣（600,000 － 500,000）。因此，臺幣相對美元貶值 20％，無異是把從美國進口的物品價格提高了 20％，因為美國進口的物品價格提高，臺灣將會減少對美國的進口。根據以上

的分析，我們得知貨幣貶值會增加出口，減少進口，淨出口將因此增加，一個國家的總需求線將如同圖 22－2 所示，從 AD_1 向右上方移至 AD_2，反之，貨幣升值一方面會使以外國貨幣所表示的本國物品價格提高，引起出口的減少，另一方面則會使以本國貨幣所表示的外國物品價格降低，引起進口的增加，結果淨出口將會減少，一個國家的總需求線將如同圖 22－2 所示，從 AD_1 向左下方移至 AD_3。

圖 22－2　匯率變動對總需求的影響

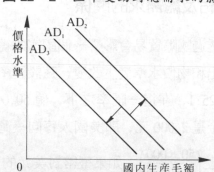

在此我們必須指出的是，一個國家的貨幣貶值會使淨出口增加，但這一現象往往不會馬上出現。事實上隨著貨幣的貶值，一個國家的淨出口最初可能會減少，經過一段時間以後才會轉而增加，若用圖形表示，會像英文字母的 J 字（見圖 22－3）。茲仍以臺灣及美國相互間貿易為例，在臺幣貶值以前，臺幣與美金的交換比率是 25:1，假定在這一個匯率之下，臺灣向美國出口 10,000 臺電腦，每臺電腦值臺幣 50,000 元，以美金表示在美國的售價是 2,000 美元（50,000÷25）。

在另一方面，臺灣向美國進口 1,000 輛汽車，每輛汽車值美金 20,000 元，以臺幣表示在臺灣的售價是 500,000 元臺幣（20,000×25），假定中美間的貿易除了臺灣向美國輸出 10,000 臺電腦，並向美國進口 1,000 輛汽車以外，不包括任何其他項目，這樣臺灣向美國出口的總金額將是 5 億元臺幣（50,000×10,000），進口總金額也是 5 億元臺幣

圖 22-3　貨幣貶值對淨出口影響

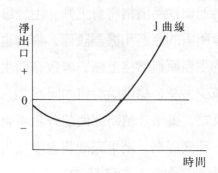

(500,000×1,000)，淨出口將等於零。臺幣對美元貶值20%以後，兩者之交換比率從 25:1 提高為 30:1，在貶值之初臺灣向美國的進出口數量往往會暫時維持不變，即仍然向美國出口 10,000 臺的電腦並向美國進口 1,000 輛汽車，但以臺幣所表示的汽車進口價格將從 500,000 元增至 600,000 元 (20,000×30)，臺灣的進口總金額將會因此從 5 億元增至 6 億元 (600,000×1,000)，而出口總金額則暫時不變，結果臺灣將有 1 億元臺幣的入超。

　　因為臺幣貶值以後，以美金表示的電腦價格將從 2,000 美元降為 1,667 美元，而以臺幣表示的汽車價格則將從 500,000 元臺幣提高為 600,000 元臺幣。當美國人了解到從臺灣進口的電腦價格下降了 20%，他們會向臺灣進口更多的電腦，結果臺灣向美國輸出的電腦假定增加到 15,000 臺，如此將導致臺灣出口總金額增至 7.5 億元臺幣 (50,000×15,000)，同理當臺灣的居民了解到從美國進口的汽車價格漲了 20%，他們會減少購買美國的汽車，結果臺灣向美國進口汽車的數量假定減為 900 輛，如此將導致臺灣的進口總金額減至 5.4 億元臺幣，因此臺幣貶值以後，經過一段期間，臺灣的淨出口會轉而增加 2.1 億元臺幣 (7.5－5.4)。

　　前面我們討論到匯率變動對總需求的影響，現在我們要轉而討論匯

率變動對總供給的影響。一個國家的貨幣若相對外國貨幣貶值，則以本國貨幣所表示的國外進口物品價格將會上升，由於每一個國家都要向國外進口一些農工生產所需的原料和機器設備，臺灣也沒有例外，因此臺幣貶值會使一部分的生產原料價格上漲，導致廠商生產成本增加，利潤降低，結果廠商會減少生產，總供給線將如同圖 22-4 所示，從 AS_1 向左上方移至 AS_2，反之，臺幣升值將促使部分生產原料價格下跌，導致廠商生產成本減少，利潤提高，結果廠商將會增加生產，總供給線將如同圖 22-4 所示，從 AS_1 向右下方移至 AS_3。

圖 22-4　匯率變動對總供給影響

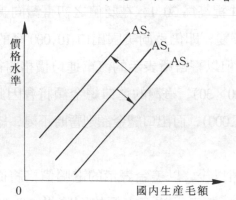

二、匯率變動對產出及物價水準的影響

從以上的分析，我們得知匯率的變動不但影響總需求，也會影響總供給，茲設在匯率變動以前，如同圖 22-5 所示，總供給線 AS_1 與總需求線 AD_1 相交於 E_1，對應於 E_1 的國內生產毛額及價格水準分別為 Y_1 及 P_1，一個國家實施貨幣貶值，一方面會使總需求線從 AD_1 向右上方移至 AD_2，另一方面會使總供給線從 AS_1 向左上方移至 AS_2，新的總需求線將與新的總供給線相交於 E_2，在新的均衡下，國內生產毛額將從 Y_1 增至 Y_2，而價格水準則將從 P_1 提高至 P_2，由此得知貨幣貶值對總

體經濟會產生一種擴張性效果。反之，貨幣升值對總體經濟則會產生一種緊縮性的效果，這可用圖 22－6 來加以解釋。假定在實施貨幣升值以前，總體經濟在 E'_1 實現均衡，產出和價格水準分別爲 Y'_1 及 P'_1，貨幣升值使總需求線從 AD'_1 向左下方移至 AD'_2，並使總供給線從 AS'_1 向右下方移至 AS'_2，結果總體經濟會因此緊縮，產出和價格水準會分別降至 Y'_2 和 $P'_2$❷。

圖 22－5　貨幣貶值對產出及物價水準的影響

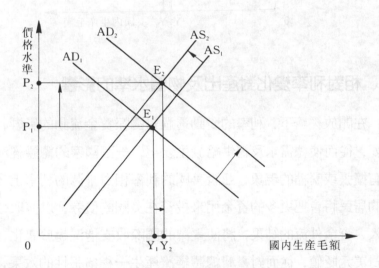

❷　假定貨幣貶值（升值）引起總需求的增加（減少）幅度大於總供給的減少（增加）幅度，則貶值（升值）的結果會使國內生產毛額及價格水準提高（降低），但如果貨幣貶值（升值）引起總需求的增加（減少）幅度小於總供給的減少（增加）幅度，則貶值（升值）的結果將使價格水準上升（下降），國內生產毛額下降（上升）。後一種情形可能性比較小。

圖 22-6　貨幣升值對產出及價格水準的影響

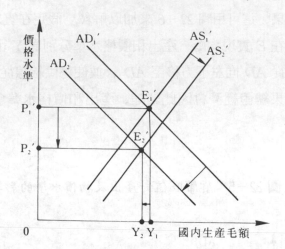

三、相對利率變化對產出及物價水準的影響

在開放經濟下，利率的變動透過對國際資金流動的影響，會使匯率改變，從而使總需求及總供給發生變化，一個國家的總體經濟將會因此而有擴張或緊縮的現象。茲設美國的利率相對臺灣的利率上升得快，臺灣的居民將會把更多的資金用來投資在美國的債券，以博取較高的利息收入，資金外流的結果，將使臺灣的國際收支情況趨於惡化，迫使臺幣相對美元貶值，從而對臺灣總體經濟產生一種擴張性的效果，反之，若是美國的利率相對臺灣的利率上升得比較慢，因為投資臺灣的債券較之投資美國的債券，利息的收入更豐，更多資金將會從美國流向臺灣，迫使臺幣升值，從而對臺灣總體經濟產生一種緊縮性的效果。

第三節　開放經濟下財政政策的效果

在第十一章我們討論「財政政策」的時候，曾經指出，若是政府實

施減稅或增加支出，總需求線將如同圖 22−7 所示，會從 AD_1 向右上方移至 AD_2，此一新的總需求線 AD_2 將與總供給線 AS_1 相交於 E_2，在新的均衡下，產出和價格水準將分別提高至 Y_2 和 P_2，如果實施擴張性財政政策的國家是屬於封閉形的經濟，這一政策的擴張效果便可用 Y_1Y_2 來表示，即因實施擴張性財政政策，這個國家的國內生產毛額將可增加 Y_1Y_2 單位。

可是，如果實施擴張性財政政策的國家是屬於像臺灣一樣的開放形經濟，政府實施減稅或增加支出，不但會直接引起總需求的增加，而且會導致利率的提高，而利率提高會吸引更多外資流入，在浮動匯率制度之下，它會迫使這個國家的貨幣升值。結果一方面導致淨出口的減少，使總需求線從 AD_2 向左下方移至 AD_3；另一方面導致生產成本下降，使總供給線從 AS_1 向右上方移至 AS_2，總體經濟的均衡將從 E_2 移至 E_3，在新的均衡下，產出會從 Y_2 降至 Y_3，而物價水準則會從 P_2 降至 P_3。因為政府實施減稅或增加支出，產出和物價水準只分別提高 Y_1Y_3 及 P_1P_3，由此得知，減稅和增加支出對總體經濟所產生的擴張效果，在開放經濟下要比在閉鎖經濟下為小，同理，加稅和減少政府支出，對總體經濟所產生的緊縮效果，在開放經濟下亦要比在閉鎖經濟下為小。

從以上的分析，我們可以得出一個結論：在開放經濟下，政府於經濟衰退時所採取的擴張性財政政策，因為這項政策透過提高利率，影響國際資金的流動，從而促使貨幣升值，導致總需求減少及總供給增加，結果減稅或增加政府支出所產生的擴張效果將部分受到抵消，經濟景氣的復甦，因此會比預期的來得緩慢；在另一方面，在開放經濟下，政府於經濟過熱時採取緊縮性財政政策，因為這項政策會透過降低利率，影響國際資金的流通，從而促使貨幣貶值，導致總需求增加及總供給減少，結果加稅或減少政府支出所產生的緊縮效果將部分受到抵消，通貨膨脹的抑制也因此會比預期的來得緩慢。

圖 22－7　開放經濟下擴張性財政政策的效果

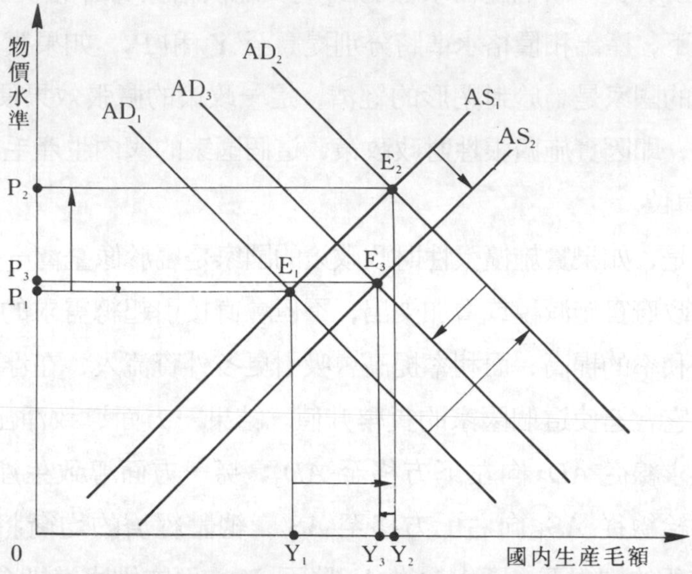

第四節　開放經濟下貨幣政策的效果

　　貨幣政策和財政政策是政府用以對抗經濟波動的二個主要工具，關於財政政策在閉鎖經濟下和在開放經濟下所產生的效果，我們在上一節已做了一個比較，本節所要討論的是一個採取浮動匯率和容許資金在國際間自由流動的開放經濟國家，貨幣政策是怎樣運作的？

　　我們在第十五章討論「中央銀行與貨幣政策」的時候，曾經提到貨幣當局可以利用公開市場操作，改變存款準備率或貼現率等各種手段，使貨幣供給量增加或減少。透過貨幣供應量的變化，總需求將會受到影響，從而使產出及物價水準發生變化，在通常情形下，當一個國家遭遇經濟衰退的時候，貨幣當局會採取擴張性的貨幣政策，增加貨幣供應量，以刺激有效需求。結果總需求線將會如同圖 22－8 所示，從 AD_1 向

圖22-8　開放經濟下擴張性貨幣政策的效果

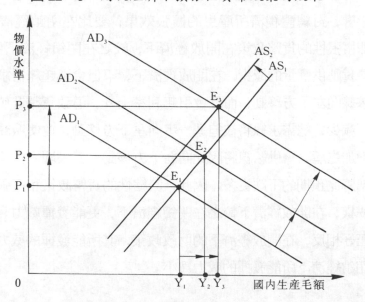

右上方移至 AD_2，國內生產毛額將從 Y_1 增加至 Y_2，物價水準則將從 P_1 提高至 P_2，如果沒有國際間資金的移動，總體經濟的均衡會停留在 E_2，但在開放經濟下，資金在國際間不斷移動是一個很自然的現象，造成資金在國際間流動的最主要因素之一是利率的變動，若是一個國家的利率相對其他國家提高得快，更多資金將會向這個國家流入，反之，更多的資金將會從這個國家流出。貨幣供給量的增加，不但會引起總需求的增加，而且會引起利率的下跌，導致更多資金的外流，外匯需求會因此增加，在浮動匯率制度下，匯率將被迫上升，因為貨幣貶值，淨出口將增加，結果總需求線將進一步從 AD_2 向右上方移至 AD_3。

　　在另一方面，貨幣貶值會導致進口原材料價格上升，使廠商生產成本增加，利潤降低，迫而減少生產，結果總供給線將從 AS_1 向左上方移至 AS_2，新的總需求線 AD_3 將與新的總供給線 AS_2 相交於 E_3，隨著均衡的改變，國內生產毛額將進一步從 Y_2 增至 Y_3，而物價水準亦會進一

步從 P_2 提高至 P_3。因此，在開放經濟下，增加貨幣供應量，透過對匯率的影響，對總體經濟所產生的擴張效果，要比在閉鎖經濟下來得更大，即擴張性的貨幣政策在開放經濟下，較之在閉鎖經濟下更具威力。反之，貨幣供應量的減少，在開放經濟下，不但會引起總需求減少，使總需求線向左下方移動，而且會引起利率上升，導致貨幣升值，從而使淨出口減少，總需求線將被迫進一步向左下方移動，並使廠商因成本下降，增加生產，總供給線將因此向右下方移動，結果國內生產毛額及物價水準將比預期的下跌更多。因此，緊縮性的貨幣政策和擴張性的貨幣政策一樣，在開放經濟下較之在閉鎖經濟下，更能發揮威力。這與財政政策正好相反，在開放經濟下的財政政策，其所能發揮的威力，一般要比在閉鎖經濟下所能發揮的威力為小。

第五節　預算赤字與貿易赤字
相互間的關聯性

近年來世界上有些國家，特別是美國，不但聯邦政府的預算經常出現赤字，國際貿易上也常常出現赤字，雙赤字的同時出現，究竟純粹是一種巧合？抑或彼此間有高度的關連性？這是本節所要討論的課題。

在第六章和第七章當我們討論「總需求與總供給」以及「凱恩斯的所得決定理論」時，曾一再提到當總體經濟實現均衡的時候，一個國家的國內生產毛額或總產出（Y）等於總支出或總需求，構成總支出或總需求的有四個要素，即消費（C），投資（I），政府購買（G），及淨出口（$X-M$）。寫成數學式是：

$$Y = C + I + G + (X - M) \quad\cdots\cdots\cdots\cdots\cdots\cdots (1)$$

國內生產毛額是扣除中間產品及原料費用以後，全體廠商出售產品

及勞務的收入，這些收入將以薪資，租金，利息及利潤方式分配給生產
要素所有者，成為他們的所得。這些所得收受者對所得的處理不外三種
方式：一是消費（C），二是納稅（T），三是儲蓄（S），這三者之和應
等於全部所得或國內生產毛額，即

$$Y = C + S + T \quad\cdots\cdots\cdots\cdots\cdots\cdots\cdots\cdots \text{(2)}$$

從(1)式及(2)式，我們可以得出

$$C + I + G + (X - M) = C + S + T$$

上式等號左右兩邊各減去 C，加以重新安排後可得出：

$$G - T = (S - I) + (M - X) \quad\cdots\cdots\cdots\cdots\cdots \text{(3)}$$

(3)式中告訴我們，政府的預算赤字（$G - T$），應該等於超額儲蓄
（$S - I$）加上貿易逆差或貿易赤字（$X - M$）。

在開放經濟下，一個國家如果採用浮動匯率，他們的國際收支在理
論上應該經常保持平衡。經常帳上的逆差必須等於資本帳上的順差，貿
易上所產生的赤字必須由資本的淨流入來得到彌補，因此(3)式可改寫為

$$G - T = (S - I) + 資本淨流入$$

上式明顯告訴我們，如果政府預算中出現赤字（$G - T$），此一赤字
若不是靠國內超額儲蓄來因應，便得靠向國外借款來因應，當然也可以
一方面靠國內超額儲蓄來因應，一方面靠向國外借款來因應，若是國內
超額儲蓄足夠彌補政府的預算赤字，便不必依靠向國外借款。但是要實
現這一目的，得設法增加儲蓄，或減少投資支出，採用前一個方式，得
要求國人節衣縮食降低目前生活水準，這對像美國這樣養尊處優慣了的
國家，是不容易被大眾接受的；採用減少投資的辦法，則會損害資本形
成，降低經濟成長速度，可能引起失業人數的增加，也不是容易為社會

大眾所接受。

　　在儲蓄無法增加而又不願減少投資的情況下，預算赤字的擴大，必然會引起外債的增加，為了引誘更多外資的流入，利率勢非提高不可，隨著利率的提高，將有更多外資流入國內，促使外匯供給的增加，結果將導致匯率下跌，從而使進口增加以及出口減少，貿易逆差的擴大乃是必然的現象，預算赤字與貿易赤字形影相隨應是一件不難理解的事。

摘　要

1. 因為一個國家的進口，便是另外一個國家的出口，當臺灣主要貿易伙伴美日等國經濟景氣上升，國民所得提高，他們會有能力購買更多臺灣產品，結果將導致臺灣出口增加，從而使臺灣產出及就業水準提高。在開放經濟下，一個國家的經濟繁榮或衰退與其他國家經濟景氣情況息息相關。

2. 若是一個國家的物價水準相對其他國家上漲得比較快，他們的出口將會減少，進口將會增加，結果這個國家的產出和物價水準會因總需求的減少而下降。反之，這個國家的產出和物價水準將會因總需求的增加而提高。

3. 匯率變動對進出口貿易有重大的影響，以本國貨幣所表示的外國貨幣價格如果提高，即本國貨幣若是相對外國貨幣貶值，淨出口會呈 J 字形波動，即貿易逆差隨貨幣貶值獲得改善以前可能最初會出現惡化，但貨幣貶值最後會透過淨出口的增加，使一個國家的總需求增加，從而導致這個國家產出及價格水準的提高，貨幣升值則有相反的效果。

4. 在開放經濟下，利率的變動，透過對國際資金流動的影響，會使匯率改變，利率提高會導致貨幣升值，利率下降則會導致貨幣的貶值，從而使總需求及總供給發生變化，一個國家的總體經濟將會因此而有擴張或緊縮的現象。

5. 擴張性的財政政策因為會引起利率上升，在開放經濟下，透過對國際資金流動的影響，會導致貨幣的升值，結果其所直接引起的總需求增加，部分會被貨幣升值所引起淨出口減少對總需求產生的負作用所抵消，它的擴張威力會比在閉鎖經濟下來得微弱，緊

縮性財政政策在開放經濟下，其所發生的緊縮效果也會相對比較
弱。但在另一方面，在開放經濟下，無論是擴張性的貨幣政策或
緊縮性的貨幣政策，透過利率改變對國際資金流動發生影響，會
使它的擴張或緊縮效果，更加強大。

6. 政府預算赤字與貿易赤字同時出現，並非純粹係一種巧合，兩者
相互間有高度關聯性，伴隨預算赤字的增加，貿易赤字往往也會
擴大。

問題討論

1. 在臺灣過去常常會聽得到民眾的感嘆「美國打一個噴嚏，臺灣便要發感冒」，意思是說美國經濟景氣稍為下降，臺灣經濟便要嚴重衰退，你同意這種說法嗎？理由在那裏？

2. 如果臺灣的通貨膨脹速度繼續不斷比美日兩國為快，我們與美日間的雙邊貿易會有怎樣的發展？

3. 為什麼一個國家的貨幣若是相對其他國家的貨幣貶值，會有助於貿易逆差的改善？貨幣升值則會有相反的效果，其理又安在？

4. 什麼叫 J Curve？

5. 一個國家的利率水準若是相對他國為高，對資金在國際間的流動會有什麼影響？為什麼利率較高的國家，他的通貨會須要升值？

6. 為什麼在開放經濟下較之在閉鎖經濟下，財政政策會變得比較沒有效果？而貨幣政策的效力則會變得更加強大？

7. 美國在 1980 年代不但政府預算上經常出現巨額赤字，而在國際貿易上也經常出現巨大的赤字。您能否解釋這二種現象為什麼會同時存在？

第三篇
廠商及價格理論
（個體經濟學）

第二十三章　需求與供給彈性的應用

第一節　需求價格彈性

一、何謂需求價格彈性

在第三章的第五節，我們曾經討論過需求法則，它告訴我們：消費者對某一物品的需求量與該物品的價格有一種減函數的關係，當物品的價格下跌時，消費者對該物品的需求量會增加；反之，消費者對該物品的需求量會減少。儘管物品的需求量與它的價格有減函數的關係，可是因為價格變動所引起的需求變動，個別物品的情形並不一樣。有些物品的需求量對價格變化的反應比較靈敏，有些物品需求量對價格的反應比較遲鈍。一種物品的需求量對價格變化反應程度的大小，通常可以需求價格彈性 (Price Elasticity of Demand) 來表示 (以下簡稱需求彈性)。凡一定程度之價格變化，能夠使需求量發生較大變化的物品，它的需求彈性便愈大；反之，它的需求彈性便愈小。某一物品的需求是否具有彈性，通常是看相應於一定程度的價格變化，需求量變化情況如何而定。它有五種不同情形：

1.完全彈性 (Perfectly Elastic Demand)

具有完全彈性的物品，它的需求曲線將如同圖 23－1 所示，是一條

圖 23-1 完全彈性的需求曲線

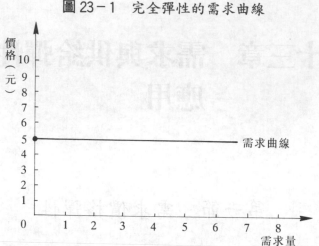

與橫軸平行的水平線，它表示當物品每單位的價格在 5 元以上時，這種物品將無法銷售出去。只要價格跌至 5 元，這種物品不管數量多少，都能夠銷售出去，生產者無須削價求售。

2.完全缺乏彈性（Perfectly Inelastic Demand）

一種物品的需求量對價格的變化如果完全沒有反應，它的需求曲線將如同圖 23-2 所示，是一條與縱軸平行的垂直線。表示不論每一單位的價格多高或多低，這種物品的需求量是 5 個單位，不受價格的影響。

3.富於彈性（Elastic Demand）

如果某一物品的價格變化 1%，它的需求量變化大於 1%，我們便認爲這種物品的需求富於彈性。如圖 23-3 所示，當物品的價格從 5 元降至 3 元時，它的需求量將從 3 單位增至 6 單位，即當價格降低 60%，需求量將增加一倍，需求量變化的幅度大於價格變化的幅度。

4.缺乏彈性（Inelastic Demand）

當某一物品的價格發生變化時，它的需求量通常會作相反方向的變化，若是後者的變化幅度小於前者的變化幅度，我們便認爲這項物品的需求缺乏彈性。缺乏需求彈性的物品，它的需求曲線是比較陡峭的，圖

圖 23－2　完全缺乏彈性的需求曲線

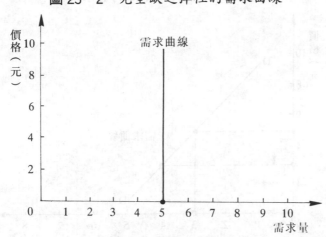

圖 23－3　富於彈性的需求曲線

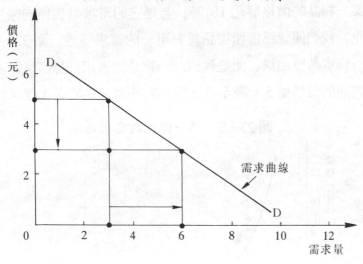

23－4 的 DD 線便代表一種缺乏彈性的需求曲線。從該圖可以看出，當物品每單位的價格爲 5 元時，它的需求量是 3 個單位。若是該物品的價格從 5 元降至 3 元，它的需求將從 3 個單位增爲 4 個單位，後者變化的幅度小於前者。

　　5.單一彈性（Unitarily Elastic Demand）

圖 23－4   缺乏彈性的需求曲線

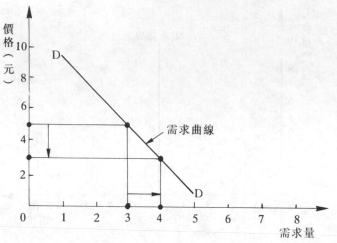

當某一物品的價格變化 1% 時，若是它的需求量也作同幅度的相反方向變化，我們便認為這種物品具有單一的需求彈性，圖 23－5 的 *DD* 曲線是一條直角雙曲線，便是代表此一物品的需求曲線。從該圖可以看出，當物品的價格從 5 元降至 3 元時，它的需求量將從 3 個單位增至 5

圖 23－5   單一彈性的需求曲線

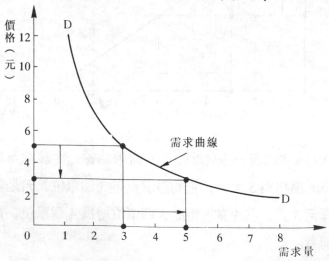

個單位，該一物品的銷售金額仍然是 15 元（5×3 或 3×5），並不因價格的變化而有不同。

二、影響需求價格彈性的因素

因爲價格變化而引起的需求量的變化，有五種不同情形，關於這點我們剛才已作過簡單的說明。物品的種類不同，它的需求彈性可能不一樣，有些物品的需求彈性比較大，有些物品的需求彈性比較小。物品需求彈性的大小，主要受下列六個因素的影響：

　1.替代品的多寡

某一物品如果有許多其他替代品，它的需求彈性往往會較大；反之，它的需求彈性往往會較小。以飲料品及電冰箱爲例，前者替代品比較多，某一飲料品的價格如果相對其他飲料品價格上漲，消費者會很快減少這一飲料品的消費，而增加其他飲料品的消費；後者因爲缺乏替代品，某一程度的價格變化，對它的消費量影響會比較小。

　2.用途的多寡

用途愈多的產品，它的需求彈性往往愈大。原因是當它的價格下跌時，消費者會儘量設法多方面利用這類產品，因而更增加他們對這類產品的購買。

　3.必需程度的強弱

消費者對日常生活必需品，都有一定的消費量，某種程度價格的變化，很難對這一類物品的需求量有重大的影響。食鹽便是這個例子，每一個人每天所消費的食鹽都有一定的數量，既很難減少，也很難增加，這一類民生必需品的需求彈性都比較低。

　4.占消費支出的比重

有些物品在消費者整個消費支出中占有很大的比重，有些物品在消費者整個消費支出中只占很小的比重。同樣程度的價格變化，消費者對

前者的感受當會遠較對後者的感受強烈，因而對前者需求的調整自會較對後者需求的調整爲大，亦即在消費者整個消費支出中占比重愈大的物品，需求彈性相對較大。

5.時間的長短

同一物品的需求彈性會隨著時間的變化而不同，因爲消費習慣及偏好在短期間不容易改變，相應價格的變化，需求量的改變在短期間比較困難，在長期間比較容易。換句話說，隨著時間的推移，物品的需求彈性會逐漸提高，短期間缺乏彈性的物品，在長期間可能變得富於彈性。

6.價格的高低

同一物品當價格比較低的時候，需求彈性比較小，當價格比較高的時候，需求彈性比較大。譬如 1973 年以前，在美國汽油每加侖的價格不到 3 角，即使漲一倍，每加侖仍不到 6 角，大家仍然覺得很便宜，並不馬上大量減少消費。自後油價繼續上漲，待每加侖已賣到 1.2 元，若是再漲一倍，便是 2.4 元一加侖，此時消費者的感受會變得比較強烈，同一幅度的油價上漲，將會導致消費量較大幅度的下跌，這是一件預料中的事。

第二節　需求價格彈性的計算方法

相應價格的變化，需求量的增減，若用絕對數量來表示，意義往往含混。譬如，當煤價上漲 1 元，煤的需求量設減少一噸，這一反應算不算強烈呢？除非我們知道原來的價格和需求數量，否則很難下一個斷語。某一物品的需求量，對價格變化的反應程度，必須根據價格及需求量的相對變化來決定。需求彈性的計算公式是：

$$e_p = \frac{\Delta Q_D}{Q_D} \div \frac{\Delta P}{P} \quad \cdots\cdots\cdots\cdots\cdots\cdots\cdots\cdots \quad (1)$$

e_p 代表需求彈性，P 與 Q_D 分別代表物品的價格與需求量，ΔP 及 ΔQ_D 則分別代表物品價格及需求量的增減變化。根據需求法則，當某一物品價格上漲時，若其他條件不變，它的需求量會減少；反之，它的需求量會增加。因此，根據 (1) 式所計算出來的需求彈性係數必然是一個負值，可是在習慣上我們都不把負號寫出來，只寫出它的絕對值。茲以表 23－1 所列資料為例，說明需求彈性的計算方法。

表 23－1　雞蛋需求表，需求彈性及銷售收入

每打雞蛋價格 （單位：元）	每週雞蛋需求量 （單位：打）	需求彈性	雞蛋銷售收入 （元）
32	1		32
28	2	5.00	56
24	3	2.60	72
20	4	1.57	80
16	5	1.00	80
12	6	0.64	72
8	7	0.38	56
4	8	0.20	32

從表 23－1，我們可以看出，雞蛋每打的價格若是增加或減少 4 元，需求量會相應減少或增加 1 打，如果我們想要知道雞蛋每打價格在 16 至 20 元區間之需求彈性，按照 $e_p = \dfrac{\Delta Q_D}{Q_D} \div \dfrac{\Delta P}{P}$ 公式，將會產生兩種不同結果：第一種結果是，假定雞蛋 1 打原來賣 16 元，現在漲至 20 元，價格增加了 25% $\left(\dfrac{16-20}{16}\right)$。相應價格變化，需求量從 5 打降低為 4 打，計減少了 20% $\left(\dfrac{5-4}{5}\right)$，此時需求彈性應為 0.8 $\left(\dfrac{20\%}{25\%}\right)$，意即價格如增加 1%，需求量將減少 0.8%。第二種結果是假定雞蛋 1 打原來賣 20 元，現在跌至 16 元，價格降低了 20% $\left(\dfrac{20-16}{20}\right)$。相應價格變化，需求量從 4

打提高爲 5 打，計增加了 25% $\left(\dfrac{4-5}{4}\right)$，此時需求彈性應爲 1.25 $\left(\dfrac{25\%}{20\%}\right)$，意即價格如減少 1%，需求量將增加 1.25%。若根據第一個結果，我們會認爲雞蛋需求缺乏彈性；如果根據第二個結果，我們又會認爲雞蛋需求富於彈性。解決這種矛盾情形，我們可以把公式 (1) 修改如下：

$$e_p = \frac{\Delta Q_D}{\dfrac{Q_{D1} + Q_{D2}}{2}} \div \frac{\Delta P}{\dfrac{P_1 + P_2}{2}} \quad\text{.....................} \quad (2)$$

P_1 和 Q_{D1} 是第一期的價格和需求量，P_2 和 Q_{D2} 是第二期——即次一期的價格和需求量。根據公式(2)，我們將會發現雞蛋每打價格在 16 至 20 元區間的需求彈性應該是 1 $\left[\dfrac{5-4}{\dfrac{5+4}{2}} \cdot \dfrac{20-16}{\dfrac{20+16}{2}}\right]$，意即在這一個特定價格區間，雞蛋價格每增加或減少 1%，雞蛋需求將會相應減少或增加 1%。表 23-1 第(3)欄的需求彈性，都是根據公式 (2) 計算出來的。

物品種類不同，需求彈性固然不同，即使同一物品，不同價格區間的需求彈性亦不一致。以表 23-1 資料爲例，當雞蛋每打價格在 28 至 32 元區間時，需求彈性爲 5；當雞蛋每打價格在 24 至 28 元時，需求彈性爲 2.6。利用表 23-1 的資料，我們可以畫出一條雞蛋的需求曲線 (見圖 23-6)，在這曲線上中點 (即 A 點) 以上部分的需求彈性大於 1，A 點以下部分的需求彈性小於 1。當需求彈性大於 1 時，價格每下降 (上升) 1%，需求量將增加 (減少) 1% 以上，此時價格的下跌 (上升) 將可增加 (減少) 廠商的銷貨收入；當需求彈性等於 1 時，價格每降落 (上升) 1%，需求量亦增加 (減少) 1%，此時價格的下跌 (上升) 並不能使廠商的銷貨收入增加或減少；當需求彈性小於 1 時，價格每降落 (上升) 1%，需求量將增加 (降低) 1% 以下，此時價格的下跌 (上升)，將會減少 (增加) 廠商的銷貨收入。社會上一般的人往往認爲降

低價格會減少銷貨收入，提高價格會增加銷貨收入，這一看法並不一定
都是正確（見表 23-1）。

圖 23-6　雞蛋的需求曲線

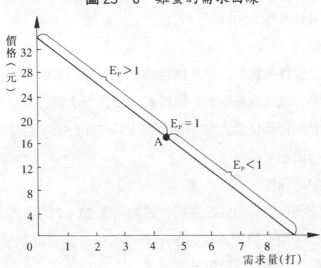

第三節　供給價格彈性

一、何謂供給價格彈性

　　需求彈性是用來測定消費者對價格的反應靈敏程度，而供給彈性
〔供給價格彈性（Price Elasticity of Supply）的簡稱〕則是用來測定供給
者對價格的反應靈敏程度，它是供給量相對變化與價格相對變化的比
率。用數學公式來表示是：

$$\eta_p = \frac{\Delta Q_S}{Q_S} \div \frac{\Delta P}{P} \quad\cdots\cdots\cdots\cdots\cdots\cdots\cdots\cdots (3)$$

η_p 代表供給彈性，P 與 Q_S 分別代表物品的價格與供給量，ΔP 與

ΔQ_s 則分別代表物品價格及供給量的增減變化。由於供給量與價格兩者間有增函數的關係，供給彈性係數即 η_p 應該是正值，但在習慣上我們都不把正號寫出來，只寫出它的絕對值。根據 η_p 值的大小，我們可以把供給彈性分成五類：

1.完全彈性

具有完全彈性的物品，它的供給彈性係數等於無窮大，表示價格到達某一水準時，供給量無限大，價格若低於此一水準，供給量會立即降為零。此一類的物品供給曲線將如同圖 23−7 的 S_1S_1 曲線所示，是一條與橫軸平行的水平線。

2.完全缺乏彈性

完全缺乏彈性物品的供給曲線，將如同圖 23−7 的 S_2S_2 曲線所示，它是一條與橫軸相交的垂直線，表示不管價格高低，供給量固定不變，這一類物品的供給彈性係數等於零。

3.富於彈性

此一類物品的供給彈性係數大於 1，表示供給量變動的百分比大於價格變動的百分比，即當價格增減 1％時，供給量增減的幅度將大於1％，這類物品的供給曲線可用圖 23−7 的 S_3S_3 來表示。

4.缺乏彈性

某一物品如果缺乏供給彈性，它的彈性係數將小於 1，這類物品供給量變動的幅度，小於價格變動的幅度，它的供給曲線可用圖 23−7 的 S_4S_4 來表示。

5.單一彈性

這一類物品的供給彈性係數等於 1，表示供給量與價格呈同方向及同幅度的變化，即當價格增減 1％時，供給量也將增減 1％，這類物品的供給曲線可用圖 23−7 的 S_5S_5 來表示。

圖 23-7 線型供給曲線的彈性分類

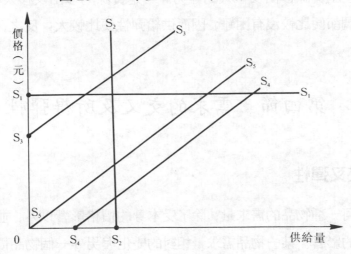

二、影響供給價格彈性的因素

一種物品供給彈性的大小主要受下列因素的影響:

1.時間的長短

任何一種產品都需要經過一段時間才能生產出來,在短期間每一種財貨及勞務的供給都是比較缺乏彈性的,如時間太短,甚至會完全缺乏彈性。譬如,某一天的新鮮蔬菜供應,可以說完全缺乏彈性,不管價格高低,供給量幾乎沒有辦法改變。隨著時間的加長,生產者會針對市場的變化,調節他的生產,供給因而會變成富於彈性。

2.技術要求水準

凡是技術水準要求比較高的財貨及勞務,因為專業人才培養費時,其供給往往比較缺乏彈性。精巧的手工藝品、高水準的音樂演奏、及名畫等便是屬於這一類的物品及勞務。

3.資源移轉的難易

當某一物品的價格改變時,其產量是否能夠馬上及大幅度的改變,

決定於生產資源移出及移入的難易。若是資源的移出及移入相對容易，產量的調節便比較沒有困難，因而供給彈性便比較大；反之，供給彈性便比較小。

第四節　需求的交叉及所得彈性

一、交叉彈性

任何一種物品的需求量，除了受本身的價格影響以外，並受相關物品價格的影響。某一物品需求量相對的變化與另外一個物品價格的相對變化之比，稱為該物品需求的價格交叉彈性，簡稱交叉彈性（Price Cross – Elasticity of Demand）。計算交叉彈性係數的公式是：

$$e_{AB} = \frac{\Delta Q_A}{Q_A} \div \frac{\Delta P_B}{P_B} \quad\cdots\cdots\cdots\cdots\cdots\cdots\cdots\cdots\cdots (4)$$

e_{AB} 代表 A 產品對 B 產品的需求價格交叉彈性，Q_A 及 P_B 分別代表 A 產品的需求量和 B 產品的價格，ΔQ_A 及 ΔP_B 則分別代表 A 產品需求量及 B 產品價格的增減變化。交叉彈性係數可以為正值，也可以為負值。如果 e_{AB} 是正值，表示 A 及 B 兩種產品是可以相互代替的產品；如果 e_{AB} 是負值，表示 A 及 B 兩種產品是相互輔助的產品。前者如豬肉及牛肉，兩者中某一項價格的上漲或下跌，會引起另一項需求量的增加或減少，它們的交叉彈性係數應該是一個正值。至於兩者的代替程度則視 e_{AB} 絕對值的大小而定。絕對值愈大，表示代替性愈高；反之，代替性愈低。後者最好的例子是照相機和膠卷，兩者中某一項價格的上漲或下跌，會引起另一項需求量的減少或增加，它們的交叉彈性係數應該是一個負值。至於兩者的互輔程度，亦視 e_{AB} 絕對值的大小而定，絕對

值愈大，表示兩者互輔性愈高；反之，互輔性愈小。交叉彈性係數亦可能爲零，如果 $e_{AB}=0$，表示兩者中某一項價格的變動，對另一項的需求量不會發生任何影響，它們互不相干。

二、所得彈性

影響消費者對某一物品需求量的另外一個重要因素是他們的可支配所得，在這裡姑且簡稱所得。因爲所得變化，消費者對某一物品的需求量會隨著發生變化，兩者相關程度，可用需求的所得彈性，簡稱所得彈性（Income Elasticity of Demand）來測定。所得彈性的計算公式是：

$$ e_Y = \frac{\Delta Q}{Q} \div \frac{\Delta Y}{Y} \quad\cdots\cdots\cdots\cdots\cdots\cdots\cdots\cdots\cdots\cdots\cdots\cdots\cdots \text{(5)} $$

e_Y 代表所得彈性係數，Q 及 ΔQ 代表某一物品的需求量及需求增量，Y 及 ΔY 則分別代表所得及所得的增量。所得彈性係數可以爲正值，也可以爲負值，根據符號的正負，可用以辨別某一財貨究竟是正常或高級財貨（Normal or Superior Goods）還是劣等財貨（Inferior Goods）。正常或高級財貨的所得彈性係數通常是正值，表示當消費者的所得提高時，他對這一財貨的需求量會增加；反之，他對這一財貨的需求量會減少。劣等財貨的所得彈性係數通常是負值，表示所得與需求量呈相反方向變化，所得愈高，需求量愈小；反之，需求量愈大。如用圖形來表示需求量與所得的關係，正常及高級財貨將如同圖 23－8 的 E_1E_1 曲線所示，劣等財貨將如同圖 23－9 的 E_2E_2 曲線所示，它們都稱爲恩格爾曲線（Engel's Curve）。

圖 23-8　正常及高等財貨的恩格爾曲線

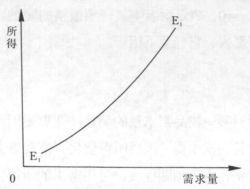

圖 23-9　劣等財貨的恩格爾曲線

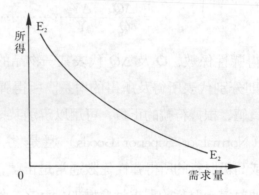

第五節　需求與供給彈性的應用價值

一、彈性與價格政策

　　了解需求及供給彈性，在做許多重要的決定時，有很大的幫助。我們都知道，銷貨收入是銷售量與價格的乘積。因為價格與銷售量往往呈相反方向的變化，價格的上漲或下跌對廠商營業收入的影響，有正的一面，也有負的一面。為了提高營業收入，究竟應該採取什麼樣的價格政

策？這得要看價格變動對影響銷貨收入的正反兩種力量，那一種比較強大？關於這一點，需求彈性可以提供我們答案。

若是一個物品的需求彈性係數大於 1，它的需求量變動幅度會大於價格的變動幅度。在這種情況下，價格的提高將使總收入減少，價格的降低將使總收入增加。反之，一個物品的需求彈性係數如果小於 1，需求量的變動幅度會小於價格的變動幅度，在這種情況下，提高價格可以增加收入，降低價格會使收入減少。對於需求彈性係數等於 1 的物品，因爲需求量與價格呈同幅度的相反方向變動，價格的漲跌對收入將不發生任何作用。

具備需求彈性的知識，廠商在價格政策方面容易做出較好的決定。例如在 1977 年，美國國會曾經通過一個法案，容許航空公司有更大的自由調整票價，這個法案通過以後，大部分的航空公司對旅遊票價均酌予降低，他們所根據的理由是旅遊富於需求彈性，降低票價可以提高收入。在另一方面，他們認爲商業旅行通常缺乏彈性，因此對商業性飛行不採取減價措施。

在決定價格管制時，需求彈性的知識也非常有用。譬如，在 1981年，美國雷根總統取消汽油價格的管制，他這個決定是根據顧問們的建議，他們對雷根總統作這項建議，是基於對汽油需求彈性的判斷。認爲管制取消後，油價提高，會大量降低汽油的消費，因而可以減少美國對進口汽油的依賴。可是，這一個措施曾遭遇到一些人的反對，這些反對的人相信汽油幾乎完全缺乏彈性，取消管制提高油價，結果只有使石油公司坐收暴利，石油的消費量不會因此而大量減少。

另外還有一個例子值得一提，那便是在卡特擔任美國總統期間內，曾經對醫藥保險收費問題發生很大的爭論。爭論的焦點是受保人究竟該負擔多少百分比的醫藥費用，關於這個問題，經濟學家費德斯坦（Martin Feldstein）在國會作證時，曾經根據他對醫藥需求彈性所作的估計，

主張受保者至少應該負擔 30％的醫藥費用。他進一步指出，在受保者無須分擔任何醫藥費用的情況下，醫藥需求彈性變得非常高。政府的醫藥保險措施若是把受保者負擔醫藥費用的比例定得太低，將會使各種醫療機構有人滿之患，現有醫護人員及設備將無法負荷，而且政府在醫藥補助方面的支出將失去控制。

二、彈性與補貼政策

　　為了鼓勵增加某一物品的生產，政府常常給予生產該物品者某種補貼，希望透過補貼，能夠給生產者提供更多的誘因，以達到增產的目的。補貼是要花錢的，政府把錢花在補貼上，究竟對增產會發生多大的效果？這得要看產品的供給彈性如何來決定。如果補貼的產品富於供給彈性，補貼所產生的增產效果便比較大；反之，補貼的效果便比較小。這種情形可藉圖 23－10 來加以說明。

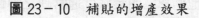

圖 23－10　補貼的增產效果

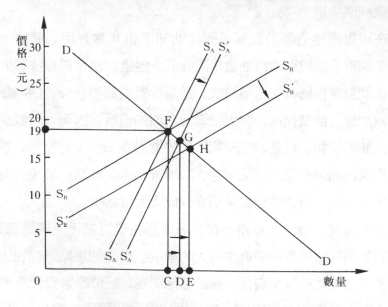

　　茲設有 A 及 B 兩種產品，假定它們的需求曲線都如同圖 23-10 的 DD 所示，我們進一步假定 A 產品的供給比較缺乏彈性，B 產品的供給比較具有彈性。如果沒有政府的補貼，$S_A S_A$ 及 $S_B S_B$ 分別代表 A 和 B 二種產品的供給曲線，它們均與 DD 線相交於 F 點，兩種產品在均衡時的價格是 19 元，產量是 OC。爲了鼓勵增產，設政府對每生產 1 單位的 A 和 B 產品，給予生產者 4 元的補貼。換句話說，生產者每生產 1 單位的 A 或 B 產品，除了售價的收入以外，尚可自政府手中獲得 4 元的補貼。由於政府的補貼，A 及 B 產品的供給曲線將分別移至 $S_A' S_A'$ 及 $S_B' S_B'$。當新的均衡實現時，A 產品的產量將從 OC 增至 OD，B 產品的產量則將從 OC 增至 OE。雖然政府對每單位產品給予同樣金額的補貼，其對 A，B 兩種產品所產生的增產效果，並不一樣。B 產品因爲供給彈性比較大，補貼的效果比較顯著；A 產品因爲供給彈性比較小，補貼的效果便沒有那麼顯著。一種產品如果完全缺乏供給彈性，政府想用補貼的手段以促進生產，此一希望將會落空。

三、彈性與賦稅政策

　　一種物品供給與需求相對彈性的大小，對產品稅負在生產者與消費者間的分配有重大影響。供給如果相對需求較具彈性，稅負的大部分將歸消費者負擔；反之，稅負的大部分將歸生產者負擔。茲以圖 23-11 及圖 23-12 分別說明兩者情況。

　　圖 23-11 的 DD 代表需求曲線，$S_B S_B$ 代表課稅前的供給曲線，$S_B S_B$ 線較 DD 線平坦，表示供給相對於需求較具彈性。茲設政府對每單位產品課 5 元的稅，課稅後的供給曲線將從 $S_B S_B$ 移至 $S_A S_A$，課稅前的均衡點是 E_1，課稅後的均衡點將從 E_1 移至 E_2。課稅前的均衡價格是 15 元，每成交 1 個單位產品，消費者付出 15 元的代價，生產者實得 15 元的收入。課稅後的均衡價格爲 18.5 元，每成交 1 個單位產品，消費

圖 23-11　產品的稅負分配（供給彈性大於需求彈性的情況）

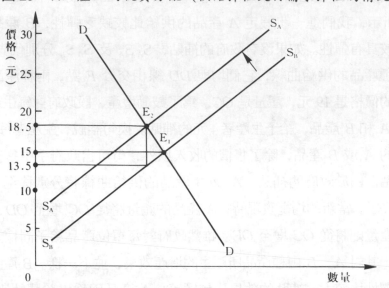

者現在須要付出 18.5 元的代價，較前多付出 3.5 元，因為課稅的關係，消費者每購買 1 單位產品的負擔加重了 3.5 元。在另一方面，生產者每賣出 1 單位的產品，得價 18.5 元，扣除向政府繳納 5 元的稅，實際收入是 13.5 元，較前減少了 1.5 元。每 1 單位產品課稅 5 元，結果消費者負擔 3.5 元，生產者負擔 1.5 元，前者較後者的稅負為重。

圖 23-12 所代表的情形則正好相反，該圖的 $D'D'$ 代表需求曲線，$S_B'S_B'$ 代表課稅前的供給曲線，它較 $D'D'$ 線陡峭，表示需求相對供給富於彈性。茲設政府對每單位產品同樣課 5 元的稅，課稅後的供給曲線將從 $S_B'S_B'$ 移至 $S_A'S_A'$，課稅前的均衡價格是 15 元，每成交 1 單位產品，消費者付出 15 元的代價，生產者實得 15 元的收入。課稅後的均衡價格增為 16.5 元，每成交 1 單位產品，消費者較前多付了 1.5 元，生產者雖然多賣了 1.5 元，但因要向政府繳 5 元的稅，實際的收入減少了 3.5 元，每單位產品課稅 5 元的結果，生產者負擔 70％，而消費者只負擔 30％。

為了鼓勵節省對某些物品的消費，各國政府往往對這些物品課以特

圖 23-12　產品的稅負分配（需求彈性大於供給彈性的情況）

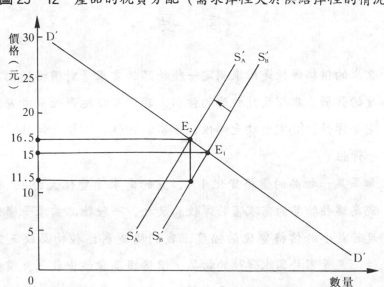

種銷售稅（Excise Tax），如果我們了解這些物品的供給和需求彈性，我們便可以事先計畫爲了達到減少某一特定數量的消費目的，需要把稅率定到多高的水準？茲設從供需彈性資料，我們知道對每單位 A 物品課稅增加 1 元，消費者每購買 1 單位 A 物品的負擔會增加 0.6 元，假定 A 物品的需求價格彈性是 1.5，則 A 物品稅率每提高 1%，它的消費量會減少 0.9（1×0.6×1.5），在這一假設下，如果我們想把 A 物品的消費量降低 9%，只要將它的稅率提高 10%，便可以達到這一個目的。

摘　要

1. 需求的價格彈性是用來測定一種物品的需求量對價格變化反應程度的強弱。根據反應程度的強弱，我們可以把彈性分成五類：(1)完全彈性，(2)完全缺乏彈性，(3)富於彈性，(4)缺乏彈性，及(5)單一彈性。

2. 如果某一物品的價格變化1%，它的需求量變化大於1，我們便認為這種物品的需求富於彈性。反之，一種物品需求量變化的幅度若是小於價格變化的幅度，我們便認為這種物品缺乏需求彈性。凡是富於需求彈性的物品，價格提高會減少收入，價格降低會增加收入。凡是缺乏需求彈性的物品，其情形則正好相反。

3. 影響需求價格彈性的主要因素是：(1)替代品的多寡，(2)用途的多寡，(3)必需程度的強弱，(4)占消費支出的比重，(5)時間的長短，及(6)價格的高低。

4. 同一物品當價格比較低的時候，需求彈性比較小；當價格比較高的時候，需求彈性比較大。時間的加長也會使彈性增加，短期間缺乏彈性的，在長期間可能變得富於彈性。

5. 需求價格彈性的計算，有兩種不同公式：

(1) $e_P = \dfrac{\Delta Q_D}{Q_D} \div \dfrac{\Delta P}{P}$

(2) $e_P = \dfrac{\Delta Q_D}{\dfrac{Q_{D1} + Q_{D2}}{2}} \div \dfrac{\triangle P}{\dfrac{P_1 + P_2}{2}}$

e_P 代表需求的價格彈性，P 與 Q_D 代表物品的價格與需求量，ΔP 及 ΔQ_D 代表物品價格及需求量的增減變化，P_1 和 Q_1 是第一期的價格和需求量，P_2 和 Q_2 是第二期——即次一期的價格和需

求量。用第一個公式所計算出來的彈性有人稱爲點彈性（Point Elasticity），用第二個公式計算出來的彈性有人稱爲弧彈性（Arc Elasticity）或中點彈性（Mid–point Elasticity）。

6.供給的價格彈性是用來測定供給者對價格的反應靈敏程度，它是供給量相對變化與價格相對變化的比率，影響供給價格彈性的主要因素是：(1)時間的長短，(2)技術要求水準，及(3)資源移動的難易。

7.某一物品需求量相對的變化與另外一種物品價格的相對變化之比，稱爲需求的價格交叉彈性。它的彈性係數如果是正值，表示兩種物品之間有代替的關係；它的彈性係數如果是負值，表示兩種物品之間有互輔的關係。

8.需求的所得彈性是需求量相對變化與所得相對變化之比。凡屬正常或高級財貨，它的所得彈性係數往往是正值；凡屬劣等財貨，它的所得彈性係數通常是負值。

9.需求與供給彈性對售價的決定很有用處，了解需求與供給彈性在決定許多公共政策時會有很多幫助，產品稅負在生產者與消費者間的分配，也是受供需彈性的影響。

問題討論

1. 何謂需求的價格彈性和供給的價格彈性？

2. 當某一產品的價格變動時，需求量若是維持不變，該產品的需求價格彈性如何？

3. 具有完全彈性的產品，價格與需求量間有什麼關係？

4. 測定需求價格彈性有兩種不同方法，試分別加以比較。

5. 產品需求價格彈性的大小，主要受那些因素影響？

6. 爲什麼時間長短對供給價格彈性會發生影響？精巧手工藝品往往缺乏供給價格彈性，其理由何在？

7. 何謂需求的價格交叉彈性？它如何用來判斷兩種產品間的關係？

8. 何謂需求的所得彈性？它有什麼用處？

9. 銷貨收入與產品的需求價格彈性有什麼關係？面對不同的需求價格彈性，銷售者應該採取怎樣的價格策略，才能增加收入？

10. 美國雷根總統上臺後不久，便宣布取消對汽油價格的管制，他所持的理由何在？

11. 爲了促進生產，您是否贊成政府對生產者給予補貼？理由何在？試以圖解方式支持您的論點。

第二十四章　效用與消費需求

第一節　效用的意義

一、總效用

　　消費者對某一件物品的採購數量，除了受所得和物品的相對價格影響以外，並受偏好（Preference）的影響。素食者不吃肉類，即使有人免費奉送他這些物品，他一定不會接受。同樣的，害怕坐飛機的人，對免費機票一定不會領情。消費者為什麼對某些物品會有偏好？原因是這些物品可以使他的某些欲望得到滿足，這種滿足欲望的能力，在經濟學上稱為「效用」（Utility）。滿足欲望能力愈大的物品，它的效用愈大，但效用最大的物品，並不一定是最有用的物品。譬如，飲水對人類，應該比鑽石有用，沒有鑽石，人類可以照樣活下去，若是沒有飲水，他們將不可能生存。儘管如此，鑽石和飲水的效用——即它滿足人類欲望的能力，卻會因人、因地而異。

　　效用的觀念在十八世紀的時候，便有經濟學家提出，當時的經濟學家認為，效用如同身高體重一樣是可以測量的，他們用於測量效用的單位叫做「猶太爾」（Utils）。某一物品的總效用（Total Utility）通常會隨消費量的增加而增加，但有一個限度，超過這個限度，它的總效用會因消費量的進一步增加而減少。如同表 24－1 所示，一杯飲料對某甲所產

生的效用是 10 個單位，二杯飲料的效用是 17 個單位。隨著消費量的增加，飲料對某甲所產生的總效用跟著增加，直至第 7 杯，總效用達到最大，然後飲料的總效用會隨著消費量的增加而下降，表示某甲對飲料消費到第 7 杯，已經達到飽和。繼續增加消費，不但不能對他產生快感，反而會使他覺得痛苦。總效用與消費量間的函數關係，也可以用圖 24－1 的 *TU* 線來表示。

表 24－1　飲料對某甲的效用

消　費　量	總效用（猶太爾）	邊際效用（猶太爾）
0	0	
		10
1	10	
		7
2	17	
		5
3	22	
		4
4	26	
		3
5	29	
		2
6	31	
		0
7	31	
		−1
8	30	
		−2
9	28	

二、邊際效用

　　比總效用更為重要的一個觀念，是為邊際效用（Marginal Utility），它是消費者每增加一單位財貨或勞務的消費所獲得的額外效用。邊際效用的計算公式如下：

$$邊際效用 = \frac{總效用的改變}{消費量的改變} = \frac{\Delta TU}{\Delta Q}$$

ΔTU 代表總效用的改變數量，ΔQ 代表消費量的改變數量。根據

表24-1第(1)、(2)兩欄的資料，我們可以算出每一杯飲料的邊際效用。譬如，某甲沒有用飲料以前，總效用是零，用了第一杯飲料後，總效用增爲 10，第一杯飲料的邊際效用於是等於 $10\left(\dfrac{10-0}{1-0}\right)$。同理，我們可以算出第二杯飲料的邊際效用應該是 $7\left(\dfrac{17-10}{2-1}\right)$。在總效用達到最大以前，邊際效用爲正值；當總效用達到最大時，邊際效用爲零；自後邊際效用變爲負值。在我們的例子中是，當某甲飲料的消費到達第七杯的時候，飲料對他所產生的總效用最大，此時總效用曲線（TU）達到最高

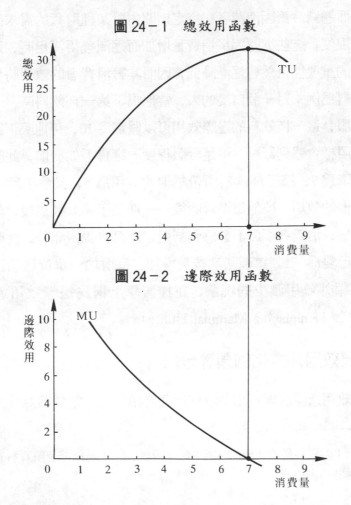

圖 24-1　　總效用函數

圖 24-2　　邊際效用函數

點，邊際效用曲線（*MU*）將與橫軸相交，表示邊際效用之值爲零（見圖 24－2)❶。

第二節　邊際效用遞減法則與預算分配

一、何謂邊際效用遞減法則

在某一特定期間內，消費者自某物品所獲得的邊際效用將隨消費數量的增加而遞減。蓋因消費者在特定期間內對某種財貨的需求欲望都有其一定的限度，這些欲望因爲消費量增加而逐漸獲得滿足時，這件物品對消費者的重要性自然會逐漸降低，因而其對消費者的效用將會逐漸減少。以飲料爲例，對一個口渴的人，當他喝下第一杯飲料時，一定會感到非常舒服，這一杯飲料的邊際效用可以假定爲 10，待他喝下第二杯飲料，雖然照樣會感到舒服，可是舒服程度一定會不如從前，此時的邊際效用可能降爲 7，第三杯飲料所帶給他的效用爲 5，又會小於第二杯飲料所帶給他的效用。待他口渴解除後——即喝了第七杯以後，繼續要他飲用第八杯，消費者不但不會感到舒適，反而會覺得痛苦，此時飲料的邊際效用已變爲－1。這種隨消費量增加，每增加一單位物品及勞務消費所獲得額外效用減少的現象，在經濟學上稱爲邊際效用遞減法則（The Law of Diminishing Marginal Utility）。

二、實現效用最大化的預算分配

邊際效用遞減法則可用來解釋消費者如何將一定的預算分配到各種

---

❶　表 24－1 的資料是不連續的，圖 24－1 及圖 24－2 是根據連續資料畫出來的，所以兩者不盡相同。

財貨及勞務的消費上，以獲得最大程度的滿足。在我們尚未利用邊際效用遞減法則來解釋消費者如何分配預算於不同用途之前，讓我們先作如下的假設：

　　1.消費者都是有理性的人，他們的消費行爲都是在追求最大的滿足，希望一定量的支出能夠帶給他們最大的效用。

　　2.消費者對於各種財貨及勞務所能帶給他們的滿足程度（或效用）都非常清楚。

　　3.每一個消費者在某一特定期間，可支配的所得都有一定的限度，他們的消費行爲均受到預算的限制。

　　根據以上各種假設，現在讓我們來討論消費者應如何將特定的預算分配在各種不同財貨及勞務的消費，使他們能夠獲得最大程度的滿足。爲了說明簡單起見，我們假定某一消費者（A 君）每週的支出預算爲10 元，可供他選擇消費的只有甲、乙兩種財貨，這兩種財貨對 A 君所產生的效用如表 24－2 所示。

　　比較表 24－2 第(3)欄和第(5)欄的第一列數字。我們會極易發現 A 君將首先花費 2 元用來購買第一單位的乙財貨，因爲此時每花費 1 元於乙財貨的消費，A 君所獲得的邊際效用是 12 個單位，而每花費 1 元於甲財貨的消費，A 君所獲得的邊際效用只有 10 個單位，A 君將同樣的錢用在乙財貨的消費要較用在甲財貨的消費可以獲得更大程度的滿足，他當然會選購乙而不選購甲。當他準備繼續購買第二單位的乙財貨時，他會發現此時每增加 1 元於乙財貨消費，他所獲得的邊際效用（10）與他花費 1 元於甲財貨消費所能獲得的邊際效用（10）並無不同，設 A 君現在尚有能力同時購買二者，結果他花了另外 2 元去購買第二單位的乙財貨，和另外 1 元去購買第一單位的甲財貨，這時他共購買了 2 個單位的乙和 1 個單位的甲，先後花掉 5 元。基於同樣的理由，A 君會繼續花 2 元去購買第三單位的乙財貨，然後以另外 2 元去購買第四單位的乙財貨

表 24－2　甲、乙兩種財貨對 A 君的效用

數量	甲財貨 (假定每單位價格爲 1 元)		乙財貨 (假定每單位價格爲 2 元)	
(1)	(2) 邊際效用 （MU$_甲$）	(3) 每元的邊際效用 （MU$_甲$/價格）	(4) 邊際效用 （MU$_Z$）	(5) 每元的邊際效用 （MU$_Z$/價格）
1	10	10	24	12
2	8	8	20	10
3	7	7	18	9
4	6	6	16	8
5	5	5	12	6
6	4	4	6	3
7	3	3	4	2

，及另外一元去購買第二單位的甲財貨，這樣剛好把 10 元花光，計共買了 4 個單位的乙和 2 個單位的甲。他從這兩種財貨所獲得的總效用是 96 個單位（24＋20＋18＋16＋10＋8），任何其他分配預算的方法，均不能使 A 君獲得同樣或更大程度的滿足。譬如，A 君若將僅有的 10 元分別購買四個單位的甲和三個單位的乙，他所獲得的總效用會只有 93 個單位（10＋8＋7＋6＋24＋20＋18），較原來的 96 個單位爲少，其他分配亦然。

從以上的分析，我們可以得出一個結論：那便是消費者欲使一定的預算能夠最適當地分配在不同財貨的消費，必須使其每多花 1 元在各種財貨所獲得的邊際效用相等。因爲只有在這種情況下，消費者才能從一定所得中獲得最大程度的滿足。以我們的例子，A 君應將 8 元用於購買乙種財貨，2 元用於購買甲種財貨，這樣他最後花費在甲、乙兩種財貨上每 1 元所獲得的邊際效用都是 8 個單位，而且剛好花去他 10 元，此

時他將一定預算用在甲、乙兩種財貨上所獲得的滿足程度會最大，這就是所謂最大效用法則（The Law of Maximum Utility），這一個法則可用以下的兩個數學方程式來表示，有時也稱爲均等邊際效用法則（The Law of Equal Marginal Utility）：

$$\frac{MU_1}{P_1} = \frac{MU_2}{P_2} \quad\text{..............................}\quad (1)$$

$$P_1 Q_1 + P_2 Q_2 = R \quad\text{..........................}\quad (2)$$

MU_1 及 MU_2 代表甲、乙兩種財貨的邊際效用，P_1 和 P_2 代表甲乙兩種財貨的單位價格，Q_1 和 Q_2 代表甲乙兩種財貨的消費數量，R 代表消費者的預算。上述兩個公式係假定可供消費者選擇的財貨只有甲、乙兩種，事實上我們可以把這兩個公式稍作以下的修正，便可適用於 n 種的財貨及勞務情形，即

$$\frac{MU_1}{P_1} = \frac{MU_2}{P_2} = \cdots = \frac{MU_n}{P_n} \quad\text{....................}\quad (3)$$

$$P_1 Q_1 + P_2 Q_2 + \cdots + P_n Q_n = R \quad\text{..................}\quad (4)$$

公式 (3) 和公式 (4) 指出，欲使一定的預算支出能夠獲得最大程度的滿足，第一、消費者必須將預算分配於各種不同物品及勞務，直至每一物品的邊際效用與它的單位價格比率相等爲止；第二、消費者花費在各種物品及勞務金額的和，應該等於他的全部預算。以上兩項條件，如有任何一項不能滿足，消費者便應繼續調整他的預算分配，直至兩項條件同時滿足爲止。譬如，當 $\frac{MU_1}{P_1} > \frac{MU_2}{P_2}$ 時，表示消費者每多花 1 元在第一種物品，其所獲得的邊際效用，要大於多花 1 元在第二種物品所獲得的邊際效用．因此他應該將原用於第二種物品的部分預算轉移用於第一種物品的消費支出。如此，可以使他自一定預算中所獲得的總效用增

加。反之，當 $\dfrac{MU_1}{P_1} < \dfrac{MU_2}{P_2}$ 時，他應該將原用於第一種物品的部分預算轉移用於第二種物品的支出，如此亦可使他自一定預算中所獲得的總效用增加。

在另一方面，當 $P_1Q_1 + P_2Q_2 + \cdots + P_nQ_n > R$ 時，表示消費者的消費支出大於他的預算，這一種消費行為將無法繼續下去。反之，當 $P_1Q_1 + P_2Q_2 + \cdots + P_nQ_n < R$ 時，表示消費者的消費支出小於他的預算，他尚有能力增加消費，以獲得更多的滿足。上述兩種情況均顯示消費者對他的消費支出仍然有繼續調整的必要，只有當公式 (3) 及公式 (4) 所列條件同時滿足時，消費者對他預算的分配，才臻於恰到好處，此時消費者的均衡（Consumer's Equilibrium）才算完全實現。

第三節 邊際效用與需求曲線

消費者從某一財貨或勞務的消費中可以獲得一種滿足，為了獲得這種滿足，消費者必須付出代價，這個代價就是為了獲得此一財貨或勞務所支付的貨幣數量。在此，我們可以把貨幣當作另外一種財貨，如果我們知道某一財貨及貨幣的邊際效用，我們可以根據這一資料，導出這一財貨的需求曲線。茲以表 24－3 所列的資料為例，假定每一單位貨幣的邊際效用（MU_M）為 3，並且固定不變，另假定財貨 A 的邊際效用如該表第(3)欄的數字所示。根據邊際效用遞減法則，隨著消費數量的增加，財貨 A 的邊際效用會逐漸從 15 單位遞減至 3 單位。一位有理性的消費者，為了獲得最大程度的滿足，他會繼續以貨幣交換財貨 A，直至下式成立為止：

$$\frac{MU_A}{P_A} = \frac{MU_M}{P_M} \quad\cdots\cdots\cdots\cdots\cdots\cdots\cdots\cdots (5)$$

MU_A 及 MU_M 分別代表財貨 A 及貨幣的邊際效用，P_A 及 P_M 分別代表每 1 單位財貨 A 及貨幣的價格，由於每單位貨幣的價格是 1 元，我們可以把 P_M 從 (5) 式中除去，並將 (5) 式改變為：

$$P_A = \frac{MU_A}{MU_M} \quad \cdots\cdots\cdots\cdots\cdots\cdots\cdots\cdots \quad (6)$$

當 $\frac{MU_A}{P_A}$ 大於 $\frac{MU_M}{P_M}$ 時，表示消費者若多花 1 元用於購買 A，其自 A 所獲得的效用，大於失去貨幣 1 元所損失的效用，繼續的購買 A 會使他獲得更大的滿足。反之，當 $\frac{MU_A}{P_A}$ 小於 $\frac{MU_M}{P_M}$ 時，表示消費者若多花 1 元用於購買 A，其自 A 所獲得的效用，小於失去貨幣 1 元所損失的效用，此時繼續增購 A，會使他的總效用減少。當 $\frac{MU_A}{P_A}$ 等於 $\frac{MU_M}{P_M}$ 時，表示消費者多花 1 元換取 A，其自 A 所獲得的效用，恰好等於失去貨幣 1 元所損失的效用，此時把 1 元貨幣留在身邊，抑或用在 A 的購買上面，對消費者來說便沒有什麼分別了，這是一種最適當的情況。只有當這種情況實現時，消費者可以達到最大程度的滿足。

根據公式 (6)，我們可以算出，在不同的需求量下，每單位 A 的價格。在這個價格下，$\frac{MU_A}{P_A}$ 等於 $\frac{MU_M}{P_M}$，消費者的滿足程度達到最高的境界。有關不同數量下 A 的價格資料，我們列在表 24－3 的最後一欄——即第(4)欄，該表第(1)及第(4)兩欄資料合併在一塊，便是財貨 A 的需求表。把這兩欄資料用圖形來表示，便如同圖 24－3 的 DD 線，它就是 A 財貨的需求曲線。

邊際效用遞減法則可用來解釋何以需求曲線會自左上方向右下方延伸。因為根據這個法則，消費者每增加 1 單位物品及勞務消費，其所獲得之額外效用較前 1 單位為小，欲使其繼續增加購買，必須不斷降低該物品及勞務的價格。換句話說，當消費者擁有某一物品，其數量較小時

表 24-3　根據邊際效用導出的 A 財貨需求表

(1) A 財貨的需求 或消費量	(2) 貨幣的邊際效用 （MU_M）	(3) A 財貨的邊際效用 （MU_A）	(4) A 財貨的價格 （P_A）
1	3	15	5
2	3	12	4
3	3	9	3
4	3	6	2
5	3	3	1

圖 24-3　A 財貨的需求曲線

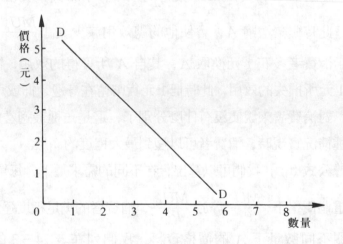

，該物品的邊際效用較大，他必然會願意爲這個物品付出較高的價格；
反之，當他擁有某一物品的數量增加時，該物品的邊際效用會降低，他
爲了獲得這個物品所願意付出的價格必然會減少。需求曲線之所以自左
上方向右下方延伸，即在表示當某一物品價格下跌時，消費者對該物品
需要量會增加；反之，當某一物品價格上漲時，消費者對該一物品需求
量會減少。

第四節　無差異曲線與消費者均衡

一、無差異曲線的意義

利用邊際效用分析來說明消費者對某一物品的需求如何決定，其最大的缺點乃是消費者必須能夠對各種物品的邊際效用加以數量化，他必須對各種物品滿足欲望的能力能夠有確實的了解。每一物品滿足欲望的能力往往因人而異，同樣一項物品對滿足甲的欲望能力可能很大，但對滿足乙的欲望能力可能很小，物品效用的大小通常很難用數量來衡量，而且涉及主觀價值的判斷。

邊際效用分析在實際應用上有很多的困難，針對這一分析方法的缺點，經濟學家提出了無差異曲線（Indifference Curve）的概念。他們認為消費者對各種消費品的不同組合，容或無法說出每一種組合究竟能夠產生多大的效用，但對那一種組合比較適合他們的需要，能夠令他們獲得較大程度的滿足，應該相當了解，只要他們對不同組合喜愛的程度能夠分辨出來，便可以定出選擇的順序。

各種物品的不同組合有時會使消費者獲得同樣的滿足，例如，擁有 5 根香蕉和 2 個蘋果，與擁有 10 根香蕉和 1 個蘋果，對某一消費者來說，滿足程度可能一樣。這些可以產生同樣滿足程度之各種物品的不同組合，用一條曲線來表示，便是所謂無差異曲線。換句話說，所謂無差異曲線，乃是表示在這條線上的任何一點，其所代表之不同物品組合，就滿足消費者欲望能力來說，無分軒輊。茲以 *A*、*B* 兩種物品為例，如同表 24－4 所示，它們間計有五種不同組合，每一組合對消費者都可產生同樣程度的滿足。利用表 24－4 的資料，我們可在圖 24－4 上畫出一條 *II* 曲線，這條曲線就是所謂無差異曲線。在這條線上的每一點代表

表 24-4　產生同樣滿足程度的 A、B 兩種物品之組合

(1) A 物品數量	(2) B 物品數量	(3) 邊際替代率 $-\dfrac{\Delta B}{\Delta A}$
1	15	$-4/1$
2	11	$-3/1$
3	8	$-2/1$
4	6	$-2/1$
5	5	$-1/1$

圖 24-4　無差異曲線

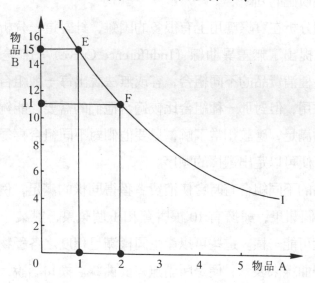

了 A、B 兩種物品不同的組合，例如 E 點代表 1 單位的 A 和 15 單位的 B，F 點代表 2 單位的 A 和 11 單位的 B，就消費者滿足程度來說，這兩種不同組合沒有差別。

二、無差異曲線的特性

　　1.從圖 24－4 我們可以看出無差異曲線是自左上方向右下方延伸的，它具有一個負的斜率，這表示欲維持消費者滿足程度不變，當他所擁有的某一物品數量減少時，其所擁有的另一物品數量必需增加。如果他所擁有的兩種物品數量同時減少，他所獲得的效用一定會降低；反之，如果他所擁有的兩種物品數量同時增加，他所獲得的效用一定會提高。無差異曲線的斜率必須為負，這是它的第一個特性。

　　2.無差異曲線向原點凸出（Convex to the Origin），表示當消費者所擁有的某一物品數量繼續增加時，每增加 1 單位此項物品，他所願意放棄其他物品的數量會減少，否則無法維持他的滿足不變，他一定會感到失望。譬如，根據表 24－4 所示，當消費者擁有 1 個單位的 A 時，他願意減少 4 個單位的 B，以便能夠增加 1 個單位的 A，當他擁有 2 個單位的 A 時，為了能夠再增加 1 個單位的 A，他會只願意減少 3 個單位的 B。在維持其滿足程度不變情況下，消費者為了要增加 1 單位的 A，所願意減少 B 的數量，稱為 A 與 B 的邊際替代率 $(\dfrac{\Delta B}{\Delta A})$，此一替代率每隨 A 的增加而遞減，這就是所謂邊際替代率遞減法則（The Law of Diminishing Marginal Rate of Substitution ），無差異曲線之所以向原點凸出，即為此一法則之反映。

　　3.無差異曲線的第三個特性是它們不能彼此相交，如果它們有彼此相交的情形，便是不合邏輯。茲以圖 24－5 為例，設有二條無差異曲線 $I_1 I_1$ 和 $I_2 I_2$ 相交於 E 點，因為 E 點與 C 點均位於 $I_1 I_1$ 線上，兩者所代表的 A 與 B 兩物品組合，就滿足消費者欲望的能力來說，並無差異。同理，E 點與 D 點同位於 $I_2 I_2$ 線上，兩者所代表的 A 與 B 兩物品組合，就滿足消費者欲望的能力來說，亦應無差別。據此，D 及 C 兩點

圖 24－5　無差異曲線的相交

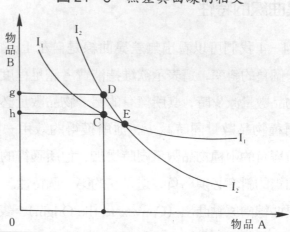

所代表之 A 及 B 兩物品組合對消費者來說，應無不同──即 D 及 C 點應位於同一條無差異曲線上。而事實上 D 點位於 C 點的正上方，它們不在同一條無差異曲線上，消費者在 D 點擁有同樣的 A，但有更多的 B。在一般情況下，消費者對每一物品擁有的數量愈多，通常會愈加高興❷。相對 C 點，消費者在 D 點因為擁有同樣的 A，但有更多的 B，D 點所代表的 A 及 B 兩種物品組合應該帶給他更大程度的滿足，如果給予消費者選擇的機會，他一定會選擇 D 點，而不會選擇 C 點，D 與 C 因此不應該位於同一條的無差異曲線上，這種情形的發生是非常不合邏輯的。

三、無差異曲線與消費者均衡的實現

1.消費者均衡實現的條件

───────────────

❷　人類都有貪婪的習慣，東西愈多，往往認為愈好，但也有例外。有些東西是愈少愈好，譬如空氣和水的污染，便是愈少愈好。一般說來，人們對大多數的財物都是貪多無厭的。

　　明瞭無差異曲線意義及其特性以後，我們可以進一步利用無差異曲線作爲一個工具，來說明消費者如何將一定的預算分配於各種不同物品的消費。爲了解釋方便起見，我們假定可供消費的物品只有 A、B 兩種，A 及 B 的每單位價格分別以 P_A 及 P_B 爲代表，我們進一步假定消費者於某一段期間的預算支出是 G，若是消費者將全部預算用於購買 B，他可以買到 OX 單位的 $B\left(\dfrac{G}{P_B}\right)$，消費者當然也可以將全部預算用於購買 A，果爾，他可以買到 OY 單位的 $A(\dfrac{G}{P_A})$，連接 X 與 Y 兩點所成的一條直線，我們稱爲消費可能線（Consumption–Possibility Line）。有時亦稱爲預算線（Budget Line）、價格線（Price Line）或等支出線（Iso–Expenditure Line）。其所以稱爲消費可能線，意指在這條線上任一點所代表的 A 與 B 兩物品組合，消費者均有能力獲得，在這條線的右上方任一點所代表之 A、B 兩種物品組合，消費者因受預算的限制，無法獲得。反之，在這條線的左下方任一點所代表之 A、B 兩種物品組合，消費者有能力獲得，但他沒有把全部預算用完，只有 XY 線上各點所代表之 A、B 兩種物品組合，消費者不但有能力獲得，而且剛好可以把預算花光。

　　如果我們已知消費者對 A、B 兩種物品的無差異曲線如 $I_1 I_1$ 及 $I_2 I_2$ 所示，消費者將預算 G 分配於 A、B 二種物品最好的情況，便是消費可能線與無差異曲線相切之點，即圖 24–6 的 E 點。對應於 E 點，消費者購買物品 B 和物品 A 的數量分別爲 OM 及 ON，此時這二種物品的邊際替代率等於它們的價格比率，即

$$\frac{dB}{dA} = \frac{\Delta B}{\Delta A} = \frac{P_A}{P_B} \quad \cdots\cdots\cdots\cdots\cdots\cdots\cdots\cdots\cdots (7)$$

　　無差異曲線若用數學公式表示便是：

圖24－6　無差異曲線與預算分配

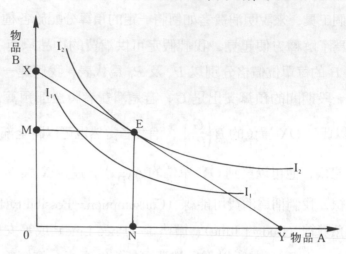

$$K = U(A,B) \cdots\cdots\cdots\cdots\cdots\cdots\cdots\cdots (8)$$

K 代表總效用，A 及 B 代表兩種不同的物品，由於在同一條的無差異曲線上，總效用相等，因此 K 是一個常數。我們將(8)式全微分得：

$$\frac{\partial U}{\partial A}\, dA + \frac{\partial U}{\partial B}\, dB = 0$$

$$-\frac{dB}{dA} = \frac{\partial U}{\partial A} \Big/ \frac{\partial U}{\partial B} = \frac{MU_A}{MU_B} \cdots\cdots\cdots\cdots\cdots (9)$$

以 $\dfrac{MU_A}{MU_B}$ 代替 $\dfrac{dB}{dA}$ ，我們可以將(7)式改寫為：

$$\frac{MU_A}{MU_B} = \frac{P_A}{P_B} \ \text{或} \ \frac{MU_A}{P_A} = \frac{MU_B}{P_B} \cdots\cdots\cdots\cdots\cdots (10)$$

在圖24－6的 E 點，當無差異曲線 $I_2\,I_2$ 與消費可能曲線 XY 相切時，$\dfrac{MU_A}{P_A} = \dfrac{MU_B}{P_B}$ ，表示 A、B 兩種物品的邊際效用與其價格之比率相等，意即花費在 A 或 B 上面最後 1 元所得到的邊際效用完全相等，此時消費者的欲望可以獲得最大程度的滿足，他的預算分配於是達到最佳

的境界。E 點以外的任何一點所代表之 A、B 兩種物品組合，或者是超越消費者的預算範圍，非他的經濟能力所能獲得；或者是雖在他的預算範圍內，但其所能產生的滿足程度較小，故均非最理想的境界。只有在 E 點所代表的 A、B 兩種物品組合（ON 單位的 A 和 OM 單位的 B），才能為消費者創造最大的效用，又是他的預算許可範圍，因此是最佳的境界。達到這個境界以後，消費者將會停止調整他的預算在這兩種物品間的分配，所以 E 點乃是消費者均衡之所在。

　　2.消費者均衡的改變

　　隨著消費者所得和物品相對價格的變動，消費者均衡會跟著改變，關於這點，我們可以利用圖 24－7 和圖 24－8 來分別加以說明。茲仍以 A、B 兩種物品為例，首先假定這兩種物品的價格沒有變化，可是消費者在某一 段期間的所得——即預算支出增加。由於消費者準備將更多的錢花在 A 和 B 二種物品上，消費可能線將如同圖 24－7 所示，會從 XY 平行向上移動到 X′Y′，消費者的均衡點將自 E 點移向 F 點。比較 E、F 兩點，我們當可看出，所得或預算支出增加後，如果 A、B 二種物品的價格不變，兩者的消費量通常都會增加，但對劣等財貨可能有例外。隨著消費者的所得增加，他們對劣等財貨的消費量通常會減少而不是增加。

　　物品相對價格的變化，也會促使消費者均衡的改變。茲設消費者在某一段期間的所得——即預算支出與從前一樣，同時每一單位 B 的價格也固定不變，但每一單位 A 的價格下降，此時消費可能曲線將從 XZ 移至 XY，分別與無差異曲線 I_1I_1 與 I_2I_2 相切於 E_1 及 E_2，消費者均衡將從 E_1 移至 E_2，A 與 B 兩種物品的最佳組合因此會發生變化（見圖 24－8）。

　　在所得與物品 B 的價格不變情況下，物品 A 的價格下降使消費可能線從 XZ 移至 XY，這在前面我們已經說過。設此一消費可能線的移

圖 24-7　所得變動對消費均衡的影響

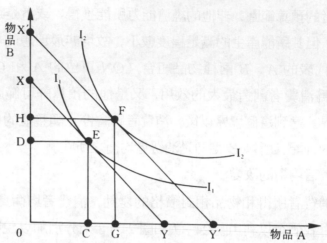

圖 24-8　物品相對價格的改變對消費均衡的影響

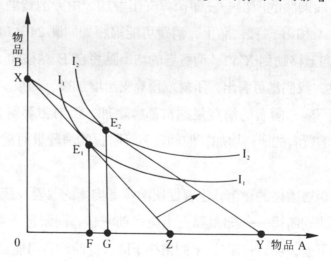

動，是每單位 A 的價格從 15 元降至 10 元的結果，從圖 24-8 我們可以
看出，因為 A 的價格下降，消費者的均衡將從 E_1 移至 E_2。在新的均衡
下，消費者對 A 的需求量將從 OF 增至 OG，根據這一資料，我們可以
導出如同圖 24-9 所示的 A 物品的需求曲線（DD）。這曲線告訴我們，
在其他情況不變下，當每單位 A 的價格從 15 元降至 10 元時，它的需求

量將自 *OF* 單位增至 *OG* 單位，這是消費者為了獲得最大程度滿足的必然結果。

圖 24-9　從無差異曲線所導出的物品 *A* 的需求曲線

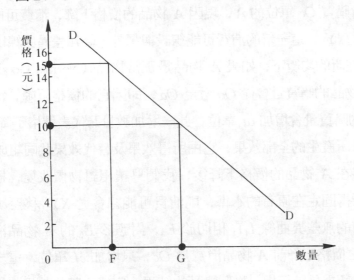

第五節　價格變動的所得與替代效果

在上一節我們提到當消費者有 *A* 和 *B* 二種物品可供選擇時，即使他的預算支出不變，每一單位 *B* 的價格也固定不變，若是每一單位 *A* 的價格下降，消費者的均衡會因此改變，均衡改變後，消費者會增加對 *A* 物品的購買。但事實上均衡改變後，消費者是否會增加對 *A* 物品的購買，及對 *A* 物品的購買究竟會增加多少？要比較 *A* 物品價格下降後所產生的所得效果及替代效果後才能決定。所謂「所得效果」是指消費者實質所得（即購買力）因物品 *A* 的價格下降而發生變動，致引起其對物品 *A* 的需求發生改變；而所謂「替代效果」則是指因物品 *A* 的價格下降，使它相對物品 *B* 變得便宜，消費者會因此改變他的預算分配，即多買 *A*，少買 *B*。關於價格改變會產生所得效果和替代效果的情形，

我們可用圖 24－10 來加以說明。

茲設該圖中的 XY 線代表 A 物品價格下降以前的消費可能線，它與無差異曲線 I_1I_1 相切於 E_1，為了使他的欲望獲得最大程度的滿足，消費者會購買 Oc 單位的 A，現因 A 物品的價格下降，消費可能線將從 XY 移至 XY'，這一新的消費可能線設與另外一條無差異曲線 I_2I_2 相切於 E_2，在新的均衡下，如果 A 物品是正常物品（Normal Good），消費者對 A 物品的購買量會從 Oc 增至 Oa，即因它的價格下降，消費者對 A 物品的購買量會增加 ca 單位，此一增加數量乃代表價格下降對 A 物品消費量所發生的全部效果，它由所得效果及替代效果共同組成。

如果在 A 物品的價格下降後，我們只讓相對物價改變，把消費者的實質所得固定在原有的水準，則消費可能線會從 XY' 移至 MN，它將與原有的無差異曲線 I_1I_1 相切於 E_3，對應於 E_3 的 A 物品消費量是 Of，較之價格下降前 A 物品消費量 Oc，只增加 cf 單位，這一增加的數量可以認為係純粹相對物價變動的結果，它代表替代效果。把這一效果（cf）從總效果（ca）中減去，其差額 fa 可視為純粹係因 A 物品價格下降所引起消費者實質所得增加的結果，因此它可代表所得效果。

對一個正常物品，它的價格下降所引起的所得效果和替代效果都會有增加該物品消費量的正面效果，這在前面我們以 A 物品為例的說明中已交代得很清楚。但對一個劣等物品，它因價格下降而引起的替代效果和所得效果，前者通常對該物品的消費量會產生正面效果，而後者則通常會對該物品的消費量產生負面的效果，對一般劣等物品，替代效果往往大於所得效果，因此價格的下跌仍然會引起消費量的增加，但對某些特殊的物品，即一般所謂的季芬物品（Giffen Good），所得效果卻往往大於替代效果，因此物價的下跌，不但不會引起消費量的增加，反而會引起消費量從 Oc 減少至 Of（見圖 24－11），這一類物品的需求曲線將如同圖 24－12 的 DD 線所示，它是一條具有正斜率的線，表示物價

與需求量呈相同方向變化，物價上漲會導致需求量的增加，物價下跌則會導致需求量的減少。

圖 24－10　正常物品價格下降的所得及替代效果

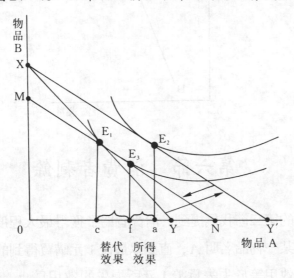

圖 24－11　季芬物品價格下降的所得及替代效果

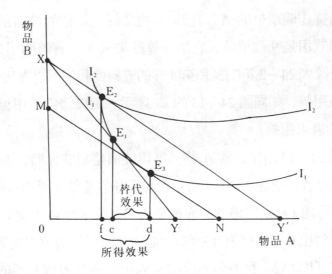

圖 24－12　季芬物品需求曲線

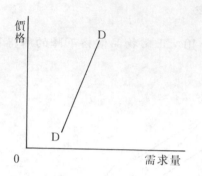

第六節　消費者剩餘

在本章的第三節我們提到，消費者爲了獲得最大程度的滿足，會繼續花錢購買某一物品名叫 A，直到以最後 1 元購買得到的 A，其對消費者所提供的效用等於失去貨幣 1 元所損失的效用爲止。若是 A 物品的邊際效用如表 24－3 第(3)欄所示，每 1 元貨幣的效用假定等於 3，消費者將會購買 3 個單位的 A，此時 A 物品每一單位的價格是 3 元，該物品的邊際效用是 9 個單位，它恰好等於失去 3 元貨幣所損失的效用（3 ×3）。根據表 24－3 第(1)欄和第(3)欄的資料，我們可以畫出一條 A 物品的邊際效用線，如同圖 24－13 的 de 所示，這條邊際效用線其實也就是 A 物品的需求曲線。

從圖 24－13 所示，當 A 物品每單位價格爲 3 元時，消費者將購買 3 個單位的 A，他從 3 個單位的 A 所獲得的總效用是 36 個單位（15＋12＋9），可用 $Ocbd$ 四邊形的面積來表示。爲了購買 3 個單位的 A，消費者必須付出 9 元的代價（3×3），他因此而損失的效用是 27 個單位（9×3），這可用 $Ocba$ 長方形的面積來表示。消費者以 9 元的代價換取 3 個單位的 A，他從 3 個單位 A 所取得的效用超過他因花掉 9 元而損失

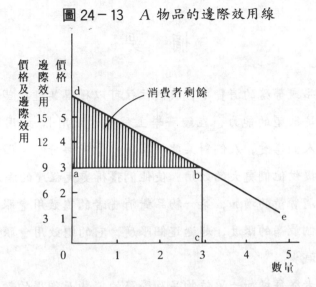

圖 24-13　*A* 物品的邊際效用線

的效用，兩者之差是 9 個單位的效用，可以 *abd* 三角形的面積來表示，它是消費者對三個單位的 *A* 物品所願意付出的最高代價與他實際所付出的代價間之差額，我們稱為消費者剩餘 (Consumer Surplus)，消費者剩餘是經由自由交換所創造出來的一種屬於消費者所享受的福利，也是社會福利的一部分。對物品及勞務的自由交換，雖然不能增加物品及勞務的實質產量，但可以增進消費者和整個社會的福利，故為經濟學家所樂以提倡。

摘　要

1. 從物品或勞務的消費中，我們往往可以獲得某種欲望的滿足，這種滿足欲望的能力，在經濟學上稱爲「效用」。效用愈大的物品愈受人們喜愛，人們對某些物品所以會有偏好，是因爲這些物品能夠提供他們更大的效用，使他們獲得更大程度的滿足。

2. 隨著消費量的增加，某一物品對消費者的總效用會跟著增加，但有一個最高的限度，超過這個限度，它的總效用會跟著數量的增加而減少。

3. 消費者從每增加一單位物品及勞務的消費而獲得的額外效用，將隨消費數量的增加，而有遞減的現象，這種遞減的現象，在經濟學上稱爲邊際效用遞減法則，它可以用來解釋消費者應該如何將一定的預算分配到各種財貨及勞務的消費，以便獲得最大程度的滿足。除此之外，邊際效用遞減法則亦可用來解釋何以需求曲線自左上方向右下方延伸。

4. 消費者欲使一定的預算能夠最適當地分配在不同財貨及勞務的消費，而獲得最大程度的滿足，就必須使其每多花 1 元在各種財貨及勞務消費所獲得的邊際效用相等，並使各種財貨及勞務的總支出恰好等於他的預算，即當下述兩個條件成立，他在不同物品及勞務間預算的分配會達到最適當的境界：

$$\frac{MU_1}{P_1} = \frac{MU_2}{P_2} = \frac{MU_3}{P_3} = \cdots = \frac{MU_n}{P_n} \quad \cdots\cdots\cdots\cdots\cdots (1)$$

$$P_1Q_1 + P_2Q_2 + P_3Q_3 + \cdots + P_nQ_n = R \quad \cdots\cdots\cdots\cdots (2)$$

5. 利用邊際效用分析，來說明消費者對某一物品的需求如何決定，

其最大的缺點乃是消費者必須能夠對各種物品的邊際效用加以量化，這是一件很困難的事。爲了克服這項困難，經濟學家提出了無差異曲線的概念。所謂無差異曲線，就是這條線上的每一點，代表各種物品不同的組合，這些組合給予消費者欲望滿足的程度完全一樣。它有三個主要特性：(1)無差異曲線斜率爲負，表示當消費者擁有某一物品的數量減少時，其所擁有的另一物品數量必須增加，否則他的滿足程度無法維持不變；(2)無差異曲線向原點凸出，表示當消費者所擁有的某一物品數量增加時，這項物品與其他物品的邊際交換率，會逐漸遞減；(3)無差異曲線不能相交，否則便不合邏輯。

6. 當兩種物品的邊際替代率等於其價格比率時，消費者對預算的分配達到最理想境界，此時消費可能線與無差異曲線相切，每花費一元在各種財貨及勞務所獲得的邊際效用相等，消費者的欲望得到最大程度的滿足。

7. 由於消費者所得及物品相對價格的改變，消費者的均衡會因此改變。

8. 對於一個正常物品，當它的價格下跌時，如果其他條件不變，會產生所得效果和替代效果，這二種效果都會導致該物品消費數量的增加。但對一個劣等物品，它因價格下降所產生的替代效果和所得效果，前者雖然會導致該物品消費量的增加，而後者則可能導致該物品消費量的減少。

9. 消費者透過對物品及勞務的自由交換，會獲得一些消費者剩餘，它代表消費者獲得某一定量的特定物品，所願意付出的最高代價與實際所付出代價之間的差額。

問題討論

1.何謂效用？它與價格有什麼關係？

2.何謂邊際效用和邊際效用遞減法則？

3.何謂消費者均衡？達到此一均衡的條件如何？

4.邊際效用與需求曲線有什麼關係？試舉例說明。

5.試對無差異曲線及消費可能線分別下一定義。

6.無差異曲線是否可以相交？其理由何在？

7.無差異曲線通常都是自左上方向右下方延伸，其理由何在？

8.所得增減如何影響消費均衡？試以圖解方法加以說明。

9.茲設 A 與 B 兩種財貨對某甲的邊際效用如下表所示，另設 A、B 的單位價格各為 1 元，甲君的預算支出共為 8 元，請問

(1)為了獲得最大程度的滿足，某甲應該如何將一定的預算分配於 A 及 B 兩種物品之間？

(2)當消費均衡實現時，某甲所得到的總效用究竟多少？

數　　量	1	2	3	4	5	6	7	8
A 的邊際效用	11	10	9	8	7	6	5	4
B 的邊際效用	19	17	15	13	12	10	8	6

10.何謂替代效果及所得效果？這二種效果對增加物品的消費數量會有什麼作用？

11.什麼叫消費剩餘？它與物品及勞務的自由交換有什麼關係？

第二十五章 生產函數與生產成本

第一節 生產函數的意義

生產函數（Production Function）是用來描述在一定的技術水準下，生產要素的用量與產出水準間的關係。生產要素中有的是容易變更的，有的是不容易變更的。在短期間內，廠商的某些設備——諸如廠房及大型機器，無法輕易增減，在這樣一個短期間內，廠商只能在特定廠房和機器設備的限制下，以增加原料、物料及勞動的用量來促使生產的增加。因為生產要素中，有些要素固定不變，增加變動要素的用量，最初會使產出呈遞增式的增加，待變動要素用量到達某一水準後，繼續增加變動要素的用量，產出會轉呈遞減式增加，即後增加的每一單位變動要素，其所導致產出的增加，將會少於前所增加一單位變動要素而導致的產出之增加。變動要素用量不斷增加的結果，最後不但不會使總產出的增加，反而會使總產出減少，這就是所謂報酬遞減法則（The Law of Diminishing Returns）。在某些生產要素固定不變狀況下，總產出與變動生產要素間的關係可用圖 25-1 的 TP 曲線來表示。

在圖 25-1 的 A 點以前，隨著變動要素用量的增加，總產出會呈遞增式的增加，這一階段稱為報酬遞增階段（Range of Increasing Returns），A 點稱為反曲點（Reflection Point）。從圖 25-1 的 A 點至 B 點，總產出會繼續因變動要素用量的增加而增加，但與前一階段相反，

這一階段總產出的增加是一種遞減式的增加，而非遞增式的增加，這一階段稱為報酬遞減階段（Range of Diminishing Returns）。從圖 25-1 的 B 點以後，隨著變動要素用量的增加，總產出不但不會增加，反而減少，表示變動要素用量過多，已非固定要素（Fixed Factors）所能容納。因此，繼續增加變動要素，不但沒有促進生產的作用，反有阻礙生產的效果。

圖 25-1　生產函數

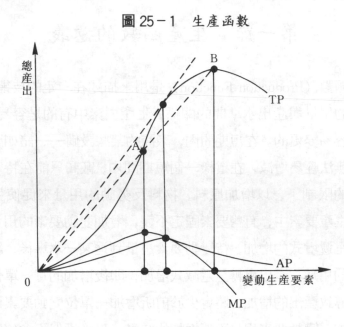

從總產出函數，我們可以很容易的導出平均產出函數和邊際產出函數。所謂邊際產出（Marginal Product）就是可變要素每增加 1 個單位所引起的產量增加，即總產出增量與可變要素增量之比，以數學式表示，便是：

$$邊際產出（MP）= \frac{總產出變量}{可變要素增量} = \frac{\Delta TP}{\Delta VF}$$

從總產出函數即圖 25-1 的 TP 曲線上任一點作一條切線，使與橫軸相交，其斜率即為此點所對應的邊際產出，如此求出的邊際產出，若

用圖形來表示，便如同圖 25-1 的 MP 曲線所示。

　　根據總產出函數，我們也可以導出平均產出函數，所謂平均產出（Average Product）就是每單位變動要素的平均產量，即總產出與變動要素用量的比率，可用以下數學式來表示：

$$平均產出（AP）= \frac{總產出}{變動要素用量} = \frac{TP}{VF}$$

　　從圖 25-1 TP 曲線上任一點與原點（即 O 點）相連的一條直線，其斜率便是此點所對應的平均產出。如此求出的平均產出，若用圖形來表示，便如同圖 25-1 的 AP 曲線所示。從圖 25-1 我們可以看出，總產出函數、邊際產出函數、與平均產出函數彼此之間有如下幾種關係：

　　1.對應總產出函數的反曲點即 A 點，邊際產出曲線達到最高水準，在此以前邊際產出隨變動要素用量的增加而上升，在此以後，邊際產出隨變動要素用量的增加而下降。

　　2.當邊際產出曲線與平均產出曲線相交時，平均產出達到最大。在這以前，平均產出隨變動要素用量的增加而上升；在這以後，平均產出隨變動要素用量的增加而下降，但平均產出最多減至零，不會有負值出現。

　　3.當總產出達到最高時，邊際產出為零。在這以前，總產出隨變動要素用量的增加而上升；在這以後，總產出隨變動要素用量的增加而下降。

　　生產任何一種產品都需要使用資本和勞力，在短期間我們可以假定資本設備不變，只有勞力會變動，它是唯一的可變要素，在這一情況之下，描述產出與勞力關係的生產函數，將如同圖 25-1 的 TP 曲線所示。它是典型的短期生產函數代表，但在長期間，不但勞力使用量可以變動，資本設備也可以變動，如果技術水準不變，產出將受資本及勞力的影響，它們彼此間的關係，可用下列所舉洗汽車的例子來加以說明，

茲設清洗汽車一方面需要用機器，一方面需要用人工，若是每天清洗300輛汽車，其所需要使用機器的時間和人工的時間有如下五種不同組合：

組合	每天使用機器時間	每天使用人工時間	每天清洗汽車輛數
a	16	1	300
b	8	2	300
c	4	4	300
d	2	8	300
e	1	16	300

根據上列資料，我們可以把五種不同的機器和人工組合，聯成一條線，它將如同圖25-2的 Q_1Q_1 線所示，這條線我們稱它為等產出線（Isoquant 或 Iso-product curve）。在這條線上的每一點，代表使用機器和人工的時間不同，但可以清洗同樣300輛的汽車，譬如在 a 點，我們使用16小時的機器和1小時的人工，可以完成300輛汽車的清洗，在 b 點，我們使用8小時的機器和2小時的人工，也可以完成300輛汽車的清洗。清洗汽車有許多不同方法，可以多用機器，少用人工；也可以多用人工，少用機器，如果機器每小時的費用是 P_M，人工每小時的費用是 P_L，根據 P_L 與 P_M 的比率，我們可以畫出一條直線，假定這條直線如同圖25-2的 AB 所示，當它與等產出線 Q_1Q_1 相切於 c 點時，對應於 c 點的機器使用時間設為4小時，人工使用時間也為4小時，這一種機器和人工組合，可以使實現每天清洗300輛汽車的費用減至最低，它代表最低成本組合，也是最佳的組合。

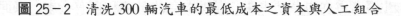

圖 25−2　清洗 300 輛汽車的最低成本之資本與人工組合

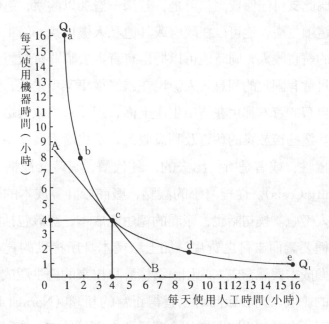

第二節　生產成本的意義及種類

一、會計成本與經濟成本

　　因生產財貨及勞務而付出的代價，或所作的犧牲，統稱為生產成本 (Production Cost)。會計學上所稱的生產成本與經濟學上所稱的生產成本並不一樣。從事任何財貨及勞務生產，須要使用許多生產要素，購買這些生產要素所支付的費用，便是會計學上所稱的生產成本，而經濟學上所稱的生產成本；除了購買各種生產要素而支付的費用以外，尚包括生產者本身所提供的資本及勞務的代價。前者因為顯而易見，被稱為明顯的成本 (Explicit Cost)，後者因為暗而不明，稱為隱含的成本 (Implicit Cost)。

　　生產者為從事某項生產，提供本身的勞務和自有資本，表面看來，他不需要為此支付任何費用。可是，若深一層加以觀察，這位生產者如果不從事這項生產，他可以在政府或其他私人機構找一份工作，每月將會有固定的薪資收入，同時他可以把自有資本去購買有價證券或存放在銀行，每月會有固定的利息收入。現在為了從事某項生產，他把全部的時間以及自有的資本都用在這項生產上面，因而必須放棄這些薪資及利息的收入。這些被放棄的薪資及利息收入，是生產者為從事某項生產所作的一種犧牲，或者是所付出去的一種代價，有時又被稱為機會成本（Opportunity Costs）。從經濟學的觀點，廠商於計算成本的時候，應該把它們列入考慮。換句話說，廠商的總生產成本，應該包括因購買生產所需的各種要素而支付之費用，加上廠商本身所提供的資本及勞務代價，即明顯成本與隱含成本的和。這樣計算出來的總生產成本若是恰好等於生產的總收入時，廠商可以獲得正常的利潤（Normal Profits）。在這種情況下，廠商如果將同樣的資源投放在別的地方，他可能獲得的入息也不過如此，既不會多也不會少。正常利潤足以使廠商不致從生產中退出。若某一行業的廠商實際利潤大於正常利潤，當會不斷有新的廠商加入這一行業；反之，若某一行業的廠商實際利潤小於正常利潤，現有廠商將會陸續退出這一行業。

二、固定成本與變動成本

　　任何一種生產都需要有一些固定的設備，例如營造業生產需要土地，工業生產需要廠房和機器，這些固定設備短期內不容易變更。不管這些設備是不是被利用來生產，若是向人家租賃得來，您得照樣付給租金，若是用借的錢購買，您得為這些借款照付利息，若是這些設備係用您自己的資金購得，您會因沒有把這些資金存放在銀行而遭受到利息的損失。除此之外，有些設備不管有沒有使用，或使用的程度如何，都會

不斷發生破損，照樣有折舊費用發生。這些都是與產出水準無關的費用，我們總稱為固定費用或固定成本（Fixed Cost，簡寫為 FC）。

　　固定成本不受產出水準的影響，正如同表 25－1 第(2)欄所示，當產出水準為零時，固定費用設為 100 元；產出水準增至 10 個單位時，固定費用仍然是 100 元。屬於廠商固定費用的主要項目包括財產稅、固定設備的折舊和租賃費用、保險金的支付以及高級管理人員的薪資費用。與固定費用相對應的是變動費用，或稱變動成本（Variable Cost，簡寫為 VC），這些費用只有廠商從事生產時才會發生，而且隨產出水準升高而增加，產出水準愈高，變動費用愈大；反之，產出水準愈低，變動費用愈小。表 25－1 第(3)欄顯示，當產出水準為零時，總變動成本是零；產出為一單位時，總變動成本是 90 元，自後隨產出水準提高而不斷增加。

表 25－1　各種成本的計算

(1) 總產出 （Q）	(2) 總固定成本 （TFC） （元）	(3) 總變動成本 （TVC） （元）	(4) 總成本 （TC） （元）	(5) 平均固定成本 （AFC） (2)÷(1)（元）	(6) 平均變動成本 （AVC） (3)÷(1)（元）	(7) 平均總成本 （ATC） (4)÷(1)（元）	(8) 邊際成本 （MC） ΔTC/ΔQ（元）
0	100	0	100	—	—	—	—
1	100	90	190	100.00	90.00	190.00	90
2	100	170	270	50.00	85.00	135.00	80
3	100	240	340	33.33	80.00	113.33	70
4	100	300	400	25.00	75.00	100.00	60
5	100	370	470	20.00	74.00	94.00	70
6	100	450	550	16.67	75.00	91.67	80
7	100	540	640	14.29	77.14	91.43	90
8	100	650	750	12.50	81.23	93.73	110
9	100	780	880	11.11	86.67	97.78	130
10	100	930	1,030	10.00	93.00	103.00	150

　　固定成本加上變動成本便等於總成本（Total Cost，簡寫為 TC），即 $TC = FC + VC$。如表 25－1 第(4)欄所示，當產出水準為零的時候，總成本等於固定成本，嗣後其增加 1 單位產出所增加的總成本，將與其

增加 1 單位產出所增加的變動成本相同。

三、平均成本與邊際成本

　　生產者固然關心他們的總生產成本，他們也同樣關心每一單位產品的平均成本（Average Cost，簡寫爲 AC）。平均成本又可分爲平均變動成本（AVC）、平均固定成本（AFC）及平均總成本（ATC），它們都從各有關成本除以生產數量而得，其計算結果，分別如表 25-1 第(5)、(6)、(7)各欄所示。前面說過，固定成本與產出水準無關，可是平均固定成本卻隨產出水準的提高而減少。原因是當產出增加，同樣的固定成本可以分攤到更多的產品身上，每 1 單位產品所負擔的固定成本自然相對減少。平均變動成本最先隨產出的增加而減少，到達某一水準時候，會轉而隨產出的增加而增加。這一現象的解釋是，當生產開始的時候，固定設備相對較多，變動要素（Variable Factors）配合不夠，生產效率因此較低，平均變動成本自然較高。待生產擴充，固定設備獲得更爲充分的利用，生產效率乃得提高，平均變動成本自然會隨之降低。但不斷擴充生產的結果，終會導致變動要素用量太多，固定設備漸感不足，生產效率又會降低，其結果是平均變動成本的上升。

　　另外一項重要成本就是邊際成本（Marginal Cost，簡寫爲 MC），它是因增加一單位產出而發生的成本。如表 25-1 第(8)欄所示，邊際成本是將總成本增量（ΔTC）除以產出增量（ΔQ）而得，即 $MC = \dfrac{\Delta TC}{\Delta Q}$。將邊際成本與邊際收入（Marginal Revenue）比較，廠商可以很容易決定，究應將目前的生產加以擴充抑或加以緊縮。如果邊際成本小於邊際收入，即每增加一單位產品所增加的成本，小於此一增加產品所帶來的額外收入，廠商應該設法擴充他的生產；反之，則應減少他的生產。如同平均變動成本一樣，邊際成本最初會隨產出水準提高而下降，到達某

一水準後，又會轉而隨產出水準的提高而增加。

第三節　短期生產成本函數

　　生產每一種財貨均需要利用生產要素，廠商爲獲得這些要素而付出的代價，便是他們的生產成本。在上一節我們討論生產函數的時候，曾經指出產出與生產要素用量間有函數的關係，根據這個函數關係，我們很容易導出各種成本函數。這一節我們先討論短期的生產成本函數，有關長期的生產成本函數留待下一節再來討論。

　　短期內廠商的某些設備往往固定不變，在這些設備固定不變的情況下，變動要素的投入與總產出的關係會如同圖 25－1 的 *TP* 曲線所示，這一個關係亦可用圖 25－3 的 *AB* 曲線來表示。圖 25－3 不同於圖 25－1 的是，它的縱軸不再代表總產出，而是代表變動要素；它的橫軸不再代表變動要素，而是代表總產出。

圖 25－3　總產出與變動要素的關係

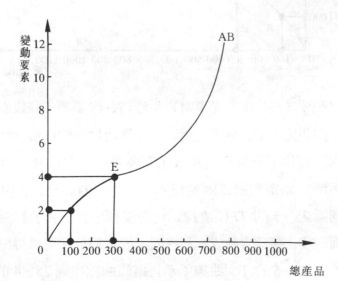

　　從圖 25-3 我們得知，生產 100 單位的產出，需要利用 2 個單位的變動要素，假定每一單位的變動要素價格為 500 元，100 單位產出的總變動成本便是 1,000 元（500×2）。同理，從圖 25-3 得知，生產 300 單位的產出，需要利用 4 個單位的變動要素，當每一單位變動要素的價格為 500 元時，它的總變動成本便是 2,000 元（4×500）。因此，只要知道每一單位變動要素的價格，我們便可很容易將圖 25-3 的 AB 曲線改變為圖 25-4 的總變動成本曲線（TVC）。

圖 25-4　短期總變動成本曲線

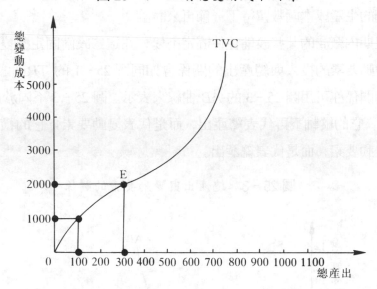

　　除了變動要素外，廠商從事財貨生產時，尚須要一些設備，這些設備在短期間內假定不變，為了利用這些設備而付出的代價，稱為固定費用，這些固定費用不管有無生產或生產多少，一定會發生而且數量不變。茲設廠商的固定費用或固定成本一共是 1,000 元，若用圖形來表示，便如同圖 25-5 的 TFC 直線，它與橫軸平行，表示其金額不隨產出的改變而改變。將總變動成本和總固定成本相加便可以得出總生產成本，它將如圖 25-5 的 TC 曲線所示。這條曲線與圖 25-4 的 TVC 曲

線形狀完全一樣，唯一不同的是，前者起點在對應產出為零及成本為
1,000 元之處，而後者起點則在對應產出及成本均為零之處。造成這種
差異之原因是總成本包含了固定成本 1,000 元，不管產出多少，它都比
總變動成本多出 1,000 元。

圖 25-5　短期總成本曲線

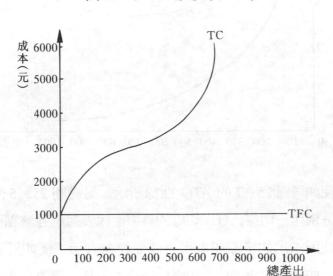

　　總變動成本和總固定成本除以總產出，便可分別求出平均變動成本
和平均固定成本。用圖形來表示，將分別如同圖 25-6 的 AVC 曲線及
AFC 曲線所示。AFC 曲線由左上方向右下方傾斜，表示固定成本隨產
出水準的提高而不斷減少，其所以如此之原因非常明顯，蓋因固定成本
既不因產出水準的改變而改變，隨著產出的增加，此項成本分攤到每一
單位產出數額自然不斷減少。AVC 曲線則最先隨產出水準的提高而向
下傾斜，然後轉隨產出水準的提高而向上傾斜，恰像英文字母中 U 字。
這一形狀表示在產出到達某一水準以前，平均成本隨產出的增加而減
少，待產出到達某一水準以後，平均成本會轉隨產出的增加而增加。
　　將平均變動成本與平均固定成本相加，便可得出平均總成本，用圖

圖 25-6   短期平均變動成本與平均固定成本

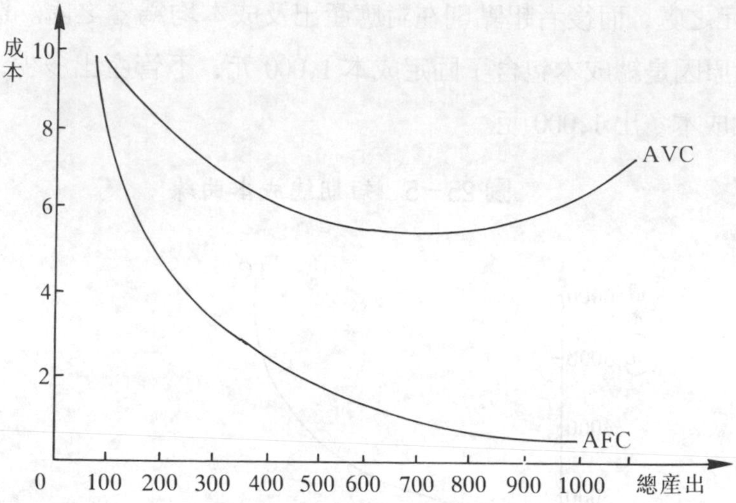

形來示，便如同圖 25-7 的 *ATC* 曲線所示。另從圖 25-5 的總成本曲線上各點分別作一切線，每一切線的斜率便代表對應各該點產出的邊際成本，如此所求出的邊際成本用一條曲線來表示，便如同圖 25-7 的 *MC* 曲線。如同平均變動成本和平均總成本一樣，邊際成本最初隨產出水準的提高而減少，然後轉隨產出水準的提高而增加。當總成本在呈遞減式增加時，即圖 25-4 的 *E* 點以前，邊際成本隨產出水準的提高而減少，待總成本呈遞增式增加以後，即圖 25-4 的 *E* 點以後，邊際成本隨產出水準的提高而增加。邊際成本曲線與平均總成本曲線相交於後者的最低點，在未相交之前，邊際成本小於平均總成本，平均總成本曲線向下傾斜，其斜率為負；在相交之後，邊際成本大於平均總成本，平均總成本曲線向上傾斜，其斜率為正。亦即當平均總成本下降時，邊際成本小於平均總成本；反之，當平均總成本上升時，邊際成本大於平均總成本。

圖 25-7　短期平均總成本與邊際成本

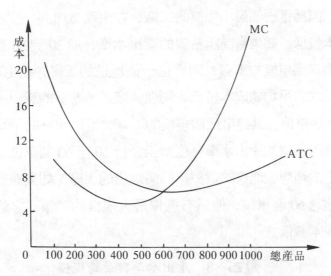

第四節　長期生產成本函數

在短期內，每一廠商的生產能量都有一定的限制，其所能控制的生產要素有些不易改變，他們必須在一些固定要素的限制下，從事生產的規劃，長期的情形便不一樣。在長期間，所有的生產要素無一不可調整，生產能量可以隨意擴充，也可以隨意縮小。在短期間，有所謂固定生產成本和變動生產成本之分，在長期間，因為生產要素無一不可變動，固定成本與變動成本之分自然便不存在。

每一個生產事業，規模有大有小，在長期間，廠商可以隨意調整它的生產規模。茲設可供某一廠商選擇的規模共有五種，每一種規模的平均總生產成本分別如同圖 25-8 的 ATC_1、ATC_2、ATC_3、ATC_4 及 ATC_5 曲線所示。在五個不同規模中，廠商究應選擇那一個規模去從事生產才最為適當呢？在回答這個問題的時候，廠商首先所要考慮的是它預定生產多少，不同的產出水準有不同的最適規模。從圖 25-8 可以看

出,如果廠商所希望的產出水準在 20 個單位以下,他應該選擇最小規
模的工廠,因為這一個最小規模的工廠,在生產 20 個單位產品範圍內,
平均總成本較低。如果廠商所希望的產出水準介於 20 到 30 個單位,他
應該選擇第二個規模的工廠,因為這一個規模的工廠,在生產 20 到 30
個單位產品內的平均總成本較低。同理,廠商所希望的產出水準若是介
於 30 至 50 個單位,選擇第三個規模的工廠,可以使它的平均總成本降
低,當廠商所希望的產出水準再度增至介於 50 至 60 個單位時,為了實
現降低成本的理想,他應該選擇第四個規模的工廠。如果廠商所希望的
產出水準超過 60 個單位,他只有選擇最大規模的工廠,才能使他的平
均總生產成本減低。

圖 25-8　產出水準與最適規模

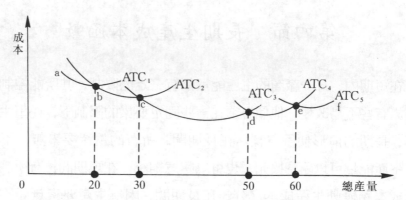

一位理性的廠商,為了降低單位產品的成本,在長期間必然會繼續
不斷地調整他的工廠規模,其結果是他的長期平均總生產成本將如圖 25
-8 的 a、b、c、d、e、f 各點所連成的曲線所示。這條曲線涵蓋了五
個不同工廠規模的平均總生產成本曲線的若干部分,它代表工廠規模可
以適當調整情況下的最低成本之生產。長期平均總生產成本曲線上的每
一點,代表了實現某一特定產出水準,廠商所必須支付的最低單位產品
成本。

在一個非常長遠的期間內，可供廠商選擇的工廠規模當然不限於前述五個。茲假定有無限多的工廠規模可供廠商選擇，當他們所希望的產出水準有少許變動時，為了降低生產成本，他們對工廠規模都會作某些調整，果爾，根據眾多不同規模工廠的平均成本曲線，所導出之長期平均成本曲線將會如同圖 25－9 的 LAC 所顯示的一條非常平滑的曲線，它代表不同產出水準下最低平均成本的組合。

圖 25－9　長期平均生產成本曲線

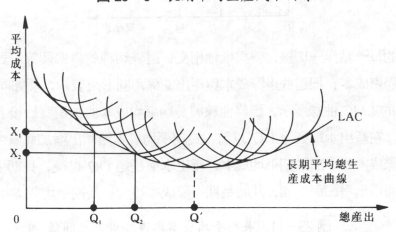

因為平均成本等於總成本除以產出。已知平均成本，總成本當可自平均成本乘以產出而得。從圖 25－9 的長期平均總成本曲線，我們可以很容易導出長期總成本曲線。例如，當產出為 OQ_1 時，平均成本為 OX_1，對應這一個產出（OQ_1）的總成本應為 $OQ_1 \times OX_1$；當產出 OQ_2 時，平均成本為 OX_2，對應新的產出水準（OQ_2）之總成本應為 $OQ_2 \times OX_2$。把總成本與產出之關係用圖形來表示，便如同圖 25－10 的 LTC 曲線所示。從這條曲線我們可以看出，隨著產出的增加，長期總成本最先呈遞減式的增加，迨產出水準到達 OQ' 之後，再呈遞增式的增加。

當廠商有充分時間可以變更工廠規模，以適應產出水準的調整時，因增加 1 單位產量所增加的成本，稱為長期邊際成本。從長期總成本曲

圖 25－10   長期總成本曲線

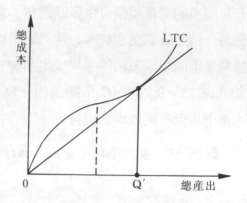

線上的每一點作一切線，使與橫軸相交，這條切線的斜率便等於對應該點的邊際成本，把這些邊際成本與產出關係用圖形來表示，便如同圖 25－11 的 LMC 曲線所示，這條曲線與長期平均成本曲線相交於後者的最低點。在產出水準到達 OQ' 以前，長期平均成本隨產出增加而減少，長期邊際成本將小於長期平均成本；產出水準超過 OQ' 以後，長期平均成本轉隨產出增加而增加，此時長期邊際成本將大於長期平均成本。

圖 25－11   長期平均成本與邊際成本之關係

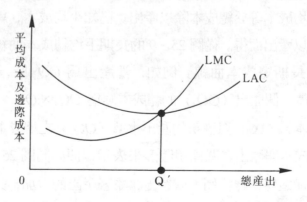

在上一節我們討論短期生產成本時，曾經談到因為受報酬遞減法則的影響，短期平均總成本最先將隨產出的增加而減少，迨到達某一階段

後，它會轉隨產出的增加而增加。如果用圖形來表示，短期平均總成本將如同一條 U 字形曲線所示。報酬遞減法則之所以發生，乃因在短期內廠商的某些生產要素固定不變，廠商只能改變變動生產要素的用量，來調整他的產出水準。當變動要素用量太少的時候，增加這些要素的用量，產出會呈遞增式增加，結果平均成本將隨產出的增加而減少。迨到達某一階段以後，變動要素用量太多，繼續增加這些要素的使用，將使產出呈遞減式增加，乃至反而減少，結果平均成本遞升。從長期的觀點來看，生產要素應無一不可以變動，各種生產要素既可同時變動，報酬遞減法則在理論上應不可能存在。長期平均成本在報酬遞減法則不存在的情況下，何以仍然會像一條 U 字形曲線所示？在回答這個問題以前，我們必須指出：短期廠商產出水準的改變主要是變動要素用量改變的結果，而長期廠商產出水準的改變，則主要係受工廠規模改變的影響，隨著工廠規模的擴大，廠商可以獲得下面幾點利益：

1.勞動分工比較容易。在一個較大規模的工廠，生產容易專業化，勞動者可以按照各人的專長，實施分工。在這個情形下，每一位勞動者經常只負責某一特定的工作，技術當然比較容易熟練，自有助於生產效率的提高。

2.在較大規模的工廠，管理人力較為能夠充分利用，行政經費亦可節省，而且工廠規模若未達一定水準，通常不會有能力雇用專業管理人員，結果管理效率一定較差。

3.小規模工廠通常沒有能力購用比較進步的機器設備，即使有能力購用這些機器設備，因為受生產數量的限制，對這些機器設備的利用可能並不經濟。

4.大規模的工廠一般對副產品能夠作更為充分及有效的利用。而且在原料購買上，通常可以得到較多的折扣。

規模較大的工廠因為能夠給廠商帶來上述各項利益，伴隨工廠規模

的擴大，產出水準提高，廠商的平均成本一般將會降低。但工廠規模如果過分擴大，高級管理人員——特別是決策人員，對若干事務將不會十分熟悉，下情較難迅速上達，管理和決策效率將會受到不良的影響。果爾，工廠規模若超過某一標準，繼續擴大可能反而會引起生產效率的降低，導致平均成本的上升。職是之故，長期平均成本，亦將一如短期平均成本，最初會隨產出水準的提高而下降，迨後又會轉隨產出水準的提高而增加，兩者均可用 U 字形的曲線來表示。

第五節　生產成本與生產規模

一、報酬遞增下的生產成本

　　前面說過，在長期間廠商可以隨意增減各種生產要素的用量，以擴大或縮小生產規模。當生產規模擴大，所有生產要素設呈同一比例增加，此時總產出的增加比例，若是大於生產要素增加的比例，我們稱為規模報酬遞增（Increasing Returns to Scale）。在這種情形之下，所有生產要素的用量如果增加一倍，總產出會增加一倍以上，因為總產出增加的幅度大於生產要素的增加幅度，若是生產要素價格不變，總成本將隨產量的增加而呈遞減式的增加，平均每單位產品的成本及邊際成本則將隨產量的增加而不斷下降。圖 25－12 的 LTC 代表規模報酬遞增下總成本函數，圖 25－13 的 LAC 及 LMC 則分別代表規模報酬遞增下平均成本及邊際成本函數。

二、報酬遞減下的生產成本

　　隨著生產規模的擴大，若是所有生產要素呈同一比例增加，但總產出增加的幅度小於生產要素增加的幅度，此一現象我們稱為規模報酬遞

圖 25－12　規模報酬遞增下總成本函數

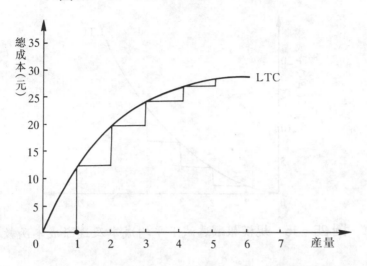

圖 25－13　規模報酬遞增下平均成本及邊際成本函數

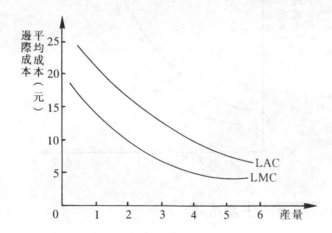

減（Diminishing Returns to Scale）。在這種情形之下，如果生產要素的
價格不變，隨著產量的增加，總成本將呈遞增式的增加，平均成本及邊
際成本則會不斷上升。圖 25－14 的 *LTC* 可以代表規模報酬遞減下的總
成本函數，圖 25－15 的 *LAC* 及 *LMC* 則可分別代表規模報酬遞減下的
平均成本及邊際成本函數。

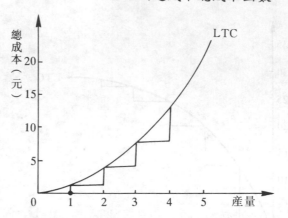

圖25-14　規模報酬遞減下總成本函數

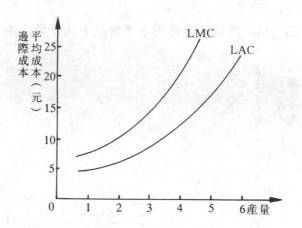

圖25-15　規模報酬遞減下平均成本及邊際成本函數

三、報酬不變下的生產成本

　　當生產規模擴大，所有生產要素呈比例增加時，總產出的增加幅度若是與生產要素增加幅度相同，我們稱為規模報酬不變（Constant Returns to Scale）。在這種情況下，生產要素價格若是固定不變，總成本將與產量呈同比例的增加，平均成本及邊際成本則將維持不變，不受產出水準的影響。前者用圖形來表示，將如同圖25-16的 LTC 線所示，它是一條通過原點的直線，後者用圖形來表示，則分別如同圖25-17的

LMC 與 *LAC* 線所示，它們是相互重疊並與橫軸平行的一條直線。

圖 25－16　規模報酬不變下總成本函數

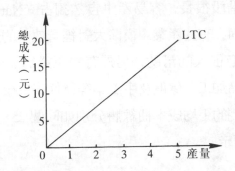

圖 25－17　規模報酬不變下平均成本及邊際成本函數

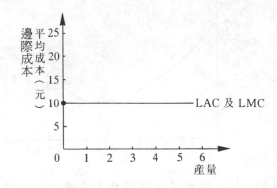

四、不同產業的生產成本

　　前面說過，在規模報酬遞增的情況下，平均成本將隨產量的增加而不斷下降；在規模報酬不變的情況下，平均成本將不受產量的影響；在規模報酬遞減的情況下，平均成本將隨產量的增加而不斷上升。每一產業的平均成本通常都會經過這三個階段，即最先隨產量的增加而逐漸下降，接著是固定不變，最後則隨產量的增加而逐漸上升。因為產業性質不同，每一階段經歷時間長短會不太一樣。有些規模經濟比較顯著的產

業，諸如煤氣、瓦斯、電力及電訊業等，其平均成本將如同圖 25－18
的 LAC_1 所示。一般說來，這些產業廠商的規模愈大，平均成本愈低，
規模報酬遞增的階段很長，容易產生自然獨占（Natural Monopoly）的
現象。在另一方面，有些產業規模擴大對經營效率的影響好壞參半，結
果對降低成本沒有很大的幫助，另外有些產業卻並不適於大規模的經
營。前者可以食品加工、傢俱及手工業等爲代表，後者可以零售業及農
業等爲代表，它們的平均成本曲線將分別如同圖 25－19 及圖 25－20 的
LAC_2 與 LAC_3 所示。

圖 25－18　規模經濟顯著產業的平均成本函數

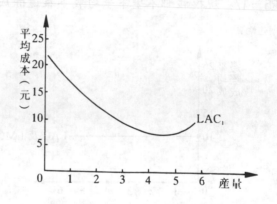

圖 25－19　規模擴大好壞參半產業的平均成本函數

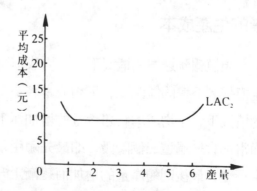

圖 25-20　不適於大規模經營產業的平均成本函數

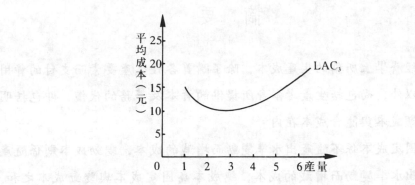

摘　要

1. 經濟學上所稱的生產成本，除了購買各種生產要素而支付的費用以外，尚包括生產者本身所提供的資本及勞務的代價，即包括明顯成本與隱含成本在內。

2. 固定成本係不隨產出水準變動而增減的成本，變動成本則係隨產出水準變動而增減的成本，總成本爲固定成本與變動成本之和。變動成本與固定成本之分只發生在短期間，在長期間所有的成本都是變動成本。

3. 平均成本包括平均變動成本及平均固定成本，它們都是從各有關成本除以生產數量而得。平均變動成本最初隨產出增加而減少，到達某一水準後，會隨產出的增加而增加，若用圖形表示平均變動成本曲線呈 U 字形。隨產出增加平均固定成本會不斷減少，最後會接近零。由於平均總成本係平均固定成本與平均變動成本之和，用圖形所表示的平均總成本曲線亦將呈 U 字形。

4. 邊際成本是因增加一單位產出而發生的成本，它是成本增量與產出增量之比。

5. 生產函數是用來描述在一定的技術水準下，生產要素的用量與產出水準間的關係。在短期間，因爲某些生產要素固定不變，隨著變動要素用量的增加，產出最先會呈遞增式增加，然後轉呈遞減式增加。待到達某一水準後，變動要素的繼續增加不但不會使總產出增加，反而會使總產出減少。

6. 總產出除以可變生產要素用量，可以得出平均產出；邊際產出是指可變要素每增加一個單位所引起產出的增加。平均產出可以從原點至總產出曲線各點連成的斜率來代表，而邊際產出則可以總

產出曲線上各點切線的斜率來代表。

7. 隨著產量的增加，總成本通常最初會呈遞減式增加，然後轉呈遞增式增加。當總成本呈遞減式增加時，邊際成本隨產出水準的提高而減少；待總成本呈遞增式增加後，邊際成本隨產出水準提高而增加，邊際成本曲線與平均成本曲線相交於後者的最低點。在兩者未相交之前，邊際成本小於平均成本；在兩者相交以後，邊際成本大於平均成本。

8. 長期平均生產成本曲線上的每一點，代表實現某一特定產出水準，廠商所必須支付的最低單位產品成本。

9. 在長期間，伴隨廠商規模的擴大，產出水準的提高，單位產品成本一般會下降，但規模擴大到某一程度以後，繼續擴大可能會引起生產效率的降低，從而導致單位產品成本的上升。

10. 規模報酬遞增指總產出增加幅度大於生產要素增加的幅度，規模報酬遞減指總產出增加幅度小於生產要素增加幅度。當規模擴大，所有生產要素同比例增加時，總產出的增加幅度若是與生產要素增加幅度相同，稱爲規模報酬不變。

問題討論

1. 會計學上的成本觀念與經濟學上的成本觀念有什麼不同?

2. 何謂正常利潤? 它有什麼特別意義?

3. 試舉例說明固定成本與變動成本之差別。

4. 何謂邊際成本? 它對廠商決定最適產出水準有什麼用處?

5. 總成本、平均成本與邊際成本三者間有什麼關係, 請藉助幾何圖形予以比較說明。

6. 長期及短期的平均成本曲線通常都呈 U 字形, 原因何在?

7. 何謂生產函數? 總產出函數與平均產出函數及邊際產出函數間有什麼關係?

8. 何謂規模報酬遞增、規模報酬遞減與規模報酬不變? 它們與長期平均成本有什麼關係?

9. 何謂等產出線? 它對決定資本及勞力最佳組合有什麼用處?

第二十六章 完全競爭市場均衡 產出與價格的決定

第一節 完全競爭市場的特性

　　市場 (Market) 是財貨與勞務交易的場所。有了市場，買賣雙方易於保持密切的接觸，一切交易容易順利完成。市場的型態很多，我們可以把它分成三個大類：(1)完全競爭市場 (Perfect Competition Market)，(2)純粹獨占市場 (Pure Monopoly Market)，及(3)不完全競爭市場 (Imperfect Competition Market)。不完全競爭市場又可細分為：(1)壟斷性競爭市場 (Monopolistic Competition Market)，與(2)寡占性競爭市場 (Oligopolistic Competition Market)。這一章我們首先討論完全競爭市場均衡產出與價格的決定，其他市場均衡產出與價格的決定將留待以後各章討論。

　　所謂完全競爭市場是一種市場組織，它具有以下幾點特性：

　　1.參與交易的人數非常眾多：每一個別廠商或供給者所提供的商品，其數量在整個市場的總供給量中，僅占一個很小的比重；每一消費者在市場上所購買的數量在總銷售量中，亦只占有一個很小的比重。

　　2.個別買賣者對其所買賣的財貨或勞務的價格沒有絲毫的影響力量：財貨及勞務的價格不會因為某一個別廠商買賣行為的改變而發生變化，每一個參與交易的人，只能在既定的價格下，從事財貨及勞務的買

賣。每一位買者或賣者都是價格的「接受者」(Price Taker)，而不是價格的「決定者」(Price Maker)。個別廠商所面對的需求曲線，是一條與橫軸平行的水平線。如同圖 26－1(b)$D'D'$線所示，它與縱軸相交於市場所決定的價格 P_1，在這一價格水準下，不管個別廠商生產多少，他都能把全部產品賣出去，換句話說，對個別廠商來說，物品及勞務的需求彈性無限大，他們不必為了吸引更多的顧客，對所供應的產品削價求售。

3.每一廠商所提供的財貨及勞務品質完全相同：因為每一廠商在市場上所銷售的財貨及勞務的品質完全一樣，消費者沒有理由只喜歡某一廠商所提供的財貨及勞務，而不喜歡其他廠商所提供的財貨及勞務。在另一方面，在提供財貨及勞務廠商的心目中，每一位顧客，都是付同樣的款，自不必對某一顧客給予特別的優待。

4.每一個人或每一廠商可以隨時進入或退出市場，不會遭遇任何法令上或制度上的阻礙。

5.每一個參與交易的廠商和消費者，對市場情況皆有充分的了解，而且彼此行動完全獨立，互相不受影響。

6.資源可以自由流動。

圖 26－1　完全競爭市場下個別廠商所面臨的需求曲線

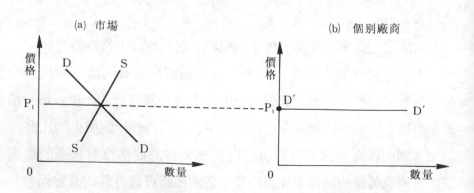

第二節　短期最適產出水準之決定

在自由經濟制度之下，每一個廠商從事財貨之生產或勞務之提供，其主要目的是獲取利潤，但這並不是說，利潤是生產的唯一動機。事實上，有些生產只是爲了滿足生產者本身及其家屬消費的需要，自給自足的生產在原始或落後的社會，是司空見慣的事。但在現代社會，大部分的生產卻都是爲了交換，追求利潤雖然不是生產者的唯一目的，但卻是他們的主要目的，關於這一個假設大體上是可以被接受的。爲了追求最大利潤或減少損失，廠商在短期間，因爲受某些資本設備的限制，只有經由增加或減少變動要素用量的方法來調整產出水準，以達到此項目的。決定廠商最大利潤或最小損失的產出水準，有兩個相互輔助的方法可以採用。第一個方法是比較總收入和總成本，第二個方法是比較邊際收入和邊際成本。這兩種方法，不但適用於完全競爭市場，同時也適用於獨占市場及不完全競爭市場的分析。

一、總收入與總成本比較法

在產品價格由市場供需情況共同決定以後，完全競爭廠商面臨三個相互關聯的問題：(1)應不應該生產？(2)如果生產，該生產多少？(3)怎樣實現最大利潤或使損失減至最低？

乍看起來，第一個問題的答案非常簡單，那便是只要有利潤，便應該生產，但實際的情況卻並不是如此單純。在短期間，廠商的總成本可以分爲固定成本和變動成本兩個部分。固定成本與產出水準無關，即使停止生產，廠商仍然需要照常支付這些固定成本；變動成本則只有生產時才會發生，若是不生產，便不會發生，廠商如果完全停止生產，它的損失將等於固定成本。在有些情況下，繼續生產，可以使廠商的損失低

於固定成本，果爾，為求損失最小，廠商在這種情況下，便不應該停止
生產。換句話說，若是有利潤，廠商固然應該生產，即使沒有利潤，只
要能使虧損低於固定成本，廠商在短期間仍然應該繼續生產，這是第一
個問題的答案。

　　第一個問題解答以後，接著而來的問題，便是應該生產多少及怎樣
才能實現最大利潤或使損失減至最低限度？下面我們將以三個例子來說
明三種情況，第一個例子說明如何能使利潤最大；第二個例子說明如何
可以使損失減至最小；第三個例子說明在何種情況下，應該停止生產。

　　1.最大利潤的產出

　　茲設某一廠商（甲）的生產成本、收入、及其與產出的關係，如同
在表 26-1 的資料所示。另設這家廠商只生產一種產品，它的市場價格
是 131 元。表 26-1 共分六欄，第(1)欄是總產量，第(2)欄是總收入，即
第(1)欄的產量與產品價格（131 元）的乘積，第(3)、(4)兩欄是總固定成
本與總變動成本，第(5)欄是總成本，即(3)、(4)兩欄有關數字之和，第(6)
欄為利潤或虧損，即總收入減去總成本之差。從第(6)欄所列資料，我們
將可發現，廠商可能實現的最大利潤是 299 元，達到這個目的的產出水
準是 9 個單位。

　　甲廠商的總收入，以及總成本與產量間的函數關係亦可用圖 26-2
的 TR 及 TC 曲線來表示。當總成本曲線（TC）與總收入曲線（TR）
相交時，其相交之點 E_1 和 E_2 稱為收支平衡點（Break-Even Point），
此時總產量分別為 12 個單位及 2 個單位，甲廠商的利潤等於零。若是
實際產出超過 12 個單位或小於 2 個單位，總成本大於總收入，甲廠商
將會遭遇虧損；若是實際產出水準在這兩個收支平衡點範圍以內，總收
入大於總成本，甲廠商將會有利潤可圖。在這一個範圍以內，當 TR 與
TC 的垂直距離最大時，甲廠商所獲得的利潤會達到最大，其所對應的
產出水準，正是 9 個單位。

表26-1　甲廠商生產成本與收入（假定產品市場價格為 131 元）

(1) 總產量	(2) 總收入	(3) 總固定成本	(4) 總變動成本	(5) 總成本	(6) 利潤(＋)或損失(－) ＝(2)－(5)
0	$　0	$100	$　0	$100	$－100
1	131	100	90	190	－59
2	262	100	170	270	－8
3	393	100	240	340	＋53
4	524	100	300	400	＋124
5	655	100	370	470	＋185
6	786	100	450	550	＋236
7	917	100	540	640	＋277
8	1,048	100	650	750	＋298
9	1,179	100	780	880	＋299
10	1,310	100	930	1,030	＋280

圖26-2　甲廠商的總收入與總成本函數（最大利潤產出的決定）

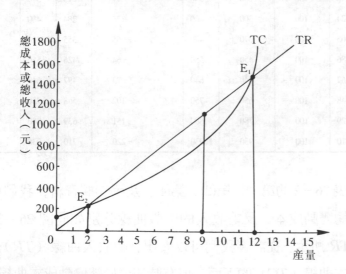

2.最小損失的產出

茲設甲廠商的生產成本如同前例一樣維持不變，只是它的產品市場

價格降爲 81 元，從表 26－2，我們將會發現在這一個價格水準之下，甲廠商不管生產多少，都會有虧損發生。儘管如此，甲廠商仍然不宜停止生產，蓋因繼續生產可以減少損失。從表 26－2 第(6)欄的資料我們可以看出，生產至 6 個單位時，甲廠商的損失減至最低（64 元）；完全停止生產時，它的損失將高達 100 元。在這種情況下，廠商繼續生產所追求的目的不是最大利潤，而是最小損失。

表 26－2　甲廠商生產成本與收入假定產品市場價格分別爲 81 元及 71 元

	產品價格＝81 元					產品價格＝71 元		
(1) 總產量	(2) 總收入	(3) 總固定成本	(4) 總變動成本	(5) 總成本	(6) 利潤(＋)或虧損(－) ＝(2)－(5)	(7) 總收入	(8) 總成本	(9) 利潤(＋)或虧損 ＝(7)－(8)
0	$　0	$100	$　0	$100	$－100	$　0	$100	$－100
1	81	100	90	190	－109	71	190	－119
2	162	100	170	270	－108	142	270	－128
3	243	100	240	340	－97	213	340	－127
4	324	100	300	400	－76	284	400	－116
5	405	100	370	470	－65	355	470	－115
6	486	100	450	550	－64	426	550	－124
7	567	100	540	640	－73	497	640	－143
8	648	100	650	750	－102	568	750	－182
9	729	100	780	880	－151	639	880	－241
10	810	100	930	1,030	－220	710	1,030	－320

利用表 26－2 的第(1)、第(2)、第(4)，及第(5)欄資料，我們可以導出總成本、總變動成本、及總收入的函數曲線分別如同圖 26－3 的 TC、TVC 及 TR 所示。從該圖我們可以看出，總收入曲線（TR），雖然一直在總成本曲線（TC）的下面，但有時卻位於總變動成本曲線（TVC）的上面，表示不管生產多少，總收入雖然一直是低於總成本，但有時卻大於總變動成本。當生產 6 個單位的產品時，總收入超過總變動成本最

多，此時甲廠商的損失最小，所以在這種情形下，甲廠商應繼續生產，直至到 6 個單位的產品時爲止。

圖26-3　甲廠商的總收入，總成本及總變動成本函數
　　　　（最小損失生產的決定）

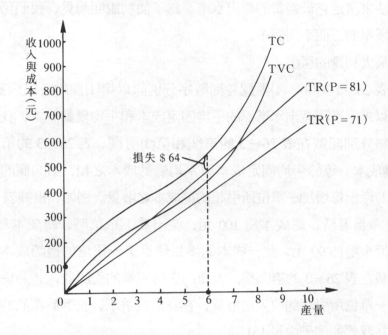

3.停止生產的情況

假定其他情況不變，只是甲廠商的產品市場價格繼續從 81 元降爲 71 元。從表 26-2 的第(9)欄所列資料，我們可以很清楚的看出，停止生產時的損失只有 100 元。若是繼續生產，不管生產多少，甲廠商所遭遇的損失都是大於 100 元，爲了使損失減至最低，只有停止生產。

從圖 26-3，我們也可以看出，當產品市場價格降爲 71 元時，總收入曲線（TR′）不但一直在總成本曲線之下，而且一直在變動成本曲線之下，表示若是繼續生產，甲廠商的損失只有增加，不會減少，此時最適當的產出水準是零。

二、邊際收入與邊際成本比較法

　　完全競爭的廠商，在既定的產品價格之下，除了利用總收入與總成本比較法來決定最適當的產出水準以外，並可利用邊際收入與邊際成本的比較法來決定它最適當的產出水準。為了便利說明起見，我們仍然借用前面所舉的三個不同例子。

　　1.最大利潤的產出

　　將表 26－1 第(3)、(4)兩欄各列數字分別除以第(1)欄的各該列數字，我們可以求出不同產出水準下的平均固定成本和平均變動成本，我們把這些資料分別記載在表 26－3 的第(2)和第(3)兩欄。表 26－3 的第(4)欄「平均總成本」等於平均固定成本與平均變動成本之和，第(5)欄的邊際成本，乃產出每增加一單位所引起的總成本之增量。例如，根據表 26－1，當產量為零時，總成本為 100 元，產出為 1 單位時，總成本為 190 元，較原來增加 90 元，此一成本的增量便是第一單位的邊際成本，我們把它載在表 26－3 的第(5)欄。表 26－3 第(6)欄的邊際收入，乃係產量每增加一單位所引起的收入之增量，在完全競爭下，它等於產品的市場價格，在我們的例子中是 131 元。

　　從表 26－3 所提供的資料，我們可以看出在產量尚未到達 10 個單位以前，邊際收入均大於邊際成本，即每增加一單位的產出所引起收入的增加均大於成本的增加，繼續增加生產，當可擴大廠商的利潤。待到第 10 個單位的產出時，邊際收入小於邊際成本，繼續增加生產只有使廠商的利潤減少，因此到達 9 個單位的產出時，甲廠商的利潤為 299 元〔$(131-97.78) \times 9$〕，此一利潤應為該廠商所能實現的最大利潤。

　　表 26－3 的(3)、(4)、(5)、(6)各欄資料亦可以圖 26－4 的 AVC、ATC、MC 及 MR 曲線來表示。從該圖我們可以看出當 MC 與 MR 相交於 C 點時，邊際收入等於邊際成本，其所對應的產出為 9 個單位，此

表 26－3　甲廠商的平均固定成本、平均變動成本、邊際
　　　　　成本及邊際收入（假定產品市場價格為 131 元）

(1) 總產量	(2) 平均固定成本 （AFC）	(3) 平均變動成本 （AVC）	(4) 平均總成本 （ATC）	(5) 邊際成本 （MC）	(6) 價格＝邊際收入 （P＝MR）
1	$ 100.00	$ 90.00	$ 190.00	$　90	$ 131
2	50.00	85.00	135.00	80	131
3	33.33	80.00	113.33	70	131
4	25.00	75.00	100.00	60	131
5	20.00	74.00	94.00	70	131
6	16.67	75.00	91.67	80	131
7	14.29	77.14	91.43	90	131
8	12.50	81.23	93.73	110	131
9	11.11	86.67	97.78	130	131
10	10.00	93.00	103.00	150	131

時廠商的利潤可用矩形 *APCD* 的面積來表示，這一利潤乃甲廠商所能
實現的最大利潤，任何對應其他產出水準的利潤，均會低於此一利潤，
因此 9 單位的產出應是甲廠商最適的產出水準。

　　2.最小損失的產出

　　假定甲廠商的生產成本不變，但產品市場價格從 131 元降為 81 元。
根據表 26－4 所列資料，我們得知，直至生產到達 6 個單位的時候，每
增加一個單位產品所引起的成本增加小於收入的增加，即邊際成本小於
邊際收入，繼續增加生產是值得的。生產超過 6 個單位以後，邊際成本
大於邊際收入，繼續增加生產自是得不償失，生產到達 6 個單位時，廠
商的平均總成本高出產品單位價格 10.67 元（91.67－81），雖然仍會有
64 元的虧損（6×10.67），但較之完全停止生產時所遭受的損失（100
元）卻減少了 36 元。在這種情況下，虧損雖然不能完全避免，但為了
減少虧損，甲廠商應繼續生產，直至 6 個單位為止。6 單位的產出是它

圖 26-4 甲廠商的最大利潤產出水準

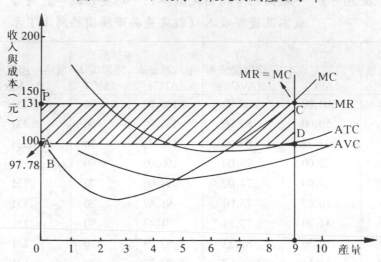

表 26-4 甲廠商平均固定成本、平均變動成本、邊際成本及邊際
收入（假定產品的市場價格分別為 81 元與 71 元）

(1) 總產量	(2) 平均固定成本 (AFC)	(3) 平均變動成本 (AVC)	(4) 平均總成本 (ATC)	(5) 邊際成本 (MC)	(6) 價格81元 =邊際收入 (P＝MR＝81)	(7) 價格71元 =邊際收入 (P＝MR＝71)
0	－	－	－	－	$81	$71
1	$100.00	$90.00	$190.00	$90	81	71
2	50.00	85.00	135.00	80	81	71
3	33.33	80.00	113.33	70	81	71
4	25.00	75.00	100.00	60	81	71
5	20.00	74.00	94.00	70	81	71
6	16.67	75.00	91.67	80	81	71
7	14.29	77.14	91.43	90	81	71
8	12.50	81.23	93.73	110	81	71
9	11.11	86.67	97.78	130	81	71
10	10.00	93.00	103.00	150	81	71

的最適產出水準，對應於此一產出水準的損失最小。

表 26-4 的(3)、(4)、(5)、(6)欄的資料可分別用圖 26-5 的 AVC、

ATC、MC 及 MR 曲線來表示。該圖顯示 MC 曲線與 MR 曲線相交於
E 點，對應於 E 點的產出為 6 個單位，在此一產出水準下的總收入等
於矩形 OPEF 的面積，總成本等於矩形 OACF 的面積，兩者之差為等
於矩形 PACE 的面積，它代表廠商的損失，此一損失是當產品市場價
格為 81 元時，廠商可能遭遇到的最小損失。

圖 26－5　甲廠商的最小損失生產

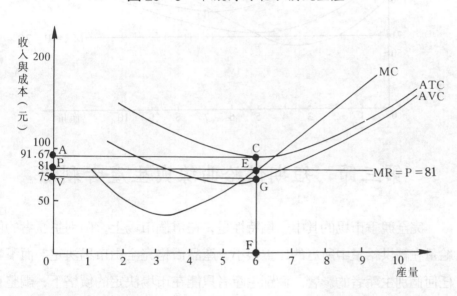

3.停止生產的情況

如果甲廠商的產品市場價格續降為 71 元，而生產成本維持不變，
比較表 26－4 第(5)欄和第(7)欄的資料，我們可以看出對應任何一個產出
水準，邊際收入均小於平均變動成本，即每增加一單位產品所引起之收
入的增加，均小於成本的增加，繼續生產，只有擴大廠商的損失，此一
情形亦可用圖 26－6 來加以說明。從該圖我們可以看出 AVC 線永遠是
高於價格水準——也就是邊際收入線，表示每增加一單位產品所增加的
收入不足以彌補因此而增加的成本，在這種情況之下，廠商只有停止生
產才是上策。

圖 26-6　甲廠商停止生產的情況

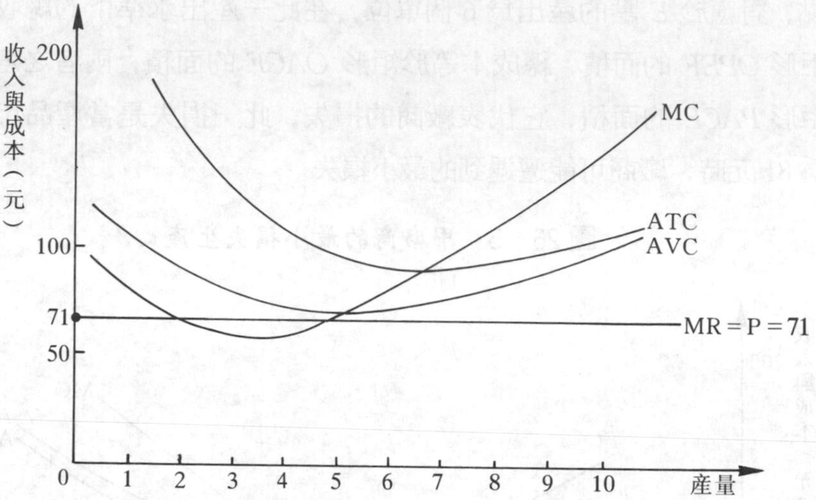

第三節　短期供給曲線與生產者剩餘

　　完全競爭市場的其中一個特性是，在這個市場上，個別生產者的供給量在總供給量中所占的比重很小，產品價格完全由市場決定，而不受任何個別生產者的影響。個別生產者只能在市場決定的價格下，調整它們的產量。因此，個別廠商的需求函數可用圖 26-7 的 *dd* 線來表示，這條線與橫軸平行，表示需求彈性無窮大，即某一家廠商產量單獨的增加，不會影響價格，*dd* 線也代表市場價格及完全競爭市場上個別廠商的邊際收入。

　　我們必須指出的是，在完全競爭下，個別廠商的需求函數，雖然是一條與橫軸平行的水平線，但代表全部廠商的整個產業或整個市場的需求曲線，卻是一條從左上方向右下方延伸的曲線，它將如同圖 26-8 的 *DD* 線所示。其理由是，就整個產業來說，亦即就生產某一特定產品的全部廠商來說，如果他們同時想要吸引更多的顧客購買他們更多的產

出，他們必須把產品的市場價格降低。因此整個市場的需求曲線是一條
具有負斜率的曲線，表示整個市場的需求量與價格呈相反方向變化。

圖26－7　完全競爭下個別廠商的需求曲線

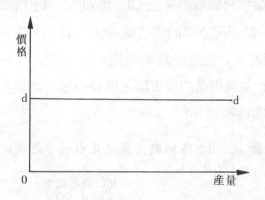

圖26－8　完全競爭下產業需求曲線

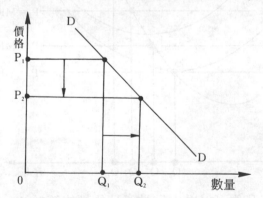

　　在討論過完全競爭市場下個別廠商和整個產業的需求函數以後，現
在我們可以進一步來討論它們的供給函數。所謂供給函數即產品的供給
與價格間的關係，在本章的第二節我們曾經指出：若產品的市場價格
——即邊際收入，小於產品的平均變動成本，廠商將會停止生產；反
之，只要產品的市場價格大於平均變動成本，廠商將會繼續生產，直至
邊際成本等於邊際收入為止。

　　如圖26－9所示，當產品市場價格低於 OP_1 時，廠商將會停止生

產。若是產品市場價格剛好等於 OP_1，產量將爲 OQ_1，此時廠商所遭受的損失恰好等於固定成本，是否繼續生產，其所遭受的損失並無不同。若是產品市場價格增至 OP_2，依據 $MR = MC$ 法則，廠商的產出應爲 OQ_2，當產品市場價格繼續提高至 OP_3 及 OP_4，產出水準將會相應提高至 OQ_3 及 OQ_4。將不同水準的價格線與 MC 線相交各點——即 a、b、c、d，各點連接起來，便是廠商的短期供給曲線，它將如同圖 26–10 的 SS 曲線所示，這條供給曲線實際上就是位於平均變動成本曲線最低點以上的邊際成本曲線。

圖 26–9　個別廠商最適產出水準之決定

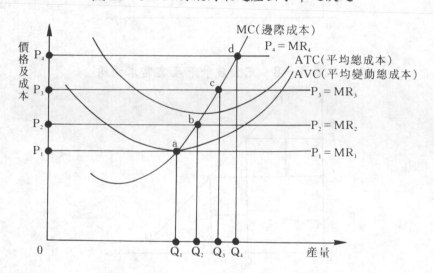

從圖 26–10 我們可以看出，當產品的價格等於 P_1，它的供給量是 OQ_1，廠商的總收入將是 OP_1aQ_1，因生產 OQ_1 單位產品，廠商所需付出的代價，將等於從生產第一單位產品直至 OQ_1 單位產品爲止的每一單位產品邊際成本之和，可用 $OeaQ_1$ 來表示。廠商因爲生產 OQ_1 單位產品所獲得的總收入減去他所付出的代價，二者之差等於 eP_1a，我們稱爲生產者剩餘（Producer Surplus），這一剩餘可視爲是生產者參加財貨及勞務自由交換所得到的利益，生產者剩餘將隨產品價格提高而增

圖 26－10　個別廠商的供給曲線

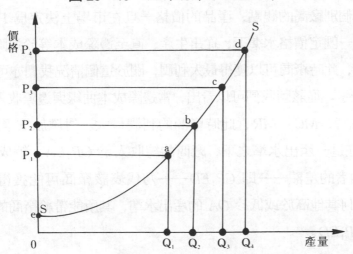

加，如同圖 26－10 所示，當產品價格提高至 P_2，P_3 及 P_4 時，生產者剩餘將增為 eP_2b，eP_3c，及 eP_4d。

個別廠商的供給函數導出以後，把這些個別廠商的供給函數加以彙總，便是包括全部廠商在內的所謂整個產業供給函數，它也將是一條由左下方向右上方延伸的曲線。

第四節　短期市場均衡的實現

一旦產業的供給曲線和需求曲線導出以後，產品的均衡市場價格便可由兩者的相互作用而決定，茲設圖 26－11 的 DD 和 $S'S'$ 曲線分別代表某一產業的需求曲線和供給曲線，當這兩條曲線相交於 E 點時，供給量與需求量相等，整個產業的均衡狀況乃告實現。與 E 點相對應的價格 OP_1 即為均衡價格，與 E 點相對應的產出 OQ_1，即為均衡產出。若是實際價格高於 OP_1，供給量將大於需求量，結果會有一股壓力，迫使價格回跌至均衡水準；反之，若是實際價格低於 OP_1，需求量將大於

供給量，結果會有一股壓力，迫使價格回升至均衡水準。

從個別廠商的觀點，產品的價格一旦在市場上決定為 P_1，它們只有在這一既定價格水準下，從事生產，直至邊際成本等於邊際收入或價格為止，此時廠商可以獲得最大利潤，關於這個情況我們亦可用圖 26–12 來表示。從該圖我們可以看出，當邊際成本曲線與邊際收入曲線相交於 E 點時，$MC = MR$，此時廠商的利潤最大。對應於 E 點的產出為 OA，在這一產出水準之下，廠商的總收入為 OP_1EA，總成本為 $OCDA$，兩者的差額——即 CP_1ED——乃代表該廠商可能獲得的最大利潤，任何其他高於或低於 OA 的產出水準，其所能帶給廠商的利潤均會小於 CP_1ED。

圖 26–11　整個產業短期均衡狀況

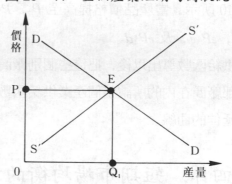

在此我們必須指出的是，廠商短期均衡實現的條件是 $MC = MR = P$，在這條件具備時，產品價格可能大於平均總成本，也可能等於平均總成本，甚至小於平均總成本，即使產品價格小於平均總成本，但只要前者仍然大於平均變動成本，廠商便會繼續生產，這在前面我們已經提到過，因此當短期均衡實現時，廠商的利潤可能像我們圖 26–12 所示大於零，但也可能等於零，甚至為負值。

圖 26－12　個別廠商短期均衡狀況

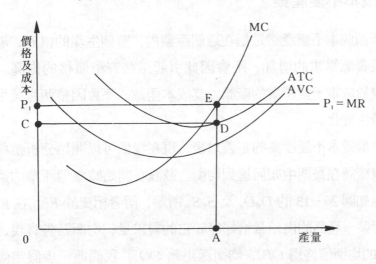

第五節　長期市場均衡的實現

　　當一個產業達到長期均衡狀態的時候，生產會停留在一定的水準上，既不減縮也不擴充，每一廠商只能賺取正常的利潤，既沒有舊廠商的退出，也沒有新廠商的加入。在一個產業內，若是有些廠商所獲利潤低於正常水準，它們必然會設法轉入其他更有利的行業。因為這些廠商的退出，整個產業的供給曲線將向左上方移動，產品的價格將因此上升，直至邊際廠商可以獲得正常利潤為止。在另一方面，若是一個產業內有些廠商可以獲得超額利潤，新的廠商會被誘加入，整個產業的供給曲線將向右下方移動，產品價格將因此下降，直至超額利潤消失為止。因為各種產業的成本結構不同，我們可以把它區分為三類，即 ⑴成本不變產業（Constant Cost Industry），⑵成本遞增產業（Increasing Cost Industry），及 ⑶成本遞減產業（Decreasing Cost Industry）。茲分別討論其長期均衡實現的情形。

一、成本不變產業

所謂成本不變產業是指在這個產業內，整個生產的擴充，導致對某些生產資源需求的增加，不會因此引起這些資源價格的提高。換句話說，屬於成本不變產業的廠商，其成本函數，不會因整個產業生產的擴充而發生變化。

了解成本不變產業的定義以後，現在我們可以開始分析這種產業及其代表廠商在長期中如何達到均衡。茲設在開始時整個產業的需求及供給曲線如圖 26-13 的 D_0D_0 及 S_0S_0 所示，兩者相交於 E_0。在 E_0，整個產業對某一產品的供給量恰好等於它的需求量，均衡乃告實現，相對應於 E_0 的均衡價格為 OP_0，均衡產出為 OQ_0。我們進一步假定代表廠商的長期平均成本及長期邊際成本曲線分別如圖 26-14 的 $LATC$ 及 LMC 所示，三種不同規模下的短期平均成本及短期邊際成本則分別如圖 26-14 的 $SATC_0$、$SATC_1$、$SATC_2$ 與 SMC_0、SMC_1、SMC_2 所示。當該廠商的產出為 Oq_0 時：(1)長期邊際成本等於邊際收入（$LMC = P_0 = MR_0$），(2)短期邊際成本等於邊際收入（$SMC_0 = P_0 = MR_0$），表示無論長期或短期，廠商的利潤在這個時候均為最大。而且，在這一個產出水準下：(1)長期及短期平均成本各與相對應的邊際成本相等（$LATC = SATC_0 = LMC = SMC_0$），此時平均成本最低，(2)長期及短期平均成本均等於價格（$LATC = SATC_0 = P_0$），表示廠商只賺取正常利潤。當上述二個條件同時滿足時，廠商的長期均衡乃告實現。

茲設消費者對廠商生產之產品偏好突然增強，促使需求曲線從 D_0D_0 向右移到 D_1D_1，均衡點將從 E_1 移至 E_2 需求增加而供給不變的結果導致價格自 OP_0 提高為 OP_1（見圖 26-13），個別廠商的邊際收入曲線也相應從 MR_0 上升至 MR_1。從圖 26-14 我們發現，當價格上升至 OP_1 時，廠商會把它的產量自 Oq_0 增為 Oq_1，此時廠商將有經濟利潤的

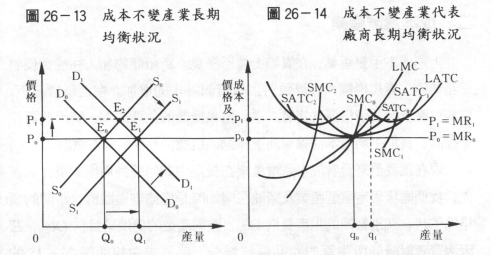

圖 26－13　成本不變產業長期均衡狀況

圖 26－14　成本不變產業代表廠商長期均衡狀況

發生。前面提到，在完全競爭下，只要有經濟利潤的存在，長期間一定會招致新廠商的加入。這些廠商的加入，增加整個產業的總供給量，從而使總供給曲線 S_0S_0 向右下方移動，直至使新的供給曲線 S_1S_1 與 D_1D_1 曲線相交於最初的價格水準（即 OP_0），經濟利潤終將完全消失。個別廠商的生產又會回復到原來的水準（Oq_0）。但就整個產業而言，生產量會自 OQ_0 增至 OQ_1，此一增加乃係許多新廠商加入的結果。將整個產業原來的均衡點（E_0）和新的均衡點（E_1）聯接起來所成的一條直線，乃代表整個產業的長期供給曲線，如同圖 26－13 的 $P_0E_0E_1$ 所示。

　　若是消費者對廠商所生產的產品偏好降低，而非提高，情況又是如何呢？我們的答案仍然是一樣的。當消費者對產品的偏好降低時，需求曲線將向左下方移動，產品的價格會因此而下降。個別廠商的邊際收入曲線也會相應下降，此時有些廠商非但無利可圖，反而會發生虧損。在長期間，它們將會退出產業，整個產業的供給將會因此而減少。結果 S_0S_0 曲線會向左上方移動，直至新的供給曲線與新的需求曲線相交於原來價格水準，此時廠商可以恢復獲得正常利潤，它的產出水準將會回到 Oq_0 的水準，整個產業的供給量則會因某些廠商的退出而減少。

二、成本遞增產業

上述成本不變產業，在實際上並不多見。新廠商的加入往往會使整個產業的生產規模擴大，導致對生產資源需求的增加。在這種情況下，這些生產資源的價格通常將會上漲，結果廠商的生產成本，將因此而相應提高，長期平均成本曲線會向上移動，這種情形稱為成本遞增。

現在讓我們來看看成本遞增產業在長期中如何達到均衡的境界。首先，我們同樣假定整個產業及廠商在開始時是處於均衡狀態，當時的價格為 OP_0，個別廠商的生產量為 Oq_0，整個產業的總供給量為 OQ_0。茲因消費者對廠商所生產的產品偏好增強，使需求曲線從圖 26－15 的 D_0D_0 移到 D_1D_1。產品的價格因此自 OP_0 提高為 OP_2，個別廠商的邊際收入曲線亦因此從 MR_0 上升到 MR_2。在原有的產出水準之下，產品價格大於平均成本，廠商可以獲得經濟利潤。這些經濟利潤在長期間將吸引新的廠商加入生產，結果導致整個產業的供給曲線將自圖 26－15 的 S_0S_0 向右下方移至 S_1S_1，產品的價格將逐漸下降，個別廠商的利潤亦將逐漸減少，但價格通常會下降到比 OP_0 稍高的水準 OP_1 就會停止。

圖 26－15　成本遞增產業長期　　圖 26－16　成本遞增產業代表
　　　　　　的均衡　　　　　　　　　　　　　廠商的長期均衡

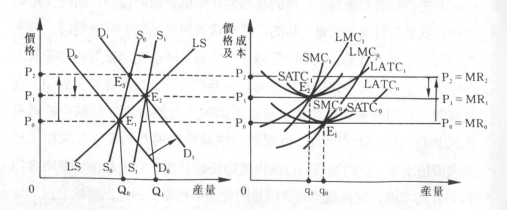

要解釋這種現象，我們可以從新廠商加入所引起的後果去了解。

根據前面分析，我們知道，新廠商的加入通常會引起兩種後果：第一是整個產業的供給增加（$S_0 S_0$ 向右下方移），第二是對生產資源的需求增加。在成本遞增的情況下，對生產資源需求的增加，會使廠商的長期平均成本曲線及長期邊際成本曲線，分別自圖 26－15 的 $LATC_0$ 及 LMC_0 移至 $LATC_1$ 及 LMC_1。由於 $LATC$ 曲線的向上移動，當產業的供給曲線因新廠商的加入向右下方移動，導致價格下降到達 OP_1，個別廠商的生產水準到達 0%，$LMC_1 = MR_1 = P_1 = LATC_1$，新的均衡便告實現，此時長期平均成本已經高於價格，經濟利潤消失。如果價格繼續下降，部分廠商將會發生虧損而退出產業，整個產業的供給曲線會轉而向左上方移動直至價格回升到 OP_1 的水準為止。

在完全競爭下，成本遞增產業的長期供給曲線將如同圖 26－15 的 LS 曲線所示，是一條向上傾斜的曲線。意即在長期間，只有價格提高，才能使供給增加。

三、成本遞減產業

新廠商的加入，在一般情況下，會引起某一產業對生產資源需求的增加，但這種需求增加，並不一定會提高廠商的生產成本。在某些情況下，產業的擴充可能會創造些「外部經濟」，而使廠商的生產成本降低，這種情形稱為成本遞減。

為了分析成本遞減產業邁向長期均衡的調整過程，我們同樣的假定整個產業及個別廠商在開始時都處於均衡狀態。此時產品的價格為 OP_0，廠商的產出水準為 Oq_0，整個產業的總供給量為 OQ_0。

茲設因消費者對廠商所生產的產品偏好增強，使需求曲線如圖 26－17 的 $D_0 D_0$ 移到 $D_1 D_1$，價格則相應自 OP_0 上升為 OP_1，廠商的邊際收入曲線亦相應自圖 26－18 的 MR_0 向上移至 MR_1。此時，因產品的市場

價格高於平均成本，廠商可以獲得經濟利潤，此一經濟利潤的存在，在長期間將吸引許多新的廠商參加生產。這些新廠商的加入，同樣的會引起兩種後果：第一種後果是使整個產業的供給增加，導致圖 26－17 的 S_0S_0 向右下方移動，隨著 S_0S_0 的移動，產品的價格將逐漸降低，個別廠商因為邊際收入曲線向下移動，經濟利潤會逐漸減少乃至消失；第二種後果是新廠商的加入，使產業產生外部經濟效果，從而使廠商的長期平均成本曲線及長期邊際成本曲線分別自 $LATC_0$ 及 LMC_0 移至 $LATC_1$ 及 LMC_1。

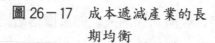

圖 26－17　成本遞減產業的長　　圖 26－18　成本遞減產業代表
　　　　　期均衡　　　　　　　　　　　　廠商的長期均衡

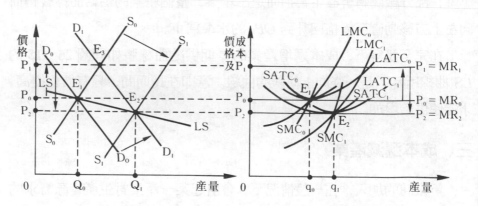

結果我們將會發現：當新廠商繼續加入生產，產品價格隨而下降，待至回復到原來水準時（OP_0），由於廠商的成本降低（從 $LATC_0$ 至 $LATC_1$），經濟利潤依然尚未完全消失，更多新的廠商會繼續加入，整個產業的供給將繼續增加，勢必迫使產品價格繼續下降，直到經濟利潤完全消失為止。如圖 26－17 及圖 26－18 所示，產品的價格必須降至 OP_2 時，廠商的經濟利潤才不會存在。

　　在完全競爭下，成本遞減產業的長期供給曲線將如同圖 26－17 的 LS 曲線所示，是一條向下傾斜的曲線。意即在長期間，這一類產業的供給會不斷增加，伴隨供給的增加，產品價格將會下降。

摘　要

1. 完全競爭市場具有以下幾個特性：(1)參與市場交易的人數非常眾多，(2)個別買賣者對其所買賣的財貨或勞務價格沒有絲毫的影響力量，(3)參與市場交易的財貨與勞務品質完全相同，(4)廠商進出市場無任何的阻礙，(5)參與市場交易者對市場情況均有充分的了解，彼此行動完全獨立，(6)資源可以自由移動。

2. 在完全競爭下，產品的價格由市場總需求及總供給來決定，個別廠商所面對的需求曲線是一條水平線。對某一個別廠商來說，物品及勞務的需求彈性無限大。

3. 當一家廠商的產出水準，其總收入超過總成本的差額最大，或邊際成本等於邊際收入時，它便可以獲得最大的利潤，相對應於最大利潤的產出水準便是最適的產出水準。

4. 廠商在短期間可能會發生虧損，即使如此，只要產品的單位價格大於平均變動成本，它應該繼續生產，直至邊際成本等於邊際收入為止，這樣可以使廠商的損失減至最小。若是產品的單位價格小於平均變動成本，廠商應立即停止生產，否則會增加虧損。

5. 完全競爭廠商短期邊際成本曲線高於最低平均變動成本以上的部分為其短期產品的供給曲線。

6. 在完全競爭下，產品的價格決定於市場供給曲線與需求曲線相交之處。一旦產品的價格在市場上決定，個別廠商便只有在這一既定的價格水準下從事生產，直至邊際成本等於邊際收入為止，以實現利潤最大的目標。

7. 在長期間，廠商可以隨意調整生產規模，亦可自由加入或退出生產，完全競爭市場價格有等於最低平均成本的傾向。在長期市場

均衡實現時，廠商只能賺取正常的利潤，既不會有虧損發生，也不能期望獲得超額利潤。

8. 在完全競爭下，產業及廠商的長期均衡條件是：(1)長期邊際成本等於邊際收入，(2)短期邊際成本等於邊際收入，(3)長期及短期的平均成本各與其相對應的邊際成本相等，(4)長期及短期的平均成本等於產品的市場價格。

9. 成本不變產業的長期供給曲線是一條水平線，成本遞增產業的長期供給曲線是一條自左下方向右上方延伸的曲線，成本遞減產業的長期供給曲線是一條自左上方向右下方延伸的曲線。

問題討論

1. 試述完全競爭市場的特性。

2. 在完全競爭下，個別廠商所面對的需求曲線，爲什麼會是一條水平線？它的涵義如何？

3. 短期間個別廠商若是遭遇損失，是否應該立即停止生產？其理由何在？

4. 試對「均衡」下一恰當的定義。

5. 廠商的邊際成本曲線與它的供給曲線有什麼關係？

6. 何謂生產者剩餘？它是怎樣產生的？

7. 廠商從事生產，在何種條件下，可以實現利潤最大或虧損最小目的？

8. 何謂成本不變產業？成本遞減產業及成本遞增產業？它們的長期供給曲線有什麼不同？

9. 在完全競爭下，產業及廠商的長期均衡條件如何？

10. 當長期均衡實現的時候，完全競爭廠商爲什麼只能賺取正常的利潤？所謂正常利潤究竟是什麼意思？

第二十七章　完全競爭市場的評價

第一節　完全競爭市場的優點

在完全競爭的市場下，每一種產品都有無數的廠商在從事生產，為了在劇烈競爭中得到勝利，甚至能夠存在，每一廠商必然會戰戰兢兢地不斷設法調整他的生產規模，降低他的生產成本。結果將如同第二十六章第五節所敘述的一樣，在長期均衡實現的時候，不管那一類產業的廠商，他的邊際成本會等於平均成本，此時每一單位產品的平均成本達到最低。當每一單位產品平均成本降至最低的時候，資源的利用效率乃達到最高的境界。因此完全競爭的市場，是最能有效利用資源的市場。

在一個完全競爭的市場內，有無數的產品或要素需求者與供給者，彼此在市場中自由進行交換，當任何產品或要素市場的需求量不等於供給量的時候，價格會自動上下調整。若是供給量超過需求量，價格會下跌，反之，若是需求量超過供給量，價格會上升，此一價格調整將會一直持續到每一產品或要素市場的供給量皆等於需求量為止。此時每一需求者所欲購買的數量，都可得到充分供應，而每一供給者所願提供的數量，也可銷售出去，因此不會有生產過剩或不足的現象。而且在供需實現均衡的時候，消費者每購買一單位產品所願支付的價格，恰好等於為多生產一單位產品生產者所願付出的代價。消費者固然認為花的錢值得，生產者也得到適當的補償，彼此都可獲得滿足。

完全競爭市場的第三個優點是，在這樣一個市場結構下，消費者有無數的產品可供比較和挑選，每一消費者在某一特定的期間內都有一定的預算限制。爲了能夠從一定的預算中得到最大程度的滿足，他必然會對預算的分配，作不斷的調整，直到以下二個條件完全成立爲止：

$$\frac{MU_1}{P_1} = \frac{MU_2}{P_2} = \frac{MU_3}{P_3} = \cdots = \frac{MU_N}{P_N} \quad \cdots\cdots\cdots\cdots\cdots (1)$$

$$P_1Q_1 + P_2Q_2 + P_3Q_3 + \cdots + P_nQ_n = R \cdots\cdots\cdots\cdots\cdots (2)$$

上式中的 U_i 代表 i 種物品的邊際效用，P_i 代表 i 種物品每單位價格，Q_i 代表 i 種物品購買量，R 代表消費者的預算。當以上二個條件同時成立的時候，消費者將全部預算花在各種不同物品上，其自每一物品所獲得的邊際效用與該物品單位價格比率相等。此時消費者乃無對預算分配再作調整的必要，消費者的自由選擇可以保證每一消費者對預算的分配可以達到最佳的境界。

如同消費者一樣，生產者在完全競爭的市場結構下，在從事某一物品生產時，可以自由選擇各種生產要素。爲達到某一特定的生產目標，往往有很多方法可以採用，正如同我們在第二十五章第一節討論「生產函數」時所舉的例子。生產者爲了每天完成 300 輛汽車的清洗，他有五種不同的機器和人工結合。如果他多用機器，便可少用人工。機器與人工有相互代替的作用，每增加一小時機器的使用時間，可以替換人工的時數（假定同樣可以完成 300 輛汽車的清洗），我們稱爲邊際技術替代率（Marginal Rate of Technical Substitution），它等於 $\frac{\Delta L}{\Delta M}$，生產者爲了使清洗 300 輛汽車的成本減至最低，他會繼續不斷調整機器與人工的組合，直到 $\frac{\Delta L}{\Delta M} = \frac{P_L}{P_M}$ 或 $\frac{MP_L}{MP_M} = \frac{P_L}{P_M}$ 爲止（MP_L 代表人工的邊際生產力，MP_M 代表機器的邊際生產力，P_L 及 P_M 分別代表每小時人工及機

器的價格）。當這一條件成立時，機器與人工的等產出線和二者價格比率線會相切於 C 點（見圖 25-2），對應於 C 點，機器及人工使用時間分別為 4 小時。這一種組合可以使清洗 300 輛汽車的成本減至最低，因此它是最佳的機器與人口組合。由此類推，我們可以得出一個結論，那就是在完全競爭的市場結構下，每一生產者都會把生產所需的各種要素結合得很好，不會有諸如資本設備太多，人工太少，或人工太多，資本設備太少等現象。

完全競爭市場的第四個優點是可以保證每一產品在消費者間的分配可以達到最佳的境界。茲設有甲、乙兩人，都需要購買 A 和 B 二種物品，這二種物品有相互替代的作用，即彼此可以替換以滿足甲乙二人的欲望。假定甲認為如果別人願意以 3 單位的 B 去和他換取 1 單位的 A，他會得到同樣的滿足，B 和 A 的邊際替代率（$\frac{\Delta B}{\Delta A}$）對甲而言等於 3。在另一方面乙認為如果有人願意以 1 單位的 B 去和他換取 1 單位的 A，他會得到同樣的滿足，B 和 A 的邊際替代率對乙而言是 1，在這一情況下，甲為了多享有 1 單位的 A 所願意放棄 B 的數量 (3)，超過了乙為了多享有 1 單位的 A 所願意犧牲 B 的數量 (1)，此時若是甲以 2 單位的 B 去和乙換取 1 單位的 A，則甲為了多得 1 單位的 A 可以少犧牲 1 單位的 B，乙則為了犧牲 1 單位的 A 可以多得到 1 單位 B 的補償，甲乙兩人都會同感高興。由此我們可以了解得到，若是產品在消費者間之分配未能使每一位消費者的邊際替代率相等，此一分配情況可以透過交換獲得改善，但如果產品在消費者間之分配已達到使每一位消費者的邊際替代率相等，則產品在消費者間的分配便已達到最佳的境界。

在第二十四章第四節我們曾經利用無差異曲線作為一個分析工具，說明消費者為了得到最大程度的滿足，會把他特定的預算分配在任何二種不同物品（A 和 B），直至這二種物品的邊際替代率 $\frac{\Delta B}{\Delta A}$ 等於他們的

價格比率 $\dfrac{P_B}{P_A}$ 為止，因為在完全競爭下，對同一物品每一位消費者所面對的市場價格都是一樣，職是之故，當每一消費者把特定預算分配在任何兩種物品，使邊際替代率等於價格比率時，每一位消費者的任兩種物品邊際替代率必然會相等，產品在消費者間分配達到最適境界的條件乃可得到保證。

完全競爭市場的另外一個重大優點便是在這樣一個市場結構下，每一要素擁有者可以將要素提供給任何人，根據所提供要素對生產貢獻的大小，取得適當的報酬，各盡所能，各取所值。每一消費者可以隨意把錢花在自己最樂意花的地方，使自己的欲望獲得最大程度的滿足，每一生產者可以根據價格的訊號自由決定生產什麼產品？採用那一種方法生產及每一產品該生產多少？出入市場沒有限制，與同業公平競爭，勝敗操之在我，社會上每一個人都可基於自利的動機，作最有利於自己的事，在公平競爭下，優勝劣敗，各無怨言。

第二節　完全競爭市場的缺點

在上一節我們談到許多完全競爭市場的優點，這一節我們將集中討論完全競爭市場的缺點，完全競爭市場之所以會有缺點，主要是因為市場機制或價格機制有時會失靈。市場機制失靈的第一個場合是自然獨占（Natural Monopoly），所謂自然獨占，是指某些產業，因為生產規模經濟特別顯著，每單位產品的平均成本常隨產量的增加而不斷下降，如果讓這一類的產業由單一廠商負責提供全部產品，當可更能發揮規模經濟的利益，使平均成本儘量降低。這類產業最好的代表便是像電力、瓦斯，及自來水等所謂公用事業，這些公用事業為了產品的供應，得花費龐大的費用建立輸送設備，固定成本很大，變動成本相對比較少，若是

能夠把它們的服務地區擴大，用戶增加，生產和供應擴大每一單位產品所分擔的固定成本便可以儘量降低，因為這一類產業固定成本在總成本中所占的比重很大，若是能把每一單位產品的固定成本儘量降低，它的平均成本便也可以儘量降低。這一類的產業如果像完全競爭市場一樣，由眾多廠商參加提供產品，必然會導致輸送設備的重複，大量增加單位產品的成本，生產效率不但無法提高，反而將會降低。

市場機制失靈的第二個場合是外部經濟（External Economies）或外部不經濟（External Diseconomies）的存在。所謂外部經濟是指因某甲個人的行為，使某乙或其他人蒙受利益，後者不必為這一行為負擔任何責任；而外部不經濟則是指因某甲個人行為，某乙或其他人遭受損害，前者不必為後者提供任何的補償。外部經濟的一個例子是某甲建立一座果園，栽植大量的果樹，因為他這一行動替鄰居養蜂的某乙製造了一個免費讓蜜蜂採蜜的場所。

外部不經濟的一個例子是某甲在某一地區建立了一個化學工廠，他的工廠每天都排放出很多的廢水和廢氣，造成附近地區的空氣和水污染，當地居民的健康因此受到損害，但某甲卻不必為附近居民健康受損負擔任何責任。當外部經濟存在的時候，會產生一種外部效益，產品的市場價格無法反映這一外部效益。茲以上述果園為例，某甲的產品市場價格，其所反映出的供給和需求函數假定如同圖 27 - 1 的 SS 及 DD 曲線所示，這兩條曲線相交於 E 點，對應於 E 點的產出水準為 Oa，在這一產出水準下，某甲的利潤最大，無可懷疑的某甲會選擇這一個產出水準，作為他最佳的產出水準。可是從整個社會的觀點，果園所產生的外部利益必須考慮，若把這一利益包括在內，需求曲線將會從 DD 向右上方移至 D'D'，此新一需求曲線 D'D' 設與 SS 相交於 E'，對應於 E' 的產出水準為 Oa'，比原有的產出水準增加 aa'，由此可知若是有外部經濟的存在，基於生產者個人利益的最適產出水準（Oa），會低於基於社會

整個利益的最適產出水準，完全競爭市場在這一情況之下，不能爲整個社會帶來最大的利益。同樣的情形會發生在有外部不經濟現象存在的時候，這可以用化工廠的例子來加以說明。

圖 27－1　外部經濟對產出水準的影響（以果園爲例）

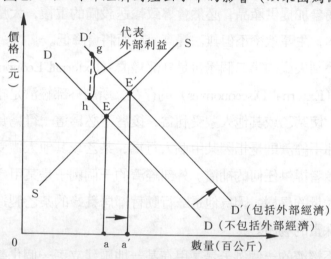

茲設某甲化工產品市場價格所反映的供給和需求曲線如同圖 27－2 的 $S_1 S_1$ 和 $D_1 D_1$ 曲線所示，這二條曲線相交於 E_1，對應於 E_1 的產出水準爲 $O a_1$，它是某甲的最適化工產出水準，但因化工產品的生產會製造外部成本（空氣和水污染），從整個社會的觀點，這一外部成本必須加以考慮。若把它包括在內，化工廠所面對的供給曲線將會從 $S_1 S_1$ 向左上方移至 $S_1' S_1'$，此一新的供給曲線 $S_1' S_1'$ 設與 DD 曲線相交於 E_1'，對應於 E_1' 的產出水準爲 $O a_1'$，比原有的產出水準減少 $a_1 a_1'$。由此可知，若是有外部不經濟存在，基於整個社會利益的最適產出水準，會比純粹基於個人利益的最適產出水準來得小。

公共財（Public Good）的存在，也會使市場機制失靈。所謂公共財它具有二個特性，一是可以多人共享而不損及其中任何一個人的享受權益；一是很難禁止不付費用的人享受，它的典型例子是國防，國防設施

圖 27－2　外部不經濟對產出水準的影響（以化工廠爲例）

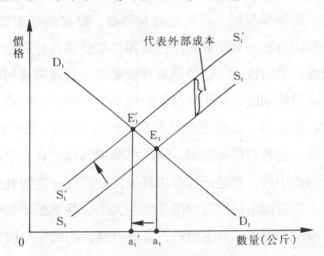

一旦完成生產，在它有效保護地區以內的居民，不管付費與否，都可獲得同樣的保護，在這一情況之下，必然會有很多人產生「搭便車」的念頭，等著他人付費，自己坐享其成。像這一類的產品是無法靠市場來供應的，因爲它無法靠自由出售的方式取得足夠的收入，以支付它的生產費用。世界各國對這一類的公共財都是由政府自己生產或委託特定廠商生產，其所需的建造費用，都是由一般稅課收入來支付的。

　　前面談到在有些場合，市場機制會失去作用，若是如此，完全競爭市場將無法使資源獲得最有效的利用。縱使市場機制能夠充分發揮作用，完全競爭市場可以導致資源的最佳分配和利用，但不能保證所得和財富的分配能夠合乎正義的原則，達到社會能夠接受的標準。相反的，完全競爭市場若是不加任何干涉，往往導致財富和所得分配的兩極，使貧者愈貧，富者愈富。原因是在完全競爭的市場結構下，一個人的收入高低，決定於他受教育的好壞以及擁有生產財貨所需資源質量的高低，一個出身貧窮家庭的小孩，通常不會有機會受良好的教育，他所能找到的工作，必然是待遇很低，升遷機會不大。而因爲出身在貧窮的家庭，

父母不可能留給他一些有價值的財產，他的唯一收入來源是微薄的薪資，生活上一定捉襟見肘，不可能會有儲蓄，財富的積聚簡直是夢想。相反的，一個出身在富有家庭的小孩，通常都受過良好的教育，並有權貴親友的呵護，他所找的工作待遇會比較優厚，升遷機會也較多，而且因為出身在富有的家庭，祖先多會留給他不少有價值的財產，他的收入除了優厚的薪資以外，必然還包括利息、租金及利潤等許多其他來源，生活富足以外，還會有很多儲蓄，財產將像滾雪球一樣，愈積愈多。這二個出身不同的小孩，若是任其自由競爭，按照每一位對社會所能提供的資源質量，並依據所提供資源生產力的大小，各別給予報酬，其結果必然是隨著時間的轉移，貧者愈貧，富者愈富。因為完全競爭市場的所得分配是基於「各取所值」的原則，它可以促進生產效率的提高，但也必然會產生貧富不均的現象。

尤有進者，在市場機制充分運作下，優勝劣敗、適者生存乃為必然的現象。高度競爭所產生的壓力，固然可以激發每一個人力爭上游，奮發圖強，但也會令人心力交瘁，失去生活的閒適和日趨功利，人情益趨淡薄。而且在高度競爭的壓力下，為了滿足消費者的需要，廠商必須不斷創造新的產品，引進新的技術，結果舊的產品、舊的技術會受到淘汰，很多人會因此遭受失業，很多機器設備會因此被拋棄，爭取勝利需要付出代價。

第三節　完全競爭市場的體現性

一、假設脫離現實

在本章的第一和第二兩節我們曾經提到完全競爭市場的許多優點和缺點。在現實社會，完全競爭市場是不是普遍存在呢？回答這個問題，

首先得看在我們現實社會，有那些產品市場具備了完全競爭市場所應具有的特徵？這些特徵包括：(1)買方及賣方人數眾多，(2)沒有任何一個人或任何一個廠商能夠左右產品的價格，(3)出入市場沒有任何限制，(4)訊息靈通，(5)同一產品無論是那一個廠商出產，品質完全相同，(6)資源可以自由移動。

　　嚴格說來，在我們的現實社會，可以說沒有一個產品市場完全具備上述六個特徵，特別是訊息靈通，即每一個參與交易的廠商和消費者對市場情況皆有充分的了解，是一件不容易的事，要想了解不同廠商出產，或不同品牌、不同規格產品彼此間的差異，其生產所使用的原料，每單位產品生產成本、生產訣竅以及市場供需實際情況，特別是未來需求的成長和價格的走向等是一件非常困難的事，決策所需要的資料往往並不完全，或並不十分正確，有些還涉及到個別廠商的機密，是從不會對外公開的，即使沒有上述的困難，資訊的供應並不是完全免費的，搜集這些資料不僅花費時間，而且也花費金錢，有時搜集資訊所付出去的代價可能還大於它所帶來的好處，得不償失。關於同一產品無論是那一個廠商出產，品質完全相同，也不盡然，同一廠商利用同一模式所製造出來的汽車，也不能保證每一輛汽車的品質完全一樣，特別是勞務產品，同樣一種勞務，由不同的人提供，品質會有不同。

　　舉個例子來說，不同理髮師所理的頭髮，或不同醫生對同一病人所作的診斷，往往會有一些差別。有些產品生產所需的資源並不能自由移動，土地是一個最好的例子，有些行業進出並不完全自由，譬如律師、醫師和會計師要想自己開業，須先經過考試及格，取得執照。對自然獨占的產業，因為規模經濟特別顯著，縱使容許自由競爭，規模較小的廠商最後必將淘汰，或為規模較大廠商所兼併，市場終究會為一個廠商或少數廠商所獨占和把持，他們對產品市場價格將有絕對控制或強大左右的能力。從以上的分析，我們乃知真正具備完全競爭市場所有特性的產

業，在現實生活中並不多見，相對的來說，農產品市場、股票市場、證券市場和外匯市場比較具備這些條件，因此在一般人的心目中，他們可以算是比較接近完全競爭市場的。

二、不符廠商利益

完全競爭市場在現實社會不多見的另外一個原因，是它並不普遍受到參與廠商的歡迎。原因是每一個廠商為了競爭，不得不盡量壓低售價，提高服務品質，這對消費者固然有利，他們自己本身得到的好處卻並不太多，最初帶動壓低售價和提高服務品質的廠商在開始時，也許可能吸引更多的顧客，使他們能夠將更多的產品賣出去，從而獲得較大的利潤，但很快便會因為其他競爭對手的仿效而使這種獲利的情況消失。為了他們自身的利益，避免彼此惡性的競爭，廠商們相互暗中勾結，在定價方面採取一致行動，並不是罕見的事情。雖然各國大多都有反獨占的立案，在這個法案下，廠商相互勾結高抬物價是不被容許的，可是因為誘因太大，這一類的事情仍然是屢見不鮮。

三、政府的制約

另外值得一提的是，表面上政府是反獨占、反壟斷，他們支持競爭，但實際上政府的許多措施卻是反競爭的。就拿臺灣來說，過去有很多物品受到政府禁止進口，有很多物品雖然容許進口，但對每年進口數量加以嚴格控制或課以很高的關稅，新報社、新電臺和新銀行的設立在不久以前也是受到限制的，這些措施都不是鼓勵競爭，而是限制競爭，除此之外，政府對生產水稻實施補貼，容許公營事業享有某種特權等，都足以妨礙競爭的進行，使資源分配受到扭曲。在世界上許多民主國家的政府，受到利益團體的遊說，每不顧消費者的利益，給予這些利益團體特別的保護，違背公平競爭原則的案例，可以說不勝枚舉。

完全競爭市場既然在現實生活中並不多見，為什麼經濟學界仍然是那麼熱心去研究它呢？為什麼每一本經濟學教科書仍然費那麼多的篇幅去討論它呢？原因是它為實現資源最有效利用樹立了一種理想的模式，利用這一模式作為標竿，我們得以對現實生活中所存在的各式各樣市場結構進行客觀的比較，檢討它們的利弊得失，進而尋求改進的途徑。

第四節　糾正市場機制失靈的辦法

市場機制如果不能發生作用，完全競爭市場將無法使資源利用達到最高效率的境界，個人利益與社會利益會有乖離的現象。市場機制失靈主要發生在三個不同場合：(1)自然獨占產業的出現，(2)製造外部經濟或外部不經濟行為的發生，(3)公共財需要的存在。本節擬分別針對這三種不同情況下，市場機制失靈的糾正和補救辦法提出討論。

一、自然獨占問題的對策

產業中有些因為規模經濟特別顯著，規模愈大，每單位產品平均成本愈低，這一類產業不適於眾多廠商參與經營，自由競爭的結果，小規模廠商必然會遭受淘汰，或為大規模廠商所兼併，整個產業最後將為一個廠商所操縱，一旦獨占局面形成，價格機能便無法真正反映市場的實際供給與需要情形，生產結果將無法滿足整個社會的要求。獨占產業的處理有多種途徑：(1)經由立法加以取締，(2)產品價格由政府訂定，(3)將整個產業收為國有，統歸政府經營。有關這些辦法的實際執行，我們在第二十九章將會有更詳細的討論。

二、外部性的糾正和補救

當製造外部經濟或外部不經濟行為發生的時候，它會產生一種外部

成本或外部利益，這些外部成本與外部利益因爲是歸第三者負擔或享受，行爲當事人在做決策的時候往往不會加以考慮。在這一情況下，受市場機制引導所達成的產出水準，從整個社會福利的觀點，不是太多，便是太少，完全競爭市場無法使生產資源獲得最有效的利用。補救的辦法，是透過以下各種途徑．將這些外部成本或外部利益內部化（Internalization of Externality），即把這些成本及利益轉嫁給當事人負擔或歸還給當事人所享受。

1.透過協商或法律途徑由行爲當事人及有關第三者自行解決。譬如某一牧場場主其所飼養的牲畜，常常越界到鄰近作物農場覓食，導致該農場場主作物生產遭受損失，後者可以經由協商或循法律途徑要求前者給予適當的補償。但這一辦法只能適用於外部經濟或外部不經濟的發生只涉及少數第三者，而且第三者所遭受的損失或所獲得的利益容易確認，否則將難以實行，另外一個缺點，若是循法律途徑解決，不但曠日廢時，並得花費不少的訴訟費用，而且實際結果也很難預料。

2.對當事人課稅或給予補貼。茲以果園及化工廠爲例，前者之建立因爲可以爲養蜂戶帶來一些外部利益，我們假定每生產 100 公斤水果所產生的外部利益估計爲 2 元，爲了使這些利益歸還給果農，我們可以對每生產 100 公斤水果，給果農 2 元的補貼，如此水果需求曲線將如同圖 27－1 所示，從 DD 向右上方移至 $D'D'$，均衡將從 E 移至 E'，對應於 E' 的產出爲 Oa'，在這一產出水準下，水果的邊際社會成本等於它的邊際社會收益（包括個人利益和外部利益），因此它是使整個社會蒙受最大福利的產出水準。至於化工產品的生產，因爲會製造空氣和水的污染，產生外部成本，假定每一公斤化工產品所產生的外部成本估計爲 5 元，爲了使這一外部成本完全轉給化工廠的主人負擔，我們可以對每公斤的化工產品課以 5 元的稅。結果化工產品的供給曲線將如同圖 27－2 所示，會從 S_1S_1 向左上方移至 $S_1'S_1'$，市場的均衡將從 E_1 移至 E_1'，

對應於 E_1' 的產出水準為 Oa_1'，在這一產出水準下，化工產品的邊際社會成本（包括個人成本和外部成本）等於它的邊際社會收益，因此 Oa_1' 是使整個社會蒙受最大利益的產出水準。

3.政府對製造外部成本行為加以直接管制。這是防止污染最常用的一種手段，採用這一手段，政府得首先制訂各種可以容忍的污染標準或規定某一污染產品只能在限制地區內設廠生產，政府也可以責成廠商裝置特定減輕污染設備。若是違背以上規定，政府可加以取締或處以罰鍰。採用這一辦法最大的缺點是廠商只是被動設法滿足政府的要求，不會有主動追求進一步改善的意願，而且監督上往往不容易做到周密，行政費也可能不小。

三、公共財供應的合理解決

在現代社會，民眾不但對只能歸物主或付費者單獨享用的私有財，諸如衣著、飲食品等有大量的需要，對諸如國防等公共財也有相當的需要。這些公共財因為很難禁止任何人不付代價而坐享其成，而且無法分割按照各人需要零星出售。這一類的物品或勞務無法仰賴自由市場能夠充分供給，唯一解決的辦法，是由政府自行生產或委託特定廠商生產，然後免費提供大眾享用，一切生產費用透過課稅方式由全體納稅人共同分擔。

摘　要

1. 完全競爭市場是市場結構的一種，它有許多優點，其中最大的一個優點是它能使生產資源獲得最充分和最有效的利用，在完全競爭的市場結構下，每一產品不可能會有長期生產過剩或不足的現象，產品在消費者間的分配會達到最理想的境界，而且每一個人能夠基於自利的動機，做最有利於自己的事，自己當家作主，各盡所能，各取所值。

2. 完全競爭市場並不是沒有缺點，它之所以會有缺點，主要是因為在有些場合，市場機制或價格機制往往失去作用，不能發揮它應有的功能。

3. 具有自然獨占性的產業，因為規模經濟特別顯著，每單位產品的平均成本常隨產量的增加而不斷下降，對於這一類產業不可能容許眾多廠商參與經營，太多廠商的存在相互競爭，不但不可能提高生產效率，反而會降低效率。

4. 外部經濟和外部不經濟的存在，會使價格訊號發生誤導作用，純粹根據市場價格作出的決定，可能為個別廠商帶來最大的利潤，但不可能為整個社會帶來最大的福利，完全根據自由競爭，不加任何干預，會造成個人利益與社會利益發生乖離的現象。

5. 公共財的存在，也會使市場失靈，這一類財貨不能依賴自由市場來供應。

6. 在市場機制得以充分發揮作用下，完全競爭市場可以導致資源利用達到最有效的境界，但不能保證所得分配也能實現理想的境地，相反的，完全競爭市場若不加干預，往往會造成所得分配的二極化。

7.在現實社會，大多數的產品市場，都不具備完全競爭市場所應具
　備的特性，相對説來，具備這些特性比較多的應推農產品市場、
　股票市場、債券市場和外匯市場。

8.完全競爭市場雖然在現實生活中並不多見，但因它爲實現資源有
　效利用樹立了一個理想的模式，可以作爲比較的標準，所以仍然
　有很高的研究價值。

9.市場機制失靈可以經由稅課、補貼立法或採取政府直接干預等各
　種方式加以糾正或謀求補救。

問題討論

1. 完全競爭市場有那些主要優點？請分別列舉並加以簡單討論。

2. 完全競爭市場能夠使生產資源獲得充分和最有效的利用，其理安在？

3. 在產品分配方面，完全競爭市場會有什麼貢獻？

4. 什麼叫做市場機制失靈？您能否舉一些例子來加以說明？

5. 何謂自然獨占？它有什麼特性？

6. 什麼叫外部經濟和外部不經濟？您能否分別舉出一些您所熟悉的例子？

7. 如果外部經濟或外部不經濟存在，完全競爭市場是否也可以使資源的利用效率達到最高的境界？原因何在？

8. 公共財有那些特性？爲什麼這一類的財貨會使人興起搭便車的意念？

9. 您是否認爲公共財也可以靠自由市場供應，不必政府操心？您所持的理由是什麼？

10. 在現實社會，完全競爭市場是否普遍存在？您能否舉出一些最接近完全競爭市場的例子？

11. 爲什麼完全競爭市場，若聽其自由發展，會導致所得分配的二極化，使貧者愈貧，富者愈富？

12. 什麼叫做外部成本或外部利益的內部化？試舉例加以說明。

第二十八章 獨占市場均衡產出與價格的決定

第一節 獨占的意義及其發生的原因

一、何謂獨占

獨占（Monopoly）一詞起源於希臘字的 Monopolion，指的是專賣權利。這個字彙的前半部 Mono，其意義是「一」，這個字彙的後半部 Poly，其意義是「許多」，兩個半部合併起來是指一位銷售者面對著許多購買者。經濟學上所謂獨占，是指只有一位生產者，它所生產的產品非常獨特，沒有適當的代替品可以取代它，即除了特定的生產者外，沒有生產類似產品的其他廠商存在。獨占廠商單獨構成了整個產業，這種情形，我們又稱為純粹獨占（Pure Monopoly）。在這樣一個市場組織下，消費者想要購買某一產品，只能向獨占廠商去購買，而無法向其他廠商去購買。

許多公營事業都是獨占事業，例如我國的電力公司、自來水公司、電信局和鐵路局等都是一個很好的例子。它們是某種產品或勞務獨一無二的提供者。有些公司行號雖然不是某特定產品的唯一生產者，但因它的生產量在市場總供給量中占有一個很大的比重，實際上對整個供給取得控制權，而與獨占廠商幾乎取得同樣的地位。例如，南非的德貝爾鑽

石公司（De Beers Diamond Syndicate），在全世界鑽石供應中，它提供80％到85％；美國的西屋電器公司（Western Electric）長期以來美國國內85％的電話器材，都是靠這一家公司提供。地區性的獨占情形更是普遍，有些小的城市或鄉鎮，只有一家航空公司，一家出租汽車公司，一家銀行或一家醫院，要想獲得某種服務，只此一家別無分店。在某一地區內，這些公司行號完全擁有獨占的力量。

二、獨占的起源

獨占之所以發生是因為新廠商的進入有很多障礙，這些障礙的存在，有些是人為的，有些是自然形成的，茲概述如下：

1.投資金額龐大

有些產品的生產或勞務提供需要大量投資，譬如核能發電和鐵路運輸，在營業開始以前，需要花很多的錢去建廠，敷設鐵路及購買機器和車輛，在很多國家，民間往往沒有能力籌措這麼多的資金，來興辦這些事業，只好依賴政府獨資來舉辦，因此成為獨占的公營事業。

2.自然獨占

有些產業在先天上具有自然獨占的性質，若由單獨一家廠商供給全部市場的需求會更加有效率，增加其他廠商的設立會浪費生產資源，社會大眾亦不希望該產業內有許多的競爭者存在。例如，某一地區若有數家電話公司存在，固定設備必然會有重複投資的現象，這是資源的一種浪費，如此勢必使生產成本增加，消費者將因此須要付出更高的價格。具有自然獨占性的事業，可以公用事業，諸如煤氣、自來水、電力等為代表。

3.生產原料受到控制

有些產品的生產，必須使用某種生產要素，例如 Y 產品的生產必須使用 X 原料，X 是生產 Y 不可或缺的要素，某一廠商如果對於 X 原

料具有絕對的控制權，它可拒絕將 X 原料售予任何競爭者。如此，它的對手便不能生產 Y 產品，因而該廠商在生產 Y 產品方面，便可以取得獨占地位。美國鋁業公司便是經由控制生產鋁所需的鐵礬土而取得獨占地位的一個例子。

4.專利權的庇護

鑒以新產品以及新技術的發明，耗時費力，爲了鼓勵企業從事研究發展，政府對於某些研究發展成果，每給予專利權。凡獲得專利權者，對於某種產品便可以單獨生產，在專利權有效期間，任何人不得仿造。美國許多大公司諸如通用汽車公司（General Motors）、奇異電器公司（General Electric）、杜邦化學公司 (Du Pont)都是靠專利權坐大，逐漸對某些產品取得壟斷的地位。

5.不公平的競爭

在商場上不少廠商利用特殊地位，透過種種非法手段，排擠敵對廠商或阻礙新廠商的加入，從而對整個產業造成壟斷的局面。它們最常用的手段，是不惜血本競相削價，強迫原料供應商及來往銀行停止對敵對廠商供應原料及信用，從而迫使其退出生產。

6.政府特許

基於財政收入以及公共利益的觀點，政府對某些產品的生產或勞務的提供，規定需要取得許可證，凡是取得許可證的廠商，無形中便取得合法獨占（Legal Monopoly）的地位，美國的郵政事業便是一個很好的例子。

第二節　獨占市場的特性

一、廠商與產業不分

在完全競爭下，每一個產業內有很多的廠商參與經營，它們生產同樣品質的產品，個別廠商所面對的需求曲線是一條水平線，它與整個產業的需求曲線不同，後者是一條由左上方向右下方延伸的曲線。在獨占的情形下，每一個產業內只有一家廠商參與經營，它所生產的產品非常獨特，很難找到適當的代替品，產業與廠商合而爲一，沒有個別廠商與整個產業之分。對個別廠商的產品需求就是對整個產業的產品需求，兩者的需求曲線，均如同所有市場的需求曲線一樣，是一條由左上方向右下方延伸的曲線。其斜率爲負，只有降低價格，獨占廠商才能增加產品的銷售，完全競爭的廠商則不必爲了吸引更多的顧客，而對產品削價求售。

二、沒有直接競爭

獨占廠商因爲所生產的產品非常獨特，沒有很相近的代替品，因此不與其他廠商發生直接的競爭。譬如，信件的傳遞，只有政府所辦的郵局才能提供這項服務，想要寄信只有到這個郵局，它不必擔心別人會搶走它這項生意。可是，我們必須指出，獨占產品雖然沒有很相近的代替品，但這並不是說完全找不到代替的產品。就拿寄信來說，它的目的是傳遞訊息或對親友的一種致意。我們可以經由很多的其他途徑，諸如通電話、打電報或親自上門拜訪等，達到同樣的目的。此外，對任何產品，如果消費者不願意或沒有能力去購買，它是沒有辦法銷售出去的。每一消費者用於購買各種物品及勞務的預算都有一定的限制，分配在某一產品或勞務的預算如果增加，分配在其他物品及勞務的預算便得減少。爲了爭取消費者把更多的預算分配到它的產品，獨占廠商必須與生產其他產品及提供其他勞務的任何廠商競爭。換句話說，獨占廠商容或不必與其他廠商發生直接競爭，但卻會常常遭遇到來自各式各樣的間接競爭，它不能完全高枕無憂。

三、邊際收入不等於市場價格

在完全競爭下，廠商的邊際收入等於市場價格。但在獨占的情形下，因為個別廠商所面對的產品需求曲線，是一條由左上方向右下方延伸的曲線，表示獨占廠商如果想要出售更多的產品，它必須對所有出售的產品索取較低的價格。職是之故，獨占廠商的邊際收入，不等於產品的市場價格，前者會較後者為小。茲以表 28-1 所列資料為例加以說明。

表 28-1　獨占廠商的邊際收入與價格

銷售量 (Q)	價格 (P)元	總收入 (P×Q＝TR)元	邊際收入 (MR)元
1	20	20	20
2	19	38	18
3	18	54	16
4	17	68	14
5	16	80	12
6	15	90	10
7	14	98	8
8	13	104	6
9	12	108	4
10	11	110	2

表 28-1 中的第(1)、(2)兩欄代表廠商的銷售量和單位產品價格，第(3)欄代表總收入，等於價格與銷售量的乘積，最後一欄代表邊際收入。從該表我們可以看出，當每單位產品的價格為 20 元時，銷售量為一個單位，總收入等於 20 元（20×1）；當每單位產品價格為 19 元，銷售量將增為兩個單位，總收入等於 38 元（19×2），此時的邊際收入，即因增加銷售一單位產品所引起總收入的增加應為 18 元 $\left(\dfrac{38-20}{2-1}\right)$，它比產

品的價格（19元）為小。其所以致此的原因是，當產品的市場價格由
20元降為19元時，不只第二個單位的產品以19元的價格出售，第一個
單位的產品亦必須以19元的價格出售。具體地說，當降低價格以求銷
售量增加時，所有各單位的產品，價格均須一律作相同幅度的降低，不
能只對某一單位的產品，降低價格。

　　獨占廠商的產品市場價格與邊際收入的關係亦可用圖28-1來表
示，該圖中的 AR 代表需求曲線或平均收入曲線，MR 代表邊際收入曲
線。除了開始時以外，MR 線都是位於 AR 線的下方，表示在任何銷售
水準之下，邊際收入都是小於產品的市場價格。例如，當銷售量為 OA
時，邊際收入為 OB，產品的市場價格為 OC，OB 小於 OC。

圖28-1　獨占廠商產品市場價格與邊際收入之關係

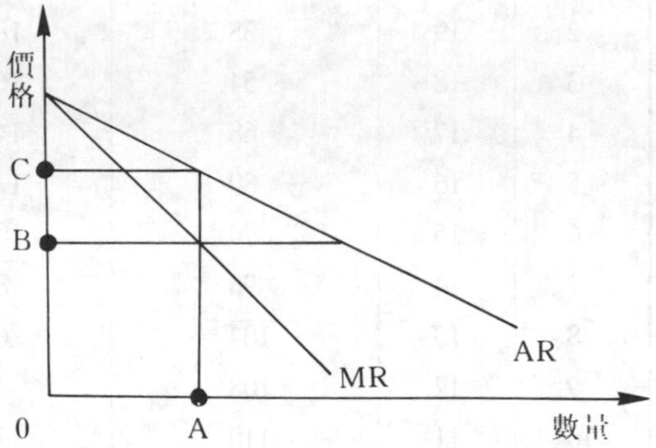

四、加入與退出生產均感困難

　　完全競爭廠商可以隨時退出或加入生產，可以說來去自由，完全沒
有阻礙。獨占廠商的情形卻不大一樣，因為受特許權及專利權的限制，
加上設廠所需資本耗大，固定設備昂貴，生產要素及特殊技術取得困
難，獨占廠商的加入固然不易，退出也相對困難或者須要遭受很大的損
失。

五、沒有必要做廣告

　　獨占廠商因為只此一家，別無分店，不必利用廣告以招徠顧客，至少在理論上是如此。事實上，當它們有新產品推出或新訊息傳遞的時候，通常也會做些廣告，讓社會大眾曉得實際情況。

第三節　獨占廠商短期均衡的實現

一、表解法

　　與完全競爭廠商一樣，獨占廠商從事生產，也是在追求最大利潤，但其所面臨的市場情況與完全競爭廠商所面臨的市場情況截然不同。在獨占的情況下，某一廠商是市場的唯一供給者，其獲得經濟利潤的可能性自較完全競爭廠商為大。必須注意的是，廠商所追求的是總利潤之最大，而非單位產品利潤之最大。在追求最大總利潤的目標下，獨占廠商將如何決定其最適當的價格與產出水準呢？為了便於回答這個問題，茲設某一獨占廠商在不同產出水準下之成本結構及收入變化情形如表 28－2 所示。

　　從表 28－2 我們可以很明顯的看出，當產量為 6 單位時，淨收入等於 41.25 元，較之在任何其他產出水準下之淨收入為大，此時邊際收入幾與邊際成本完全相等。若產出水準小於 6 個單位，邊際收入將大於邊際成本，增加生產對廠商將為有利，蓋因產量增加 1 單位所引起總收入的增加超過了總成本的增加，生產的擴充，可以增加廠商的利潤或減少廠商的虧損。反之，若產出水準大於 6 個單位，邊際成本將大於邊際收入，產量增加將會使總成本的增加超過總收入的增加，生產的擴充將使廠商的利潤減少或虧損增加。只有當產出水準到達邊際收入等於邊際成

本境界時，廠商才能獲得最大利潤，此一產出水準及其所對應的價格，分別稱爲均衡產出和均衡價格。

表 28−2　獨占廠商之成本及收入

產量 (Q)	價格 (P)	總收入 (TR＝PQ)	總成本 (TC)	邊際收入 $(MR=\frac{\triangle TR}{\triangle Q})$	邊際成本 $(MC=\frac{\triangle TC}{\triangle Q})$	淨收入 (NR＝TR−TC)
1	$ 20.0	$ 20.0	$ 8.00	−	−	$ 12.00
2	19.5	39.0	16.00	$ 19.0	$ 8.00	23.00
3	18.5	55.5	24.25	16.5	8.25	31.25
4	17.5	70.0	32.75	14.5	8.50	37.25
5	16.5	82.5	41.75	12.5	9.00	40.75
6	15.5	93.0	51.75	10.5	10.00	41.25
7	14.5	101.5	62.00	8.5	10.45	39.50
8	13.5	108.0	74.00	6.6	12.00	34.00
9	12.5	112.5	88.00	4.5	14.00	24.50
10	11.5	115.0	108.00	2.5	20.00	7.00

二、圖解法

　　獨占廠商與完全競爭廠商一樣，當總收入減去總成本的餘額爲最大時，便達到了利潤的極大化。由圖 28−2(a)我們可以看出最有利的產出水準應爲 6 個單位，因此時 *TR* − *TC* （以 *ab* 兩點距離來表示）爲最大。在這一個產出水準之下，總收入曲線於 *a* 點的切線與總成本曲線於 *b* 點的切線相平行，兩者的斜率相同，表示邊際成本等於邊際收入，符合利潤極大化的一般法則。對應這一個產出水準，淨收入曲線（Net Revenue Curve）到達最高峰，正如同圖 28−2(c)的 *c* 點所示。

　　產出水準如果大於 6 個單位，從圖 28−2(b) 可以看出 *MC* 曲線將位於 *MR* 曲線的上方，表示邊際成本大於邊際收入，此時減少生產將可增加廠商利潤。反之，產出水準如果小於 6 個單位，*MR* 曲線將位於

圖28-2　獨占廠商短期最大利潤產出與價格的決定

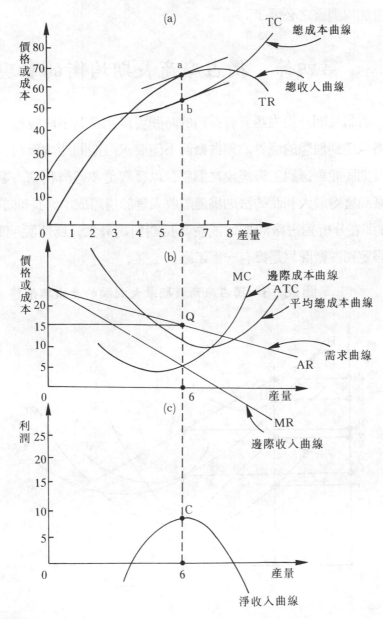

MC 曲線的下方，表示邊際收入大於邊際成本，此時增加生產將可提高

廠商利潤。只有當 MR 曲線與 MC 曲線相交時，其所對應的產出水準

才是利潤最大的產出水準。達到這個境界以後，廠商自然沒有對它的生產再加以調整之必要了。

第四節　獨占廠商長期均衡的實現

所謂長期乃指生產者有充裕的時間可以調整其生產能量，使工廠規模得以達到理想的境界。獨占廠商不僅要求短期間能夠獲利，它也希望在長期間能夠透過工廠規模之調整，以獲取更多經濟利潤。短期間使獨占廠商獲得最大利潤的法則為邊際收入等於邊際成本，長期亦然。圖28－3即在分析獨占廠商如何能使其長期利潤最大，為使說明簡化起見，茲假定獨占廠商只是擁有一家工廠。

圖28－3　獨占廠商長期最大利潤的產出與價格

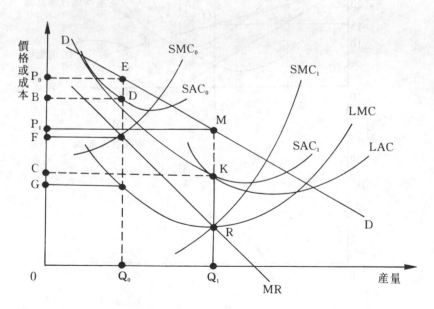

圖28－3的 DD 及 MR 分別代表獨佔市場的需求及邊際收入曲線，LAC 代表長期平均成本曲線，LMC 代表長期邊際成本曲線，SAC₀ 及

SMC_0 分別代表現有規模下的短期平均成本曲線及短期邊際成本曲線。在短期間，對應邊際收入等於邊際成本的產出水準為 OQ_0 單位，價格為 OP_0，此時的平均成本為 OB，總收入為 OP_0EQ_0（$OP_0 \times OQ_0$），總成本為 $OBDQ_0$（$OB \times OQ_0$），總收入減去總成本後的差額為利潤，等於 BP_0ED，此一利潤水準雖然是獨占廠商在短期間所能獲得的最大利潤水準，但卻不是它長期的最大利潤水準。原因是當產出為 OQ_0 時，邊際收入是 OF，長期的邊際成本是 OG，OF 大於 OG，表示在長期間每增加一單位產品所增加的收入，大於所增加的成本。獨占廠商為了追求更大的利潤，會調整其工廠規模，以增加生產，直至長期的邊際成本曲線 LMC 與新工廠規模下的短期邊際成本曲線 SMC_1 及邊際收入線 MR 相交為止——即圖 28–3 的 R 點。相對應於 R 點的產出水準為 OQ_1，此時平均成本為 OC，總成本為 $OCKQ_1$（$OC \times OQ_1$），產品的市場價格為 OP_1，總收入為 OP_1MQ_1（$OP_1 \times OQ_1$），總收入減去總成本後的差額—即廠商的利潤等於 CP_1MK。

　　在上一章我們曾經談到，完全競爭廠商在達到長期均衡的時候，只能賺取正常的利潤——即經濟利潤為零。但在獨占情況下，因為新廠商不能隨意加入，即使在長期均衡實現的時候，獨占廠商仍然可以保持獲得超過正常水準的利潤，即經濟利潤可能大於零。這並不是說，在長期均衡實現的時候，獨占廠商可以保證獲得超過正常水準的利潤。在有些情況下，它也可能只賺取正常的利潤，但若是它所賺取的利潤低於正常水準，它會離開生產，因此這種情形在長期間是不會存在的。

第五節　獨占廠商差別取價的政策

一、差別取價的意義與條件

　　直到目前為止，我們一直假定獨占者對於他的所有產品均以同樣的價格出售，以謀取利潤的極大化。可是，獨占者將會發現：如果他對於所出售的產品，分別對不同的對象或地區索取不同的價格，他可能會獲得更大的利潤，這稱為「價格歧視」（Price Discrimination）或「差別取價」（Differential Pricing）。

　　差別取價在完全競爭下是不可能持久發生的，持久性的差別取價只有在獨占市場才能發生，原因是在這個市場，單獨一家廠商對產品的價格具有絕對操縱的能力。價格的不同如果只是反映出成本的不同，並不能夠稱之為差別取價。

　　差別取價的實施，必須具備一些條件，這些條件包括：

　　1.購買者無法將商品於購後再轉售出去，每一購買者都必須向獨占廠商直接購買，買者不能以低價買進後再以較高的價格銷售出去。

　　2.取價不同的市場必須能夠明確的劃分，彼此並可加以有效的隔離，不必擔心產品由低價市場流向高價市場。

　　3.取價不同的市場對產品的需求彈性應有所不同。舉例來說，國外市場的需求彈性往往較高（因外國消費者除購買本國商品外，尚可選購其他國家的產品），國內市場的需求彈性往往較低，分別索取不同的價格，較易實施。

二、差別取價的方法

　　根據購買量或市場不同，實行差別取價有三種不同方式：

　　1.第一種方式稱為第二級差別取價（Second Degree Price Discrimination），可用圖 28－4 來加以說明。圖中的 DD 代表需求函數或獨占廠商的平均收入曲線，從該圖我們可以看出，當銷售量為 OQ_4 時，如果一律以 OP_4 的價格出售，廠商的總收入將為 $OP_4M_4Q_4$。如果按消費者購買量不同而索取不同的價格，例如對購買量等於 OQ_1 者，可索取

OP_1 的價格，對依次增購的部分 Q_1Q_2 可索取 OP_2 的價格，Q_2Q_3 部分可索取 OP_3 的價格，Q_3Q_4 部分可索取 OP_4 的價格。經由此一差別取價策略的運用，獨占廠商的總收入將相當於圖 28-4 斜線所涵蓋的面積。部分消費者的剩餘將因此從消費者轉移到獨占者手中，此一差別取價方式，即為第二級差別取價。有些電話公司對用戶每打一次長途電話，最先一分鐘假定收費 20 元，等一分鐘以後，每增一分鐘，設收費 10 元，便是採用此法的一個例子。

圖 28-4　按購買量不同差別取價

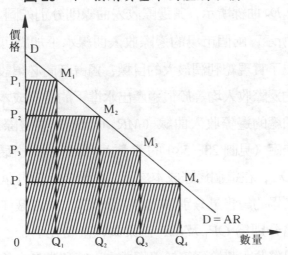

2.第二種方式稱為第一級差別取價（First Degree Price Discrimi na-tion）。在理論上，只要獨占廠商能夠知道每一位消費者對其產品在不同需要下所願意支付的最高價格，他可以按照消費者的最高需求價格出售產品。譬如舉辦某一音樂會的主人，掌握一定數量的門票，利用公開招標的方式，按照出價的高低給予買者選擇座位不同的優先次序，出價最高的可以獲得最好的位置，次高的可以獲得次好的位置，最低的獲得最壞的位置。如此，其所獲得的總收入將恰好或接近等於需求曲線下所涵蓋的面積，全部消費者剩餘將因此為獨占廠商據為己有。當這種情形發生

時，即爲第一級的差別取價或完全差別取價 (Perfect Discrimination)。

3.第三種方式稱爲第三級差別取價 (Third Degree Price Discrimination)。採用這種方式時，獨占廠商可以首先將消費者劃分成兩個集團，使分屬於兩個不同市場。這兩個市場對其所出售的產品需求彈性必須不同，彼此並且無法將物品轉售。對需求缺乏彈性的市場，獨占廠商對其出售的產品可以索取較高的價格；對需求彈性較大的市場，獨占廠商對其出售的產品則可索取較低的價格。

茲設獨占廠商面對甲、乙兩市場，其需求曲線分別如圖 28-5 的 D_1D_1 及 D_2D_2 曲線所示，其邊際收入曲線則分別如圖 28-5 的 MR_1 及 MR_2 曲線所示，兩個市場的邊際收入曲線水平加總可得出總的邊際收入曲線。爲了實現總利潤最大的目標，獨占廠商必須設法使每一市場所出售產品的邊際收入均等於最適產出水準下的邊際成本。所謂最適產出水準，係由總的邊際收入曲線（$MR_1 + MR_2$）與邊際成本曲線（MC）之交點所決定（見圖 28-5(c) 的 E 點），對應於此一最適產出水準之邊際成本爲 OC，在這個邊際成本之下，從圖 28-5 的 (a) 及 (b) 可以看出甲、乙兩市場的銷售量分別爲 OQ_1 及 OQ_2，獨占廠商在這兩個市場所索取的價格分別爲 OP_1 及 OP_2。果爾，廠商在甲、乙兩市場出售產品所獲得的邊際收入將恰好等於邊際成本，總利潤最大的目標乃得實現。

比較圖 28-5 的 (a) 和 (b) 我們很容易看出，在甲市場的售價 OP_1，高於在乙市場的售價 OP_2。這樣的差別取價，是基於甲、乙兩市場所面對的產品需求彈性不同。從圖 28-5 我們可以看出，甲市場的需求曲線 D_1D_1 比較陡峭，表示需求彈性比較小，乙市場的需求曲線 D_2D_2 比較平坦，表示需求彈性比較大。同一幅度價格的增減，在甲市場會較在乙市場，導致較小幅度的數量變化，在需求彈性較小的市場，可以索取較高的價格，在需求彈性較大的市場，可以索取較低的價格。

圖 28-5　按需求彈性不同差別取價

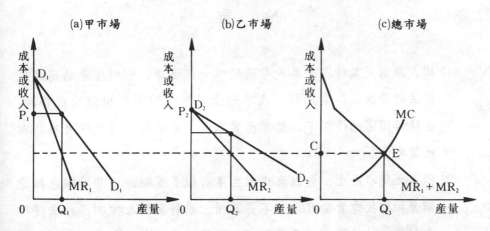

摘　要

1. 獨占廠商是某特定產品或勞務的唯一提供者，它所生產的產品或提供的勞務，非常獨特，在市面上很難找到完全相似的代替品，在純粹獨占的情況下，整個產業只有一家廠商，因此沒有廠商與產業之分。

2. 獨占之所以產生，是因為進出生產有很多障礙，這些障礙包括建廠者初期投資資金龐大、不易籌措，原料受別人控制，無法獲得專利權或特許權，以及競爭不公平等，而且有些產業規模經濟特別顯著，只宜以獨家廠商大規模經營，才能發揮最大經濟效益。

3. 與完全競爭市場比較，獨占市場有以下幾個特點：

   (1) 廠商與產業不分，個別廠商所面對的需求曲線與整個產業所面對的需求曲線完全一樣，是一條由左上方向右下方傾斜的曲線，其斜率為負。

   (2) 沒有直接競爭，整個市場為某一廠商所獨霸或受其操縱，但間接的競爭卻仍然存在。

   (3) 獨占市場上產品的價格，不等於產品的邊際成本，前者通常較後者為高。

   (4) 加入與退出生產都比較困難。

   (5) 通常不需做廣告招徠生意。

4. 獨占廠商與完全競爭廠商一樣，為了追求最大利潤，會繼續增加生產直至產品的邊際成本等於邊際收入為止。但在完全競爭下，當均衡實現的時候，產品的邊際成本等於邊際收入和產品的市場價格，而在獨占情況下，當均衡實現的時候，產品的邊際收入等於產品的邊際成本，但不等於產品的市場價格。此外，完全競爭

廠商在長期均衡實現的時候，只能賺取正常的利潤，獨占廠商即使在長期均衡實現的時候，亦可能保有超額利潤。

5.在某些情況下，獨占廠商如果對不同顧客或市場索取不同的價格，往往可以增加它的收入，擴大它的利潤。差別取價通常有三種方式：(1)第一級差別取價，(2)第二級差別取價，及(3)第三級差別取價。

6.差別取價的實施，必須具備以下三個條件，才可能有效：(1)購買者無法將商品購買後轉售他人謀利，(2)取價不同的市場必須能夠明確的劃分，(3)取價不同的市場對產品的需求彈性應有所不同

問題討論

1.試對獨占下一個定義。在臺灣那些生產事業，您認爲是屬於獨占事業？

2.獨占產生的原因何在？那些因素使潛在的競爭廠商無法進入獨佔市場？

3.爲什麼獨占廠商所面對的產品需求曲線不是一條水平線？

4.在獨占情況下，產品的邊際收入與產品在市場上的售價是一樣？還是不一樣？原因何在？

5.獨占廠商不會遭遇到任何競爭，可以高枕無憂，永遠不會失敗，這些話對嗎？

6.爲什麼獨占廠商在長期均衡實現的時候，仍然可能保有超額利潤，而完全競爭廠商在長期均衡實現的時候，則只能賺取正常的利潤，您對這種現象能否加以解釋？

7.爲什麼在完全競爭市場，廠商不可能對不同顧客採取差別取價的辦法？而在獨占市場，廠商卻往往可以採取辦法以獲得更大利潤？

8.獨占廠商採取差別取價有那些不同的辦法？試加分別比較。

9.差別取價有那些條件必須具備才可能有效？

第二十九章　獨占的管理

第一節　獨占管理的理論根據

一、提高生產效率

相對完全競爭市場，獨占市場有許多缺點，為了糾正這些缺點，很多人認為獨占市場應該加以管理。獨占市場的主要缺點有如下述：

茲設某一獨占廠商的需求函數、邊際收入、邊際成本以及平均成本分別如同圖 29-1 的 DD、MR、MC 及 AC 曲線所示。在謀取最大利潤的動機下，該獨占廠商會繼續生產直至邊際成本等於邊際收入，即 MC 曲線與 MR 曲線相交的 E 點為止。對應 E 點的產出水準為 OQ_1，每單位產品的售價為 OA，這是該獨占廠商利潤最大的產出和價格水準。

從圖 29-1 我們可以看出，當產出為 OQ_1 時，產品價格 OA，大於邊際成本 OB，表示為了獲得這 1 單位的產品，消費者願意支付的價格，大於生產這 1 單位產品所耗用的資源價值。換句話說，消費者希望獲得比 OQ_1 更多的產品，現有的產出水準不能滿足消費者的希望。在完全競爭下，當使廠商利潤最大化的產出水準實現時，產品的邊際成本不但等於它的邊際收入，而且等於它的市場價格，在這一情況下，消費者為了多獲得 1 單位產品，所願意支付的價格恰好等於為生產這 1 單位所耗

圖 29－1　獨占廠商的最適產出及價格水準

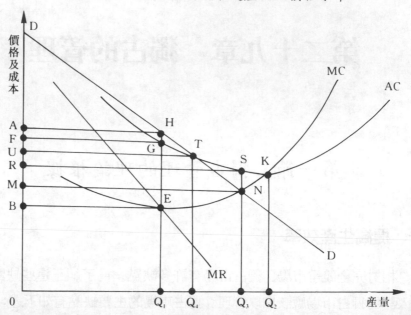

用的資源價值。生產者心目中最適當的產出水準，也是消費者心目中最適當的產出水準。

　　從圖 29－1 我們也可以看出，當產出為 OQ_1 時，每單位產品的價格 OA，高於平均每單位產品成本 OF，廠商可以獲得相當於 $FAHG$ 的超額利潤。此一超額利潤，因為在獨占情況下，可望繼續維持不會消失，但在完全競爭情況下，廠商短期間所產生的超額利潤，最後必會因新廠商的加入，競爭加劇而歸以消滅。

　　完全競爭廠商在達到長期均衡的時候，生產會到達平均成本曲線的最低點，獨占廠商不可能做到這一點。如同圖 29－1 所示，獨占廠商的均衡產出是 OQ_1，對應於這一產出的平均成本並非最低，最低成本發生在產出為 OQ_2。換句話說，獨占廠商為了獲得本身最大的利潤，生產在沒有到達平均成本最低時，便會停止，資源利用效率因此無法發揮到極致。

二、取締不當利潤

　　其次，獨占廠商每以限制生產，作為提高價格獲得更多利潤的手段。此舉不但會把部分消費者的剩餘轉變為生產者的剩餘，使消費者利益受到犧牲，對國民所得的分配產生不良的影響，而且也會導致整個國民福利遭受損失。為了說明簡便起見，假定不管在完全競爭或是在獨占情況下，某一產業的長期平均成本和邊際成本固定不變（設每單位產品平均成本與邊際成本等於3元）❶，若以圖形表示，則如同圖29-2的 AB 線所示，我們進一步假定該產業的需求線和邊際收入線分別如同圖29-2的 CD 線和 CF 線所示，在獨占情況下，最適產出水準為 OG，因為此時長期邊際收入等於長期邊際成本，廠商可以獲得最大的利潤，對應於產出水準 OG 的產品價格是 OH（或 GK），在長期均衡實現時，消費者的剩餘等於 CHK，生產者的剩餘等於 AHKM〔總收入（OHKG）－總成本（OAMG）〕，這兩者之和（ACKM）代表此一產業在獨占情況下帶給整個社會的福利。

　　在另一方面，如果此一產業，容許完全競爭，它的最適產出水準將是 ON，因為此時長期邊際成本等於產品的價格而且等於長期平均成本，每一廠商獲得正常的利潤，這是完全競爭市場長期均衡的條件。在這一均衡下，消費者的剩餘等於 ACR，而生產者的剩餘等於零〔總收入（OARN）－總成本（OARN）〕，兩者之和為 ACR，它代表在完全競爭下此一產業帶給整個社會的福利。與完全競爭情況比較，在獨占情況下，消費者剩餘將減少 AHKR（ACR－CHK），但生產者剩餘卻增加 AHKM（AHKM－O），顯示部分消費者剩餘為廠商掠奪而轉化為生產

---

❶　假定完全競爭下，每一廠商的平均成本函數完全相同，當長期均衡實現時，每一廠商生產相同數量的產品，單位產品成本達到最低（即3元）。

圖 29-2　完全競爭與獨占情況下的生產者與消費者剩餘

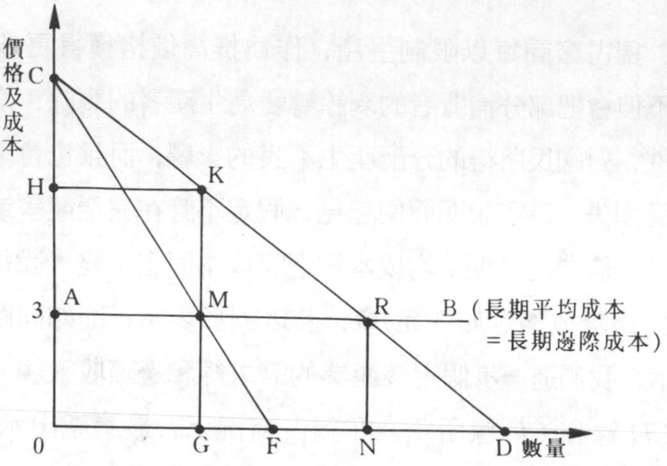

者的剩餘，整個社會福利則因後者之增加小於前者之減少，遭致相當於 *MKR* 的損失。

三、促進技術創新

　　獨占市場不爲經濟學家歡迎的另外一個原因是它可能妨礙技術進步。在完全競爭下，廠商爲了在競爭上獲得勝利，甚至避免遭受淘汰，必然會在生產和管理技術上，不斷追求創新，以提高產品品質和降低生產成本。獨占廠商因爲沒有競爭，容易養成惰性，特別是當現有生產設備尚可使用，無須馬上更新時，他們往往會持拖延態度，不願將新的技術立即引進，導致現有設備提早拋棄而遭受眼前財務上的損失。

第二節　實施反托辣斯法案或國有化

　　相對完全競爭市場，獨占市場有許多缺點，這在上一節我們已經討論過。基於這一認識，有些人主張，獨占行爲應該透過立法加以懲罰或

取締。爲了達到這個目的，很多國家都曾先後通過各式各樣的反托辣斯法案，在這一法案下，政府對獨占廠商可以勒令解散或迫其分割。譬如美國的 AT&T 公司即曾於 1984 年被美國政府根據反托辣斯法案強迫分成七個地區性的電話公司，使其喪失全國性的獨占地位。

　　根據反托辣斯法案，如果政府發現某一廠商利用獨占權力高抬物價，亦可處以罰鍰，藉予懲戒。茲設某一獨占廠商其產品所面對的市場需求曲線如圖 29–3 的 DD 線所示，若是在自由競爭下，該產品每單位的價格假定爲 5,000 元，相應於這一價格水準下的需求量爲 120 單位。茲因該產品市場受此一廠商所操縱，該廠商爲了提高本身的利潤，將價格提高爲 7,500 元，相應於此一新價格的需求量爲 80 單位，若是能夠在自由競爭市場上購買，此 80 單位的產品只需要 400,000 元（80 × 5,000），現在消費者卻需要付出 600,000 元（80×7,500）才能購得，無異給獨占廠商剝奪了 200,000 元，政府根據反托辣斯法案，可處予該獨占廠商 200,000 元的罰鍰，作爲對消費者損失的賠償，事實上此一罰鍰仍不足以彌補因獨占行爲所導致消費者剩餘的全部損失。從圖 29–3 可以看出，因爲廠商將價格從 5,000 元提高至 7,500 元，會使需求量減少 40 個單位，從而使消費者剩餘減少相當於 abce 所圍繞的面積，罰鍰只能彌補相當於 abcd 部分，整個消費者剩餘仍將損失相當於 cde 所涵蓋的面積。

　　任何反托辣斯的措施都會增加政府的支出，它包括一切用於違法舉證、控告、審判及執行判決的人力和物力，而且往往費時很長才能結案，最大受惠者可能只是律師，而不是政府或社會大衆。有些經濟學家甚至認爲反托辣斯法案是多餘的，它帶給社會的是損害多於利益，他們基於下列的理由，不認爲獨占能夠長期存在：(1)任何產品遲早都可以找到代替品，獨占廠商必須隨時面對來自這些代替品生產者的競爭；(2)即使國內缺乏競爭者，獨占廠商仍然必須面對來自國外的競爭，任何一個

圖 29－3　獨占廠商高抬價格導致消費者的損失

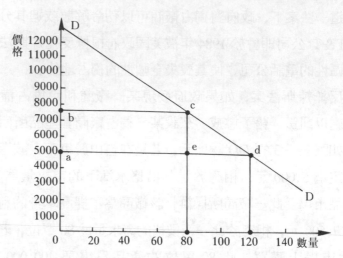

開放社會，都得在國際上和人家競爭；(3)獨占廠商的超額利潤，必然會引起更多廠商參與直接或間接競爭，最後會使它的獨占地位削弱乃至消失。

　　獨占事業除了透過立法加以取締以外，亦可收歸公有，由政府直接經營。臺灣有很多具有自然獨占性質的產業便是由政府直接經營的，其中最好的例子是臺灣電力公司、自來水公司和電信局。將獨占事業收歸公有，由政府經營，除了便於監督以外，並且可以將獨占所產生的超額利潤收歸國庫，用於增進全民福利，雖取之於民，亦用之於民，比較符合公平的原則，但獨占事業的全盤國有化也會產生以下幾個缺點：

　　1.公營事業的管理者，因為本身不是投資人，事業的成敗與切身利害關係比較小，通常不會像民營事業管理者那樣認真負責，全心全力為事業打拚，效率自然相對的比較差。

　　2.公營事業除了本身業務以外，常常需要配合政府的財經政策，執行某些政策任務，為了執行這些政策任務，往往必須違背一般企業的經營原則，導致經濟效益受到損害。

3.公營事業在預算，採購及人事方面往往受到比較多的牽制，從權應變的彈性比較缺乏，也會影響到它的績效。

第三節　課徵特別產品稅或牌照稅

在第二十八章的第一節我們曾經提到，在現實生活中有些產業規模經濟特別顯著，具有自然獨占性質，這一類產業規模愈大，平均單位產品成本愈低，若是由眾多廠商參與經營，彼此競爭不但不能提高生產效率，反而會降低生產效率，而且競爭結果，小規模廠商必然會遭受淘汰，或為規模較大廠商所兼併，最後還是要形成獨占的局面，對這一類廠商透過反托辣斯法案加以取締或強制細分，並不是一個很好的辦法。

當然，獨占事業也可以全部歸政府經營，禁止民間參與，可是公營事業往往受到許多牽制，無法按照一般企業管理原則來經營，效率通常不如民營企業。獨占事業之所以不受歡迎，其中一個主要原因是，在獨占情況下，廠商可以操縱市場，以減少生產，提高價格作為手段，將大部分消費者剩餘轉變為本身的超額利潤，不但違背公平正義的原則，並且使整個社會福利蒙受損失。糾正這一缺點的另外一個途徑就是對獨占產品課徵產品稅或對獨占事業課徵牌照稅，透過稅課方式，把獨占廠商的超額利潤收歸國庫，供全民所共享。

茲設某一獨占廠商，其產品所面對的市場需求曲線，邊際收入曲線，平均總成本曲線及邊際成本曲線，在未課徵產品稅以前分別如同圖 $29-4$ 的 DD，MR，ATC_1 及 MC_1 線所示。從該圖可以看出，MC_1 線與 MR 線相交於 E_1 點，在這一點（E_1）廠商的邊際成本等於邊際收入，對應於 E_1 點的產出水準為 300 單位，這一產出水準可以使廠商獲得最大的利潤，在追求利潤最大化的目標之下，廠商將會設法只生產 300 單位的產品，並根據其所面對的需求曲線，將產品價格定為 7 元，

圖 29-4　產品稅對獨占廠商利潤的影響

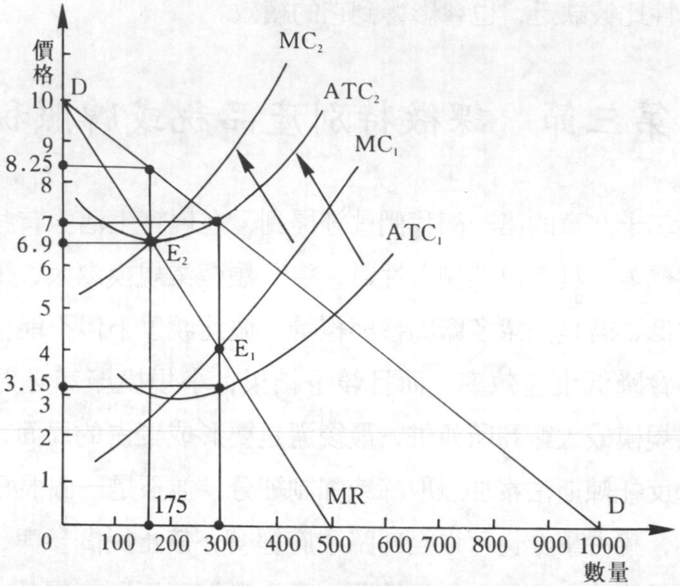

此時廠商每生產 1 單位產品平均成本是 3.15 元，而把每 1 單位產品銷售出去可獲得的收入是 7 元，因此每生產 1 單位產品可以獲得 3.85 元（7－3.15）的超額利潤，廠商的總利潤將是 1,155 元（300×3.85）。根據這一資料，政府可課以 3.85 元的產品稅，即廠商每銷售 1 單位的產品，需要向政府繳 3.85 元的稅，課稅以後廠商的平均總成本和邊際成本將分別從 ATC_1 及 MC_1 平行向上移至 ATC_2 及 MC_2，新的 MC_2 線設與 MR 線相交於 E_2'。在新的均衡下，產出將從 300 單位減為 175 單位，價格則將從 7 元提高至 8.25 元，扣除產品稅以後，廠商每出售 1 單位產品實際所得到的收入只有 4.4 元（8.25－3.85），較原來少了 2.6 元（7－4.4），而消費者每購買 1 單位產品則要比以前多付 1.25 元（8.25－7），這表示產品稅每單位 3.85 元，其中能夠轉嫁給消費者負擔的只有 1.25 元，其餘 2.6 元必須由廠商自行吸收。在新的產出水準下，平均總成本提高為 6.9 元，每生產 1 單位產品廠商的超額利潤降為 1.35 元（8.25－

圖 29-5　牌照稅對獨占廠商利潤的影響

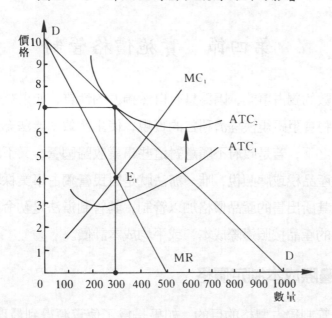

6.90），廠商的總利潤則從 1,155 元降爲 236 元。

　　除了課徵產品稅以外，政府也可以選擇對廠商課徵牌照稅，前面已經提到，若是沒有課稅，廠商將生產 300 單位產品，每單位產品售價是 7 元，平均總成本是 3.75 元，廠商可以獲得 1,155 元的超額利潤，爲了將這一超額利潤收歸國庫，政府可以要求廠商繳納相當於 1,155 元的牌照稅，作爲准許營業的代價。此一牌照稅從廠商的立場，可以視爲是固定費用，將分攤給每一單位產品去負擔，課徵牌照稅結果將使平均總成本線從 ATC_1 向上移至 ATC_2，但不會影響邊際成本線，它仍將和課稅以前一樣與邊際收益線相交於 E_1，產出和價格亦將分別維持在原有的 300 單位和 7 元的水準（見圖 29-5），所不同的是課徵牌照稅以後，廠商的 1,155 元超額利潤將悉數歸諸政府，不再爲其所擁有。另外值得注意的是，課徵產品稅會使廠商減少生產，但課徵牌照稅，廠商的最適產出水準仍將維持 300 單位，高於或低於此一產出水準，廠商不但無法賺

取正常利潤，反而會遭致虧損。

第四節　實施價格管制

　　大多數的獨占事業，因為具有自然獨占的性質，如果經營的廠商不止一家，將會阻礙規模經濟利益的實現，使生產效率無法充分發揮。在這種情形之下，若是政府不願意對這些事業收歸國營，又不願意對獨占廠商課徵產品稅或牌照稅，唯一辦法就是對民營獨占事業採取容忍的態度，但對其所出售的產品價格加以管制，其管制辦法是勒令獨佔廠商對其所提供的產品按照邊際成本，或平均成本計價。

一、以邊際成本制定價格

　　政府管制獨占價格的目的，如果是為了使資源得到最理想的分派，應該採取邊際成本計價的方法，使廠商的邊際成本等於平均收入，即產量至 MC 曲線與 DD 曲線相交為止。蓋因此時消費者對每 1 單位產品所願支付的價格，恰好等於增加此 1 單位產品所需的成本，資源的分派於是到達最佳的境界。從圖 29-1 我們可以看出，當 MC 曲線與 DD 曲線相交於 N 時，產出水準為 OQ_3，每單位產品的價格為 OM，與沒有政府管制以前比較，產出增加了 Q_1Q_3，售價降低了 AM。不過以邊際成本計價，可能會導致平均成本大於產品的售價，使廠商蒙受虧損，這可以在圖 29-1 中可以看出，在該圖中對應於 OQ_3 產出的平均成本 OR，大於售價 OM，廠商將會因此遭受到相當於 $MRSN$ 的損失，此一損失必須由政府利用稅收來補貼，否則廠商將會倒閉，生產無法繼續。

二、以平均成本制定價格

　　對獨占價格管制的另外一個方式，是勒令獨占廠商根據平均成本決

定產品的售價。在這種情形之下，廠商的生產將會到達需求曲線與平均成本曲線相交為止——即圖 29−1 的 T 點。此時之產出水準為 OQ_4，售價為 OU，廠商的總收入恰好等於總成本，它與完全競爭下的廠商一樣，只能賺取正常的利潤。只是此時產品價格大於邊際成本，從資源分派的立場來看，並未達到最理想的境界。可是，在另一方面，根據這個辦法，廠商既可獲得正常的利潤，自可不必仰賴政府補貼以維持其生存，國家財政負擔可以因此減輕。

三、根據需求情況制定差別價格

以上所談到的獨占產品價格管制，只容許獨占廠商遵守某一特定的取價標準，不容許他們差別取價，這一辦法並不十分理想。在某些情況下，容許獨占廠商差別取價，可以提高生產效率，促進資源的更加有效利用。茲以電力的供應為例，因為社會對電力的需求在夏天要比在冬天來得大，假定夏天和冬天的電力需求曲線分別如同圖 29−6 的 $D_s D_s$ 及 $D_w D_w$ 所示，前者位於後者的右上方，表示在每一價格水準下，夏天的電力需求量均大於冬天的電力需求量。我們進一步假定電力的平均變動生產成本等於它的邊際成本，如同圖 29−6 的 AVC 或 MC 線所示，在到達 50,000 瓩以前，AVC 是一條與橫軸平行的直線，自後變為一條與橫軸垂直相交的直線表示現有設備供電的最大能量是 50,000 瓩，在生產能量範圍以內，每 1 瓩電力的平均變動成本或邊際成本為 1 元，電力的平均總成本則如同圖 29−6 的 ATC 所示，它是一根從左上角向右下角延伸的曲線，表示隨著生產規模的擴大，平均總成本會不斷下降。

在我們的假設情況下，對冬夏用電若能採用差別取價的辦法，可以獲得最圓滿的結果，即夏天用電每瓩收費 3.4 元，冬天用電每瓩收費 1 元，按照這種收費辦法，現有電力設備可以經常獲得充分的利用，同時又可使電力生產的邊際成本等於它的邊際收入和價格，最適產出的條件

圖 29-6　電力差別取價的效果

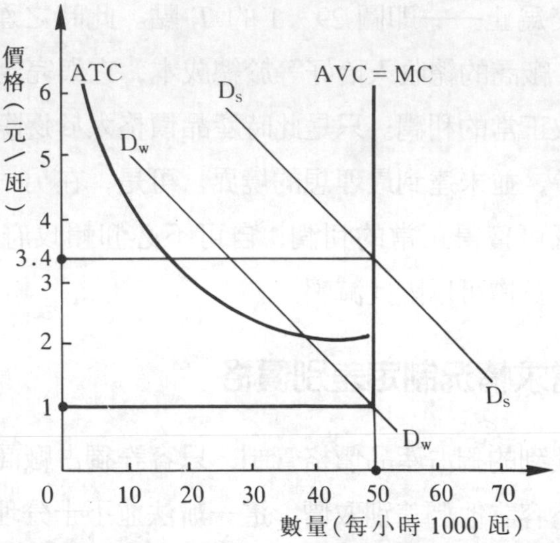

得以滿足。夏天每瓩用電收費高於平均總成本所導致的利潤，又足以彌補冬天每瓩用電收費低於平均總成本所導致的虧損，不必依賴政府補貼，生產可以繼續維持下去。

　　價格管制的最大缺點是，基於成本決定價格，會使廠商失去對節省成本的關心，因為成本降低只有導致政府壓低售價，消費者固然得到好處，生產者卻沒有蒙受利益。反之，成本提高，廠商可藉此要求政府提高售價，讓所有增加的成本以提高價格的方式轉嫁給消費者負擔，在這一情況下，廠商當然不會熱心於任何足以提高生產效率的新技術之引進。為了針對這一個批評，美國政府已自 1989 年開始放棄過去固定價格的管制辦法，對 AT&T 長途電話收費的管制，已從硬性規定該公司只能獲得某一特定投資報酬率，改為設立上限和下限，在一定限度的範圍內，容許 AT&T 自由定價，在新辦法下，該公司如果引進新的技術，使成本增加，將不會被迫降低售價，其因此而增加的利潤，AT&T 可以自己享受。

摘　要

1. 獨占廠商常常受到社會的譴責，原因是它產生很多的流弊：(1)產出水準不能滿足消費者的希望，(2)廠商可能永遠保有超額利潤，(3)均衡產出往往並不是最低成本的產出，(4)將部分消費者剩餘轉變為廠商利潤，促進所得分配的不均，及(5)阻礙產品及技術的創新。

2. 在反托辣斯法案下，政府對獨占廠商可以勒令解散或迫其分割，若認定其對產品售價高於公平競爭下自由市場價格，可處予罰鍰，以示懲戒。有些經濟學家認為，反托辣斯法案是多餘的，獨占不但很難以認定，而且也不可能長期存在。

3. 獨占事業除了透過立法加以取締以外，亦可收歸公有，由政府直接經營，臺灣有頗多具有自然性獨占的事業便是由政府直接經營的，不過一旦成為公營事業，往往會因為受到很多不必要的牽制，使生產效率減弱。

4. 糾正獨占弊害的另外一個途徑，是對獨占產品課徵產品稅，或對獨占廠商課徵牌照稅，透過課稅方式把獨占廠商的超額利潤收歸國庫，供全民所共享。

5. 大多數的獨占事業因為具有自然獨占的性質，如果讓眾多廠商參與經營，彼此競爭，不但無法提高生產效率，反而會降低生產效率，基於這個認識，很多國家對獨占採取容忍態度，但對獨佔產品的價格卻加以管制，其管制辦法是勒令獨佔廠商對其所提供的產品按照邊際成本或平均成本計算。在有些情況下，獨占廠商有時可以容許對不同時間所提供的產品採取差別取價，以促進資源更加充分和有效的利用。

問題討論

1. 獨占廠商爲什麼常常受到社會的譴責？您對這些譴責全部同意嗎？

2. 獨占廠商可以操縱市場，因此對產品可以隨意定價，不受任何約束，您同意這一看法嗎？

3. 爲什麼有些經濟學家認爲反托辣斯法案是多餘的？

4. 您是否贊成凡具有自然獨占性的產業都應該全歸政府經營，禁止民間參與？理由何在？

5. 對獨占產品課徵產品稅或對獨占廠商課徵牌照稅，其目的何在？

6. 比較對獨占廠商課徵產品稅和牌照稅的異同？

7. 何謂邊際成本取價？它有什麼優點和缺點？

8. 平均成本取價的目的是什麼？它有什麼缺點？

9. 爲什麼有人主張對尖峰時間用電收取較高價格？

10. 對獨占產品的價格管制有什麼可議之處？

第三十章 壟斷性競爭市場均衡產出與價格的決定

第一節 壟斷性競爭的意義與特性

完全競爭與純粹獨占在現實社會中並不多見，比較常見的是介於兩者之間的所謂不完全競爭，這一市場組織又可細分為壟斷性競爭市場和寡占性競爭市場，這一章我們將集中於壟斷性競爭市場的討論，有關寡占性競爭市場的問題將留待下一章再行討論。

所謂壟斷性競爭是指在同一個市場上，有為數相當多的小規模廠商競相對顧客提供相似但並不完全相同的產品或勞務。相對完全競爭市場，壟斷性競爭市場所擁有的廠商在數目上卻要少得多，在前一市場參與交易的廠商往往數以萬、千計，而在後一市場參與交易的廠商通常只有數百、十家。壟斷性競爭既不同於完全競爭，也不同於純粹獨占，它具有以下幾個重要的特性。

1.每一廠商對產品的供應量，在整個市場的總供應量中所占的比重很小，任何個別廠商對產品市場價格控制的力量非常有限。而且因為廠商的數目相當眾多，在限制生產、提高價格方面相互勾結的情形通常不易發生，廠商間彼此的依存性也不大。每一廠商在採取任何行動的時候，大可不必顧慮其他廠商的反應。譬如，某一廠商採取減價，也許可以使它的銷售量增加 10% 或 15%，但這一銷售量的增加在整個市場上

發生不了太大的作用，對其他廠商的銷售通常不會有嚴重的影響。在這種情形下，此一廠商是否決定減價，自然不必顧慮其他廠商可能會採取報復的行動。

　　2.在壟斷性競爭市場，某一廠商產品的售價可高於其他廠商產品的售價，這一現象能夠維持的主要原因是：

　　(1)消費者對價格的差異缺乏警覺性。

　　(2)消費者沒有能力對相似但不完全相同的物品或勞務做正確的比較。

　　(3)消費者寧可付高一些的價格去購買自己比較熟悉的產品。

　　(4)買賣雙方已長遠建立良好關係，對彼此有信心，不願因為短期利益使長遠建立的關係遭受破壞。

　　(5)買賣雙方位置比較靠近，可以節省旅行時間和費用。

　　3.在完全競爭市場上，不同廠商所出售的產品或提供的勞務，在消費者心目中，是完全一樣的。但在壟斷性競爭市場上，消費者對特定廠商所提供的產品或勞務往往會有偏好，在他們心目中，不同廠商所提供的產品或勞務是有些差別的。因此，任何廠商所提供的產品或勞務，在消費者看來，找不到可以完全代替的其他產品或勞務，此點與完全競爭市場的情形不同，而與獨占市場的情形卻頗為相似。造成某一產品或勞務在消費者心目中有所差別的原因很多，它包括：

　　(1)導源於所用原料及生產方法不同所引起實質上的差異。

　　(2)品牌、色彩、設計、包裝及其他規格上的差異。

　　(3)店員服務態度、退貨難易、及售後服務等方面的差別。

　　4.構成壟斷性競爭市場的個別廠商，一般說來，規模並不很大，建廠資金籌措不難，經濟規模利益也不十分顯著。新廠商的進入市場並不是完全不可能，但較之在完全競爭的情況下則相對比較困難。原因是既有廠商的產品信譽已卓然建立，分別有它的固定顧客，新廠商必須能夠

從研究發展中推出一些比較新穎的產品，以招徠顧客，但這並不是一項很輕鬆的工作。研究發展不但需要投下可觀的資本，需要經過長時間的努力，結果卻並不一定。即使有結果，是否能夠適合消費者的需要，需要時間的考驗，推銷新的產品也得花很大的力氣。

5.非價格的競爭（Non-price Competition），對增加市場的配份，占有很重要的地位。個別廠商為了吸引顧客，堅定顧客對其產品的信心，必須在包裝、款式、陳列、廣告、售後服務、及信用融通等方面多所致力，在壟斷性競爭的情況下，銷售費用往往比較龐大。

6.壟斷性競爭廠商因為不能完全阻止新廠商的加入，短期間可能會有超額利潤。但這項超額利潤很難長期保持，遲早會因新廠商的加入，使競爭加劇，產品價格被迫下降，從而導致超額利潤的消失。

接近壟斷性競爭的產業種類很多，製造業中包括男裝及女裝的成衣業、圖書印刷業、木製傢俱業、金屬家庭用具業及皮料業等，服務業中包括都市地區的零售業、雜貨店、加油站、理髮店及乾洗店等，它們的營業行為介於完全競爭與純粹獨占兩者之間。

第二節　壟斷性競爭市場的均衡

一、短期均衡

在完全競爭下，個別廠商所面對的需求曲線是一條水平線。表示不管個別廠商生產或銷售多少，產品的市場價格不受影響，即個別廠商的產品需求彈性無窮大。在獨占情況下，個別廠商對產品的價格有絕對控制的能力，它所面對的需求曲線與整個產業或整個市場所面對的需求曲線一樣，是一條具有負斜率從左上方向右下方延伸的曲線，表示獨占廠商要想增加銷售，只有降低價格。在壟斷性競爭下，因為個別廠商所生

產的產品未盡相同，但代替性很高，產品的價格並不完全由市場決定，個別廠商對自己產品的售價有一些影響的力量，但不能像獨占廠商一樣取得完全的控制，它所面對的需求曲線將與獨占廠商一樣，是一條由左上方向右下方延伸的曲線。所不同的是比較平坦一點，表示同樣的產品在壟斷性競爭情況下，較之在純獨占的情況下，需求彈性比較大。

　　壟斷性競爭廠商與純獨占廠商的短期均衡情形極為相似，只是在成本函數相同的情況下，前者的均衡產出水準，可能要比後者大一些，均衡價格水準則可能正好相反。不管市場結構為何，我們假定廠商的目標都是在追求最大利潤，為了達到這個目標，它會根據 $MR = MC$ 法則，直至產品的邊際成本等於邊際收入為止，才會停止調整生產，這個時候也就是均衡實現的時候。在短期間內，因為現有廠商無法改變工廠規模，新的廠商也不能馬上加入生產，壟斷性競爭廠商與完全競爭及獨占廠商一樣，當短期均衡實現的時候，它可能只賺取正常利潤，也可能會有超額利潤，在有些情況下，當然也可能會發生虧損。只要這些虧損小於固定成本，繼續生產至 $MR = MC$ 為止，較之完全停止生產，可以減少它的損失。

　　茲以圖 30－1 (a)、(b)、及 (c) 分別說明三種不同情況。該圖的 DD 代表廠商的需求曲線，MR 代表廠商的邊際收入曲線，MC、ATC 及 AVC 則分別代表廠商的邊際成本、平均總成本及平均變動成本曲線。MC 曲線與 MR 曲線相交於 E 點，此時邊際成本等於邊際收入，廠商的利潤最大，短期均衡乃告實現。對應 E 點的均衡產出和價格水準分別為 OQ_e 及 OP_e，在這一價格和產出水準之下，廠商可能獲得相當於 BP_eAG 的超額利潤（見圖 30－1(a)）也可能如同圖 30－1(b) 所示，在短期均衡實現的時候，廠商的總成本（OP_eAQ_e）剛好等於它的總收入（OP_eAQ_e），因此只能賺取正常的利潤；如果運氣不好，它也可能如圖 30－1(c) 所示在短期均衡實現的時候，發生相當於 P_eCHF 的虧損。

圖 30-1　壟斷性競爭廠商的短期均衡

(a)超額利潤的情況

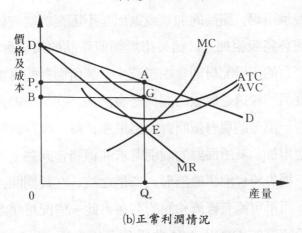

(b)正常利潤情況

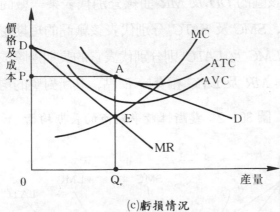

(c)虧損情況

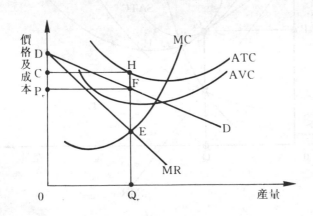

二、長期均衡

　　在壟斷性競爭市場，廠商的加入或退出並不困難。當有經濟利潤存在時，新的廠商必將競相加入，結果市場類似產品的供給會相應增加，每一廠商所能享有的市場配份則會相應減少，其所面對的需求曲線將向左下方移動，經濟利潤透過競爭的關係終會消失。在另一方面，當有損失發生的時候，一部分的現有廠商會退出生產，每一現存廠商所能享有的市場配份將會增加。其所面對的個別需求曲線將會向右上方移動，透過競爭的減少，損失將會消弭於無形。職是之故，在長期間，廠商只能賺取正常利潤，而不可能有經濟利潤的存在，此一情況可用圖 30－2 來加以解釋。茲設該圖的 DD 及 MR 曲線分別代表某一廠商產品的需求與邊際收入曲線，SMC 及 SATC 分別代表該廠商的短期邊際成本與平均總成本曲線，LMC 及 LATC 則分別代表它的長期邊際成本及平均成本曲線，SMC 與 MR 及 LMC 相交於 E 點，其所對應的均衡產出和價

圖 30－2　壟斷性競爭廠商的長期均衡

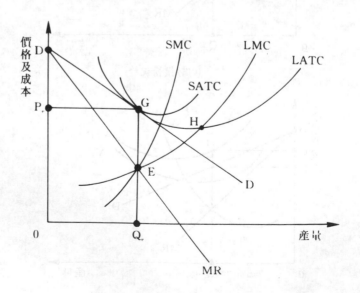

格水準分別爲 OQ_e 及 OP_e。在均衡產出水準之下，廠商的總收入與總成本均等於 OP_eGQ_e，它只能獲取正常利潤，而不能獲得任何的經濟利潤。

第三節　壟斷性競爭市場的非價格競爭

在壟斷性競爭市場上，每一家廠商所提供的產品與勞務，與其他廠商所提供的產品及勞務，在某些方面會有所不同，至少在消費者心目中是如此。對任何一家廠商所提供的產品或勞務，消費者沒有辦法從其他地方找到可以完全代替的東西，每一家廠商都有特定的顧客，這些顧客對它所提供的產品及勞務都有某種程度的偏好。爲了保持乃至增進它在市場上的競爭地位，個別廠商必須不斷設法使它們的產品在消費者心目中維持良好的印象。達到這個目的通常有兩條途徑可循，茲分別作扼要的分析。

一、提供消費者更多選擇

第一條途徑是設法增加產品的式樣，使消費者有更多的選擇，以滿足他們不同的偏好。可是產品雜異化也可能產生一些不良的副作用。消費者固然希望對同一類產品有更多的式樣，可供選擇，但式樣過多每使他們發生困擾，增加選擇上的困難。每一產品如果有太多的品牌，消費者在難於決定優劣的情況下，往往根據價格的高低來加以判斷，價格較高的常被認爲是品質較好的，事實上卻未必盡然。從短期的觀點，招徠顧客的一個好辦法，是增加產品式樣，使消費者有更多的選擇，以滿足彼此不同的偏好。從長期來說，爲了吸引顧客，廠商應該更進一步使產品不斷改進，那一家廠商對產品改進得比較多，它便有更多的機會提高產品在市場上的配份。

伴隨產品銷路增加的往往是利潤的提高，可是在很多情形下，所謂產品的改進，並不是實質的改進，而只是表面上的改進。譬如，每一家汽車公司每年都會有新的模式汽車推出，究其實只是要使消費者在心理上覺得去年買的汽車已經落伍，應該在今年換一輛新穎的汽車。婦女的時裝也有同樣的情形，在市場上每年都可以看到很多新的時裝，可是「新」的並不一定是「好」的。說得不好聽一點，只是廠商的一個噱頭，目的是使顧客多掏一些腰包而要的「花招」而已。

二、以廣告取勝

第二條途徑是多做廣告，透過廣告，對顧客介紹其所提供的產品及勞務的優點，以提高他們對自己產品及勞務的偏好。廣告是改變和增加消費者購買欲望的一個有效方法。一種產品透過廣告的宣傳，往往能引起眾多消費者的注意，刺激他們購買的意念。不過社會大眾對於廣告的價值常常有很多的爭論，有人認為它是一種生產性活動，也有人認為它對促進生產沒有什麼貢獻，反而引起資源的浪費。茲將對廣告價值正反兩派的意見分述如下：

1.贊成以廣告取勝的理由

⑴成功的廣告可以使生產成本降低。原因是透過廣告，可以增加產品的銷路，從而使生產擴大，提高廠商規模經濟的利益，單位產品生產成本可望隨生產規模的擴大而減少。茲以圖 30－3 來說明這種情形。該圖中 ATC_1 代表某一廠商未做廣告前的平均總成本曲線，ATC_2 代表該一廠商做了廣告以後的平均總成本曲線，ATC_2 曲線位於 ATC_1 曲線上面，表示廣告使廠商的生產成本增加，二條曲線的垂直距離即代表每一單位產品因做廣告而增加的費用。廣告固然增加廠商的生產成本，但在另一方面，成功的廣告也會增加廠商的產品銷路。茲設未做廣告前產品的銷售量是 OQ_1，做了廣告後產品的銷售量增加至 OQ_2，對應於 OQ_1

圖 30−3　廣告對生產成本的影響

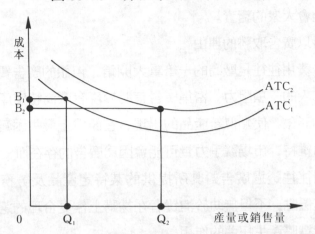

的每單位產品不包括廣告費用在內的平均總成本是 OB_1，而對應於 OQ_2 的每單位產品包括廣告費用在內的平均總成本 OB_2。因爲做廣告，使廠商每單位產品的平均成本降低了 B_1B_2。廣告所帶來的經濟規模利益，超過了它所引起的費用之增加，生產者可望因此獲得更大的利潤，而消費者亦可能因此獲得更多廉價的物品。

　　(2)廣告可以刺激購買欲望，使消費支出增加，提高社會總需求，因而對促進充分就業將會有良好的影響。

　　(3)廣告提供消費者許多有關產品間可以相互代替的消息，告訴消費者在市場上存在許多可以彼此替代的產品。在另一方面，產品式樣的推陳出新亦往往伴隨廣告而來，消費者對產品知識的增加，將有助於獨占局面的打破，和市場競爭力量的加強。

　　(4)廣告有助於大眾傳播事業之發展。因爲廣告的存在，大眾傳播事業可以獲得一筆鉅大的收入來源，如果沒有廣告的支持，許多大眾傳播事業恐將無法生存，更遑論其有發展的餘地。

　　(5)廣告增加消費者對商情的了解，拓寬他們的視野，應有助於消費者對各種物品及勞務採購上作更加合理的選擇。

(6)廣告可以迫使廠商更加嚴格控制產品品質，以免失去廣告的信用，遭受社會大眾的譴責。

　2.反對以廣告取勝的理由

(1)廣告費用往往是廠商的一筆重大開銷，鉅額的廣告費用，可能構成新廠商加入的一項阻力。密集廣告有助於現有廠商特定產品在群眾中建立特殊的形象，使類似新產品的出現，在競爭上發生困難，獨占的局面因此更易維持，市場競爭力量可能會因為廣告的存在而受到損害。

(2)廠商往往透過廣告對其所提供的某特定產品及勞務作不實的宣傳，誇大其優點，不但無助於消費者在採購上作更合理的選擇，反而可能對消費者選購產生扭曲的作用。

(3)廣告本身不能增加實質財貨的生產，但卻要利用生產資源，因此對資源的生產效率會有不利的影響。

(4)廣告只能影響總需求的組合或消費的結構，對提高總需求或消費的水準往往並無多大效果，因此對促進生產及充分就業並不一定有多大幫助。

(5)廠商從事廣告的其中一個目的，是希望提高產品在市場的占有率，把顧客從其他廠商手中搶奪過來，這個目的往往會因為其他廠商參加廣告的競爭而無法達成。廣告本身具有自我抵銷的性質，對整個產品市場的開拓，其所產生的效果令人懷疑。

(6)廣告常常破壞都市市容，製造髒亂，損害生態環境。在另一方面，因為它是大眾傳播事業重要收入來源，廠商透過廣告可能迫使大眾傳播媒介作不實的報導，社會輿論可能受到廣告的扭曲，使它的權威性遭到破壞。

第四節　壟斷性競爭市場的評價

　　與完全競爭及純粹獨占市場比較，壟斷性競爭市場的存在，在現實社會中是較爲普遍的。從理論上檢討，壟斷性競爭市場和純粹獨占市場一樣，有許多地方值得批評：

　　1.站在整個社會的立場，生產資源分配到某一種產品最理想的境界，是當該產品的邊際成本等於市場價格的時候。壟斷性競爭市場無法實現這個目標，如同圖 30－2 所示，在長期均衡產出水準實現的時候，壟斷性競爭廠商的產品價格（GQ_e）高於邊際成本（EQ_e），表示最後一單位產品所帶給社會的利益超過它的生產機會成本。

　　2.圖 30－2 指出，當長期均衡產出水準實現時，對應於該一產出的 G 點，並非位於長期平均成本曲線的最低點（即 H 點），表示壟斷性競爭廠商無法像完全競爭廠商一樣，使每單位產品的平均成本降至最低，資源的利用效率因此無法充分發揮。爲了獲得正常的利潤，壟斷性競爭廠商在長期間對產品的索價通常要較完全競爭廠商爲高。

　　3.在壟斷性競爭市場上，因爲廠商的數目太多，可能導致每一個廠商的生產能量無法被充分利用，設備及人員每有閒置的現象。若每一廠商現有的生產設備和人員能夠被充分利用，同樣的總生產目標可以由較少數目的廠商來達成，這樣每單位產品的平均成本可以進一步降低，消費者可望以較低的價格購得同樣質量的產品。

　　上述對壟斷性競爭市場的批評，有些經濟學家並不完全同意，他們認爲壟斷性競爭廠商與完全競爭廠商的均衡產出和價格水準差異可能並不大，兩種不同市場的競爭情形都是相當激烈的。壟斷性競爭廠商的需求曲線雖然不是一條水平線，但需求彈性一般是很大的，如果它們的需求曲線眞是接近水平線，達到均衡時候的產出和價格水準應該與完全競

爭廠商大致相近。這些經濟學家進一步指出，產品的差異是壟斷性競爭
市場的一個特性，它提供消費者更多的選擇機會，使消費者的偏好可以
獲得更大程度的滿足，產品的多樣化與生產成本的降低是魚與熊掌，難
以得兼，此外像銀行、加油站、醫務所如果能比較集中在一塊，不要分
散在太多地區，固然可以減少人力、物力的浪費，使生產設備更能充分
利用，因此可以節省成本、降低價格，不過此舉將會增加消費者許多不
便，使他們得花更多的時間去尋求獲得這些產品或勞務。消費者也許寧
可付稍高的價格，以換取更多的方便和舒適，他們認為這樣可以獲得更
大程度的滿足，基於這一觀點，上面所提到有關對壟斷性競爭市場的一
些批評便難免有偏頗之嫌。

摘　要

1. 壟斷性競爭市場，是在現實社會中比較常見的一種市場組織，它的性質介於完全競爭市場與純粹獨占市場兩者之間。

2. 在壟斷性競爭市場，很多小規模的廠商競相對顧客提供相似但並不完全相同的產品或勞務。個別廠商對產品的價格雖然無法完全操縱，但可以發生一些影響，對同樣產品，各家廠商的取價可能並不一樣。

3. 新廠商進入壟斷性競爭市場，並沒有什麼阻礙，但較之在完全競爭的情況下，則相對比較困難。

4. 壟斷性競爭廠商，喜歡從事非價格競爭，特別是喜歡做廣告，它們認為這是提高市場占有率的一個有效方法。

5. 在短期間，壟斷性競爭廠商可能獲致超額利潤——即超過正常水準的利潤，但有時也可能只賺取低於正常水準的利潤。在長期間，因為新廠商的進入相當容易，超額利潤的維持在理論上不可能。

6. 壟斷性競爭廠商從事非價格競爭的其中一個方式，是不斷發展新的產品及增加產品的式樣。在壟斷性競爭市場上，消費者有更多的選擇機會，他們的偏好可以獲得更大程度的滿足。但選擇機會太多，也可能使消費者難以下決定，並誤認價格較高的產品便是品質較佳的產品。在另一方面，式樣的翻新，常常是有名無實，只是使消費者心目中造成一種幻覺。

7. 廣告是壟斷性競爭廠商從事非價格競爭的另外一個方式，有些經濟學家認為廣告具有生產性，它可以使產品銷路增加，因而擴大生產規模，使單位產品成本降低，廣告並且可以刺激有效需求，

促進充分就業，加強市場競爭，幫助傳播事業的發展。在另一方面，有些經濟學家認為廣告不具生產性，它只是增加廠商無謂的開銷，扭曲消費者對財貨及勞務合理的選擇，製造髒亂，對促進生產和充分就業不但沒有幫助，反而可能導致資源的錯誤配置，損害它的生產效率，並阻礙市場競爭。

8. 壟斷性競爭廠商的長期均衡價格大於邊際成本，單位產品的平均成本，在長期均衡實現的時候，也沒有降到最低的水準，表示資源的利用不能達到最佳的境界。在另一方面，產品的多樣化是壟斷性競爭市場的一個特性，在壟斷性競爭市場上，消費者有更多的選擇，他們的偏好可以獲得更大程度的滿足。

問題討論

1. 試對壟斷性競爭市場下一個定義。

2. 在產品價格決定上，壟斷性競爭廠商和完全競爭廠商及純粹獨占廠商有什麼不同？

3. 造成產品在消費者心目中不同的主要原因何在？

4. 壟斷性競爭廠商在長期均衡實現時，為什麼只能賺取正常的利潤？

5. 增加產品的式樣和發展新產品有什麼優點和缺點？

6. 為什麼壟斷性競爭廠商喜歡做廣告？

7. 有些經濟學家認為廣告具有生產性，他們所根據的理由是什麼？

8. 廣告常常受到社會不良的批評，原因何在？

9. 壟斷性競爭市場為什麼不能使資源的分派和利用達到最佳的境界？

10. 在壟斷性競爭市場上，某一廠商產品的售價可能高於其他廠商產品的售價，這一現象為什麼能夠長期維持？

11. 很多人對壟斷性競爭市場有不良的批評，您完全同意這些批評嗎？理由何在？

第三十一章　寡占性競爭市場均衡產出與價格的決定

第一節　寡占的意義與特性

　　寡占（Oligopoly）是另外一種市場組織，它介於純粹獨占市場與壟斷性競爭市場兩者之間，有些經濟學家認為寡占與獨占事實上並沒有多大分別，加布瑞斯教授（John Kenneth Galbraith）便是其中一位。在他看來，寡占市場上只有少數幾家廠商，這些廠商往往相互勾結，在產出及價格方面取得協議，從而對整個市場加以控制。在獨占市場上，只有一家廠商取得獨占的權力，而在寡占市場上，獨占權力則是由少數廠商共同分享，但這些少數廠商行動一致，等於合而為一。因此，寡占與獨占實質上沒有太大差別❶。加布瑞斯教授的上述意見並沒有獲得產業組織專家的同意，後者認為寡占廠商的市場行為模式很多：有時它們共同商議採取一致的價格政策及決定市場分贓辦法；有時它們順從傳統，讓某一廠商決定價格，其他廠商一致跟進；有時它們也從事價格競爭，宛如完全競爭廠商或壟斷性競爭廠商一樣❷。這些廠商的行為很難用單一

---

❶　參閱 Oliver Williamson, *Markets and Hierarchies Analysis and Antitrust Implications* , New York：The Free Press, 1975, p. 234.

❷　參閱 John K. Galbraith, *American Capitalism* , Cambridge：The Riverside Press, 1956.

模式來表達，獨占廠商的行為則要單純得多。綜合的說，寡占市場具有下列特性，使它不同於其他市場組織。

1.在寡占市場上，我們可以發現不止一家廠商，但它的數目不多。每一家廠商所出售的產品，有時高度標準化，在消費者心目中，分不出什麼不同，美國的鋼鐵業和鋁業便是一個很好的例子。這兩個產業都是公認的寡占產業。在這兩個產業內，不同廠商所生產和供給的產品，規格幾乎完全一樣。在另一方面，美國的煙草業和汽車業也被公認為是寡占產業。在這兩個產業內，不同廠商所生產和提供的產品，卻不完全相同。因為寡占市場上廠商的數目很少，每一家廠商對產品的供給和價格都有相當大的控制力量。

2.在寡占市場上，廠商間彼此相互依存（Interdependence）的程度很高，每一家廠商在採取漲價或減價的行動時，都會小心考慮其他廠商可能產生的反應。舉例來說，當某一廠商採取漲價措施時，它必須考慮其他廠商是否也會跟進，抑或會維持價格不變，甚至將價格降低。同理，當某一廠商採取減價措施時，它必須考慮其他廠商是否採取相同的行動，抑或不予理會，甚至採取相反的行動。由於其他廠商的反應很難事先準確預料，所以個別廠商在採取單獨行動時，不能不相當謹慎。

3.寡占產業通常都有顯著的規模經濟利益，在很大的範圍內，單位產品的成本有隨產出增加而不斷下降的情形。規模經濟利益促使廠商不斷合併，終至造成寡占局面。

4.具有資格作為寡占廠商的多是資金雄厚，規模宏大。因為這個資格限制，新廠商的加入，縱非不可能也是非常困難。即使新廠商勉強成立，因缺乏資本，致規模太小，無法與既有廠商站在平等的地位，相互競爭。在很多情況下，現有少數廠商甚至相互勾結，以聯合大量殺價的方式，迫使新廠商因不勝虧累，而自動宣告倒閉。

5.寡占產品的市場價格，一般比較缺乏伸縮性。任何一家廠商領先

改變價格，其結果往往是未見其利，先見其害。職是之故，寡占廠商每設法避免從事價格競爭，爲求增加自己產品在市場上的銷售量，多在品質改善、售後服務、設計包裝、信用提供等方面努力。有關寡占產品價格比較僵固的理由，在第三節我們會有比較詳細的討論。

　　在臺灣屬於寡占市場的最好例子是電視、報社和西式速食業。在這些市場，廠商的數目很少，每一廠商的行動都會影響到其他廠商的利益，在做每一項決策時，他們必須考慮到其他廠商可能的反應，爲了保持和提高市場占有率，每一廠商對競爭對手的一舉一動無不密切注意，警覺萬分。

第二節　寡占指標

　　寡占市場不同於獨占市場，後者只有一個廠商，整個市場受這個廠商的操縱，它握有百分之一百的市場占有率，而前者可能有爲數不少的廠商，但大都規模不大，只有少數規模較大，整個市場主要受這少數規模較大的廠商所支配。關於寡占市場結構的測定，最常用的方法有三種：(1)拉那指數（Lerner Index），(2)赫芬蒂一赫志明指數（Herfindahl－Hirschman Index），及 (3)四大廠商市場集中比率（Four－firm Concentration Ratio）。茲分別將每一個方法介紹如下：

一、拉那指數（£）

　　拉那指數是阿白拉那教授（Professor Abba P. Lerner）遵從廠商理論（The Theory of the Firm）指示所設計出來的。它的計算公式是：

$$£ = \frac{價格(P) - 邊際成本(MC)}{價格(P)}$$

根據廠商理論，在完全競爭下，產品價格由市場總需求及總供給函

數共同決定。一旦產品市場價格決定，個別廠商將會在這一既定的價格
水準下從事生產，直至邊際成本等於價格（亦即邊際收入）為止，以實
現利潤最大的目標。因此，凡屬完全競爭的產業，價格會等於邊際成
本，拉那指數將等於零。若是市場競爭不完全，每一廠商對產品價格會
有一些控制力量，廠商對產品價格控制力量的大小，可以作為衡量市場
競爭程度的一個指標，市場競爭愈不完全，廠商對產品價格的控制力量
會愈大。因此產品價格與邊際成本乖離的現象會愈嚴重，結果拉那指數
會愈大。根據拉那指數的大小，我們可以判斷一個產業獨占或寡占程度
的高低。

　　拉那指數與產品價格需求彈性有密切的關係，原因是市場競爭愈完
全，價格需求彈性愈大。反之，價格需求彈性愈小。拉那指數與價格需
求彈性係數（e_p）應呈相反方向變化，二者關係可用下式表示：

$$\pounds = \frac{P - MC}{P} = \frac{1}{e_p} \text{ ③}$$

　　上式指出拉那指數是價格需求彈性係數的倒數，e_p 愈大，$\pounds$ 愈小，
e_p 愈小，$\pounds$ 愈大。從表 31－1，我們可看出，在美國的十個產業中，食
品加工業，咖啡烘烤業，菸草業，鋁業，其拉那指數均在 0.5 以上，表
示該四種產業寡占程度相當高。

---

③　$TR = P \cdot Q$（TR ＝總收入，P ＝價格，Q ＝產量）

$\dfrac{dTR}{dQ} = MR = P \dfrac{dQ}{dQ} + Q \dfrac{dP}{dQ} = P + Q \dfrac{dP}{dQ} = P\left(1 + \dfrac{1}{e_p}\right)$。在均衡實現時 $MR =$

MC，以 MC 代替 MR，得 $MC = P\left(1 + \dfrac{1}{e_p}\right) = P + \dfrac{1}{e_p}$，右式兩邊減去 P 並除

以 P 得 $\dfrac{MC - P}{P} = \dfrac{1}{e_p}$，因為 e_p 是負值，左式兩邊除以 -1 得 $\dfrac{P - MC}{P} = \dfrac{1}{e_p} =$

$\pounds$。

表 31-1　美國十個產業拉那指數

產業別	拉那指數（£）
食品加工	0.504
咖啡烘烤	0.55
橡膠	0.049
電動機器	0.198
菸草	0.648
鐵路	0.40
汽油零售	0.10
汽車	0.1~0.34
鋁業	0.59
紡織品	0.072

資料來源：Timothy F. Bresnahan，"Empirical Studies of Industries with Market Power"，*Handbook of Industrial Organization*，Vol. 2，p. 1051，Table 17. 1.

二、赫芬帝－赫志明指數（HHI）

　　赫芬帝－赫志明指數（以下簡寫為 HHI）是同一產業內每一廠商市場占有率的平方和。獨占產業因為只有一個廠商，這個廠商擁有百分之百的市場占有率，它的 HHI =（100）^{2} = 10,000，在另一方面，一個完全競爭產業，假定在這個產業內共有 100 個廠商，每一廠商的市場占有率設為 1%，這個產業的 HHI = $1^2 + 1^2 + 1^2 + \cdots + 1^2$ = 100。根據這一指標，我們得以分辨那一產業市場力量較為集中，那一產業市場力量較為分散，它常被美國司法部用來作為判斷某些企業的合併是否會嚴重減少市場競爭的依據，並據此決定是否應對這一現象加以制裁。如果合併前的 HHI 數值很小，合併後 HHI 數值增加又不大，司法機關對這類企業的合併往往不會提出違反「反托辣斯法案」的指控。

三、四大廠商市場集中比率

　　測定寡占常用的另外一個工具是所謂銷售、產出、雇工、或資產的集中率（Concentration Ratio），即少數幾家（通常是四家）廠商對某一產品銷售量、生產量、雇工人數、或資產總額在整個產業總銷售量、生產量、雇工總數、或資產總額中所占的比重。根據產業組織專家謝爾（F.M.Scherer）的意見❹，在一個產業中，最大四家廠商的產品銷售量占整個市場供給量的比重若是高達 40％或以上，便可以考慮把該產業當作是寡占產業。如果這項比重高達 50％或以上，謝爾認為便已有足夠證據把該產業歸屬於寡占產業。利用謝氏這一個指標，在美國約有 43％的製造業可以列入寡占產業（見表 31－2）。關於臺灣製造業四大廠商市場集中比率情形請參閱表 31－3。

表 31－2　美國四大製造業廠商集中比率

1982

四大廠商集中比率	產業數目	在整個製造業中比重
0～19	89	19.6
20～39	169	37.1
40～59	123	27.0
60～79	54	11.9
80～100	20	4.4
合　計	455	100.0

資料來源：Compiled from the U. S. Bureau of the Census , 1982 Census of Manufacturers, Concentration Ratios in Manufacturing, Washington, D. C., Government Printing Office, 1986, Table 6, pp. 7～51, 7～176.

---

❹　參閱 F. M. Scherer, *Industrial Market Structure and Economic Performance* , 2nd ed., Boston, Haughton Mifflin, 1980, p. 67.

表 31-3　臺灣 20 個製造業四大廠商市場集中比率

產　業　別	1976 年	1981 年
石油及煤製品	97.2%	85.7%
飲料及菸草	81.9	81.8
化學材料	75.7	66.3
運輸工具製造	57.5	63.4
金屬基本工業	45.1	53.4
精密器械	51.2	52.7
食品	45.5	46.6
電力及電子機械器材	47.9	42.5
橡膠製品	41.5	42.2
機械設備製造修配業	40.1	37.4
雜項工業製品	38.2	34.6
造紙紙製品及印刷出版業	32.5	34.2
非金屬礦物製品	35.7	33.9
化學製品	38.2	33.1
紡織業	32.5	31.3
皮革毛皮及其製品	44.1	28.9
成衣及服飾品	31.1	25.8
木材製品及非金屬家具	29.8	23.0
塑膠製品	26.7	22.5
金屬製品	23.4	16.0

資料來源：陳正倉，〈臺灣地區產業集中之研究〉，《企銀季刊》第 8 卷第 2 期，民
國 73 年 10 月，35～73 頁。

四、各種指標的優點與缺點

利用上述三種方法來測定產業的集中程度或寡占程度有很多缺點，
其中主要的缺點包括：

1.沒有考慮到來自國外生產者的競爭，譬如根據 1987 年對製造業
普查的結果，美國四家最大的汽車公司，其所生產的機動車輛在國內機

動車輛總生產中所占的比重爲90％。但我們不要忘記，美國市面所銷售的汽車約有1/4是自國外進口的汽車，美國國內汽車製造業除了彼此相互競爭外，尚須與其他國家——諸如日本、西德等汽車製造業競爭，四家美國最大汽車公司對汽車市場控制的力量，事實上應比集中率所顯示的爲小。

　　2.產業分類通常沒有合理的標準，不同的分類標準會影響到集中率的計算。一般對產業的分類多是根據產品的物理性質，而不是根據產品的相互代替性。譬如，生產金屬瓶罐和玻璃瓶罐的廠商往往分屬到兩個不同的產業，事實上這兩種產品代替性都很高。根據代替性，生產這兩種產品的廠商應該歸屬到同一個產業。同樣的情形可以應用到鋁業和銅業，這兩個產業的集中率都接近80％，表面看來市場受壟斷的情形很嚴重，事實上卻低估了兩個不同產業相互間的競爭程度。

　　3.各種集中率的計算都是以整個國家爲範圍，因爲運輸費高昂，某一產品的關聯市場事實上許多都是具有顯著的地區性。譬如，報業、醫療服務業、房地產業、及零售業，設在同一地區的廠商才有相互競爭的現象。在一個小市鎮上，可能只有一、二家百貨公司，當地的百貨市場因此可能受到這一、二家百貨公司的控制，形成了寡占的局面，但這種情形在全國性的集中率上往往顯示不出來。

　　4.光是從集中率，我們無法了解不同產業實際的市場行爲。譬如，A及B兩種產業，集中率都是85％，在A產業內，廠商間在價格上和產品品質上的競爭可能相當劇烈。但在B產業內，廠商相互間對價格及產出都有一個默契，行動相當一致，競爭現象幾乎完全不存在。

第三節　寡占廠商的扭折需求曲線 與價格及產出政策

寡占市場的需求曲線有別於其他市場的需求曲線，它是一條扭折的需求曲線 (Kinked Demand Curve)，其所以致此是因為當某一廠商將產品售價提高時，其他廠商往往並不跟進，但當某一廠商將產品售價降低時，其他廠商卻往往採取同樣的行動。茲設寡占市場的廠商彼此對產品的售價沒有勾結行為，圖 31－1 的 D_1D_1 代表當其他廠商模仿其價格行為時，某一廠商（甲）所面臨的需求曲線，D_2D_2 則代表當其他廠商並不模仿其價格行為時，某一廠商所面臨的需求曲線。今因某種理由，甲廠商將產品售價自 OP_0 提高為 OP_1，其他廠商（乙）設亦採取同樣的行動，結果甲廠商的銷售量將會從 OQ_0 減為 OQ_2。事實上，當甲廠商提高產品售價時，乙廠商通常不會把產品售價提高，蓋如此它可以乘機爭取更多的顧客，以擴張產品的銷路。果爾，甲廠商因為將產品售價自 OP_0 提高為 OP_1 將會使其銷售量自 OQ_0 減少為 OQ_1，其中 Q_0Q_2 代表受需求法則影響而損失的市場，Q_2Q_1 則代表為其他並未跟隨漲價廠商所奪取去的市場。

現在讓我們來看看，如果甲廠商把產品售價自 OP_0 降低為 OP_2，結果又會如何？茲設其他廠商並不因為甲廠商將產品售價降低而採取相同的行動。甲廠商產品售價降低後，將會使其銷售量自 OQ_0 提高為 OQ_4，其中 Q_0Q_3 是受需求法則影響而增加的銷路，Q_3Q_4 則是從其他廠商所奪取的銷路。事實上，當甲廠商將產品售價降低時，其他廠商為了不願意損失銷路，通常也會把產品售價降低。果爾，甲廠商因產品售價降低所增加的銷路將只等於 Q_0Q_3，它不可能將其他廠商的顧客爭取過來。根據以上的分析，寡占廠商實際上所面臨的需求曲線將如同圖 31

圖 31－1　寡占廠商的需求曲線

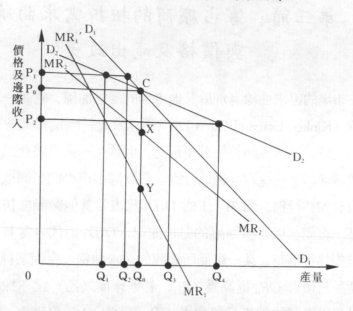

－1 的 D_2CD_1 所示，它將是一條扭折的曲線。個別廠商將產品售價提高或降低，可能均會無利可圖，蓋因產品售價提高時，其他廠商每不會採取同樣行動，結果將會失去許多顧客，致使銷路減少，而得不償失；若其將產品售價降低，因其他廠商之爭相仿效，將無法把其他廠商的顧客爭取過來，冀以大量增加銷路提高利潤的目的亦將無法達到。

　　因為寡占廠商所面臨的需求曲線是一條扭折曲線，其所對應的邊際收入曲線亦將會是一條有缺口的曲線。如圖 31－1 所示，與 D_2C 對應的邊際收入曲線為 MR_2X，而與 CD_1 對應的邊際收入曲線為 YMR_1，寡占廠商實際所面臨的邊際收入曲線將為 MR_2XYMR_1 所示。其中 XY 部分中空，任何邊際成本曲線如果通過這一部分的邊際收入曲線，均衡產出與價格水準將不變。如同圖 31－2 所示，不管廠商的邊際成本曲線為 MC_1 或 MC_2，它的均衡產出水準都是 OQ，均衡價格都是 OP。因為在這個產出水準和價格之下，它的邊際成本均等於邊際收入，符合最

大利潤的條件，此時廠商將無須再調整它的生產計畫，一切都可安定下來。

圖 31-2　寡占廠商的均衡產出與價格

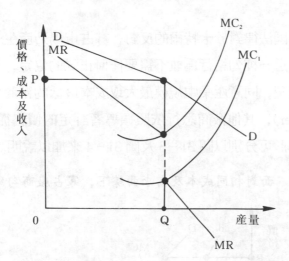

第四節　寡占廠商相互勾結對產出及價格的影響

在寡占市場，廠商間有一種非常密切的相互依存關係存在，當某一廠商採取改變價格行動時，必須考慮到其他廠商可能的反應，寡占市場的不確定性因而很高。為了消除或減少這種不確定性，廠商之間可能會採取妥協的方式，彼此勾結，訂定共同遵守的價格，彼此從事非價格方面的競爭。廠商的相互勾結通常可以分成有形的勾結——如卡特爾，與無形的勾結——如價格領導。

所謂卡特爾（Cartel）乃兩家或兩家以上廠商實施聯合定價及市場平分的辦法，以期避免彼此之間從事價格及生產的競爭。這種公開的妥協不但減少了廠商決策上的不確定性，也減少了價格及產出的競爭，並

加強對市場的壟斷和操縱。因為卡特爾的存在,一方面會減少市場對產品的供給量,一方面會使產品的價格提高,對消費者的福利有不利的影響。各國為保護消費者的利益,對卡特爾的組織,往往透過立法方式加以禁止。

由於各國法律對於卡特爾的反對,寡占市場乃產生一種所謂合法勾結的現象。這一種勾結行為並不需要任何正式的協定,只要廠商彼此間存有一種默契,同意產業中規模最大或成本最低的廠商作為價格領導者(Price Leader),其他廠商悉行依照領導者訂定的價格從事生產及交易,關於此一情形可分別以圖 31－3 及圖 31－4 來加以說明。

圖 31－3　面對相同成本及需求曲線下,寡占廠商勾結時之均衡情況

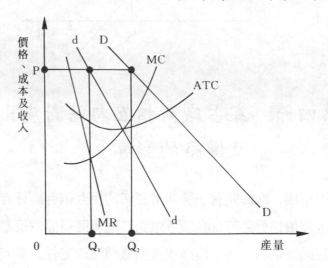

茲設有甲、乙兩家廠商,面對同樣的需求曲線,如圖 31－3 的 *dd* 線所示。這二家廠商的平均總成本和邊際成本亦完全一樣,分別如同圖 31－3 的 *ATC* 和 *MC* 曲線所示。甲、乙彼此同意平均分配市場的需求量,圖 31－3 的 *DD* 代表整個市場的需求曲線(即甲、乙廠商需求曲線的彙總)。在這個情形之下,兩家廠商的最適產出水準均為 OQ_1,因此時二者的邊際成本均等於二者的邊際收入,符合雙方最大利潤的條件。

圖 31－4　面對同樣需求，不同成本情況下，寡占廠商勾結時之均衡情況

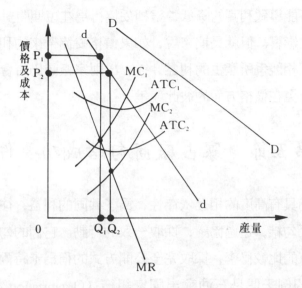

在這個產出水準下，整個市場的供給量為 OQ_2，等於兩倍的 OQ_1，產品的售價為 OP。因每一廠商在 OQ_1 的產出水準下，業已獲得最大的利潤，自無須再行調整它們的產銷計畫，市場均衡得告實現。

　　在寡占市場上，個別廠商面臨同樣成本與需求曲線的情況，事實上是不易看到的，此尤以彼此所提供的產品並不完全相同時為然。茲設有 A、B 兩家廠商，它們面對同樣的需求曲線，如同圖 31－4 的 dd 曲線所示，但彼此的生產成本卻並不一樣。圖 31－4 的 ATC_1 與 MC_1 分別代表 A 廠商的平均總成本及邊際成本，ATC_2 與 MC_2 則分別代表 B 廠商的平均總成本及邊際成本，DD 代表整個市場的需求曲線。依照 MC ＝ MR 法則，我們從圖 31－4 可以很容易的看出，A 廠商的最適產出水準應為 OQ_1，其所對應的價格為 OP_1，而 B 廠商的最適產出水準為 OQ_2，其所對應的價格為 OP_2，市場的均衡在這種情況下將可實現。儘管如此，為了避免彼此在價格方面的競爭，A、B 兩家廠商也許會同意將實際產品的售價定於 OP_1 與 OP_2 之間。果爾，A 廠商將因產品實際

售價低於均衡的價格，可能導致利潤的減少，而 B 廠商則亦將因銷售量的減少，可能導致利潤的降低，這種妥協行爲在短期間對 A、B 廠商均將有不利之影響。但就長期來說，如果價格妥協帶來的利益大於彼此在價格方面互相競爭所產生的利益，A、B 兩家廠商仍將會願意取得某種妥協，以避免在價格方面的彼此競爭。

第五節　寡占廠商勾結成功要件

寡占廠商具有高度的相互依存性，爲了共同的利益，往往在產出與價格方面相互勾結，透過協議，採取一致的行動。它們的勾結行爲有的比較公開，有的比較秘密，採取完全公開方式的稱爲卡特爾，在近代歷史上最有名的例子便是石油輸出國家組織 (Organization of Petroleum Exporting Countries，簡稱 OPEC)。這個組織於 1960 年成立，首先參加這個組織的有沙烏地阿拉伯、伊朗、伊拉克、科威特及委內瑞拉等五個國家，後來利比亞、卡達、印尼、阿爾及利亞、阿布達比、奈及利亞、厄瓜多爾和阿拉伯聯合大公國等國先後參加，目前成員已增至十三個國家。這些國家在售價方面透過協議方式，採取一致的行動，它們在 1973～1974 年的六個月內成功地將世界石油價格從每桶 2.5 美元提高到 11 美元。到了 1980 年初，它們曾將油價提高到 32～34 美元一桶。

以內銷爲主的卡特爾在很多國家都是違法的，爲了避免受政府的取締或遭受懲罰，大多數寡占廠商的勾結行爲都是非公開的，參加廠商往往利用雞尾酒會、高爾夫球賽或同業公會開會的機會，在產品售價上取得口頭的協議，彼此同意只在非價格方面相互競爭。採取這種所謂「君子協定」(Gentlemen's Agreement)雖然一樣違背反托辣斯方案，但因不易偵查，實際上很難有效取締。

不管勾結行爲採取那一種方式，它的成功需要具備一些條件，這些

條件如果不具備，寡占廠商在價格及產出方面的勾結行為很少有成功的希望，即使在短期間能夠有一些成效，這些成效的長期維持勢將非常困難。決定勾結行為能否成功的主要因素是：

一、生產效率

參與廠商的生產效率如果相同或大致相同，即它們的成本函數若是相近，在產品售價方面比較容易取得協議。否則，要想決定一個為所有廠商都樂意接受的價格會相當困難，即使在售價上勉強取得協議，這個協議的長期維持也會有困難。茲設參與勾結行為的只有 A 和 B 兩家廠商，它們都面臨同樣的需求和邊際收入曲線，如同圖 31－5 的 DD 及 MR 曲線所示。我們進一步假定 A 廠商比 B 廠商較有效率，在任何一個生產水準下，前者的邊際成本都較後者為低，這可以從圖 31－5 的 MC_A（A 廠商的邊際成本）曲線始終位於 MC_B（B 廠商的邊際成本）曲線之下反映出來。根據 $MR = MC$ 法則，A 廠商的最大利潤價格是 OP_A，而 B 廠商的最大利潤價格是 OP_B。為了實現最大利潤，B 廠商對產品取價要較 A 廠商為高，在這個情形之下，希望 A 和 B 兩家廠商相互讓步，採取一樣的價格，會有相當的困難。

二、產品的差異

每一家廠商所生產及提供的產品或勞務，如果品質相同，在價格上取得協議也許不會有什麼困難。如果不同廠商所生產及提供的產品或勞務，在品質上有顯著的差異，消費者對它們的產品或勞務偏好有很大的不同，每一家廠商所面臨的需求和邊際收入曲線會有差別，最大利潤的價格會因此不同。產品及勞務品質比較好的廠商會希望賣得好一點的價格，產品及勞務品質比較差的廠商對價格會將就一些。價格若訂得高，品質較差的產品或勞務可能賣不出去，生產這些產品及勞務的廠商當然

圖 31-5   不同效率廠商最大利潤價格的決定

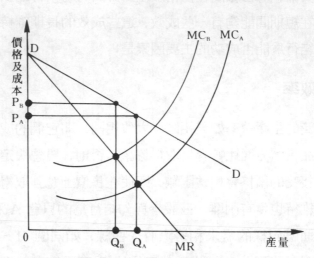

不願意看到這種情形。價格若訂得低，產品和勞務品質比較好的廠商會覺得吃了虧，要想把價格訂得彼此都願意接受，需要很大的相互忍讓，這不是一件很容易的事。

三、廠商的數目

在其他情況相同下，廠商的數目如果不多，比較容易在價格及產出水準方面取得協議，若是廠商的數目太多，利害相差程度比較大，協議的取得及維持便相對困難。此外，卡特爾要想能夠發揮強大的效果，參加廠商必須能夠控制產品市場的供給，為了達到這個目的，最好全部廠商都能參加卡特爾，至少所有大廠商都能參加。若是只有部分廠商參加，而這些廠商不能控制大部分的市場供給，卡特爾對價格的操縱便不能發揮太大的力量。

四、廠商的誠信

任何方式的勾結，都要出之於坦誠，如果陽奉陰違，一切的協議只

是空言，或是等於一張白紙。每一家廠商的利害不同，利之所在，對價格及產出的協議，難保所有廠商都能百分之百的遵守。只要有少數廠商暗中殺價，破壞協議，便會引起彼此的猜疑，終會導致整個組織的瓦解或名存而實亡。

五、市場經濟情況

在經濟景氣好的時候，市場沒有問題，廠商彼此間容易合作，不必以欺詐方式違反協議，以達到擴充銷路的目的。但遇經濟景氣不好的時候，市場萎縮，部分設備會有閒置現象，單位產品的成本因此可能提高，廠商的利潤會因此縮小。在這個情況下，往往會誘使廠商違反協議，暗中採取減價行動，希望透過減價，能夠從其他廠商搶到一些顧客，以增加自己產品的銷路，從而降低成本及提高利潤。

因為上述各項因素在現實生活中並不經常對卡特爾或其他勾結行為有利，寡占廠商間任何對操縱市場的安排，能夠長期成功的，在歷史上並不多見。

第六節　寡占廠商產品取價實際做法

以上兩節我們曾經談到，在寡占市場上，廠商間有高度相互依存的關係。當某一廠商提高或降低它的產品價格時，其所產生的效果往往要看其他廠商的反應如何而定，因為其他廠商的反應很難捉摸，任何價格變動所引起的後果都有很大的不確定性。基於這個理由，寡占廠商對價格的調整一般比較謹慎，為了避免彼此對抗，他們喜歡透過協議，在價格調整方面採取聯合行動，理論上是如此，他們的實際做法怎麼樣呢？這是本節所要討論的課題。

一、成本外加一定利潤

　　寡占廠商對產品取價最常用的一種方法是費用加成（Markup Pricing 或 Full-cost Pricing），即根據每單位產品平均總成本加上標準利潤率。採用這一辦法，首先得算出每單位產品的平均變動成本和平均固定成本，次將這二者相加，然後加上成本的一定百分比作爲利潤，便可得出產品的售價。譬如製造一臺冰箱，假定平均總成本是 10,000 元臺幣，標準利潤率是總成本的 40％，這臺冰箱的售價乃等於 14,000 之臺幣〔10,000＋（10,000×40％）〕。採用這一辦法決定產品售價的最大優點是，只要知道每單位產品平均總成本，根據這一成本，加上一定百分比，便可算出售價多少。

　　平均總成本的計算要比邊際成本的計算容易得多，而且這樣方式決定的產品售價可以保證廠商有一定的利潤，如果參與寡占市場競爭的所有廠商都採用這一辦法決定產品的售價，乃可避免彼此對價格變動所引起對方反應的猜測，並減少相互的對抗，此對提高市場的穩定性應有所幫助。採用這一辦法決定產品售價的最大缺點是忽視競爭對手實際取價的行爲和市場變化。以上舉的冰箱爲例，根據費用加成辦法，某一廠商（甲）決定每臺冰箱售價爲 14,000 元臺幣，若是另一寡占廠商（乙）同樣一臺冰箱售價只有 12,000 元臺幣，甲廠商如果無視於此一事實，他將會失去所有顧客，而被迫退出市場。此外，市場對產品的需求常常會發生變化。當市場需求增加引起生產增加，固定成本可以分攤到更多產品去負擔，結果單位產品平均總成本將會下降。根據費用加成辦法，產品售價應往下調整，反之，當市場需求減弱引起生產減少，固定成本必須由更少產品來分擔。結果單位產品平均總成本將會上升，根據費用加成辦法，產品售價應往上調整，此一做法顯然違反市場規律，是很不合理的。針對這一缺點，廠商的實際做法是對費用加成，採取一些彈性，

即在決定產品售價時，對額外加以單位產品平均總成本的百分比，按照市場情況，酌予增減。以上舉冰箱為例，在正常情況下，售價可等於平均總成本另加 40%，若是市場需求特別旺盛，平均總成本上另加的百分比可酌予提高在 40% 以上，反之，若市場需求減退，平均總成本上另加的百分比可降至 40% 以下，這樣做可以使價格的變動比較能夠符合市場的規律，但也容易使其他廠商對加成標準產生懷疑而引發價格戰爭。

二、目標取價

　　寡占廠商對決定產品售價另外一個常用的辦法是目標取價（Target Pricing），它跟前一個方法不同之處，是首先根據正常平均產量而不是實際產量來計算每單位產品平均總成本，然後再在平均總成本上加上一定百分比，算出售價的大小，茲以圖 31－6 來說明採用這一辦法如何決

圖 31－6　目標取價

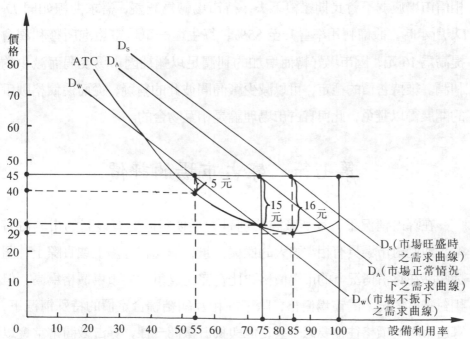

定產品售價的情形。

茲設某一電燈泡製造商，預期它的產品銷售量在未來三年內會有波動，正常銷售量相當於設備利用率等於 75％ 時的產出水準。從圖31－6可看出，在這一產出水準下的每一電燈泡平均總生產成本是 30 元，廠商所希望的理想報酬率設相當於成本的 50％，在這一假設情況下，每一電燈泡的目標取價應為 45 元〔30＋(30×50％)〕。若是市場正常，需求曲線如 $D_A D_A$ 所示，當設備利用率達到 75％，廠商可以獲得 50％ 的利潤率。在另一方面，若是市場疲弱，需求曲線如 $D_w D_w$ 所示，情況會怎樣呢？按照目標取價的辦法，每一電燈泡售價仍將是 45 元，可是設備利用率會從 75％ 降為 55％，每一電燈泡平均總成本將因此提高到 40 元，每生產一個單位電燈泡所獲利潤將從 15 元降為 5 元，採用這一辦法既不順應市場疲弱帶來的信息，將售價降低，也不因為市場疲弱使產出減少，導致平均總成本增加而以提高售價來維持原有利潤水準，廠商相信市場疲弱不會長期繼續下去，待市場轉為旺盛，需求曲線如同 $D_S D_S$ 所示時，設備利用率會升至 85％，每生產一單位電燈泡所獲利潤會提高為 16 元，因市場好轉而增加的利潤足以彌補因市場疲弱而減少的利潤。維持售價的穩定，可以減少廠商間彼此的猜疑，從而使價格戰爭的開展得以避免，此與寡占市場理論是相互吻合的。

第七節　寡占市場的評價

在寡占情況下，每一廠商特別是大規模廠商擁有很高的市場占有率，他們對市場具有相當強大的操縱力量，無論在理論上或實際上，同樣產品在寡占情況下的市場價格要比在完全競爭下的市場價格為高，但相對獨占情況下的市場價格，除了在相互糾結聯合定價的特殊情況下，寡占市場的價格往往要低一些，但與獨占廠商一樣，寡占廠商常常會以

減少生產作為提高價格的一種手段，因此寡占情況下的產出水準一般要較在完全競爭下的產出水準為低。不過相對完全獨占情況，寡占情況下的產出水準又要稍高一些。此外在獨占和寡占情況下，廠商不會繼續生產直至平均成本降至最低為止。而且即使在均衡實現的時候，產品的邊際成本會小於產品市場價格，這二種市場組織不但無法使資源的利用獲得最大的效率，而且會導致資源的錯誤配置，對整個社會福利造成損害。

在此我們必須指出，一般批評寡占廠商缺乏效率的主要理由是它們缺乏競爭，沒有一種壓力，使它們關心效率的提高；批評的人也往往因為看到寡占廠商獲得優厚的利潤而據此認為是市場受到操縱的結果，其實這些指責並不十分正確，寡占廠商不但要面對同一產業內其他廠商的競爭，同時也要面對生產類似產品的其他產業廠商和生產相同或類似產品的國外廠商的競爭！關於寡占廠商獲得比較優厚的利潤，不一定是因為它們對市場有強大的操縱力量，而是因為它們的生產規模比較大，規模經濟利益比較顯著。

寡占廠商眼前的競爭者容或不多，但它們必須隨時面對許多來自其他有關產業的潛在競爭者挑戰；寡占產業雖然有不少進入的障礙，新廠商的設立不容易，但其他產業中有很多現存廠商資力雄厚、人才眾多、訊息靈通，隨時都可以跨越門檻，侵入他們現在所經營的地盤，和他們發生直接競爭。在歷史上有不少廠商曾經顯赫一時，但若干年後卻被遠遠拋在後面。以美國為例，在 1909 年曾經列入最大十個廠商名單內的，到了 1987 年，只剩下一個仍然列入十大名單內，其中七個甚至已不在最大的 100 個廠商名單以內。反之，在 1987 年被列入最大 10 個廠商名單內的，其中 5 個在 1909 年還沒有資格列入最大 100 個廠商的名單內。由此足見勢力雄厚，在市場上曾有舉足輕重的廠商不但不一定能夠長期

維持它的壟斷地位，而且還有遭受淘汰出局的可能❺。

在另一方面，相對完全競爭產業，寡占產業的存在和發展可能有利於加速長期的經濟成長，原因是後者利潤一般比較優厚，歷年盈餘累積比較多，有雄厚的內部資金可用於技術改造和創新，即使他們要靠向外借款來籌措技術改造和創新的經費，因為規模較大，信譽比較卓著，相對完全競爭廠商也要比較容易，而且寡占廠商的市場占有率比較大，技術改造和創新投資回收期間應該比較短，即效益比較大，因此很多經濟學家認為寡占產業的存在和發展可以促進技術進步，加速經濟成長。因為對寡占的評價不同，經濟學家對政府控制寡占所採取的政策意見上便難免不甚一致。

雖然經濟學家們一致同意寡占廠商相互糾結聯合抬高產品售價，應根據反托辣斯法案予以適當制裁，但他們對廠商規模太大是否係一件壞事，應否對經由各種方式擴大經營規模加以限制，卻常常會起爭論。新近的發展是他們對市場的信心增強，對寡占市場結構先天上會製造罪惡的看法已有一些修正。因為這一態度的轉變，他們對寡占廠商在面對扭曲需求曲線情況下，尋求在決定產品售價方面互相妥協合作，反應已沒有像過去那樣的強烈，在企業合併方面，水平式的合併較之垂直式的合併一般要遭受到較多的指責❻，至於性質不同產業廠商間的合併（Conglomerate Merger）則通常不會遭受反獨占法案的指控。

---

❺ 參閱 F. M. Scherer & David Ross, *Industrial Market Structure and Economic Performance*, Houghton Mifflin, 1990, pp. 68~69.

❻ 水平式合併（Horizontal Merger）是指生產同一產品廠商的相互合併，垂直式合併（Vertical Merger）是指相關產業廠商間的相互合併，原料工廠和加工工廠的合併便是其中一例。

摘　要

1. 寡占是一種市場組織，它介於純粹獨占市場與壟斷性競爭市場兩者之間。在這個市場上，參與競爭的廠商通常為數不多，不同廠商所提供的產品，可能在品質上沒有什麼差別，也可能在品質上有相當的差別，它們有高度相互依存的關係，任何一家廠商的行為都會引起競爭對手強烈的反應。

2. 寡占產業通常都有顯著的規模經濟利益，大多數的寡占廠商資金都非常雄厚，新廠商的加入往往受資金的限制，有相當的困難。

3. 寡占廠商的另外一個特徵，是它們的產品市場價格比較缺乏伸縮性，具有相當的僵固性。

4. 測定寡占程度常用三個工具是：(1)集中率，集中率愈大，表示寡占程度愈高，集中率往往以四家最大廠商在整個產業總銷售量中所占的比重來表示，在一個產業中，如果四家最大廠商的銷售量在總銷售量中超過50%，這個產業通常便被認為是寡占產業；(2)拉那指數，它的計算公式是 $(P-MR)/P$，在完全競爭產業，拉那指數為零，拉那指數愈大，寡占程度愈高；(3)赫芬帝—赫志明指數 (HHI)，它是各廠商市場占有率平方彙總而得，獨占廠商的 HHI 等於 10,000。

5. 利用上述三種方法來測定產業的集中程度或寡占程度有很多缺點：(1)沒有考慮到來自國外的競爭，(2)忽視不同產業間的競爭，(3)無法反映市場的地區性，(4)相同的產業，其市場行為並不完全一樣，(5)產業分類通常沒有合理的標準。

6. 寡占廠商的需求曲線不同於其他廠商的需求曲線，它是一條扭折的需求曲線，其所以致此是因為當某一廠商將產品售價提高時，

其他廠商往往並不跟進，但當某一商將產品售價降低時，其他廠商往往會立即採取相同的行動。

7. 在寡占市場上，廠商間有高度相互依存的關係，當某一廠商採取改變價格行動時，其效果往往要看其他廠商的反應如何而定。因為其他廠商的反應事先很難捉摸，任何價格變動所引起的後果都有很大的不確定性。為了消除或減少這種不確定性，廠商間往往經由協議，對某特定行動取得默契，這種勾結行為有的採取公開方式，有的採取秘密方式。不管是採取任何方式，其目的是藉助聯合行動，對市場加以控制，以便提高價格，增加利潤。

8. 寡占廠商的勾結行為，須要具備一些條件，這些條件如果不能充分具備，成功的希望便不大。決定勾結行為能否成功的主要因素是：(1)生產效率的差異程度，(2)產品的差異程度，(3)廠商數目的多寡，(4)詐欺行為發生次數，及(5)經濟狀況好壞。

9. 寡占廠商決定產品售價最常採用的二種方法是：(1)費用加成 (Markup Pricing 或 Full – cost Pricing)，(2)目標取價 (Target Pricing)。

10. 寡占產業往往不能使資源利用發揮最大效率，相對完全競爭產業，它的產出水準比較低產品售價則比較高。但有人認為寡占市場的存在可以促進技術進步，和加速經濟成長。

問題討論

1. 何謂寡占？它與獨占有什麼不同？

2. 寡占廠商在採取任何行動時，為什麼需要特別謹慎小心？

3. 為什麼在寡占市場上，產品的價格往往比較缺乏伸縮性？

4. 何謂集中比率？它是如何計算出來的？試舉例加以說明。

5. 何謂拉那指數？它與價格需求彈性有什麼關係？

6. 測定市場的寡占程度會遭遇到那些困難？

7. 寡占廠商的需求曲線為什麼會是一條扭折曲線？它有什麼特別意義？

8. 假定有兩家不同廠商，它們面對同樣的需求曲線但不同的成本曲線，在價格及非價格競爭方面，它們會採取怎樣的態度？

9. 何謂卡特爾？世界上最著名的卡特爾是石油輸出國家組織，這個組織在過去曾經成功地把石油價格大幅度的提高，您認為它成功的主要原因是什麼？

10. 為什麼生產效率和產品品質的不同會使廠商在價格等方面的勾結變得困難？

11. 寡占廠商決定產品售價最常採用的有那二種方法？試加比較說明。

12. 您是否同意寡占廠商之所以能夠獲得比較優厚的利潤，是因為他們對市場具有強大的控制力量？

第三十二章 生產要素需求與最適用量水準之決定

第一節 個別廠商生產要素之需求

一、完全競爭市場生產要素之需求

任何一種生產要素的需求，都是屬於一種引申需求（Derived Demand），換句話說，生產者雇用生產要素，是因為有了生產要素，他們可以從事財貨及勞務的生產。生產要素本身並不能直接用來滿足人們的欲望，但利用它所生產出來的財貨及勞務，卻可以滿足人們的欲望。一個人願意花錢購買一畝農地，並不是因為這畝農地能夠滿足他的欲望，而是因為這畝農地，可以用來種植五穀，五穀可以滿足他的欲望。人們因為對五穀有需求，才會連帶對農地發生需求，後者的需求是前者的引申需求。其他生產要素（勞動及資本）的需求，無一不是引申需求，生產要素的需求既然是一種引申性質，生產者對生產要素需求的大小乃主要決定於：(1)生產要素對財貨及勞務的生產能力，(2)生產要素各種產出的市場價值。凡具有高度生產能力，且其產出市場價值高者，此項生產要素之需求必大；反之，凡生產能力小，且其產出市場價值低者，此項生產要素的需求必小。

前面說過，廠商之所以願意雇用某一生產要素，乃是因為它可以利

用這一生產要素從事財貨及勞務的生產。它們生產財貨及勞務的主要目的，則是追求最大利潤。爲了實現這個目的，只要增加生產要素的雇用，能夠使廠商收入的增加大於成本的增加，它便會繼續增加對這項生產要素的雇用，直至其所引起之收入的增加等於成本之增加爲止。茲以勞動之雇用爲例，設某一廠商如未雇用勞工，總實物產出（Total Physical Product，TPP）爲零，雇用一個單位的勞工後，總產出爲 20 單位，此增加之 20 單位產出稱爲邊際實物產出（Marginal Physical Product，MPP）。假定產品市場是一個完全競爭的市場，每單位產品市場價格（P），設爲 20 元，此時邊際實物產出之貨幣收入，稱爲邊際產出收入（Marginal Revenue Product），應爲 400 元（20×20）。雇用第二個單位勞動後，該廠商的總產出設增爲 39 個單位，較從前增加 19 個單位。這新增加的 19 個單位產出，乃是第二個單位勞動的邊際實物產出，以此乘於單位產品的價格，便是第二個單位勞動的邊際產出收入，計爲 380 元（19×20）。

在其他生產要素固定不變的情況下，隨著勞動雇用量的增加，邊際實物產出會不斷的減少。這種情形將如同表 32－1 第(3)欄資料所示。從該表可以看出，待勞動雇用量爲 12 個單位時，邊際實物產出會降爲零。此後若繼續增加勞動的雇用，總產出不但不會增加，反而會減少。其所以有上述的情形，乃是因爲我們假定該廠商只增加勞動的雇用，對其他生產要素的雇用卻保持不變，在這種情況下，報酬遞減法則會發生作用。即每增加一單位的勞動雇用量，其所引起產出的增加，會隨勞動雇用的繼續增加而不斷下降，也許有人會認爲邊際實物產出的遞減，是因爲每一名新進工人的工作能力不及原有的工人，事實上卻並不如此簡單。即使前後雇用的工人在知識、技巧及工作態度上可能完全一樣，邊際實物產出仍然會下降。原因是工人雇用量增加後，每一工人所分配到的資本數量會減少，工作場所也會變得更加擠擁，凡此都會損害工人的

工作效率。邊際實物產出隨工人雇用增加而減少，乃是受報酬遞減法則的影響，而且不一定是後進工人工作能力較差的緣故。

表 32-1 完全競爭下勞動的邊際產出收入

(1) 勞動雇用量	(2) 總產出	(3) 邊際實物產出	(4) 產品價格	(5) 總收入 (2)×(4)	(6) 邊際產出收入 (3)×(4)
0	0	–	–	$ 0	–
1	20	20	$ 20	400	$ 400
2	39	19	20	780	380
3	56	17	20	1,120	340
4	71	15	20	1,420	300
5	84	13	20	1,680	260
6	96	12	20	1,920	240
7	106	10	20	2,120	200
8	114	8	20	2,280	160
9	120	6	20	2,400	120
10	124	4	20	2,480	80
11	126	2	20	2,520	40
12	126	0	20	2,520	0

廠商為了追求最大的利潤，只要增加某一單位生產要素的成本小於它的邊際產出收入，增加這一單位生產要素的雇用便可擴大廠商的利潤，他們當然會樂於增加此一生產要素的雇用。反之，若是增加某一單位生產要素的成本大於它的邊際產出收入，增加這一單位生產要素的雇用，將會使廠商利潤減少，他們自然不會願意繼續增加此一生產要素的雇用。茲以前述雇用工人為例，若每增加雇用一單位工人的工資為 200元，廠商將會願意雇用 7 個單位的工人，因為此時每增加一個工人的邊際產出收入恰好等於 200 元；若工人的工資降至 120 元，廠商將會願意雇用 9 個單位的工人，因為此時每增加一個工人的邊際產出收入為 120

元，恰好等於他的工資（見表 32-1）。根據表 32-1-第(1)和第(6)兩欄的資料，我們可以畫出一條曲線，這條曲線將如同圖 32-1 的 DD 線所示，它是勞動邊際產出收入線，也是勞動需求線。這條線自左上方向右下方傾斜，一方面表示隨勞動雇用量的增加，勞動邊際產出收入會遞減，一方面也表示工資如果下降，勞動需求將增加，工資如果上漲，勞動需求將減少。

圖 32-1　完全競爭下勞動邊際產出收入與勞動需求線

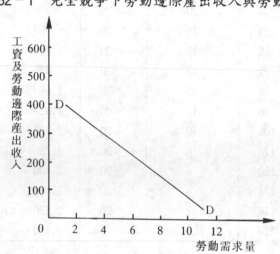

二、不完全競爭市場生產要素的需求

到目前為止，我們對生產要素需求的討論，是在產品市場為一個完全競爭市場的假設下進行的。如果產品市場是一個不完全競爭的市場，廠商對生產要素的需求會怎樣呢？這個問題的解答非常簡單，在一個完全競爭的市場，廠商的產品售價是由市場決定的，一旦產品價格在市場決定以後，個別廠商不論銷售多少，每單位產品售價一樣。我們在表 32-1 所舉的例子中，單位產品的市場價格假定是 20 元，這個價格並不因為某一廠商產出水準的變化而發生變化，對個別廠商來說，他的產品價

格需求彈性是無限大的，因此他們所面對的需求曲線將是一條水平線。
但在不完全競爭的市場，個別廠商產品的售價卻不是由市場決定的，每
一個廠商對產品的售價都有一些控制力量，不必與其他廠商產品售價完
全一樣。某一個別廠商如果想要增加他們的銷售量，必須把產品的價格
降低。譬如，當某一廠商總產出為 20 單位的時候，它可以把產品的價
格定為 20 元，當總產出增為 39 單位時，他必須把產品的價格降為 19
元，否則將會有一些產品賣不出去。隨著產出的增加，產品的價格必須
繼續降低，正如表32－2第(2)欄和第(4)欄資料所示。

表32－2　不完全競爭下勞動邊際產出收入

(1) 勞動雇用量	(2) 總產出	(3) 邊際實物產出	(4) 產品價格	(5) 總收入 (2)×(4)	(6) 邊際收入 $\left(\dfrac{收入增加}{產出增加}\right)$	(7) 邊際產出收入 (3)×(6)
0	0	－	－	－	－	－
1	20	20	$ 20	$ 400	$ 20.00	$ 400.00
2	39	19	19	741	17.95	341.05
3	56	17	18	1,008	15.71	267.07
4	71	15	17	1,207	13.27	199.05
5	84	13	16	1,344	10.54	137.02
6	96	12	15	1,440	8.00	96.00
7	106	10	14	1,484	4.40	44.00
8	114	8	13	1,482	－ 0.25	－ 2.00
9	120	6	12	1,440	－ 7.00	－ 42.00
10	124	4	11	1,364	－ 19.00	－ 76.00
11	126	2	10	1,260	－ 52.00	－ 104.00
12	126	0	9	1,134	－	－

　　在完全競爭下，生產要素的邊際產出收入，等於邊際實物產出乘以產品市場價格，它隨生產要素雇用量的增加而減少，其所以致此完全是受報酬遞減法則影響的結果。但在不完全競爭下，生產要素的邊際產出收入，等於邊際實物產出乘以邊際收入，它隨生產要素雇用量的增加而減少。這是受兩個因素的影響：一個是報酬遞減法則，一個是價格隨銷售量增加而減少。因此，在不完全競爭的情況下，隨生產要素用量的增加，邊際產出收入會比在完全競爭情況下，更加迅速的下降。這種情形我們可以比較表32－2的第(7)欄資料和表 32－1 的第(6)欄的資料，便可以很清楚的看得出來。根據表32－2第(1)和第(7)兩欄的資料，我們可以畫出不完全競爭下廠商對生產要素的需求曲線（見圖32－2），這條需求曲線比圖32－1所顯示的要更加陡峭。

圖32－2　不完全競爭下勞動邊際產出收入與勞動需求線

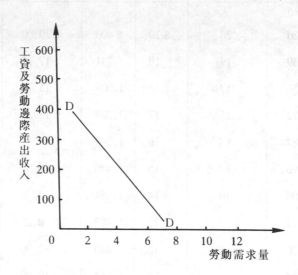

第二節　整個產業生產要素之需求

　　除了在純粹獨占的情況下，一個產業內往往有許多廠商，表面看來

整個產業對某一個生產要素的需求，應該是這個產業內所有廠商生產要素需求的總和。事實上並不這麼簡單，為了簡便說明起見，茲設一個產業內只有 A 和 B 兩家廠商，圖 32－3 和 32－4 的 $D_A D_A$ 和 $D_B D_B$ 分別代表這兩家廠商的勞動需求曲線。當工資為 5 元時，A 廠商的勞動需求量是 10 個單位，B 廠商的勞動需求是 12 個單位，整個產業的勞動需求量應該是 22 個單位（10＋12）。當工資降為 4 元時，A 廠商的勞動需求量設增為 15 個單位，B 廠商的勞動需求量設增為 18 個單位，整個產業的勞動的需求量應該增至 33 個單位（15＋18），將 A 和 B 兩家廠商的勞動需求曲線水平相加，便可得出整個產業的勞動需求曲線，它將如同圖 32－5 的 $D_w D_w$ 曲線所示。

圖 32－3　A 廠商的勞動需求線

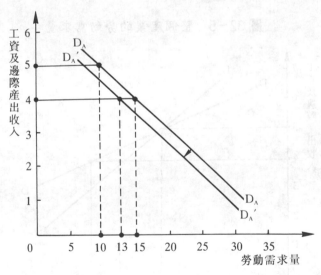

事實上，當生產要素價格下降時，若是所有廠商都增加生產要素的購買，整個產業的產出將會增加，產品的供給曲線將如同圖 32－6 所示，自 $S_1 S_1$ 向下方移至 $S_2 S_2$，如果產品的需求曲線不變，其價格將從 OA 跌至 OB。

圖 32-4　B 廠商的勞動需求線

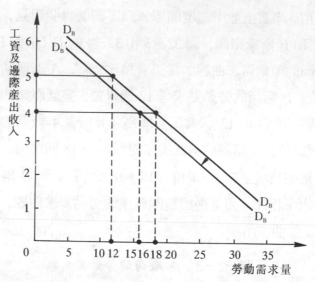

圖 32-5　整個產業的勞動需求量

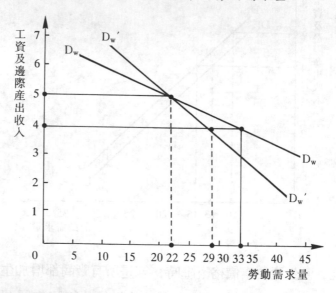

　　因為產品價格下降，A 和 B 兩個廠商的勞動需求曲線將向左下方
移動。當工資從 5 元減至 4 元時，A 廠商的勞動需求量實際上可能只從
10 個單位增至 13 個單位，而 B 廠商的勞動需求量可能只從 12 個單位

增至 16 個單位，整個產業的勞動需求量將增至 29 個單位而不是 33 個單位。在這個情況下，整個產業的勞動需求曲線將如同圖 32 - 5 的 $D_w{'}D_w{'}$ 所示，它要比我們所想像中的陡峭得多。

圖 32 - 6　整個產業的產品供給曲線與需求曲線

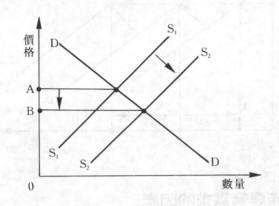

第三節　生產要素需求之改變

一、生產要素需求改變的意義

　　個別廠商對生產要素的需求，一方面決定於該生產要素的邊際生產力（Marginal Productivity）及其所生產的產品價格，一方面則決定於此一生產要素的價格。生產要素的邊際產出收入曲線，就是它的需求曲線。如同產品的需求曲線一樣，生產要素的需求曲線，有時也會向上、下移動。生產要素需求曲線的上下移動，表示生產要素需求改變，當生產要素的需求曲線自 D_1D_1 向上移至 D_2D_2 時，表示在每一價格水準下，廠商對於生產要素的需求量較以前增加。反之，當生產要素的需求曲線自 D_1D_1 移至 D_3D_3 時，表示在每一價格水準下，廠商對於生產要素的需求量較以前減少（見圖 32 - 7）。

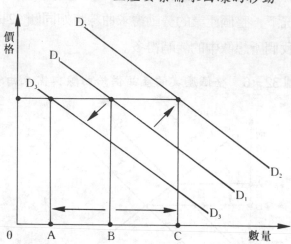

圖 32-7　生產要素需求曲線的移動

二、影響生產要素需求的因素

1.產品需求的改變

任何生產要素的需求，均導源於其產品的需求，當生產因素的產品需求改變時，生產要素的需求也會跟著改變。舉個例子來說，若社會對機車的需求增加，機車的價格將上漲，結果製造機車的勞動邊際產出收入將會提高，勞動的需求曲線將向右上方移動；反之，勞動需求曲線將向左下方移動。最近許多國家的工會已慢慢察覺到產品需求與生產要素的需求間隱含著一種非常密切的關係，如果工會能夠幫助廠商拓展產品的市場，勞動需求將會增加，工會的會員將可以獲得更多的工作機會以及更高的待遇。

2.要素生產力的改變

要素生產力的大小，是產品生產成本的一項重要決定因素。當任何一種生產要素的生產能力提高時，每生產一個單位產品所負擔的此項要素成本將會降低，廠商將會因此增加對該項生產要素的雇用；反之，廠

商將會因此減少對該項生產要素的雇用。生產要素生產能力的大小，主要受下列因素的影響。

(1)配合生產的其他資源質量之多寡：譬如與勞動配合生產的資本或土地質量若是增加，勞動的生產力將會提高。

(2)生產及管理技術的改進：因爲生產及管理技術的進步，同樣的生產要素可以發揮更大的效率。

(3)生產要素本身品質的改進：譬如勞工教育水準的提高，會使勞動效率提高。

　3.要素相對價格的改變

生產要素相對價格的改變，會引起對它們需求的改變。某一生產要素的價格上漲或下跌，對另外一種生產要素需求的影響，端視彼此間的關係如何而定。若是彼此間具有代替的關係，當此一生產要素的價格下跌時，另外一種生產要素的需求將會減少。譬如，機器和勞動如果可以相互代替，當機器價格下跌而勞動價格維持不變，或前者的下跌幅度大於後者，爲了減輕成本，廠商會以更多的機器取代勞動，機器的需求會增加，而勞動的需求則會減少。但是，這種代替效果，可能會部分或全部被產出效果（Output Effect）抵消。蓋因雇用價格低廉的機器以取代勞動，會導致廠商生產成本的下降，由於生產成本降低，廠商將會增加生產，從而導致對包括勞動在內的所有生產要素的需求增加。若此一產出效果大於替代效果，勞動的需求不但不會減少，反會增加；反之，若產出效果小於替代效果，勞動的需求將會減少。生產要素彼此間如果具有補充的性質，即在生產某種產品時，要素的組合若是必須維持一定的比例，在這一情況下，某一要素因價格提高引起對該要素需求的減少時，另一要素的需求亦會相應減少；反之，另一要素的需求會增加。

三、生產要素需求彈性的決定因素

上述每一項因素的改變，都會引起生產要素需求曲線位置的改變，此種生產因素需求的改變，與生產要素需求量的改變並不相同。後者所指的乃是因價格改變，所引起的需求量之變化，可以同一條需求曲線上各點之移動來表示；前者所指的乃是整個需求曲線的向上或向下移動，表示在同一價格水準下，需求量發生了變化。一定量的價格改變所引起需求量的改變程度，可用需求彈性的大小來加以測定。需求彈性愈大時，一定量的價格變動會導致需求更大程度的變化，生產要素需求彈性的大小，主要受下列因素的影響：

1.邊際實物產出遞減速度

在生產過程中，生產要素邊際實物產出遞減速度愈快者，其邊際產出收入遞減速度也愈快，它的需求曲線會更加陡峻，表示此類生產要素的需求比較缺乏彈性，茲以圖 32－8 來加以說明。該圖的 $D_A D_A$ 及 D_B D_B 分別代表邊際實物產出遞減速度不同的 A 和 B 兩種生產要素的需求函數，前者的斜率較大，表示相對缺乏彈性，即邊際實物產出遞減速度比較快；後者的斜率較小，表示相對富於彈性，即邊際實物產出遞減速度比較慢。當生產要素價格從 25 元跌至 20 元時，邊際實物產出遞減速度較慢的生產要素（即 B）其需求量的增加為 ab，邊際實物產出遞減速度較快的生產要素（即 A）其需求量的增加為 cd，顯示前者相對較後者富於彈性。

2.產品需求彈性

生產要素的需求彈性與其所生產的產品需求彈性有密切的關係，後者的需求如果相對具有彈性，任何輕微的價格變化，勢將引起銷售量上的顯著變化，廠商為因應市場銷售情況的變化，將相應調整它們的生產數量，隨出產品生產數量的調整，生產要素需求必然會發生變動，無待

圖 32-8　邊際實物產出遞減速度與生產要素需求彈性

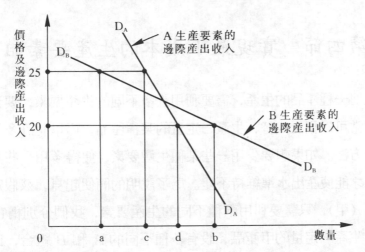

贅言。

　　3.替代性的大小

　　生產要素的替代品種類愈多，可以相互替代的程度愈大，其需求彈性將相對愈高，輕微的價格漲跌，會引起此類生產要素需求量大幅度的波動，原因是某一生產要素如果代替品很多，彼此可以相互代替的程度又很大，即使其價格輕微上漲，若是其他代替品價格維持不變，生產者亦會樂於減少此類生產要素的雇用，而增加其他代替要素的雇用，藉以減輕他們的生產成本。反之，若生產要素的代替品很少，彼此相互代替程度又不十分的大，輕微的價格變動，對其需求自不會有太大的影響。

　　4.占總成本的比重

　　凡在總成本中占有較大比重的生產要素，其需求彈性往往較大。以勞動密集產業為例，因為這類產業的勞動成本在總成本中占有較大的比重，一定幅度之勞動價格的上升，將會引起產品價格較大幅度的上漲，從而導致產品需求作較大幅度的減少，廠商為因應市場需求的變化，將會對產品的生產作較大幅度的減少，結果勞動的需求量也會相對減少較

多；反之亦然。

第四節　實現最小成本的生產要素組合

　　任何一種產品的生產，需要利用許多不同的生產要素，要素與要素間又常常可以相互代替，生產一定量的某種產品，可以有許多不同的要素組合方法。如果想要少用一些某種生產要素，便得多用一些其他生產要素，才能使產出水準維持不變。爲了說明的簡便起見，茲假定生產某一產品（甲），只需要利用兩種不同的生產要素，我們分別稱它們爲 A 和 B。生產一定量的甲產品，設有多種不同的 A 和 B 組合，正如同表 32-3 所示。這些不同的組合，都可以生產同樣數量的甲，從工程人員或技術人員的眼光看來，也許它們並沒有什麼不同。可是，從經濟學家的眼光看來，不同的要素組合可能導致不同的生產成本，最好的組合應該是生產成本最低的組合。

　　從表 32-3 我們可以看出生產 346 個單位的甲產品，可以有四種不

表 32-3　生產甲產品之 A 和 B 兩要素組合

		產	出	水	準	
B	6	346	490	600	692	775	846
	5	316	448	548	632	705	775
	4	282	400	490	564	632	692
要	3	245	346	423	490	548	600
	2	200	282	346	400	448	490
	1	141	200	245	282	316	346
素	0	1	2	3	4	5	6
		A		要		素	

同的 A 和 B 要素組合，每一種的組合，A 和 B 的用量都不同，茲將這四種不同組合分列在表 32－4 的第(1)和第(2)兩欄，並設 A 要素每單位價格為 2 元，B 要素每單位價格為 3 元，根據表 32－4 的第(1)和第(2)兩欄資料，我們將很容易算出每一種組合的總成本。將它們加以比較，我們便會發現，第三種組合的總成本最低，即生產 346 個單位的甲產品，以利用 3 單位的 A 和 2 單位的 B，成本最小。一位有理性的廠商，當然會採用第三種組合方法來從事甲產品的生產，這是沒有疑問的。不過這種最佳 A、B 兩要素的組合卻並非是一成不變的，當它們的相對價格發生變化時，彼此的最佳組合也會跟著改變。

表 32－4　生產 346 個單位甲產品之 A、B 兩要素組合

生產方法	生產要素的組合		(3) 總成本 (設 A 及 B 要素單位價格 為 P_A＝2 元及 P_B＝3 元)	(4) 總成本 (設 A 及 B 要素單位價格 為 P_A＝2 元及 P_B＝1 元)
	(1) A 要素	(2) B 要素		
第一種	1	6	$20	$ 8
第二種	2	3	13	7
第三種	3	2	12	8
第四種	6	1	15	13

茲設 A 要素每單位價格仍然維持 2 元，而 B 要素每單位的價格則自 3 元降至 1 元，結果我們將會發現，總成本最低的組合會改為第二組合。因為 A、B 兩要素相對價格改變，生產 346 單位的甲產品，現在以利用 2 單位的 A 和 3 單位的 B 最為合算，價格降低的生產要素（B）用量增加了一個單位，而價格維持不變的生產要素（A）用量減少了一個單位。

同樣的方法可用來決定其他不同產出水準下的 A、B 兩要素最佳組合。有興趣的讀者不妨根據表 32－3 的資料，自行演習，如果 A 要素的

單位價格為 4 元，B 要素的單位價格為 3 元，您將會發現生產 490 單位
的甲產品，應以 3 單位的 A 和 4 單位的 B 相配合，因為這樣可以使廠
商的總成本減至最低。

　　有關最小成本之生產要素的組合問題，我們亦可用圖解方法來獲得
答案。茲仍以 A、B 兩要素配合生產 346 個單位的甲產品為例，根據表
32－4 第(1)及第(2)兩欄資料，我們可以畫出一條如同圖 32－9 的 qq 曲
線，這條曲線我們稱為等產量曲線（Iso-quant，或 Iso-product Curve）。
在這條曲線上的每一點，代表不同的 A、B 兩要素組合，這些不同的組
合都可以生產 346 個單位的甲產品。我們的問題乃是：如何在 qq 線上
找出一點，以代表 A、B 兩要素的最佳組合，在這個組合下，可以使廠
商的總成本降至最低。要想找到這一點，必先知道 A、B 兩要素的價
格。讓我們仍然假定 A 要素的單位價格是 2 元，B 要素的單位價格是 3
元，兩者的價比是 2/3（P_A/P_B），即 1 個單位的 B 要素，其以貨幣所表
示的價值等於 1.5 個單位的 A 要素，這種關係如用圖形來表示便如同圖

圖 32－9　等產量曲線

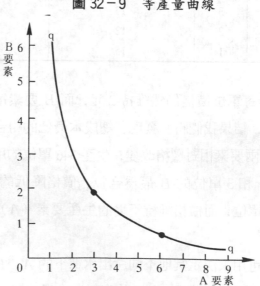

圖 32－10　等成本線

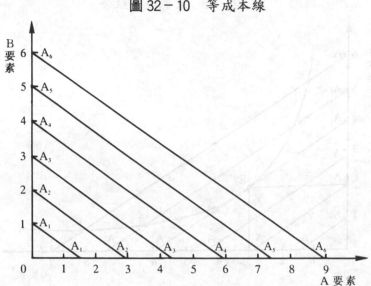

32－10 的 AA 線所示，我們稱 AA 線爲等成本線（Iso－cost Line）。在這條線上的每一點，代表總成本相同，但 A、B 兩要素的組合卻不一樣。離開原點愈遠的等成本線，代表總成本愈高，例如 A_1A_1 爲總成本 3 元的等成本線，A_6A_6 爲總成本 18 元的等成本線。把這些等成本線與圖 32－9 的等產量曲線合畫在一個圖上（見圖 32－11），我們將會發現，在眾多的等成本線中，有一條等成本線 A_4A_4 與等產量曲線 qq 相切，兩者的切點 E_2 乃代表最低成本的 A、B 兩要素組合。其結果將與非圖解方法所得到的答案完全相同，即當 A 要素單位價格爲 2 元，而 B 要素單位價格爲 3 元時，生產 346 個單位甲產品的最低成本組合，是 3 個單位的 A 和 2 個單位的 B。

　　前面說過，等產量曲線與等成本線相切之點，便是 A、B 兩種要素最佳組合之點。在這樣一個組合之下，廠商的總生產成本可以降至最低。當任何兩條曲線相切時，彼此的斜率必定相等，因此，我們可以把 A、B 兩種要素最低成本組合的條件用下式來表示：

圖 32 – 11　最低成本組合

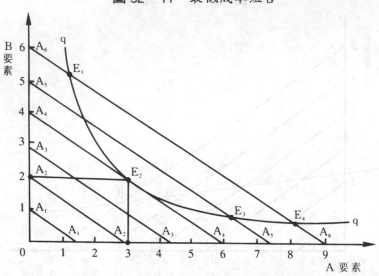

$$\frac{MPP_A}{MPP_B} = \frac{P_A}{P_B} \quad \cdots\cdots\cdots\cdots\cdots\cdots\cdots\cdots\cdots \quad (1)$$

MPP_A 代表 A 要素的邊際實物產出，MPP_B 代表 B 要素的邊際實物產出，兩者之比代表等產量曲線的斜率，P_A 和 P_B 分別代表 A 要素和 B 要素的單位價格，兩者之比代表等成本線的斜率。

　　若生產某一種產品，需要利用三種生產要素，實現最低成本的三種要素之組合條件，可將(1)式加以擴充並改寫如下：

$$\frac{MPP_A}{P_A} = \frac{MPP_B}{P_B} = \frac{MPP_C}{P_C} \quad \cdots\cdots\cdots\cdots\cdots\cdots\cdots \quad (2)$$

(2)式的 MPP_C 代表 C 要素的邊際實物產出，P_C 代表 C 要素的單位價格。從(2)式我們可以知道，實現最低成本的各種要素組合之條件是：花費在每一要素最後 1 元所獲得的邊際實物產出必須相等。

　　最低成本組合條件，只能告訴我們如何能夠以最低的成本生產一定量的某種產品，它無法告訴我們應該生產多少的產品才能獲得最大的利

潤。在怎樣的條件下才能使廠商的生產獲得最大利潤呢？這個問題的解決並不十分困難。我們在前面各章的好幾處地方，都曾經提到過均衡產出的條件，是邊際收入等於邊際成本。換句話說，只要每增加一單位生產要素所引起收入的增加大於成本的增加，廠商必定會繼續增加這種要素的雇用，以擴大生產，直至其所增加的收入等於增加的成本──即 $MRP = MC$ 為止，這個均衡產出的條件可寫為：

$$MR \times MPP_i = MC_i = P_i \; ❶ \; \cdots\cdots\cdots\cdots\cdots\cdots (3)$$

或
$$\frac{MPP_i}{P_i} = \frac{1}{MR} \; \cdots\cdots\cdots\cdots\cdots\cdots\cdots\cdots (4)$$

MR 為產品的邊際收入，如果產品市場是一個完全競爭的市場，產品的邊際收入將等於產品市場價格 (P)；MPP_i 為 i 要素的邊際實物產出，P_i 為 i 要素的價格。將均衡產出條件與最低成本組合條件合併在一起，便是廠商獲取最大利潤的生產條件。用數學方程式來表示，便是：

$$\frac{MPP_A}{P_A} = \frac{MPP_B}{P_B} = \frac{MPP_C}{P_C} = \cdots = \frac{1}{MR} \; \cdots\cdots\cdots\cdots (5)$$

或
$$\frac{MPP_A \cdot MR}{P_A} = \frac{MPP_B \cdot MR}{P_B} = \frac{MPP_C \cdot MR}{P_C} = \cdots = 1 \quad \cdots (6)$$

如果產品市場是完全競爭市場，$MR = P_0$，P_0 為產品市場價格，則(6)式可改寫為：

$$\frac{MPP_A \cdot P_0}{P_A} = \frac{MPP_B \cdot P_0}{P_B} = \frac{MPP_C \cdot P_0}{P_C} = \cdots = 1 \cdots\cdots\cdots (7)$$

---

❶　假定生產要素的市場是完全競爭市場，在這種情況下，每增加一個單位生產要素的雇用，其所增加的成本等於該生產要素的價格，即 $MC = P_i$。

　　如用文字來表示，(7)式的意思乃是：當各種不同生產要素被組合起來以從事某產品的生產時，若是每一生產要素的邊際產出收入（邊際實物產出乘產品市場價格），與該生產要素的價格達到相等境界時，廠商便可以獲得最大的利潤。

摘　要

1. 任何一種生產要素的需求，都是一種引申需求。在既定要素價格下，凡生產能力愈大及其產出市場價格愈高，此項生產要素的需求量必愈大；反之，此項生產要素的需求量必愈小。

2. 為了追求最大利潤，廠商會繼續增加生產要素的雇用，直至每增加一個單位生產要素所引起成本的增加等於其邊際產出收入為止。如果產品市場是一個完全競爭市場，邊際產出收入等於邊際實物產出乘以產品的市場價格。如果產品市場不是一個完全競爭市場，邊際產出收入等於邊際實物產出乘以產品的邊際收入。

3. 由於報酬遞減法則的作用，任何生產要素的邊際實物產出會隨其雇用量的增加而遞減，故生產要素的需求曲線通常從左上方向右下方延伸。如果產品市場不是一個完全競爭的市場，廠商要想增加產品銷售量，必須降低產品價格。在這種情形下，隨生產要素用量的增加，該生產要素的邊際產出收入會較在完全競爭下，更加迅速下降。職是之故，生產要素的需求曲線會變得更加陡峭。

4. 如同個別廠商生產要素的需求曲線一樣，整個產業的生產要素需求曲線也是一條由左上方向右下方延伸的曲線，不過它的斜率要比個別廠商的需求曲線為大。

5. 在一定的要素價格水準下，生產要素需求量的改變，主要是受下列因素的影響：(1)產品需求的改變，(2)要素生產力的改變，及(3)要素相對價格的改變。

6. 生產要素的價格需求彈性取決於：(1)邊際實物產出遞減速度，(2)產品需求彈性，(3)替代性的大小，(4)占總成本的比重。

7. 最低成市的生產要素組合條件，是花費在每一生產要素最後 1 元

所獲得的邊際實物產出完全相等。如果生產某一產品只需要 A 和 B 兩種生產要素，它們的最佳組合，是當等產量曲線與等成本曲線相切之時。用數學式來表示，便是：

$$\frac{MPP_A}{P_A} = \frac{MPP_B}{P_B}$$

上式中的 MPP_A 和 MPP_B 分別代表 A 和 B 兩種生產要素的邊際實物產出，P_A 和 P_B 分別代表 A 和 B 兩種生產要素的價格。若生產某一產品，需要利用 n 種不同的生產要素，它們的最低成本組合條件，用數學式表示是：

$$\frac{MPP_A}{P_A} = \frac{MPP_B}{P_B} = \frac{MPP_C}{P_C} = \cdots = \frac{MPP_n}{P_n}$$

8.如果生產要素和產品的市場都是完全競爭市場，當各種不同生產要素組合起來從事某種產品的生產時，若是每一生產要素的邊際產出收入（邊際實物產出乘以產品市場價格），與該生產要素的價格達到相等境界時，廠商便可以獲得最大的利潤。

問題討論

1.「任何生產要素的需求都是一種引申需求」，這句話怎麼解釋?

2.決定廠商對某一生產要素需求的主要因素爲何? 試分別加以簡單討論。

3.假定 A 和 B 兩種生產要素可以相互代替，當 A 的價格上升或下降而 B 的價格不變時，廠商對 B 生產要素的需求會有什麼反應? 其原因何在?

4.整個產業對某一生產要素的需求曲線往往要較個別廠商對這一生產要素的需求曲線更加陡峭，其原因何在?

5.生產要素的價格需求彈性主要受那些因素的影響?

6.何謂等產量曲線和等成本曲線? 我們如何利用這兩種曲線，來決定最低成本的生產要素組合?

7.在什麼情況下，廠商雇用各種不同生產要素以從事某一產品的生產，其利潤可以獲得最大? 其原因何在? 您能否加以解釋?

第三十三章 工資與勞動市場理論

第一節 工資的意義

就勞動者來說，工資是他們提供勞務所取得的一種報酬；就雇主來說，工資是使用他人勞務所支付的一種代價。「勞動」（Labor）在經濟學上泛指所有個人的勞務（Personal Services），提供這些個人勞務的稱為「勞動者」（Laborers）。它包括：(1)藍領及白領工人，(2)醫師、律師、會計師、教師等專業人員，(3)工匠，以及(4)商販。勞動者因為提供勞務可以取得紅利（Bonuses）、版稅（Royalties）、佣金（Commissions）、及薪俸（Salaries）等各式各樣的收入，這些收入都是勞務的一種報償（Compansation），我們總稱為工資。經濟學上的工資，事實上應該稱為工資率（Wage Rate），它是每單位勞動的價格，通常是按時、按日、或按月計算，以工作一定時間所獲得的報償來表示。工資率不等於工人的收入，後者是前者與工作時數、日數、或月數的乘積，它不但受工資率的影響，也受工作量的影響。

工資可以分為貨幣工資（Money Wages）與實質工資（Real Wages）兩種，前者是勞動者每工作一定時間所獲得的貨幣收入，後者是貨幣工資所能購買的財貨與勞務數量。實質工資不但受貨幣工資的影響，也受物價水準的影響。實質工資的變動率是貨幣工資變動率與物價變動率之差，譬如在某一年內，貨幣工資和物價水準若是分別上漲 8% 和 5%，

實質工資在這一年內的上漲率將是 3%（8%－5%）。當貨幣工資的增減率大於物價水準的增減率時，貨幣工資與實質工資呈相同方向的變化；反之，它們會呈相反方向的變化。貨幣工資的上升有時會伴隨實質工資的下降，實質工資的上升也可能伴隨貨幣工資的下降，不過後者發生的情形在實際生活上會很少見到。除了特別註明以外，以後我們談到工資，指的都是實質工資，它是貨幣工資除以消費者物價指數所得的商。茲設以去年為基期，今年消費者物價指數是 110%，某甲今年工資收入假定為每月 22,000 元，折算成實質工資應是 20,000 元(22,000／110%)，意即今年 22,000 元的收入，以購買力來說，只相當於去年 20,000 元的收入，換句話說，某甲今年每月 22,000 元收入所能購買得到的財貨及勞務，只及去年 20,000 元便能買到的財貨及勞務。

在國與國之間，區域與區域之間，職業與職業之間，乃至個人與個人之間，工資都會有一些差異。開發國家的一般工資水準通常都比開發中國家的一般工資水準來得高。所謂一般工資水準，就像一般價格水準一樣，它是一個綜合的概念，代表勞動者每單位勞動的平均收入。一般工資水準的高低，決定於勞動生產力的大小。從圖 33－1 我們可以看出，以美國為例，代表勞動生產力的每人每小時實質產出與代表工資的每人每小時實質收入，自 1956 年至 1981 年都不斷的成長，兩者亦步亦趨，變動的方向與幅度幾乎完全一樣。

勞動生產力較高的國家，一般工資水準通常也相對較高，目前美國的工資至少要高出我國的工資數倍。美國的廠商之所以有能力負擔遠較我國為高的工資，主要的是它們的勞工生產力比我國高。造成一個國家勞動生產力較高的主要原因是：

　　1.每一勞工有更多和更好的資本設備可供使用。

　　2.自然資源的稟賦比較豐富。

　　3.技術水準比較領先。

圖 33-1 美國實質工資與勞動生產力的關係

指數(1967 = 100)

資料來源：Department fo Labor，*Monthly Labor Review*。

4.勞動者不但有更好的健康和精力，他們所接受的教育和訓練無論質與量方面也都比較良好。

5.廠商的管理效率比較高。

6.競爭環境比較良好。

7.資源移動性的阻力比較小。

第二節　不同市場工資之決定

一、完全競爭市場工資之決定

勞動如同其他商品一樣，它的價格——即工資，係由勞動的供給與需求來決定。讓我們首先假定，勞動市場是一個完全競爭的市場，在這個市場裏，有眾多的勞動者在各自尋求工作，同時有眾多的雇主在爭取工人。他們沒有任何的組織，求才與求職都是在自由競爭的情況下進行，個別勞動者或雇主對工資沒有任何影響力量。

在充分就業的假設下，如果某一個行業希望雇用更多的工人，它們必須準備給予每一位工人更多的工資，這樣才能從別的行業把更多的工人吸引過來，工資愈高，工人的供給會愈多。這種關係我們可用圖

33－2的 S_iS_i 曲線來表示，它是這個行業的供給曲線。至於某一行業的需求曲線，我們在第三十二章曾經討論過，它是所有成員廠商之勞動邊際產出收入曲線的水平加總，將如同圖33－2的 D_iD_i 曲線所示，是一條自左上方向右下方延伸的曲線。當 S_iS_i 曲線與 D_iD_i 曲線相交時，該一產業的均衡工資乃告決定，這個情形發生在圖33－2的 E 點。對應 E 點的工資為 OW_1，勞動雇用量為 OQ_1，我們分別稱它們為均衡工資和均衡勞動雇用量，在這個工資和雇用水準之下，勞動市場達到均衡的狀態。

圖 33－2　完全競爭產業均衡工資的決定

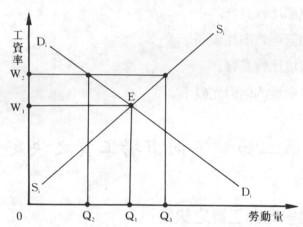

就個別廠商來說，在一個完全競爭的勞動市場上，不管它雇用的勞動多少，對市場的工資不會有任何的影響，因此它所面對的勞動供給函數，可用圖33－3的 S_fS_f 線來表示。這條線與橫軸平行，表示在既定的市場工資水準下，個別廠商可以獲得任何數量的勞動，套用經濟學的術語來說，就是勞動供給完全富於彈性。個別廠商的勞動需求曲線，就是它的勞動邊際產出收入曲線，如同圖33－3的 D_fD_f 線所示，它是一條由左上方向右下方傾斜的曲線，當 D_fD_f 與 S_fS_f 相交時，其交點所對應的 OW_1 即為均衡工資，實際上就是市場工資。在這個均衡工資水準

之下，該個別廠商的勞動雇用量爲 OQ_f。

圖33-3　完全競爭廠商均衡工資及勞動雇用水準

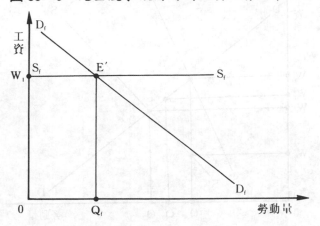

二、買方獨占市場工資的決定

在有些勞動市場，勞動的雇用可能完全受某一些少數雇主的控制，我們稱它爲買方獨占（Monopsony）的市場。在這個市場上，只有一位或少數幾位雇主，這些雇主的勞動雇用量占了整個勞動雇用量的絕大部分，他們的雇工政策對市場工資往往有決定性的影響。爲了簡化起見，我們假設在某一個區域內，只有一家廠商雇用工人，在這種情況下，該一廠商所面對的勞動供給曲線與整個勞動市場的勞動供給曲線將完全一樣。它將如圖33-4的 SS 曲線所示，這條曲線由左下方向右上方延伸，表示廠商爲了吸引更多勞工，當增加工人雇用的時候，不但對增雇的工人需要付出較高的工資，對原來雇用的工人，也需要把工資提高。

茲假定該廠商雇用第一個工人的工資爲6元，若要另外增加一個工人的雇用，不但第二個工人工資需要增至7元，原來所雇用的第一個工人的工資也要比照提高爲7元，在增雇第三個工人的時候，不但該工人工資需要增爲8元，原來所雇用的兩個工人工資也要提高爲8元。表33

圖 33－4   買方獨占市場均衡工資的決定

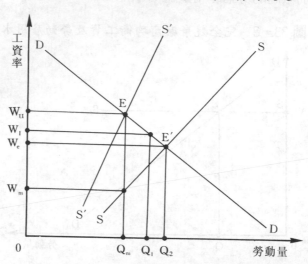

　　－1 的第(2)欄記載隨工人雇用量的增加，平均工資的變化資料，第(3)欄記載總工資資料，第(4)欄記載邊際工資（Marginal Wage）資料，所謂邊際工資是指每增加一單位勞動雇用所引起總工資的增加量。

　　根據第(1)欄、第(2)欄和第(4)欄的資料，我們可以畫出 SS 和 S'S' 兩條曲線——如圖 33－4 所示，前者我們可以稱它爲勞動平均成本曲線，後者我們可以稱它爲勞動邊際成本曲線。該圖的 DD 曲線，乃我們所熟知的勞動需求曲線，亦即勞動邊際產出收入曲線。廠商爲了實現最大利潤，必將繼續增加勞動的雇用，直到 S'S' 與 DD 相交，即勞動的邊際成本等於勞動的邊際產出收入爲止，此時所對應的工資率爲 OW_m，在此工資水準下之勞動雇用量爲 OQ_m。若勞動的雇用處於完全競爭的情況，工資將會增爲 OW_e，而勞動雇用量則將會增爲 OQ_e。從以上的分析，我們得知：勞動市場如果爲買方獨占，將會導致工人雇用量的減少及工資的降低。

表 33-1　買方獨占市場下的平均工資與邊際工資

(1) 勞動單位	(2) 工資率	(3) 總工資	(4) 邊際工資
1	$ 6	$ 6	$ 6
2	7	14	8
3	8	24	10
4	9	36	12
5	10	50	14
6	11	66	16

三、賣方獨占市場工資之決定

到現在為止，我們一直假定工人係在完全競爭情況下，提供或銷售其勞務，其實並不盡然，工人有時候也會透過工會（Unions）集體銷售勞務，對工資要求方面，採取一致的行動。在這個情況下的勞動市場，我們可稱為賣方獨占的市場。

賣方獨占下的均衡工資通常要較完全競爭下的均衡工資為高，其所以致此的原因，是透過工會的努力，使勞動需求增加或勞動供給減少。茲分別將這兩種情形簡述如下：

　1.增加勞動需求

採用這個方法的最好例子，是工會參與產品的廣告，透過廣告，以吸引更多顧客，使產品銷路擴大。廠商為了因應市場的擴大，將會增加勞動的雇用，結果勞動的需求曲線將從 D_1D_1 向右上移至 D_2D_2，此時勞動供給函數（SS）如果固定不變，勞動市場的均衡將從 E_1 移至 E_2（見圖33-5）。在新的均衡下，工資水準將從 OW_1 提高至 OW_2，勞動雇用水準則將從 OQ_1 增至 OQ_2。

圖 33-5　勞動需求增加與均衡工資

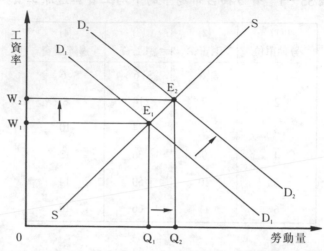

2.減少勞動供給

賣方獨占市場均衡工資水準的提高，亦可藉減少勞動供給來達到目的。為了限制勞動供給，工會有很多途徑可循，其中最常用的方法包括：⑴對會員資格加以嚴格限制，⑵對新入會的會員索取高昂的會費，⑶在立法機關進行遊說，以便通過各種法案，將最低工作年齡提高，學徒見習時間延長，每週工作時數縮減，降低海外移民配額等。透過這些努力，勞動供給曲線將如同圖 33-6 所示從 $S_1 S_1$ 向左上方移至 $S_2 S_2$，結果在既定的需求函數（DD）之下，勞動市場的均衡將自 E_1 移至 E_2。在新的均衡下，工資水準將從 OW_1 提高至 OW_2，勞動的雇用量則將從 OQ_1 減至 OQ_2。

四、雙邊獨占市場工資的決定

所謂雙邊獨占（Bilateral Monopoly）市場，是指在這個市場上只有一個買主和賣主，在這樣一個市場上，工會是勞動的唯一「銷售者」，對工資具有很大的影響力；它所面對的是一個獨占的雇主，對工資同樣

有很大的影響力。在這種情況下，工資究竟如何決定呢？請看圖33-7，
這一個圖是圖33-4的翻版。從獨占雇主的立場，他會希望工資率定於
OW_m 的水準，但站在工會的立場，它會希望工資定在 OW_u，買賣雙方

圖33-6 勞動供給減少與均衡工資

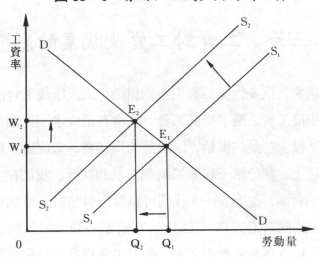

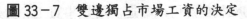

圖33-7 雙邊獨占市場工資的決定

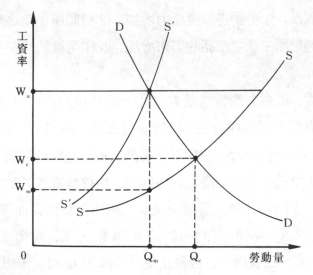

的爭議究竟會發生怎樣的結果，實在很難有任何具體的答案。我們所能
預期的是，最後工資將會位於 W_m 與 W_u 之間的某處，具有較高議價能
力和能夠採取有效談判策略的一方，可能會成功地促使對方同意接受靠
近它所希望尋求的工資水準。

第三節　工會對工資及就業的影響

在民主國家，很多行業都有工會的組織，工人組織工會的最重要一
個目的，是提高工資。為了提高工資，工會有三條途徑可循：(1)增加勞
動的需求，(2)減少勞動的供給，(3)以罷工為威脅，迫使僱主將工資提高
至均衡水準之上。關於第一和第二兩個方法的採行，我們在上一節，已
經作過簡單的討論。從圖 33–5 我們可以看出勞動需求增加會使勞動需
求曲線自 D_1D_1 向右上方移至 D_2D_2，在既定勞動供給函數之下，均衡
將自 E_1 移至 E_2。在新的均衡之下，不但工資提高，勞動雇用量也將增
加，整個勞工的福利自然可以增進。可是事實上，勞動需求曲線的向上
移動主要是因為：(1)勞動邊際生產力增加，(2)勞動所生產之產品的價格
提高，(3)對勞動所生產之產品的需求增加，及(4)勞動的代替生產要素價
格上漲。

一般來說，工會對影響勞動需求的上述各項因素，左右力量不大，
大多數的工會都不用這種方法，以達到提高工資的目的。就工會來說，
提高工資的另外一個手段——即減少勞動供給，是比較容易實施的。可
是以減少勞動供給來達到提高工資的目的，往往會導致勞動雇用量的減
少，如圖 33–6 所示，勞動供給的減少，將使勞動供給曲線從 S_1S_1 向
左上方移至 S_2S_2，在既定的勞動需求函數之下，均衡工資將增加
W_1W_2，伴隨此一工資增加，勞動雇用量將減少 Q_1Q_2。採用這一方法，
固然可以提高工人的工資，可是也減少了他們的工作機會，保有工作的

人獲得好處，失去工作的人卻受到損害。

　　除了增加勞動需求及減少勞動供給的方法以外，工會往往以罷工爲威脅迫使資方將工資提高。如同圖 33－8 所示，設供給與需求相等時的均衡工資爲 OW_1，工會以罷工作爲威脅，使實際工資提高至 OW_2，結果保有工作的人，工資可以增加 W_1W_2，他們工資的提高卻導致 Q_1Q_2 的工人喪失了工作機會。

圖 33－8　罷工威脅下之工資水準

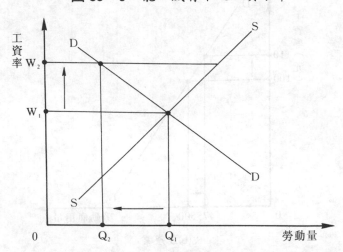

　　在一般情況下，工資的降低會使廠商增加勞動的雇用；工資的提高會使廠商減少勞動的雇用，提高工資與增加就業是魚與熊掌，兩者往往不可得而兼之。工會以罷工爲威脅，使工資提高某一水準，此舉對工人就業機會究竟會造成多大的損害，主要決定於勞動的需求彈性。不同產業對勞動需求的彈性可能不一樣，一定量的工資提高，其所導致就業機會的喪失因此會有所不同。茲設有 A 和 B 兩個產業，它們的勞動需求曲線分別如同圖 33－9 的 $D_A D_A$ 和 $D_B D_B$ 所示，從這兩條曲線的斜率，我們得知 B 產業的勞動需求較 A 產業的勞動需求更具彈性。我們進一步假定，若是沒有工會的干預，A 和 B 兩個產業的均衡工資是每小時

100元，現在因為受工會罷工威脅的影響，工資提高到每小時 110 元，伴隨此一工資提高，A 產業勞動的雇用量會降低 5%，即從 500 工時減至 475 工時，而 B 產業勞動的雇用量會降低 20%，即從 1,000 工時減至 800 工時。勞動需求的彈性愈大，一定工資水準的提高會造成更多的失業。

圖 33-9　工資提高對勞動雇用量的影響

(a)A 產業

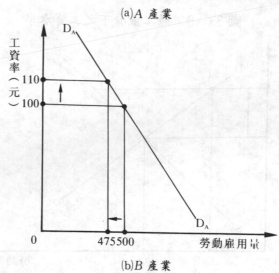

(b)B 產業

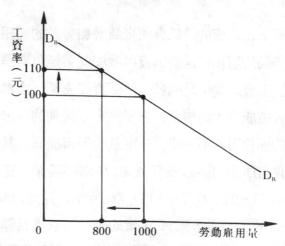

在理論上，工會利用各種手段，可以使它們的會員工資提高，實際情形究竟是怎樣呢？茲以美國為例，根據實證的研究，工會提高工資的努力，在不同產業中所產生的效果並不相同，一般而言，實證研究得到下述幾項結論❶：

　　1.工會在提高工資方面所作的努力大致相當成功的，參加工會的工人較沒有參加工會的工人，其工資平均要高 10～20％。

　　2.在經濟衰退期間，有工會組織的工人工資比較不受市場緊縮的影響，與沒有工會組織的工人比較起來，他們的工資顯得特別優厚。

　　3.工會對提高男性黑人的工資，特別顯得成功。

　　4.工會會員的工資在某些特別行業每較非工會會員工資高出 50％。

工會提高工資的努力，固然可能使它們的會員工資提高，但對整個工資水準及非工會工人工資的提高是否也有間接的幫助呢？在理論上這個答案可以肯定，也可以否定。

為了分析方便起見，我們用最簡單的例子來說明，即假定有 A、B 兩個行業，他們在沒有工會組織之前，工人的平均工資每小時都是 80 元。在這一工資水準下，A 行業雇用了 50 個工人，B 行業雇用了 90 個工人。現在 A 行業有了工會組織，它使該行業工資提高每小時 120 元，較原來的工資高出了 40 元，結果 A 行業的勞動雇用量從 50 減到 30，20 個工人因此失去工作。這些失去工作的工人，被迫只好向 B 行業去找尋工作，使 B 行業的勞動供給曲線向右下方移動，結果 B 行業的工資將自每小時 80 元降至 60 元，勞動雇用量則將自 90 人增為 110 人。在這個例子中，我們假定產品市場是完全競爭市場，工人的品質完全相同，工作訊息非常靈敏。在這樣一個情形下，在 A 產業保有工作的 30 個工

❶　C. J. Paisley, "Labor Union Effects on Wage Gains: A Survey of Recent Literature", *Journal of Economic Literature* 18, 1 (March 1980), pp. 1～31.

人將因工會而獲得工資的提高，被解僱的 20 個工人卻會因此被迫在 B 產業接受更低工資的工作。在另一方面，原來在 B 產業工作的工人，也會因為更多工人參加競爭而使工資降低（見圖 33－10）。

圖 33－10　工會對非工會工人工資的影響

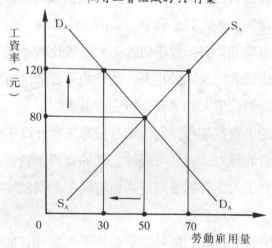

(a)有工會組織的 A 行業

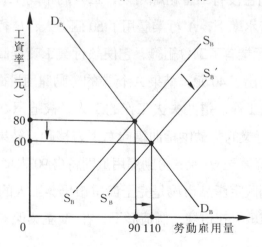

(b)沒有工會組織的 B 行業

工會的組織在另一方面也可能促使沒有工會的產業，提高它們的工人工資。其所以致此的原因有兩種解釋：

1.目前還沒有工會組織的產業，因為不願意看到它們的工人受到引誘，仿效其他行業組織工會，只好當工會工人的工資提高時，也把它們工人的工資比照提高。

2.當某些行業的工會設法把它們的會員工資提高時，部分會員可能會因此喪失工作，但這些喪失工作的工人，不一定會馬上向沒有工會組織的產業去另外找尋工作，他們寧可暫時失業，坐候原有工作的恢復。原因是：(1)有工會組織以及沒有工會組織的工人工資差異太大，(2)暫時失業有救濟金可領，生活不會馬上失去憑依，及(3)短期內恢復原有工作的機會很大，如果被解雇的工會工人不打算轉到沒有工會的行業去工作，非工會化的工資下降壓力便無由產生。

工會的存在，對整個工資水準的提高是否有其積極的作用，一直受到爭論。根據實證研究，每一個國家的實質工資水準都有長期上漲的趨勢，這一趨勢在工會組織比較發達的國家，並沒有特別明顯。就國民所得資料看來，以美國為例，工資在整個國民所得中的配分在長期間是相當穩定的，未經調整的資料雖然顯示，工資在國民所得中所占的比重已從 1920 年代的 60％提高到目前的將近 75％，但這一改變主要是受產業工會化以外因素的影響。其最重要的解釋是近年來在美國，利用勞動相對較多的行業發展特別迅速，特別是政府部門和服務業，其成長速度均遠較其他行業為快，如果把這一因素考慮在內，調整後的資料顯示在過去半個世紀，工資在美國國民所得中所占的比重只增加約 2％。因為這一段期間也正是美國工會蓬勃發展的期間，我們可以因此得到一個初步結論，即工會的存在對一般工資水準的提高，似乎沒有太大的影響。

第四節　最低工資立法的爭議

在討論過工會能否提高工資的爭議以後，現在讓我們來討論有關最

低工資（Minimum Wages）立法的爭議。目前世界上許多國家都有最低工資的立法，我們也是其中之一，這一最低工資的立法對於反抗貧窮的效力究竟如何，往往有許多的爭議。

有些人認為最低工資的實施，會使雇主沿著勞動需求曲線向後移動，即減少工人的雇用，甚至可能迫使某些廠商因為工資的不勝負荷而關閉，結果以提高貧窮工人收入為目的的措施，反而可能使他們喪失了原有的工作。在最低工資每天 100 元下，被解雇的工人其處境顯然較接受每天工資 80 元而有工作的人更壞，有些被解雇工人容或可以轉移到不受最低工資限制的其他勞動市場，並找到工作，但此舉勢將增加這些市場的勞動供給，從而將其他工人的工資水準壓低。

最低工資的鼓吹者卻認為：在完全競爭的勞動市場，最低工資的實施可能導致勞動雇用量的減少；茲以圖 33-2 為例，在沒有最低工資立法的情況下，均衡市場工資及勞動雇用量分別為 OW_1 及 OQ_1，現因最低工資法案的實施，政府將最低工資定為 OW_2，結果勞動雇用量將從 OQ_1 減為 OQ_2。但在另一方面如果勞動市場是買方獨占市場，最低工資措施的執行，只會增加勞動者的收入，而不會減少勞動的雇用，甚至經由消除獨占雇主限制就業之動機，而導致更多的工作機會。這可用圖 33-4 來加以說明，從該圖可以看出，若是沒有最低工資的立法，在均衡情況下，工資和勞動雇用量將分別為 OW_m 及 OQ_m，現因最低工資法案的實施，政府如果把最低工資定為 OW_1，勞動雇用量將從 OQ_m 增為 OQ_1。此外，基於下述理由，最低工資可能有促進提高勞動生產力的效果，可以使勞動需求曲線向右上方移動，因而抵銷它對就業可能發生之不良影響：

1.工資過低往往會引起廠商對勞動作不經濟的利用，透過最低工資的實施，加重廠商的勞動成本負擔，可能迫使廠商對勞動作更有效的使用，因而提高勞動生產力。

2.最低工資可以幫助工人提高收入，因而可以增進他們的健康和工作活力，並提高他們的工作誘因，使他們更富生產性。

至於臺灣最低工資立法最常受到的批評是：

1.它只適用於「勞基法」所涵蓋的行業，受影響的工人只占全部就業人數的60％左右，在適用行業因基本工資定得太高而遭到解雇的工人，會轉到未適用的行業去找尋工作，從而使這些行業勞動供給量增加，導致他們的工資下跌。

2.臺灣歷年所訂之最低工資就其占製造業平均工資之比例而言，並不低於其他國家，但因並未嚴格執行致成效不彰。

3.因為非技術工人的勞動市場比較接近完全競爭市場，他們的自由市場工資比較可能低於最低工資，最低工資的立法會使他們就業機會減少，成為最大受害者。

第五節　造成工資差別的原因

在本章的第二節，我們曾經討論過不同市場工資的決定，這個討論是建立在下面兩個假設上面：(1)勞動者的品質完全一樣，(2)所有勞動者都是從事一樣的工作。在這假設下，每一位勞動者所獲得的工資都是相同。可是事實上，勞動者並不是都從事一樣的工作，職業不一樣，工資也不一樣。即使是從事同樣的職業，個別工資也可能會有很大的差異，譬如超級網球選手的年薪可能數十倍於一般網球選手的年薪。

個別工資所以會有差異，是因為工人的品質不同以及工作不同。若是工作相同而工人的品質又完全一樣，在完全競爭的情況下，工人工資應該完全一樣。根據供需法則，任何一種物品，當供給大於需求的時候，價格便會下跌；反之，當需求大於供給的時候，價格便會上升。同理，若某一特定型態的勞動，其供給相對需求為大，它的工資便會較

低；反之，它的工資便會較高。在現實社會中，個別工資的差異是導源於下列三個重要因素。

一、工人的品質

　　勞動者因爲天賦及後天所接受的教育與訓練不同，他們的品質往往因人而異，現實社會中的許多工作，都需要具有特殊天賦和才能的人，才能勝任。譬如，腦外科醫生、專門出庭辯護的律師、理論物理學家、歌唱家、及棒球隊的投手等，並非常人所能勝任。能夠勝任這些特殊工作的人才，不易培育，供給上受到很大的限制，因爲這些人才的羅致非常困難，他們的工資和薪給特別高，乃是很自然的事。工資間的差異，乃是反映不同工作所需要的才能以及足以勝任各該工作的人才供應情況之不同。

　　勞動者因爲天賦及教育與訓練的不同。可以分成許多不同的類型。在有些情況下，不同類型的勞動者，彼此間幾乎不會發生任何的競爭。譬如，歌唱家與棒球隊的投手、哲學家與工程師、建築師與會計師等，在工作上通常不會發生競爭。適合於工程師的工作，不會找哲學家去擔任，歌唱家不可能做棒球隊的投手，建築師與會計師也不能相互代替。但在有些情況下，從事不同工作的勞動者，在某些範圍內，是可以相互替換的。譬如，加油站的服務員，農場的雇工以及非技術性的建築工人，他們每一個人對彼此的工作都可以勝任，相互間工作調換並不會有太大的困難。透過競爭的關係，他們的工資有逐漸被拉平的希望。此外，我們願意指出的是：即使擔任某一種工作所需要的條件，與擔任另外一種工作所需要的條件有很大的差異，從事這兩項工作的人很難相互替換，但是經由教育和訓練，我們可以讓他們取得必要的技能，使轉業變爲可能。問題是並非每一個人都有能力和時間去接受轉業的訓練，有些轉業的訓練是需要花費很多的時間和金錢的。

二、工作的吸引力

　　不同的工作對勞動者具有不同的吸引力，勞動者在選擇工作時，除了考慮金錢的報酬外，也會考慮到非金錢的報酬。有些工作比較輕鬆、活潑、安全、而升遷的機會也比較大，有些工作則比較笨重、呆板、危險、升遷機會也比較少，這些非貨幣的因素都會影響勞動者對工作的選擇。某一位勞動者如果適合擔任數種不同的工作，他可以在這數種不同工作中選擇其中一個，他必然會選擇升遷機會比較大、危險性比較小、而又比較輕鬆且不呆板的工作，除非他能夠拿到更高的工資，他將不會願意去擔任升遷機會小、危險性大、且笨重又枯燥的工作。譬如，煤礦工人和建築工人所從事的工作，比一般商店店員所從事的工作，一般較為笨重，體力消耗較多，危險性也較大，這些非金錢方面的欠缺，必須以較高的工資來補償，否則將無法吸引足夠的工人以擔任這些工作。

　　工資的差異是工作條件不同的自然結果，過去許多實證經濟方面的研究，都證明高待遇的工作往往都是比較不舒適的工作，即非金錢方面吸引力比較差的工作。每一個勞動者的喜好容或不同，譬如有些人喜歡戶外工作，有些人喜歡室內工作。儘管如此，每一位勞動者都希望減少工作對身心的損害，耶倫伯格（R. Ehrenberg）和史密斯（R. Smith）在他們所著的《現代勞動經濟學》一書中曾經引述八個不同的研究報告所獲得的結論，這些結論一致指出，工資與工作的危險性有很大的正相關。工作的傷亡率每增加千分之一，全年工資必須提高 20 至 300 美元。根據美國方面的資料，煤礦工人的工作傷亡率平均高出其他礦工工作死亡率的三分之一，因危險性大，煤礦工人工資較其他礦工工資平均高出

17% ❷ 。

縮小這項工資差異的一個途徑，便是改善煤礦的安全設備，以降低其工作的傷亡率。

三、勞動市場競爭不完全

基於下述各種原因，勞動力的移動有時會發生困難。在民主國家，勞動力是可以自由移動的，但事實上卻並不盡然，因此勞動市場並非處於完全競爭的情況，在不完全競爭的情況下，工資的差異是無法避免的。

1.地理上遷移的不便

很多勞動者一旦在自己的家鄉或其他地方生根，往往不願意離開他們的朋友、親戚與同事，不願意自己的孩子改變學校，不願隨便出售他們的房舍，工作地點的轉換往往須要付出許多代價及引起許多的不便。對年老工人而言，地理上的移動性更是特別地低，即使勞動者願意移動，但因對其他地區的就業機會和工資水準缺乏了解，實際上卻無法移動。

2.制度上的限制

在有些情況下，某些工作只有屬於工會的會員才能擔任，如果不能獲准加入工會，勞動者將無法獲得這項工作。為了保障會員的利益，工會對新會員的加入往往加以各種限制。此外，有些工作必須具有某種學歷的人才能擔任，如果沒有取得適當的學歷，便無法擔任這項工作。凡此都是制度上的限制，因為這些限制，使勞動的移轉發生困難。

3.社會上的各種歧視

❷　Ronald Ehrenberg & Robert Smith, *Modern Labor Economics*：*Theory & Public Policy*, Glenview, ll. Scott Foresman, 1982, Chapter 8.

社會歧視也限制了工人的移動。在很多國家裏，有些工作是只准許某一種族或信仰某一宗教的人才能擔任，這種種族與宗教上的限制，使許多優秀的人才被摒除於門外，不但減少勞動的移動性，造成工資的差異，而且也導致資源不合理的分配和利用。

第六節　現代勞動市場理論

勞動力和其他商品不一樣，前者是有生命的，後者是沒有生命的。提供勞動服務的人，因為工作能力和工作態度不一樣，他們所提供的勞務，即使是屬於同一類的勞務，品質會有不同。譬如二個理髮師，提供同樣的理髮服務，他們從顧客所得到的評價會不一樣。即使在完全競爭的情況下，同樣的工人不但在不同的工廠工作會獲得不同的待遇，就是在同一個工廠工作，所獲的待遇也不一定會完全相同。經由各種鼓勵，我們可以把同樣的工人加以改造，使其變得更有效率，將勞動力視同機器對待，未免過分單純化，傳統上對均衡工資和勞動雇用量純粹由市場供需所決定的看法，是不十分切合實際的。基於這一認識，近來有不少新的勞動市場理論出現，本節擬簡單介紹其中的三個主要理論。

一、工作尋找理論（Job Search Theory）

在現實社會，不但雇主希望能夠物色到最好的工人，勞工也希望能夠物色到最好的雇主，彼此都在互相尋找。物色工作的伙伴是雙行道而不是單行道，它會有收穫，但也要付出代價。在尋找適當工作和物色適當職工的過程中，求職者與求才者都要花很多時間精力和金錢去做廣告，準備提供對方資料，查核對方的資格和信用，以及約期晤談等。此外，還可能因精挑細選失去可以早些獲得工作或把空缺填補的機會，而遭受金錢的損失。這些都是為了獲得更適當的工作或更適當的人選，求

職與求才者所必須付出去的代價，我們可以稱它為求職或求才的成本。一個人花在求職或求才的時間愈長，這項求才或求職的邊際成本將會更大，它可以用圖 33–11 的 AB 線來表示。

圖 33–11　求才與求職行動的最適水準之決定

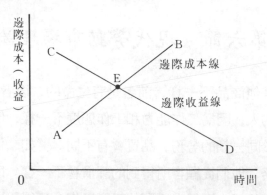

在另一方面，求職與求才者花在找尋工作和職工人選的心血愈多，時間愈長，可獲得更高待遇工作或更適當職工人選的機會當愈大，這是他們從事物色工作和人選所能獲得的報酬。隨著時間的拉長，求才者與求職者將會發現要想找到更佳人選和更好工作變得愈來愈為困難，意即一個人從事物色工作或職工的邊際報酬將隨物色時間的拉長會有逐漸遞減的現象，此可用圖 33–11 的 CD 線來表示。一個理性的求職者或求才者通常會繼續展開求職及求才的行動，直至這一行動所獲得的邊際報酬等於它所引起的邊際成本為止，即當 AB 與 CD 線相交於 E 點時，他便會停止求才或求職的行動，在未達到 E 點時，他的這項行動所產生的邊際利益大於邊際成本，表示他的這項行動應該繼續進行。反之，在超過 E 點後，他的求才或求職行動所產生的邊際利益已小於它的邊際成本，顯示他的這項行動早該停止。因為求職與求才的行動須要付出代價，一個求職者或求才者往往在未找到最理想工作或最適當的職工人選以前便停止求職與求才的行動。而且每一位求職或求才者對求職與求

才行動所產生的邊際報酬與邊際成本計算方法不同，即使有一個完全競爭的勞動市場也無法保證每一個求職者都能獲得一個最理想的工作，或者每一項職務都能找到最理想的人選去擔任，完全競爭的勞動市場同樣無法保證能夠實現同工一定同酬。

二、不成文合約理論（Implicit Contract Theory）

　　每一位雇主對他的雇員，不但在雇用以前要花費不少的時間和金錢去物色，在雇用以後，還得花不少的錢去給他們訓練。他之所以願意這樣做，是預期每一個雇員都會好好留在他的公司服務一段相當長的期間，對公司盡力作出貢獻。雇主們都很清楚，如果想要長期留住他們的員工，使員工們對公司有向心力，願意為達成公司的目標而努力，必須為他們提供諸如根據工作績效加薪，按照年資分發紅利及保證升遷機會等各種誘因，更重要的是給員工們提供工作安全的保證，承諾不隨便解雇，在另一方面，員工們也都了解，他們必須遵守工作時間，忠實執行任務，為達成公司目標作出應有的貢獻。這些相互的了解構成勞資雙方的不成文合約，彼此都將為這種不成文合約的實施而蒙受利益。基於這一認識，在現實生活中，有些廠商，即使面臨產品市場需求減少，利潤率下降，甚至開始發生虧損，也不採取減薪行動，更不輕易大規模裁員，即使被迫需要解雇一些員工，也會考慮員工的服務年資，凡服務年資愈長者，被解雇的機會愈少。採用這一個辦法，看起來不符合雇主的利益，其實不然，這一做法因為可以減少員工的流動率，維持員工旺盛的士氣，並爭取他們對公司的向心力，從長期觀點，反能有利於公司的生產效率提高和單位產品成本的降低。根據不成文合約理論，廠商對員工所支付的工資實際上會高於均衡工資，而當勞工需求下跌的時候，工資和雇工人數也不一定下降，這是供需法則沒有預料到的。

三、效率工資理論（Efficiency Wage Theory）

　　效率工資理論把工資與生產力連結在一起，提倡這一理論的人認為工人的生產力受工資的影響，提高工資有助於提高工人的生產力。原因是工資提高後，工人有能力購買更多富於營養的食物，並且有能力花費更多的錢在衛生及保健方面，甚至有能力充實自己的學養，結果他們的體能和智能都會有所改善，在工作上當然會更有效率。若是提高工資能夠引起工人生產效率大幅度的提高，則工資的提高可能會導致單位產品勞動成本的降低，從而使就業人數增加，而不是像供需法則所預期的使就業人數減少。

摘 要

1. 工資是勞動者提供勞務所獲得的代價，它是勞務的報償。經濟學上所稱的工資，正確的說，應該稱爲工資率，它是每單位勞務的價格。工資有貨幣工資與實質工資兩種，實質工資等於貨幣工資變動除以通貨膨脹率。

2. 在完全競爭的勞動市場，均衡工資率與就業量決定於勞動供給曲線與勞動需求曲線相交之點，個別廠商所面臨的勞動供給曲線爲一水平線，表示不管勞動的雇用量多少，個別廠商對每單位勞務所支付的代價不變。勞動的需求曲線實際上就是勞動的邊際產出收入曲線，因爲受報酬遞減法則的影響，勞動的需求曲線是一條自左上角向右下角延伸的曲線，它的斜率爲負。

3. 在買方獨占的市場，假定只有一家廠商雇用勞工，爲了實現最大的利潤，這家廠商會繼續增加對勞工的雇用，直至勞工的邊際成本等於勞工的邊際產出收入爲止，此時所對應的工資率，稱爲均衡工資率。與完全競爭市場比較，買方獨占的勞動市場往往導致工人雇用量的減少及工資率的降低。

4. 工人有時透過工會集體銷售勞務，若是雇用勞動的廠商很多，此時的勞動市場可以稱爲是賣方的獨占市場。賣方獨占下的均衡工資通常要較完全競爭下的均衡工資爲高，其所以致此的原因，是透過工會的努力使勞動需求增加，或勞動供給減少。捨此之外，工會亦可以罷工爲手段，達到提高工資的目的。

5. 在勞動市場上，有時會出現只有一位買主和一位賣主的情況，這樣的勞動市場稱爲雙邊獨占勞動市場。在這樣一個市場上，一個強有力的工會面對著一位獨占的雇主，彼此在議價方面相互較

勁，工資率最後決定於買賣雙方的談判能力和談判技巧。

6. 工資率與就業量往往呈相反方向變化，工會提高工資的努力，常常會導致就業機會的減少。工會會員中保有工作的人固然樂見工資的提高，失去工作的人生活將會陷入困難。一定量工資水準的提高，其所導致就業機會的損失，決定於勞動需求彈性，勞動需求的彈性愈大，一定工資水準的提高，會造成更多的失業。

7. 根據實證研究，在美國參加工會的工人較沒有參加工會的工人，其工資平均要高出 10% 到 20%。在理論上，工會對整個工資水準及非工會工人工資水準的提高有正面的影響，也有負面的影響，很難下一個結論。鑒於過去半個世紀，工資在美國國民所得中所占的比重，只增加約 2%，而這一段期間正是美國工會蓬勃發展的期間。基於這一事實，我們或可得到一個初步的結論，即工會的存在，對整個工資水準的提高，似乎沒有太大的影響。

8. 均衡工資固然決定於勞動供給及勞動需求的相互作用，但事實上，工資在工人之間並不一致。個別工資所以會有差異，是因為：(1)工人的品質不同，(2)各種工作的吸引力不同，以及(3)勞動市場並非完全競爭市場。

9. 如果勞動市場是一個完全競爭的市場，最低工資的立法和執行可能會減少某些勞工的就業機會，但如果勞動市場是買方獨占市場，最低工資的立法和執行，則非但不一定會減少就業機會，甚至還可能增加就業機會，至少理論上是如此。

10. 現代勞動市場理論包括工作尋找理論，不成文合約理論以及效率工資理論，都在設法證明所謂均衡工資和勞動雇用量純粹由市場供需所決定的傳統看法，與事實不盡相符。

問題討論

1.試舉例說明貨幣工資與實質工資的差別。

2.何以開發國家的一般工資水準均較開發中國家爲高？

3.如果求職與求才均在完全競爭的情況下進行，傳統上認爲均衡工資及就業水準是如何決定的？試繪圖以說明之。

4.勞動需求與勞動邊際生產力有什麼關係？

5.爲什麼在買方獨占的勞動市場較之在完全競爭的勞動市場，均衡工資水準及就業水準均較低？

6.何謂雙邊獨占勞動市場？其工資如何決定？

7.在理論上，工會對整個工資水準的提高會有怎樣的影響？

8.工會對提高會員工資有三種途徑可循，試分別加以討論。

9.最低工資的立法意義何在？其實際影響如何？您對臺灣最低工資的立法和執行有什麼批評之處？

10.說明造成工資差別的主要原因。

11.現代勞動市場理論是在怎樣一種情況下建立和發展起來的？

12.請根據工作尋找理論說明何以在現實社會，不能做到同工同酬？以及爲何自由競爭不能保證人盡其才的理想得以實現？

13.爲何有些廠商在遭遇產品市場需求減少，利潤下降甚至虧損發生的時候，不實行大規模的裁員及全面降低工資？

14.您是否同意工資提高一定會引起失業人數的增加，勞動需求的減少，其理由何在？

第三十四章　地租理論

第一節　地租的意義及性質

「地租」一詞係從英文的 "Rent" 翻譯過來，在一般人的心目中，"Rent" 是泛指因取得他人物質財產（Physical Property）使用權而付出的代價，即財產的租賃價格，它被通稱為租金。借住別人的公寓，必須按期繳納房租，向他人租賃廠房機器和汽車，也必須按期繳納租金，舉凡因使用他人物質財產所作的一切支付，都屬於一種租金。這一個通俗的定義有時很容易令人感到混淆。舉例來說，學生住在學校宿舍，每一學期必須繳納一定金額的住宿費，根據我們上述的定義，這項住宿費便是房租，但它卻可能包括興建宿舍借款的利息、舍監與清潔工人的薪資、以及水電費用。經濟學家對地租有不同的定義。在他們心目中，地租是使用土地和自然資源的一種代價。土地和自然資源的供給量即使在長期間也是固定的，它們不像其他生產要素因價格的提高可以增加它們的供給；因價格的降低可以減少它們的供給。

土地和自然資源的供給曲線將如同圖 34－1 的 SS 線。圖 34－1 的橫軸代表土地和自然資源的數量，縱軸代表土地和自然資源的使用價格（即地租），SS 與橫軸垂直相交，表示土地和自然資源的供給數量不受價格的影響。DD 曲線代表土地和自然資源的需求曲線，它同其他生產要素的需求曲線一樣，從左上方向右下方傾斜，表示受報酬遞減法則的

影響，土地和自然資源的邊際報酬將隨它們的用量增加而遞減。當 SS 與 DD 相交時，均衡地租便告決定。從圖 34－1 我們可以很明顯的看出：地租的高低完全受需求的影響，需求如果發生變動，地租也跟著發生變動。譬如，當需求曲線從 D_2D_2 向上移動變為 D_3D_3 時，地租將從 OR_2 提高為 OR_3；當需求曲線從 D_2D_2 向下移動變為 D_1D_1 時，地租將從 OR_2 降為 OR_1；需求曲線如繼續向下移動變為 D_0D_0，地租將為零。

圖 34－1　固定生產要素之經濟地租的決定

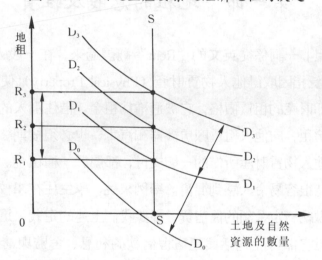

除了土地和自然資源以外，其他生產要素——諸如機器設備和勞動，在短期間，它的供給量也許是固定的，但在長期間，它的供給量卻是可以變動的，當它們的價格提高時，供給量會增加；反之，供給量會減少。以機器設備為例，當它的價格提高時，製造商的利潤會增加，因此會有更大的誘因去設法增加它們的供給；當機器設備的價格下跌時，製造商的利潤會降低，他們將會因為缺乏誘因，而減少這些機器設備的供給。勞動供給量也會隨工資的增加而增加。這些生產要素的供給與價格之間有增函數的關係存在，它們的供給曲線是一條從左下方向右上方延伸的曲線。價格對這些資源可以發生一種激勵的功能（Incentive

Function），它的提高可以導致這些資源供給的增加，它的降低則將導致這些資源供給的減少。土地和自然資源的情形便不是如此，地租並沒有激勵的功能，不管每畝土地的地租是 100,000 元、10,000 元或 100 元，甚至是零，某一個地區的土地面積不會變。換句話說，地租的取消並不會使某一個地區的土地和自然資源供給量減少。基於這一個理由，經濟學家把地租當作是一種剩餘，即地租並非增加某一地區土地和自然資源供給的必需支付。但個人或個別廠商如果要向他人取得土地的使用，卻必需付出一定的代價，這個代價將相當於土地充當其他用途時可能產生的最大報酬，也就是土地的機會成本。

　　前面我們說過，經濟學上所謂租金或地租係指使用供給量長期固定之生產要素所付出的代價。因取得土地的使用權而向地主支付的報酬，便是一個很好的例子，至於租賃汽車或機器設備等而支付的費用，經濟學上稱為準租金（Quaisi Rent），它是這些財貨的使用價格。在某一短期間內這些財貨的供應量可能固定，使用價格的變化對這些財貨的短期供給量也許不會有什麼影響，但在長期間，這些財貨的供給量必然會受價格的影響。經濟學上所稱的準租金是超過機會成本的報酬，實際上就是我們在第二十六章第三節所提到的生產者剩餘。

第二節　地租的發生

　　使用土地必須付出代價，這種代價我們稱為地租。地租之所以發生有兩個主要原因：第一個主要原因是土地的供給有限，第二個主要原因是每一塊土地的生產力並不完全相同。為了說明的方便起見，我們假定有一個特定面積的地區，在這個地區內，所有土地的生產力完全一樣，並且只能用來生產糧食，地區內與地區外沒有貿易上的來往，糧食必須自給自足。最初因為地廣人稀，只有部分的土地被用來耕種生產糧食，

假定當時的糧食價格爲 OP_1，恰好等於糧食生產的邊際成本和最低平均成本（見圖 34－2 的 E 點），此時生產糧食所獲得之收入，只夠支付生產成本，地租不會發生。迨後人口增加，糧食的需求隨之增加，爲因應日增人口對糧食之需要，未耕種之土地陸續被利用，但糧食需求仍然因人口繼續成長而不斷增加，爲充分供應區內居民進一步的糧食需求，區內居民不得不對現有的耕種土地，透過多投勞動和資本的方式，作更加集約的利用，結果報酬遞減法則發生作用，糧食生產邊際成本增加，糧食價格設亦相應自 OP_1 提高至 OP_2。當均衡實現的時候，糧食的產量增爲 OB，生產的總成本爲 $OCDB$，總收入爲 OP_2FB，收入減去成本後，尚有 CP_2FD 的剩餘，此一剩餘乃是使用土地的淨報酬，它是土地供給有限的結果。

圖 34－2　地租之發生

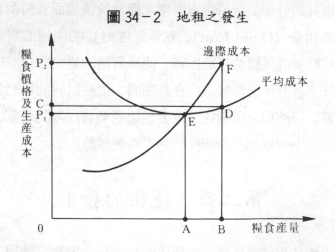

以上我們所作的分析，是假定每塊土地品質相同，實際上，土地的種類很多，不同種類的土地彼此的生產力固然有很大的差別，即使屬於同一種類的土地，彼此的生產力亦有不同。土地生產力的差異，主要來自土壤肥沃度以及其所處的自然環境不同。因爲受氣候和土壤的影響，有些地區的土地極適於水稻的生產，有些地區的土地則完全不適於水稻

的生產；同樣適宜於種植水稻的土地，即使生產方法相同，有些單位面積的產量很高，有些單位面積的產量很低。生產力較高的土地，因為可以產生較大的報酬，使用的人自然願意付出較高的代價。此外，土地的位置對土地的價值也有很大的影響，在其他條件不變的情況下，凡更接近於原料、勞動的供給，以及產品市場的土地，價值通常會較高，使用這些土地的人，通常也會願意付出較高的代價。

由於土地品質不同而產生的地租，可以利用圖 34－1 來加以說明。茲假定有四種不同等級的土地，每一等級的土地都只能用於生產某一種作物，且其供給量為 OS。我們並進一步假定與每一級土地搭配的勞動及資本數量完全相同，各級土地的邊際產出收入曲線分別如圖 34－1 的 D_0D_0、D_1D_1、D_2D_2、與 D_3D_3 所示。第一級土地的生產力最大，因此它的邊際產出收入曲線，也就是它的需求曲線 D_3D_3 離原點最遠，其次依序為第二級土地、第三級土地及第四級土地的需求曲線 D_2D_2、D_1D_1 及 D_0D_0。各級土地均衡地租決定於需求曲線與供給曲線相交之處，從圖 34－1 可以看出，第一級土地的地租最高為 OR_3，依次為第二級土地（OR_2）、第三級土地（OR_1）及第四級土地（O），各級土地地租的差異，反映出各該級土地生產力的不同。

差別地租的產生亦可藉助圖 34－3 來說明，該圖 AC_1，AC_2，AC_3 及 MC_1，MC_2 及 MC_3 分別代表第一級土地、第二級土地與第三級土地生產某一產品的平均成本與邊際成本曲線。當產品的價格為 OP_1，在均衡狀況下，第一級土地的平均成本剛好等於產品的單位價格，利用此級土地從事某一產品的生產，恰好收支平衡，這一個等級的土地將被用於耕種，但不能產生地租。此時若利用第二及第三級土地從事生產，因平均成本大於單位產品的價格，將會發生虧損。在這情況下，這二級土地將不會被用來耕種。嗣因社會對此一產品需求增加，該產品單位價格設

圖 34-3　差別地租的產生

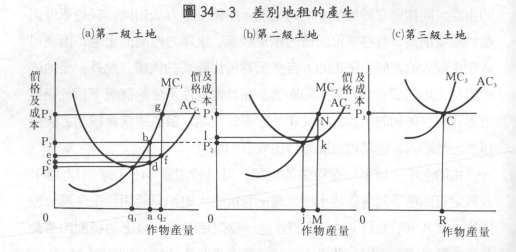

(a)第一級土地　　　　　(b)第二級土地　　　　　(c)第三級土地

相應提高至 OP_2，此時，利用第二級土地從事該一產品生產達到均衡的時候，收支恰好平衡，這一等級的土地將會被利用來耕種，但不能產生地租。至於第三級土地因其平均成本仍大於單位產品的價格，將依然不會被用來耕種。

　　現在讓我們來看看第一級的土地，當產品的價格提高為 OP_2 時，利用該級土地從事某一產品的生產，直到邊際成本等於價格的境界，全部收入於扣除成本後，可以獲得相當於 cP_2bd 的剩餘，此一剩餘即為因土地品質不同而產生之差別地租（Differential Rent）。隨著時間的推移，社會對某一產品之需求如果繼續增加，致產品價格再度提高為 OP_3 時，第三級土地將被用於耕種，但不會產生地租，此時，第二級土地將會出現相當於 kNP_3l 的地租，而第一級土地的地租則會提高至 $efgP_3$。土地雖然是一種自然贈品，從整個社會的觀點來看，並不花生產成本，即使對其使用不付地租，土地總供給仍不會有所變化。但就個別廠商或個別產業觀點來看，因為土地有不同的用途，特定的廠商或產業如果想利用某特定的土地，必須付出代價，才能使它從別的用途上吸引過來。對整個社會來說，地租是一種剩餘，而不是一種成本，但因其有不同用途，

任何個人使用土地必須支付地租，它對使用人來說是一種成本，地租的支付對吸引土地以免作其他用途是一種必要的支付。

第三節　地租的歸屬——土地單一稅的爭論

土地和自然資源是上帝的贈予，人類並不需要因為它的產生和存在付出任何費用。地租之有無或多少，並不能增加土地及自然資源的供給，地租並不是人們用自己勞力所賺取的所得，它不應該歸私人所有，而應該歸政府所有，政府利用地租的收入可以造福大眾。最早提出利用稅課方式將地租收歸公有的該是亨利喬治（Henry George），他主張實施土地單一稅（Single Tax），透過徵收土地稅的方式，不但可以將地租收歸公有，並且可取得足夠的收入以應付政府所有必要的支出。

喬治認為隨著人口的增加，可資利用的土地會逐漸開發殆盡，地主將從他們所保有的土地獲得愈來愈多的地租，地租的增加純粹係來自對完全缺乏彈性生產要素需求之不斷成長。某些地主收入豐厚，只是因為他們保有坐落良好的土地，而並不是因為他們提供了任何生產性的努力，喬治認為地租的增加應該屬於整個經濟，歸大眾所共享。

茲設土地的供給與需求曲線如圖 34-1 的 SS 與 D_2D_2 所示，兩者相交決定均衡地租為 OR_2，若政府徵收土地稅相當於地租的一半，因為土地的供給完全缺乏彈性，土地稅的負擔將全部落在地主身上，無法轉嫁給承租土地的人。地主固然可以將土地收回而不出租，但他將會因此完全喪失地租所得。

喬治認為土地稅負統歸地主承擔，在理論上是正確的，地租既不是地主用勞力去換取的所得，隨著人口成長與可資利用的土地逐漸開發殆盡而使地主意外獲得巨額的地租所得，政府以稅課方式，將這些所得收歸公有，應該是合理的。至於有些人認為地租只能部分而不能全部以稅

課方式爲政府取得，在喬治看來是沒有理由的，但他爲了尋求社會大衆對以稅課方式將地租全部收歸公有主張的支持，特別倡議實施土地單一稅，即主張以土地稅的收入作爲政府唯一的財源。

土地單一稅的提出曾經受到不少的批評，其中比較重要的批評，值得在此介紹者，計有如下各點：

1.政府的職能很多，欲使這些職能得以充分發揮，需要龐大的經費，土地稅顯然不能產生足夠的收入以因應政府財政上的需要，捨土地稅以外，政府必須另行開闢其他財源。

2.現有土地大部分都是經過人工的改良，素地地租不易決定，認爲所有地租都不是地主用自己努力所換取的所得，既欠正確，亦失公平。

3.非以本身努力而賺取的所得，事實上並不限於地租的收入。捨地主以外，尚有許多其他的人，因爲整個社會經濟的進步，獲得意外的收入。舉例來說，股票的購買人常常會偶然買到正在迅速成長中的廠商所發行的股票，在短期間轉手後即可獲得巨額的資本利得（Capital Gains），此種資本利得與地主的地租所得，都是一種非勞動所得，本質上似乎無多大差異。

自從亨利喬治於 1879 年提出土地單一稅的構想以來，歷經一百多年，此一構想自始至終雖未爲任何國家所採行，但對土地課以重稅的主張，社會大衆乃至政府官員卻頗多同感。其理由是：

1.大部分都市土地的增值都是導源於人口成長及社區的發展。道路、學校、水電、瓦斯、以及下水道的興建與土地價值上漲關係非常密切，都市規劃的變更也可能在一夕之間使土地的價值倍增，地主不需要花費很多的努力，甚至不經任何努力，便可獲致巨額的意外所得。因爲大部分都市土地的增值，是受公共投資政策的影響，經由稅課方法將土地增值之利益收歸公有，然後將此項收入用之於公共建設，是一件很合理的事情。

2.土地稅不同於其他賦稅，它是一種中性的賦稅，普遍課徵這一種稅不會影響到土地的分配和利用，對整個資源的配置沒有扭曲的作用。在另一方面，對勞動者的所得課稅，則往往會使勞動供給減少，扭曲工人在工作與休閒兩者間的選擇。

3.為了促進土地的改良，素地的課稅儘可加重，對土地改良物課稅則應予以盡量減輕。蓋因土地改良物的課稅會使從事土地改良的人收益減少，因而損害其對土地改良的誘因，許多都市中心建築物的破損而乏人問津，與房屋稅的課徵有很大的關聯。因此，愈來愈多的經濟學家主張重課素地，但對土地改良物的稅課，則應盡量減輕乃至避免。

4.一般人購買土地的主要目的，是希望從土地獲得收入，自土地獲得的收入愈大，土地的價格將會愈高。因此，土地的價格可以用收入來加以折算，即

$$地價 = \frac{土地收入}{現行利率}$$

茲設某一塊土地，在沒有課稅以前，地主從這塊土地可以獲得 100,000 元的收入，當時的市場利率設為 5%，則此塊土地之價格應為 $\frac{100,000}{0.05}$ 元＝2,000,000 元。現因政府對這塊土地課徵地價稅，設稅負為 10,000 元，減去稅負後，地主從這塊土地所獲得的收入減為 90,000 元，依照收入折算方法，此時這塊土地的地價將變為 $\frac{90,000}{0.05}$ 元＝1,600,000 元，較原來的減少了 400,000 元。由此可見，對土地課稅，不但不會引起土地價格的上漲，反而可能引起土地價格的下跌。對任何其他物品的稅課，因為會使這些物品的生產成本增加，其價格不得不作相應的向上調整，土地課稅沒有這項顧慮，這是它之所以受人重視的另外一個主要原因。

摘　要

1. 地租俗稱租金，泛指使用他人財產所付出的代價，它是財產的租賃價格。

2. 經濟學所謂地租是指使用諸如土地和自然資源這類供應量長期固定的生產要素所支付的一種代價，因為土地和自然資源的供給完全缺乏彈性，地租的存在與否不影響它們的供給。對整個社會來說，地租是一種剩餘，但就個人或個別廠商來說，取得土地的使用，必須付出一定的代價，地租是一種成本。至於使用供應量非長期固定的生產要素所支付的代價，在經濟學上稱為準地租或準租金，它是這些生產要素用於某種用途所產生的實際報酬與其機會成本之差，有時又稱為生產者剩餘。

3. 傳統上地租只是指使用土地所付出的代價或所取得的報償。它的發生有兩個主要原因，第一個主要原因是土地供給固定，第二個主要原因是土地的坐落及生產力不同。

4. 隨著人口的增加，糧食需求會不斷增加，為了因應日增人口對糧食的需求，可耕種的土地會被陸續開發使用，報酬遞減法則遲早會發生作用，糧食生產增加會逐漸趕不上人口的增加，結果糧價會上漲，從土地生產糧食所得的收入會超過它的生產成本，地租於焉發生，這一情況下所發生的地租，通稱為絕對地租。

5. 土地因為坐落及肥沃度不同，有的生產力比較高，有的生產力比較低。生產力較高的土地，因為可以產生較大的報酬，使用的人自然願意付出較高的代價，這是差別地租的來源。

6. 土地和自然資源是上帝的贈予，地租並不是人們用自己勞力換取的所得。基於這個理由，有人主張地租應當全部收歸公有，最早

提出利用稅課方式將地租收歸公有的是亨利喬治。他主張實施土地單一稅，透過這一種稅的徵收，不但可以將地租收歸公有，並且可以取得足夠的收入以應付政府所有必要的支出。

7.土地單一稅雖然很早便由亨利喬治提出，但始終沒有被任何一個國家採納實施。土地單一稅受到很多批評，其中重要的批評包括：(1)沒有辦法取得足夠的稅收以因應政府財政的需要，(2)地租並非完全不勞而獲，(3)非勤勞所得不限於地租。

8.經濟學家雖然大都反對土地單一稅，但因社會進步，引起土地增值，從而使地主自土地買賣中獲得大量資本利得 (Capital Gain)，這項資本利得至少有一部分應透過稅課方式收歸公有，由眾人共享，關於這一個主張，經濟學家的意見是相當一致的。

問題討論

1. 什麼是地租的通俗定義？這一定義有什麼不妥之處？

2. 經濟學所謂地租有眞地租和準地租之別，它們彼此的差異在什麼地方？

3. 爲什麼地租對整個社會來說是一種剩餘？對個別企業來說則是一項成本？您能否對此加以解釋？

4. 絕對地租和差別地租是如何發生的？

5. 土地需求的改變對地租有什麼影響？試以圖解方式加以說明。

6. 您認爲地租應歸地主所有，還是應爲整個社會所有？理由何在？

7. 何謂土地單一稅？由何人首先提出？

8. 土地單一稅自被人提出以來，從未爲任何一個國家採納實施，原因何在？

9. 您是否贊成加重土地稅課？原因何在？

第三十五章　利息及利潤理論

第一節　利息與利率

　　在日常生活中，有些廠商常常發現自己的事業生產規模太小，苦無內部資金可供擴充；消費者有時會覺得入不敷出，而政府的預算也常常出現赤字。面對這些困難，最常用的辦法便是舉債，即向人借錢，而向人借錢必須付出一些代價，這些代價就是一般人所謂的利息。

　　如果社會上所有的消費者、生產者及政府，在收支上都能夠平衡，換句話說，不管是消費者購買物品，生產者購買機器，或者是政府修築公路，他們本身都有足夠的錢可以支用，不必求諸於人，在這種情況下，沒有人需要借錢，利息將不會發生。可是在現實社會，不管一個國家多麼富有，所得分配多麼平均，借貸行爲還是會發生的。每一個人對資金的需求與儲蓄的能力和意願不同，有人資金比較多，有人資金比較少，有人對資金的需求比較強，有人對資金的需求比較弱。在這種情況下，需要資金而自己缺乏資金的人，一定會想辦法向有資金而自己不需要用資金的人去借款，對所有借款，通常都必須付以利息。因此利息的發生可以說由於借貸行爲所引起，就好像價格的發生是由於商品交換行爲所引起的一樣。

　　資金的借貸，在本質上與商品的交換並沒有太大的不同。貸款人把一筆款項貸放出去，過了一段時間之後，可以收回更多的金額，我們如

果把放出去的款項當作「現貨」（Present Goods），把將來可以收回的款項當作「期貨」（Future Goods）；所謂「借貸行為」可以說就是「現貨」與「期貨」間的交換，而利息就是這兩種財貨的交換價值，所以它是「價格」的一種。

「利息」除了具有「價格」的特性之外，尚具有一些其他特殊的性質。站在儲蓄者的立場，他所貸放出去的資金是從減少目前的消費得來，「利息」是他犧牲「目前消費」以換取「未來更多消費」所應該得到的代價。站在生產者的立場，「利息」是使用資本設備所產生的一種報酬。生產者利用自己的資金或借入款項，購買機器設備，然後利用這些機器設備生產物品，使他們的收入增加。從增加的收入中，將機器設備以外的各項增加支出減除，剩餘的部分，便是使用這些資本設備所獲得的一種報償。這種報償與將自己所有的資金貸放出去供他人使用，而取得的報償，性質完全一樣，都可以稱做「利息」。

在我們談到「利息」的時候，常常也會談到利率（Interest Rate），這兩者之間究竟有何差別？為什麼一般人特別重視「利率」，而不重視「利息」呢？這種「偏好」不是沒有理由的。所謂「利率」是指利息占貸款的百分比。我們為什麼喜歡用「百分比」而不用「絕對數」來衡量利息呢？茲舉一簡單的例子來說明個中原因。設有兩筆貸款，一筆貸款的金額為 1,000 元，每年必須付利息 150 元；另外一筆貸款的金額為 1,680 元，每年必須付利息 252 元，在這兩筆貸款中，那一筆貸款的利息負擔比較重呢？若用「絕對數」來作標準，顯然是第二筆貸款利息負擔比較重，可是我們別忘記第二筆貸款的金額是 1,680 元，而第一筆貸款的金額是 1,000 元，貸款金額不同，利息負擔自然不同。貸款的金額較大，利息負擔也相對較重，應是十分自然的事，如果用「百分比」來作標準，我們將會發現這兩筆貸款的利息負擔實際上完全一樣，因為它

們的利率都是 15% $\left(\dfrac{150}{1,000} = \dfrac{252}{1,680}\right)$。

上面所說利率是利息占貸款的百分比，指的是名目利率（Nominal Interest Rate），眞正對借貸行爲有決定性影響的不是名目利率，而是實質利率（Real Interest Rate）。後者是扣除預期通貨膨脹率後的名目利率，譬如名目利率是 10%，而預期通貨膨脹率（通常以消費者物價指數變動率來表示）是 4%，實質利率將是 6%（10% － 4%），只有從實質利率，借貸雙方才能確實了解，他們眞正付出或取得的代價究竟有多大！

第二節　利率的決定

關於利率的決定，有許多不同的說法，茲分別作一些簡單的介紹。

一、時間偏好學說（Time Preference Theory）

任何一個人對同樣的財貨與勞務，與其未來才能獲得，毋寧現在便可到手，其理由根據龐巴衛克（Eugen von Böhm－Bawerk）的看法，計有下列三項：第一、一般人通常都預料將來的物品供給會比目前充裕，根據邊際效用遞減法則，當某一物品的供給增加，從該一物品所獲得的邊際效用將會減少，同樣物品目前的邊際效用因此會比未來的邊際效用來得大；第二、由於人類的生命短暫，未來不易捉摸，對若干時間後才能獲得的東西有一種不確定性；第三、「現貨」如果不用於消費，可用於資本形成，擴大生產，其價值自較未來獲得之物品爲大。

從以上的分析，我們可以發現：人們對同樣的物品，在目前所能獲得者，較之在未來才能獲得者，往往會給予較高的價值，我們把這種現象，稱爲「時間偏好」（Time Preference）。由於人們對「現貨」有所偏愛，如果要使他們願意放棄「現貨」以換取「期貨」，必須給予某種的

補償，這種補償就是「利息」。換句話說，利息乃是對犧牲時間偏好的一種報酬，利率（利息）的大小，是取決於人們對「現貨」與「期貨」的偏好程度。人們如果對「現貨」的偏好程度提高，利率將會上升；反之，利率將會下降。

二、忍欲學說（Theory of Abstinence）

與「時間偏好學說」非常類似的另一種古典學說是所謂「忍欲學說」。這個學說的基本看法是可供貸放的資金均來自對目前消費的節約，節約消費是對欲望的一種壓制，為一件痛苦的事情。如果要使人們減少消費，從事儲蓄，必須對他們因為壓制欲望而忍受的痛苦給予某種補償，這個補償就是利息。根據這種說法，利率的大小，取決於欲望受到壓制所產生痛苦程度的大小，忍受欲望壓制的痛苦愈大，利率就愈高；反之，利率就愈低。

如果我們把「忍欲」當作是「等待未來消費的一種過程」，把「忍欲所受的痛苦」當作「等待的痛苦」，那麼我們將會發現，忍欲學說與時間偏好學說在本質上幾乎完全相同。「忍欲所受的痛苦」顯然就是以目前物品換取未來同樣物品，在總效用上所受到的損失。

三、迂迴生產學說（Theory of Roundabout Production）

在第一節，我們曾經提到「利息」是一種「價格」，而「價格」通常都是由供給與需求所共同決定的。「時間偏好學說」及「忍欲學說」只是從供給面去探討利率的決定，為了使讀者注意到需求面的重要性，我們現在要介紹另外一種古典學說，這種學說剛好與前面兩種學說相

反，它著重利息理論的需求面❶。

　　生產每一種消費物品通常有兩種方法，一種是靠人工及原始物料直接生產，另外一種是先製造機器設備，然後再利用這些機器設備來從事生產，後一種方法不但比較進步，而且生產力也比較大。

　　我們把「先生產機器設備再用這些機器設備來生產消費物品」的過程稱為「迂迴生產」。欲使這種生產方式能夠順利推行，必須有足夠的資金，用來購買機器設備，資金乃成為一種生產要素，與其他生產要素一樣，它的使用必須給予適當的報酬，這個報酬就是利息。根據這種說法，利率的高低顯然取決於資金（或資本）的生產能力，資金的生產能力愈高，利率也就愈高；反之，利率也就愈低。

四、可貸資金學說（Loanable Fund Theory）

　　所謂「可貸資金」是指可供借貸的資金或款項。每一位消費者，如果碰到特殊開支，手頭上沒有足夠的錢可以應付時，便只好向外借款，因而對「可貸資金」會產生一種需求，他的這項需求，通常是透過分期付款的辦法以獲得滿足的。譬如，當您購買比較昂貴的耐久物品時，身邊若是缺乏現金，可徵得賣方的同意，將價款分為數次償付。延期償付的價款，在本質上是廠商對您的貸款，這筆貸款當然要支付利息，這就是為何同樣一種物品「分期付款」的價格通常都比「一次付清」的價格高出很多。透過分期付款的方式，消費者在不知不覺中向廠商借款，亦即對「可貸資金」產生了需求。消費者對可貸資金的需求，會受到利率的影響，利率如果提高，消費者對可貸資金的需求將會減少；利率如果降低，消費者對可貸資金的需求將會增加。

---

❶　龐巴衛克在討論利率的決定時，事實上同時採用了「時間偏好學說」及「迂迴生產學說」，本章為了敘述方便起見，把它們分開說明。

　　除了消費者之外，廠商對可貸資金也有需求。因為自有資金通常有限，當廠商需要購買資本財時，除了動用內部儲蓄之外，大部分的款項非得靠借款不可。借款必須負擔利息，這筆利息變成投資的一種成本。每一家廠商在決定是否進行某項投資時，他首先要考慮的，就是這項投資的成本會不會超過它所預期產生的收入。更具體一點來說，就是廠商在進行投資之前，一定會將「投資邊際效率」與「利率」好好作一比較。如果利率高於投資的邊際效率，它將不會進行這項投資，蓋因新增加 1 塊錢投資所產生的收入小於增加的成本；相反的，如果利率低於投資的邊際效率，它將會樂於利用借款以進行投資，因為此時新增加 1 塊錢的投資，其所產生的收入大於所增加的成本。

　　政府對「可貸資金」有時也會產生需求，滿足這種需求有兩種方法，一是向中央銀行融通，一是發行公債。無論採取何種方法，它都是一種「借款」的行為。同一般消費者及廠商一樣，政府對可貸資金的需求，同樣會受到利率的影響，但這種影響比較不顯著。因為不管借款是為了彌補財政赤字也好，進行公共建設也好，這些計畫都是實際情況所需，政府實在沒有很大的選擇餘地。

　　綜合以上各種情形，我們將會發現：無論是消費者、廠商或政府，他們對可貸資金的需求都與利率成反方向的變動，如果我們把個別的需求都加總起來，用圖形表示便可得到一條整個社會對可貸資金的需求曲線（見圖 35-1 之 DD 線）。這條曲線由左上方向右下方傾斜，代表著利率與可貸資金需求之間，有減函數之關係存在。

　　利率水準是由可貸資金的需求與供給共同決定的，在討論過可貸資金的需求以後，現在讓我們來討論可貸資金的供給。為了種種原因，人們通常不會把所得全部用光，沒有被用光的所得會被儲蓄起來，這些儲蓄在可以獲得利息收入的狀況下將會被貸放出去，供別人使用。即使是最保守的人，在優厚的利率引誘下，也會儘量多加儲蓄，把儲蓄貸放出

圖 35－1　可貸資金供需函數與利率的決定

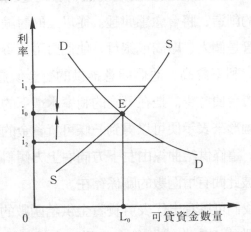

去，孳生利息。相反的，如果利率很低，即使是最富冒險的人，也會不願意把自己的儲蓄貸放出去，原因是爲了牟取蠅頭小利，而去冒貸款可能收不回來的風險太不值得。我們因此可以得到一個結論：即利率愈低，可貸資金供給愈少；利率愈高，可貸資金的供給愈多。

　　儲蓄是可貸資金供給的一個重要來源，但儲蓄並不完全來自個人，廠商經常也會有儲蓄。爲了更新機器設備，每一廠商通常會按期提存折舊準備，這些折舊準備便是廠商的一種儲蓄。在另一方面，當廠商賺取利潤時，除了將部分利潤發給股東作爲股息外，部分會被保留起來，供作日後擴充之用，這些保留之利潤我們稱爲「未分配盈餘」，也是廠商的一種儲蓄。這些儲蓄固然可充作廠商本身擴充之用，有時也會用於貸放，成爲「可貸資金」的供給。當政府的財政收入大於財政支出時，政府也可能產生儲蓄，若是將這一儲蓄用來償還舊債，也可間接增加可貸資金的來源。

　　在通常的情況下，個人及廠商都不會把自己的儲蓄直接貸予借款人，而會把它存在銀行，然後再透過銀行，提供給資金的需求者。在利率的決定過程裏，銀行扮演著一個非常重要的角色，它是資金借貸的中

介機構。銀行另外還有一個很重要的功能，那就是創造信用，利率愈高，銀行對信用的創造，將會愈感興趣。從以上的討論，我們可以發現一個法則：即不管是個人、廠商或銀行，他們對可貸資金的供給，都會受到利率的影響，利率愈高，他們願意提供的資金便愈多；利率愈低，他們願意提供的資金便愈少。把在不同的利率水準下的個別可貸資金供給加總起來，用圖形來表示便可以得到一條可貸資金的供給曲線（見圖35－1之 SS 線）。這條供給曲線由左下方向右上方傾斜，表示利率與可貸資金的供給，彼此間有增函數的關係存在。

從圖35－1我們可以看出代表可貸資金供給函數的 SS 曲線和代表可貸資金需求函數的 DD 曲線相交於 E 點。在這一點，可貸資金的供給量等於它的需求量，資金市場乃獲得均衡，此時的利率為 i_0，我們稱為「均衡利率」。若是實際利率高於均衡利率時（設為 i_1），可貸資金的供給量超過它的需求量，資金供給者為了想把資金全部貸放出去，通常會願意把利率降低，一直降到 i_0 為止。同理，當實際利率低於均衡利率時（設為 i_2），可貸資金的需求量超過它的供給量，資金需求者為了得到他所希望獲得的資金，通常會願意提高利率，直到回復至 i_0 為止。

前面的分析都是假定社會對可貸資金的供給與需求意願不變，事實上並不盡然，茲設社會的儲蓄意願提高，此時對利率會有何種影響呢？答案是當社會的儲蓄意願提高時，可貸資金供給曲線將自圖35－2的 SS 向右下方移至 S′S′，若是可貸資金的需求函數不變，利率將會從 i_0 下降到 i_1；相反的，設廠商的投資意願提高，可貸資金需求曲線將自圖35－2的 DD 向右上方移到 D′D′，若是可貸資金的供給函數不變，利率將從 i_0 上升到 i_2。

從以上分析，我們知道可貸資金學說是把利率當作一種「價格」，它的決定與商品價格的決定方式完全一樣。

圖 35-2　可貸資金供需函數變動對利率的影響

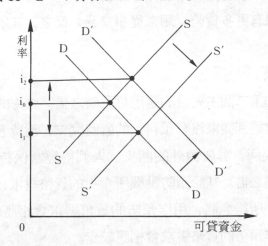

五、流動性偏好學說 (Liquidity Preference Theory)

除了「可貸資金學說」以外，還有一種完全從貨幣觀點去觀察利息的理論，那就是凱恩斯的「流動性偏好理論」。

凱恩斯認為:「利息是對放棄流動性的一種報酬」。不同的資產「流動性」(Liquidity) 不同，每一資產流動性的大小決定於它變成現金的難易。世界上最富流動性的資產當然是現金 (即貨幣)，只要握有現金，人們可以隨意在任何時間交換他所希望的東西。要使人們放棄持有現金而改持其他資產，必須給予他們利息，以補償放棄流動性所作的犧牲。

茲設資產的持有方式有二: 一是債券，一是貨幣。如果選擇前者，會有利息收入，但流動性卻比較低。如果選擇後者，會損失利息收入，但流動性比較高。在什麼情況之下，人們寧願放棄利息收入，而選擇保有貨幣呢? 根據凱恩斯的看法，人們保有貨幣的動機計有三項:

1.交易動機

保有貨幣的第一個主要目的是為了交易方便。因為貨幣具有最高流動性，為大眾普遍接受，作為債務清償工具，基於交易動機所產生的貨

幣需求，與所得水準有密切的關係。所得水準愈高，交易的金額往往愈大，人們需要保有更多貨幣，用來從事交易；反之，其所需要保有的貨幣數量會愈少。

2.預防動機

保有貨幣的第二個主要目的是應付不時之需。未來的事情常無法預期，廠商可能會遇到從來沒有預料到的臨時開支，消費者可能有不速的訪客或偶發的疾病，需要額外的開支。人們得經常保持相當數量的貨幣，以應此不測之需。基於預防動機所產生的貨幣需求，與所得水準也有密切的關係，所得愈高，用作預防的貨幣需求會相應較多；相反的，所得愈低，用作預防的貨幣需求會相應較少。

3.投機動機

保有貨幣的第三個主要目的乃是準備隨時從事債券投機的買賣，以賺取資本利得。在前面我們提到，個人保有資產方式有二：一種是貨幣，一種是債券。一個人願意保有貨幣而不願保有債券，可能是認為目前債券的價格太高，將來可能會下跌。如此，與其購買債券，不如握有貨幣，待債券價格下跌時再行購入債券，這樣可以博取巨額的資本利得，我們把這種想法稱為「投機動機」。

基於投機動機的貨幣需求與債券的價格很有關係，而債券的價格卻主要受利率影響。茲舉一例加以說明，設有一張面額 1 萬元的債券，在這張債券的上面寫好：一年後可以收回本金另可獲得利息 1,000 元，即債券的利率為 10％。某甲今以 1 萬元買進這張債券，當時銀行利率為 10％，待過幾個月以後，銀行利率下降為 8％，此時債券持有人如果把債券賣出，是不是會賣 1 萬元呢？答案是不。原因是按照當時銀行通行利率 8％，1 萬元的銀行存款在一年後只能賺到利息 800 元，而持有該債券滿一年卻可領到利息 1,000 元，投資債券自然比把錢放在銀行更為合算。利之所在，大眾必爭相搶購債券，結果會使債券的價格提高，直

到 12,500 元爲止。因爲以 12,500 元買入這張債券，一年後獲得 1,000
元的利息收入，其利率恰好爲 8％，正與銀行利率相同。債券價格的計
算方法是：

$$債券價格 = \frac{債券利息收入}{市場利率} = \frac{\$ 1,000}{0.08} = \$ 12,500$$

根據以上公式，債券的價格與利率係成反方向的變動。基於投機動機所
產生的貨幣需求，因係債券價格的函數，自亦與利率發生密切的關係。
當債券價格高的時候，也就是利率低的時候，大衆會預期債券的價格只
會下降，不會上升，勢必儘量把手邊的債券銷售出去，換成貨幣。反
之，當債券價格低的時候，也就是利率高的時候，大衆會預期債券的價
格只會上升，而不會下跌，勢必大量以貨幣換取債券。從以上分析，我
們可以得到一個結論：就是利率愈低，投機動機所需求的貨幣愈多；利
率愈高，投機動機所需求的貨幣愈少。

　　綜上所述，貨幣需求可分爲兩種：第一種是因「交易動機」及「預
防動機」而產生的貨幣需求，這些貨幣需求受所得影響，而不受利率影
響。另外一種是因「投機動機」所產生的貨幣需求，這項貨幣需求和利
率成相反方向的變動。如果我們把各種貨幣需求加總起來，用圖形表示
便可得到一條整個社會的貨幣需求曲線——如圖35-3的 LL 所示。圖
中的 OL_0 代表「交易動機」及「預防動機」所產生的貨幣需求，它不
受利率影響，所以是一個常數。

　　以上我們花了很多時間來討論貨幣需求，但貨幣需求不能單獨決定
利率，利率必須由貨幣的需求與供給共同決定。關於貨幣的供給，一般
認爲因受中央銀行的控制，它與利率水準無關。如果以圖形來表示，便
是一條如圖 35-4 的 MM 直線。如果我們把圖 35-3 的 LL 線轉畫在圖
35-4 上面，我們將會發現貨幣供給曲線 M_0M_0 與貨幣需求曲線 LL 相
交於 E 點，此時貨幣的供給量正好等於貨幣的需求量，其所對應的利

圖 35-3 貨幣需求曲線

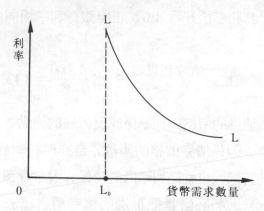

圖 35-4 流動性偏好與利率的決定

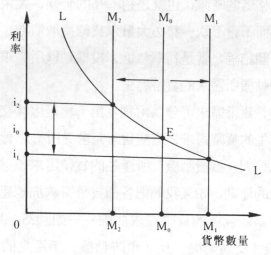

率爲 i_0，稱爲均衡利率。當均衡實現以後，如果政府爲了某種理由增加貨幣供給數量，貨幣供給曲線將因此從 M_0M_0 向右移到 M_1M_1，利率水準將會相應從 i_0 降到 i_1。相反的，如果政府爲了某種理由減少貨幣供給數量，貨幣供給曲線將從 M_0M_0 向右移到 M_2M_2，利率水準將會相應從 i_0 上升到 i_2。由此可見，透過貨幣供給量的變動，政府可以對利率水準發生很大的影響力量。

第三節　利率差異的原因

　　根據本章第二節的分析，整個社會好像只有一個利率，這顯然與事實不符，我們要指出的是上一節討論的利率是一種所謂「均衡利率」(Equilibrium Interest Rate)，它與「市場利率」(Market Interest Rate)並不相同。前者是資金供給與需求相等時所決定的利率，而後者則是市場上實際通行的利率。兩者之所以發生差異是受下列因素的影響：

　　1.風險

　　站在貸款者的立場，當他把一筆款項貸放出去的時候，一定會考慮到這筆貸款收回的風險究竟有多大。如果收回的風險很大，他一定會索取較高的利息；相反的，如果收回的風險很小，他將會索取較低的利息。因為貸款對象的信用好壞不一，每一特定貸款收回風險高低不同，反映在市場上的便是即使期限及金額一樣的貸款，利率往往不同。

　　2.貸款期限

　　貸款期限愈長，貸款人所忍受的痛苦與不便就愈多，如果其他情況不變，貸款期限愈長，利率將愈高；貸款期限愈短，利率將愈低。

　　3.貸款金額的大小

　　如果兩筆貸款的風險及期限完全一樣，金額比較小的貸款，利率總是比較高。原因是任何貸款都有諸如徵信調查、帳冊處理、貸款收回等行政成本，這些成本一般來說都是相當固定，因此小額貸款的平均單位成本顯然會比大額貸款來得高，利率也就相應的較高。

　　4.市場的不完全

　　儘管兩筆貸款的所有條件完全相同，它們的利率負擔可能會有差異。造成這種現象的主要原因是資金市場不完全，情報的交流不夠靈敏。

第四節　利潤的意義

　　一般人對於利潤（Profit）與利息時常會分辨不清，混爲一談。此種混淆不清的觀念盛行於十八世紀到二十世紀初葉，這段時期正是古典經濟學由萌芽到興盛的時期。當時古典經濟學家親眼所看到的企業組織經營，並非像目前所流行的公司型態的企業。一般廠商的經營者都是使用自己的資本，它們只是向他人租借土地或建築物以及向勞動市場雇用勞動，很少向外面借入資本。從他們的總收入中扣除原料成本、工資與地租後，若有剩餘全歸其所有。其中究竟是多少屬於他們自有資本的報酬，多少是屬於他們自己勞心勞力的報酬，很難加以適當和明確的區別。職是之故，古典經濟學家對於利潤與利息每視爲一體，不加分別。

　　近數十年來，公司型態的企業組織，已發展成爲一種常見的企業組織。企業的所有權與企業的管理權逐漸分開，有錢的人出錢，有力的人出力，彼此合作。公司行號對優良的企業人才無不爭相延攬，企業家在現代社會受到廣泛的重視，且已成爲一種不可或缺的生產要素。對於這一種特殊要素給予適當和合理的報酬，便是我們所稱的利潤。

　　我們在日常生活中所聽到的利潤，通常是指生產總收入減去支付他人的原料、工資、利息、地租等費用後的剩餘。而經濟學家心目中的利潤，並不是這樣一個定義。一般人心目中的所謂利潤，經濟學家稱之爲商業利潤或會計利潤（Accounting Profit）。在計算這些利潤時，從收入中扣除的成本包括雇工的工資、借貸的利息，以及向他人租賃土地、房舍、機器、設備及購買原料、物料、水電等而支付的費用。這些費用都可從會計帳目中明白的表示出來，很容易認識，所以稱之爲明顯成本（Explicit Costs）。可是我們知道，企業家負責主持一家企業，往往必須將自己全部的時間，乃至金錢投放在這個企業，如果他們不從事這個企

業，他們可以把擁有的金錢借給別人而取得利息收入，自己亦可受雇於他人而取得薪資的收入。企業家將其自有時間、金錢投入其他最佳用途所能賺取的收入，稱之為機會成本。這些機會成本通常不會登記在會計帳目上面，易為一般人所忽略，我們稱之為隱含成本（Implicit Costs）。

在經濟學家看來，隱含成本是一種機會成本，於計算利潤時應該把它們考慮在內。從會計利潤或商業利潤中扣除隱含成本，便是經濟利潤（Economic Profit）。企業的正常利潤是經濟利潤為零，零以上的經濟利潤稱為企業的超額利潤（Excess Profit）。

在完全競爭的市場上，如果一個產業有正的經濟利潤存在，它將會吸引更多的廠商加入，直至正的經濟利潤經由更激烈的競爭而全部消除為止；反之，如果某一產業發生負的經濟利潤，將會有一些廠商退出該一產業，直到負的經濟利潤完全消失。職是之故，在完全競爭的情況下，企業家將其時間、金錢投入某一企業，其自該企業所獲得的會計利潤扣除隱含成本最後之結果必將為零。亦即在完全競爭的情況下，當均衡實現的時候，每一廠商只能獲得正常利潤。這一個正常利潤，將適足以使企業家不會把他們的時間和金錢移轉用於其他的企業。

第五節　利潤的發生

從以上的分析，我們得知：經濟學家心目中的利潤與一般人或會計學家心目中的利潤並不相同，企業家所重視和追求的是經濟利潤。下文所提到的都是指的經濟利潤，而不是會計利潤。現在讓我們就利潤何以發生的原因來加以探討。

一、創新

在一個完全競爭並且是靜態的經濟社會，經濟利潤不可能發生。根

據古典學派的模型，在完全競爭市場上，長期均衡產出水準下產品的售價，將恰好等於平均成本，企業只能賺取正常利潤，而不可能獲得經濟利潤。但德國經濟學家熊彼德（Joseph Alois Schumpeter）認為在現實生活中，具有靈敏頭腦的企業家，不會安於現實，許多事物在他們不斷追求創新的情況下，會推陳出新，變化多端，結果新的投資機會會不斷出現，利潤也會逐漸發生。熊彼德心目中的創新計畫包括：(1)新產品的推出，(2)新的生產方法，(3)新市場的開闢，(4)新的原料供給來源之發現，(5)更有效的經營管理。創新不同於發明（Inventions），發明只是對一種新事物或新方法的發現，而把這些新發現的方法及事物加以實際利用和推廣，則是屬於創新的工作。從事創新的人，我們稱為企業家。

創新不是一件簡單的工作：(1)未來難以預測，而且新的計畫容易犯錯；(2)一般人對於新的事物往往抱持懷疑與保留的態度，甚至加以排斥；(3)創新往往被視為是一種反動和標新立異，經常會遭遇社會人士的非議。正因創新具有如此眾多的困難，擔任創新工作的企業家，必須具有特別的才幹和毅力，他們不但要有先見之明，經常有新的構想，而且還需有恆心和勇氣將此新的構想付諸實現，故利潤乃是對企業才幹的一種報酬。

某一項創新在開始推出時常常只是由少數企業家推動，一旦實施成功，創新當初所遭遇的困難便會大半消逝，而成為有利可圖。此時，平庸之輩將起而仿效，競相加入創新活動，形成一種所謂創新的叢生（Cluster of Innovation），經由激烈的競爭，創新的利潤將會逐漸遭受侵蝕乃至消失。所幸某一創新利潤消失後，另外一種創新又將接踵而至。在一個社會發展過程中，創新永遠不會停息。

二、風險及不確定性

我們所生活的世界是一個動態世界，在這個動態世界，未來充滿著

不確定性（Uncertainty）。根據美國經濟學家奈特（Frank H. Knight）的看法，「不確定性」的存在，乃是利潤發生的基本原因，舉凡願意承擔風險的企業家，都應該獲得利潤的報酬。奈特認為未來的有些變化是可以預測的，有些則是無法預測的。沒有變化便沒有利潤，有了變化亦不一定是就有利潤，只有遇到變化莫測的情況下，才會發生利潤或虧損。此種無法預料的變化，就是所謂不確定性。奈特在他所寫的《風險、不確定性及利潤》（*Risk*, *Uncertainty and Profit*）一書中，曾經將風險分為兩種：一種是可以計量的風險，一種是無法計量的風險，後者具有不確定性，乃為利潤的來源。在自由企業經濟，企業家根據目前及預期的情況，雇用各種生產要素，如果未來不發生變化，或者雖然發生變化，但有一種法則，可以預先料到，經由完全競爭，必然會使產品的售價與平均成本相等，利潤與虧損俱無從發生。未來的變化如果能夠依據某種方法加以測度，乃是奈特所指的風險，可以採取保險的方式，將其轉化為一種成本，於計算總成本時把它包括在內。在這種情況下，利潤和虧損仍然不可能發生，只有當無法測度的風險——即所謂不確定性存在時，才會導致利潤或虧損的發生。

三、獨占

在理論上，完全競爭下的長期均衡是沒有經濟利潤，但在現實經濟社會裏，完全競爭模型只是一種理想，獨占與不完全競爭在經濟體系內隨處可見。由於獨占者具有阻止其他廠商進入某一產業的能力，因此它可以長期享有經濟利潤。獨占利潤的產生源於產品的平均收入曲線通常都位於邊際收入曲線的上面，正如同圖 35-5 的 AR 與 MR 曲線所示。從該圖中我們可以看出 MC 曲線（邊際成本曲線）與 MR 曲線相交於 F 點，相對應於 F 點的均衡產出水準為 OQ_1。在這一個產出水準之下，廠商的總收入為 OP_1CQ_1，總成本為 $OabQ_1$，兩者之差為 $abCP_1$，構成

圖 35-5　獨占利潤的產生

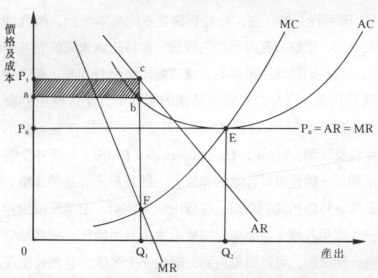

獨占利潤。在完全競爭情況下，平均收入等於邊際收入或價格，它是一條與橫軸平行的線，長期的均衡產出水準必然是對應平均成本最低的一點，即圖35-5的 OQ_2。在此一產出水準之下，其所對應之產品價格為 OP_0，此時廠商的總收入等於總成本，經濟利潤為零。

第六節　利潤的功能

在自由經濟社會，消費者追求滿足程度的最大，廠商追求利潤的最大，原本是一件極自然的事情。可是，一般人對利潤總是用著憤恨的眼光去看待，正如同一般人對所得分配不均，用憤恨的眼光去看待一樣。在他們看來，利潤是資本家利用他們的資本壓榨勞動者的結果，故有人主張政府應該利用課稅手段，將利潤全部由企業家手中取去。

反對利潤的存在，當以馬克斯學派（Marxian）最為激烈。根據馬克斯（Karl Heinrich Marx）的勞動價值論，國民所得應該全部歸於勞動

者所有。在資本主義制度下，廠商所給予勞動者的工資，往往少於勞動者對產品的貢獻，兩者之差便構成了馬克斯所謂的「剩餘價值」（Surplus Value）。馬克斯認爲這種包括利潤在內的「剩餘價值」，乃是廠商剝削勞動者的結果。

利潤如果像馬克斯學派所說的那樣罪惡，採行自由經濟制度的國家爲何會讓它繼續存在？ 生活在自由經濟的社會工人，是否都像馬克斯所說那樣在生存邊緣上掙扎？ 事實是最好的答覆。世界上採行自由經濟的國家，往往都是經濟成長相對迅速的國家。隨著經濟發展，這些國家的勞動人民的生活水準正在不斷普遍改善，以憤恨的眼光看待利潤旣不正確也不公平。

如果說宇宙間有一部機器在推動自由經濟的運行與不斷的成長，這部大機器便是利潤。自由市場的價格機能之所以能夠充分發揮，主要依賴貨幣誘因。工人希望提高工資，資本家、地主、及企業家希望獲得更多的利息、地租及利潤的收入。乍看起來，似乎充滿了混亂和互相爭奪的現象。事實上，我們的經濟體系卻是井然有序，並且極具效率，這種經濟體系之可以存在及維持，其關鍵便是利潤。

在現代經濟社會，利潤具有下列幾種功能：

一、社會資源分派的指標

當某一產業有經濟利潤發生時，表示社會對該一產業所生產的產品需求旺盛，這是產業應該擴充的一種訊息，更多的社會資源將會因此被引導流向該一產業。反之，當某一產業發生虧損，即發生負的經濟利潤時，表示社會對該一產業所生產的產品需求減退，這是產業應該收縮的一種訊息，更多的社會資源將會因此被引導自這一產業轉移用以其他產業。職是之故，正的經濟利潤是對社會資源有效利用的一種獎勵，而負的經濟利潤則爲對社會資源不當利用的一種懲罰。自由經濟制度透過利

潤的存在，可以使資源的使用比計畫經濟（Planned Economy）更有效率。

二、創新的誘因

大部分人們都習慣於安定、守舊，不願輕易從事創新、冒險。利潤的預期，是擺在企業家面前的一副香餌，可以激發他們從事創新的意願。企業家從事創新只是一種手段，其終極目的乃是在於追求利潤。

創新與利潤兩者是相輔相成的，成功的創新產生了利潤，有了利潤以後，廠商將有更多的資金，從事更多新的創新。充分的資金可以使創新工作更易成功，因而進一步導致更多的利潤，如此陳陳相因，形成一種良性的循環。

三、經濟成長的動力

資本為經濟發展過程中，一個不可缺少的基本要素。資本誠然有許多的來源：家計部門的自願儲蓄、政府透過稅課等方式實行的強迫儲蓄、以及外國資金的流入，都是資本形成的來源。而經濟學家認為最重要的投資基金來源，卻是企業的盈餘。家計部門的儲蓄可能有許多被窖藏起來或被用作消費貸款；政府的強迫儲蓄政策，可能造成經濟衰退的不良後果；國外資金的流入，通常變化很大，不十分可靠。只有企業的盈餘，大部分將會用於廠房及機器設備之擴充，而企業的盈餘來自利潤，因此利潤是資本形成的主要來源，是經濟成長的主要動力。

摘　要

1. 向人借錢必須付出代價，這一代價就是俗稱的利息。經濟學上所謂利息是指：(1)資金借貸的價格，及(2)使用資本設備的報酬。若是用百分比來表示，前者便稱為利率，後者有時候又稱為資本報酬率，事實上也是利率的一種。

2. 利率有名目利率與實質利率之分，前者是利息占貸款的百分比，後者是名目利率與預期通貨膨脹率之差。

3. 關於利息的發生和決定，有下面幾種不同的說法：

   (1)時間偏好學說：此說認為利息之所以發生是源於人們對「現貨」具有一種偏好，它是對犧牲時間偏好的一種報償。

   (2)忍欲學說：此說認為利息是人們犧牲目前享受所取得的代價。

   (3)迂迴生產學說：此學說認為利息的發生，是採用迂迴生產的結果，「迂迴生產」可以提高生產效率，但需要更多的資金。透過迂迴生產，資金可用以提高生產效率，因此資金的使用，應該給予某些報酬，這便是利息產生的原因。

   (4)可貸資金學說：此學說認為利率決定於可貸資金的供需，所謂「可貸資金」是指可供借貸的資金或款項。不管是個人、廠商或銀行，他們對可貸資金的供給，都會受利率的影響，利率愈高，可貸資金的供給愈大，利率愈低，可貸資金的供給愈小。在另一方面，可貸資金的需求與利率有一種減函數的關係存在，兩者往往呈相反方向變動。當可貸資金的供給等於可貸資金的需求時，均衡利率乃告決定。

   (5)流動性偏好學說：此學說首先由凱恩斯提出，他認為利息是對放棄流動性的一種報酬。世界上最富流動性的資產是貨幣，要

使人們放棄持有現金，改持其他資產，必須給予某種補償，這
種報償就是利息。

3. 在貨幣市場上，往往同時出現許多不同的利率，造成利率差異的
重要原因是：(1)貸款風險的大小不一，(2)貸款期限的長短有別，
(3)貸款金額的高低不同，及(4)資金市場競爭的完全性有異。

4. 利潤是對企業家經營企業能力的一種報酬。會計學家心目中的利
潤，和經濟學家心目中的利潤不同。在計算「會計利潤」時，從
收入中減去的成本只包括明顯成本，而計算「經濟利潤」時，從
收入中減去的成本不但包括明顯成本，而且包括隱含成本，前者
在會計帳冊上可以發現，而後者則往往沒有記載在會計帳冊上面
面。在完全競爭的市場上，經由激烈競爭，廠商的經濟利潤最後
會完全消失。

5. 利潤發生的主要原因是：(1)企業家的創新活動，(2)經營企業必須
承擔各種風險，及(3)獨占的存在。

6. 馬克斯認為利潤是資本家利用他們的資本壓榨勞動者的結果，這
一種說法並不正確，利潤具有許多積極的經濟功能。它是：(1)社
會資源有效分派的指標，(2)創新的誘因，及(3)推動經濟成長的動
力。

問題討論

1. 利息與利率有什麼分別？爲什麼經濟學家特別重視利率，而不是利息？

2. 爲什麼對借貸行爲有決定性影響的是實質利率，而不是名目利率？

3. 何謂可貸資金說？根據這一學說，利率是如何決定的？

4. 流動性偏好說是誰首創的？它的内容如何？試扼要述之。

5. 爲什麼債券價格與利率間往往呈相反方向變動？您能否舉例加以說明。

6. 市場上往往有許多不同的利率，造成這種差異的原因何在？

7. 有人認爲利潤是資本家對勞動者剝削的結果，您是否同意這一看法？原因何在？

8. 會計利潤和經濟利潤有什麼區別？爲什麼經濟學家只重視後者，而不重視前者？

9. 在完全競爭下，廠商的經濟利潤最後會歸於消失，其原因何在？

10. 在自由經濟社會，利潤發生的原因何在？

第四篇
當代重要經濟問題

第三十六章　社會主義經濟制度的改造

第一節　社會主義經濟制度與資本主義經濟制度的區別

因為資源有限而人類的欲望無窮，每一個國家都面臨如下三個最基本的經濟問題：

1.生產什麼及生產多少

每一個國家的資源有限，它不能生產全部所需要的東西，要想對某一項東西多生產一些，對其他東西便得少生產一些。因此，擺在每一個國家面前的第一個共同問題便是生產什麼和生產多少？

2.如何生產

第一個問題解決以後，接著需要解決的第二個共同問題，便是如何生產那些我們決定自己生產的東西，即如何把不同的生產資源組合起來，使我們的生產目標能夠以最有效的方法加以實現。

3.如何分配

每一項物品的生產，都有很多人參加，他們對生產這一物品直接或間接都提供過一些貢獻，理應給予一些報酬。因此擺在每一個國家面前的第三個共同問題乃是產品如何分配，那些人應該多得一些？那些人應該少得一些？

　　每一個國家不但所面臨的基本問題相同，它們所追求的目標有許多也是相同的，這些共同的目標包括：(1)提高人民生活水準，(2)加速經濟成長，(3)實現充分就業，(4)維持物價穩定，(5)促進所得公平分配，(6)擴大經濟自由，及(7)增進經濟安全。

　　雖然每一個國家所面臨的基本經濟問題和所追求的重大經濟目標大致相同，但它們對解答這些基本經濟問題所遵從的方式和實現這些經濟目標所採取的手段，卻未盡一致。換句話說，每一個國家都有不同的經濟制度（Economic System），因為經濟制度的不同，它們對處理同樣的經濟問題，往往會採取不同的方法，其所獲得的結果也往往會有一些差異。嚴格說來，沒有兩個國家的經濟制度是完全相同的。在理論上，經濟制度有兩個極端不同的類型；一個為資本主義經濟制度（Capitalist Economic System），一個為社會主義經濟制度（Command Economic System）。

一、資本主義經濟制度的意義及特徵

　　所謂資本主義經濟制度，是一種純粹以市場為導向的經濟制度，所以又稱為市場經濟制度（Market Economic System）。首先提出市場經濟制度主張的經濟學家是亞當斯密，這一種經濟制度具有以下各項特質：

　　1.物品及勞務的生產和分配完全受價格機能的指導。

　　2.每一位生產者和消費者對生產和消費的決定是相互獨立的。

　　3.一切經濟活動都是以謀取私人的最大利益為主要動機。

　　4.政府除了建立「遊戲規則」（Rules of the Game）以外，對市場不加任何干預。

　　5.消費者是皇帝，所有企業經理都是它的臣僕。

　　6.任何產銷計劃的編制和修訂都屬於私人事務，國家不編制任何計劃。

　　市場經濟制度是建立在私有財產、謀利動機、及完全競爭的基礎上面。在市場經濟制度下，財產私有被認爲和生命及自由一樣，是人類與生俱來的權利。財產擁有者對其所擁有的財產有自由使用權、處分權和受益權。爲了追求更多的財產，每一個人會更加發奮努力，對生產工具會更加珍惜，私有財產制度可以化沙漠爲綠洲。市場經濟制度的第二個骨幹是利潤，它是測定企業經營成敗的尺度，儲蓄及資本形成的主要來源，和促使人們願意冒險犯難的最大誘因。在利潤的驅使下，生產資源的效率得以充分發揮。完全競爭可以迫使每一位生產者不斷努力設法降低生產成本和提高產品品質，並使價格訊號得以眞正反映供需情況的變化，資源的分派和利用不會受到扭曲。

　　市場經濟制度自亞當斯密倡導以來，歷經二百多年，其所以受到廣泛的重視，是因爲它具有下述各項優點：

　　1.市場經濟制度反對各種政府的干預和管制，每一個人在法令範圍以內，可以隨心所欲，從事各種經濟活動，在就業、投資及企業經營方面，享有充分的自由。

　　2.市場經濟制度可以使生產要素獲得最充分和有效的利用。透過價格的自由變動，每一生產要素都可以獲得充分就業。若是某一生產要素發生供過於求的現象，它的價格會自動下跌，直到供需恢復平衡爲止。因此，失業只是暫時的現象，不可能長期存在。在另一方面，市場經濟制度崇尙競爭，優勝劣敗，基於本身的利益，每一個人都會精打細算，使生產資源獲得最經濟的利用。在市場經濟制度下，當均衡實現的時候，每單位產品的生產成本會降至最低。

　　3.在市場經濟制度下，生產者人數衆多，競爭非常劇烈，爲了在競爭中保持優勢或不被擊敗，必須在產品方面不斷推陳出新，因此這一制度有利於創新。可是也有人認爲在市場經濟制度下，生產過分分散，企業規模太小，廠商缺乏創新的財力。

4.在市場經濟制度下，每一個人雖然都是爲了自己個人的利益，從事各項經濟活動，但自私心的發揮，透過公平競爭，可以促進社會進步，個人的利益和社會的利益最後會趨於和諧。

5.在市場經濟制度下，一切生產都是爲了滿足消費者的需要，凡是能夠滿足消費者需要的生產，一定可以獲得成功。基於本身的利益，每一位生產者都會設法對自己的顧客提供最佳的服務，結果是一定量的資源，會帶給消費者最大程度的滿足。

6.透過價格機能，每一生產因素都會從低生產力部門不斷轉移到高生產力部門，所得分配也可以按照各取所值的原則，凡對生產貢獻愈大的，將會分配到更多的所得；凡對生產貢獻愈小的，所分配到的所得必定愈少。

7.供過於求或求過於供的現象，在市場經濟制度下，不可能發生，即使發生也將是局部的和短暫的，全面性的長期生產過剩或生產不足，在這一種制度下，是不可思議的。價格的自由變動足以防止這些現象的發生，或使這些現象消弭於無形。

市場經濟制度的成功，是建立在以下幾個假設上面：

1.私有財產制度的存在。

2.市場的競爭非常完全，沒有人能夠操縱市場。

3.生產資源可以自由移動，進出市場沒有任何的限制。

4.沒有所謂外圍經濟及不經濟的存在，個別生產者或消費者從事某一經濟活動所產生的費用和獲取的利益，與社會全體所負擔的費用和獲取的利益完全一致。

以上各項假設如果一一存在，市場經濟制度將是一個很理想的經濟制度。不幸的是，這些假設在現實生活中，並不完全存在，如果完全信賴這一制度，政府坐視不理，它可能產生以下許多不良的副作用：

1.按照市場價格機能，國民所得將完全依照所提供資源質量的多寡

來分配，其結果必然是擁有資源質量愈多的，所分配的所得愈大，貧富懸殊的現象勢必日益擴大。

2.廠商為了實現規模經濟的利益，透過自由競爭，以大吃小，企業將會不斷合併，若干市場難免最後會受少數大型廠商所壟斷和操縱。到了這個境地，價格機能便無法使生產資源獲得最充分和有效的利用。

3.在放任的市場經濟制度之下，投資與儲蓄分別由不同個人基於不同動機所決定，難免有的時候會儲蓄大於投資，或投資大於儲蓄，結果不是有效需求過多，便是有效需求不足，經濟波動殆無法避免。

4.自由市場的價格機能只能反映個人的需要，不能反映社會的集體需要，若是完全按照價格機能分配生產資源，將會使公共財貨供應不足。

5.有些經濟活動會產生外圍經濟或不經濟，使第三者遭受損害或獲得利益，這些損害或利益通常無法在自由市場的價格機能中反映出來。在這種情況之下，個人利益及社會利益會有所乖離，而不能完全一致。

二、社會主義經濟制度的意義及特徵

社會主義經濟制度否定私有財產，主張將一切生產工具收歸公有，實施中央集權，統籌物資的生產和分配，這一經濟制度又稱計劃經濟制度或統制經濟制度。它具有下述各項特質：

1.生產工具公有，企業由政府直接經營。

2.關於生產什麼？如何生產？及為誰生產？等基本經濟問題由政府計劃決定。

3.企業經理人員沒有決策權力。

4.一切生產活動都是在實現計劃目標，謀利並不是生產活動的主要動機。

5.在統制經濟制度下，中央設計單位具有最高無上的權力，它們的

旨意是一切生產活動的最高指導原則。

　　6.統制經濟制度特別重視經濟公平，爲了實現所得的平均分配，它們願意以犧牲經濟自由和經濟效率作爲代價。

　　統制經濟或是社會主義經濟制度要想能夠順利實施，必須具備下述各項先決條件：

　　1.國家目標必須訂得很具體和清楚，讓每一個有關的人都能明白。

　　2.領導階層對主要目標都有一個共識，彼此不會有所爭議。

　　3.政府各主管部門、從屬部門、及企業單位相互間的關係必須明確訂定，彼此能夠有效的溝通。

　　4.領導階層的目標必須能夠獲得各級機構的充分同情和支持。

　　5.計劃必須精確。

　　在統制經濟制度之下，經濟大計都是根據領導階層預先訂好的目標做成決定，由於私人利益衝突所引起的資源浪費和行動延誤可以減少。

　　統制經濟的第二個優點，是生產資源可以根據國家目標的優先次序，作有計劃的分配。透過經濟計劃，事先取得協調，盲目生產所引起的經濟波動可望減輕，經濟計劃也可能使風險減少，增加經濟的安定性。

　　在市場經濟制度下，技術創新會使許多現有設備報廢，私人資本家對這些創新的採用會因此有所猶豫。在統制經濟制度下，這種顧慮和猶豫發生的可能性比較小。

　　許多生產和消費活動都會產生一些外部成本和外部利益，這些外部成本和外部利益往往不能反映在自由市場的價格上面，個人利益與社會利益因此會有乖離的現象。在統制經濟制度下，價格不是由市場決定，而是由經濟設計單位決定，上述情況很容易獲得糾正。

三、社會主義經濟制度的缺陷

在上一小節我們曾經談到社會主義經濟制度的一些優點，但這些優點多半都是理論上的，實際上這種制度有很多的缺點，其中最重要的缺點是：

1.精確的經濟計劃是社會主義經濟制度成功的先決條件，而精確計劃的產生，需要有精確的資料作為依據，這些資料包括現有一個國家所能掌握的人力與物力之數量與品質，投入與產出間之關係，以及各類產品與勞務之需求狀況等。精確的這些資料不但搜集困難，花資巨大，甚至根本不存在。尤其是開發中國家，關於擬訂計劃所需要的上述各種資料，更是殘缺不全。沒有完備的資料，經濟計劃的編制將會非常困難，即使勉強拼湊起來，其實踐性也是很有問題的。

2.在社會主義經濟制度下，因為樣樣事情都得政府來管，為了管理這些眾多的事務，必須設立很多機構，訂出很多規則。同樣事情許多機關都可以管，利之所在，大家相互爭奪，涉及責任問題，則相互推卸，整個社會瀰漫著一種官僚氣氛，辦事效率必然低落。

3.社會主義經濟講究中央集權，一切仰仗上級指示，凡事唯命是從，遇經濟情況變遷，執行機構及幹部多會聽候決策當局指示，不敢主動採取任何應變措施，一切事情無形中會變得非常僵硬，而失去彈性。

4.在社會主義經濟制度下，企業經理人員主要所關心的是如何實現上級規定的生產目標，只要這些目標能夠實現，他們便可以保全名位，甚至得到升遷。至於目標是否定得合理，及如何有效實現這些目標，他們多不關心。企業經理人員一般缺乏效率觀念，他們甚至認為節省資源用量，不但與己無補，尚可能導致下期投入配額遭受削減。

5.社會主義經濟過分重視所得的平均分配，不遵守論功行賞的原則，個人的自私心無法發揮，幹起活來自然都不起勁，社會大眾普遍缺

乏積極性。

6.在極權統制之下，個人升遷的最好途徑，是討好領導幹部，說他所喜歡聽的話，做他所喜歡做的事，報喜不報憂乃是一種自然的現象，結果是自我陶醉、故步自封。

7.社會主義經濟把整個國家當作一個大公司，隨著經營規模擴大，企業最初可能會享受到許多經濟利益，單位產品成本將隨生產規模擴大而下降。但到達某一境界後，企業規模的繼續擴大，會引起上下溝通的困難，使管理效率下降，單位產品成本將隨企業規模繼續擴大轉而上升。社會主義經濟因為事權過分集中，管理階層太多，下級的請示與上級的裁決，都須經過許多繁文縟節，貽誤商機，殆不可避免。

相對市場經濟制度國家，採取社會主義經濟制度的國家，一般說來，生產效率都比較低，在解體前的蘇俄，每一個工廠工人平均要工作36個月才能賺到1輛小汽車，美國工人只要工作7個月便可以賺到1部汽車。俄國工人要想買1部彩色電視機和冰箱，平均要做780小時或168小時的工，美國工人只要做86小時或47小時的工。在蘇俄，每生

表 36－1　前蘇俄及東歐國家與美國生活水準的比較

	人口（百萬）	每平方公里人口數量	每千人嬰兒死亡率	每人平均國內生產毛額占美國比重	每千人擁有汽車輛數	每千人擁有電話數量
保加利亞	8.9	81	12	26％	127	248
捷克	15.7	125	11	35	186	246
東德	16.3	154	7	43	214	233
匈牙利	10.6	114	15	30	156	152
波蘭	37.8	124	13	25	112	122
羅馬尼亞	23.3	101	19	19	N.A.	111
蘇俄	290.9	13	24	31	46	124
美國	250.4	27	10	100	565	789

資料來源：Peter Marrell, "Symposium on Economic Transition in the Soviet Union & Eastern Europe", *Journal of Economic Perspectives*, Fall 1991, pp. 5～6.

產一單位產品的能源消耗量要比美國高出 35％，比西歐國家高出 150％。採取社會主義經濟制度的國家，她們的人民生活水準也趕不上採取市場經濟制度的西方國家。從表36－1我們可以看出，蘇俄的每人平均國內生產毛額只相當於美國的 31％，在美國每 1,000 人擁有 565 輛汽車和 789 支電話，而在蘇俄每 1,000 人只擁有 46 輛汽車和 124 支電話。其他東歐的前共產國家，他們的人民生活水準與美國比較起來也是瞠乎其後。

第二節　社會主義經濟制度在蘇俄的運作

社會主義經濟制度曾經被世界上許多國家採用過，其中以蘇俄實施這一制度的時間最長，經驗也最為豐富。在 1990 年代以前，蘇俄幾乎完全不容許私有財產的存在，所有自然資源和絕大部分的生產工具都是為國家或集體所有，企業的絕大部分也是由政府直接經營的。根據統計資料，在 1980 年代的末期，蘇俄的國營農場所生產的農產品，其價值在全國農業生產總值中所占的比重高達 88％，零售業中的 98％ 都是國營事業，75％ 的城市房屋屬國營事業所有。為了管理分散在全國各地的眾多國營事業，蘇俄設有一個龐大的官僚機構，這些官僚機構的最高領導是共產黨中央黨部總書記以及它的政治局成員。他們是最高決策者，整個國家類似一個大公司，總書記是這個公司的董事長，政治局的成員則是這一個公司的董事，他們制訂各種發展目標；決定整個國家未來經濟發展方向，然後向國家計劃部門下達指示，並責成他們編製經濟計劃落實黨中央的指示，所有計劃的實際執行由企業及農場負責，監督工作則由所屬各級政府行政部門擔任。

在蘇維埃社會主義共和國聯邦解體以前，蘇俄國內所有的生產與分配決策都是由中央計劃的，除了五年經濟計劃以外，他們也有年度經濟

計劃，前者標示經濟發展的一般方向，後者則對執行方案加以詳細規定。計劃編制的第一個步驟是由最高決策當局訂定目標，第二個步驟是由國家計劃單位決定生產的優先順序並分配各生產單位任務。當各生產單位即企業接獲任務通知以後，他們往往會對完成任務所需各種資源向上級提出要求，上級單位通常希望下級的生產單位能夠不要求增加生產資源或要求少量增加生產資源，而能增加較多產品的生產，而生產單位則往往希望減少指標使他們更容易達成上級所交付的任務，兩者立場不同，常常會發生討價還價的現象。

在蘇俄，所有工資與物價都是由政府根據政治上考慮而規定的，不能反映實際的供需情況，他們對民生必需品所定的價格往往低於生產成本，需要靠政府大量補貼才能維持生產。在另一方面，他們對高級消費品的價格則往往定得很高。在工資結構方面，科學家、工程師、運動員以及官僚人員的待遇遠比一般事務人員為佳，技術工人的待遇也遠比非技術工人為高。此外，工資與物價一經訂定，往往長期維持固定不變，即使供需情況發生變化，也很少加以調整。事實上因為政府所控制的物價在百萬種以上，隨著供需變化機動調整，難度實在太大。

蘇俄的工業發展一向比農業發展成績要好，主要原因是工業的工資由政府決定，工人有選擇職業的某些自由，當他們的工作成就超過預定目標時，通常可以獲得一些實物上的獎勵。在另一方面，農民通常不能自由轉業，當他們的實際生產成果超過預定目標時，其所得到的往往不是工資或獎金的增加，而是下一期生產指標的提高。而且農業生產都是戶外工作，監督比較困難，以高壓管理方式迫使農民努力增產，收效不大。

蘇俄過去的經濟成長主要靠壓縮消費，增加投資作為手段，他們國民生產毛額中，用於機器設備資本財生產上所占的比重通常高於三分之一，因此他們是以犧牲目前的生活水準作為經濟成長的代價。

　　回顧蘇俄自 1917 年共產黨革命成功，直至 1980 年代末期解體爲止，採行社會主義經濟制度，歷經七十多年，在這段期間他們對經濟問題的解決，主要依賴下列各項工具：

　　1.生產工具歸政府及集體所有，或由政府及集體所控制。

　　2.所有企業國有化或集體化，把整個國家當作一個大公司，每一個工作人員都是國家的雇員，靠出賣勞力，謀取生活。

　　3.生產的分配依照國家需要由中央計劃單位決定。

　　4.所有工資及價格由政府基於政治考慮加以規定，生產不以價格取向，價格只是一種記帳單位。

　　5.透過國家經濟計劃的編制，以協調各項經濟活動，並使領導階層的目的得以實現。

　　6.一切生產不是爲了滿足消費者的需要，而是達成上級所交付的任務。

　　7.以壓縮消費來維持經濟成長，達到厚植國力的目的。

第三節　社會主義經濟制度改造辦法

　　社會主義經濟制度自從共產黨在蘇俄革命成功，取得政權後的十多年（即 1928 年）開始付諸實施。經過半個多世紀的實驗，許多缺點逐漸暴露，首先實行改革的是南斯拉夫。該國從 1950 年代初期便逐漸放寬政府各種管制，改採所謂市場社會主義制度，在這一新的制度下，私人容許擁有少量財產權，例如農民可以擁有 25 畝以下的土地，某些小型私人企業也容許存在，80％至 90％的產業雖屬國有，但管理權都交給受雇人員。每一企業的受雇人員以秘密投票的方式選舉代表，組織管理委員會，負責該事業的管理，它的功能正如同西方國家私人企業的董事會一樣，所不同的是私人企業董事會的董事是由股東選舉，而不是由工

人選舉。管理委員會對原材料的採購，產品種類，每一產品的生產數量和生產方法，以及產品售價的決定有高度的自主權，若是生產收入超過生產成本，利潤由受雇人員分享。當受雇人員遭受開除，退休或自動離開職務時，他們在事業上所享有的權力也自動消失。追隨南斯拉夫之後，對統制經濟制度進行大量改革並受到舉世矚目的當推中國大陸，它從 1978 年開始實施經濟改革，對外開放，大搞修正主義。進入 1980 年代的後期，蘇俄以及東歐共產黨國家也群起效尤，紛紛向市場經濟轉換。經濟學家對如何將統制經濟轉換為市場經濟，有見仁見智的不同看法，最為他們所關心的涉及如下幾個層面，茲分別作簡單的介紹。

一、國有企業的改造

社會主義經濟制度的一個最大特點是企業國有化，這些國有企業一般的規模都很大，所採用的技術非常陳舊落伍，並多半處於虧損狀態，需要依賴政府的大量補貼，才能維持生產。在邁向市場經濟的過程中，第一個重要的工作是如何將這些企業轉變為民營，注入競爭機制，以提高它們的生產效率。為了達到這個目的，可供選擇的途徑有如下幾項：

1.將企業折成股份並將股份分配給現有企業員工，使他們成為企業的主人。採用這一辦法最大的優點是實施簡單容易，不必為物色買主而煩惱，它的最大缺點是在現有國營事業中，有些是虧損不堪，若是在競爭環境下，根本無法存在，接受這一類企業的員工，得不到實際的好處。在另一方面，有些國營事業利潤不錯，轉變為民營事業以後，仍會有強大的競爭力量，接受這一類企業的員工，可以享受到很大的利益。根據現有員工的工作崗位，分配國有企業的資產，顯然是很不公平的，而且這一處理辦法，只是變更企業的所有權，而不一定有助於經營方式的改善。

2.將企業折成股份並用抽籤辦法將股份分配給社會大眾。採用這一

辦法最大的優點是每一位國民都有同樣的機會分配到好公司和壞公司的股份，不會因為過去政府指派的工作崗位不同，而有幸與不幸的分別。它的最大缺點是不能保證每一企業能夠找到真正了解並對該企業的經營確實具有興趣的主人，而且現有經營績效良好的企業員工，因為分配不到本企業的股份，必然會對企業的移轉民營加以阻撓，增加企業經營機制轉換的困難。

　　3.將國營事業公開拍賣，把所有權轉移給出價最高的買主。採用這一辦法的最大優點是可以增加政府的財政收入，而且實施方法直截了當，容易執行。它可能遭受到最大的非議是經由公開拍賣，大部分好的國營事業最後會落入過去貪官污吏的手中，替他們增加財富，而且採用公開拍賣的方式，好的企業固然很快便可變賣出去，壞的企業卻可能永遠乏人問津，留作政府包袱，揮之不去。

　　4.發給每一位國民國營企業購買證，然後憑購買證自由換取任何國營事業股份。採用這一辦法的優點是政府不必費心去找尋真正具有購買能力的買主，也不必擔心經營不善的企業會賣不出去，把收拾爛攤子的責任全部推給社會大眾，由他們去承擔。

　　5.另外一個改造國有企業的辦法是開放並輔導民營事業的發展，打破國有企業的獨占局面，以加強競爭的方式，迫使國營事業提高生產效率。採用這一辦法的最大缺點是緩不濟急，在短期間很難見到效果。因為民營事業的壯大和發展，不是一蹴可幾，需要經過很長時間的孕育和呵護，才能與現有國營事業分庭抗禮。

二、價格改革

　　在社會主義經濟制度下，所有物品及勞務的價格都是由政府訂定，它無法真實反映生產這些物品及勞務的機會成本，以及它們的稀少性，而在市場經濟制度下，價格對資源的分派和利用卻扮演著無比重要的角

色。當消費者對某些物品及勞務的需求增加時，這些物品及勞務的價格將會提高，從而導致生產者增加對這些物品及勞務的生產。反之，當消費者對某些物品及勞務的需求減少時，這些物品及勞務的價格將會下降，生產者將會因此減少對這些物品及勞務的生產。

在另一方面，當某些物品或勞務發生供過於求的現象時，這些物品及勞務的價格將會下降，從而誘使消費者增加對這些物品及勞務的購買，反之，當某些物品或勞務發生供不應求的現象時，這些物品及勞務的價格將會上升，從而迫使消費者減少對這些物品及勞務的購買。社會主義經濟制度最大的一個問題是物品及勞務的價格受政府嚴格控制不能自由變動，無法向生產者及消費者發出任何供需情況變化的信號。因此從統制經濟制度轉換爲市場經濟制度的另外一個重要工作，便是建立所有物品及勞務的自由市場價格。這一工作可以經由下述二種不同途徑予以完成：

1.開放外來競爭，透過國際貿易，使國內市場價格與國際市場價格取得聯繫。爲了達到這個目的，應該儘量設法減少爲了保護本國產業，政府對國際貿易所設立的許多關稅及非關稅障礙，逐步消除這些障礙對價格所產生的扭曲作用。

2.對非貿易財貨及勞務，它們在國內市場的價格無法與國際市場價格取得聯繫。關於這一類物品及勞務的價格，必須透過加強國內市場的競爭，利用供需的壓力，加以逐步糾正。

取消政府對價格管制以後，有些物品及勞務的供應量短期內也許會稍爲減少，但假以時日，供應量會逐漸充裕。價格開放的初期對許多民生必需品可能會產生相當強大的衝擊，原因是這些物品的價格在社會主義經濟制度下往往低於它們的機會成本，一旦開放轉由市場決定，調整幅度可能比較大，但價格的提高有激勵生產作用，部分價格開放所產生的衝擊可望獲得沖銷。此外值得一提的是，價格開放後，各種物品及勞

務的相對價格將會發生變化，廠商為了增加利潤，將會調整他們的生產，使各種物品及勞務的供應更能適應社會的需要。此時物品及勞務的生產如果仍然受國營企業的控制，因為缺乏謀利的動機，這些國營企業可能無視於物品及勞務相對價格的變化，而改變它們的生產計劃。在這一情況之下，價格開放對提高生產效率的效果將無法充分發揮。

三、社會安全網的建立

從統制經濟轉換為市場經濟，在過渡階段，可能會有許多長期虧損的國營事業面臨破產和倒閉，許多勞工將因此失去工作，一般物品及勞務的價格也可能會因管制的取消而大幅上揚，使中小市民的生活受到嚴重的威脅。面對這些可能發生的情況，政府必須有所準備，凡因改革而受傷害的民眾宜適時予以妥善照顧，以免引起社會的不安。在原有社會主義經濟制度下，醫療保健、工作安排、老弱貧病及失業救濟都有國家或集體的照顧，甚至住房和許多民生必需品也是由政府廉價供應。這些福利措施在邁向市場經濟的過渡階段，必須設法保持，不容中斷，否則容易引起社會動亂，失去民眾對社會主義改造的支持。待國營企業經營機制轉換完成，市場體制建立以後，社會安全福利措施則應由行政部門接辦，並仿照西方國家做法對勞資雙方徵收社會安全稅，以其收入作為這些措施經費的來源。個別企業除負責物品及勞務生產以外，不宜再擔任生產以外的任何社會事務。

四、外匯改革

在社會主義經濟制度下，匯率是由政府訂定，外匯買賣受到禁止。在這一個情況下，國內市場價格與國際市場價格無法取得聯繫。而且因為缺乏可資信賴的有關相對成本資料，一個國家無法根據比較利益法則從事有利的生產，藉實施國際分工，以提高資源的生產效率。舉一個例

子來說，茲設蘇俄盧比（Ruble）與美金的官定匯率是 3:1，而二者自由市場之真實匯率假定為 200:1，若按官定匯率計算，在美國值 1,000 美元的電腦，在蘇俄只值 3,000 盧比，但若按真實匯率計算，同樣一臺電腦在美國值 1,000 美元，在蘇俄要值 200,000 盧比。我們再進一步假定，同樣一臺電腦若是在蘇俄製造，成本是 100,000 盧比，根據官定匯率，蘇俄應從美國進口電腦，但根據真實匯率，蘇俄應自行製造電腦。在盧比與美元不能自由兌換的情況下，真實匯率無法得知，關於那些產品在蘇俄生產比較便宜，以及那些產品在美國生產比較便宜，自然也就無法決定。為了便利國際分工，並使國內市場價格與國際市場價格取得聯繫，逐漸放寬對外匯的管制，讓匯率由市場供需決定，是邁向市場經濟必經的途徑。

五、貨幣及財稅制度的改革

在市場經濟國家，貨幣與財政政策是政府用以調控總體經濟活動的二個主要工具，從統制經濟制度轉換為市場經濟制度，必須學習利用這二個工具代替中央計劃作為總體經濟調控手段。當務之急是發展各種金融組織，建立及完善貨幣市場與資本市場，逐步放寬對利率及信用管制，擴大金融機構自主權，減少對國營企業的補貼，嚴格控制政府預算，健全稅制並建立現代稽徵制度。

第四節　社會主義經濟制度的未來
——混合經濟制度

自從蘇俄聯邦解體以後，過去採行社會主義經濟制度的國家都紛紛從高度集權的中央計劃經濟向市場經濟轉換。他們已不再堅持財產公有制，私人擁有勞動力以外的其他生產工具，已獲允許；工作不再由政府

統一安排，個人在某一程度內可以有選擇工作和職業的自由；私人企業正以各種不同經營方式陸續出現，私經濟部門在整個經濟中所占的比重不斷的在提高；大部分物價獲得開放；國營企業經營自主權也在擴大；政府對總體經濟活動正由直接控制改為間接調控，對外逐漸採取開放政策，各種貿易和外匯管制也在放寬，整個社會主義國家正在向資本主義靠攏，

　　在另一方面，過去一向崇尚資本主義，主張自由經濟的國家，自1930年代經濟大蕭條發生以後，也早已普遍接受凱恩斯的思想，紛紛引進各種社會安全制度，並採用財稅及貨幣政策作為手段，對市場活動不斷加以干預，政府對企業的管制也在逐漸增加，生產資源的分派和財產及所得的分配雖然主要依賴市場機制發生作用，但政府的影響力量顯然在不斷的擴大。目前每一個資本主義國家除了重視生產效率以外，對維持經濟穩定，提高就業水準以及促進所得的公平分配，也無不寄予高度的注意。在理論上，經濟制度雖有社會主義經濟制度與資本主義經濟制度之分，但當今世界上愈來愈多的國家都在轉採一種所謂混合經濟制度（Mixed Economic System），過去號稱所謂社會主義國家最後也會完全走上這一條道路。這一制度兼具市場經濟制度和統制經濟制度的某些特質，以下是這些特質的簡單介紹。

　　1.自由企業和私有財產制度普遍存在。在這些國家，有些產業屬私人所有，有些產業屬國家所有，生產設備分別掌握在私人企業和政府的手上。

　　2.政府在經濟事務上，透過貨幣及財政政策的運用，扮演一個非常重要的角色。透過預算和信用的管制，政府可以左右企業的決策。公共支出和稅收的改變，直接影響整個社會需求，從而使經濟活動發生改變，導致國民所得及就業水準提高或降低。財政政策被廣泛用來作為穩定經濟及促進所得平均分配的一種手段，這些國家並廣泛利用「加速折

舊」及「投資扣抵」的租稅方法，以促進私人投資，加速經濟發展和改變產業結構。政府控制經濟活動的另外一個手段是貨幣政策，透過中央銀行對貨幣數量的控制，政府可以改變市場利率，從而影響投資及消費需求。在這些國家，商業銀行雖大部分屬私人所有，但也有國家把商業銀行收歸國營或公私合營，透過所有權的行使，使借貸政策便於經濟及社會目標的實施。

3.資源分派主要依賴市場機制，政府對經濟事務的干預，目的不在取代市場機制，而是在糾正市場機制的缺憾。

4.重要經濟決策並不採用中央集權，但可以表現在經濟計劃上面。這些計劃都是指引性的，只是闡述未來經濟發展的理想方向，它的實施是透過市場機能，政府只是負責提供一些誘因，但不加以強制。換句話說，政府並不負責這些計劃的執行，這些計劃的貫徹完全仰仗民間企業的自願合作，政府只是在促進民間合作方面居於誘導的地位。

5.兼顧經濟成長，充分就業，經濟公平與物價穩定。這些國家政府的施政目標，除了加速經濟成長，提高國民所得水準以外，並同時兼顧就業機會的創造，所得公平和合理的分配，以及經濟波動減少。

6.有相當廣泛和周詳的社會安全和福利措施。從一個人呱呱墜地起到壽終正寢為止，只要符合某種條件，便可以享受政府各式各樣的照顧。譬如，生病有免費治療，失業可以領救濟金，貧戶可以拿糧票，年老可以領退休金。政府每年花在福利措施的費用，在年度預算上占有一個很大的比重。

7.有相當數量的公營事業，這些事業大半都是具有自然獨占性的事業或與民生關係密切的事業，很多產業的國有化，都是在緊接著第二次世界大戰結束後實施的。主要的目的是想透過這種方式，擴大政府投資，以帶動戰後經濟的復甦。大致說來，她們對產業國有化都做到一定限度為止，沒有擴大實施的跡象。

8.政府對貿易和某些特定產業有時會採取一些保護措施，但有一定的限度，原則上它們贊成自由貿易，並多採取開放政策。

9.除了非物質的誘因以外，這些國家講究物質的誘因，利潤被接受成爲衡量事業成敗的一個主要指標。

10.利率對資金的分配扮演一個相當重要的角色，凡是有能力負擔較高利率的企業，可以得到更多資金的分配，擴充自然相對容易。

11.在原則上物價雖然被容許由市場的供需決定，但政府並不完全放棄管制，特別是對具有自然獨占性產業的產品，它們的價格都受到政府的管制，政府對生產場所安全設備、環境污染、物品安全衛生、企業員工的雇用往往設有一定的標準，要求企業共同遵守。

摘　要

1. 世界各國在經濟方面所追求的目標並沒有不同。可是,因為經濟制度不同,對目標的優先次序,往往會有不同的看法。解決某一經濟問題所採取的方法以及實現經濟目標所用的手段也會有所不同。

2. 經濟制度可以分成三類:⑴資本主義經濟制度或稱市場經濟制度,⑵社會主義經濟制度或稱統制經濟制度,⑶混合經濟制度。

3. 市場經濟制度建立在私有財產、謀利動機、自由企業及完全競爭等基礎上面,在這一個經濟制度之下,生產資源和所得的分配主要受市場機能的指導,消費者的主權受到最大的尊重。

4. 市場經濟可以使每一個人的才能得以盡量發揮,生產資源可以獲得最充分和有效的利用,個人利益與社會利益最後會趨於調和,消費者的欲望可以得到最大程度的滿足。每一個參與經濟活動的人,會按照他對整個生產貢獻的大小,獲得合理的報酬。透過價格的自由變動,經濟可以經常保持平衡,物品及勞務的生產無過多與不足之虞。

5. 如果市場經濟制度所賴以建立的許多假設,在現實社會中一一存在的話,市場經濟制度將是一個最理想的經濟制度。可是,事實並不盡然,在現實社會中,市場競爭並不是非常完全的,經濟活動常常會產生外圍經濟或外圍不經濟,資源的移動也不是完全自由的。在這種情形下,政府若採取完全放任的態度,市場經濟可能擴大貧富差距,公共財貨供應不足,個人利益與社會利益發生乖離,以及經濟波動此起彼落。

6. 社會主義經濟制度否定私有財產及自由企業,把生產資源和所得

分配交由中央計劃單位決定，物品及勞務價格亦交由中央計劃單位決定。在這一個制度下，人民完全喪失了經濟自由，所有勞動者都成爲政府的雇傭，所得的唯一來源是薪資。

7. 社會主義經濟制度的實施須具備許多條件：(1)目標必須定得非常明確，(2)各個領導階層對既定的目標沒有爭議，(3)計劃需要做得非常詳盡和精確。如果所有先決條件都能具備，社會主義經濟制度可以減少資源的浪費，不同經濟部門可以得到更好的協調，並可促進充分就業並減少經濟的波動。

8. 社會主義經濟的優點多半都是理論上的，而且建立在一個幻想上面，這種制度不但剝奪個人的自由，而且往往使經濟效率低落，生活必需物資供應不足，人民生活水準難以提高。

9. 社會主義經濟制度經過半個多世紀在蘇俄及許多國家的實驗已證明徹底失敗，原來實施這一制度的國家近年來都紛紛針對這一制度所暴露的缺點進行多方面的改造，涉及層面包括：(1)國有企業改造，(2)價格改革，(3)社會安全網的建立，(4)外匯自由交換，以及(5)建立健全貨幣及財稅制度。

10. 市場經濟制度和統制經濟制度都是兩個極端，介於這兩個極端的制度，我們稱爲混合經濟制度，它兼具市場經濟制度和統制經濟制度的某些特質。由於對財產私有權和自由企業的態度不同，我們可以將混合經濟再分爲「中間偏右」及「中間偏左」兩種。採用這兩種不同混合經濟制度的國家，她們在經濟方面的許多做法，往往會有顯著的差異。

問題討論

1. 何謂經濟制度？它與經濟問題的解決有什麼關係？

2. 經濟制度可以分成那些種類？這些分類主要建立在什麼基礎上？

3. 資本主義經濟制度有那些重要特質？

4. 西方國家多數一直崇尚市場經濟制度，其原因何在？

5. 完全放任的市場經濟制度，可能會產生什麼缺憾？這些缺憾是怎樣產生的？

6. 社會主義經濟制度有那些重要特質？它的成功實施需要具備那些條件？

7. 社會主義經濟制度有那些優點和缺點？

8. 在蘇維埃社會主義共和國聯邦解體以前，統制經濟制度是如何在該聯邦運作的？

9. 國有企業改造有那些不同途徑？試分別針對它們的優點和缺點加以比較。

10. 試就社會主義國家進行價格改革可以遵循的途徑及進行改革過程中可能遭遇問題提供個人意見。

11. 外匯自由交換與國際分工有什麼關係？

12. 在從統制經濟轉換到市場經濟的過渡階段，經濟學家對社會安全網的建立看得非常重，原因何在？

13. 何謂混合經濟制度？它有那些共同特質？

第三十七章　就業擴充與產出成長

第一節　產出成長與就業創造的關係

　　如何提高一個國家的就業與產出水準，是總體經濟學探討的重心，也是經濟政策追求的主要目標。在其他情況不變下，產出與就業之間往往有增函數的關係存在。但是，當資本相對勞動用量增加比較快，生產或管理技術發生進步，而使勞動生產力提高時，產出的增加可以不經由就業的增加便能達成，甚至伴隨產出的增加可能是就業的減少。茲以 Q 代表產出，N 代表就業量，ΔQ 及 ΔN 分別代表產出與就業的增量，就業與產出成長的關係可用下式來說明：

$$\frac{\Delta Q}{Q} - \frac{\Delta\left(\dfrac{Q}{N}\right)}{\left(\dfrac{Q}{N}\right)} = \frac{\Delta N\left(\dfrac{Q}{N}\right) + N\Delta\left(\dfrac{Q}{N}\right)}{N\dfrac{Q}{N}} - \frac{\Delta\left(\dfrac{Q}{N}\right)}{\dfrac{Q}{N}}$$

$$= \frac{\Delta N\left(\dfrac{Q}{N}\right) + N\Delta\left(\dfrac{Q}{N}\right) - N\Delta\left(\dfrac{Q}{N}\right)}{N\left(\dfrac{Q}{N}\right)}$$

$$= \frac{\Delta N\left(\dfrac{Q}{N}\right)}{N\left(\dfrac{Q}{N}\right)}$$

$$= \frac{\Delta N}{N} \quad\cdots\cdots\cdots\cdots\cdots\cdots\cdots\cdots\cdots\cdots \text{(1)}$$

(1)式可以改寫如下：

$$\frac{\Delta Q}{Q} = \frac{\Delta N}{N} + \frac{\Delta\left(\frac{Q}{N}\right)}{\left(\frac{Q}{N}\right)} \quad\cdots\cdots\cdots\cdots\cdots\cdots\cdots\cdots \text{(2)}$$

根據(2)式我們可以看出，只要勞動生產力 $\left(\frac{Q}{N}\right)$ 不斷提高

$\left[即\ \dfrac{\Delta\left(\frac{Q}{N}\right)}{\left(\frac{Q}{N}\right)} > 0 \right]$，即使就業水準不變 $\left(即\ \dfrac{\Delta N}{N} = 0 \right)$，產出會繼續提高

$\left(即\ \dfrac{\Delta Q}{Q} > 0 \right)$。從 (2) 式我們也可看出，若 $\dfrac{\Delta\left(\frac{Q}{N}\right)}{\left(\frac{Q}{N}\right)}$ 及 $\dfrac{\Delta Q}{Q}$ 均為正值，且

前者大於後者時，$\dfrac{\Delta N}{N}$ 將為負值，這表示就業水準即使降低，只要勞動
生產力增加的速度大於就業水準降低的速度，產出會繼續成長。在這種
情況下，產出的增加將伴隨就業的減少，魚與熊掌兩者似不可得而兼
之，現在讓我們來看看實際情形。

自從第二次世界大戰結束以後，許多開發中國家的經濟都在迅速成
長，她們的產出每年平均增加率從傳統的標準來看，是相當令人驚奇
的。可是高度的產出成長，卻沒有使這些國家順利實現充分就業。相反
的，她們的失業情況甚至有日趨嚴重的趨勢。例如，從 1960 年至 1973
年，全球開發中國家的失業人數估計從 3,650 萬增加到 5,410 萬，平均
每年增加 3.3％。在這段期間，她們的平均失業率從 6.7％ 提高至
7.6％[1]，都市失業率高達 15％ 至 20％ 的現象，在眾多的開發中國家，

---

[1]　Yves Sabolo, "Employment & Unemployment 1960～1990", *International Labor Review*, 112, No. 6 (1975), Tables and Appendix.

可以說是司空見慣❷。更糟糕的是，在就業人口中，很多每週實際工作時間遠低於他們所希望的標準；很多留守在低生產力部門，才能無法發揮，月入不足糊口，低度就業的情況嚴重地存在於城鄉部門及各行業之間。若是把這些低度就業和公開性失業合併加以考慮，開發中國家閒置勞動力在整個勞動力所占的比重，以 1973 年為例，估計高達 29％。1973 年以後至 1990 年，全球開發中國家失業率繼續從 7.6％ 提高至 8.2％❸。發達國家就業創造的表現同樣並不理想。從表 37－1 我們可以看出，儘管國內生產毛額在持續不斷成長，全球發達國家自 1970 年代初期以後，失業率都在普遍的提高，1980 年代的表現特別令人失望。

　　根據許多國家戰後的經驗，就業與產出成長彼此之間存在有相當大的差距。邁爾教授（G. M. Meier）在他所編的《經濟發展主要課題》（*Leading Issues in Economic Development*）一書中曾經提供了相當多的事實。這些事實指出，在拉丁美洲，整個產出在 1960 年代，每年平均成長速度是 4.9％，而就業每年平均成長速度則只有 2.8％。亞洲情況更糟，從 1950 年至 1964 年，實質國民所得每年平均成長 4.5％，就業每年平均成長率則只有 1.5％❹。託大羅教授（M. P. Todaro）在他所著《第三世界經濟發展》（*Economic Development in the Third World*）一書中，也提供了很多類似的事實，其中一個事實是在許多開發中國家，製

---

❷　Edgar D. Edward（ed.）, *Employment in Developing Nations*, *Report on a Ford Foundation Study*, New York：Columbia Uni. Press, 1974, p. 13.

❸　Michael P. Todaro, *Economic Development in the Third World*, 2nd ed., London：Longman Group, Ltd., 1978, p. 167.

❹　G. M. Meier, *Leading Issues in Economic Development*, 3rd ed., Oxford Uni. Press, 1976, pp. 170～171.

表 37−1　OECD 國家近三十年來失業率的變化

國　別	1960～1968	1969～1973	1974～1980	1981～1985	1986～1990
比利時	2.35	2.38	6.32	11.28	10.27
丹　麥	1.46	0.95	6.02	10.00	9.33
法　國	1.69	2.52	4.52	8.32	10.20
前西德	0.71	0.84	3.20	5.95	6.04
愛爾蘭	4.98	5.76	6.77	11.64	15.50
義大利	3.64	3.95	4.37	6.15	7.63
荷　蘭	1.14	2.05	5.05	10.05	9.46
西班牙	2.42	2.74	5.27	16.58	19.00
英　國	2.62	3.39	5.04	10.48	8.80
澳　洲	2.17	2.04	5.02	7.64	7.40
紐西蘭	0.16	0.28	0.67	4.17	6.06
加拿大	4.71	5.56	7.17	9.88	8.26
美　國	4.74	4.86	6.68	8.00	5.79
日　本	1.36	1.22	1.93	2.42	2.52
奧地利	1.96	1.40	1.78	3.23	3.33
芬　蘭	1.83	2.34	4.53	5.60	5.10
挪　威	2.01	1.66	1.82	2.55	3.11
瑞　典	1.64	2.22	1.88	2.83	1.89
瑞　士	0.06	0.01	1.08	1.92	2.37

資料來源：S. Nickell (1990), "Unemployment：A Survey", *Economic Journal*, 100, p. 393, Table 1.

造業部門產出成長速度與該部門就業成長速度通常為四或三與一之比❺。

　　長久以來，許多經濟學家認為產出的快速成長與高度就業水準的實現和維持，是兩個相互衝突的目標，很難同時兼籌並顧。這種想法最近

❺　M. P. Todaro, *Economic Development in the Third World*, 4th ed., Longman, p. 245.

在經濟學家間引起很多的爭論，愈來愈多的經濟學家逐漸相信高度就業與快速產出的增加不一定相互剋制，如果政策運用適當，這兩個目標可以相輔相成。他們的論據是以就業為導向的發展策略，有助於促進所得的更加公平分配，使貧富差距縮短，而貧富差距的縮短可以提高人民的消費傾向，擴大國內所生產的消費物品需求，這些消費物品都是比較勞動集約的產品，增加這些產品的生產可以創造更多的就業機會，並提高國民所得，兩者循環相因，結果產出與就業可以同時獲得迅速的成長，魚與熊掌似可得而兼之。這些經濟學家們的理論同樣可以獲得事實的支持。

在這個世界上，固然有許多開發中國家，她們在產出的成長方面，有相當優異的成績，而在解決失業問題上卻表現得一籌莫展。可是在另一方面，同一世界的另外一些國家，在提高就業水準與加速產出成長兩方面都表現得相當優異，臺灣便是其中一個最好的榜樣。因為受到戰爭的嚴重破壞，臺灣在第二次世界大戰結束的時候，農業生產只相當於1938年最高水準的45％，工業幾乎整個癱瘓，與戰前最高水準比較，在1945年的產出尚不到三分之一❻，經過將近八年的重建，臺灣的農工生產才回復到戰前的最高水準。自此之後，政府開始實施一連串的四年經濟計畫。在1952年至1979年期間，臺灣實質國內生產毛額和就業平均每年分別提高9.23％及2.93％，除了少數年份外，就業成長速度均大於勞動力的成長速度（見圖37-1）。職是之故，失業率在這段期間從4.73％逐漸降至1.28％，可供運用而未利用的勞動儲備率（Rate of

---

❻　參閱 Yu Chu Hsu, "Taiwan's Path toward Economic Development", *Industry of Free China*, Taipei, June 1978, pp. 2~24.

圖 37-1   臺灣勞動力與就業成長率（1952～1979 年）

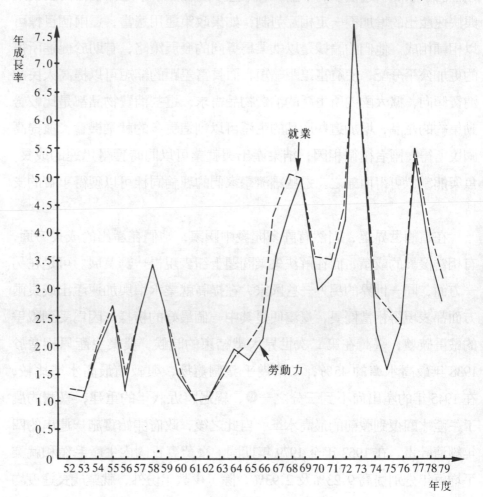

Unutilized Labor Reserve），則從 1965 年的 13.5% 降至 1979 年的 7.39%❼。大概到 1965 年左右，臺灣農業部門的就業人數即開始下降，不到二十年，臺灣便從一個勞動剩餘的經濟轉變為勞動短絀的經濟。

---

❼　Dave Y. C. Hsu, "Measurement of Potential Labor Reserve in Taiwan", *Economic Development & Cultural Change*, Vol. 30, No. 4, July 1982, Table 4, p. 854.

　　根據臺灣的經驗，就業與產出的擴張是可以同時併進的，從圖 37－2 可以看出，從 1952 年到 1979 年期間，產出與就業一直是同時擴張的，這種情形一直持續到 1973 年而沒有受到任何的干擾。產出每增加 1％，就業平均約增加 0.38％，兩者雖然不是同一比例增加，但若步若趨的現象卻非常明顯，產出的成長並沒有伴隨就業的減少。自後，從 1979 年至 1993 年實質國內生產毛額增加了 174％，在同一期間就業水準提高了

圖 37－2　臺灣實質 GDP 與就業成長率（1952～1979 年）

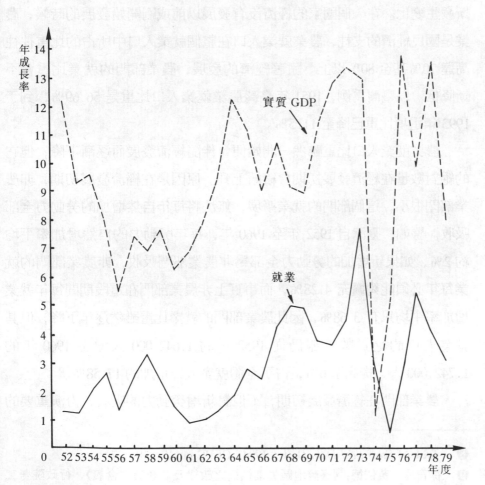

36%❽。最近十五年失業率一直維持在 3% 以下，可供運用而未利用的勞動儲備率在進入 1980 年代時稍有上升的現象，近幾年似又有轉趨回跌的情形❾。

第二節　經濟發展與就業結構的改變

隨著經濟發展，國民生產會不斷增加，除此之外，就業結構也會不斷發生變化。在一個國家的經濟沒有發展以前或剛開始發展的時候，農業是國民經濟的支柱，農業就業人口在整個就業人口中所占的比重往往高達 70% 甚至 80% 以上。隨著經濟的發展，農業部門的就業比重會不斷降低。以臺灣爲例，1951 年臺灣農業就業人口比重是 56.69%，到了 1993 年這項比重已降至 11.5%。

農業就業人口比重雖然一開始便會伴隨經濟發展而逐漸下降，但它的絕對數量在經濟發展初期會繼續上升。原因是在經濟發展初期，非農業部門很小，這個部門的就業擴展，無法將每年自然增加的勞動力全部吸收。譬如，臺灣自 1952 年至 1960 年，每年勞動力的自然增加率平均約 2%，如果新增加的勞動力全部爲非農業部門吸收，非農業部門的就業每年必須能夠擴充 4.28%，而事實上非農業部門在這段期間每年就業增加率平均只有 3.68%，因此農業部門的就業比重雖然逐年下降，但其就業人口的絕對數量卻仍從 1952 年的 1,642,000 人增至 1960 年的 1,742,000 人，提高了 6%，占了全體就業人口增加的 17.58%。

農業部門在經濟發展初期，不但對新增勞動力的吸收，扮演重要的

---

❽　*Taiwan Statistical Data Book*，*1994*，CEPE pp.17，18，27

❾　徐育珠、黃仁德，《臺灣地區失業結構之改變及其政策之含義》，行政院勞工委員會，民國 81 年 4 月，13 頁。

角色，對解決農村中隱藏性的失業及減少低度就業往往也有積極的貢獻。茲仍以臺灣爲例，從 1952 年到 1960 年，由於農業生產的迅速擴張，農業部門平均每人工作從 169 天增至 184 天，提高了 9％，每人工作天的增加主要是對現有耕地更加密集使用的結果，衡量耕地密集使用程度的複種指數（Multiple Cropping Index）在這段期間從 174％ 增加至 184％。

經濟進一步發展到達某一個階段，非農業部門不斷擴展，這個部門勞動吸收能力的增加速度，會逐漸凌駕勞動力的增加速度，農業部門就業人口的絕對數量，到了這個時候，會開始減少，一個國家將因此從勞動剩餘的經濟邁向勞動不足的經濟，這種現象在臺灣約於 1965 年左右發生。

從第二次世界大戰結束到 1970 年代末期，臺灣經濟發展過程可以分爲三個階段：(1)第一次進口替代階段，(2)出口擴張階段，(3)第二次進口替代階段。第一個階段的特性是積極自國外進口機器設備和工業原料，在國內從事非耐久性消費品的增產，以減少該類產品對國外進口的依賴；第二個階段的特性是勞動密集工業產品向國際市場進軍，逐漸取代了農產品及農產加工品的地位，成爲出口的主要項目；第三個階段的特性是在國內開始從事中間產品的進口替代生產，使工業產品自製率提高。

各個產業在不同階段就業成長速度的差異，可用就業成長差異係數（Coefficient of Differential Employment）來表示。所謂就業成長差異係數是指各產業的就業人口平均成長率，與整個就業人口的平均成長率之差。就業成長差異係數若是正值，表示該產業的就業人口在整個就業人口中的比重提高，就業成長差異係數若爲負值，表示該產業的就業人口在整個就業人口中的比重降低。以臺灣的經驗（見表 37－2），一級產業──即農業部門每一階段的就業成長差異係數均爲負值，表示一開始農

業部門的就業比重便隨著經濟發展而不斷下降，尤以第二次進口替代階段，降低速度最快。二級產業和三級產業在每一階段的就業成長差異係數均爲正值，表示它們的就業比重隨著經濟發展不斷提高，特別是在出口擴張階段，這兩個部門的就業比重相對提高得最快。

表 37-2　不同經濟發展階段臺灣就業成長差異係數

	一級產業	二級產業	三級產業
第一次進口替代階段 （1953 年至 1960 年）	− 1.38	+ 2.65	+ 0.95
出口擴張階段 （1961 年至 1973 年）	− 3.92	+ 4.05	+ 1.61
第二次進口替代階段 （1974 年至 1979 年）	− 5.75	+ 3.77	+ 0.42

資料來源：黃仁德，＜經濟發展與就業創造——實際與理論之驗證＞，《國立政治大學學報》第四十七期，民國 72 年 5 月，301 頁。

從 1952 年至 1979 年，臺灣整個就業成長的 62％是二級產業所貢獻，在二級產業中，製造業一個部門對就業成長的貢獻便高達 49％，在這段期間，製造業部門的擴充，是創造就業的主要動力。從 1980 年開始到 1993 年，臺灣整個就業人數增加了 2,198,000 人，其中二級產業就業人數增加了 634,000 人，製造業就業人數增加了 331,000 人，三級產業就業人數增加了 1,836,000 人，在這段期間整個就業成長的 84％是三級產業所貢獻，二級產業對整個就業成長的貢獻只有 29％，屬於二級產業的製造業部門對整個就業成長的貢獻已降至 15％。農業就業人數在這段期間減少了 272,000 人，它對就業成長的貢獻是 − 12％。因爲各產業部門就業成長快慢不同，其在整個就業中所占的比重在過去四十年發生很大變化，如表 37-3 所示，從 1952 年至 1992 年，一級產業就業比重從 56％降至 13％，二級及三級產業就業比重則分別從 17％及 27％升至 40％及 48％。

　　隨著經濟發展，通常會有更多的婦女進入勞動市場，她們在就業人口中所占的比重會逐漸提高。白領階級會相對藍領階級增加較快，勞動素質通常也會隨著經濟發展不斷改善。以臺灣爲例，在過去四十年，臺灣婦女在就業中所占的比重從 1952 年的 28% 升至 1992 年的 38%，在同一期間白領階級（包括專門性、技術性及有關人員，行政及主管人員，監督及佐理人員）在就業中所占的比重從 8.7% 提高爲 25.9%。

表 37-3　不同產業就業比重的變化

年別	總計	第一級產業	第二級產業					第三級產業				
		農業	次總	礦業	製造業	營造業	水電煤氣業	次總	商業	運輸倉儲通信業	金融保險不動產及工商服務業	公共行政個人服務及社會服務業
1952	100.0	56.1	16.9	1.9	12.4	2.4	0.2	27.0	10.6	3.4	0.2	12.9
1955	100.0	53.6	18.0	1.8	13.2	2.7	0.3	28.4	10.1	4.0	0.4	13.9
1960	100.0	50.2	20.5	2.3	14.8	3.1	0.3	29.3	10.0	4.4	0.7	14.2
1965	100.0	46.5	22.3	2.2	16.3	3.4	0.4	31.2	10.3	4.8	1.1	15.1
1970	100.0	36.7	28.0	1.6	20.9	5.1	0.4	35.3	13.6	5.4	1.4	14.9
1975	100.0	30.4	34.9	1.1	27.5	5.9	0.4	34.7	14.1	5.7	1.6	13.3
1980	100.0	19.5	42.4	0.9	32.6	8.5	0.4	38.1	16.0	5.9	2.1	14.1
1981	100.0	18.8	42.2	0.8	32.2	8.8	0.4	39.0	16.6	5.8	2.3	14.3
1982	100.0	18.9	41.2	0.8	31.8	8.2	0.4	39.9	17.0	5.7	2.4	14.8
1983	100.0	18.6	41.1	0.6	32.6	7.4	0.5	40.3	17.4	5.4	2.5	15.0
1984	100.0	17.6	42.3	0.6	34.1	7.1	0.5	40.1	17.5	5.2	2.5	15.0
1985	100.0	17.5	41.4	0.5	33.5	7.0	0.4	41.1	18.0	5.2	2.6	15.4
1986	100.0	17.0	41.5	0.4	33.8	6.8	0.5	41.5	17.9	5.2	2.7	15.6
1987	100.0	15.3	42.7	0.4	35.0	6.9	0.4	42.0	17.9	5.3	2.9	15.9
1988	100.0	13.7	42.6	0.3	34.5	7.3	0.4	43.7	19.0	5.3	3.3	16.1
1989	100.0	12.9	42.2	0.3	33.9	7.6	0.4	44.9	19.5	5.4	3.8	16.1
1990	100.0	12.8	40.9	0.2	32.0	8.2	0.4	46.3	19.7	5.5	4.3	16.8
1991	100.0	12.9	40.1	0.2	30.9	8.5	0.4	46.9	20.4	5.4	4.3	16.8
1992	100.0	12.3	39.8	0.2	30.1	9.1	0.4	47.9	20.7	5.3	4.7	17.2

資料來源：行政院主計處，《人力資源調查統計年報 1992》，41～43 頁及 258～261 頁。

第三節　經濟成長過程中失業存在的原因

　　在本章的第一節，我們曾經談到，自從第二次世界大戰結束以後，

許多開發中國家在產出成長方面表現得相當優異，可是生產的快速成長，並沒有替她們創造大量的就業機會，失業問題始終困擾著這些國家，甚至有變本加厲的現象。探討箇中原因，首先應該歸究於生產要素的價格受到扭曲。在這些國家，當農業部門剩餘勞動力尚未消失，大量隱藏性失業依然存在的時候，工資即開始不斷上升，且其上升速度往往超過勞動生產力提高的速度。在另一方面，這些國家的政府往往利用行政力量把利率及外匯價格壓低，並透過加速折舊、優惠匯率、及投資扣抵等方式，降低資本設備的成本，資本價格因此被低估而勞動價格則被高估，節省勞力的機器受到不當的鼓勵，這對就業的擴張自然有不利的影響。

勞動價格高估使都市公開失業問題日趨嚴重，造成這個現象的另外一個重要原因是都市工資與農民所得差距太大。都市工資所以超過農民平均所得的主要原因是：(1)政府機構及公營事業對工資的上漲往往起帶頭作用，在經濟發展初期，供職於政府部門或公營事業的員工通常享受較高的待遇，他們的薪給制度對工商界會發生示範作用；(2)關鍵部門工會的壓力不但造成該部門工資的提高，並且替其他部門工資的提高樹立榜樣；(3)市場競爭不完全，廠商易以將所增加的工資透過產品價格的提高轉嫁給消費者負擔；(4)重要企業往往根據它們的負擔能力決定工資，一般說來，這些重要企業負擔能力較高，它們所支付員工的工資也相對較高，其他企業只好被迫跟進。

根據託大羅教授的理論，勞動力自農村移向都市的速度和幅度決定於兩者實質所得差距的大小以及在都市獲得工作機率的高低。一個人在決定是否自農村移向都市的時候，固然會考慮到都市待遇相對優渥的程度，同時也會考慮到他抵達都市後可能會遭受失業的危險。只要他預期在都市工資的收入長期間會高於留在農村可能獲得的收入，他的決定自

農村移向都市是合理的❿。換句話說，只要 $W_u\left[\dfrac{E_u}{L_u}\right]$ 大於 W_r —— 即

$W_u\left[\dfrac{E_u}{L_u}\right] - W_r > 0$，勞動力便會不斷從農村流向都市，即使在都市找尋

工作變得更加困難，這種現象仍然會持續下去。上式中的 W_u 和 W_r 分別代表都市和農村的工資，E_u 代表都市的就業人數，L_u 代表都市的勞動人口。

大量失業在許多開發中國家存在的第三個原因是人口成長太快，勞動供給增加的速度大於勞動需求增加的速度，每年新增加的就業機會趕不上勞動力的增加，其所以致此的原因是資本產出比例缺乏彈性，以及資本的累積不夠迅速。

近年來所謂教育性失業也逐漸引起社會大眾的關切，受教育愈多的人，愈不容易找到工作，即使找到工作，很多是大才小用，或學非所用，造成這種現象日趨嚴重的原因是教育與社會脫節。從教育機構所訓練出來的人才，不能符合勞動市場的需要，教育性失業問題不僅在開發中國家普遍存在，即使在開發國家也屢見不鮮。

結構性失業是經濟發展的一種副產品。隨著經濟發展，技術會不斷改變，技術的改變會引起生產及消費型態的改變。因為生產及消費型態的改變，勞動市場對各類人才的需求會跟著改變，社會上有些人原來所擁有的技術，不再為市場所需要，只好被迫淪為失業。

就業市場訊息傳遞不夠靈敏，求職與求才的人缺乏良好的溝通，一方面是事求人，另方面是人求事，這種現象對失業的存在也應負一部分責任。就業創造表現的成績並不理想，不但發生在許多開發中國家，同時也發生在許多歐美發達國家，這些發達國家之所以不能妥善解決她們

❿　Michael P. Todaro, *Economic Development in the Third World*, 2nd ed., Longman, 1977, p. 239.

的就業問題，很多人把它歸咎於工會組織的過分強大，法定最低工資訂得太高，失業及其他社會安全保險對受益人給付過分優厚。

第四節　就業與產出成長兼顧的策略

維持充分就業與加速經濟成長是經濟政策所追求的兩個重要目標，本節擬就兼顧這兩個目標的策略作一簡略的探討。

在經濟發展初期，一個國家失業問題的解決，不能完全仰賴工業化，農業的發展對解決失業問題有極端的重要性。工業部門在發展初期規模太小，沒有能力創造足夠的就業機會，使新增的勞動力能夠得到適當的安置。在經濟發展初期，工業部門在就業中所占的比重大約只有10%左右，而勞動力每年增加率卻多在2.5%以上。要想將新增加的勞動力全部吸收到工業部門，工業部門的就業成長速度必須高達25%以上，這絕非發展中國家能力所能做到的。因此，在經濟發展初期不能完全只顧工業，不管農業，農業如果不發展起來，不但失業問題會愈來愈嚴重，工業化的進程也會受到阻礙。促進農業生產和創造更多就業機會的一個有效辦法，是從改革農業制度做起。健全農會組織、實施土地改革和改良水利等農業公共設施是制度改革的重要項目，這些制度改革的成功，可以使農業投資環境改善，農民的積極性得以提高。緊接著這些制度上的改革，許多相應措施必須密切配合，這些措施包括優良品種、化學肥料、蟲藥、信用及推廣服務的大量提供，在生產方法方面應該著重在增加土地和勞力集約利用技術的引進。

在經濟發展初期，儘管農業部門在提高國民生產及創造就業機會方面扮演一個很重要的角色，但大部分的新增勞動力仍得靠非農業部門——特別是製造業部門的擴充而加以吸收。隨著經濟進一步發展，工業部門——尤其是製造業部門在創造就業方面所扮演的角色，其重要性會

變得更爲明顯。

　　在許多開發中國家，製造業部門產出成長的速度常常超過就業成長速度的三至四倍，結果是這些部門始終無法創造足夠的就業機會，以吸收自然增加的勞動力。兼顧產出成長，同時又能提高產出對勞動吸收力的其中一個策略，是儘量減少行政措施對市場的干擾，使資本及勞動價格能夠眞正反映它們相對的稀少性。就業成長所以相對產出成長緩慢的基本原因是勞動生產力的提高。勞動生產力的提高是經濟發展的關鍵，如果是來自勞工素質的提高和企業經營的改善，應該是一件好事，可是勞動生產力的提高有時可能只是以更多資本代替勞力的結果。若是這樣，勞動生產力的提高往往伴隨資本生產力的下降，對整個資源的生產力並不一定發生有利的影響，其對就業的擴張則絕對有害，造成這種現象的主要原因是資本及勞動的價格受到扭曲，茲以圖 37－3 來說明這種情形。該圖中的橫軸代表勞動，縱軸代表資本，*II* 線是等產量曲線，*AB* 是勞動價格與資本價格被行政力量扭曲後的等成本曲線，而 *CD* 是勞動與資本價格沒有被扭曲的等成本曲線。從圖上可以看出，最低成本的勞動及資本組合，在政府干擾之下是 *OF* 單位的勞動和 *OH* 單位資本；在沒有政府干擾之下，是 *OK* 單位的勞動和 *OG* 單位的資本。這說明了如果政府取消行政的干預，讓市場充分發揮作用，企業會採用勞動比較密集的技術，這樣自然便能在既定產出水準下創造更多的就業機會。

　　一個國家從事經濟發展，有兩種不同策略可以依循，一種是著重進口代替，稱爲內向策略（Inward－looking Strategy），一種是著重出口的擴展，稱爲外向策略（Outward－looking Strategy）。對一個自然資源貧乏，幅員並不廣大的國家，在開始致力工業化的時候，可以從發展進口代替產業著手。這些產業的產品最初是爲了替代進口，待國內市場飽和以後，立即便要向國際市場進軍，否則會導致產出與就業成長的緩慢，

圖37-3　行政干擾對最低成本之資本及勞動組合的影響

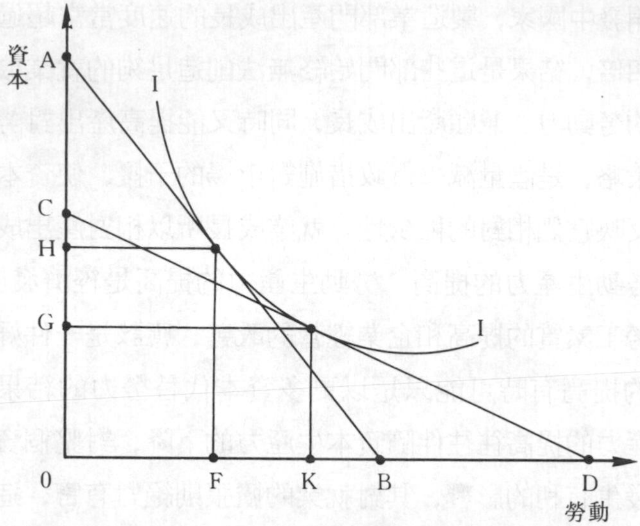

臺灣走的便是這條路線。在戰後復舊工作完成後，臺灣馬上致力發展勞動密集的進口代替產業，這些產業的產品本來是為了取代進口，到了1950年代的末期，這些產品在國內市場的需要便逐漸趨於飽和。如不立即向國際市場進軍，進一步的發展受市場限制勢將十分困難，整個國民生產和就業的成長將會轉趨和緩，甚至變成停滯不前。幸好政府並沒有因循瞻顧，及時改採出口擴張政策，廢除複式匯率，建立加工出口區，實施出口退稅，結果進口代替的產品迅速打進國際市場，使經濟繼續向前推進，國民生產及就業甚至以更快的速度成長。

地區的平衡發展對兼顧產出與就業成長也非常重要。在從事工業化的過程中，工廠的設立應儘量避免過分集中在城市，特別是農產加工和小規模的加工事業，宜設法分散在農村各地，這樣可以增加農民的非農業就業機會，並縮小城市與鄉村工資的差距，因此有助於減少農村勞動力盲目移向都市。

教育的發展宜配合經濟的進步，各級學校專業課程的設置必須因應

勞動市場的需要，並且應該具有彈性可以隨時調整。教育如與社會脫節，只有增加就業問題解決的困難，對經濟發展不會有多大助益。

向外引進技術，必須針對一個國家的資源稟賦，不能饑不擇食。如果向外引進的技術適當，可以加速一個國家的經濟發展，創造更多就業機會，否則可能害多於利。

適當控制人口成長，使勞動力的增加能夠配合經濟部門的吸收能力，否則人口的增加將會成為一個國家的負債，把一個國家的國力拖垮。

當一個國家經濟發展到達某一階段，國民所得提高到某一水準以後，將會不斷致力社會安全網的建立和擴充，以滿足社會大眾的要求，不過這一工作必須按照國家財力逐步推進，而且必須注意，社會安全網的過分擴充，會養成民眾對政府的依賴，消蝕個人奮鬥的意志，不但阻礙經濟成長，而且會製造更多失業問題，今天歐洲的許多所謂福利國家便面臨著這樣一個困境。

摘　要

1. 實現及維持高度就業與產出水準，是經濟政策所追求的兩個主要目標，產出與就業間通常有增函數的關係存在，但產出的增加並不一定需要經由就業的增加才能達成。有時產出的增加反而伴隨就業的減少，造成這種現象的其中一個原因，是在生產過程中，不斷以資本取代勞力。

2. 自從第二次世界大戰結束以後，世界上有許多開發中國家在產出成長方面，成績相當優異，但對解決失業問題卻表現一籌莫展。許多歐美發達國家在就業創造方面的表現也很不理想，可是在另一方面，同一世界的另外一些國家，在提高就業水準與加速產出成長兩方面都表現得同樣優異，就業與產出的擴張並非絕對不能兼籌並顧，只要政策運用適當，彼此甚至可以相輔相成，並行不悖。

3. 隨著經濟發展，國民生產水準提高，就業結構會不斷發生變化，農業部門的就業比重在經濟發展開始的時候便會逐漸下降，但它的就業人口絕對數量，必須在經濟發展到達某一程度以後，才會開始減少，當這種現象發生時，經濟學家便認為一個國家已經由勞動剩餘的經濟轉向勞動不足的經濟。

4. 雖然在整個經濟發展過程中，農業部門的就業比重會持續下降，但這一部門在經濟發展初期，不但對新增勞動力的吸收，扮演重要的角色，它對解決農村中的隱藏性失業以及減少低度就業也往往會有積極的貢獻。

5. 不同產業部門的就業與產出成長速度，因為發展階段不同，會有一些變化，一般說來，在經濟發展過程中的初期，二級產業——

特別是製造業的產出及就業成長速度會相對較快，它們的產出和就業比重會不斷提高。但當經濟發展到達某一階段以後，三級產業產出和就業成長的速度會超越二級產業，它們的產出和就業比重會逐漸提高。

6. 有些國家國民生產成長的速度，儘管相當令人滿意，而失業問題卻始終困擾她們。其所以致此的一個主要原因，是生產要素的價格受到扭曲，不能真正反映它們的相對稀少性，一般的情形是勞動價格被高估，而資本價格則被嚴重低估。

7. 都市工資與農民平均所得相差懸殊，被認為是促使勞動力從農村大量移向都市，造成都市公開失業問題日趨嚴重的主要原因。根據託大羅教授的理論，勞動力自農村移向都市的速度和幅度決定於兩者實質所得差距的大小以及在都市獲得工作機率的高低。

8. 就業創造表現不理想，不但出現在許多開發中國家，同時也出現在許多發達國家，這些發達國家之所以長期遭受到大量失業的困境，很多人把它歸咎於工會組織過分強大，法定最低工資訂得太高以及社會福利安全措施過當。

9. 兼顧產出與就業成長的策略，是注重農工的配合，避免工業過分集中在都市，注意城鄉平衡發展，減少行政上對價格的干預，審慎選擇適合資源稟賦的生產技術，講究教育與社會的配合，以及適當控制人口成長，並審慎規劃社會安全與福利制度。

問題討論

1. 產出的增加有時會伴隨著就業的減少, 其理由何在?

2. 有些經濟學家認爲產出與就業的成長可以並行不悖, 他們的主要論據何在? 您是不是同意他們的看法?

3. 在經濟發展過程中, 儘管農業部門就業的比重一開始就逐漸下降, 但它的就業人口絕對數量不會立即降低, 其原因何在?

4. 爲什麼在經濟發展初期, 解決失業問題不能全靠工業發展?

5. 在經濟發展過程中, 就業結構會有那些重要變化?

6. 何謂就業成長差異係數? 試舉例說明它的計算方法。

7. 勞動力從農村移向都市的主要原因何在? 即使在都市有大量失業人口的存在, 勞動力仍然不斷從農村湧向都市, 這種現象如何解釋?

8. 教育性失業和結構性失業是如何產生的?

9. 在有些國家產出成長的速度往往超過就業成長速度的三至四倍, 因此這些國家儘管國民生產成長相當迅速, 失業問題始終困擾著她們, 這個問題該如何解決?

10. 世界上許多發達國家, 特別是那些號稱福利國家, 近年來一直遭受到大量失業的困境無力解決, 其主要原因何在?

第三十八章　所得分配不均與
貧窮問題

第一節　所得分配與經濟公平

　　經濟學上的所得分配可以分成兩類：第一類是所謂功能性的所得分配（Functional Income Distribution），有關這方面的討論，主要在了解產出如何在參與生產的各種要素間按照其所發揮功能的大小而加以分配。每一生產要素的報酬在理論上取決於其邊際生產力的大小，邊際生產力愈大，報酬愈高；反之愈低。第二類是所謂個人間或家庭間的所得分配（Personal or Family Income Distribution），有關這方面的討論，主要在了解社會經濟的進步是否能為大眾所普遍享受，如其不然，有何辦法可加以改進？關於功能性的所得分配，涉及各種生產要素的價格決定問題，在討論工資、地租、利息及利潤的各章中，我們已有相當詳細的討論。本章所要討論的是個人或家庭的所得分配，在這一個範疇裏面，我們希望首先提出討論的是所得分配與經濟公平的問題。

　　經濟公平涉及主觀的價值判斷，它是一種心理上的感受。如果社會上只有少數人在經濟上感到不滿足，不足以證明這個社會有不公平的現象存在，但如果社會上一般大眾對經濟有普遍不滿的感覺，經濟上不公平的現象，便可能已存在。經濟公平與否，通常用所得分配情形來加以衡量。怎樣一種所得分配才合乎經濟公平的要求？最簡單的答案，應該

是在這一種所得分配情況下，每個人都稱心如意，沒有不滿足之感覺，要使每個人都能滿足，就是讓人人都能予取予求，各取所需，這樣自然大家都稱心如意。可惜的是生產資源和人類的能力有限，而個人的欲望則是日新月異，無窮無盡，以有限的資源滿足人類無窮的欲望，殆永無可能。即使人盡其能，努力生產，也難以使每一個人能夠達到予取予求的境界。尤有進者，每一個人的能力與欲望未必相稱，能力強的人，欲望不一定相對較大，能力差的人，欲望不一定相對較小，各盡所能，各取所需，表面看來，理想之至，實則未盡公平。

「論功行賞，各取所值」，通常被認為是所得公平分配的另外一個重要準則。在自由經濟制度之下，「優勝劣敗，適者生存」，被認為是一項天經地義的事。可是自由經濟制度是建立在完全自由競爭的基礎上，而完全自由競爭的情形，在現實社會卻往往並不多見。在理論上，如果市場競爭非常完全，個人從事各種經濟活動所帶給社會的貢獻，可以很容易從市場價格反映出來，根據市場價格所給予的報酬，應該符合論功行賞，各取所值的原則。

事實上，在現實社會，很多市場都具有獨占及寡占的性質，由這些獨占或寡占市場所決定的價格，往往不能反映供需的真實情況。此外，許多經濟活動都會產生外部經濟或不經濟，這些通常都不計入私人的生產成本或利益。因此，即使價格由完全競爭市場所決定，也無法反映社會的真實生產成本和利益，透過價格機能所作的各項所得分配，不能認為完全公平合理。尤有進者，根據「論功行賞，各取所值」的觀念，必須對生產有貢獻者，才能參加所得的分配，沒有工作或喪失工作能力的人，因為對生產沒有貢獻，無法參加所得的分配，他們的生活勢將發生問題，這顯然違反人道的立場。因此，根據「論功行賞，各取所值」的原則分配所得，顯然也有商討的餘地。

有人也許會認為，最公平的所得分配，是採取「均分」的辦法，每

個人獲得同樣的所得。因為人人的所得一樣，沒有比較，讓大家不會有不滿的情緒，經濟公平的理想自可實現。可是，這種「均分」的辦法，只能造成「齊頭」的平等，而不能實現「立足」的平等。「齊頭」的平等是一種假平等。在這種辦法之下，不論個人能力的高低、責任的大小、以及工作的輕重，一律享受同樣的待遇，社會將因缺乏經濟的誘因而停滯不前，這顯然不是我們追求的理想社會。此外，因為每一個人的所得效用函數並不完全相同，有些人對財富看得比較重，有些人對財富看得比較輕，「均分」的辦法不能使一定的所得給全體社會帶來最大的滿足。在理論上，欲使整個社會從一定的所得中獲得最大的滿足，必須每一個人分配到的最後一單位所得所產生的效用完全相等，「均分」的辦法無法達到這個境界。

為了解釋方便起見，假定某一社會只有甲、乙兩人，甲比較不重視財富，茲以圖 38–1 的 uu 曲線代表他的邊際所得效用曲線，乙比較重視財富，以圖 38–2 的 $u'u'$ 曲線代表他的邊際所得效用曲線。設這個社會全部所得為 $Oa + Ob$，使整個社會獲得最大滿足的所得分配，是將 Oa 所得分配給甲，Ob 所得分配給乙。因為這個時候，甲、乙兩人的邊際所得效用相等。如果全部所得由甲、乙兩人均分，彼此各得 Oc 及 Od 的所得，此時甲的邊際所得效用 Og 將小於乙的邊際所得效用 Oh，這顯然不能使一定的所得產生最大的效用，自然不是一個最理想的所得分配。

綜上所述，實現公平的所得分配，實在很難有一定的界說。經濟學家的意見大致是原則上所得應按照每一個人對生產實際貢獻的大小來分配，但政府應透過稅課及移轉性支出等方式給予一些調整，使沒有或缺乏工作能力的人，也能有一份足以維持他們起碼生活的所得，同時避免貧富差距的過分擴大，造成嚴重的階級對立，致引起社會動亂。

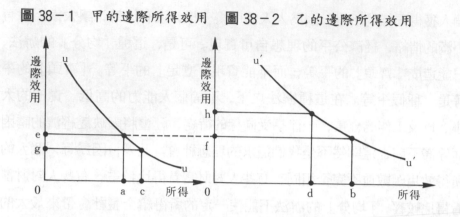

圖38-1　甲的邊際所得效用　　圖38-2　乙的邊際所得效用

第二節　所得分配不均的測定方法

一、羅侖茲曲線

　　測定個人或家庭所得分配是否平均有很多方法，其中最常用的方法是羅侖茲曲線（Lorenz Curve）和吉尼係數（Gini Coefficient）。在利用羅侖茲曲線說明一個國家所得分配不均程度的時候，我們首先將全部家庭按照所得大小分成五個等分或五個組，每一組包括20％的家庭，然後分別計算每一個組的所得在總所得中所占的比重，最後根據各組的所得累積百分比及戶數的累積百分比，即可繪出羅侖茲曲線。茲以表38-1所列舉的1992年臺灣家庭個人所得分配資料，說明羅侖茲曲線繪製情形。

　　從表38-1我們得知，最窮的20％家庭，其所分配到的所得，在總所得中所占的比重是7.37％，它可用圖38-3的 A 點來表示；最窮的40％家庭其所分配到的所得在總所得中所占的比重是20.61（7.37＋13.24），它可用圖38-3的 B 點來表示。

　　用同樣的方法，我們可以在圖38-3找出 C、D、E 三點，把 A、

表 38－1　1992 年臺灣家庭個人所得分配情形
不同等分家庭所得的比重（%）

最窮的 20%家庭	次窮的 20%家庭	中間所得的 20%家庭	次富的 20%家庭	最富的 20%家庭
7.37	13.24	17.52	23.21	38.66

資料來源：*Taiwan Statistical Data Book 1994*，CEPE，Table 3－20b，p. 63.

圖 38－3　1992 年臺灣的羅侖茲曲線

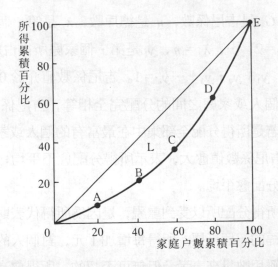

B、*C*、*D*、*E* 五點聯結起來便是羅侖茲曲線。若是所得分配完全平均，每一等分的戶數累積百分比將與其所對應的所得累積百分比相等，即最窮的 20% 家庭擁有 20% 的所得，最窮的 40% 家庭擁有 40% 的所得，其餘類推，此時羅侖茲曲線將如同圖 38－3 的 *OE* 對角線所示。若所得分配完全不平均，羅侖茲曲線將是正方箱形圖對角線右邊相互垂直之兩軸所圍成曲線，表示全部所得集中於最富有的家庭。離開對角線愈遠的羅侖茲曲線，它所代表的所得分配愈是不平均，換句話說，所得分配平均與否，端視羅侖茲曲線與對角線所形成的面積大小如何而定。茲以圖 38－3 的 *L* 代表該面積，*L* 值愈大，表示所得分配愈不平均；反之，表

示所得分配愈爲平均。

二、吉尼係數

　　測定個人所得分配是否平均的第二個常用指標是吉尼係數（Gini Coefficient），它的計算公式如下：

$$G_y = \frac{2}{n} \sum \lambda y_i - \frac{n+1}{n} \text{ ❶}$$

　　上式中的 G_y 是吉尼係數，n 是總戶數，λ_i 是第 i 個家庭的所得級距，$\lambda_1 = 1$，$\lambda_2 = 2$，…，$\lambda_n = n$，y_i 是第 i 個家庭所得占總所得的比重，$y_1 < y_2 \cdots < y_n$，$y_1 + y_2 + y_3 + \cdots y_n = 1$。吉尼係數值介於 0 與 1 之間，若是所得在不同個人或家庭之間的分配完全相等，吉尼係數值會等於 0，在另一方面，若是所得分配全部集中在最富有的個人或家庭，吉尼係數值將等於 1，吉尼係數值愈大，表示所得分配愈不平均；吉尼係數值愈小，表示所得分配愈平均。

　　家庭個人所得分配所以受到重視，是因爲所得代表財貨及勞務的購買力，它是幸福的一個指標。所得每增加 1 元，對個人的幸福究竟提高多少，雖然很難用數量來表示，但無可否認的，所得愈高通常是相對比較幸福。

　　從所得分配是否集中，可以看出社會福利是否爲大衆所分享。不過，根據官方發表的所得分配統計資料，有一些共同問題值得商討。以美國爲例，官方發表的所得資料不但包括工作及財產所得，而且也包括民間自政府手中所取得的諸如養老金、退休金、失業救濟及貧困救助金

❶　參閱 John C. H. Fei, Gustab Ranis and Shirlay W. Y. Kuo, *Growth with Equity, the Taiwan Case*. A World Bank Research Publication, 1979, pp. 330～331.

等各項移轉性的收入。但是，這些移轉性的收入只是包括現金部分而沒有包括諸如糧票（Food Stamps）、房租津貼、免費醫藥治療及教育補助等實物部分。這些實物補助無疑是以貧苦大眾為主要對象，他們的受惠較大，若予計算在內，貧富間的實際差距應較想像中的為小。

第二個值得討論的問題是稅課。官方所發表的所得分配統計資料，往往是稅前的而非稅後的所得分配。世界各國都有個人所得稅，這一個稅通常是採取累進方式徵收，即所得愈多，邊際稅率愈高。除了個人所得稅以外，許多歐美國家另外徵收公司所得稅，財產稅和遺產稅及贈與稅等，這些稅課對縮短貧富間的差距都會有一定的貢獻。茲以美國為例，考慮稅課和移轉性收入後的所得分配較之未考慮稅課和移轉性收入的所得分配，顯然有相當程度的改善（見表 38-2，圖 38-4）。

表 38-2 稅課及移轉性收支對美國所得分配之影響

家庭分組	稅課及移轉性收入考慮以前所得比重（%）	稅課及移轉性收入考慮後的所得比重（%）
最窮 20% 家庭	0.6	6.5
次窮 20% 家庭	8.0	12.1
中間 20% 家庭	16.4	16.9
次富 20% 家庭	26.7	24.6
最富 20% 家庭	48.2	39.8

資料來源：G. William Hoagland, *The Effectiveness of Current Transfer Programs in Reducing Poverty*, Washington：Congressional Budget Office, 1980, p. 19.

美國雖然是採取累進所得稅制度，但根據實證研究，美國整個稅制的累進程度並不顯著，稅前和稅後的所得分配並沒有太大的差別，所得分配的改善主要靠政府移轉性的支出。根據估計，美國所得分配的改善，四分之三歸功於政府移轉性的支出，這一項支出對提高赤貧的所得特別顯得重要。他們的統計資料指出，美國最貧窮的 20% 家庭，其平均

所得的 90％係來自政府的移轉性支出，足見美國政府在縮短貧富差距方面扮演了一個非常重要的角色。

圖 38－4　考慮稅課及移轉性收支前後的美國羅侖茲曲線

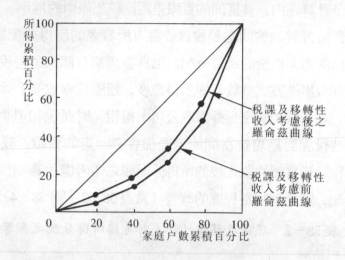

第三節　貧窮的意義及界說

　　貧窮不僅存在落後國家，也存在於開發國家，每一個國家都有貧窮問題。對貧窮下一個定義卻並不容易，一般化的解釋是，當一個家庭的收入不能滿足基本生活需要的支出時，這個家庭便可以稱為貧窮家庭。一個家庭基本生活需要的支出受成員的多寡及其年齡分配與健康情況等影響，它的收入則決定於勤勞所得（Earned Income）及非勤勞所得（Unearned Income）、過去的儲蓄、擁有財產的價值、以及移轉性的收入。

　　各國官方對貧窮的界說主要根據家庭的大小，以美國為例，1990 年年齡在 65 歲以下單身漢的貧窮標準是全年收入低於 6,652 美元，四口之家的貧窮標準是全年收入低於 13,359 美元。這些標準是按照某一特定

營養水準食物組合所需成本計算出來的，它的邏輯是低所得家庭花費在購買食物的費用平均是所得的三分之一，每一成員購買這些食物的費用逐年由美國農業部根據消費者價格計算出來，再乘於三，然後根據家庭大小，再按戶主性別年齡、幼齡兒童人數以及居住地區屬農村抑屬都市做一些調整後，對不同規模家庭的貧窮標準做出決定。

　　按照官方所定的貧窮標準，美國——全世界最富有國家之一，在1991年，生活在貧窮線上或貧窮線以下的人口在總人口中所占的比重約為14.2％。雖然貧窮不分地區、性別、種族及年齡，到處存在，但它並不是隨機分布的。從表38－3所列的資料可以看出，美國的貧窮在不同種族、婚姻狀況、年齡人口中的分布有非常顯著的差異。就種族間的分布來說，在白人家庭中，生活在貧窮線上或貧窮線以下的比重只有11.3％，這個比重在黑人家庭中是32.7％，在其他族裔家庭中的比重是28.7％。後二者所受貧窮的威脅，其嚴重性三倍於白人。次就婚姻狀況的分布來說，有配偶家庭生活在貧窮線上或貧窮線以下的比重是7.2％，無配偶戶長為女性的家庭生活在貧窮線上或貧窮線以下的比重是39.7％。從表38－3，我們也可以看出65歲以上老年人生活在貧窮線上或貧窮線以下的所占比重是12.4％，而15歲以下兒童及少年生活在貧窮線上或貧窮線以下的所占比重則高達22.4％。

　　貧窮是世界各國所共同關心的問題，每一個國家都有一些救濟貧窮的措施，若是沒有這些措施，貧窮問題會更加顯得嚴重。茲以美國為例，如果不考慮稅課及政府各種移轉性支出，只根據個人勞動及財產所得，在1976年，美國家庭生活在貧窮線上或貧窮線以下的所占比重要高達27％，若把政府對民間的現金性移轉，諸如退休金、失業及退伍軍人福利、社會安全、公共救助及其他福利等考慮在內，這項比重將降至13.5％。如果我們進一步把政府的實物移轉支出，諸如醫藥、糧票及房屋津貼及補助等考慮在內，貧窮的比重會再減少5.4％，即從13.5％降

至 8.1％。因爲貧窮的人有些也得向政府納稅，只是數量有限，這項因素考慮在內後，1976 年美國貧窮的比重只是從 8.1％提高爲 8.3％（見表38-4）。

表 38-3　美國 1991 年貧窮人口分布

	人數(百萬)	貧窮比重(%)
全體	35.7	14.2
白人	23.7	11.3
黑人	10.2	32.7
其他族裔	6.3	28.7
15 歲以下兒童及少年	12.5	22.4
65 歲及以上人口	3.8	12.4
有配偶家庭	12.2	7.2
無偶及戶長爲女性家庭	13.8	39.7

資料來源：U. S. Bureau of the Census, *Current Population Reports Series*, p. 60, poverty in the U. S. 1991, Washington, D. C. U. S. Government Printing Office, 1992

表 38-4　政府稅課及移轉性支出對貧窮的影響——貧窮的比重（%）

	所有家庭	白人	黑人	65 歲以上
未考慮稅課及政府移轉支出	27.0	24.7	43.8	59.9
只考慮政府現金移轉支出	13.5	11.4	28.9	16.7
考慮政府現金及實物移轉支出	8.1	7.1	15.9	6.1
考慮稅課及各種政府移轉支出	8.3	7.3	16.1	6.1

資料來源：*Statistical Abstract of the United States*, 1980.

第四節　造成所得分配不均及貧窮的原因

所得分配不均和貧窮是世界各國普遍存在的現象，只是程度上不同

而已。一個人的所得主要有兩個來源：一是從提供勞務而取得的所得，這種所得就是一般所謂的薪資所得或勤勞所得，一是從財產中所取得的所得，稱爲財產所得（Property Income）。薪資所得有高有低，其所以致此之原因，是因爲各人所從事之職業及所擔任之工作性質不同，有些職業和工作報酬比較高，有些職業和工作報酬比較低。在一個自由競爭的社會，每一個人在理論上會不斷去追求報酬比較優厚的職業和工作。但事實上，在任何一個社會，都有不少人從事低薪的工作，原因是社會上有些工作需要具有特殊天賦及才能的人才能勝任，一般人是不能擔任的。例如，從事若干藝術，諸如影劇及歌唱方面，或各種運動競技方面之工作，需要具備特殊稟賦的人才能勝任，一般常人是不能勝任的。因爲具有這些特殊稟賦的人才並不多見，他們的待遇和收入自然要比一般人的待遇和收入來得豐厚。

先天才智相同的人，因爲後天教育機會不同，各人謀生技能會有很大的差別。謀生能力較大的人，他們比較適合於對社會有較大貢獻的一般性工作，自然會有更好的收入；謀生能力較差的人，只能適合擔任對社會並無特殊貢獻的工作，他們的收入自然相對較差。個人的勤惰習慣不同及機遇不同，也會影響到他們工作的收入。此外，社會上如果對某些種族、性別及宗教存有歧視的態度，這些受歧視的階層，在就業和工資方面會受到不利的影響，他們的所得會相對較低，易於陷入貧窮的狀態。

個人財產所得不同，主要是因爲每人所能支配的財產質量有別。個人間財產所得之差異，通常遠較彼此間薪資所得之差異爲大，而且財產多的人，往往可以使自己接受良好的教育，有更良好的工具和設備可供使用，因而有更大的謀生能力，他們工作的薪資收入較高，自是預料中之事。由此可見，財產分配不均對所得分配不均及製造貧窮更是具決定性的影響。財產分配之所以不均，固然是受個人儲蓄能力及儲蓄習慣的

影響，現有遺產繼承制度更是一個重要因素。薪資所得之差異，往往可鞭策人們努力上進，勤奮工作，而財產所得之差異，特別是因遺產繼承所引起的財產分配不均，造成立足點的不平等，使每一個人無法在平等的基礎上作公平的競爭。

在自由經濟制度之下，由於競爭的劇烈，容易造成企業的合併，致使若干市場為少數生產者所獨占，他們得以經由減少生產數量的方法，提高產品價格，獲得所謂超額利潤。獨占下的企業將如同在完全競爭下的企業一樣，為了實現最大利潤會繼續不斷擴充生產，直到邊際成本等於邊際收入為止。但獨占下的企業平均收入和邊際收入線通常自左上方向右下方傾斜，彼此不相重疊，此與完全競爭情況下，兩者互相重疊為一條水平線不同。當均衡狀況實現時，獨占企業通常會有超額利潤的存在——如同圖 38－5 PNMC 所示。此一超額利潤也是造成所得分配不均的另外一個因素。

除了上面所述的一般性原因以外，在不同的經濟發展階段，一個國

圖 38－5　獨占及不完全競爭下企業的超額利潤

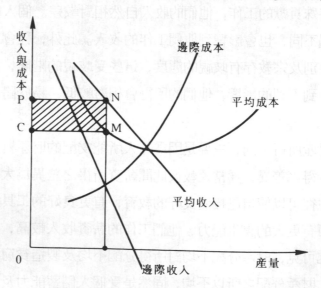

家所得分配不均及貧窮問題所以相對其他國家嚴重，尚有一些特別原因。當一個國家的經濟尚沒有開始發展，農業仍然是這個國家主要支柱的時候，決定所得分配不均的主要因素是人地比例及耕地所有制度。若是人地比例相對較低，耕地大部分歸小規模的自耕農所有，所得分配會相對比較平均。反之，如果人地比例高，耕地所有權大部分集中在少數大地主手上，農村中有大量剩餘勞動力存在，租佃制度對農民相對不利，在這種情形之下，貧富懸殊的現象會比較嚴重。

對一個發展中的國家來說，隨著經濟建設的進步，所得分配是否會趨於惡化，抑或會有所改善，其主要決定因素是發展的策略。有些國家在經濟剛開始發展的時候，便大力提倡重工業，對農業部門有意無意加以忽視，她們的工廠多集中在都市地區，進口代替產品和資本密集技術，受到特別的鼓勵，人口迅速膨脹使勞力成長超過經濟吸收能力，採取這些策略的國家，所得分配通常會相對比較集中。在另一方面，凡是採取農工及城鄉平衡發展，生產以出口為導向，相對重視勞力密集技術，對人口成長採取適當控制的國家，所得分配通常會相對平均。待一個國家到達高度發展階段，所得分配的改善主要靠政府的財政措施，特別是社會福利措施，凡社會福利比較完善的國家，所得分配一般要比較平均。

第五節　所得分配與經濟成長

經濟建設的主要目的，是要使人民的生活水準能夠普遍提高，如果經濟建設只是使少數人的所得大量提高，生活獲得顯著的改善，而大多數的人們都依然和過去一樣貧困，生活沒有獲得多大的改善，經濟建設便失去了它的意義。而且，一個國家的經濟建設，需要靠大眾共同努力，社會中的每一個成員都有他的貢獻，經濟建設的成果，若不能為大

衆所分享，顯然有失公平。所得分配不均的情況若任令其發展，到達某一程度，不僅涉及社會公平及正義問題，並且會造成階級的對立，形成經濟權力的集中，破壞政治民主，引發各種社會動亂。

　　根據邊際效用遞減的原則，一個人從一定量新增所得中獲得額外滿足的大小與其現有所得數量之大小成反比。所得愈高者，其從某一定量新增所得中獲得的額外滿足愈小；反之，所得愈低者，其從某一定量新增所得中獲得的額外滿足愈大。所得分配不均的結果，將使一定所得無法帶給社會全體最大的滿足。前面說過，欲使一定所得栖夠帶給社會全體最大的滿足，必須使每一成員分配得到的最後一單位所得之邊際效用相等。富有的人，因爲所得比較高，邊際所得效用往往相對較小；貧窮的人，因爲所得比較低，邊際所得效用往往相對較大。將一部分的所得自富有的人轉移給貧窮的人，前者失去的效用小，後者得到的效用大，透過這種所得重分配，可使一定的所得對社會全體產生更大的效用。換句話說，在一般情況下，所得分配的改善將有助於整個社會福利的增進，並提高社會大衆參與經濟建設的興趣，使經濟發展能夠獲得更加廣泛的支持。

　　所得分配過分不均，可能使有些人因爲所得太低，營養不良，精神體力不能維持正常水準，並無法接受適當的教育和訓練，勞動生產效率自然難望得以發揮。在另一方面，儘管所得高的人，有的仍然克勤克儉去努力工作，積極從事生產活動，但也難免有一些高所得的人利用祖先的遺產，任意揮霍，把大量寶貴的資源用在非生產上面，形成對資源可怕的浪費。

　　一般說來，當貧苦大衆所得提高時，他們通常會把增加的所得用來添購土產日常用品，而當富有者的所得進一步提高時，他們往往會把大部新增加的所得用在進口物品的添購，這種情形在開發中國家特別普遍。進口物品的享受是豪富的一種特權，它是一種身分的代表，在這些

國家所得分配的改善，可望擴大對本國勞力密集產品的需求，因而對國內經濟發展產生一種良性的作用。

　　在另一方面，人們願意參加各種經濟活動，不辭辛勞乃至冒險犯難在所不惜，其主要目的乃是追求財富，所謂「人為財死，鳥為食亡」，所得分配不均，正足以作為激勵人們努力上進的一種經濟誘因。尤有進者，高所得的人通常邊際儲蓄傾向較高，所得集中的結果，可以加速一個國家的資本形成，因此有利於經濟發展。在此，我們必須指出的是，即使在高度發展的資本主義社會，許多人從事經濟活動的動機並不完全是追求金錢或物質的報酬，名譽和權力也往往是他們追求的目的。激勵人們努力向上的誘因，除了金錢和物質的報酬以外，尚包括許多非物質方面的報酬，縱令所得的差異是投資及工作的重要誘因，此項差異是否必須非常巨大才能產生足夠的激勵力量，亦不無可置疑之處。此外，發展經濟固然需要資本的累積，而資本的累積，主要依賴儲蓄，但儲蓄能否轉變成為投資，並作有效的利用，以促使國民生產的增加，尚須許多其他因素的配合。尤其是開發中國家，由於金融制度的不健全，企業人才缺乏，民間的儲蓄往往變成窖藏，無法轉化成為投資，因此許多經濟學家認為阻礙開發中國家經濟發展的主要因素，不在資金的缺乏，而在吸收資金能力的薄弱。在另一方面，根據凱恩斯學派，經濟衰退的主要原因，是有效需求不足，所得分配不均，使財富向高所得者集中，因為高所得者消費傾向較小，儲蓄傾向較大，結果社會總所得中用於消費的部分將會相對減少，因而造成有效需求不足，導致經濟成長的遲緩。

　　綜上所述，所得分配與產出成長的關係非常複雜，經濟學家顧茲耐 (Simon Kuznets) 認為，隨著經濟發展，產出不斷增加，所得分配不均的情況最初會變壞，然後會逐漸轉好。他的這一種說法，與西方國家長年發展的經驗是頗為符合的，但證之於開發中國家最近的經驗，顧茲耐教授的看法，卻不能獲得足夠的證據加以支持。託大羅教授根據十三個

開發中國家的資料，發現國民生產毛額成長的速度與所得分配的改善沒
有明顯的關係，他的這一個看法，可用圖 38-6 表示出來。該圖中的橫
軸代表國民生產毛額的成長速度，縱軸代表最貧窮的 40% 人口所得成長
速度，OA 是 45°線。凡是國民生產毛額成長速度與最貧窮的 40% 人口
所得成長速度，其兩者組合在 45°線以上者，表示隨著產出的增加，這
些國家的所得分配有改善的跡象；反之，凡是國民生產毛額成長速度與
最貧窮的 40% 人口所得成長速度，其兩者組合位於 45°線以下者，表示
隨著產出的增加，這些國家的所得分配有愈趨不均的現象。從圖 38-6
我們可以看出，在十三個國家中，有六個國家，其國民生產毛額成長速
度與最貧窮的 40% 人口所得成長速度兩者之組合位於 45°線以上，有六

圖 38-6　經濟成長與所得分配

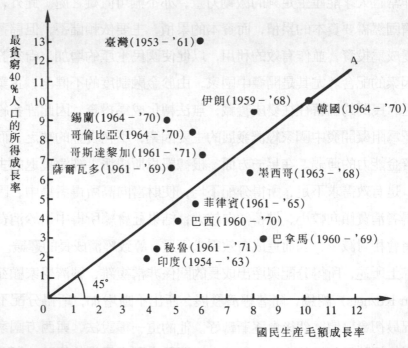

資料來源：Michael P. Todaro , *Economic Development in the Third World* , 4th
ed, Longman, 1989, p. 166.

個國家，這兩者的組合位於 45°線以下。此外，有一個國家這兩者的組合正好位於 45°線上面，這或許可以說明產出成長的快慢對所得分配沒有太明顯的影響。一般人認為追求產出的快速成長，可能會導致所得分配不均的惡化，事實卻並不盡然。在圖 38－6 所列舉的十三個開發中的國家，臺灣、伊朗和韓國在某一段期間，其國民生產毛額成長相當快速，伴隨產出的快速成長，這些國家的所得分配卻並沒有惡化，甚至還有所改善。在另一方面，印度、秘魯和菲律賓在某一期間，其國民生產毛額成長速度相對緩慢，這些國家的所得分配卻並沒有因為產出增加的和緩而有所改善，實際上她們的所得分配在這段期間反有日趨惡化的傾向。

上面我們談到，產出成長的快慢與所得分配似乎沒有明顯的關係，這是針對一些發展中國家所作實證研究得到的一個結論。最近有一項針對 56 個國家所作的實證研究，卻發現所得分配不均與每人國內生產毛額的成長有強烈的負相關❷。另外一項專門針對發達國家所作的實證研究亦有同樣的發現。這項研究指出在 1979 年至 1990 年期間，所得分配比較平均的國家諸如日本、德國及瑞典，相對所得分配比較不平均的國家諸如美國及瑞士，她們的勞動生產力成長要比較快（見圖 38－7）。我們在第三十七章第一節曾經提到，一個國家經濟成長的速度取決於勞動生產力及勞動力的增長速度。勞動生產力增加比較快的國家，經濟成長速度通常也會比較快，因此上項研究得到同樣的結論，即所得分配的改善與經濟成長有良性互補的關係。

雖然過去所做的實證研究，並不能證明所得分配與經濟成長間確實有因果關係的存在，我們無法據此斷言所得分配的改善能夠真正有助於經濟成長的加速，但從這些實證研究，至少我們可以得到一項啟示，即

❷ *The Economist*, November 5, 1994, p. 21.

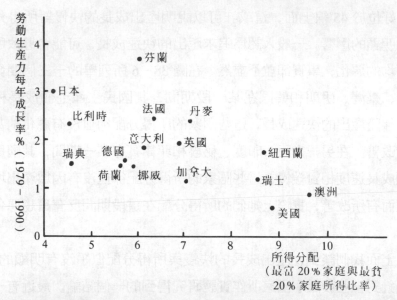

圖 38-7　所得分配與勞動生產力

資料來源：Institute for Public Policy Research，Britain.

產出的增加與所得分配的改善，並不一定是魚與熊掌，兩者不可得而兼之。爲了實現其中一個目標，並不一定需要以犧牲另外一個目標作爲代價。二者兼籌並顧之道，將在下節討論。

第六節　促進經濟成長及所得分配改善的途徑

　　加速國民生產的成長與維護經濟公平是任何一個國家經濟政策所共同追求的目標，在經濟建設過程中，這兩個目標允宜兼籌並顧，不應有所偏廢。茲就兩者兼顧之道，略加討論如下：

　　在自由放任的經濟制度之下，規模經濟利益顯著的企業，特別是具有自然獨占性──諸如水電及其他公用事業，經由激烈競爭，必然會相互合併，逐漸形成壟斷的局面，一旦這個壟斷局面的形成，生產者通常

會採取以量制價的方法，一方面減少生產，一方面提高價格，獲得所謂超額利潤。產品的集中和壟斷不但造成所得分配不均，而且往往導致資源的不當配置，解決的辦法是將凡具自然獨占性的企業收為國營，或制訂反托辣斯法案，使政府有權力對任何壟斷市場的行為加以取締或管制。

在本章的第四節，我們曾經談到財產所有權的集中是造成所得分配不均的一個重要因素。財產分配之所以集中，固然是受個人儲蓄能力及儲蓄習慣的影響，同時也受遺產繼承和財產贈與制度的影響，後者影響的力量可能比前者更大。世界各國——特別是開發國家，對遺產的繼承及財產的贈與，多採取高度累進的課稅辦法，以防止財富的過分集中，並減少立足點的不平等。促進所得公平分配的另外一項課稅措施，是加強對累進個人所得稅及奢侈物品的課稅，使有錢的人相對付較高的稅，貧窮的人相對付較少的稅。

值得注意的是，所得稅的邊際稅率如果定得太高，會損害投資及工作意願，妨害經濟發展，為了兼顧成長與公平，與其提高所得稅邊際稅率，不如多注意逃稅漏洞的堵塞，加強稽徵的效率。

在第三十七章的第三節，當我們討論經濟迅速成長中大量失業存在原因的時候，曾經指出很多國家利用行政力量透過各種方式使資源的相對價格受到扭曲，資本價格常被低估而勞動價格則常被高估，結果資本相對密集的生產方法受到不當的鼓勵，就業的擴充因此受到不利的影響。許多開發中國家在經濟迅速成長過程中，失業問題始終無法獲得妥善的解決，甚至有每下愈況的現象，資源價格因為受到扭曲不能真正反映它的稀少性，是其中一個重要原因。失業的普遍和大量存在，與貧窮的充斥及所得分配的不均往往有密切的關係，減少行政方面對價格的干擾，使市場機能發揮作用，對促進所得的公平分配和提高資源生產效率，加速經濟發展都會有很大的幫助。

種族、性別及宗教上的歧視，每使投資、教育及就業機會失去公平，受歧視的人沒有辦法發揮他們的才能，通常會陷於相對窮困的地位。消滅歧視，促進教育、投資及就業機會的均等，是縮小貧富差距和提高資源利用效率，加速經濟發展的另外一個有效途徑。

解決任何一個問題，都有兩種不同的辦法可循，一種是事先防範，一種是事後的補救，減少貧窮及所得分配不均也是如此。在前面我們對防範貧窮及所得分配不均的辦法已經作了一些簡略的討論，現在讓我們來談談它的事後補救。在這方面也有很多辦法可採，第一個辦法是「家庭補助制度」（Family – allowance System）。在這個辦法下，每一個家庭，不論貧富，都可以從政府手中收到一筆補助金，其金額的大小完全根據兒童的數目及年齡來決定。凡家庭所得在特定水準以上者，將以繳納所得稅的方式把這筆補助金全部或部分交回政府，只有所得在特定水準以下的家庭，才能保有這筆補助金，目前世界上有 60 個以上的國家都有家庭補助制度。第二個辦法是對生活在貧窮線以下的家庭，由政府根據家庭的大小給予現金的補貼。當家庭所得提高時，政府的補貼會相對減少，一旦家庭所得到達貧窮水準以上，政府的補貼將會停止。第三個辦法是所謂「負所得稅」（Negative Income Tax）。茲設四口之家最低所得定為 5,000 元，在這個辦法之下，政府的補助係根據下列公式：

$$政府補助 = 5,000 元 - \frac{1}{2} \times (家庭所得)$$

從上述公式，我們可以算出沒有絲毫所得的四口之家，每年可從政府手中取得 5,000 元的補助收入，這個補助收入可以稱為負所得稅。若是這一家庭自己所賺取的所得從零提高為 2,000 元，它自政府手中取得的補助收入將是 4,000 元 $\left(5,000 - \frac{1}{2} \times 2,000\right)$，兩者合併後這個家庭的可支配所得將是 6,000 元 （2,000 + 4,000）。當這個家庭自己所賺取的所

得達到 10,000 元的時候，它會喪失受政府補助的資格，即政府不再給予它們補貼。凡四口之家的所得在 10,000 元以上者，不但不能自政府手中取得補助收入，反而得就超過 10,000 元部分的所得向政府繳納所得稅。採用負所得稅的辦法，每一個家庭保證會有最低的收入，家庭的成員因從事工作，賺取所得，隨著自賺所得的提高，政府的補助固然會相對減少，但政府所減少的補助將低於它們自賺所得的增加（見表 38－5）。換句話說，一個從事工作，自己有若干收入來源的人，較之不從事工作，沒有任何收入來源的人，可以有較多的可用所得，因此負所得稅的實施可望減少對工作誘因不利的影響。

表 38－5　負所得稅對不同所得水準家庭之影響

單位：元

(1) 自賺所得	(2) 政府補助收入 $5,000 - \frac{1}{2} \times (1)$	(3) 可支配所得 $(1) + (2)$
0	5,000	5,000
1,000	4,500	5,500
2,000	4,000	6,000
3,000	3,500	6,500
4,000	3,000	7,000
5,000	2,500	7,500
6,000	2,000	8,000
7,000	1,500	8,500
8,000	1,000	9,000
9,000	500	9,500
10,000	0	10,000

　　與負所得稅性質有些類似的另外一個辦法是透過租稅扣抵的方式給予低薪資家庭一種特別補貼，在這一個辦法下，凡家庭工資全年收入未達一定標準者，可以從應繳所得稅稅額中減去所享有的補貼金額，若是所享有的補貼金額超過應納所得稅稅額，其超過部分可以由政府退回。這一勤勞所得租稅扣抵辦法（Earned Income Tax Credit）只適用於工作家庭（Working Family），而不適用於不工作的家庭。較之其他福利措施，不論工作與否，只要是全年所得低於某一標準，便可獲得政府的補助，對工作誘因的損害應可大爲減少。

　　目前世界各國所採取的許多社會安全福利措施，不少失之過於優厚，在某些情況下領取福利救濟的人，其全年所得收入，甚至高於低薪工作者全年所得的收入。這些措施固然有助於貧窮的減少和所得分配的改善，但卻嚴重損害社會大衆工作的意願，阻礙經濟發展。兼顧產出成長以及所得公平分配，改革不合理的福利制度，也是一條很重要的途徑。

摘 要

1. 所得在個人或家庭間的分配，通常被用來作爲衡量經濟公平的標準。合乎經濟公平的所得分配有三種不同的看法：(1)各盡所能，各取所需；(2)論功行賞，各取所值；(3)由社會全體所均分。以上各種説法，都有它的缺點，經濟學家心目中的所得公平分配，在原則上應該是根據個人對生產貢獻的大小，各取所值，但對沒有或缺乏工作能力的人，社會應該給予相當的救濟，財富的過分集中亦應加以適當的遏止。

2. 測定個人或家庭所得分配是否平均，最常用的方法是羅侖茲曲線和吉尼係數。所得分配若是完全平均，每一所得級距所擁有的戶數占總戶數的百分比，應與該一級距所擁有的所得占總所得的百分比相等，此時吉尼係數爲零。最不平均的所得分配，是全部所得集中於最富有的家庭，此時吉尼係數爲一。世界上沒有一個國家所得分配是完全平均，或者完全不平均，吉尼係數在實際上是介於零與一之間。凡是吉尼係數愈接近零者，其所得分配愈爲平均；反之，其所得分配將愈爲不平均。

3. 實證資料指出稅課及政府移轉性支出對縮短貧富差距有相當大的影響。以美國爲例，若是稅課及政府移轉性支出不加考慮，最貧窮的 20% 家庭其所得占總所得的比重只有 0.6%，若是將稅課及政府移轉性支出加以考慮，這項比重將增至 6.5%，最富有的 20% 家庭其所得在總所得中所占的比重，在考慮稅課及政府移轉性支出後，將從 48.2% 降至 39.8%。

4. 貧窮不僅存在於經濟落後國家，也存在於經濟發達國家。美國是世界上最富有的國家之一，在 1991 年該國生活在貧窮線上或貧

窮線以下的人口，占總人口的比重高達14.2%。

5.造成所得分配不均及貧窮的主要原因是：(1)先天稟賦優劣不同，(2)教育、投資及工作機會不公平，(3)財產所有權的集中，(4)市場競爭不完全，(5)種族、性別及宗教上的歧視，及(6)際遇不同。

6.所得分配與產出成長的關係非常複雜，人言言殊，實證資料無法證明產出成長的快慢，對所得分配有顯著的影響。產出的增加與所得分配的改善，並非魚與熊掌，兩者不可得兼。

7.促進經濟成長及所得分配改善有很多途徑可循，它包括：(1)加強市場競爭及獨占的管制，(2)加強所得稅及奢侈物品消費稅的課徵，(3)健全遺產及贈與稅制度，(4)取締種族、性別及宗教上的各種歧視，及(5)進行社會安全及福利制度的改革。

問題討論

1. 功能性的所得分配和個人所得分配有什麼不同? 後者爲什麼受到特別重視?

2. 共產國家在過去一直高唱「各盡所能, 各取所需」的口號, 您認爲這個口號能夠實現嗎? 試就經濟觀點對這句口號加以評述。

3. 採用「均分」的辦法消滅貧富差距, 有什麼可議之處?

4. 何謂羅侖玆曲線? 它的繪製方法如何?

5. 研究官方所發表的所得分配資料時, 有什麼值得注意的地方?

6. 政府在縮短貧富差距方面往往扮演一個重要的角色, 其原因何在?

7. 爲什麼像美國這樣富有的國家也會有貧窮的現象? 那一類的人通常最容易受到貧窮的威脅?

8. 造成所得分配不均的主要原因何在?

9. 發展策略與所得分配有什麼關係? 產出的快速成長是否會導致所得分配的惡化? 其原因何在?

10. 何謂負所得稅及勤勞所得租稅扣抵? 爲什麼經濟學家認爲它們是救窮的一個比較好的辦法?

第三十九章　都市問題的
形成與解決

第一節　都市的擴張與都市問題的產生

伴隨經濟發展，每一個國家的都市範圍（Urban Areas）都在不斷的擴大。根據聯合國統計，從 1950 年至 1990 年，全世界的都市人口由 724 百萬增加到 2,422 百萬，提高了 234%（見表 39－1）。在 1790 年的時候，美國的 95% 人口都居住在鄉村，只有 5% 的人口居住在都市，到了 1920 年左右，該國都市人口便已超過鄉村人口；到了 1980 年，美國都市人口占總人口的比例估計已高達 75%。臺灣都市化的進展也非常迅速，統計資料顯示 10 萬以上人口的都市，其人口占總人口的比例，在 1946 年為 18.1%，到了 1972 年，此項比重已增為 38.6%；2 萬以上人口的都市其人口占總人口的比例，亦從 1955 年的 33.1% 提高為 1972 年的 46%。都市的擴大近年來以開發中國家最為明顯，這種趨勢將會繼續發展下去。根據聯合國最新估計，從 1975 年至 2000 年，開發中國家的都市人口將增加 166%。圖 39－1 指出四個發展中地區及中國大陸近半個世紀都市人口增長情形。

都市化是經濟發展的副產品，隨著經濟發展，農業生產力提高，大批的農村人口必須轉向工商業謀求發展。這些工商業為了便利原料的採購和產品的銷售，並降低運輸成本，多集中設立於水陸空的交通要道或

表 39-1　世界主要地區都市人口變化（1950~2000 年）

（單位：千人）

	1950	1960	1970	1975	1980	1990	2000
全世界	724,147	1,012,084	1,354,357	1,560,860	1,806,809	2,422,293	3,208,028
比較開發地區	448,929	572,370	702,876	767,302	834,401	969,226	1,092,470
比較不開發地區	275,218	439,354	651,481	793,558	972,408	1,453,607	2,115,558
非洲	31,818	49,506	80,373	103,032	132,951	219,202	345,757
拉丁美洲	67,511	106,559	162,355	198,366	240,592	343,304	466,234
亞洲	217,595	341,738	482,032	573,994	688,579	991,212	1,411,847

資料來源：UN, *Patterns of Urban & Rural Population Growth*, New York, United Nations, 1980, ST/ESA/Series A. 68, Tables 4 & 48.

圖 39-1　開發中國家都市人口的估計（1950~2000 年）（百萬）

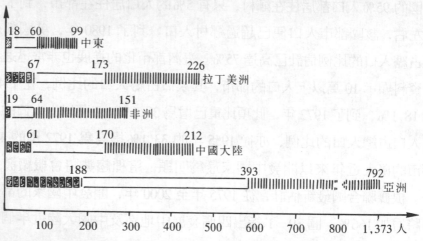

資料來源：Michael P. Todaro, *Economic Development in the Third World*, 2nd ed, Longman, 1981, p. 226.

原料來源所在，廠商群集的結果，自然形成人口的日趨集中，使都市範圍不斷擴大。都市化程度的加深，可以使公共設施獲得更加充分和有效

的利用，都市中工商業群集一起，彼此互爲主顧，使生產規模易於擴大，有利於分工及專業化的進行。

都市範圍的擴大，有它有利的一面，亦有它不利的一面。不利的一面包括人口及工商業的集中，會引起土地價格及房租不斷上漲，並增加交通擁擠及空氣和水的污染，因而使個別廠商的成本和整個社會的生產成本增加。這些不利的因素，到達某一個程度，每又會轉而限制都市的擴展。

都市化程度的迅速加深，已在許多國家形成了若干嚴重的問題。所得在中上水準的家庭，因爲厭倦都市吵雜髒亂，紛紛自城市向郊區遷移，使城市稅源大量減少。在另一方面，貧窮的大衆則不斷自鄉村湧向城市謀求發展及生活的改善，大量增加了城市在治安、衛生、教育、社會救濟及福利方面的支出，城市財政情況因而日陷困難。解決此一財政困難，如出之於增稅方式，勢必加重工商業的負擔，促使廠商及高所得階層更加迅速向郊區遷移，以規避沈重的稅負。若不增加稅收，都市財政困難將無從解決，格於財力的限制，市政當局勢必減少對市民提供服務，或降低其對市民服務的品質，其結果將進一步損害城市對工商業及富有家庭的吸引力，同樣會導致彼等向郊區遷移。

城市高所得工作者得以遷往郊區居住，其先決條件是車輛的增加及道路的改善。而車輛的增加及道路的改善，不但加重都市財政的負荷，抑且引起交通的擁擠，及增加空氣與水的污染。富有者不斷向郊區遷出，留居城市者逐漸淪爲中低所得階級，衆多住宅無力修繕，終致破損不堪，造成貧民窟比比皆是。

都市發展過分迅速，使許多建設事前無法周詳設計，公共設施的擴建趕不上人口的增加。街道及建築等一旦完成，事後的改建，不但需要花費很多的財力，而且往往遭遇很多的社會及政治阻力。

因爲都市擁有許多現代設備，都市工資遠較農民平均所得爲高，好

的學校亦多集中在都市，為了改善本身及下一代的生活，農村的父老多喜歡把自己的子女送進都市，年輕一代亦紛紛湧向城市，追求更好的工作和更多的享受。近年來在開發中國家每年自農村轉移到都市的勞動人口，遠超過都市工作機會的成長，結果都市失業問題日趨嚴重。根據託大羅教授的估計，許多開發中國家包括公開失業和低度就業的剩餘勞動力在整個勞動力所占的比重已高達 30％ 以上，其中青少年（15 至 24 歲）的這項比重甚至高達 50％ 以上。失業的大量存在和因此而引起的治安惡化是現代都市所面臨的另外一項嚴重問題。

第二節　都市交通

隨著都市的擴展，許多製造、買賣及個人服務行業都不斷自市中心向郊區遷移，留在市中心的多屬金融保險及專業性的服務行業。前者所提供的工作機會多屬非技術性，適合於藍領階級，而後者所提供的工作機會多屬技術性，適合於白領階級，這種工作需求的分配情形，恰與勞動供給的分配情形相反。在世界各國的大都市，藍領階級多住在市區中心，而白領階級則多集中在郊區居住，工作需求與勞動供給分配的失調，對都市交通形成一股強大的壓力，各國的市政當局對解決工作通勤問題無不感到十分頭痛。

到目前為止，汽車是都市中最方便及舒適的運輸工具，隨著所得的提高，有能力擁有汽車的人數不斷增加。在另一方面，公路和街道建築及維護的費用多由政府獨力負擔，這種做法等於是政府對汽車使用者給予津貼，更加助長了汽車運輸的迅速擴充，導致交通擁擠的情況日益嚴重。為了解決交通擁擠問題，政府每相應增加公路的興建，隨著公路的擴建，都市範圍將繼續不斷向郊區擴充，結果進一步提高都市交通的需求，形成一種惡性循環。

　　汽車的使用，除了私人必需支付的費用以外，尚會產生許多社會成本。譬如，配合汽車使用量的增加，市政當局必須不斷擴建和整修道路，雇用更多交通警察，設置更多汽車管制信號，興建更多交通法庭負責處理各種交通違規案件，凡此都會增加政府的支出。尤有進者，汽車本身排出的廢氣造成空氣的污染，損害居民的健康；汽車喇叭及引擎的聲音，增加都市的吵雜，破壞市民生活的安寧；交通事故的發生，更直接威脅到個人生命財產的安全，這些都是大量使用汽車所造成的外圍不經濟，其所引起人力和物力的損失，每為社會大眾所忽視。

　　汽車固然是都市中最方便及舒適的交通工具，但都市中仍然有許多貧苦大眾，沒有能力供養一部汽車。他們必須依賴大眾運輸工具，因為這些運輸工具的缺乏，使許多貧苦大眾寸步難行，剝奪了他們的工作機會，陷生活於困難。

　　都市交通問題的解決有短期及長期兩種不同辦法，短期的辦法應著重在提高現有交通設施的使用效率，長期的辦法是發展汽車以外的大眾運輸系統，以適合人口增加的需要。交通的擁擠是需求大於供給的必然現象。根據供需法則，當一種物品的需求量大於供給量時，它的價格必須提高，否則短缺現象必然產生。反之，當一種物品的供給量大於需求量時，它的價格必須降低，否則必然會產生剩餘的現象。解決交通擁擠的短期辦法是提高交通設施的使用費用。前面說過，汽車的使用，除了私人支付的費用以外，會產生許多外圍不經濟，為了提高交通設施的利用效率，汽車的使用價格應該能夠充分反映這些私人成本及外圍不經濟。換句話說，汽車駕駛者除了負責油料、汽車本身的折舊及修護等各種開支以外，政府應該向他們徵收對公路橋樑、街道等交通設施的使用及停放車輛費用，並讓他們分擔交通秩序的維護及交通事故損失以及其所產生的公害費用。套用經濟學的術語來說，便是使外圍不經濟內部化（Internalization of External Diseconomy），即將使用汽車所肇致的外圍不

經濟儘量轉嫁給汽車駕駛者負擔。

因爲都市居民對交通的需求，在時間上的分配並不平均，譬如上下班時間都市居民對交通的需求通常特別殷切，在這些時間交通往往格外擁擠。爲了分散交通工具的使用，經濟學家主張採用差別收費辦法。在這一個辦法之下，對尖峰時刻行駛擁擠地段的車輛，可徵收較高的通過費或過橋費。汽車停車場的收費亦可按照交通頻率的不同，在不同地段制訂不同的標準。差別收費的辦法亦可以同樣應用到公共運輸工具，即在尖峰時間，向搭乘公共運輸工具的旅客，收取較高的費用，在非尖峰時間，向搭乘公共運輸工具的旅客收取較低的費用，藉此鼓勵市民分散搭乘公共運輸工具的時間，此舉不但可以減少尖峰時間的擁擠，對提高公共運輸工具的使用效率相信也會有一些幫助。

除了差別收費以外，將都市中公私機構員工上下班的時間，以及學生上學和放學的時間適當錯開，對減少尖峰時間都市交通擁擠，也應該會有一些幫助。必要時並可在尖峰時間限制車輛進入鬧區，作爲減少交通擁擠的一種手段。這些辦法實際上已有許多國家在實施，並且收到了相當良好的效果。

在短期內，交通設施固定不變，解決交通擁擠的唯一對策，是對現有設施作更充分和有效的利用。達到這個目的的有效手段，是徵收交通設施的使用費，並使此項使用費能充分反映社會成本。隨著經濟發展，都市範圍擴大，國民所得提高，汽車數量會繼續快速增加。因應這一形勢，光靠政府增加公路及街道的投資不能解決交通擁擠問題，甚至可能導致交通量的更加快速增加，使交通阻塞問題更加嚴重。長期交通問題的對策是更新和發展公共運輸系統，增加地下火車及公共汽車的使用，政府在這方面應該撥出更多的經費。根據各國經驗，光靠對乘客的收費，公共運輸事業往往很難維持，爲了鼓勵市民以公共運輸工具取代私人汽車，以降低交通的流量並減少空氣的污染，政府對公共運輸事業給

予某些補貼，恐怕有其必要。更新及發展公共運輸，光靠政府可能力有不及，透過賦稅減免及低利貸款等方式，鼓勵民間參與投資經營，也是世界各國爲了改善都市交通普遍努力的一個方向。

第三節　都市住宅

在世界各國的大都市，我們常常可以看到很多的貧民窟，許多建築物年久失修，破損不堪，適合中小市民居住的住宅普遍缺乏，造成這種現象的主要原因是：

1.隨著國民所得的提高，運輸工具的發達，殷實住戶和工商業不斷自都市中心向郊區遷移，可用以房舍興建及維護的財源也跟著自市區中心向郊區轉移。在另一方面，殷實住戶及工商業遷往郊外後，在市區中心所留下的房舍，逐漸爲低所得的中小市民接管，這些中小市民多無力負擔昂貴的房租，地主將房舍出租給這些佃戶因得不到適當的報償，對房屋的修繕和維護會逐漸失去興趣。破損現象一旦在少數建築物出現，會產生一種外圍不經濟，使鄰近房舍價值及租金下降，其他地主亦將失去妥善維護的興趣，住宅品質的衰退將加速惡化，貧民窟的產生乃是必然的結果。

2.殷實住戶及工商業不斷自市區中心向郊區移轉，會嚴重損害到都市的稅源，使它的稅基縮小。在另一方面，伴隨這一現象而來的，是都市中貧戶及失業人數的相對增加，從而導致市政當局對治安、消防及福利支出的增加。稅基縮小及市政開支增加的必然結果乃是稅率的提高，因爲都市的稅收主要仰仗地價稅和房屋稅的徵收，財產稅稅率的提高乃是必然的現象，這種情形將更進一步降低地主對財產修護的興趣，加深都市房荒的惡化。

3.爲了減輕低所得者房租的負擔，有些國家在若干大都市，實施房

租管制。這個原來用意很好的政策，事實證明其結果往往使有能力負擔較高房租的住戶，繼續留住在受管制的廉價房舍，不願搬遷，致新近遷入都市的貧戶難以在房租受政府管制下的地區，找到廉價的房舍，剝奪了他們受惠的機會。在另一方面，政府對房租的管制，使地主的房租收入減少，投資房屋建造變成無利可圖，因而減少對房屋的供給。用行政力量壓低房租另外一個副作用是增加對房舍的需求，房租管制的結果在長期間必然會擴大供應的不足，使房荒問題變得更加嚴重，這個情形可用圖 39－2 來加以說明。從該圖可以看出，在沒有房租管制之下，房屋的均衡價格為 OA，實施房租管制後，房租設壓低為 OB，因為房租的壓低，房屋的需求將從 OC 增至 OD，而房屋的供給則會從 OC 降至 OE，結果將會出現相當於 ED 數量的短缺。房租管制不但會造成或擴大房屋供需的失衡，而且將導致房屋品質的下降，在大多數的情形下都是弊多於利。

圖 39－2　房租管制對房舍供需的影響

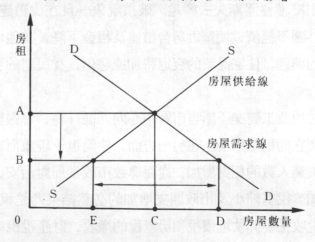

都市房荒最基本的問題是地皮太貴，房屋造價太高，中小市民普遍缺乏能力負擔，解決的辦法是：

　　1.建立統一的建築法規，只就安全衛生及美觀標準加以明確的法令

規定，至於建築方法及建築材料在法令上不應加以限制，只要能達到一定的安全衛生及美觀標準，營造商應該有充分的自由去選擇建築材料和決定建築方法。世界各國的通病是在同一個國家內，不同的地區有不同的建築法規，這些法規對營建業每加以過多的限制，所定的標準又往往太過苛刻。在這種情形下，營建效率自然難望提高，房屋造價往往在中小市民能力負擔範圍以外，自是預料中的事。

2.以房租津貼取代房租的管制。前面說過，房租管制一方面會增加房屋的需求，一方面會減少房屋的供給，它會加深住宅短缺的嚴重性。爲了實現及保持供需的平衡，房租不宜用行政力量干預，應由市場供需力量共同決定。貧苦市民在所得低於一定標準者，政府可以改採房租津貼的辦法，替這些貧苦的佃戶，分擔一些房租的開支。以美國爲例，若是最低標準的房屋租售價格，超過某一貧戶所得的四分之一，其超過部分可由政府直接補貼。採用這種辦法，市場機能可以照樣發揮作用，不會受到歪曲，地主從房地產的投資可以獲得合理的報酬，當不會減少他們對這方面的投資，而且貧苦的佃戶不必限於居住在政府管制下的廉價房舍，對住宅選擇有較大的自由。

3.爲了鼓勵中低級所得家庭自購房舍，實現住者有其屋的目的，政府有兩種辦法可以採用：第一個辦法是對購屋者直接提供低利抵押貸款，第二個辦法是容許購屋抵押貸款的利息得從可課稅所得中減除。在美國大多數的人所以能夠擁有自己的房屋，購屋貸款利息的賦稅減免辦法扮演了一個非常重要的角色。

4.改善房地產課稅辦法並健全和加強土地增值稅的課徵，地價稅應適當提高，房屋稅則宜適量降低，這樣才能促進土地的更加有效利用，健全和加強土地增值稅的課徵，可以減少對土地的投機，防止地價的暴漲。

第四節　都市罪犯

統計資料顯示，當一個地方人口密度提高時，各種形式的犯罪案件會跟著增加，都市人口密度較大，犯罪率一般也比較高，很多人認為都市是藏垢納污的所在。

每一個人都不願意在罪案發生頻仍的地方居住，人人都希望生命、財產的安全有比較好的保障。可是安全本身並不是一種自由財，它是必須付出某些代價或犧牲方可獲得的一種經濟財 (Economic Goods)。絕對安全幾乎並不存在，基於邊際效用遞減的法則，隨著安全程度的增加，每增加一單位安全其所產生的效用將會遞減。安全到達某一水準後，消費者往往會不願意花更多的錢在安全上面，寧可將他們的錢多花在購買新車或其他物品上。消費者為了獲得最大的滿足，他們將會把一定量的所得分配在安全和其他用途上面，直到彼此最後一塊錢支出所產生的邊際效用相等為止。如果增加一單位安全支出的邊際效用較增加一單位其他支出的邊際效用為小，他們將會發現將部分安全的支出轉用於其他支出，可以使他們獲得更大的滿足。

犯罪的發生不但使被害者的私人財產遭受損失，身體受到傷害，嚇阻旅客於入夜後不敢進出電影院、餐廳及其他娛樂場所。在犯罪率很高的地區，企業每須支付員工較高的工資，即使如此，有些員工仍然無法長久留住；為了預防、緝拿和處置罪犯，政府必須維持強大的警力，增雇法庭工作人員，興建監獄，增加偵察犯罪設備，這些安全支出最後必然會轉嫁到市民負擔，間接提高了都市的生活費用，促使工商業及市民向市郊遷移。

社會學家與心理學家認為都市生活是造成高度犯罪率的主要原因之一，而經濟學家則認為都市地區之所以有較高的犯罪率，是因為在都市

犯罪，可以產生規模經濟的利益！舉例來說，都市市民櫛比而居，可供盜竊的對象眾多，竊賊比較願意在盜竊工具及技術訓練上，進行投資，形成集團，甚至實施分工，如此可使犯罪效率提高，同時減少犯罪被捕入獄的風險。

在一個小的村鎮，一個竊車賊要想將竊物脫手很難，為了懼怕被人識破，竊賊往往不敢將贓物就地出售。在一個大的城市，竊車賊易於形成一個集團，實施分工，有些人可以專門負責闖入車內，利用夜間將車輛開出街道、送進特備的修理站或倉庫；有些人可以專門負責將車輛重新油漆粉刷，除去或變換原有車輛號碼；另外一些人可以專門負責偽造交易及登記證件，然後就地或轉運其他地區脫手，此類竊盜案件的偵查在城市要遠比鄉村困難。

從事作姦犯科的人，多半是無業游民。一個人若是失去職業，在飢寒交迫之下，最易鋌而走險，減少都市罪犯，應加強對無業游民的安置。消極方面，市政當局對這些無業游民應該設法收容，給予救濟。積極方面，應該設法傳授他們謀生技能，輔導他們工作。近年來都市失業問題日趨嚴重的一個主要原因，是農村人口迅速向都市移動，使都市勞動力增加的速度遠大於工作機會增加的速度。農村人口之所以迅速向都市移動，是因為城鄉工資及生活環境的差異太大，縮小城鄉工資及生活環境的差異，是減少農村人口大量向都市遷移，從而減少都市失業及罪犯的一個必要手段。

都市生活比較緊張，工作的壓力比較大，身心的調劑非常重要，減少都市犯罪的另外一個有效途徑，是提供市民更多的戶外活動場所，諸如運動場、公園、動物園、兒童樂園等。此外充實諸如圖書館、博物館、劇院、音樂廳等文化設施，使市民有更好的精神寄託，身心上也可以獲得較多的調劑，從而有助於都市犯罪的減少。罪犯猶如疾病，防患應該重於治療，若能針對罪犯的成因，未雨綢繆，再輔之於適當加強警

力，提高罪犯偵破效率，執法公平，重犯重罰，持之以恆，都市罪犯問題應可獲得比較妥善的解決。

第五節　解決都市財政困難的辦法

隨著人口增加，國民所得提高，都市市民對市政服務的需求會不斷增加，面對交通的日益擁擠，除了要求道路和街道的擴建以外，市民一定會希望市政當局能夠發展一套便捷的公共運輸系統；犯罪率的上升，會增加市民對警察保護的需求；企業的不斷升級，使專業及技術人力的需求相對增加迅速，市政當局必須提供更多和更好的教育及訓練設備，以培養這些企業所需的人才。此外，醫療、就業輔導、違章建築及廢物處理等服務的需求也會隨人口增加及經濟發展而不斷提高，凡此對市政當局都會加予沈重的財政壓力。

近年來因為交通運輸進步，加上都市生活環境惡化，許多企業及高所得家庭不斷自都市中心向郊區遷移，都市稅源不但沒有跟隨人口增加而擴大，反而有日漸枯竭的現象。與這個現象相反的是貧困及未受過良好教育的鄉村居民大量湧進都市，他們缺乏付稅的能力，但卻需要市政當局提供同樣甚至更多的各種市政服務。日增的郊區居民每天出入都市，享受都市提供的交通運輸、警察及消防等各項服務，卻不必向都市納稅；在都市中有許多土地和房屋，因為係公共財產，或屬於宗教及慈善團體所有，依法往往可以免繳財產稅，但這些建築所使用的水電、煤氣、消防等設備卻同樣需要公共財政去支應。凡此種種，都會進一步使都市財政困難日趨嚴重。

解決都市財政拮据的途徑不外是開源和節流。在開源方面主要辦法有三：

　　1.提高都市對稅收的分攤比例，或增加中央及上級政府對都市經費

的補助。實施這個辦法必須避免市政當局因此而減少其本身對籌措財源的努力，否則，因此而增加的收入只是取代都市本身應有的收入，對市政建設的推進將無多大幫助。

2.將若干市屬機構改隸中央，部分救助及福利計畫亦可改歸中央負責，如此市政建設的一些支出可以轉由國庫直接負擔，都市財政的壓力當可因此得以減輕。

3.對土地稅課相對加重，房屋稅課則相對減輕，此舉將可促進市地利用，擴大財產稅稅基，以充裕都市稅源。此外，土地增值大部分該歸功於都市建設的進步，對個人來說可以說是一種不勞而獲，加重土地增值稅的課徵，可以促進所得公平分配，實現地利共享，同時亦可增加都市財源。

捨開源外，解決都市財政困難的另外一個途徑便是節流，即一方面減少不必要的支出，一方面提高經費的利用效率。都市許多設施，都具備規模經濟的利益，整個都市地區是一個高度相互依存的經濟單位，如果在都市地區內的行政單位過分細分、權力分散、各自為政，許多公共設施和服務，將無法實現規模經濟的利益。行政的整合，可使市政建設得以統一規劃，資源能夠統籌支配，並可減少許多設施的重複浪費，其對降低公共服務的成本，應有所幫助。

市政服務需求之所以日益增加，其中一個主要原因是許多公共服務的提供，都是由一般稅課收入支付，市政當局並未向使用人直接收費，市民往往容易產生一種錯覺，認為這些都市公共服務，都是由市政當局免費提供，因而恣意需求，不加珍惜。市政當局若能對公共服務的提供，改採對使用人直接收費方式，以取代一般稅課收入作為支付這些公共服務的手段，不但可以增闢財源，並可增加市民對公共服務的成本觀念，從而珍惜對這些公共服務的享用，以及抑制其對這些公共服務的需求，對都市經費的撙節亦應有所幫助。

摘　要

1. 都市化是經濟發展的副產品，都市範圍的擴大有它有利的一面，也有它不利的一面。在有利方面，是都市化程度的加深，可以使公共設施獲得更加充分和有效的利用，同時有利於工商業生產規模的擴大，使分工及專業化易於進行。在不利方面，都市發展過分迅速，使公共設施的擴建趕不上人口的增加，結果造成交通擁擠、環境污染、住宅普遍缺乏，以及犯罪頻繁。隨著都市化程度的加深，市政當局稅課收入的增加速度往往趕不上支出增加的速度，財政上捉襟見肘的情況會日趨嚴重。

2. 現代都市最主要的交通工具是汽車，利用汽車出入都市快速而舒適，世界各國對公路、街道及橋樑的建築與維護等，通常均由政府獨負責任，這無異是對汽車駕駛者給予一種津貼。此一政策益發助長汽車運輸的迅速發展，從而導致交通堵塞，停車空間不足，交通事故頻繁，並增加都市的吵雜及空氣的污染。

3. 都市交通問題的解決有短期及長期兩種辦法，短期的辦法是提高交通設施的使用費用，並按照使用時間的不同，對利用這些設施，制訂不同的收費標準，透過這一個辦法，使現有的交通設施能夠獲得最為有效的利用。長期的辦法是更新和發展公共運輸系統，增加地下火車及公共汽車的使用。

4. 在高樓大廈中，現代都市往往出現眾多的貧民窟，許多建築物年久失修，破損不堪，適合中小市民的住宅普遍缺乏。為了減輕低所得階層的負擔，許多國家在大都市中實施房租管制，這一用意很好的措施，事實證明卻是弊多於利，它不但擴大房屋供需的失衡，並且導致住宅品質的下降。解決都市房荒的主要辦法是：(1)

修改建築法規以提高營建效率，(2)以房租津貼取代對房租的管
制，(3)提供更多低利購屋貸款，並對自用住宅購買或興建給予租
稅優待，(4)改善房地產課稅辦法並健全和加強土地增值稅的徵
收。

5. 現代都市因為人口密度大，聲色場所林立，以及謀生不易，犯罪
案件常常層出不窮。減少都市罪犯，首應加強對無業游民的安
置，其次是提供更多的戶外活動場所，及提倡正當娛樂及文化社
交活動，使市民在身心方面得到更多的調劑。罪犯猶如疾病，防
犯應該重於治療。

6. 現代都市在財政上都有捉襟見肘的情形，解決都市財政拮据的途
徑不外是開源和節流。開源的主要途徑是：(1)提高都市對稅收的
分攤比例，(2)將若干事務移轉中央負責，(3)改善和加強財產稅及
土地增值稅的徵收。節流的主要方法是減少不必要的支出以及以
行政整合，增加採用向公共設施使用人收費等手段，以提高經費
的使用效率。

問題討論

1. 世界各國都市人口占總人口比例都在不斷提高，特別是開發中國家這種情形更為明顯，其原因何在？

2. 都市化程度的迅速加深，有它有利的一面，也有它不利的一面，試分別加以簡單的討論。

3. 造成都市交通擁擠的主要原因何在？短期及長期的解決辦法為何？

4. 汽車的使用，會產生若干外圍不經濟，試舉例說明之。

5. 為什麼大多數的經濟學家反對政府管制房租？它的弊病在那裏？

6. 都市房荒產生的主要原因何在？解決這一個問題有那些辦法可供採用？

7. 為什麼都市犯罪率一般要較鄉村的犯罪率為高？防範都市犯罪有那些途徑可循？

8. 現代的大都市均普遍面臨財政上的困難，其原因何在？這些困難該如何解決？

第四十章　農業發展遲滯及農民 所得偏低問題

第一節　問題的形成及其癥結所在

在一個經濟落後的國家，農業是國民經濟支柱，它替整個國家提供了70％以上的工作機會，同時是國民所得、外匯收入和資本形成的主要來源。在經濟發展的初期，每一個國家的農業部門，幾乎都曾經為它們國家的工業化和整個經濟發展提供過重大的貢獻。十九世紀末期和二十世紀初期日本農業的迅速發展，以及緊接著第二次世界大戰結束後臺灣農業的迅速發展，導致往後該兩個地區迅速邁向工業化以及持續不斷的高度經濟成長，是農業部門對經濟起飛卓越貢獻的一個最好說明。可是，伴隨工業化和高度的經濟成長，農業在國民經濟中的地位往往會不斷下降，農民與非農民所得間會產生一個相當大的差距。伴隨工業化和高度的經濟成長，農村青年會不斷湧入城市，改變職業，農業勞動力因此會有逐漸老化的現象。

從長期觀點來看，農業上的主要問題是農產品價格及農民所得相對非農產品價格及非農民所得增加遲緩；從短期的觀點來看，農業上的主要問題是農產價格及農民所得波動太大。造成這些問題的主要原因是：

一、農產品缺乏需求價格彈性

一般說來，農產品的需求價格彈性都比非農產品低，特別是已開發

表 40-1　農產品需求價格及所得彈性

農　　產　　品	需求價格彈性		需求所得彈性
	(A)	(B)	(C)
棉花（農村市場）	0.1		
小麥（農村市場）	0.02-0.2		
麵粉（零售市場）		0.80	-0.36
玉米（農村市場）	0.03-0.5	0.50	
蘋果（零售市場）	1.3		
桃子（零售市場）	1.5		
柑橘（零售市場）	0.8		
橙子		0.66	
馬鈴薯（零售市場）		0.11	
澱粉根荣類			-0.20
牛肉（零售市場）	0.8-1.1		0.64
牛隻（農村市場）		0.68	
豬肉（零售市場）	0.7-1.0		
毛豬（農村市場）		0.46	
豬肉產品			-0.20
羊肉（零售市場）	1.8-2.3	1.78	
雞（零售市場）	1.1-1.2	0.78	
所有肉類產品（零售市場）	0.4-0.6		
牛奶			-0.50
蛋（零售市場）	0.3-0.4	0.32	0.37
牛油（零售市場）	0.3-1.4	0.65	0.42
人造奶油（零售市場）	0.3-0.8		-0.2
糖		0.24	
所有存食物（零售市場）	0.2-0.5		

資料來源：(A)U. S. D. A. 1959，(B)P. George & G. King, *Consumer Demand for your Food Commodities in the United States with Projections for 1980*, Giannini Foundation, 1971，(C)Heinz Kohler, *Intermediate Microeconomics*, New York：Harper Collins Publisher, 3rd, 1990.

國家，她們的農產品需求價格彈性多半都在0.2至0.5之間（見表40－
1）。也就是說，在這些國家，農產品價格必須下跌20％至50％，才能
使消費者增加10％的需求。商品相互間的替代性能是決定價格需求彈性
大小的基本因素，當某一種商品的價格下跌時，通常消費者會以這一商
品去取代那些價格並未下跌或跌得比較少的商品。可是，此種替代效果
在農產品間所發生的作用卻並不十分顯著，人們往往不會因爲農產品的
價格相對下跌，便由日食三餐改爲日食六餐甚至八餐，人類的生理需要
使食品的消費數量有一個限度，一般說來低所得國家相對高所得國家，
農產品的需求價格彈性比較高。當一個國家經濟進步到達某一階段，人
們大致已經豐衣足食時，少許農產品消費的增加會使其邊際效用大量遞
減。在這種情況下，爲使消費量少許增加，產品價格必須大幅下跌，圖
40－1所示需求曲線自左上方急劇向右下方傾斜的情形，便是缺乏需求
價格彈性的最好說明。

圖40－1　技術進步對農產品價格的影響

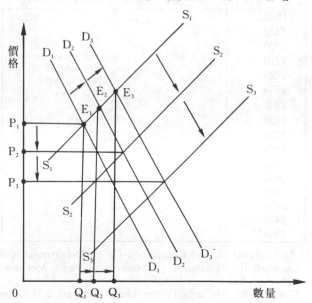

二、技術進步使農產品供給增加速度大於需求增加速度

技術進步引起農產品供給的增加速度超過了它的需求增加速度，是造成農產品價格下跌或相對非農業產品價格上升較慢，間接導致農民所得相對低落的第二個主要因素。自從第一次世界大戰以後，世界農業生產技術有著驚人的進步，導致農產品的供給大量增加。這些技術進步包括：農業生產的全面電動化與機械化、土地管理、土壤保持及灌溉技術的改善、混作及輪作制度的推廣、肥料與殺蟲劑之增加使用、品種改良及耕作與家畜飼養方法之改進等。

由於農業生產技術的長足進步，目前每一個農民所生產的產品已遠較過去能夠養活更多的人口。以美國為例，在 1820 年，每一位農民所生產的產品僅足四個人的溫飽，到了 1984 年，每一位農民所生產的產品已足夠滿足 116 個人的生活需要（見表 40－2）。

表 40－2　美國每一農民生產產品所能養活之人口數

年　　　度	每一農民生產產品所能養活人口數
1820	4
1870	5
1900	7
1910	7
1920	9
1930	10
1940	11
1950	15
1954	19
1957	24
1961	28
1964	33
1968	43
1970	46
1978*	78
1984**	116

資料來源：*Agricultural Outlook Chartbook*, U. S. Department of Agriculture.
Campbell R. McConnell, *Economics*, 9th ed., McGraw-Hill Book Co., 1984, p. 623.
Campbell R. McConnell, *Economics*, 10th ed., McGraw-Hill BookCo., 1987, p. 724.

技術進步所引起農產品供給增加相對需求增加為快的結果是農產品的需求曲線向右上方移動，較之其供給曲線向右下方移動為慢，從圖40-1我們可以看出，隨著時間的推進，伴隨經濟發展、所得提高及技術進步，農產的需求曲線（DD）不斷向右上方移動，農產品的供給曲線（SS）則不斷向右下方移動，但前者的移動比後者為大，結果農產品的市場交易量會不斷增加，而價格則會不斷下跌。

三、農產品需求所得彈性偏低

在低度開發的貧窮國家，消費者往往必須以其有限所得的大部分去購買農產品與衣著以維持一家大小的溫飽。但當所得增加超過了生存的需要水準，饑餓問題獲得解決以後，消費者對糧食與衣服的需求增加會相對減緩。即個人平均所得超過生存的需要水準以後，消費者的所得若繼續增加，其花費在農產品的支出雖會增加，但增加的比例會較小。一般開發國家的情形是，當個人可支配所得增加10％時，花費在農產品的消費，大概只會增加2％到5％之間（見表40-1）。在這些國家農產品需求的增加，主要是人口增加的結果。可是人口增加所引起農產品的需求增加，往往趕不上技術進步所引起農產品供給增加的速度。

四、過度競爭

農業是一個高度競爭的產業，農產品市場是最接近完全競爭的市場。農業的生產單位眾多，每一生產單位所生產的產品數量相對整個市場的供給量來說非常有限，產品的同質性很高，從事農業的進出非常容易，個別農民對產品的供給及價格的決定毫無控制力量。在另一方面，非農業部門的個別生產單位，規模通常較大，組織比較嚴密，對產品的供給和市場價格每有一些控制的力量。是故，在貿易往來上，農業部門往往處於相對不利的地位。

五、農業資源缺乏移動性

在一個自由競爭的社會，農業部門的所得如果偏低，部分農民將會轉業，農業生產資源將有一部分會轉移用於其他經濟部門，結果農產品供給將會減少，農業部門的產品價格和所得因此可望提高，透過資源的重分派，農業所得與非農業所得的差距應會自動縮小。可是，事實上農業部門所得的偏低，並未引起資本和勞力迅速自農業部門移出。原因是農業資源都具有高度專業用途的性質，將這些資源用在其他方面，其價值往往很低。例如，除了毗連於大都市附近的少數農地外，大部分的農地並不能充作其他用途。此外，諸如穀倉、儲藏草料之處所、以及畜舍等都是固定於土地上面，對其他行業並無多大用處。儘管農業機器可以移動，但諸如割稻機和打穀機卻都具備高度專業用途的性能，難以移作他用。即使農業勞動力本身，也是相當固定的。在經濟發展過程中，農民棄農從工，雖然屢見不鮮，但其移出速度一般仍嫌過於緩慢，不足以解決農場規模太小及農業所得偏低的問題。

農業人口缺乏移動性的原因究竟何在？問題甚為複雜，其中一個重要的經濟原因是在未充分就業的經濟社會，農民別無選擇，只能留在農場。蓋因工業部門並不能提供他們足夠的工作機會，許多從農村轉移到城市去的人，不是失業就是靠救濟金過活。其次，轉業的成本和自我訓練的費用太高，尤其是在農業經濟情況最為不好的時候，農民更感無力負擔這一類的費用，農業部門裏固定資本較多，也使得農民不能輕易轉業。

六、農產代用品增加

由於科技的進步，代用品不斷出現，農產品遭受人造產品的競爭日趨激烈。例如，天然纖維和天然橡膠，目前受到人造纖維和人造橡膠的

威脅與日俱增，便是一例。因為人造產品的生產成本不斷降低，品質不斷改進，許多農產品的市場已逐漸為它們所侵占，其競爭能力有日漸處於不利地位的趨勢。

七、農業生產受自然環境影響太大

農業是一種有機的生產，受自然環境變化的影響很大，農民對他們的生產缺乏控制能力。洪水、旱災、蟲害及其他自然災難的發生都會使農產普遍歉收；反之，氣候良好又將使農產大量豐收。氣候因素不受農民控制，但其對農業生產卻有重大的影響力量。農業生產的不穩定加上農產品缺乏需求價格彈性，欲維持農產品價格和農民所得的穩定，自然分外困難。

第二節　各國對解決農業問題所採的對策

農業生產受自然環境影響很大，產量不容易控制，農產品大多是生活必需品，需求的價格彈性很低，產量稍有變動每會引起價格的劇烈波動，使農民的收入非常不穩定。在另一方面，農產品因為缺乏需求所得彈性，隨著經濟發展，國民所得提高，農產品需求的成長速度，往往較因生產技術進步所引起供給增加的速度遲緩，加上農業生產資源移動性較低，農民所得乃有逐漸低於非農民所得的傾向。尤有進者，農業是一個高度競爭的產業，生產單位眾多，每一生產單位所生產的產品數量極其有限，個別農民對其產品的售價毫無控制力量，而非農業部門的個別生產單位，因為規模較大，組織嚴密，對其產品的市場價格都常會有一些控制力量。職是之故，農業部門在與非農業部門的競爭上相對處於不利的地位。基於農業先天上具有許多弱點，各國政府對農業生產多會採取一些保護措施，這些保護措施可得而述之者計有：

一、平準價格（Parity Price）

平準價格（簡稱平價）的觀念可分別由實物面和貨幣面來加以說明。就實物面來說，平價的意思是指，農民每年均能以固定的產出換得相同數量的其他財貨與勞務。例如，1950 年農民若能以一斗的穀物換得一件襯衫，1994 年他也能夠以一斗的穀物換取一件襯衫。

就貨幣面來說，平價的意思是指農民出售產品價格與其所購買之物品的價格，彼此間維持固定關係，換句話說，農民以特定數量之某一產品所換取之貨幣收入，不論什麼時候都具有同樣的購買力。譬如，五年前農民購買一件襯衫的價格是 500 元，五年後，同樣一件襯衫價格增為 750 元。在這段期間，襯衫的價格提高了 50％，設五年前農民以一斗的穀物能夠換取一件襯衫，則當時一斗穀物的價格應該也是 500 元，五年後，襯衫的價格提高了 50％，農民出售穀物的價格也應提高 50％，即每斗 750 元。在這種情形之下，農民所購買的襯衫價格雖然漲了，他所生產的穀物價格也漲了，一斗穀物仍然可以換取一件襯衫，穀物的購買力並沒有發生變化。

平準價格的計算可用下式表示：

$$基期農產品價格 \times \frac{當期的非農產品價格指數}{基期的非農產品價格指數} = 當期農產品的平準價格$$

平準價格雖然可以保證農民所出售的農產品價格，與其所購買的非農產品價格，彼此間經常維持固定的關係，但平準價格卻無法保證農民的實質收入能經常與非農民的實質收入相等。在平準價格制度施行的期間，如果農民的生產力相對提高較快，他的實質收入便會相對增加較快；反之，他的實質收入，便會相對增加較慢。基期的選擇，對平準價格的計算往往會有很大的影響。如果選定貿易條件對農民比較有利的期間作為基期，往後所計算出來的各種農產品平價也會相對對農民有利；

反之，則否。

二、保證價格收購

　　長期趨勢顯示，農產品價格若完全由市場供需力量所決定，其增加
速度往往低於非農產品價格增加的速度，貿易條件有逐漸不利於農民的
傾向。為了糾正這種現象，有些國家對農產品實施最低價格保證。當市
場價格低於保證價格時，政府以保證價格向農民無限制收購，採取這種
政策，政府往往把保證價格定在均衡價格水準之上。如同圖 40－2 所
示，SS 與 DD 分別代表小麥的供給及需求曲線，供需相等時的小麥均
衡價格為每公斤 40 元，政府的最低保證價格設定為每公斤 60 元，因為
保證價格高於均衡價格水準，小麥的需求量將從 80 單位減至 60 單位，
供給量則將從 80 單位增至 100 單位，結果在小麥市場上將會產生 40 單
位的剩餘。這些剩餘的小麥將由政府以每公斤 60 元的價格全部收購，
在這個政策下，政府因為收購剩餘小麥需要增加 2,400 元的支出（40×
60），農民因為這個政策的實施所蒙受的利益將相當於 2,800 元〔（100×
60）－（80×40）〕。消費者對每公斤小麥則要多付出 20 元的代價，政府除

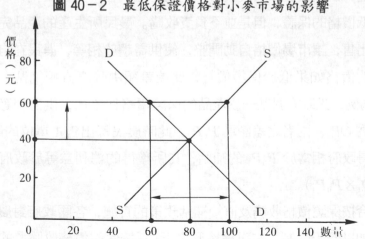

圖 40－2　最低保證價格對小麥市場的影響

了收購剩餘小麥需要增加支出外，執行保證價格政策當然也會增加行政費用，剩餘小麥的貯藏和處理也是政府新增的負擔。

三、限制耕作面積

政府在保證價格下，往往需要花費大量的經費對剩餘農產品加以收購和處理。為了減少這項開支，並避免農民漫無目的地增加生產，配合保證價格的實施，各國政府對農民的耕作面積往往加以限制。她們首先估計在保證價格下，社會對某一農產品的需求量，然後據此計算種植面積，再將全部種植面積適當分配於各地農民。凡願享受保證價格的農民，必須同意依照政府規定，限制種植面積。有些國家為了減少農產品的供給，解決農產剩餘問題，甚至採取所謂土地休閑計畫（Soil Bank Program），由政府付出一定的代價，向農民租賃土地，令其休閑而不用於農業生產。限制農產供給的政策如果成功，政府按保證價格所需收購的剩餘農產品數量將會減少，財政負擔乃得減輕。

四、直接補貼

在這一個政策之下，農民所生產的產品，在一定數量內，政府給他一個最低價格的保證，但是並不負責收購。農民所生產的產品完全在自由市場出售，讓市場價格自動調整，使供需趨於相等，農民在自由市場所出售的價格如果低於保證價格，此項差額由政府直接補貼。茲以圖 40–3 為例，設政府對某一農產品的保證價格為 OP_1，供需相等時的均衡價格為 OP_0，兩者之差額為 P_0P_1，此時農民每出售 1 單位的農產品，可以獲得政府相當於 P_0P_1 的補貼，其所獲得的總利益等於政府的總支出（$OQ_1 \times P_0P_1$）。

配合按保證價格收購及直接補貼政策的實施，各國政府對農產品的供給每加以若干限制。在這種情形之下，「按保證價格收購」的措施與

圖 40-3　直接補貼對農民收入及政府支出的影響

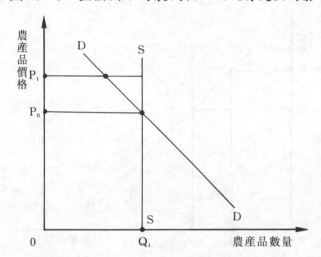

「直接補貼」的措施，其所加於政府財政上的負擔，將因農產品的需求價格彈性不同而異。茲以圖 40-4 爲例加以說明，該圖 DD 和 SS 分別代表需求曲線和供給曲線，OP_0 是均衡價格，OP_1 是政府保證價格，此時市場上將有 Q_1Q_2 的農產品無法出售，這些剩餘的農產品若按保證價格由政府收購，政府的財政負擔應爲 $OP_1 \times (OQ_2 - OQ_1)$。若政府不願收購剩餘農產品，而改對農民採取直接補貼的辦法，它的財政支出，應爲 $OQ_2 \times (OP_1 - OP_0)$。欲「直接補貼」措施的財政負擔小於「按保證價格收購」措施的財政負擔，$OP_0 \times OQ_2$ 必須大於 $OP_1 \times OQ_1$。因爲 $(OQ_2 \times OP_0)$ 是價格爲 OP_0 時的總收入，而 $(OQ_1 \times OP_1)$ 是價格爲 OP_1 時的總收入，故 $(OP_0 \times OQ_2) > (OP_1 \times OQ_1)$ 不等式成立的條件是農產品的需求價格彈性必須大於 1。根據許多實證的研究，農產品的需求價格彈性大部分均小於 1，因此「直接補貼」的措施所加於政府財政的負擔通常要較「按保證價格收購」措施爲重。必須指出的是，在我們作這項比較時，並沒有考慮到兩種不同措施所引起的行政和其他費用的差異，如果把這一因素考慮在內，其所得的結論可能便不一樣。

圖 40−4　「保證價格收購」與「直接補貼」下政府的支出

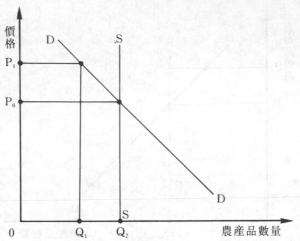

第三節　臺灣發展農業的做法

　　從 1945 年臺灣光復到 1992 年的四十年間，臺灣農業在國民經濟中的地位在不斷發生變化。農業產值占 GNP 的比重，1952 年為 32.2％，1992 年下降到 3.5％；農業勞動人口占總勞動人口的比重，1952 年為 56.1％，1992 年下降到 12.3％；農產品及其加工製品出口值占出口總值的比重，在這段期間也從 92％，下降到 4.3％，過去出口產品主要是農產品及其加工製品，現在的出口主要產品則是機械、電子、電器、化工等工業產品，工業產品出口值約占出口總值已高達 96％。臺灣農業的發展大體可分成三個階段，每一階段政府對協助農業發展，解決農業問題所採策略都有一些明顯的不同，本節擬針對這一課題，加以簡單的介紹。

一、1945 年到 1952 年復舊階段的做法

　　在對日戰爭勝利的一年，因為水利灌溉和其他農業公共設施遭到戰爭的嚴重破壞，臺灣農業生產水平降到只及戰前的45％。經過6至7年的努力，直到1952年，臺灣農業生產才恢復到戰前最高的水平。

　　在戰後初期，一方面由於受戰爭破壞，糧食供給大量降低；另一方面由於政府撤退到臺灣，人口迅速增加100多萬，臺灣糧食供求非常緊張，糧價大幅上漲，通貨膨脹十分嚴重。在這一階段的臺灣農業政策重點是增加糧食生產，以抑制糧食及其他物品價格的上漲。政府在這一階段所採取的措施除了搶修水利灌溉和其他農業公共設施以外，一方面實行土地改革，一方面實行農會改組。再就是成立農村復興發展委員會，簡稱「農復會」。

　　1.實行土地改革

　　在土地改革之前，臺灣農耕地大部分集中在少數大地主手中，農民多屬佃農。當時農耕地租金很高，占到土地正產物全年收獲量的60％以上，佃農的收入只占土地正產物全年收獲量的40％，甚至更低。地主不僅收取很高地租，而且還收押租金；土地租佃又沒有書面合約，只是口頭協議，地主可以隨時收回出租的土地，農民對土地的使用權沒有保障。在這種情況下，農民是很苦的，地主只提供土地，勞動力、種子、肥料都由農民提供，土地收入的60％或更多要交給地主，他們只能得到40％或更少。由於受地主的剝削和壓迫，農民不僅貧窮，而且心中不平，生產積極性很低，農村社會潛伏著許多不安定因素。

　　為了提高農民的生產積極性，增強農民的向心力，穩定農村社會秩序，政府從1949年開始分三步實施了一連串的土地改革，並於1952年左右完成。

　　第一步是推行三七五減租。將租金減至土地正產物收獲量的37.5％；並禁止收取押租金；同時規定租約採取書面形式，對租期有一定保障。在三七五減租以前，地租大部分占了土地正產物收獲量的60％

以上，減租後降低到 37.5％，農民負擔因此得以減少 20％左右，這一措施大大調動了農民生產的積極性。

第二步爲公地放領。從 1948 年開始，政府將自日本手中接收過來的 17 萬多公頃公有耕地試辦放領，賣給農民。放領地價，爲耕地正產物全年收穫量的 2.5 倍，並於 10 年內每年分二期攤還，農民於接受政府放領的公地以後，其每年連同田賦負擔，尚不超過一般佃農在三七五地租下的負擔。

第三步是耕者有其田。在這一政策下，政府強行規定每一地主除保留 3 公頃耕地外，超過部分由政府徵收，轉賣給現耕農民。徵收的土地價格，按公地放領辦法以耕地每年正產物收穫量的 2.5 倍計算，並且規定地主地價收入中的 30％必須用來購買五家公營事業的股份，其餘 70％以實物土地債券補償。實行耕者有其田的結果，不但使大量的佃農變成自耕農，有了自己的土地，還減輕了他們的負擔，並使地主凍結在土地上的資本變爲工商資本。地主不但取得了合理的報償，而且開始轉向工商事業的發展，例如，現任臺灣海基會董事長的辜振甫先生，當時是一個大地主，在土地改革中購買了公營事業的股票，如今成爲大企業家，並是臺灣的首富之一。

臺灣實行土地改革以後，農村面貌完全改觀，農民有了自己的土地，負擔減輕，收入增加，生產積極性被大大調動起來，對政府的向心力也增強了，他們更加工作勤奮並樂於增加對土地投入，農業開始發展起來，糧食供應大量增加，農村社會逐漸安定下來，臺灣整個社會也很快安定下來。

2.實行農會改組

臺灣農會創設於日據時期，最早稱爲農業會，主要成員本來是佃農，他們自動團結起來以對抗地主；後來卻淪爲日人統治農業生產的工具，在經濟上沒有發揮功能。光復後不久，政府便開始對這些農會進行

改組，規定只有農民才能加入農會，不從事耕作的地主不能參加農會，並將農會與合作社分開。1949 年，再度改組農會時，又將二者合併，使農會成爲多功能的組織，負責農業技術推廣、農產品及農用品供銷，並經營倉儲及信用等項業務。採取民主選舉方式產生理事、監事，理事長等於公司董事長，總幹事由理事長提名經理事會通過後任命，他相當於公司總經理。

臺灣的農會以行政區域爲其組織區域，分爲鄉（鎮）、縣（市）、省三級，基層農會又設若干農會小組。各級農會均組成會員代表大會，爲本級農會的最高權力機關，決定各種章程及其他與會員權力有關的重大事項，並選舉理事、監事及推派代表出席上一級農會之會員代表大會。

每一個農會設有推廣、供銷、信用、倉儲、會計等多個部門。推廣部門負責農業技術的傳播，供銷部門負責農業生產資料的供應和農產品的共同運銷，信用部門負責吸收農民的存款和向農民發放貸款等。事實證明，臺灣農會在貫徹農業政策、辦理技術推廣、匯總農民儲蓄、開展倉儲服務、承辦家畜運銷等方面起了很大的作用，得到農民普遍的信任和支持。

臺灣農會另外一項成就是擔任政府與農民之間的橋梁，於開展自身各項業務的同時，還承擔政府所派給的各項行政性任務，諸如田賦徵收、稻穀收購及肥料配銷等。

　3.成立農村復興發展委員會

1950 年韓戰發生後，美國恢復對臺灣的經濟援助，政府利用美援的部分款項，配合本身的財政預算，成立農業復興委員會，由五個委員組成，其中三個委員由國民政府委派，另外二個委員由美國政府委派。農復會由於不是政府行政機構，不受行政法規限制，職員待遇又好，因而吸收了大批素質良好的農業專家，他們辦事效率高，協助農業院校、科研機構等開展各種研究、推廣新的技術，對臺灣農業的恢復起了很大的

作用。

在這一復舊階段，臺灣因為採取了上述三項主要措施，再加上水利灌溉設施的迅速修復，農業很快恢復到戰前最高水平，農業生產每年增長率高達 13％，其中作物產量每年平均增長 11.8％，林業 22.2％，漁業 15.3％，牲畜 17.7％。同一期間人口每年平均增長率為 4.5％，農業增長率相當於人口增長率的 3 倍，國內農產品自給率在這段期間有了大幅度的提高。

二、1952 年到 1968 年持續發展階段的做法

在這一階段，臺灣人口從 812.8 萬人，增加到 1,365 萬人，每年平均增長率在 3.5％左右，農業也繼續保持持續增長的勢頭，每年平均增長率為 4.8％，依然超過人口每年平均增長率，其中作物產量每年平均增長 3.8％，林業 6.8％，漁業 10.3％，牲畜 6.8％，國內農產品自給水平又進一步提高，糧食進口量則逐漸減少。

臺灣因受地理環境的限制，山多田少，進一步增加農業生產的途徑只能靠對耕地的更加集約利用。因此，第二個階段的農業政策重點，乃是提高耕地利用的集約度。主要措施包括：

1.提高複種指數

透過早熟作物品種的引進，配合種植技術的改良，以及間作和糊仔栽培方法的推廣等方法，在這一階段，臺灣的複種指數由 1952 年的 170％提高到 1968 年的 188％，耕地利用集約度大幅提高，無異替臺灣增加了不少的耕地面積。

2.提高耕地單位面積產量

主要方法是大力改良作物品種，並增加化學肥料和蟲藥的施用量，同時擴大灌溉土地面積。在這一階段，平均每公頃化學肥料使用量由 1952 年的 361.6 公斤增加到 1968 年的 555.9 公斤，而每一單位可耕地作

物產量則提高了 122％。

　　3.鼓勵農業生產的多角化

　　政府一方面替農民引進許多諸如蘆筍、洋菇、香茅草等新的作物品種，一方面鼓勵農民從事農產加工，例如，利用蔴草編織草帽、利用竹料製作釣魚竿、利用牲畜糞便製造沼氣作爲燃料等等。

　　因爲上述措施的採用，在這一階段，農村勞動力出現了一個明顯的變化，統計資料指出，自 1965 年以後，臺灣農業基本勞動力不僅相對量下降，而且絕對量也在減少。在這以前，農業勞動力的絕對數量一直在不斷增加，直到 1965 年達到最高點 174.8 萬人，1966 年首次下降爲 173.5 萬人；次年再降爲 170 萬人。這一現象引起了經濟學家的高度重視。因爲農業勞動力絕對量的開始下降，表示臺灣已由勞動力剩餘經濟轉變爲勞動力短缺經濟。有趣的是，在 1966 年左右，臺灣的工業產值在 GNP 所占比重、以及工業產品出口在出口總值中所占比重也開始超過農業所占比重。這明顯地表明，在 1966 年前後，臺灣不僅從勞動剩餘經濟轉變爲勞動短缺經濟，並且從農業經濟轉變爲工業經濟，在短時間內臺灣能取得這種的成就是很受注目的。

　　在農業持續發展的同時，政府爲了掌握更多的糧食、積累更多的資金用於發展工業，採取了如下措施：(1)肥料換穀，即用肥料公司所生產的化學肥料與農民交換稻穀，因爲政府有意把肥料換穀的比率定得比較低，無異是對農民變相加稅；(2)隨賦收購，就是政府於徵收田賦（農業稅）的同時，以低於市場價格向農民收購米糧；(3)田賦徵實，就是農民需以米糧作爲交納田賦的方式。這些措施的採用，都是政府將農民所創造的一部分剩餘從農業部門轉移到其他部門的一種手段，目的是藉此積累更多資金. 充作工業發展用途。

　　在這一階段，農業部門不僅負擔相對較重的賦稅，對資本形成作出貢獻，而且也推動了諸如蘆筍、鳳梨、洋菇罐頭、製糖、造紙、三夾板

等農副產品加工業的發展，並誘導化肥、農藥等農用工業的發展。

三、1968 年以後發展遲滯階段的做法

這一階段是農業成長轉爲遲滯到需要工業反哺的階段。農業由盛到衰，出現了以下一些情形：

農業剩餘勞動力消失後，工資上漲加速，種植成本增加，複種指數不升反降，土地利用轉趨粗放。

農村勞動力老化加快，這是青壯年勞動力離開農村進入城市工作人數不斷增加的結果。

專業農戶比重不斷降低，兼業農戶比重則不斷升高。農家收入大部分已不再是靠種植作物或飼養牲畜，而是靠非農業工作或投資收入。

農業的進一步發展受到農場規模的限制，愈來愈明顯，但因臺灣只有不到 90 萬公頃耕地，卻有近 100 萬農業勞動人口，平均每個農業勞動人口分不到 1 公頃土地，農場平均面積不足 15 畝，勞動力雖然短缺，機械化的普遍推行仍然困難重重。

臺灣爲了加入 WTO，需要取消或大量放寬對農產品進口管制，並降低進口關稅，許多果農和飼養牲畜的農民將要承受日益增加的國際競爭壓力。

在第三個階段，臺灣居民的消費習慣也起了很大的變化，每人消費稻米及其他澱粉穀物的數量明顯下降，而水果、奶類、蛋類等營養價值較高的農產品每人平均消費量則明顯增加，農業生產結構的調整因爲配合不上消費結構的改變，開始出現稻米生產過剩等問題。

面對上述情形，臺灣農業政策重點不得不從提高土地集約度，增加單位面積產量及促進農業勞動力的更加充分利用，轉變爲積極提高農業勞動生產效率，並通過共同經營、合作運銷、設置專業農業區等方式，來擴大農場規模，以降低農業生產成本，提高經營農業的經濟效益。同

時，想辦法使青壯年長期留在農村，避免農業勞動力繼續老化。

　　為了使農業能夠進一步發展，近年來政府正在積極推動以下各種措施：

　　1.發展精緻農業，鼓勵生產附加價值高的農產品。

　　2.開闢休閒農業，倡導培植花卉、盆景，建立森林公園，以配合旅遊業的發展。

　　3.建立專業區，以利合作經營和聯合運銷的推動。

　　4.一方面培養核心農民，一方面辦理農民第二專長訓練，輔助邊際農民轉業。

　　5.加強農業公共設施建設、積極防治農業公害、建立並完善農民社會安全保障制度，以提高農民生活素質。

第四節　國內外農業問題對策的評估

　　在第二節提到的各種保護農業政策，其最大缺點乃是未能找到農業問題的病源，而對症下藥。有關提高農產品價格與農民所得的各種措施，基本上都是治標而非治本的辦法。農業問題的癥結在於農業部門與非農業部門間資源配置的錯誤，從而導致農產品價格與農民所得的偏低。各國現行農業政策之重點雖在提高農產品價格及農民所得，但對導致農產品價格及農民所得偏低的主要原因——即資源配置的錯誤，卻加以漠視。

　　保證價格及農業補貼措施會鼓勵原應轉業到非農業部門的資源繼續留在農業部門，這些政策，適足妨礙資源在農業與非農業部門間的重新分派，增加農業問題長期解決的困難。在另一方面，這些措施往往使富有的農民較貧困農民獲得更大的好處，保護農業政策的目的如果旨在提高所得偏低的農民收入，在理論上便該給予貧苦的小農較多的補助，但

　　事實上這類農民因為生產數量有限，並無太多的剩餘農產品可供市場出售，他們從保證價格及補貼中所得到的好處實在不多。

　　政府為了減輕財政負擔，配合保證價格的實施，有些國家另對農民的耕作面積採取限制。其目的原是要藉此減少農產品的供應，實際的結果卻往往是伴隨耕作面積的減少，用於每單位土地面積的勞力及資本數量增加，導致單位土地面積產量提高，總產出不但沒有減少反而增加。此外，政府一方面配合保證價格實施，限制農產品供應量，一方面卻繼續撥給農業試驗研究機構大量的經費，用於提高農業生產技術，增加農產品的供應，這顯然是一個非常矛盾的現象。

　　在 1960 年代開始，臺灣農業方面的成長較之工業方面成長相對遲緩的現象便日益明顯，農工平衡發展問題重新引起政府及社會各界人士的重視。今後農工方面究應如何配合，才能使我國經濟健全發展，這實在是國家未來經濟建設一個重要的課題。

　　農工平衡發展，就字面上的意義來解釋，很可能會使人想到它是指：(1)將資源平均分派於農工部門，(2)農工部門以相同的速度成長，(3)從事農工部門的所得相同。上述各種解釋乍聽之下似乎很有道理，事實上卻是一種錯誤，理由很簡單。

　　1.農工生產所需各種資源最適當的配合，彼此並不相同。如眾所周知，農業部門對土地的依賴比較重，工業部門對土地的依賴比較輕；兩個部門生產技術係數也不一樣，同樣增加一單位某種資源的投入，在農工部門所獲得的產出並不一致。在這種情形之下，將資源平均分派於農工部門，顯然不能獲得最大的產出，使資源的利用獲得最大的效率。

　　2.一般說來，農產品的需求所得彈性比較小，工業產品的需求所得彈性比較大。隨著經濟發展，國民所得提高，國內外對工業產品需求的增加通常要比對農產品需求的增加來得迅速，農工生產如果以相同速度的成長，將無法配合社會對農工產品需求的增加，其結果必然會產生供

給與需求脫節的現象，使某種產品生產相對過多，某種產品生產相對過少，社會福利將蒙受損失。

3.個人所得的高低，決定於生產能力的大小。在自由經濟制度之下，勞動者的工資決定於勞動邊際生產力，勞動生產力的大小，通常又取決於技術水準的高低。農業因為是有機的生產，受溫度、雨量、日照、地勢、土壤等自然因素影響較大，技術上的移植比較困難，在某一個國家或地區被認為優良的生產技術，移植到另外一個國家或地區便不一定也是優良的生產技術。工業生產技術的地區差異性卻比較小，移植相對容易。長期間，技術的進步在工業部門通常比在農業部門為快，因此工業生產力亦相對提高較快，除非政府對農業部門給予大量財政上的補貼，從事農業與工業者的所得必然會有若干距離，這似乎無法完全避免。

未來我們的農工發展，原則上似仍應兼籌並顧，不宜過分有所偏頗，但這並非指兩者必須完全齊頭並進。農工部門間資源的合理分派，原則上仍須依循均等邊際報酬法則，使最後一單位的資源用於農工兩部門所得的報酬相等。兩者生產的增加則宜儘量配合國內外市場需要，同時避免主要糧食對國外的過分依賴。鑒於我國目前工業發展已有相當基礎，農業生產先天的弱點已逐漸暴露，今後農業部門需要政府自工業部門取得更多的剩餘來給予協助，原則上並無問題。在此我們願意指出的是：政府對農業部門任何財政上的協助，主要目的應該是提高農業勞動生產力及增加農民非農業的收入來源。只有農業勞動生產力繼續不斷提高，農民能有更多的非農業收入來源，農民與非農民的所得差距才不致日益擴大，也只有農業勞動生產力繼續不斷提高，才能使更多的農民順利轉移到非農業部門。如此，一方面使工業部門的勞動供應更為充裕，避免工資的過分上漲，妨礙工業的發展；一方面使單位農場規模得以擴大，農業經營現代化才易於推進，農業勞動生產力亦得進一步的提高。

　　農場經營規模太小咸認是今後農業發展重要阻撓因素，如何擴大農場規模以促進農業生產的現代化應爲當務之急。不過，臺灣耕地面積太小，人地比例太高，農場經營面積在可預見的將來恐難望能有大量的擴大。在這種情況之下，提高農場經營效率有效的途徑，似仍有賴透過農業生產專業區之設置，以及綜合經營方式的推廣來加強農民彼此間在產銷各方面的合作，於不損害個別農民獨立自主的權益之下，實現規模經濟的利益。普遍擴大農場經營面積在短期內固難做到，對經營規模過小的邊際農場則仍應設法鼓勵其相互合併，積極輔導及協助這些場主轉業。現有阻礙農場合併及農民轉業之各種土地法規宜加以適當之修正。加速推行農業機械化，改善農業生產結構，力求農產品運銷系統之現代化，鼓勵農村設立工廠，增加農民兼業機會，充實農村公共設施，改善農業投資環境及農村生活條件，對提高農業勞動生產力，增加農民收入均將有所助益。凡此，均宜列爲今後農業政策之重點，悉力以赴，只有從多方面去努力，農業問題才能得到根本的解決。

摘　要

1.農業問題從長期觀點來看，是農產品價格及農民所得相對非農產品價格及非農民所得增加遲緩；從短期的觀點來看，農業上的主要問題是農產品價格及農民所得波動太大。

2.農業問題形成的主要原因是：(1)農產品缺乏需求價格彈性，(2)技術進步使農產品供給速度大於需求增加速度，(3)農產品需求所得彈性偏低，(4)過度競爭，(5)農業資源缺乏移動性，(6)農產代用品增加，及(7)農業生產受自然環境影響較大。

3.基於農業部門在先天上具有許多弱點，各國政府在經濟發展對農業生產多會採取一些保護措施，這些保護措施比較常見的包括：(1)平準價格，(2)保證價格收購，(3)限制耕作面積，及(4)直接補貼。

4.農業問題的癥結在於農業部門與非農業部門間資源分配的不當，從而導致農產價格與農民所得相對增加遲緩。各國現行的許多保護政策，實際上是阻止資源在農業與非農業部門間的重新分配，不但不能有效解決進步經濟所產生的農業問題，反而可能增加農業問題長期解決的困難。

5.現行各種農業保護措施的另外一項缺點是它所給予富農的好處比給予貧農的好處來得大，有違公平和正義的原則。

6.農工如何配合發展，是世界各國一直所關心的策略課題，兩者在經濟發展過程中必須保持適當的平衡，這在原則上並沒有問題，真正的問題是如何才算適當的平衡。所謂農工平衡發展，不能根據字面上的意義去解釋，兩者發展保持適當平衡，並不是指它們應該齊頭並進。

7.臺灣農業發展從改善土地制度，健全農民組織著手，進而著重生物方法的改良和推廣，增加土地集約利用，到了 1970 年代轉而著重勞動生產效率的提高。一般說來，政府在各階段的農業發展策略大致是正確的，而且在以往也曾經取得良好的成績，但臺灣農業問題的長期解決，必須從繼續不斷去改善農業投資環境及農村生活條件多方面去著力，而不是依賴增加農產品或農用品的補貼。

問題討論

1. 農業在長期和短期所發生的問題有什麼不同？

2. 農產品爲什麼普遍缺乏需求價格彈性？

3. 農產品供給增加速度，在經濟發達國家，特別是美國，常常超過它的需求增加速度，其原因何在？這種情形有什麼特殊的經濟意義？

4. 農業資源移動性相對缺乏的原因何在？它有什麼影響？

5. 各國政府對農業生產多會採取一些保護措施，其基本理由何在？

6. 何謂「平準價格」？試舉例說明它的計算方法。

7. 限制耕作面積，是否一定可以導致農產品供應量的減少？其理安在？

8. 試就「保證價格收購」及「直接補貼」兩種不同的農業保護措施加以比較。

9. 爲什麼世界各國現行各種農業保護政策多未收到預期的效果？

10. 試對「農工平衡發展」的意義加以適當的詮釋。

11. 臺灣土地改革是怎樣進行的？它對農業發展有什麼貢獻？

12. 臺灣戰後農業發展可以分爲三個階段，每一階段政府所採的策略都有一些不同，您認爲這種做法合理和有效嗎？

第四十一章　環境污染與環境品質改善

第一節　環境污染和環境品質改善與國民福利

　　環境污染會製造一種經濟學上所謂的「外部成本」，它使市場機制失靈，導致某些物品生產過多或不足，整個社會福利將因此蒙受損失。

　　經濟學上有兩個專有名詞，稱為外圍經濟及外圍不經濟，這種所謂經濟的外部性（Economic Externality），庇固（A. C. Pigou）在他所著《福利經濟學》一書中曾經作了這樣的解釋，「經濟外部性之存在，是因為當 A 對 B 提供勞務時，往往會偶然使其他人獲得利益或受到損害，可是 A 並沒有從受益的其他人中取得任何的報酬，而他亦不必向受損害的其他人支付任何的補償」❶。經濟外部性的存在，使私人生產成本及收益與社會生產成本及收益之間發生差距。茲以製紙為例，在製造過程中，紙廠會產生許多廢物，當這些廢物被紙廠傾倒在附近的河川時，河川的水將被污染，因此影響到棲息在河川的魚類生存，使河川失去或減少遊憩場所的價值，並使下游居民得不到清潔的飲水。紙廠的老板因

---

❶ A. C. Pigou, *The Economics of Welfare*, 4th ed., New York: St. Martin's, 1932.

為不需對這些污染所引起的損害負任何賠償的責任,在通常情形下,自然不會把這些損害列入私人的生產成本。但就整個社會來說,這些損害終究必須有人承擔,社會中的所有成員或部分成員必須為此付出代價。若把這些損害計算在內,製造紙張的全部社會成本將會大於紙廠直接支付的原物料、資本利息、折舊及人工等費用,社會成本與私人成本會有乖離的現象。

環境污染所引起的社會成本往往反映在:(1)公共衛生支出的提高,(2)皮膚過敏及呼吸器官等病症的增加,(3)居民健康的普遍惡化,(4)農作物收穫減少,(5)房地產價值下降,(6)旅遊費用增加,以及(7)天然美景的破壞。這些若以貨幣表示,其數目往往令人不敢置信。茲以美國為例,根據環境保護局(Environmental Protection Agency)的估計,光是空氣污染一項所造成的損失,一年內便高達 160 億美元,此一估計尚只包括空氣污染直接所加於人體健康、植物及財產的損害,許多其他的損害均未計及❷。

對個別生產者而言,水和空氣可以說是一種自由財,他們可以隨時將毒(廢)氣傾入空中或水中,不須付出任何的費用。但對整個社會而言,水和空氣卻是屬於經濟財,為了保持水及空氣的清潔,使大眾能夠安全的呼吸和飲用,整個社會必須為此付出代價,這些代價包括更高的稅負,空氣和水的過濾器及臥房隔音設備等額外裝置費用的支出。

物品在生產過程中所引起的環境污染,其所導致的外圍不經濟,雖然終究必須由社會中的某些成員或全體成員共同來償付,但通常卻不包括在這些物品的售價以內,結果是社會對這些物品的真實需求,無法從市場價格機能完全反映出來,茲以圖 41-1 為例加以說明。

---

❷ 參閱 L. C. Solmon, *Economics*, 2nd ed., Reading, Massachusetts: Addison-Wesley Company, Inc., 1976, p. 363.

　　該圖橫軸代表 A 物品的數量，縱軸代表它的單位價格，SS 和 S′S′ 分別代表私人成本及社會成本（等於私人成本加上外圍不經濟）均計算在內的 A 物品供給函數，DD 代表 A 物品的需求函數。SS 與 DD 相交於 E_1，此時私人的邊際利益等於私人的邊際成本，對應於 E_1 的產出為 1,000 單位，它是廠商的最適產出，但如果我們把外圍不經濟連同私人成本一併考慮，均衡將從 E_1 移至 E_2，此時社會邊際成本等於社會邊際收益，對應於 E_2 的產出是 300 單位，它是整個社會的最適產出水準。因為 A 物品在生產過程中會產生環境的污染，導致私人成本與社會成本發生乖離的現象，結果廠商為追求最大利潤，實際所生產的數量將會高於整個社會心目中的理想水準，資源的分配和利用因此受到扭曲。

圖 41-1　環境污染對資源配置的影響

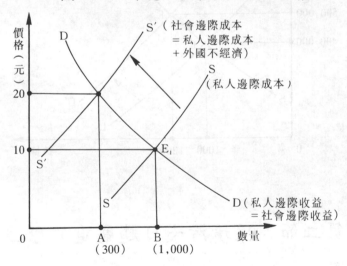

　　環境污染往往使第三者受到損害，創造外圍不經濟。在另一方面，環境品質的改善，卻會使第三者受到利益，創造外圍經濟。茲設某一汽車廠商（A）新生產一種汽車，可以減少噪音和污氣的排泄，對環境品質的改善有所幫助，如果沒有考慮到對改善品質的貢獻，該廠商所面對的需求曲線和供給曲線設如同圖 41-2 的 DD 和 SS 所示，二者相交於

E_1，相對 E_1 的廠商最適產出水準為 5,000 單位，但如果把對環境品質改善的貢獻也考慮在內，需求曲線將會從 DD 向右上方移至 DD，新的需求曲線將與供給曲線相交於 E_2，此時社會邊際收益（私人邊際收益加上外圍經濟）等於社會邊際成本，對應於 E_2 的產出水準為 1,200 單位。它是整個社會心目中的理想產出水準，比廠商為追求本身最大利潤的產出高出 200 個單位，這一個例子說明了，任何生產活動，若是能製造外圍經濟，光是依賴市場機制，不可能達到最佳境界。

圖 41-2　環境品質改善對資源配置的影響

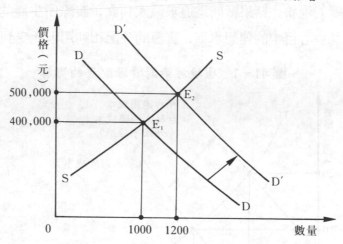

第二節　環境污染日趨嚴重的原因

許多物品在生產和消費過程中，都會產生各式各樣的廢物和廢氣，這些廢物和廢氣造成了環境的污染。環境污染可以說是與天地同在的一個老問題，非始自今日，其所以在新近才引起社會大眾嚴重的關切，乃是因為此一問題演變至今，已逐漸構成人類生存的威脅。在報章雜誌上，科學家們已一再的提出警告，導致人類最後走向滅亡的將不是戰爭

或者饑荒，而是環境的污染。

自然界對人類因爲生產或使用各種物品所製造出來的廢物和廢氣，本身原具備一種吸納的功能，使其不致造成損害。可是，由於人口不斷膨脹及工業的迅速發展與生活水準的大幅提高，目前在生產及消費過程中所製造出的各種廢物、廢氣已逐漸超過了自然界本身的吸納能力。環境污染問題之所以日趨嚴重，其原因固然很多，主要的卻是以下各項：

1.民衆對環境污染的忽視。在一般人的心目中，空氣和水的供給是用之不盡，取之不竭的，它是一種自由財，可以隨意享用和糟蹋，不必珍惜。有些工廠任意向空中放射煙毒，汽車任意向空中排洩污氣，有些廠商及居民隨時將廢物傾入河川湖泊，農民大量使用 DDT 等有毒藥品。日積月累的對自然環境不加愛惜，造成污染問題之日趨嚴重。

2.人口迅速增加。環境污染雖然不一定與人口數量成正比，但一般的說，人口數量愈多，其所製造和抛棄的廢物勢必愈多。伴隨人口的迅速成長，環境污染程度日益加重，殆爲必然的現象。此一趨勢復因都市化程度之加深及人口之日益集中，更爲變本加厲。

3.工業化的加速進行和所得提高，是造成環境污染日趨嚴重的第三個重要原因。伴隨工業化和國民所得的提高以及人民生活的改善，物資耗用數量增加，廢物亦隨之增加。根據估計，國民所得每年若增加 5％，廢物通常會以每年 5％ 的速度增加。當國民所得提高至某一水準，汽車的需求量將大爲增加，而車輛往往是空氣污染的主要製造者。以美國爲例，全國擁有的車輛數量目前已超過 100 百萬部，這些車輛每年所排出的廢氣和所產生的廢物估計高達 8,600 萬噸。此外，汽車工廠因製造這

些汽車所產生的污物則高達 4,300 萬噸❸。

4.除草劑及除草劑大量使用。這些防治作物病蟲害的藥物都會產生有毒物體，傷害各種飛禽走獸。鋁製及塑膠包裝用品的發明，與隨用隨丟容器的大量採用，使固體廢物更為增加，非肥皂的發明，也增加了衛生處理上的困難。

5.政府對環境污染長期的放任，似乎也應擔負一個相當大的責任。在放任的自由經濟制度之下，價格機能往往只能反映廠商生產的內部成本，即廠商對生產要素所直接支付的費用，它不能反映廠商生產的外部成本。所謂廠商生產的外部成本，是指不須由廠商自己直接負擔的生產成本，它是社會成本的一部分，由社會大眾以各種方式分攤。廠商若是可以隨意將廢物倒入河川或湖泊，而不必支付任何費用，它們當不會願意花錢去購買用以消除生產過程中所產生各種廢物的設備。這樣可以減少廠商本身必須支付的成本，使產品售價得以降低，銷售量得以擴大，廠商因此可以獲得更大的利潤。

一個對社會比較負責的廠商，如果決定自行出資建造廢物處理的設備，將會發現它的生產成本會高於它的競爭對手，結果將被迫提高他們的產品售價，其所得到的報應是市場配分減少，利潤降低，最後可能導致企業的倒閉。

第三節　環境污染問題解決途徑

許多產品在生產和消費過程中，會製造一些廢物或廢氣，使自然環

---

❸ E. K. Hunt & Howard J. Shorman, *Economics：An Introduction to Tradition-al & Radical Views*, 2nd ed., New York：Harper & Row Publisher, 1975, pp. 521~522.

境受到污染，社會將因此需要付出代價，這些代價是社會生產成本的一部分，它通常無法在產品的市場價格上反映出來，市場價格所能反映的只是產品的私人生產成本。職是之故，凡製造污染的產品，其市場供給量，往往大於根據實際成本（包括私人成本與外圍不經濟）所決定的最適生產量，資源利用的誤導現象於焉發生。防止或減少環境污染途徑很多，舉其犖犖大者，計有下列各項：

一、禁止或減少製造污染產品的生產

主張採取這種極端辦法的理由之一，是生活素質的提高比物質生產的增加來得重要，為了提高生活素質，應該不惜犧牲或減少某些物質方面的生產。這對一個富裕的社會，也許可以獲得社會大眾接受，但對一個貧困國家，停止或減少某些物資的生產，往往導致經濟發展的停滯或速度的減緩，通常不太容易被社會大眾所接受。污染比較嚴重的產業每是連鎖效果比較顯著的產業，例如鋼鐵工業、汽車工業和石油化學工業，它們的連鎖效果很大，對環境的污染也特別厲害。停止或減少這些產業的生產，透過連鎖效果必然會導致國民生產的大量減少，和失業人數的大量增加。即使對富庶國家而言，減少或停止這些產業的生產，其所帶來的後果亦將難以承受。

二、道義規勸

透過道義的規勸，可望使生產者及消費者在做各種生產和消費決定時，多考慮公共利益，不要完全為私人利益打算。例如，對廠商方面，可勸其將更多的利潤從用於生產的擴充轉而用於購置控制污染的設備；對農民方面，可勸其寧可減少農作物的收獲而不要過量使用 DDT 等有毒性的農藥；對消費大眾方面，可勸其多利用公共運輸工具，以取代私人車輛的使用。

　　接受道義的規勸，因為需要犧牲本身的利益，對一般大眾是相當困難的一件事，採用這一方法作為解決環境污染的一種手段，往往效果不大。採用這種方法的另外一個困難，是公共利益的標準不容易確立。每一個人都知道什麼對自己最有利，可是要他回答什麼對社會最為有利，恐怕並不容易。例如，汽車產業若是決定將更多的資金用於污染的防治，它必須減少用於擴充生產的資金，這一個產業的成長將會相對的緩慢，製造和修理汽車的工作機會也會相對減少，這對具備汽車製造和修理技術的人來說，該是不利的。但在另一方面，因為汽車產業以更多的資金用於污染的防治，將可帶動有關污染防治產業的發展，因而可以製造更多防治污染的工作機會，這對從事這一行業的人來說，自然是有利的。利害相權，究竟整個社會是否因此蒙受更大的利益，卻不易斷言。

三、政府管制

　　很多國家的政府，對環境污染都採取若干管制。譬如，美國聯邦政府數年前便曾通過一項法案，規定新車必須裝置反污染的控制設備；許多州政府也開始對傾倒未經處置的垃圾於河川溝渠內加以禁止，並不容許含有磷酸的清潔劑在市面出售。實施政府管制的最大缺點是缺乏效率。舉例來說，規定每一廠家必須裝設垃圾處理設備，將會導致這些設備不能充分和有效的使用。一項研究污染的報告曾經顯示在德拉威海灣（Delaware Estuary）地區，若是規定個別污染製造者須自行裝置污染控制設備，共得花費 106 百萬美元，但若採取在下游地區建立一個污染處置工廠，只要花費 61 百萬美元，便可獲得同樣的效果。

　　政府管制的第二個重大缺點是執行困難和費用昂貴。透過立法，政府儘可對污染製造者加以罰鍰或判處徒刑，但偵查違規案件往往需要高度的技術；為了法案的執行，政府必須大量雇用經過專門訓練的人才，違規的處罰亦須涉及人員及經費的增加。法案如果不能嚴格執行，廠商

將會發現偶然違規受罰所遭受的財物損失，也許較自行裝置控制污染設施所遭受的財物損失為小，結果政府的管制對污染程度的減輕可能無多大幫助。政府管制的第三個重大缺點，是污染的最適標準不易決定。如果政府所決定的標準低於最適水準，製造污染的廠商往往會只求達到規定標準，免於受罰，不願講求精進。

四、對污染受害者加以立法保護

許多經濟學家認為，環境污染問題，可以透過適當的立法來加以解決，受害者可以就其所遭受到環境污染的損害，向法院提出控訴，要求製造污染的個人或廠商給予適當的補償。採用這個辦法實際上的困難是。

1.造成損害的污染真正來源不容易確定。

2.在很多情形下，污染往往是由眾多的個人及廠商共同造成，計算責任的分攤，非常困難。

3.污染所引起財物的損失及健康的損害，有時難以金錢表現出來。

4.訴訟通常需要經過很長的時間才能結案，而且需要花費很大的費用，有些人可能無力負擔訴訟費用。

五、發行及公開拍賣污染許可執照

在這個辦法下，廠商可以向政府出價購買「污染權利」（Pollution Right），而政府出售這項污染權利，亦可以獲得一筆財政收入。茲設圖41-3的 DD 代表污染權利需求曲線，它與橫軸相交於 A，表示若是沒有政府管制或對拋棄廢物不收取任何費用，污染數量將高達 OA 單位。假定社會所能容忍的污染數量是 OB 單位，政府對這個污染配額，可以公開拍賣，由廠商承購，結果每單位污染之價格將等於 OP_1。採用這個辦法的好處是，因為廠商需要出價購買污染權利，為了節省開支，會想

辦法減少在生產過程中製造污染，政府亦可因此取得一筆財政收入；其缺點是，只能在一個封閉的環境下有效實施，在政治號召上也不受歡迎。

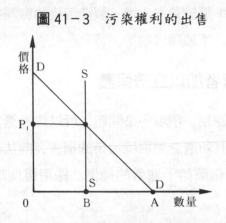

圖 41-3　污染權利的出售

六、對製造污染產品課稅

根據產品在生產和消費過程中所產生污染數量的多寡，對該產品課予一定的稅，其目的乃是使污染所造成的損害轉嫁給污染製造者負擔。廠商因為需要對製造污染的產品納稅，在計算這些產品的成本時，必然會把它的稅負考慮在內，並將它反映在產品的價格上面，私人成本和社會成本乖離的現象乃可避免，污染導致資源錯誤分派的情形，因此可以獲得糾正。實施這個辦法另外的好處乃是，污染價格一經確定，執行容易，無須政府花費大量人力和物力。而且生產者和消費者可以自由決定，究竟自行設法降低在生產或消費過程中所製造的污染，以減少稅課的負擔，抑或寧可向政府多納稅，讓政府去操心環境的污染。

第四節　環境品質最適水準的決定

環境污染傷害人畜健康，破壞自然景觀，使生活素質下降，追求環境的整潔和優雅已逐漸成為舉世各國所努力的目標。污染的澈底清除固然是我們最高的理想境界，可是我們不要忘記，清除污染需要付出代價，百分之百的環境整潔即使可以做到，我們為此而付出的代價卻可能巨大無比。環境品質與財貨的生產彼此間可以相互替代，為了提高和改善環境品質，我們往往必須減少一些財貨的生產，而增加財貨的生產通常又需要以犧牲環境品質作為代價，魚與熊掌兩者很難同時兼得。

環境污染最適水準的決定可以用成本與收益分析（Cost-benefit Analysis）來獲得答案。從環境污染的控制和防治，社會可以得到的好處包括：(1)減少人畜傷亡，(2)提高農業生產，(3)增加財產價值，及(4)節省醫藥衛生等開支。在另一方面，環境污染的控制與防治耗用人力物力，會產生許多直接和間接的費用。

茲設環境污染的控制與防治，帶給整個社會的利益與整個社會為此而付出去的代價，若以貨幣金額表示，將分別如同圖 41-4(a) 的 *TSB* 及 *TSC* 曲線所示。*TSB* 曲線凹向橫軸，表示污染防治的社會利益，將隨污染的減少，而作遞減式的增加，即每減少 1 單位污染所增加的社會利益有遞減的現象，這種情形亦可用圖 41-4(b) 的 *MSB* 曲線來表示。這條曲線代表污染防治的邊際社會利益，它從左上方向右下方傾斜，表示當污染程度很高時，污染每減少 1 單位所創造的社會利益很大，待至污染接近完全清除的時候，邊際社會利益會接近於零。

從圖 41-4(a) 我們並可看出，*TSC* 曲線是一條凸向橫軸的曲線，表示污染防治的費用，將隨污染的減少，而作遞增式的增加，即每減少 1 單位的污染，其新增加的費用有遞增的現象，這種情形同樣亦可用圖

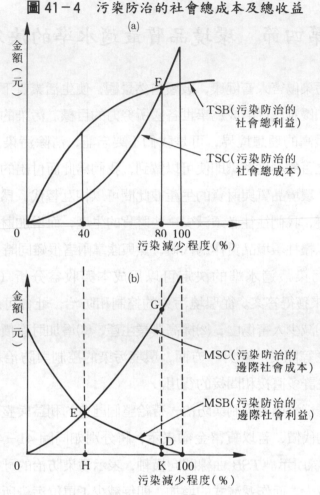

圖 41-4 污染防治的社會總成本及總收益

(a)

金額（元）

F

TSB（污染防治的
社會總利益）

TSC（污染防治的
社會總成本）

0　　40　　80 100
污染減少程度（％）

(b)

金額（元）

G

MSC（污染防治的
邊際社會成本）

MSB（污染防治的
邊際社會利益）

E

D

0　　H　　　K 100
污染減少程度（％）

41-4(b) 的 *MSC* 曲線來表示。它是一條從左下方向右上方延伸的曲線，表示當污染程度很高時，污染每減少 1 單位所增加的社會成本很小，隨著污染程度的不斷減少，邊際社會成本會繼續上升。當 *MSC* 與 *MSB* 兩條曲線相交於 *E* 點時，污染防治的邊際社會利益等於它的邊際社會成本，相對應於 *E* 點的污染水準是 40％，它是最適的污染水準。若是污染減少超過這一水準，再進一步減少污染的邊際費用，將大於它的邊際利益，若是污染減少尚未達到這個標準，進一步減少污染的邊際費用

將小於它的邊際利益，兩種情況都不是理想的境界。

　　社會上有許多人主張污染應該澈底清除，這種想法是錯誤的。為了證明這個想法錯誤，我們假定繼續對污染加以控制，直至污染防治的總成本等於總收益——即到達圖 41-4 (a) 的 F 點為止，此時最後 1 單位污染的減少，會導致整個社會增加 KG 數量的支出，其為整個社會所新增的利益則只有 KD 單位。環境污染的清除若從最適的 OH（40％）水準提高至 OK（80％）水準，社會因此所蒙受的利益只增加 $HEKD$，而因此所增加的資源耗用，其價值卻高達 $HEGK$，結果等於是整個社會淨損失了相當於 EGD 價值的資源（圖 41-4(b)）。

摘　要

1.很多物品在生產和消費過程中，都會產生各式各樣的廢物和廢氣，從而造成環境的污染，此一問題的嚴重性正與日俱增，並逐漸構成對人類生存的威脅。

2.環境污染日趨嚴重的造因是：(1)大眾對環境污染的忽視，(2)人口迅速增加，(3)工業化加速進行和所得提高，(4)除草劑、除蟲劑以及鋁製及塑膠包裝用品的發明和大量使用，(5)政府對環境污染的長期放任。

3.環境污染引起許多外圍不經濟，這些外圍不經濟反映在：(1)在公共衛生支出的提高，(2)皮膚過敏及呼吸器官病症的增加，(3)居民健康的惡化，(4)農作物收穫減少，(5)天然美景的破壞，(6)房地產價值下降，及(7)旅遊費用增加。

4.環境污染導致私人成本與社會成本發生乖離現象，從而使整個社會資源的分配和利用受到扭曲。

5.環境污染使某些人獲得不當的利益，某些人遭受無辜的災害，它無異是一種盜竊行為，損害到經濟公平。

6.防止或減少環境污染最澈底的辦法是禁止或減少製造污染產品的生產，其他防止或減少環境污染的途徑包括：(1)政府對生產者或消費者加以道義的規勸，使其自動減少對製造污染產品的生產或消費，(2)透過立法對製造污染行為加以管制，(3)透過立法對污染受害者加以保護，(4)發行及公開拍賣污染許可證，及(5)對製造污染的產品課稅。

7.清除環境污染需要付出代價，最適的污染水準是當污染防治的邊際社會利益等於邊際社會成本。社會上有很多人主張污染應該徹

底清除，做到百分之百的清潔，從成本效益的觀念，這一主張並
不正確。

問題討論

1. 有人認爲環境污染是一種盜竊行爲，您是不是同意這一看法？原因何在？

2. 試舉例說明環境污染會引起外圍不經濟，使個人成本與社會成本發生乖離的現象？

3. 在自由經濟制度下，環境污染會對資源的分派和利用產生扭曲的現象，使有些物品生產太多，有些物品生產太少，其理安在？造成環境污染問題日益嚴重的主要原因何在？

4. 爲什麼放任的自由經濟制度，對環境污染程度日益加深，應該負一部分責任？

5. 何謂生產的外部成本？它與環境污染有什麼關係？

6. 絕對禁止製造污染產品的生產，是防止環境污染最澈底的辦法，爲什麼這一個辦法有人反對？

7. 政府對污染行爲實施管制，會發生什麼樣的困難？試加討論。

8. 爲什麼對污染產品課稅，可以解決私人成本與社會成本乖離的現象？

9. 試就經濟觀點討論環境污染最適水準的決定。

第四十二章　能源問題及其對策

第一節　能源問題的成因

能源（Energy）可分爲初級能源與次級能源兩種。初級能源是指自地球表面開採出來尙未加工而能夠產生能量之物質，諸如煤、石油、天然氣、水力、風力、鈾、釷、地熱以及太陽能等屬之。次級能源是指利用初級能源加工製造後所產生的能源，最爲大衆所熟知的電就是屬於這一種能源，它是利用煤、石油、核能、水力或太陽能轉變而成。次級能源不僅包括電，由煤礦轉變而成，供鋼鐵工業所用的焦炭，以及各種石油製品都是屬於次級能源。汽車不能直接使用原油，原油必須經過提煉變成汽油，才能供汽車使用；噴射機的燃料也是用原油煉製出來的高級煤油，這些汽油和煤油亦屬於次級能源。

在各種初級能源中，使用最多的是石油。根據世界銀行的估計，在1980年，全世界每天所消費的初級能源相當於135.5百萬桶的石油，其中石油所占的比重高達44％（見表42－1）。因爲石油在能源總消費量中占有如此大的比重，當我們討論能源問題的時候，石油自然成爲討論的焦點。在本節我們首先對石油問題的性質和它的成因提出討論，依次兩節將分別討論它對世界經濟所發生的影響和可能的對策。

在1970年以前，新石油逐年的發現率，均遠超過它的需求成長率。從1950年至1970年，石油的供應一直非常充裕。考慮通貨膨脹後的石

油眞實價格,在這段期間不斷持續下降,廉價能源對戰後世界經濟的迅速成長曾經有過非常重要的貢獻,這個情況到了 1970 年代開始發生變化。中東戰爭的爆發,使油價在一年以內 (1973 至 1974 年) 提高了四倍。不久以後,伊朗內部發生革命,世界石油供應量因此減少 6%,石油眞實價格從 1978 至 1980 年進一步提高了 80%,短期內油價的猛烈上漲,對國際經濟造成了極大的震撼。石油危機從表面看來是受中東戰爭影響,事實上它是受許多經濟因素所促成,這些經濟因素包括:

表 42-1   世界初級能源每天消費量 (1980 年)

單位: 百萬桶石油

初級能源	數量	%
石油	59.7	44.0
天然氣	24.3	18.0
固體燃料	38.7	28.6
初級電力	12.8	9.4
合計	135.5	100

資料來源: The World Bank, *World Development Report*, 1981, p. 36.

1.自從第一次世界大戰結束以後,世界各國爲了發展工業,維持高度的經濟成長,實現充分就業,石油在工業方面的用量大大增加。此外,戰後各國經濟成長快速,國民所得增加,生活水準提高,講究享受,石油用於增加生活方面舒適的數量也大爲增加。

2.因爲石油價格長期偏低,在世界能源總消費量中,石油所占的比重不斷增加,其他能源消費所占的比重則相對降低,致使石油的消費量自 1940 年以來,每十二年便增加一倍。在另一方面,新石油的發現日趨困難。統計資料指出: 在 1960 至 1965 年期間每年新石油的發現平均是 180 億桶,這個數目在 1965 至 1970 年期間降至 170 億桶,到 1970 至

1975 年期間，續降至 150 億桶。目前新石油每年發現的數量已低於它的生產數量，石油的蘊藏量正不斷的在減少。

　　3.造成石油危機的第三個原因，是石油產消地區分配的不平均。根據統計資料，全世界已知石油儲藏量 65％ 集中在石油輸出國家組織成員的地區，該一地區 1974 年每天平均石油生產量爲 31.8 百萬桶，其中用於輸出的大約 28.9 百萬桶，所占比重高過 90％。美國雖然是石油年產量最大的國家，但她的需求量更大，大量石油需要依賴進口，西歐國家石油消費量占全部能源消費量的比重也很大，而且絕大部分依賴進口；日本國內所消費之石油則幾乎全部仰賴進口，臺灣和日本情形一樣，國內所消費的石油也是幾乎全部仰賴進口。

　　4.國際市場的石油供給絕大部分來自少數中東產油國家。自 1960 年開始，這些少數中東產油國家，聯合世界上其他產油國家組成所謂「石油輸出國家組織」，形成了一種卡特爾，以集體力量來與西方石油公司打交道，一方面要求對石油的開採和生產取得更多的控制，一方面則要求提高石油價格。反觀石油消費國家，大都各自爲政，互不合作，且在石油危機爆發後，紛紛與中東產油國家取得雙邊貿易協定，不惜以各種優惠條件討好這些產油國家，國際石油市場上優劣之勢變得非常明顯，石油價格的調整便完全操縱在賣方手中。

　　5.第二次世界大戰以後，各國工業產品的價格均逐年不斷提高，但石油價格卻很少調整，引起產油國家普遍不滿。她們認爲，先進國家以低價向她們進口原油，復以高價向她們輸出石油製品，無異是對她們的一種剝削。此外，進口石油國家多對石油課徵相當高的關稅和貨物稅，石油生產國家認爲這些石油進口國家自石油所取得稅收無異是她們對這些國家財政的補貼，必須以提高原油價格的方式予以糾正。

　　6.石油價格的長期偏低，一方面鼓勵石油的消費，一方面阻礙石油的增產和其他能源的開採，世界各國對石油的依賴因而日益加重。即使

沒有中東戰爭，阿位伯國家對石油價格及石油供給不採取任何行動，石油供需失調的現象亦將很快發生，石油危機可說由來有自，冰凍三尺，實非一日之寒。

隨著一般物價水準的提高，油價的向上調整，原是理所當然，無可厚非，問題是石油價格在 1970 年代的短期間內上升太猛，其他物價一時無法追隨石油價格作適度的調整，致世界經濟遭受嚴重打擊。

第二節　能源危機對國際經濟的衝擊

石油輸出組織國家（OPEC）於 1973 年至 1974 年，及 1979 至 1980 年，曾先後以少量降低石油產量作為手段，大幅提高石油的價格，使她們從石油輸出所取得的收入迅速增加。據估計自 1973 年以來，因為石油價格暴漲，從石油進口國家移轉至石油輸出組織國家的所得，累積起來曾高達一萬億美元❶。我們都知道，石油是目前世界上消費量最大的能源，一時不容易找到更經濟的代替品，在短期內它的需求是非常缺乏價格彈性的。根據專家的估計，石油的短期需求價格彈性約在 0.2 與 0.4 之間，換句話說，石油價格每上漲 10%，它的需求量只會減少 2% 到 4%。

舉凡需求缺乏價格彈性的物品，其生產量稍許減少，會導致價格大幅的上漲，從而使生產者的收入大量增加，這種情形可以很容易用圖 42－1 表示出來。該圖中的橫軸代表石油的供給和需求量，縱軸代表石油的價格，SS 和 DD 分別代表石油的供給和需求曲線，從圖中我們可以看出 DD 曲線的斜率非常陡峭，表示石油的需求在短期間非常缺乏價格

---

❶　Daniel Yergin & Martin Hilenbrand (eds.), *Global Insecurity*：*A Strategy in Energy and Economic Renewal* , Boston：Houghton Mifflin Co., 1982, p. 20.

彈性。在沒有採取減產行動前，市場的均衡交易量是 OQ_1，均衡價格爲 OP_1，$OP_1E_1Q_1$ 代表生產者的收入。採取減產行動以後，供給曲線向上移動，新的均衡下，市場交易量從 OQ_1 減爲 OQ_2，價格從 OP_1 提高至 OP_2，生產者的收入則相應從 $OP_1E_1Q_1$ 增至 $OP_2E_2Q_2$，伴隨供給量的減少和價格的提高，生產者的利潤獲得大幅度的提高。

圖42-1　石油減產對油價及石油輸出國家收入的影響

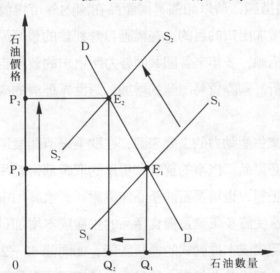

石油漲價引起所得在國際間發生重分配的現象並導致國與國間貿易條件的改變，其結果是石油輸出國家因爲油價的上漲遠較其他物價上漲迅速，同樣的石油輸出可以換取更多其他物品的進口，她們的貿易條件獲得大幅的改善，在國際收支上產生了鉅大的盈餘。外匯累積不斷增加，這些外匯盈餘很大部分成爲國際間的游資，對國際間的金融安定曾經構成嚴重的威脅。在另一方面，石油進口國家因爲油價的上漲遠較其他物品價格上漲迅速，同樣的石油進口，需要用更多物品的輸出去換取，她們的貿易條件大幅惡化，在國際收支上，逆差不斷擴大，國際準備資產迅速耗竭。有些國家因爲缺乏國際準備資產，長期外債的本息無

法清償，這些情形曾經使一些國際上知名的銀行面臨大量呆債的可能發生而遑遑不可終日。

前面說過，國際油價的不斷向上調整，使許多石油進口國家在國際貿易上產生鉅大的逆差。為了縮小這項逆差，改善她們國際收支的狀況，若干這些國家在二次石油危機發生後曾經不斷採取貨幣貶值，對重要進口物品設限，並普遍提高進口物品關稅稅率，及補貼出口等各種「以鄰為壑」的措施，藉以加強本國產品在國內外市場競爭的力量，達到減少進口，增加出口的目的。在維護自身利益的最高原則下，重商主義的思想重新抬頭，多年來各國共同努力所追求的貿易自由化突然間受到了重大的挫折。國際貿易困難的增加，對世界經濟的成長自然會有負面的影響。

石油是工業生產動力的主要來源，在歐美經濟開發國家，石油並且已經成為民生必需品。汽車的駕駛和房屋的取暖都得耗用石油，生產糧食所用的化學肥料，也需要石油產品作為原料，家庭用電很多得靠石油發動。油價上漲使許多工業及糧食產品的生產成本增加，工人的生活費用提高，結果造成成本推動式的通貨膨脹，如同圖 42–2 所示。生產成本的增加會導致總供給曲線向上移動，這個原因非常簡單，當單位產品的生產成本增加時，為了維持一定的利潤，使廠商願意生產從前一樣多的產品，單位產品的價格必須提高，結果總供給曲線將從 AS_1 向上移至 AS_2，商品市場新的均衡將從 E_1 移至 E_2。在新的均衡下，整個物價水準將會上漲，而國民生產水準則會下跌，失業率將因此增加，更高的通貨膨脹率和更高的失業率雙雙出現，這種現象就是經濟學家所謂的停滯性膨脹。

石油消費量對價格的反應在短期間是相當遲鈍的，它的短期需求價格彈性約在 0.2 與 0.4 之間，長期的情形卻不是這樣。根據專家的估計，消費者若有五年的時間可供調整，石油需求價格彈性可以增至 0.6 至 0.8

圖 42-2 石油漲價與停滯性通貨膨脹

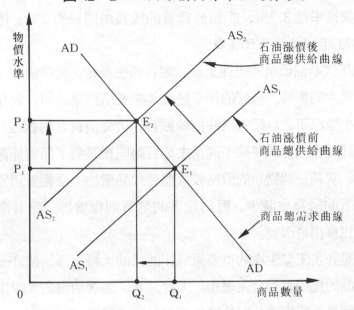

之間❷。隨著時間的過去，原油進口價格的上漲會逐漸轉嫁給消費者負擔，根據國際能源總署（International Energy Agency）的估計，自 1974 至 1980 年，最終消費者對石油產品所支付的真實價格已提高了 95%，石油消費價格的提高加上政府在節約能源方面所做的努力，對能源利用的集約度（Intensity of Energy Use）在工業國家已發生了重大的影響。這些國家每生產 1,000 美元國內生產毛額所耗費的能源數量，在 1973 至 1980 年期間已降低了 2%，較之在石油真實價格若是維持不變的情況下，節省了 15%，等於每天減少了一千萬桶的石油消費量。目前（1980 年）在工業國家，每生產 1,000 美元的國內生產毛額約需耗用 4.4 桶的石油，在 1973 年這個數目是 5 桶。根據世界銀行的估計，當這些工業國家對油價上漲作出充分反應後，到 1990 年，每生產 1,000 美元國內生

❷ *Economic Report of The President*, U. S. A. 1980, p. 108.

產毛額，石油的耗用量將進一步降低至 3.7 桶。若然，假定國內生產毛額每年的成長率是 3.7％，能源消費量的成長率將只有 2％，這一成長率較之 1973 年約降低了 50％ ❸。

1970 年代石油價格的迅速上漲，對各國生產和消費結構的改變也已發生相當重大的影響。最好的例子是近年來美國汽車公司，競相推出不同款式的小型汽車，以節省汽油招徠顧客，倍受消費者的歡迎；新式的建築在設計上也與舊式建築不同，主要目的同樣是爲了節省能源。根據需求法則，當某一個物品的價格較其他替代品價格上漲相對迅速時，消費者對前者的購買會減少，而對後者的購買則會增加。隨著需求的改變，生產也會相應改變。

石油是許多工業生產的重要原料，油價的大幅上漲，使許多國家生產衆多產品的比較利益發生變化。尤有進者，隨著油價的大幅度向上調整，國際間發生所得重分配的現象，有些國家變得相對富有，有些國家變得相對貧窮，影響到彼此的購買力，因爲各國消費偏好不同，她們購買力的改變，自然也會引起需求結構的改變，從而促使生產結構的調整。在這些調整過程中，許多不便乃至痛苦的發生，應是預料中之事。從長期的觀點來看，能源危機使大衆對資源的稀少性提高警覺，今後對自然資源的維護和更有效的利用，應該會作出更大的努力。事實上，過去十多年來世界各國——特別是工業國家，對提高能源利用效率已有了相當的成就。因爲她們在節約能源消費上的成就，國際間石油供需情況已有相當程度的改善，油價於 1983 年已轉而開始下跌。自此以後，每桶石油價格在大部分時間都維持在 20 美元以下，相當平穩。

❸　The World Bank, *World Development Report*, 1981, p.37.

第三節　能源問題的解決辦法

能源問題的主要癥結，在於世界能源的消耗過分依賴石油。由於需求相對供給增加迅速，石油的蘊藏量正在迅速耗竭，解決能源問題必須開源節流雙管齊下。

茲設某一個國家國內石油的供給曲線和需求曲線分別如同圖42－3 $S_D S_D$ 及 DD 所示，由國際市場供需情況所決定的石油價格為 OP_1，此時石油的需求量為 OQ_2，在全部需求量中，國內只能供應 OQ_1 單位，其餘（$Q_1 Q_2$）的則需向國外進口。為了減少石油對國外的依賴，有兩條途徑可循：第一條途徑是減少石油的需求，使它的需求曲線向左下方移動，即從圖42－4 的 $D_1 D_1$ 移至 $D_2 D_2$，這樣可以使石油的進口數量從 $Q_1 Q_2$ 降為 $Q_1 Q_3$；第二條途徑是增加國內的石油供給，即將國內石油供給曲線自圖42－5 的 $S_{D1} S_{D1}$，向右下方移至 $S_{D2} S_{D2}$，結果石油的進口

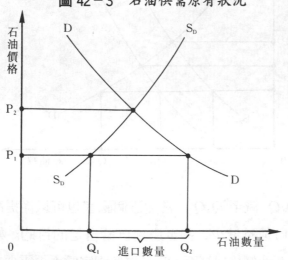

圖42－3　石油供需原有狀況

圖 42－4　減少石油需求對進口及油價的影響

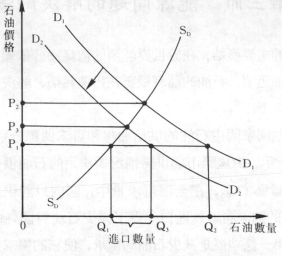

進口數量

圖 42－5　增加國內石油供給對進口及油價的影響

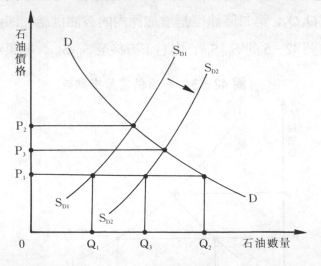

量亦可以從 Q_1Q_2 減至 Q_3Q_2。當然這個國家也可以從提高石油價格著
手，使石油進口數量減少，甚至達到自給自足的目的。如圖 42－3 所
示，若是能將石油價格提高至 OP_2，這個國家便不再需要向國外進口石
油。不過採取這個措施，可能需要付出很高的代價，特別是在短期內，

因爲石油需求和供給的價格彈性都很低，爲了減少需求及增加國內的供給，以達到自給自足的目的，油價可能需要作很大幅度的向上調整，對國內經濟會產生過分猛烈的衝擊。

一、減少對石油的消費

1.取消對石油價格的管制

石油價格在許多國家都受到政府的管制，在政府管制下，石油的價格往往偏低，結果造成許多的浪費。取消對石油價格的管制，是減少石油浪費及提高能源使用效率的一個有效和簡易辦法。有些人認爲，取消對石油價格的管制，將使油價進一步上漲，因爲石油的需求缺乏價格彈性，油價的上漲對消費量的減少效果可能不大，但卻加重消費者的負擔，使國內生產者獲得暴利，導致所得分配的惡化，並且可能引發通貨膨脹，這一論點並不十分正確。石油的需求在短期間固然缺乏彈性，但根據專家的估計，它的長期需求價格彈性是相當高的，取消對石油價格的管制，讓市場發揮功能，假以時日，必有助於能源供需的平衡。管制取消後，油價向上調整，固然會產生一種成本推動式的膨脹壓力，但我們可以運用財金政策，對整個社會需求加以適當的控制，使這項成本推動式的膨脹壓力有其一定的限度。國內石油生產者，因爲政府取消管制，使油價向上調整，憑空會獲得一筆超額利潤，此一超額利潤似爲不勞而獲，但若能因此而使其增加生產，改善產品品質，整個社會在長期間亦將蒙受其利。

尤有進者，在政府管制之下，能源價格若是低於自由市場的均衡價格，社會對能源將會產生一種超額需求，爲了解決求過於供的問題，政府往往被迫採取配給辦法，即依一定標準將全部供給在一定價格下分配給不同消費者。採取配給制度的第一個困難，是公平合理的分配標準不易確立。在配給制度下，總會有人覺得分配得太多，有人覺得分配得太

少，結果黑市買賣必然發生，官定價格勢將無法維持。配給制度的執行需要花費很多的行政經費，並且容易引起官商勾結，敗壞行政風氣，增加使用者的許多不便，市場分配機能亦將因此消失。

2.增加石油的稅課

稅課的提高，站在生產者的立場，等於是生產成本的增加，這些新增加的成本，遲早會以提高產品售價的方式，部分乃至全部會轉嫁給消費者負擔，消費者將因此而減少他們的消費數量。為了節省石油的消費，經濟學家主張提高汽車牌照稅、燃料使用費、過路費、過橋費及停車場使用費，這些稅課或使用費應該按照排氣缸的大小及行駛每公里耗費汽油量的多寡，訂立不同的標準。凡行駛每公里耗油量較多及汽缸比較大的車輛，以上各項稅課及費用應該相對較重；凡行駛每公里耗油量較少及汽缸比較小的車輛，以上各項稅課及費用可酌量減輕。在另一方面，經濟學家主張，凡對生產設備改良及增加房屋保暖有助於節省用油而所作的投資，給予租稅減免的優待。以上這些建議，已經在很多國家被採用，而且收到了相當良好的效果。

3.用行政力量強制減少石油的消費

在石油危機發生以前，美國公私建築物冬天的室內溫度通常都保持在華氏75°以上，石油危機發生後為了節省能源，美國總統曾下令降低及增加公共建築在冬天及夏天室內溫度，同時取消公務人員免費停車的權利。在另一方面，政府責成公用事業對價格的制訂，應注重能源使用效率的提高。凡對提高能源使用效率有所貢獻的用戶，在費用的設計上，應該給予鼓勵；反之，應該給予懲罰。

4.鼓勵廢物利用及工業生產程序與方法的改進

廢物的利用以及工業生產程序與方法的改進，亦可達到節省能源使用的目的。舉例來說，美國的鋁業公司於1973年曾經發明一種新的生產方法，結果使能源的消費節省30%；杜邦公司分布於全球各地的100

個分支機構，因爲採用新的生產方法，使能源的開支減少了 7% 到 15%❹。大衆運輸系統的發展，車輛引擎效率的提高，交通工具速度的適度減緩，以及房屋設計的改善，環境污染限制的適度放寬，凡此對節省能源的消費都有一定的貢獻。

二、增加石油及其他能源的供給

解決能源問題除了節流以外，另外一個辦法便是開源，即增加能源的供給。根據現有資料，全世界陸上石油蘊藏量，包括已經發現和沒有發現的，數量均極有限，可供開採的期間不會太長。海底石油資源則續有發現，但進度並不十分理想，且開採成本較陸上石油遠爲昂貴，能源問題的長期解決，有賴石油以外其他能源的開採，目前最有希望的是煤礦。現有統計資料指出：世界煤礦蘊藏量非常豐富，以美國爲例，根據 1976 年的估計，該國煤礦的蘊藏量高達 4,500 億噸，按照目前的消費水準，最少可供 600 年的開採。煤炭的最大缺點，是體積龐大，非常笨重，搬運不便，從事煤礦開採工作，危險性很大，它的生產和消費會引起嚴重的環境污染。世界各國近年來曾設法將煤炭加以液化或氣化，冀以減輕其體積及重量，使便於運輸，並降低其對環境之污染，以增加它對消費者的吸引力。

除了煤礦以外，油頁岩在世界各地的蘊藏量，據估計亦相當豐富，但因此項油礦的開採，對天然環境的破壞非常厲害，且費用相當昂貴，目前仍尚未引起投資者濃厚的興趣。但如果開採技術能夠進一步改善，它的開採將會逐漸變成具有商業價值。

增加能源供應另外一個途徑是推廣核能的使用。在技術上，利用核

❹　Lewis C. Solomon, *Economics*, 2nd ed., Wesley Publishing Company Inc., 1976, p.724.

能發電，目前已毫無困難，各國在推廣核能使用，所以尙採審愼態度之主要原因，厥爲安全問題，其中最大的困擾是在核能的製造過程中，有好些個階段，會產生供製核子武器或核子試爆的材料。爲了防止核子武器的擴散，目前在國際原子能委員會監督下，雖已設立了一套防衛系統，但各種防衛措施仍有待進一步的加強和監督。在另一方面，根據以往安全記錄，核能發電的危險儘管並不太大，但社會大眾的疑慮仍多，選擇適當的地點安置核能發電設備，相當困難，致許多國家的核能發電計畫因此受到延擱。

有些能源是無法更新的（Nonrenewable），遲早會有耗竭的一天，可以更新的能源是太陽能，廣義的太陽能包括水力和風力。據估計，地球表面每年所接收的太陽能相當於 500 萬億桶的石油，它是已知世界石油蘊藏量的一千倍❺。可惜的是，把這些太陽能改變成爲有用的動力，不但困難而且費用非常昂貴，在短期內恐怕不能被大量開採利用，但從長期的觀點，它是一種最富開採潛力的能源。

❺ C. L. Wilson, *Energy*: *Global Prospect 1985 ~ 2000*, New York: McGraw-Hill Book Co. 1977, p.223.

摘　要

1. 能源可分爲初級能源與次級能源兩種，前者包括煤、石油、天然氣、水力、風力、鈾、釷、地熱及太陽能等，後者是利用前者加工後所產生的能源，電力便是一個最好的代表。

2. 1970 年代石油危機的發生，除了受政治因素的影響以外，尚受許多經濟因素的影響，這些經濟因素包括：(1)石油需求量隨著工業化及經濟發展迅速增加，(2)石油價格長期偏低，(3)石油產消在地區間的分配不平均，(4)石油儲藏過分集中於少數國家。

3. 石油價格在 1970 年代曾經有過大幅度上漲，使產油國家的貿易條件獲得顯著的改善，在國際收支上產生鉅大的盈餘。而在另一方面，油價上漲遠較其他物品價格上漲爲速的結果，曾經使許多石油消費國家在國際收支上陷入極端的困難，有些國家幾乎瀕於破產的邊緣。

4. 許多經濟學家認爲 1970 年代所發生的石油危機是國際經濟不斷出現停滯性通貨膨脹的主要原因，而且導致國際保護主義抬頭，使世界各國在貿易自由化所作的長期努力，受到重大的挫折。

5. 石油危機對國際經濟固然有負面的影響，但也有正面的影響，最顯著的正面影響是加強世界各國在節約能源方面的努力，這一個努力已經使工業國家大大降低了能源利用的集約度和提高能源的使用效率。

6. 能源問題的主要癥結是供需失去均衡，解決能源問題，必須開源與節流雙管齊下。

7. 節省能源消費的主要途徑是：(1)取消政府對石油價格的管制，(2)增加對石油產品課稅，(3)用行政力量強制減少石油的消費，及(4)

鼓勵廢物利用及工業生產程序與方法的改進。

8.能源問題的長期解決，有賴石油以外其他能源的大量開發，在技術上這些代替能源的開採並無困難，其所以未能商業化是成本問題。

問題討論

1. 第二次世界大戰以後至 1970 年代初期，石油消費量在整個能源消費量中所占比重迅速提高的主要原因何在？

2. 何謂能源危機？它是怎樣形成的？

3. 1970 年代的石油危機爲什麼會造成世界性的停滯性通貨膨脹？

4. 石油危機對各國國際收支和石油的消費有什麼影響？

5. 能源問題的主要癥結何在？

6. 減少石油的需求，對原油進口及油價將會有什麼影響？試用圖解方法加以說明。

7. 減少石油消費有那些途徑可循？在這些途徑中，您認爲那一個途徑對臺灣最爲有效？

8. 可以代替石油的能源種類很多，您認爲那些最具開採的潛力？大量開採這些能源，目前存在有什麼主要困難？

三民大專用書書目——經濟·財政

書名	著者		學校
經濟學新辭典	高叔康	編著	臺灣大學
經濟學通典	林華德	著	臺灣大學
經濟思想史	史考特	著	
西洋經濟思想史	林鐘雄	著	臺灣大學
歐洲經濟發展史	林鐘雄	著	臺灣大學
近代經濟學說	安格爾	著	
比較經濟制度	孫殿柏	著	政治大學
經濟學原理	密爾	著	
經濟學原理（增訂版）	歐陽勛	著	政治大學
經濟學導論	徐育珠	著	南康乃狄克州立大學
經濟學概要	趙鳳培	著	政治大學
經濟學（增訂版）	歐陽勛、黃仁德	著	政治大學
通俗經濟講話	邢慕寰	著	香港大學
經濟學（新修訂版）（上）（下）	陸民仁	著	政治大學
經濟學概論	陸民仁	著	政治大學
國際經濟學	白俊男	著	東吳大學
國際經濟學	黃智輝	著	東吳大學
個體經濟學	劉盛男	著	臺北商專
個體經濟分析	趙鳳培	著	政治大學
總體經濟分析	趙鳳培	著	政治大學
總體經濟學	鐘甦生	著	西雅圖銀行
總體經濟學	張慶輝	著	政治大學
總體經濟理論	孫震	著	國防部
數理經濟分析	林大侯	著	臺灣大學
計量經濟學導論	林華德	著	臺灣大學
計量經濟學	陳正澄	著	臺灣大學
經濟政策	湯俊湘	著	中興大學
平均地權	王全祿	著	內政部
運銷合作	湯俊湘	著	中興大學
合作經濟概論	尹樹生	著	中興大學
農業經濟學	尹樹生	著	中興大學
凱因斯經濟學	趙鳳培	譯著	政治大學
工程經濟	陳寬仁	著	中正理工學院
銀行法	金桐林	著	中興銀行

銀行法釋義	楊承厚編著	銘傳管理學院
銀行學概要	林葭蕃著	
商業銀行之經營及實務	文大熙著	
商業銀行實務	解宏賓編著	中興大學
貨幣銀行學	何偉成著	中正理工學院
貨幣銀行學	白俊男著	東吳大學
貨幣銀行學	楊樹森著	文化大學
貨幣銀行學	李穎吾著	臺灣大學
貨幣銀行學	趙鳳培著	政治大學
貨幣銀行學	謝德宗著	臺灣大學
貨幣銀行——理論與實際	謝德宗著	臺灣大學
現代貨幣銀行學（上）（下）（合）	柳復起著	澳洲新南威爾斯大學
貨幣學概要	楊承厚著	銘傳管理學院
貨幣銀行學概要	劉盛男著	臺北商專
金融市場概要	何顯重著	
金融市場	謝劍平著	政治大學
現代國際金融	柳復起著	澳洲新南威爾斯大學
國際金融理論與實際	康信鴻著	成功大學
國際金融理論與制度（修訂版）	歐陽勛、黃仁德編著	政治大學
金融交換實務	李麗著	中央銀行
衍生性金融商品	李麗著	中央銀行
財政學	李厚高著	行政院
財政學	顧書桂著	
財政學（修訂版）	林華德著	臺灣大學
財政學	吳家聲著	財政部
財政學原理	魏萼著	臺灣大學
財政學概要	張則堯著	政治大學
財政學表解	顧書桂著	
財務行政（含財務會審法規）	莊義雄著	成功大學
商用英文	張錦源著	政治大學
商用英文	程振粵著	臺灣大學
貿易英文實務習題	張錦源著	政治大學
貿易契約理論與實務	張錦源著	政治大學
貿易英文實務	張錦源著	政治大學
貿易英文實務習題	張錦源著	政治大學
貿易英文實務題解	張錦源著	政治大學
信用狀理論與實務	蕭啟賢著	輔仁大學
信用狀理論與實務	張錦源著	政治大學

三民大專用書書目 —— 會計・統計・審計